깊이 읽는 베르그송

 M 카이로스총서 54

깊이 읽는 베르그송 Henri Bergson

지은이 블라디미르 장켈레비치
옮긴이 류종렬

펴낸이 조정환
책임운영 신은주
편집 김정연
디자인 조문영
홍보 김하은
프리뷰 김영철·손보미

펴낸곳 도서출판 갈무리 등록일 1994. 3. 3. 등록번호 제17-0161호
초판인쇄 2018년 12월 26일 초판발행 2018년 12월 28일
종이 화인페이퍼 인쇄 예원프린팅 라미네이팅 금성산업 제본 은정제책

주소 서울 마포구 동교로18길 9-13 [서교동 464-56]
전화 02-325-1485 팩스 02-325-1407
website http://galmuri.co.kr e-mail galmuri94@gmail.com

ISBN 978-89-6195-193-7 93160
도서분류 1. 철학 2. 서양철학 3. 미학

값 21,000원

이 도서의 국립중앙도서관 출판예정도서목록(CIP)은 서지정보유통지원시스템 홈페이지(http://seoji.nl.go.kr)와 국가자료공동목록시스템(http://www.nl.go.kr/kolisnet)에서 이용하실 수 있습니다.(CIP제어번호 : CIP2018041346)

깊이 읽는

베르그손

Henri Bergson
par Vladimir Jankélévitch

블라디미르 장켈레비치 지음
류종렬 옮김

갈무리

일러두기

1. 이 책은 Vladimir Jankélévitch의 *Henri Bergson* (Paris: Presses universitaires de France, 1959)을 완역한 것이다.
2. 고딕체는 저자의 강조이며 볼드체는 역자의 강조이다.
3. 단행본과 정기간행물에는 겹낫표(『』)를, 논문에는 홑낫표(「」)를 사용하였으며, 단체명에는 가랑이표(< >), 음악작품명에는 겹
   화살괄호(《 》)를 사용하였다.
4. 지은이 주석과 옮긴이 주석은 같은 일련번호를 가지며, 옮긴이 주석에는 [옮긴이]라고 표시하였다.
5. [ ] 안의 내용은 옮긴이가 독자의 이해를 돕기 위해 덧붙인 것이다.
6. 각주 인용서지에 대한 보충으로서 저자가 희랍어 원문으로 제시한 인용구문은 번역하지 않고 원문 그대로 두었다.

차례

깊이 읽는 베르그송

DI   『의식의 무매개적 자료들에 관한 시론』(*Essai sur les données immédiates de la conscience*, 1889)[『의식에 직접 주어진 것들에 관한 시론』, 최화 옮김, 아카넷, 2001].

MM   『물질과 기억』(*Matière et mémoire : Essai sur la relation du corps à l'esprit*, 1896)[『물질과 기억』, 박종원 옮김, 아카넷, 2005].

RI   『웃음』(*Le rire : Essai sur la signification du comique,* 1900, 이 책은 『파리 지』(*Revue de Paris*)에 실렸다.)[『웃음』, 정연복 옮김, 세계사, 1992].

EC   『창조적 진화』(*L'évolution créatrice*, 1907)[『창조적 진화』, 황수영 옮김, 아카넷, 2005].

PM   『사유와 운동자』(*La pensée et le mouvant*, 1934, 이 책에 「철학적 직관」(L'intuition philosophique, 1911)과 「변화의 지각」(La perception du changement, 1911) 등이 수록되어 있다.)

ES   『정신적 에너지』(*L'énergie spirituelle*, 1919).

DS   『지속과 동시성』(*Durée et simultanéité*, 1922).

MR   『도덕과 종교의 두 원천』(*Les deux sources de la morale et de la religion*, 1932)[『도덕과 종교의 두 원천』, 박종원 옮김, 아카넷, 2015].

현 저술은 베르그송의 편지 한 편을 포함하여 1931년에 출판된 『베르그송』 *Bergson*(1931)의 전반적 개작이다. 이 책은 가톨릭 신부인 팔로리에스가 발간을 주도한 "위대한 철학자들 총서"에 속해 있었다. 이 책의 본문에는 출판 일자 이래로, 대중들이 잘 찾을 수 없거나 또는 대중에게 거의 알려지지 않은 시론들과 소품들을 보탰다. 즉 1933년에 출판된 『형이상학과 도덕 지』 *Revue de métaphysique et de morale*에 실린 『도덕과 종교의 두 원천』에 관한 한 장章, 1941년에 앙리 베르그송을 추념하여 베껭과 테브나즈가 헌정했던 자료 모음집 속에 수록된 『단순성』 *De la Simplicité*(1943)에 관한 시론(이 시론은 현 저술에서는 그 당시에 출판에 포함되지 않은 내용도 들어 있다), 『명증함 논집』 *Evidences*과 『형이상학과 도덕 지』에 1951년에 수록한 「환희」와 「베르그송의 낙관주의」에 관한 두 논문들, 마지막으로, 『유대계 철학과 문학의 혼합들』 *Mélanges de philosophie et de littérature juives*에다가 1957년에 부록으로 실은 「베르그송과 유대주의」 *Bergson et le judaïsme*에 관한 연구 등이 있다. 우리는 이 원문들을 이용할 수 있도록 친절하게 허용해준 『형이상학과 도덕 지』와 『명증함 지』의 편집장들에게, 라 바꼰니에 출판사 편집장에게, '히브리 연구 국제 연구소'의 원장에게, 보다 더 깊은 감사의 뜻을 전한다.

1931년의 『베르그송』을 첫 줄에서 마지막 줄까지 다시 쓰는 데는 많은 날이 요구될 것인데, 우리는 미래에 필요로 할 모든 시간을 훨씬 더 나중에 광범위한 작업에 헌신할 생각이다. 우리는, 이 책의 재편집에서 새로운 세 개의 장들을 완전히 수정 증보하였으며, 1959년에 베르그송의 탄생 100주년을 추모하는 방식으로 출판될 수 있을 것이라는 점을 고려하였다.[1]

---

1. 앙리 베르그송은 1859년에 파리에서 태어났다. 그는 1881년에는 고등사범 학생이었으며, 1883년부터 1888년까지 클레르몽-페랑에서 가르쳤다. 그는 1889년에 학위 주 논문인 『의식의 무매개적

[이제] 시간 안에서 진화하고 변화하는 한 철학자를 읽을 방식만이 남아 있다. 그것은 바로 그의 작품을 편년체의 순서를 따라가는 것이며, 그 출발점에서 시작하는 것이다. 이 순서는 분명하게 증가하는 난점의 순서에 항상 해당하는 것은 아니다. 예를 들어, 1896년 나온 『물질과 기억』은 1900년의 『웃음』보다 훨씬 더 공들여야 깔끔하게 읽히는 책이다. 그러나 베르그송주의는 기계적인 제작 작업도 아니고, 몇몇 위대한 "체계들"의 방식에 따라 완성되거나 돌 하나씩 쌓아 올려 건축한 건축물도 아니다. 베르그송주의 전체는, 새롭게 반짝이는 서광 아래서, 그 철학자의 계속된 저술들 속에서, 그리고 마치 플로티노스의 유출설에서 위격들(위상들)hypostases이 각 위격을 그리는 것처럼 그려진 것이다. 게다가 똑같은 방식으로 라이프니츠가 자신의 저술들 각각에서 자신의 총체적 철학을 제시했었다 : 모나드들은 각각이 각각의 개별적 관점에서 전 우주를 표현하지 않는가? 전 우주는 단자론의 물방울 속에서도 스스로를 비추지 않는가? 왜냐하면 소우주는 우주의 작은 모형이기 때문이다. 생성 안en devenir에 있는 또 다른 철학자인 셸링이 쓰기를 "내가 고려하는 것은 항상 총체성이다."(『계시의 철학』 *Philosophie der Offenbarung*[1831 강의, 1854 출판, 제2강에서])라고 하고, 그리고 이 총체

자료들에 관한 시론』(이하 DI)과 부 논문인 『아리스토텔레스의 장소론』(*Quid Aristoteles de loco senserit*, 1889)을 발표하였고, 1896년에 『물질과 기억』(이하 MM), 1900년에 『웃음』(이하 RI, 이 책은 『파리 지』에 실렸다.) 등 저술들이 있다. 베르그송은 1900년에 꼴레주 드 프랑스의 교수로 지명되었고, 1901년에 정치-도덕과학 학술원(l'Académie des sciences morales et politiques)의 회원으로 선출되었다. 1907년에 『창조적 진화』(이하 EC)가 나왔다. 1911년에 그는 이탈리아 볼로냐 세계철학자대회(Congrès de philosophie)에서 「철학적 직관」(l'intuition philosophique, 1911, PM)을 발표하고, 옥스퍼드 대학에서 「변화의 지각」(La perception du changement, 1911, PM)을 두 번에 걸쳐 강연하였는데, 이 두 편은 『형이상학과 도덕 지』에 실은 「형이상학 입문」(L'introduction à la métaphysique, 1903)과 함께, 1934년에 PM에 다시 실릴 것이다. 그는 1913년에 미국 뉴욕에서도 강연을 했다. 이 여행에 이어서, 1차 대전 중에 1917년과 1918년에 미국에 두 번이나 외교적 임무들을 수행하였다. 1914년에는 프랑스 아카데미에 선출되었다. 그는 1차 대전 동안에 열심히 독일의 과학[학문], 독일의 야만, 독일 사기[기만]에 반대하는 편에 섰다. 1919년에 그는 『정신적 에너지』(이하 ES)라는 제목으로 논문집을 출판하였다. 1921년에 교수직에서 은퇴했다. 그 당시 그는 국제연맹의 〈국제 지식 협력 위원회〉(CICI, Commission internationale de coopération intellectuelle)에, 그리고 국가가 그에게 부여한 아주 중요한 역할들에 헌신하였고, 아인슈타인과의 학술 논쟁에 참여하였으며(『지속과 동시성』[이하 DS], 1928년에 노벨 문학상을 받았다. 마지막으로 1932년에 『도덕과 종교의 두 원천』[이하 MR]을 출판하였다. 15년 이상이나 겪어서 몸을 괴롭혔던 류머티즘이 깊어져서, 독일에 점령당한 파리에서 1941년에 죽었다.

성을 그는 잠재성Potenz이라고 불렀다. 베르그송은 자신의 저술들 각각을, 다른 모든 저술들을 잊고서, 심지어는 이들 각각의 연속으로부터 결과로 나올 수 있는 불일치(비정합성)도 근심하지 않고서 썼다. 베르그송은 각 문제를 마치 그 문제가 세상에 유일한 문제인 것처럼 깊이 숙고했고, 다른 선들과 독립적으로 "사실들의 선"을 각각 끝까지 따라갔다. 마찬가지로 생명 도약도 분화하는 진화의 선들을 따라가는데, 주석자들에게 우발적 모순들을 해결하도록, 그리고 다양한 분화의 다발을 조화시키는 것을 책임지게 하는 것 같다. 이 화해는 틀림없이 무한하게 작업하는 가운데 이루어질 것인데, 논리적 정합성에서가 아니라, [소테마에서] 주제들의 음악적 발전부에서 또 세련미에서 도약의 연속성에서 이루어질 것이다. 왜냐하면 베르그송의 순서(질서)l'ordre는 체계 제작자들의 끈기 있는 구성 작업보다[칸트처럼], 고정된 생각으로부터 탈선la digression obsessionnelle하는 순서(방식)l'ordre과 더 많이 닮았다.[2] 베르그송의 직관은 항상 총체적이고 불가분적이며 또한 단순하고 전체적인데, 유일한 유기체적 충력衝力으로부터 증가하는 것이다. 그리고 이러한 의미에서 베르그송주의는 『창조적 진화』의 400쪽에서만큼이나 「가능적인 것과 현실적인 것」Le possible et le réel(1920, 1930 개작)의 18쪽만으로도 충분하다. ― 영속적인 생성 안에 있는en perpétuel devenir 이 위대한 천재는 영향력이 매우 컸다. 베르그송은 우리의 『베르그송』에 대해 1930년 초에 알고 있었고[3], 그가 우리의 『베르그송』(1931)을 읽고 난 뒤에, 베르그송주의의 지성에서 중심이 되는 「가능적인 것과 현실적인 것」이라는 논문이 1930년 11월 스웨덴에서 발표된다. 우리는 이 책에서, 베르그송이 1920년 옥스퍼드 대학의 모임의 연설에서 그 자신이 이미 예감했던 것으로, "회고성의 착각"의 중요성을 제시했으며, "전

---

2. Pascal, *Pensées*, éd. Brunschvicg IV, fr. 283. [파스칼, 『팡세』, 조병준 옮김, 샘솟는기쁨, 2018.]

3. 1930년 8월 6일 편지. 우리[장켈레비치]는 1930년 1월에 이 『베르그송』(1931) 속에서 1928년 『형이상학과 도덕 지』에 「베르그송주의에서 제언들」(Prolégomènes au bergsonisme)이라는 제목으로 실린 '가능적인 것, 즉 무와 회고성의 착각'에 관한 연구를 전개시켜 완성했다. 베르그송은 1930년 스웨덴에 보낸 논문을 1934년 PM에 삽입할 것이다. 이 책에서 첫째로 베르그송은 회고(rétrospection)의 논리를 체계적으로 의식하게 된다(「서문 1」, PM). [저자는 베르그송에게 가능적인 것과 실제적인 것에 관해, 그리고 회고적 사고에 관해 더 깊이 사유하도록 영향을 주었다고 말하고 싶어 한다. 베르그송이 보낸 찬사의 이 편지에 대해서는 『잡문집』, 1495쪽 참조. ― 옮긴이]

미래"futur antérieur의 가능성에 대해 말했고, 무無의 비판에 대해 중심적인 특성을 알렸다. 따라서 베르그송은 조금씩 **천재적 독창성**에 대해, 즉 자신의 고유한 **직관들의 창조적 풍부성**에 대해 의식하고 있었다. 직관이 생겨난 것은 1906년에 "무의 관념"에 관한 『철학 지』*Revue philosophique*의 한 논문에서 그리고 1907년에 "무와 무질서"에 할애한 『창조적 진화』의 여러 쪽들에서이다. 1920년에 직관은 처음으로 의식 그 자체로서 강조됐다. 1930년 말에 그리고 1934년 『사유와 운동자』에서, 결국 베르그송은 해석자들의 영향을 받아서 운동을 재구성했다. 이 운동은 그를 기원적인 일별로부터 변화와 창조적 충만으로 옮겨 놓았다. 모든 의욕과 원인 작용causation처럼 베르그송의 진화[과정]에서 과거를 향한 현재의 소급rétroaction이 있으며, 그리고 차후에 생성의 이상적 재구축이 있다. 왜냐하면 셸링이 말한 것처럼, 목적은 시초[태초]에 관한 증거를 지탱해 주기 때문이다.

마지막 음악 소절에 의해 시작하면서 그리고 하류에서 상류로 거슬러 올라가면서, 올바른 방향으로 연주되는 멜로디는 수많은 목소리의 혼합일 뿐일 것이다. 이것은 『의식의 무매개적 자료들에 관한 시론』이 우리를 이해하게 하는 그 무엇이다. 어떻게 살아있는 철학이, 그리고 생성의 차원에서 환원할 수 없을 정도로 전개되는 철학이, 만일 사람들이 마지막에 의해서 또는 중간에서 시작한다면, 도대체 이해될 수 있기나 할 것인가? 시간적 순서는 소나타의 임시부호가 아니라 오히려 소나타의 본질이다. 시간적 순서와 순간들의 연속은 베르그송주의에서는 격식에 맞는 세부사항들이 아니다. 이것들은 베르그송주의 그 **자체**이며, 다른 철학들처럼 되어 있지 않은 한 철학에 대한 베르그송의 자체성l'ipséité이다. 앙리 베르그송의 베르그송주의를 이해하는 데 요구되는 첫째 조건은 베르그송주의를 시간에 반대로 거슬러서 사유하는 것이 아니라는 것이다. 그 베르그송주의가 미래화 작업le futurition의 의미 자체 속에서, 다시 말하면 **바른 방향으로**à l'endroit 사유되기를 바란다.

주석

1941년부터, 베르그송의 저술들은 앞선 편집들의 쪽수들을 다시 매기지 않고서 새로운 인쇄소에서 다시 인쇄되었다. 이 편집들이 몇 경우에서[MR, PM] 반세기보다 더 오래 이어져 계속되었기 때문에, 또 그 쪽수 매김은 거의 고전이 되었다 할지라도, 이 인용문들에서 쪽수 찾기에 약간의 혼잡이 있을 수 있다[왜냐하면, 예를 들어서 DI, MM, EC의 경우는 판본에 따라 쪽수 차이가 있다]. 그래서 유일한 해결책은 이다음에 모든 참조들을 새 판본에 맞게 하나하나 수정하는 것이 될 것이다. 길고도 지난한 작업이 실현될 수 있을 때까지 우리는 [이 책에서 과거 판본 그대로] 우리의 편의를 따랐다. 즉『의식의 무매개적 자료들에 관한 시론』(1889), 『물질과 기억』(1896),『창조적 진화』(1907)는 원판본(베르그송이 살아있을 때, 인쇄되고 검토된 것)에 따라서 인용했으며,『웃음』(1900),『정신적 에너지』(1919), 『도덕과 종교의 두 원천』(1932),『사유와 운동자』(1934)는 새로운 판본에 따라서 인용되었다.

단 한 권으로 된 베르그송의『전집』은 앙리 구이에의 서문과 앙드레 로비네의 검토로 1959년에 나왔다. [1970년 수정 보완되었으며, 색인을 첨가해 놓았다.]

[우리는 이 책의 번역에서는, 베르그송의 주저 여덟 권은 프랑스대학출판사PUF의 카드리지 판본에서의 쪽수를, 그리고 전집의 경우에 1959년판이 아니라 1970년 증보판『전집』(Oe)과 1972년판『잡문집』(Me)을 인용 쪽수로, 가능한 한 병기 할 것이다. 예를 들어 장켈레비치의 인용 쪽수와 달리, [DI 126, Oe 110.]처럼 표기할 것이다. 내용에서 판본상에 약간의 차이가 있을 경우에는 주에서 첨가할 것이다.]

제1장

유기적 총체성

안심해. 네가 나를 발견하지 못했다면
네가 나를 찾지 않은 것일 거야.

파스칼, 『예수의 불가사의』

베르그송주의는 탐구의 이론들이 탐구 자체와 뒤섞여 있는 매우 드문 철학들 중의 한 철학이다. 탐구 자체에서는 인식형이상학들, 예비교육들, 방법들을 생성하는 이런 종류의 **반사적** 이중화 작업[이원론]을 배제하고 있다. 이런 의미에서 베르그송의 사유에 대해서도, 사람들은 스피노자주의에 대해 말했던 것을 반복할 수 있다.[1] 베르그송 사유에서 스피노자주의는 실체적으로로든 의식적으로로든 사물들에 관한 성찰과 구별되는 방법이 아니라, 그 방법은 오히려 성찰에 내재해 있다. 그 방법은 어느 정도로는 성찰에 대한 일반적 진행방식을 묘사하고 있다. 베르그송은 많은 검토를 거쳐서 이데올로기적인 환영들(유령들)의 무상함에 관해 이전부터 강조했다. 이 환영들이 사유와 사실들 사이에 영속적으로 끼어들고 있다고, 또 인식을 매개로 하고 있다고[2] 보기 때문이다. 그 어떤 초월적 방법이 조밀한 결합을 풀어헤치려 하지 않더라도, 이 생명 철학은 구불구불한 곡선과 결합했으리라. 더 좋게 말하자면, 그의 "방법"은 사유를 사물들의 두께 속으로 이끄는 운동의 선ᴾ 자체가 되었으리라. 슐레겔이 심도 있게 말했듯이[3], 생명의 사상은[삶의 사유는] 전혀 예비교육 없이도 이루어진다. 왜냐하면, 생명은 단지 생명만을 가정하기 때문이고, 생명의 리듬을 채택하는 생명의 사유는 방법론적 세심함에 당황하지 않고서 실재적인 것에 똑바로 달려가기 때문이다. 학술계의 소심한 추상화 작업들과 구체적 철학의 관대함 사이에는 차이가 있다. 전자들의 경우에는 **영원히 예비적**(서설적) 작업들인데, 또는 같은 말이지만, 차후에 서설의 적용[응용]이 될 것이거나 또는 서설로부터 연역될 것이거나 간에 **절대적으로 장차**의 어떤 것에 대한 상대적 작업들이다. 반면에 후자는 매 순간에 **그 자체로서** 현재 있게 된다. 전자의 작업들은 그 작업들이 크게 벌어진 빈틈에 의해 분리된 채 남아 있는 그 어떤 미래에 귀착한다. 반대로 후자는 현실적으로 명증하게, 또 시각적으로 분명하게 전개된다. 이 후자는 어떠한 초월적 심판권도 받아들이지 않는다. 왜냐하면 후자는 자체 속에 자기 법칙과 자기 상벌 제재를 지니고 있기 때문

1. Léon Brunschvicg, *Spinoza*, 1894, pp. 34~37 (1re éd), 그리고 제2장 전체.
2. ES 2 [Oe 816]. 참조 : EC 213 [EC 207, Oe 669.]
3. Frédéric Schlegel, *Philosophie des Lebens*, 제1강의 (Vienne, 1846).

이다. 따라서 그 방법은 이미 진실한 앎이다. 그리고 이것은 개념적인 학설의 연역을 준비하는 것이 아니라, 정신적 진보가 전개됨에 따라서 정도의 차이에 의해 생겨나게 된다. 이것은 결국에는 정신적 진보의 풍모와 내적 리듬일 뿐이다.

따라서 우리는 베르그송주의의 출발점을 (회프딩이 그렇게 했던 것처럼) 인식의 비판에서 또는 그 중심이 직관의 관념인 인식형이상학認識形而上學, la gnoséologie에서 찾지 말자. 이러한 표현 양식은, 베르그송 사유로부터 단지 정식화된 체계만을 즉 어떤 이즘(이런 종류로서 "직관주의")만을 간직하면서 해석자를 완성된 베르그송주의 앞에 스스로 자리 잡도록 강제하는 것인데, 이는 그 해석자가 그 사유의 생성과정에 참여하고 또 그것의 의미에 침투하게 하는 것이 아니다. 베르그송이 회프딩에게 보낸 답신에서, 베르그송은 아주 분명하게 그리고 아마도 그의 모든 이유들을 말하지 않고도, 회고적 진술에 대해 항의했다. 그리고 그가 주장하기를, 자기 학설의 생생한 중심은 직관보다 오히려 지속이라고 한다.[4] 직관의 형이상학으로서, 베르그송주의는 단지 여러 체계들 중의 한 체계일 뿐이다. 그러나 지속의 경험은 그것의 진실하고 내재적인 스타일을 규정한다. 그 경험 속에서 우리는 "무한히 단순한" 이미지를 재발견한다. 그 이미지에 대하여 「철학적 직관」L'Intuition philosophique(1911)에서 문제 삼고 있으며, 그 이미지는 진실로 베르그송 명상의 생생한 근원이다. 예지적 노력, 자유, 목적성, 영웅주의라는 네 가지 전형적인 문제들을 통하여 이 이미지의 연속적인 구현작업을 따르기에 앞서서, 우리가 영혼의 사정들 속에서 온전히 베르그송의 수행(고행, 금욕)을 주문했던 "원시적 사실"을 재발견해 보자.

제1절 전체와 요소들

---

4. Harald Høffding, *La philosophie de Bergson*, 1916, 부록, p. 161. 크로네(Richard Kroner)는 『로고스』(*Logos*)(러시아의 *Logos* 지, 1910, pp. 86~117)의 제1권에 실린 연구에서, 베르그송주의에서 직관적 형이상학과 지속의 정신적 전망 사이를 근거 있게 구별했다. 그러나 회프딩처럼 그도 형이상학의 골조(l'armature, 지지기반)로부터 잘못 출발하였다. 다음을 참조: Léon Brunschvicg, *Le Progrès de la conscience dans la philosophie occidentale*, 1927, 제2권, p. 659.

이 수행론cette ascétique은 물질적 실재성들의 유일한 도식 위에서 성공했던 방법에 대해(우리는 메커니즘들les *mécanismes*이라 말할 것이다), 표현의 남용일지 모르지만 정신적spirituelles — 심적이면서도 생명적인(우리는 이것들을 요약하여 유기체주의들이라 부른다) — 실재성들에 필연적으로 귀착된다. 생명의 질서에서처럼 정신의 질서에서도 근본적이고 진실한 사실, 그것은 "지속한다"는 사실이다. 또는 같은 말이지만, 기억 같은mnémique 성질은, 독일 진화생물학자인 제몬에게서처럼 대규모 생명의 기억 전체에서 고려된다면, 생명의 매 순간에 오직 우리 경험들의 영구성을 보증한다. 사람들이 말하듯이5, 기억은 파생적이고 지체된 기능이 아니다. 독립적 기관이나 분류와 분배의 방법적 능력이 생성되기에 앞서, 기억은 자체적인 내적 지속의 정신적 모습(얼굴)과 다른 것이 아니다. 사람들은 그것을 영혼의 비망록 또는 달력처럼 다루고자 고집하는데, 이때에 기억은 단순히 다음 것을 표현한다 : 우리의 인격은 아무것도 상실되지 않는 세계이며, 무한히 자존심 강한 영역인데, 여기에서 최소한의 진동이 스며들면서도 이어지는 [고유한] 음색들을 각성시킨다. 기억은 경험들 자체로 잔존하는 나의 경험들의 아주 원시적인 완강한 고집일 뿐이다. 기억은 수많은 내용들을 서로가 서로를 가로질러 연속하게 하는 어떤 것이다. 그것의 집합은 매 순간 우리의 내적 인격의 현실적 상태를 형성한다. 그러나 연속성이란 무한성을 의미하며, 전체에서 전체로의 내재성은 이런 방식으로 정신의 법칙이 된다. 그렇다고 기억은 추억들을 글자 그대로 쌓아두는 것이나 축적하는 것이 아니다. 음악학자인 포레-프레미에6가 그것을 명철하게 제시했듯이, 기억은 소유의 증가라기보다 오히려 능력의 훈련이며, 과거의 등록이라기보다 오히려 과거의 능동적 "재창조" 또는 실현화이다. 베르그송 자신도, [기억을] 공간으로 변신하게 하는 것을 매우 적대시하여, 두뇌를 이미지의 저장고라고 생각하기를 거부하고, 또 이미지들을 용기容器 속의 내용물들로 생각하기조차

---

5. Pierre Janet, *L'évolution de la mémoire et de la notion du temps*, 1928 [1927~1928 꼴레주 드 프랑스 강의를 단행본으로 펴낸 것이다 — 옮긴이], pp. 1~6.

6. 특히, 포레-프레미에(Philippe Fauré-Frémiet)의 *La recréation du réel et l'équivoque* (1940)와 *Esquisse d'une philosophie concrète* (1954)를 참조하라.

거부하였다. 확실히 이것은 시간 자체를 가지고 추억들의 저장고(그릇)를 만들고 자 하는 것은 아니지! 그런데 "보존"은 양어장과 같은 공간적 이미지이다. 그래도 진실한 것은, 과거가 감촉할 수 없는 것으로 우리의 현실적 존재에 성질을 부여 하고, 그리고 과거를 매 순간에 환기할 수 있다고, 심지어는 보존[보존되어 있다는 사실]이 되부름(불러옴)으로 나올 수 있는 무매개적 자료라고 단순히 결론짓거 나, 또 심지어는 과거가 우리 자체에서 문자 그대로 잔존하고 있지도 않고, 또 생 성의 무의식 속에서 *dans l'inconscient* 잠들어 있지 않고 있다고 하더라도 말이다. 베 르그송의 시간은 자체로 있음도 안에-존재 *être-dans* 도 아닌, 잠재적인 보존도 저장 도 없는 역설적 잠복이 아닐까? 베르그송의 시간은, 아무것도 잔존하지 않고 또 잔존하는 과거가 잔존할 수 있게 해 주는 것이 아무것도 없는, 재현될 수 없는 잔 존이 아닌가? 그 시간은 창조적 보존 즉 저장고 없는 보존이 아닐까? 이런 신중 함을 수단으로 해서, 사람들은 『시론』과 더불어 지속을 눈사태에서 커가는 눈덩 이에 비교할 권리를 갖는다. 상기의 불연속이란 것이 우리가 생성의 연속성을 시 간에 암시하고자 하는 것을 얼마나 가로막았던가! — 따라서 이제 첫째 대립으로 서 생체주의들의 생명과 기계주의들의 현존 사이에 대립이 있다. 물질적 체계[물 질계]란, 사람들이 그것을 생각하는 매 순간에 있는 그 무엇[사물]의 전체이며, 또 그 체 계는 그 무엇일 뿐이다. 지속하고 있지 않은 물질계는 어떤 의미에서는 영원히 순 수하다. 왜냐하면 물질계는 자기 현재에 색깔을 입히고 현 상태로 유지하게 하는 어떠한 과거도 소유하지 않기 때문이다. 그러한 이유로 베르그송은 그의 주제에 맞게 라이프니츠의 표현을, 즉 순간적 정신 *mens momentanea* 을 상기한다. 이것은 플 라톤이 『필레보스』에서 굴 les huitres 과 메두사 les méduses 에게 부여한 순간적인 의 식이 아닌가? 조약돌은 겉보기에 "낡아서" 변형될 수 있다. 그러나 이 경우에 그 조약돌의 계속적인 상태들은 한 상태에서 다른 상태로 외적으로 남아 있을 것인 데, 그 상태의 이전이 느껴지지 않을지라도, 그 어떤 이전[조약돌 상태의 변이]도 지 난 상태를 새로운 상태 속에 끌어들이는 데 성공하지 못한다. 왜냐하면 사람들 이 유명한 두 시구를 환언하여 설명하면서, 이렇게 말할 수도 있는데, 즉 지속 없 는 사물들은 사물들이 [현재] 있는 그 무엇 그대로만 있을 것이기 때문이고, 그리고 그것은 항상 그리고 총체적으로 그 자체들로 있는 물질적 사물들의 경우이기 때문이다. 반대로 정신적 실재성은 감촉할 수 없을 정도로 미묘한 전통들을 운반 전달하면서, 영속적으로 암시들[암묵적 내용들]을 짐 지고 있다. 이 내용들의 각각은, 각각이 가정하는 은연중의 암시들과 축적된 경험들로 된 그 모든 것에 의해, 말하자면 거룩하고 심오하다. 그런데 가장 미미한 인간적 감동도 보물이며, 사람들에게는 이 보물이 셀 수 없을 정도로 풍부하다. 왜냐하면 이 감동은 수많은 인격의 경험들이 조용하게 침전시켰던, 마치 퇴적층들처럼, 연속적인 과거를 증거하기 때문이다. 확실히, 글자 그대로 [분할된] 선분은 없다. 왜냐하면 모든 위치화[자리매김]은 속임수(미끼)이기 때문이다. 그리고 경험들은 저장고 속에 식료품들을 쌓아 놓는 것처럼 축적되지 않는다. 그럼에도 불구하고, 정신적 명철함에는 풍부하며 연속적인 변모가 있다.

이 첫째 대립은, 이 대립을 완전하게 할 이것과는 다른 대립을 만든다. 이런 이유로, 정신의 지속을 구성하기 위하여 보존적인 기억에는 보조물이 필요하다. 이 유일한 시간적 "내재성"immanence은 생체주의와 기계주의를 환원할 수 없을 정도로 차이화하는 것으로 충분하지 않다. 현재 속에 과거의 진실한 함축은 아닐지라도, 사람들이 과거의 어떤 현전[출현]을 말할 수 있기 위해서는, 거대한 계속에다가 어떤 공현존과 같은 내재성이 무매개적으로 결합되어야 한다. 왜냐하면 정신적인 것은 여러 가지 수많은 고려의 차원에서 늘어날 수 있는 것이라기보다 훨씬 더 "탄성적"이기 때문이다. 다시 말하면, 만일 그 정신적인 것이 자기(정신)의 극장의 면모들을 등록하고 영구적으로 반복한다고 하더라도, 그것은 또한 매 순간에 자기의 고유한 총체성을 재구성하는 데 있다. 그러나 그것은 외래적 경험들(우연히 얻은)을 보존했고, 그리고 그것이 어떠한 균열의 흔적이나 깊은 다수성의 흔적도 지니지 않는 것처럼, 그것은 이 경험들을 동화시키고 소화시키고 총체화하였다. 그리고 이 경험들은, 마치 정신적인 것이 경험들을 변모시키듯이, 정신적인 것을 변모시켰다. 이렇게 모든 정신적 실재성은 자연적으로 어떤 총체화하는 탁월성[덕성]을 지닌다. 이 총체화의 덕성은 정신적 실재성에 수입된 모든 변양들을 삼켜버리게 하고, 그리고 발자국마다 자기의 총체적 생체주의를, 그러나 연속적으로 변형된 생체주의를, 재구성한다. 그리고 이 총체화 작업이 매 순간에 정신적 유기체주의[생명주의]의 모든 요소들에 근거하는 것처럼, 우리는 이렇게 말해야 한다 : 생명의 내용물들만이 시간 속에서 그것들 자체로 **잔존될** 뿐만 아니라, 이 내용들이 말하자면 그것들 자체로 다시 살아가는데, 즉 부분적으로는 같은 시기의 내용물들 각각 속에서, 그리고 전체적으로는 이것들이 표현하는 정신적 인격 속에서 살아간다. 이 상호 내재성에 대해 우리 오성은 공포를 갖는데, 반대로 우리 예술들은 그것을 모방하려고 애쓴다. 그러나 어떠한 예술도 음악만큼 성공하지는 못했다. 왜냐하면 틀림없이 음악은 다성음악 덕분에, 영혼의 상태들의 내밀한 이해를 표현하는 어떤 다른 예술보다 더 좋은 수단을 가지고 있기 때문이다. 다성음악은 중첩된 여러 목소리들을 평행하게 인도해줄 수 있지 않는가? 이 여러 목소리는 동시에 표현되고 있으며, 또 이것들 사이에 분명한 구별들을 짓기도 하고 심지어는 대립 됨에도 불구하고 조화를 이루고 있다는 것이다. 사람들은 《펠레아스와 멜리장드》Pelléas et Mélisande(1902)의 불가사의한 서곡을 상기한다. 이 곡에서 18박자를 시작하자마자 드뷔시는 골로(아버지가 다른 펠레아스 형)의 주제음과 멜리장드의 주제음을 대결시키고 있고, 따라서 두 인물의 숙명들 사이에 매여 있는 비극적 결합(통합)을 표현하고 있다. 또한 리스트가 《파우스트 교향곡》La Faust-Symphonie(1857)에서 가장 대립된 감동들을 서로 술 빚듯이 혼합하는 그 경탄할 말한 미묘함을 어떻게 찬탄하지 않겠는가? 즉 대립은, 첫 악장에서 파우스트의 사랑과 파우스트의 사색적 불안 사이에, 둘째 악장에서 파우스트의 사랑과 마가레테의 사랑 사이에 있다. 주제음들은 대치되고, 뒤섞이고, 상호 전염되기도 하며, 이 주제음들 각각이 다른 모든 주제음들의 순서표시를 지닌다. 매 순간에 내적 생명은 이렇게 만들어진다. 이 내적 생명은 우리에게는 연결 없이 보이는 경험들의 역설적인 대위법들로 연합한다. 따라서 경험들의 각각은 전체 인격에 근거하여 증거한다. 스토아 학자들이 패러독스처럼 제안했던 "총체적 혼합"mélange total은 연속적으로 살아온 실재성이 아닌가?

정신적 사물들[영혼자체, 자연자체]의 분명하고도 실로 모방할 수 없는 특성은 ─ 생체주의, 즉 예술작품 또는 영혼 상태 ─ 따라서 항상 충만되어 있는 것이고,

항상 완전하게 자기 자체에 충분하게 되어 있다[자족이다]. 부분과 전체의 구별은 무기물적인(타성적) 물체의 세계에서만 의미 있을 뿐이다. 이 타성적 물체들은 서로가 서로에게 바깥으로만 존속하면서, 항상 보다 광대한 일체 집합의 부분들로서 고려될 수 있고, 이 일체 집합과 더불어서 외적 관계를, 즉 지형상의 관계를 유지한다. 반대로 생명의 우주는 개별자들의 우주이며[7], "섬과 같은" 총체성들의 우주이며, 단어의 고유한 의미에서 걸작들의 우주이다. 이 걸작들은, 플로티노스의 가지성들les intelligibles처럼[8], 총체성의 부분들이며, 다시 말하면, 개별자들이 부분이 될 것 같은 세계의 완전한 총체를 각각이 표현한다. 이처럼 전체는 셸링이 말하듯이[9] 디오니소스일 뿐이다. 그리고 플로티노스: 판타 파사이πάντα πᾱσαι, 모든 영혼들은 모든 사물들이다! 이것은 본능의 연구가 처음으로 우리에게 증명할 무엇일 것이다.[10] 사람들이 절반의 감정을 또는 감각의 조각을 생각하는 것이 아니듯이, 절단된 또는 분수화된 본능을 상상할 수 없을 것이다. 한 종에서 다른 종으로, 본능은 단순히 질적으로 변한다. 그러나 주제는 본능이 옷 입고 있는 변이들 중의 각각의 변이에서 전적으로 현재로 있다. 이 변이 각각에서[각 생물 종에세] 독창적인 주제는 둥글둥글하게 되고, 사적 영역의 중심에 자리 잡게 되어 있다[개체성을 이루게 된다]. 원시적 물체들이 있는데, 이것들은 전체와 부분 사이에 점진적인 이전들을 인정한다. 그리고 과학의 역할들 중의 하나는, 느낄 수 없을 정도의 전이들이 교묘하게 스스로 준비되는 것이고 또 그것들을 가지고 개별자들의 독창성이 사라지는 아름다운 계통들을 만든다는 것이다. 생물학자인 비알르퉁은, 자신의 불연속들의 첨예한 의미를 변형론transformisme의 부정으로 끌어

---

7. EC 13 [EC 13, Oe 505]. 다음을 참조: Georg Simmel, *Lebensanschauung. Vier metaphysische Kapitel*, 1918, pp. 99, 114, 189 ; *Zur Philosophie der Kunst, Philosophische und Kunstphilosophische*, 1922, pp. 46~50.

8. Plotin, *Ennéades*, V, 5 [플로티노스, 『플로티노스의 엔네아데스 선집』, 조규홍 옮김, 누멘, 2019]. 다음을 참조하라. IV, 2, 1 : ὅλων… ἐν ἑκαστω εἶναι τῶν μερισθέντων… . 그리고 IV, 3, 8. 다음을 참조하라. I, 8, 2. "총체적 부분"(Partes Totales) : Gottfried Leibniz, *De rerum originatione radicali* (Gerhardt, VII, p. 307). EC 129 [EC 126, 601].

9. Friedrich von Schelling, *Philosophie de la Révélation*, 21e leçon, 1831 (XIII, p. 463). 다음을 참조: MR 229.

10. EC 104, 186, 205 [EC 166~174, Oe 635~642 ; EC 177, Oe 645].

가는데, 이 점에 관해서 베르그송의 직관들을 확정해 줄 것이다. 모든 종은 이 원리로부터 마땅히 살아갈 수 있게 태어났음이 틀림없다. 상호관계들은 유기체가 살아가도록 하기 위하여 단번에 충족한 것으로 나타났다. 거기에는 기관들의 초안들도 기능들의 골격들도 없다.[11] 이로써 그것은 우리의 계통들을 완전하게 할 숙명을 지닌 허구적 매개들이다. 실제로 모든 형상[형식]은 필연적으로 규정된다. 왜냐하면 이 형상은 존속하기 때문이며, 기능은 단번에 기관을 만들기 때문이다. 또한 다른 곳에서[12], 비알르똥은 최소한의 단세포 유기체가 이미 완전하다고, 그리고 엄격히 밀하면 "기본적인"인 개체는 없다고 제시하였다. 유기체는 완전히 전체이거나, 또는 유기체는 완전한 전체가 아니다. 이것은 순수하고 정신적인 추억과 운동하는 추억의 구별이 훨씬 더 분명하게 제시되리라는 것이다.[13] 순수 추억은 즉시로 완전하다. 습관은 반복의 효과에 의해 조금씩 구성되는 반면에, 진실한 추억은, 미네르바처럼 성인을 태어나게 한다. 반복은 그 진실한 추억을 장악하지 못한다. 왜냐하면 그 추억은 매 순간 규정되고 자치적이기 때문이다. 추억의 본질은 의식에 의해 현실적으로 경험되며 살아왔던 것이다. 따라서 추억은 순간적으로 모든 정신을 채우고 있고, 또 추억은 단번에 유기체화되고 독립적인 것으로 나타난다. 이런 결과로 순수과거는, 비아르똥의 이론 속에서 돌발적인 폭발들과 경험의 단절들에 의해 생물학적 종들이 솟아나는 만큼이나 갑작스럽게 우리속에서 가끔 솟아난다. 프루스트처럼, 침공과 솟아남이, 즉 돌발적 난입이, 갑작스러운 변환이 있다. 따라서 정신적 사물들은 항상 전부이다. 이제 이런 이유가 있다 : 틀림없이 물질적 파편들에는 생명의 파편들이 전혀 대응하지 않듯이, 마찬가지로 문단 구절의 조각들에는 관념들의 조각들이 전혀 대응하지 않는다.[14] 그

---

11. Louis Marius Vialleton, *L'origine des êtres vivants* (Paris, 1929), p. 315.

12. Louis Marius Vialleton, 'Morphologie et transformisme', *Le Transformisme* (Paris, 1927), p. 68 ; *L'origine des êtres vivants*, pp. 328~329. 드리쉬(Hans Driesch)는 『유기체의 철학』(*Philosophie des Organischen*, 4판, 1928)에서, 재생(régénération)은 완전한 개체를 재건하기 위해 포배 단계(le stade blastula)에서부터 개입한다는 것을 보여주었다. 여러 난할구(blastomères)로 잘린 성게의 알은 축소되지만 완전한 개체를 만들 것이다.

13. MM 76, 80. 다음을 참조 : 88.

14. MM, 210 ; EC 101, 102, 103, 336, 383 ; ES 209. 다음을 참조 : Max Scheler, *Vom Umsturz der*

리고 앞서 우리는 아주 닮지 않은 두 개의 텍스트들 사이에서 예견해 보자. 하나는 정신적 텍스트인데 이들의 모든 파편들은 총체적인 것이며, 다른 하나는 물질적 텍스트인데 이것들의 모든 파편은 파편적이다. 사람들은 문자 그대로 어떠한 평행론이라도, 병치하는 선들의 어떠한 치환이라도 생각할 수 없다. 시는 항상 시 자체의 고유한 텍스트 저 너머에 있다.

영혼의 사물들의 이런 특별성particularité은 우리들로부터 완전히 역설적인 방법을 요청하러 갈 것이다. 사람들은, 충만의 철학인 베르그송주의가 '전부 아니면 무'의 절대적이고 총체적인 법칙을 인정한다고 정확하게 말할 수 없다. 이 법칙은 스토아주의에 따르면, 유용한 법칙으로서, 미덕과 악덕의, 지혜와 광기의, … 대안(진퇴양난)l'alternative이다. 베르그송은 햄릿의 최후통첩, 즉 '사느냐 죽느냐!'라는 이 위급한 최후통첩을 더 이상 가슴에 품지 않았다. 진실이라는 것, 그것은 갑작스러운 변이[돌연변이]가 단지 질적인 새로움에 이른다는 것이다. 이 새로움에, 경험론le génétisme[l'empirisme과 같은 뜻]의 단계적 증가 또는 감소들이 미래에도 결코 이르지 못한다. 라브뤼에르가 말하기를, 사랑은 사랑에 의해서 시작한다.[15] 마찬가지로 사람들은, 정신은 정신에 의해 시작한다고 말할 수 있을 것이다. 만일 환원할 수 없는 감정의 특수성과 독창성 속에서, 우리가 처음부터 그 감정을 완전히 우리에 의해 주어지는 것으로 시작하지 않는다면, 우리는 연역의 길 위에서 그 감정을 만날 어떤 기회도 잡지 못한다. "환원주의"에 대립하여, 즉 환원하는 방식에 또는 연역하는 방식에 대립하여, 베르그송은 각 경험과 각 문제가 따로 그리고 그것들 자체로, 다시 말하면 그것들[경험과 문제]가 독자적인 것처럼 사유되기를 바랐다. 따라서 사람들은 살아있는 실재성들이 다른 어떤 실재성들로부터 이런 실재성들을 생겨나게 할, 즉 지성으로부터 본능을, 습관으로부터 추억을, 동물로부터 인간을, 배아적 감동으로부터 완전한 감동을 생겨나게

Werte, 1919, t. II, pp. 117과 그 이하. 'L'introduction à la métaphysique', *Revue de métaphysique et de morale*, janvier 1903 (PM 192 [Oe 1404~1405]). 동등하게, 우리가 보게 될 것이지만, 타격을 입은 대뇌피질의 이런저런 영역에는 기억상실증들의 경우에서 사라진 추억들의 이런저런 집합들에 전혀 대응하지 않는다.

15. 다음을 참조 : Friedrich von Schlegel, *Lettre sur la philosophie*, Minor, II, 331.

할, 어떠한 것도 얻지 못한다. 그 결과로 우리가 곧 보게 될 것이지만, 이해한다는 작동l'acte은 단어들로부터 의미로 가는 것이 아니라, 의미로부터 의미로 가며, 부분으로부터 전체로가 아니라 전체로부터 전체로 간다. 정신은 정신만을 가정한다. 왜냐하면 정신은 전체이기 때문이다. 그리고 마찬가지로, 의미 그 자체가 아니라면, 의미에 앞서서 아무것도 없다. 왜냐하면 의미는 전체이기 때문이다. 라이프니츠의 표현에 대한 분석적 학설은 아마도 이 점에 관해서 사람들이 베르그송의 내재주의에 대해 그렇게 믿는 것과 매우 다르지 않으며, 라이프니츠는 정신적인 것의 이 특수성을 심도 있게 표현했다. 그가 실체에 있어서 다른 언어로 표현한다 할지라도16 기계une machine와 생명 있는 것le vivant 사이에 차이가 있다는 것, 그것은 기계의 부분은 진실하게 그리고 순수하게 **부분**이라는 것이며, 반면에 유기체의 부분도 또한 유기체이며, 마찬가지로 이 부분의 부분도 또한 유기체이며 무한히 계속히여도 마찬가지이다. 무한대 크기는 무한소 크기만큼이나 이런 점에서 동일성의 원리와 보존의 원리에 대하여 거짓으로 기록된다. 왜냐하면 모나드는 대우주의 소우주 표현인 것처럼, 이와 마찬가지로 유기체주의는 그것의 최소한의 소우주적 요소들에까지도 또한 유기적이기 때문이다. 사실상 자석磁石은 무한히 자기력을 띠고 있어서 이런 경우에…[그처럼] 될 것 같다. 그러나 유기체주의는 특별나게 힘든 생명을 갖도다! 유기체주의는 그 최소한의 부분들 속에서 총체적으로 남아 있는 데[기여하는 데] 비해, 기계는 그것에 속한 요소들의 합력une résultante일 경우에만 총체적이다. 그러한 것은 정신에도 동일하게 가치를 지닌다. 물질적 체계들에서 따로 떨어진 조각은 그 자체로 이미 내재적이고 자치적인 모든 의미가 박탈되었다. 그 조각은 진실로 단순한 부품인 것이다. 왜냐하면 전체 모두는 보조적인 다른 조각들에 상대적이기 때문이고, 그리고 이 관계가 정확하게 자기 존재근거를 다 써버린다. 그러나 생명의 재질로부터 잘려나간 감동, 추억, 의욕은 순간적으로 정신적 영역을 재생하려고 하고, 충만한 우주 속에 순서 있게 배열된다. 어떤 허구도 어떤 분석도 이것들의 의미 충만함과 일종의 정신적 무

---

16. Gottfried Wilhelm Leibniz, *Monadologie*, § 64 (참조 : Lettre à Arnauld, 9 octobre 1687).

거움[중후함]을 이것들에게서 상실하게 할 수 없다. 우리는 본능적으로 생명의 작품 속에서 충만과 중후함을 예감한다. 왜냐하면, 내적 세계의 총체성은, 말하자면 정신성의 후광으로 우리의 보다 소박한 몸짓들을 감싸고 있으면서, 바로 여기 현재하고 작동하고 있기 때문이다.[17]

따라서 정신적 사물들의 내재성은 이중 얼굴을 제공하는데, 그러나 사람들은 근원이 유일하다고 생각한다. 만일 우리의 모든 현실적 경험들이 가족적 분위기를 갖는다면, 각각의 경험이 우리 자아 전체를 표현할 수 있고 재현할 수 있다면, 이 경험들은 기억에 의해 공통의 배아에 묶여 있게 된다. 경험들이 이 배아의 에너지들과 경향들을 자유롭게 했다. 우리의 지속은 다수성으로 확 펼쳐지면서 두께가 두꺼워진다. 말하자면 다성음이 된다. 깊은 친족성이 분리된 경험들을 다시 묶는다. 정신적 실재성들은 그 자체들에서 이중적으로 내재한다. 왜냐하면, 실재성은 영속되기 때문이며, 또한 경험들은 총체화되기 때문이다. 기계주의들은 이것들 자체의 바깥에 남아 있다. 하나의 기계주의도 그 너머에서 어떤 것을 포함하지 못한다. 이 부분들의 열거는 기계주의의 실재성 전체를 문자 그대로 다 써버린다. 엄격히 말하자면 완전한 기계와 더불어 기만이라는 것은 결코 없으며, 놀라움도 결코 없다. 감퇴(쇠약)들 중의 어떠한 것도 또한 어느 정도에서는 생명의 표시[서명]인 기적들 중의 어떠한 것도 결코 없다. 완전한 기계는, 지성 없는 본능처럼, 기계가 허용하는 모든 것을, 그러나 기계가 허용하는 것만을 제공한다. 기계의 시각적 실재성은 우리 지성이 권리상 도달하는 어떤 것의 모두를 우리에게 제공할 수 있다. 그러나 우리는 그것에게 더 이상 요구한다는 것이 헛됨을 안다. 기계주의는 알아맞히고 예견할 어떠한 것도, 탐구할 어떠한 것도, 내버려두지 않는다. 기계주의는 새로운 해결책들을 창조하지 않는다. 그것은 문제들보다 앞서가지 않는다. 그것은 발명적이지 않다. 기계주의가 이루었던 그런 상황들이 있고, 기계주의가 이루지 못했던 다른 상황들도 있다. 이게 전부다. 반대로 생

---

17. 참조 : Ravaisson, 'De l'habitude', *Revue de métaphysique et de morale*, 1895, pp. 3~5. 그러나 라베송의 직관들은 추상적이고 거기에서는 아리스토텔레스적인 정식들도 복잡하게 되어 있다. ─ Émile Boutroux, *De la contingence des lois de la nature*, 1874, pp. 78~81.

명의 유창함l'éloquence은 특히 묵설법들로 이루어진다. 생명이 얼마 안 되는 작은 부분일 때, 우리는 모든 것이 가능해진다는 것을 혼란스럽게 느낀다. 생체주의들은 깊이[심층]들이 있다. 이것들은 말하자면 그것들 자체보다 저 너머에 있다. 또는 더 좋게 말하자면 그것들은 자신들이 [현재] 있는 무엇이 아니라 자신들이 [현재] 있지 않은 무엇이다. 그것은 그것들 자체와는 다른 무엇이며, 그것들 자체보다 더 많은 무엇이다. 연속적으로 비존재non-être인 생성은 존재로서 제시됨이 없이 지낼 것이며, 변질인 생성, 다시 말하면 동일자가 다른 것이 되는 생성은 따라서 이 심층의 자연적 차원이 될 것이다. 예를 들어 위대한 영혼들의 불가사의는 이 영혼들이 우리를 슬쩍 가로채는 짓을 전혀 하지 못하게 하지 않는가? 또한 우리가 주의 깊게 또 신중하게 이 영혼들에게 질문할 수 있었다면, 그럼에도 불구하고 영혼들이 우리에게 말한 것에 관해 우리는 확신했을 것이다. 따라서 심층에서 이런 유기체화 작업은, 즉 지속이라는 특징을 지닌 거대한 무한성은, 모든 논리를 회피하는 생명의 연속으로 이루어지는데, 왜냐하면 무모순이 그 자체로 지적 순수성과 단순성의 요청을 대변하기 때문이고, 또한 이 요청은, 시간의 제거에 따라, 혼재된 존재들의 분리에 따라, 현존들의 증류에 맞게 자연적으로 정신을 초대하기 때문이다. 그리고 우리는, 영혼의 사정에 맞는 밀도에 의해 필연적이 된 방법이 전적으로 "비합리적"일 수 있다는 것을 이미 막연하게 예감하고 있다. 그래서 철학이란 플라톤에서처럼 대우주의 요약적인 광경(파노라마)이 더 이상 아니고, 오히려 지하로[내부로] 파고드는 것이고, 특별한 실재성들에 대한 강도 있는 깊은 탐구이다.

제2절 회고적 시각과 전미래의 신기루

이제 우리는 지적 시각의, 다시 말하면 진행방식의, 구성적 착각을 정의해야 한다. 여기서 진행방식이란 기계적 현존들을 위하여 방법들의 내부에 응용하는 방법을 의미한다. 문제들이 나타나는 그 앞에서 지성의 자연적 반작용(반동) la réaction은 이 문제들을 이해하기 위하여 지성의 대상들을 열거하는 데 있으며, 또는 데카르트가 말하듯이 의문점들을 분할하는 데 있다. 그러나 이런 자세는 발견의 원초적인 계기에 상응한다. 그리고 이런 계기가 가능한 어느 곳에서나, 발견의 방법에 대한 사유는 교훈적 사유로 전환하는 것이 중요하다. 만일 이렇게 말할 수 있다면, 도처에서 그런[교훈적] 사유가 스스로 학설이 되는 데 있다. 그리고 난점들의 분석이 탐구되어야 할 지식에 상대적인 것처럼, 이렇게 존재들의 재구성은 발견되었던 과학에 상대적이다. 구성된 과학을 소유하는 정신은 가장 잘 재구성하는 자세들만을 본능적으로 채택하고, 그리고 많은 것에서 적은 것으로 가는 전시의 순서에 따라 획득된 운동의 고갈에까지 이완된다. 그런데 **설명**의 고민은 교훈적인 사상을 겉으로는 적은 것에서 많은 것으로, 부분에서 전체로 진행하는 데로 이끌려는 것이다. 그러나 학설적 종합은 완성된 과학을 조종하는 경제적 메커니즘들의 착각적 반증일 뿐이다. 왜냐하면, 그 체계가 출발하는 그리고 체계가 재구성하는 요소들은, 체계가 회복하려는 체하는 전체와 관련하여 진실한 **빼기**/minus/를 심리학적으로 재현하지 못한다. 전체의 **부분들**이 진실로 부분들이 되기 위하여, 부분들이 **몫들**(할당)로서 생각되기 위하여, 그 귀결로서 부분들의 전체화가 진실한 심리학적 확대를 표상할 수 있기 위하여, 사유의 부풀리기 la dilatation, 즉 종합의 운동에서 부분들의 선행성은 이상적이 될 뿐만 아니라 연대기적이 될 것이다. 그리고 그 선행성은 혼합물(구성된 것)을 절대적으로 앞서가게 될 것이다. 그런데 분화된 부분들은 당연히 전체보다 더 추상적이며, 이 부분들은 완성된 과학의 내부에서 앞선 분석으로부터 그 부분 자체들이 결과로 나온다. 오히려, 이것은 구체적 "부분들"이라기보다 문제 제기의 방식의 과정에서 반성적으로 원초적 총체성의 추출된, 정교화된, 도출된, 요소들이다.[18] 사람들은 총체성들의 공간적 **분할**에 의해 부분들을 얻는다. 이 부분들은 합산하는데, 복잡화 과정을 재생산한다. 그러나 요소들은 지적이고 정화하는 분석의, 즉 사물들의 논리적 접속들을 따르는 분석의 용어이다. 메피스토펠레스가 학생에게 말하기를 "살아있는 어떤 것을 인식하고 묘사하고자 원하는 자는 정신을 추방하면서 시작한다. 그러면, 정신은 그에게 한 움큼의 손바닥 안에 조각들로 남는다. 애석

---

18. *Note sur les origines psychologiques de notre croyance à la loi de causalité* (Bibliothèque du Congrès international de Philosophie, 1900, I, p. 15).

하게도 정신 연결만 부족할 뿐이다." 이리하여 가장 많은 가능적인 우리 사고는 단순하고 순수하고 동질적인 요소들로 주어지는데, 이는 요소들에 관해 전적으로 고요하게 작업하기 위해서이다. 왜냐하면 요소들의 형식적인 순수성에도 불구하고, 요소들은 앞선 긴 노력을 재현한다. 그리고 이런 것 자체는 조합하는 기술의 외연적이고 타성적인 특징을 설명한다. 이 기술의 방식으로 사유는 이 요소들을 모은다. 요소들의 무리 짓기에 앞서 인도하는 종합의 운동은 환원적 분석을 완성하고, 그럼에도 불구하고 이미 알려진 총체성을 회복한다. 따라서 사람들은 이렇게 말할 수 있다 : 지성은 지성이 요소들로부터 출발한다는 점에서 요소들의 사고이며, 또한 지성은 자기 편한 대로 거기에 있을 뿐이고, 거기에서 사물들을 요소적인 부분들로, 개념들로 또는 불가분의 원자들로 쪼가리를 내기에 성공했을 때, 지성은 요소들에게 수를 부풀리는 것 이상의 것을 하지 못한다. 예를 들어, 스펜서의 진화론 또는 관념연합론은[19] 이렇게 진행해 나간다. 이 진화론은 전체를 뒤늦게 나온 인위적 요소들을 가지고 재구성하는 것이며, 구체적 사물들 대신에 「형이상학 입문」에서 실재성의 "지적 등가물"이라 불렀던 것을 대체한다. 이것이 걱정거리(고민)인데, "원자론적" 심리학들이, 즉 꽁디악의 심리학 또는 뗀[20]의 심리학이, 아직까지도 드러낸 걱정이다. 그리고 일반적으로 모든 체계들도 그러하다. 그 체계들의 도안은 총체성을 단순한 요소들로, 즉 변형된 감각들 또는 신경 충격들로, 재구성한 것이다. 또한 이상이란 것l'idéal도 그러하다. 그 이상은 구체적 자연학에 대립하며, 또한 성질들과 개별자들을 존중하는 자연학에도 대립한다. 이 자연학에 따르면, 사물들의 분절들(음절들)은 동질적 요소들로 환원된다. 그래서 전 자연은 거창한 "범씨앗상점"une panspermie일 것이며, 다시 말하면 모든 면에서 닮은 씨앗들les semences의 상점일 것이다. 여기서는 물체들을 재

---

19. MM 144~145, 180 ; EC 31 (주석 1), 32, 396~397. 다음을 참조 : *La perception du changement* (Oxford, 1911) : PM 151.
20. 특히 다음을 참조 : Hippolyte Taine, *De l'intelligence*, 1870, t. I, pp. 166~188. "환원하다"라는 장에서 청각적 감각들이 중요하며, 그리고 화학적 분석은 어느 정도로는 계속해서 심리학을 추구하고 있다. "요소"(élément)라는 단어에 관하여 다음을 참조 : EC 99, 그리고 'L'introduction à la métaphysique' (PM 181~182, 190, 191~192, 196, 200).

구성하기 위하여 그것들을 다 써버려야만 할 것이다. 그리고 과학은 정신을 위한 휴식하는 놀이가 되어버릴 것이다. 철학에 관해서 말하자면, 철학은 자기 차례가 되어서, **조합기술**Arts combinatoria, 즉 이미 알려진 요소들의 재미있는 배열이 될 것이다.

　사람들은 요소가 전체보다 더 단순하다고, 그리고 이 단순함은 권리상으로 도 사실상으로도 복잡함보다 앞서 있다고 응답할 것이다. 이 편견에 대해 베르 그송은, 다른 문제를 끌어내면서[21], 단순성의 두 가지 종류의 구별을 대립시킨다. 요약하자면, 우리는 이 두 종류의 단순성을 논리적 단순성과 시간 순서의 단순 성이라 부를 것이다. **첫째** 의미에서 조건화 작업은 분명히 조건 지어진 것보다 더 단순하며, 원리는 귀결들보다, 이유는 결과들보다 단순하다. 우리는 요소는 전체 보다 더 단순하다는 것을 덧붙일 것이다. 따라서 단순에서 복잡으로 가는 관계 는 본래 이상적 관계이다. 그러나 **둘째**의 의미에서 단순성의 유일한 기준은 체험 된 경험들의 역사적 순서에서 우선성이라는 것이며, 이렇게 말할 수 있다면, 체험 된 내재적 **자족**autarkie이지, 논리적 또는 초월적 **자족**이 아니라는 것이다. 이렇게 도 말할 수 있을 것이다. 첫째 의미에서 타성[관성]의 관념은 자발성의 관념보다 더 단순하다고, 마치 스펜서의 기계주의에서 동질성이 이질성보다 더 "오랜" 것이 고, 또 추상은 구체보다 더 "오랜" 것이라고 말하듯이 말이다. 그러나 역동주의와 더불어서 둘째 의미에서 말하자면, 자발성은 보다 더 단순한데, 왜냐하면 **내부에 서**du dedans (그리고 베르그송에게서는 이것보다 더 상위의 **심급**une instance은 없 다) 우리는 자유로서 무매개적으로 우리 스스로를 인식한다. 따라서 우리가 주 석을 달 것인데, 재능적 단순성이자 학문적 단순성인 구체적 단순성, 말하자면 계보학적 단순성은 체험된 삶의 단순성이다. 추상적 단순성은 사람들이 실증적

---

21. DI 108 (제3장 시작 부분). 다음을 참조 : 'L'intuition philosophique'(PM에 수록), 그리고 ES 186. 여기서 베르그송은 단위(unité, 통일성)와 단순성(simplicité)을 대립시킨다. 그 단위는 DI 의 구체적이고 생명적인 단순성을 재현한다. 「철학적 직관」(1911)에 관한 베르그송의 논문과 기요(Jean-Marie Guyau)가 『에피쿠로스의 도덕론과 현대 학설들과의 연관들』(La Morale d'Épicure et ses rapports avec les doctrines contemporaines, 1878)(pp. 1~8)을 위하여 1876년에 썼던 놀랄 만한 서문을 비교해 보라.

사실들과 멀어지면서 얻어지는 단순성이다. 추상적 단순성은 실재적인 것이 빈약하며, 벌거벗겨져서, 제복만 입은 것으로 환원되는 것이다. 그러나 생명은[22] 아주 자연적이고 거의 무의미한 운동의 통일성 아래에서 복잡성과 다수성에 대해 무한한 약속들을 감추고 있다. 이것은 추상적 단순성처럼 따분하지도 않고, 색깔 없지도 않으며, 향기 없지도 않다. 추상적 단순성이 우리 자신에서보다, 현상적으로 또는 눈으로 보기에, 달리 말하면 표면만을 장악하는 지성의 시각적 부분에서 먼저일 뿐이다. 이것은 바로 눈으로 보는 데에서 철자들이 단어들보다 먼저인 것과 같다. 왜냐하면 진실로는 어떤 사람도, 철자들을 가지고 단어들로 모으기 위하여 철자들로 말하기를 시작하지 않기 때문이다. 그리고 유사하게도 눈으로 보는 데에서 단어들이 문구[문장]들을 앞선다. 왜냐하면 부정확하고 맞지 않는데도 단어들을 문구로 조직화하기에 앞서 단어들을 다루는 그런 사람을 본 적은 없지 않은가? 완성된 과학을 우리에게 학설적으로 제시하는 문법학들은 우선 알파벳을 가르치고, 그러고 나서 [언어] 형태론을, 그리고 구문론을 가르친다. 그러나 이 교훈적인 순서는 그 자체가 앞선 긴 작업을 가정하는 [문장의] 제작 작업의 순서이다. 이 정교한 발명적 작업에서 "요소적인" 것처럼 나타나는 것, 그것은 알파벳 같은 아톰이 아니라, 추상화 작업의 부차적 결실이며, 이미 말해진 총체성들이다. 그것들의 증거는, 바로 "지도적" 방법들의 목표가 살아있는[생생한] 언어들의 도제[도제 습득] 방식을 가속화한 것으로, 지도적 방법이 살아있는 질서를 모방하기를 애쓴 것이고, 또한 문법적인 존재들로부터 – 실사들, 동사들, 접속사들로부터 – 자극받은 조정[조절 방식] 덕분에 가능한 한 가장 **빠르게** 이미 말해진 총체성들을 만들어 낸 것이다. 말하기를 시작하기에 앞서 문법을 읽어 내기를 끝내야 했던 것도 아닌데, 왜냐하면 사람들은 단지 형용사들만을 가지고도, 전치사들만 가지고도, 대명사들만 가지고도 말하지 않기 때문이며, 그 방법들은 처음부터 우리에게 문장의 총체성을 제공하고자 원하고, 그리고 이어서 이 총체성을 증가하는 정확성을 가지고 전개한다.[23] 게다가 철자들과 음절들은

22. EC 96, 98.
23. 참조: PM 291. (장의 말미의 라베송에 관한 내용을 주목하라.)

실제적으로는 글자 표시법graphique만을 갖는다. 발음상으로, 다시 말하면 언어의 생명에서는 철자들도 음절들도 없으며, 표현되고자 작업하는 관계들 즉 지적 운동들이 있을 뿐이다. 간신히 단어들 그 자체들만이 쓰여진 또는 시각적 실재성보다 약간 더 많이 갖고 있을 정도이다. 왜냐하면 말해진 말씀[구어체]에서, 따로 띨어져 사용된 단어들은 그 자체로 거의 항상 함축된 명제들이며 또는 언어적 "짓거리들"이며, 또다시 말하면 총체성들인데, 그 총체성들에서는 주어, 계사, 술어의 심정적mental 구별이 담론에서 분절되어 있지 않다는 것이다. 베르그송 그 자신은 단어들 속에서 "구절들로 접합되어야 할 자연적 경향"[24]을 알리지 않았는가? 들라크루아가 이를 관찰했듯이[25], 명제로부터 발췌된 언어의 진실한 단위, 즉 단어들은 무차별적이고 비규정적인 원자들이 된다. 그러나 이 모든 일반성들은 문법적 연관들에 의한 놀이에 의해 서로 짜여지고, 정확하고 특수한(사적인) 의미를 획득한다. 그런 이유로 지적 노력은 의미에서 기호들로 가는 것이지 기호에서 의미로 가는 것은 아니다. 우리의 관념들은 이것들에 방향을 정해 주는 정신적 맥락의 내부에서 사유할 수 있을 뿐이다. 낯선 단어를 이해하는 것이 필요할 때(그리고 여기서 '낯선'이란 특히 고립되어 말하는 것인데), 우리는 그 단어를 위해서 어느 정도 가능한 맥락을,[또는] 단어가 의도하고 의미 있게 될 수 있는 환경을 [제멋대로] 꾸며낸다. 이것은 무한히 전체화하는 과정인데, 음악에서 이 전체화는 각 음표 주위에 있는 전체와 더불어 멜로디를 재구성하는 것과 같다. 마찬가지로 온전한 전체의 곡선은 그 곡선의 선분들의 각각 속에 잠들어 있는 것과 같다.[26] 마찬가지로 쌍곡선l'hyperbole의 무한소 조각은 이미 쌍곡선을 포함하고 있는 것과 같다. 마찬가지로 각각의 단어는 전체의 의미를 함축하고 있는 것과 같으며, 만일 우리가 그것을 깊이 파고들어 간다면 그 의미를 표현하는 문구를 회복할 것이다. 이리하여 계사의 중요성이 설명된다. 계사는 태어나고 있는 문구이다. 그것

24. MM 124. 게다가 DI의 두 줄(124, 참조 : 182)은, 우리가 두 개의 단순성의 이론을 예시하기 위해 선택했던 실례를 정당화하는 것 같다. 참조 : 'L'intuition philosophique'(PM 133~134).

25. Henri Delacroix, *Le Langage et la Pensée* (Paris, 1924), p. 492.

26. Ewald Hering, *Über das Gedächtnis als eine allgemeine Funktion der organisierten Materie*, 3ᵉ éd, 1921. p. 15.

은 주어와 술어에 덧붙여지는 문구가 아니다. 그것은 우리가 문구에서 미리 공제한[추출한] 주어와 술어이다. 거기에는 르 화[27]가 세포분열에 비교한 내적 분극화 polarisation의 현상이 있다. 우나무노가 말하듯이[28], 서설은 작은 이야기(꽁트)의 후기 아닌가?

그러므로 분해의 문법적 질서가 우리의 지적 시각을 위해 만족하는 이 모든 것에도 불구하고, 유기체주의는 실재적으로 그 요소들보다 훨씬 더 옛ancien 것이라고 말하는 것은 진실이다. 즉 단어의 고유한 의미에서 프레스뷔테론 πρεσβυτέρων(장로長老), 다시 말하면 보다 원초적이고 동시에 보다 존경할 만하다는 뜻이다. 기계주의의 유사-요소들les pseudo-éléments은, 『시론』이 우리에게 말하듯이[29], 일반적으로 "다수의 풍부한 용어들의 융합"에 앞서 나간다. "이 용어들은 유사용어로부터 도출된 것 같기도 하고, 또 이 용어들은 마치 두 빛의 간섭으로부터 어둠의 현상이 생겨나듯이, 융합 자체 속에서 서로서로 중화되기도 한다." 고블로Edmond Goblot도 좀 전에 이유들을 제시했을 때, 달리 말하지 않았다. 이 이유들을 위하여, ― "잠재적" 판단과 같은 ― 개념의 연구는 그에게는 판단의 연구를 앞서가는 것이 아니라 따라가야만 하는 것처럼, 마치 전통이 그렇게 하기를 원하는 것처럼 보인다. 이런 이유로 대부분의 시대에 지성이 작업을 한 순수하게 이상적인 요소들은, 이것들(순수요소들)보다 앞서 현존하는 운동의 침전물들이다. 그리고 이것들의 늦은 기원을 부인하면서, 논리학자들과 심리학자들은 순수화하는 노력을 향해[노력에 비추어서] 순수화된 결과물의 중력중심을 이전하는 것과 다른 것을 행하지 않는다. [달리 말하면] 자체 속에서 완성되고 죽어버리는 단순화하는 동력학(원동력)le dynamique에 비추어 단순화된 생산물의 중력중심을 이전하는 것과 다른 것을 행하지 않는다. 브랑슈비끄가 말하듯이, 판단에 앞서 있는 단순 개념들(항들)은 없다. 왜냐하면 항이란 이미 그 자체가 관계이기

---

27. [옮긴이] 르 화(Édouard Le Roy, 1870~1954)는 프랑스 수학자다. 베르그송의 철학이 새로운 철학임을 알고 옹호의 저술을 냈고, 아카데미에서 베르그송의 자리를 계승했다.

28. Miguel de Unamuno, *Trois nouvelles exemplaires et un prologue*, 1920, p. 22.

29. DI, 앞의 책. 참조 : Théodule Ribot, *La logique des sentiments*, 1904, p. 31.

때문이다. 개념들, 즉 지적 교환들의 위조화폐는 심적 관계들에서, 허구의 권리에 의해서만 그리고 그 권리를 위해서만 먼저 현존한다. 관계들의 역사로부터 우회하여 나오는 허구의 권리는 일종의 비시간적 수동성 안에서[뉴턴과 칸트의 절대적 등질적 공간 안에서] 이 심적 관계들을 조작한다. 따라서 속성의 자격부여는 속성들보다는 훨씬 더 오래된 것이다. 그리고 논리적 단순성은 항상 종착역이다.

원초적인 것^{le primitif}과 요소적인 것^{l'élémentaire}의 혼합은 우리에게 이중적 측면으로 제공된다. 1) 요소들^{ἀπό στοιχείων}로의 구축작업은, 또는 베르그송 자신이 말하듯이[30] 제작작업^{la fabrication}은, 이것들(구축과 제작)이 기계주의에 흥미를 가지는 한에서, 절대적으로 합법적이다. 이 기계들은 많은 단순한 "부속들"로 구성되고, 그리고 이들을 달리 "조립할" 수단이 없다. 이런 이유로 마치 물질적 체계의 형태적 총체성 속에서와 마찬가지로 모여진 부분들의 유한한 합계에서도 더 이상의 것은 아무것도 없다. 사람들은 모든 것을 망라하여, 말하자면 남김없이 열거함으로써 이 총체성을 재구축할 수 있다. 그럼에도 불구하고, 우리는 이 종합이 순수하게 증명적이고 교육적인 가치를 갖는다는 것을 잘 안다. 그러나 생성적인 가치를 전혀 갖지 않는다는 것도 잘 안다. 우리는 구축하는 척하고 있으며, 그리고 항상 잠재적인 분석에 의해 암암리에 지적된 질서에 따라 재구축한다. 자신의 기관총을 설치하는 병사는, 만일 그가 기계를 조립함에서, 또 이 부품들의 상호 조절작업에서 이미 선 형성된 기계적 관계들을 부드럽게 준수하지 못한다고 할지라도, 그가 기관총을 제작했다고 착각한다. 이런 이유 때문에, 그러한 것은 유기체^{un organisme}의 부분들과 기계체^{un mécanisme}의 요소들 사이에 내면적인 대립이 있다는 것을 의미한다. 전자들(예를 들어 감각)은 진실로 소우주적인 것들이며, 라이프니츠가 말했던 대로, 이것들이 "내재적으로" 전 우주를 반영하는 것처럼 자치적 본질들이다. 그런데 반대로 후자들[아톰들]은 단순하고 순수할지라도 절대적으로 서로가 서로에게 보충적이다. 이것은, 마치 고블로의 개념과 같은 제작 작업들이다. 그리고 개념들의 연대성 자체는 개념들의 실재적 가공작업

---

30. EC 100~101.

l'élaboration을 배반한다. 달리 말하면, 재구성은 놀이와 기계적 효과가 아니라 경이로운 기회(놀라운 행운) 또는 연속적 기적일 것이다.[31] — 생명과 생명의 사물들에게 응용된 인위적인 것은 더 이상 검증의 관심조차 갖지 않을 것이다. 왜냐하면 여기에서는 서로서로 외적인 부분들이 없기 때문이고, 또 왜냐하면 유기체 성질은 어느 정도로는 도처에 현재로 있기 때문이다. 따라서 정신의 모든 분석은 무한으로 끌려짐을 감당하며[32], 마치 반대로 정신에서 모든 요소들의 종합은 조각들에 의해 정신적 실재성을 구성하기를 거부하는 것과 같다. 영혼의 상태는 수학적으로 그것의 요소들의 합계와 동등하지 않다. 그것은 다수가 아니라, 독창적이고 구체적인 단위(통일성), 즉 "개별자"un individu이다.

2) 제작작업의 본질은 사람들이 시인하지 않은 어떤 것을 선 가정한 것이며, 종합의 희극을 연기한 것이며, 능동적 현재의 원리에 근거해서가 결코 아니라 수동적 과거 원리에 근거하여 작업하는 것이다. 따라서 있는 그대로 제작작업은 항상 **소급적** 조작작업이며, 마치 종합을 모방하는 전시의 질서[순서]가 전적으로 발명작업 다음에 나오는 **회고적** 질서인 것과 같다. 이 질서를 생성[생장]의 질서와 혼동하면서 지성은 속고 있다. 르누비에의 표현을 받아들이자면, 탁월하게 주지주의자의 원죄로서 간주하기에 아주 가까운 이데올로기에 속고 있다. 베르그송은 자기편에서 보면, 생명의 모든 문제들에서 우상을 다소 은연중에 끊임없이 고발하였다.[33] 이것을 우리는 **회고성의 착각**l'illusion de rétrospectivité이라 부르기를 제안한다. 베르그송이 어느 곳에서 말하기를[34] 지성은 영원히 뒤로 쳐다본다. 우리 차

---

31. EC 393. 참조 : EC 49. "제작작업이 발명될 때, 이 제작작업은 알려진 요소들의 새로운 배치[배열]에 의해 절차가 이루어지거나 이루어진다고 상상된다." PM 16, 181.

32. EC 51~52. [베르그송은 EC 47~48, Oe 534~535에서 정신(l'esprit)이란 표현을 쓰지 않고 지성(l'intelligence)이라는 표현을 쓴다. 그래서 저자는 인용 표시 없이 쓴 것 같다. — 옮긴이]

33. 'La prévision et la nouveauté', 1920. 이것은 앙리 베르그송이 1920년에 옥스퍼드 대학의 학회에서 행한 연설의 예고 제목이다. 1921년 『형이상학과 도덕 지』, 1921, pp. 101~103에 수록된 르누아르의 이 강연에 대한 분석을 보라. 위 글은 1934년에 선집 PM에 「가능적인 것과 현실적인 것」(Le possible et le réel)이라는 제목으로 실린 1930년의 스웨덴어 논문에 포함되어 있다. 이 글에서 베르그송은 우리가 여기서 이용했던 이 표현들을 처음으로 다시 사용한다(PM 110~111). EC에서 베르그송은 소급적(rétroactive) 목적론을 두 번 말한다(EC 1장, 56과 EC 4장, 374). EC 258과 318을, 그리고 MM 212와 비교해 보라. ES 3, 138. MR 71~72, 231, 240.

례가 되어 우리가 말한다면, **지체**le retard는 자연적인 기형infirmité이다. 지체된 지성은 완성된 사물들에서만 능란하고, 그리고 그 지성이 작업하는 상징(기호)들은 항상 사건 뒤에 온다. 이 방법은, 그것이 지속 없는 또 기억 없는 존재들에, 또 물질의 왕국을 형성하는 존재들에 적용될 때, 장점을 제공하기도 한다. 여기에서는 **동안에**pendant와 **다음에**après 사이에 심층적 차이가 없다. 그리고 사람들은, 지속 없이 사물을 이해하는 데 너무 늦었다는 것은 결코 없다고, 말할 수 있다. 그러나 생성하는 존재들은 미래도 과거도 지니고 있다. 그것은 사건이 "한동안에" 또는 "이다음에" 일어나는 것도, 이 안에서 또는 이 밖에서 있는 것도, 더하여 명백성이란 측면에서, 즉 생체 내에서in vivo 또 사실들에 관해서 현재 순간을 간파하는 것도 동일한 사정이 전혀 아니다. 훨씬 더 좋게 말하자면, **알맞은 때**ὁ καιρός가 있다. 즉 모든 사건들처럼 되불러올 수 없는 유일한 **사건**이 있다. 이 새로운 환경은 우리에게 물질이 모르는 알맞은 책무를 부여한다. 조금 지나면, 그것[사건]은 너무 늦을 것이고, 잃어버린 기회는 결코 재현되지 않을 것이다. 내가 이 사건들의 동시대가 됨에 따라, 그리고 내가 사건들 이후가 됨에 따라, 나는 진실하거나 또는 착각하는 인식을 얻으리라. 사실이 이루어지고 있는 동안 그리고 바로 그 순간에, 사건들은 나에게 특별하며 현재적이고 효과적인 경험으로 아주 생생하게 또 아주 신선하게 나타난다. 반대로 한순간 이후에 그리고 과거로 쳐다보는 순간에, 사건들은 무차별적이고 비현실적인 일반성이 된다. 따라서 지성은 영속적으로 생생한 지속을 늦춘다. 그럼에도 불구하고 지성은, **전미래**au futur antérieur라는 방식으로, 사물들이 부동성의 고유한 도식에 부합되기 위하여 일어나야만 했던 방식을 재현하려고 시도할 것이다. **전미래**라는 것은 예상참여에 의해 허구적으로 과거가 된 미래가 아닐까? 회고적 착각은 허구 이외에 아무것도 아니다. 앞으로 그리고 곧 올 미래와 동시적인 것으로서, 전미래는 **시대착오적 사건들**des anachronismes의 전형 그 자체이다. 이 시대착오적 사건들은 우리에게 현재의 **통시적인 관점**을 금지한다. 시간 변경을 되잡을 수 없는 사후死後의 의식은 동시대성

---

34. EC 51. 특히 "지체"(retard)에 관하여 EC 306, 316.

의 기적적인 기회들을 언제까지나 지나가게 내버려 둔다. 생명을 향한 우리의 영속적 지체에서, 우리의 재구성의 서투름에서, 『웃음』이란 책은 웃음거리의 중요한 근원을 발견한다.[35] 거의 모든 유사–문제들은 이런 시의적절하지 않은 진행 절차에 기인한다. 우리가 진화의 동시대인이기를 그만두기 때문에, 우리에게 생명의 지적 유한성을 믿게 하는 목적론적 우상들이 생겨난다. 우리가 스스로를 완성된 지각 이후에다가 위치시키기 때문에, 우리가 보기에 추억은 감소되는 메아리처럼 그 지각에 계속되어야만 한다.[36] 따라서 자유, 운동성, 합목적성 등은 계절의 밖에서 또한 회고적으로만 기적과 같은 불합리일 뿐이다. 만일 우리가 일찍이 우리 뒤로 쳐다보기를 거부한다면, 우리는 추억이 독창적 실재성으로서의 지각을 매 순간에 동반하는 것을 보게 될 것이고, 생명이 유기체화된 물체들에다가 발산하는 것을 보게 될 것이다. 이 유기체화된 물체들이란 자유와 운동성 등이 생명을 표현하는 것보다도 훨씬 더 많이 축소된 것이다. 그러나 이것은 우리 지성에게 확고한 희생을 요구하는 것이다. 버클리가 말했듯이[37], "우리가 먼지를 일으키고, 그리고 나서 안 보인다고 불평한다." 제작 작업의 설명서를 가지고 발명의 심리학을 만들려고 하자마자, ― 기계가 중요한 것은 바로 거기에서라고 할지라도 ― 회고적 착각이 나타난다. 이것이 착각이다. 이 착각 덕분에 "단순한" 항들에 도달하기에 이르는, 일단 와해의 운동이 완성되면, 우리도 잘 모르는 사이에 우리는 생명의 운동 방향을 뒤집어엎고(전복하고), 종착점이 출발점이 되어야 한다고 선언하는 것이 된다. 왜냐하면 이성에게는 가장 좋은 지식이 될 수 있는 것이기에, 종착점은 또한 실재적인 가계계통의 원리가 되어야 했기 때문이다. 회고적 착각은, 사람들이 보듯이, **이루어지고 있음**le se-faisant을 떠났다는 것이고, 이루어진 것 다음에 *après le fait* 자리[그대로] 차지하고 있다는 것이고, 정당화하는 작은 재구축을 **후천적으로** 실천하고 있다는 것이다. 재구축의 덕택으로 지체된 추상들이 오직 원초적이 될 것이다. 왜냐하면 추상들이 단순하고 빈약하기 때문이다. 이 지적인 은

---

35. RI 11.
36. ES 130, 135.
37. 베르그송의 인용; 'L'intuition philosophique', p. 819 (PM 131 [Oe 1356]).

폐[감추기]에는, 이 마술(속임수)에는, 파스칼 이후로 리보Ribot가 그의 『감각들의 논리』La logique des sentiments(1904)에서 연구한 애정적인 추론의 형식들에 유사한 어떤 것이 있다. 정당화와 변호는 이 둘의 공통 특성으로서 신념 위에 기초되지 않는가? 정당화하는 추론의 본질은 이미 완전히 제기된 그 무엇을 얻는 체하는 데 있고, 즉 초보적이고 현실적인 발견물이 있는 것이 아니라 부차적이고 회고적인 복고라는 점에서 자발적인 변증법적 정복을 모의 실험하는 데 있다. 진실한 증명은 그 자체 증명으로서 인정되고 인식되는데, 왜냐하면 증명이 명시적으로 앞선 주제를 증명하기 때문이다. 그러나 그 정당화는 부끄러운 증명이며, 증거들을 공언하기보다는 증거들을 불법적으로 밀어 넣는다. 예를 들어[38] 변호사의 기술은 허구에 근거한다. 변호하는 것은, 논증들의 내적 덕목에 의해 밀어붙인 그러한 결론에 이르는 것이다. 이때에는 그 결론 자체가 그렇게 되기를 원하기 때문에 이루어지는 것이다[결론에 맞추어 논증을 하는 것이기 때문이다]. 이러한 의미에서 리보와 더불어 사람들은 정념에 사로잡힌 신학에 대해 말할 수 있고, 베르그송이 왜 이렇게 이해된 목적성을 거부했는지를 우리가 나중에 보게 될 것이다.

아주 폭넓은 그의 견해를 고려하면, 사람들이 허구의 중요성과 고집스러운 폐해를 과장할 것이지만, 회고적 착각은 허구이다. 그것은 진실로 탁월한 "우상"이다. 이것은 제작과정에 유기체화 과정의 덕목을 갖다 놓는 것이며, 우리를 논리화하도록 강요하여 우리가 우리 자신을 인식하는 것을 방해하는 것이다. 롯Lot의 부인이 뒤로 돌아보면서 소금 덩어리로 변하게 되며, 다시 말하면 생명 없는 불모의 조작상이 되었다. 오르페우스는 자기 뒤를 돌아보면서, 영원히 그가 사랑했던 여인[아내 에우뤼디케]를 잃어버린다. 만일 우리가 회고적 편견들의 떼거리를 쫓아내고자 원한다면, 우리가 완전히 역설적인 운동을 채택해야 한다. 비판의 덕목으로서 이 운동의 강조가, 지성에서는 허구의 부차적 생산물인 총체성들의 정복 자

---

38. 다음을 참조: Friedrich Nietzsche, *Par-delà le bien et le mal*, trad. H. Albert, 1886, pp. 16~17 [프리드리히 니체, 「선악의 저편」, 『선악의 저편·도덕의 계보』, 김정현 옮김, 책세상, 2002]. Théodule Ribot, *La Logique des sentiments*, p. 114에서 인용. [Henri Albert, 본명 Henri-Albert Haug, 1869~1921는 프랑스 독일학 연구자. 니체 번역가. ─ 옮긴이]

체에 집중된다. 이 운동은 총체성인 체하는(가장하는)*feindre* 것과 거리가 먼 총체성을 발견할 것이다. 다시 말하면, 유기체들의 요소들로부터 유기체들을 구축하는 대신에, 운동은 유기체들을 우선 "통틀어서", 플로티노스 용어로 아트로오스(모아서)ἀθρόως로 파악할 것이다. 그러나 무한한 실재성의 순간적이고 무매개적인 현실적 파악은 그 실재성의 풍부성과 깊이 때문에, 논리 바깥에서만 해결될 수 있는 첨예한 모순을 함축하고 있다. 직관의 작동은 갑자기 솟아나는 역설을 해체할 것이고 위기에 종말을 고할 것이다.

철학은 총체성 자체를 출발점으로서 선별하면서, 다시 중심이 또는 원심력적이 될 것이다. 베르그송이 그렇게 말하듯이 분리(분열)가 연합보다 더 오래되었으며, 분석이 종합보다 더 오래되었다.[39] 철학의 진행방식의 모든 덕목은 직접적으로 경험된 발아적發芽 직관 속에서 중심으로 끌어모으는 일일 것이다. 직관 속에는 직관이 표현하는 기호들 속에보다 무한히 더 많은 것이 있다. 그리고 역동적 도식 속에는 완성된 작품 속에서보다, 사유 속에는 두뇌 속에서보다, 생명적 도약 속에는 모든 생명 있는 것의 형태학 속에서보다 무한히 더 많은 것이 있다. 이런 중심적 총체성에는 다 써버릴 수 없는 가능성들이, 아직 현실화하지 못한 가능성들이 가두어져 있다. 따라서 중심에서 주변으로 가기 위하여 덧붙여가는 것이 아니라, 오히려 뺄 것을 빼야 하는 것도 있다. 비록 방사형으로 방향을 잡은(퍼져나가는) 운동에 따라서 이루어진 해석일지라도, 해석 작업은 임의성 안에서(자유재량으로) 더듬기보다는 확신이 되고 오류 없는 방식으로 나아가야 할 것이다. 왜냐하면 가장 많은 것을 할 수 있는 자는 가장 적은 것도 할 수 있기 때문이다. 서로 다른 상황에 살았던 스피노자와 버클리는 우리가 아는 주제들과는 다른 주제들을 정식화하여 틀림없이 다른 작품들을 썼다. 그러나 우리는 스피노자주의와 버클리주의가 아주 동일하다는 것을 확신했다.[40] 우리의 경향들은, 이 경향들을 흡수하는 우발적 요인들에 따라 여러 가지로 표현된다. 그런데 이것은 그리 중요한 것이 아니다. 중요한 것은 모든 확신에 앞서 설득당한 정신이며, 모든 정념

39. 'L'intuition philosophique', PM 137 ; MM 180.
40. 'L'intuition philosophique', PM 124, 133~134.

에 앞서 정념에 사로잡힌 정신이며, 모든 정당화에 앞서 결심이 선 정신이다.

거꾸로 기능하는, 다시 말하면 주변으로부터 시작하는, 사유는 반대로 영원히 열등한 상태의 자리를 차지한다. 전적으로 안전하게 나아가는 대신에, 원심적 사유와 구별되는 솔직하고 직접적인 방식으로서 이 사유는 『정신적 에너지』가 말하듯이[41] 항상 당황하게 되고 연속적으로 방황하고 있다. 예를 들어, 그것은 단어에 의해서 의미를 설명하는 어느 누구에게나 일어난 것이다. 마치 24개 철자를 가지고 있는 하찮은 동일한 알파벳이 철학의 가장 깊은 사유를 설명하는 데 그리고 감정들의 가장 경이로운 활용에 쓰이는 것처럼, 사람들은 어떻게 그만큼의 빈약함이 그만큼의 풍부함을 끌어낼 수 있는가를 헛되이 찾으려 애쓸 것이다. 그런데 어떤 법칙에 따르면 빈약한 소리들은 항상 동일한 소리들 같을지라도 우리의 기억에서 많은 미묘한 추억들과 많은 정교한 사유를 선택하러 갈 것이다. 각 발자국마다 우리의 제작하는 사고思考는 새로운 우연un hasard nouveau과 마주칠 것이다. 이 사고는 기적들을 불러오는 것으로 끝나지 않을 것이다. 라이프니츠가 말하듯이, "마셔야 할 바다"가 아닌가? 이에 대해서 그만큼이나 관념연합에 대해 말해야 한다.[42] 이 관념연합은 정신을 무기력하고 무차별적이고 모호한 추억들을 가지고 재구성한다. 닮음(유사관계) 또는 접근(인접관계)은 지각에 의한 추억의 환기에서는 본질적으로 선택적이라는 것을 설명하지 못한다. 왜 그러한 다른 추억이 아니라 이런 추억인가? 왜 규정된 몇몇 추억들이 규정된 몇몇 지각들과는 친화성이 있는가? 여기서 베르그송은, 목적론자인 라이프니츠가 기계론자인 데카르트를 반대했듯이, 관념연합론자를 비난한다. 라이프니츠는, 데카르트가 그러한 기계주의가 왜 "다른 것들(기계주의들)보다 더 선호될 정도"인지를 설명하지 못했다고 반박했다.[43] 설명되기를 바라는 것은 **보다 오히려**le potius-quam,

---

41. ES 172. 참조 : MM, 113, 121, 123, 132.

42. MM 179~184, 187, 269 ; ES(「거짓 재인식」).

43. Gottfried Leibniz, *Essais de Théodicée*, 1710, 제1부, §44 [고트프리트 빌헬름 라이프니츠, 『변신론』, 이근세 옮김, 아카넷, 2014] ; *Causa Dei*, 36 ; *Discours de métaphysique*, 1686, §13과 §36. *De rerum originatione radicali*, éd. Gerhardt, VII, pp. 303, 304, 305. Gaston Grua, *Textes inédits*, 1948, p. 16 ; Louis Couturat, *Opuscules et fragments inédits de Leibniz*, 1903, Coutu-

[le plutôt que]이다. 왜 이 집성체이며 다른 집성체는 아닌가? 왜 선택작업인가? 이러한 질문에 대해, 기계체[기계주의]는 우연적인fortuites 만남들 중에서 수만 번 거쳐 다시 이루어진 행운을 환기하는 것으로만 대답할 수 있다. 관념연합론의 재구성은 이처럼 우연hasard의 변덕스러운 일들에 맡겨진다. 우리는 나중에 알게 될 것인데, 즉 행동을 위한 추억을 연합할 지각의 경향은 단지 "충족 이유" 또는 선택적 끌림들의 "정합 이유"를 제공한다는 것이다. 관념연합주의처럼, 비연장적 감각들을 가지고 연장을 재구성하는[44] 원자론자의 심리학은 "보다 오히려"의 설명에 부딪혀 실패한다. 결국 생물학적 기계주의는, 특히 신다윈주의의 형식하에서 자기에게 생명도약과 중심도약의 관념을 제공하는 "방향의 내재적 원리"[45]에서 제거되면서, 일말의 우연적 변이들에 따라 생명을 회복하는 데[소생시키는 데] 소진된다. 유기체주의의 미로에서, 우리의 모든 도식들에 맞서는 유기체주의의 교묘함의 미로에서 길을 잃은 그 기계주의는 번거로운 복잡성들로 방황하게 된다. 이 복잡성들 속에서 자유재량l'arbitraire은 기계주의를 우연에서 떼어낸다. 그리고 기계주의는 도약l'élan이 정당하게 아주 단순한 원리라는 것을, 경제적이고 순간적인 원리라는 것을 알고자 하지 않는다. 그런데 우리가 힘들여 만든 근사치[통계적 계산 값]들이 이 원리를 매우 잘못 모방하고 있다. 상대주의자들의 시간-공간의 토론이[46] 특히 우리에게 이를 증명할 것이다. 제작하는 사유는, 항상 잘 규정되고 유일한 생성인 실재적인 생성작업génération의 바깥에 위치하기 때문에 따라서 무한한 다른 진행 과정들을 인정한다. 이 다른 과정들에 의해 그 사유의 허구들이 또한 이미 잘 구축되어 있었다. 밑바탕에서 작업한다는 것은 만들어야 하는 것

---

rat, p. 533. *Principes de la nature et de la grâce fondés en raison*, 1714, §7. 다음을 참조: Jules Lequier, *La recherche d'une première vérité*, 1865 [미완성 유고].

44. MM 39, 53, 262.

45. EC 83, 103. 참조: 183~184, 189.

46. DS 208, 220~221. 시간은 발명의 노력에 본질적이라고 EC 368에서 말한다. DS 220[Me 202]: "이미 만들어진(*tout fait*) 뭉치(le bloc), 그리고 만들어지고 있는(*se faisait*) 지속으로부터 해방된 뭉치 속에서, 일반적으로 분리되어 얻어진 결과물은, 사람들이 결과물을 노동에 의해 얻는 데도, 그 노동의 특별한 표시를 더 이상 지니고 있지 않다." MM 77: (순수 추억에 대립되는) 운동하는 추억은 "그 추억에 관하여 더 이상 어떠한 표시도 지니지 않는다. 그 표시는 그 추억의 기원을 배반하고 그 추억을 과거로 몰아낸다."

보다 오히려 해체하는 데 훨씬 더 알맞다. 그런데 "어떤 질서 속에서만 구축될 수 있었던 것은 어떤 방식으로든 해체될 수 있는 것이다."[47] 유기화의 중심운동을 따르는 것은, 자동인형이 만들어진 가능한 수천 가지 조작[제작]작업을 넘어서, 생명체가 나오는 유일한 효과적 작업을 발견하게 될 것이다. 자, 여기에 의심할 바 없이 우리의 지성이 "그 어떤 사람"이라도 매우 열성적으로 편애하는 체하는 이 유가 있다. 지성은 필연적으로 덕목을 만든다. 효과적인 실재성에 도달할 수 없는 지성은 그것[덕목]을 자랑거리로 삼고, 그리고 지성은 실재적인 것에 관한 자신의 무관심이 자기 수완의 지평을 무한히 부풀게 하였다고 주장한다. 이 주장은 착 각이다. 수천 가지 비현존의 가능성들이 견고하고 효과적인 유일한 현존을 가져 다주는지를 사람들은 누구에게 믿게 할 것인가?

사실상 제작하는 사유가 발견을 과감히 진행하는 경우는 드물다. 만일 그 사유가 요소들로부터 영혼, 생명, 자유, 그리고 모든 값진 사물들을 ─ 사람들이 사물들에 의해서 시작하는 조건에서만 발견하는 그 사물들을 ─ 재발견한다고 주장할 지라도, 어느 누구도 그것을 믿지 않는다. 우리를 착각하게 하기 위하여, 경험의 계보학적 질서를 뒤집어엎는 자는 곧 뒤따라갈 것을 향해 매 발자국 좋건 싫건 예상참여anticiper해야 한다. 이런 은밀한 예상참여는 기계론자의 진실로 **탁월한** 속 임수이다. 모든 설명이 내려가는 것으로서, 더군다나 진행하면서 사물들을 설명 하고, 그리고 많은 것에서 적은 것으로 가는 것이기 때문에, 기계론자들의 반대 방향으로 가는 철학은, 설명이 얻어내었던 그 설명 자체에 영양가 있는 무엇을 상 위 실재성들에서 빌려오면서만 가능하다는 것이다! 설명이 정신[지성]을 포로로 삼기 위하여 정신에 호소하고(말을 걸고), 그리고 설명은 정신에서 그것의 고유 한 실체를 슬그머니 빠져나가게 한다. 따라서 이 악순환(선결문제 미해결의 오류) 은 정신의 근본적 원죄이다.[48] ─ 그리고 사람들은 기계주의가 설명할 총체성의 항구적인 선전제라고 곧바로 말할 수 있다. 베르그송은 이 기계주의의 밀수입을

47. [옮긴이] Me 202.
48. MM 130, "각각의 항목 안에, 그 항목 뒤만 실현될 뿐인 일련의 요소들을 도입하는" 자들에 반 대하여. 참조 : EC 209~218.

모든 경우에서 고발한다. 단어들을 가지고 의미를 구성하는 자들은 이미 의미화
한 단어들을 얻는다.[49] 부피(너비)를 얻기 위하여 감각들을 병치시키는 자들은
자기들에게 외연적 감각들을 몰래(슬쩍) 받아들인다.[50] 정신을 선가정하지 않고
서 정신을 생성하게 하는 것은 불가능하며, 우리는 나중에 보게 될 것이지만 회
의주의 그 자체는, 자기가 파괴했다고 주장하는 사상을 사용해야 하는 필연성에
짓눌린다. 자유에 관하여 르끼에가 강조해서 말했듯이[51], "사람들은 질문을 받아
야만 대답할 수 있다." 이처럼 유물론도 "말하는 것과 말하도록 강요된 것 사이
의 치명적 충돌 속에 사라진다."[52] 정확히 말하면 이들이 정신의 운동을 완성된
운동 다음에 재구축한 것이기 때문에, 논리학자들은 이미 "알고 있다." 그리고 만
일 이들이 겉으로는 모든 것을 구성하기 위해 요소들로부터 출발한다면, 그것은
단지 교수의 인위성일 뿐이다. 이런 이유로 우리가 "요소들로부터 제시하는" 추상
화의 작동은 우리의 정신 속에 전체의 용어[개념]을 예상잠어하는 깃이고, 이 정
신은 전체 개념에 대해 긍정과정이기도 하고 동시에 부정과정이기도 하다. 사람
들이 음표들로부터 멜로디를 구성할 때, 그것은 사람들이 이미 멜로디를 알고 있
기 때문이며, 각 음표 안에는 멜로디가 보이지는 않지만 잠재적으로 잠들어 있기
때문이다. 만일 그렇지 않다면, 당신들은 수천 번에 걸쳐 새롭게 된 놀라운 우연에
의해서만 그 노래를 알게 될 것이다. 그러한 것은 창조의 발자국 안에서 진행하
는 이해의 속임수이다. 그러나 뒤로 물러나서, 방향이 바뀐 유기조직화인 제작의
속임수이며, 거꾸로 된 원심력의 밀물인 구심력의 썰물의 속임수이다. 이 대칭들

---

49. MM 113.
50. MM 39, 45, 53 (참조 : 217) ; DI 71. 같은 방식으로 헤르바르트(Friedrich Herbart)의 주지주의
   는 의욕(la volition)을 표상으로 환원하고, 자기도 모르게 요소들 속에, 자신이 연관(rapport)의
   자격으로 제거했던 역동주의를 다시 끌어모은다. 참조 : *Du fondement de l'induction*, 1871, p. 22
   에서 쥘 라슐리에(Jules Lachelier)가 스튜어트 밀의 경험론을 가두어 놓은 이런 종류의 딜레마
   의 예가 있다. 그리고 에밀 부트루(Émile Boutroux)의 *De la contingence des lois de la nature*,
   1874, pp. 100~101과 비교해 보라. 참조 : EC 307.
51. Jules Lequier, *La recherche d'une première vérité*, 1865 (미완성 유고). Charles Renouvier,
   Essais de critique générale, 1854~64, 4 vol의 제2권 *Traité de psychologie rationnelle d'après les
   principes du criticism*, p. 110에서 재인용.
52. Édouard Le Roy, *L'exigence idéaliste et le fait de l'évolution*, 1927, pp. x~xi.

의 수사학이 바로 파괴의 신화이다.

따라서 내적 경험의 주목할 만한 우회를 통해서 베르그송은 유물론이 표적
으로 삼은 고전적 비판들을 재확립하였다. 유물론의 우주에서는 가능한 질서는
없다. 단지 듣도 보도 못한 우연이나 경이로운 운수가 정해놓은 방향의 합의[화
해]들만이 있다. 불가사의[le mystère]를 끌어모으지 않은 유일한 철학은 이 불가사
의에 의해서 시작하는 철학이며, 그 불가사의 자체와는 다른 것에 의해서 그 불
가사의를 설명함이 없이 우선은 그것을[불가사의를] 전적으로 받아들이는 철학이
다. 그러면 모든 것이 쉽고, 직접적이고, 안전하게 된다. 그런데 우리는 또한 발견
에서 발견으로 새로움에서 새로움으로 갈 것이다. 선 가정하거나 또는 예상참여
할 어떤 것도 강요되지 않아서, 우리는 가능태와 현실태 사이에서, 배아와 유기체
사이에서, 의도와 탐구나 창조의 불안에서 전적으로 자유로운 몸짓 사이에서 체
험하게 된다. 그러나 웃기 위한 종합일 뿐인 기술주의자의 허구들은 지적인 모험
들보다 구축하는 놀이들의 조용한 쾌락을 선호한다.

따라서 베르그송의 방법은 항구적으로 생명적 진보와 **동시대적**이다. 이제부
터 이 진보는 우리에게 운동으로서 나타나고, 이 운동은 **예상참여**하는 것이 전혀
없이 그럼에도 어떤 정신적 선현존을 **가정하는** 운동이다.[53] "안심해. 네가 나를 발
견하지 못했다면 네가 나를 찾지 않은 것일 거야."[54] : 이것은 자유 작동[l'Acte libre]
의 의미 자체이다.

---

53. [옮긴이] 선현존이란 기억인 셈인데, 가정하는 것이 아니라 실재한다. 선현존을 가정하는 것은 플
라톤주의자들이다.
54. [옮긴이] Pascal, *Pensées*, éd. Brunschvicg IV, fr. 553.

제2장

자유

사람들은 응답만을 알 뿐이지만,
계속해서 걷는다.

조제프 드 메스트르,
『성 페테스부르그의 밤들』, 제10화

문제들의 순서가 매우 민감하게도 작품들의 연대기적 순서와 상응한다는 것이 베르그송의 해석자에게는 [행]운이다. 베르그송 자신은, 자신에게 모자랐던 학설의 정합성을 자기의 사색 속에다 도입하려고 너무 서두르는 주석가들의 탁월한 의도들에 대해 조롱한다. 근본적으로 그는, 그 자신이 영국 강연들 중의 하나에서 지적했던[1] 방법을 계속해서 실행해 왔던 것인데, 골조를 세우는 체계라기보다 오히려 따라가는 사실들의 선들을 제시하는 것이다. 따라서 베르그송주의의 통일성은 진실로 **사물에 앞선**ante rem 통일성이 아니라 **사물 다음의**post rem 통일성임이 틀림없다. 또 그것은 원리가 아니라 결말(대단락)이다. 사람들은 이 학설 일반에 대해 『창조적 진화』가 생명에 대해 말한 것을 말할 수 있다. 그럼에도 불구하고 이 학설은 하나의 프로그램을 완수하지 않고서 하나의 목적을 향해 방향 잡아간다. 그것은 또한 동일한 저술이 우리에게 제시하는 것, 즉 큰 정의la Définition에 대한 일반정의를 제시하는 것이다.[2] 그 정의는 살아있는 것(생명자, 생명체)과 근본적으로 분리할 수 없을 것이다. 게다가 그 정의는 생명체의 역동적 경향성들을 다시 말하면 지배적 경향성들을 지적한다. 마치 살아있는 유기체가 모든 다른 유기체들에 속하는 특성들을 내포하듯이, 마찬가지로 문제들의 총체는 반성이 분리해 놓은 임무들 중의 각 임무 속에 현재하고 있다. 그러나 강조점은 한 문제에서 다른 문제로 이전된다. 사람들은 한 문제가 어디에서 시작하고 다른 문제가 어디에서 끝나는지를 잘 모른다. 그러나 확실한 것은 사람들이 하나에서 다른 하나로 세상과 환경을 변하게 했다는 것이다. 각 문제에서 우리는 또한 모든 문제들과 마주칠 것이고, 그런데 어떤 특별한 전망에 따르면, 이는 플로티노스의 『엔네아데스』의 각 편이나 또는 라이프니츠의 각 소논문들이 다양한 관점에서 총체적 체계를 제시하는 것과 마찬가지이다. 자연적 한계 안에서 협약적 경계선들을 세우는 의도가 중요하다. 여기서 우리는 "중심들 주위에 비정합적인 것이 결집되는 그 중심들을" 분리하는 것으로 만족해야만 한다.

---

1. ES 1 : La conscience et la vie. 참조 : EC 17, 114. 이것은 RI의 진술 방법이기도 하다.
2. EC 14, 116. 이 마지막 텍스트(EC 116)에서는 동물에 대립하여 식물을 정의하는 것이 문젯거리이다.

제1절 활동가와 구경꾼

철학의 최고 심급과 재판 관할권은 **내적 경험**이다. 사유는 작업을 시작하기에 앞서서, 지식 그 자체에 맞는 초월적 진리의 기준을 도움으로 철학의 고유한 조작들을 실험하는 것이 필요하지 않다. 우리가 알다시피 인식[지식]의 이론은 소위 말하는 인식에 실체적으로 앞서있지 않다. 철학자는 구경꾼의 관점이 아니라 활동가(배우)의 관점에 위치하고 있다. 따라서 철학자는 사람들이 오늘날 말하듯이, 무매개적으로 참여되어 있다. 주지주의의 거짓 시각은, 우리가 곧 보게 될 것이지만, 정신이 그 자체로 항구적으로 이중화되는 것으로부터 대부분 오기 때문에, 그 시각은 이미지를 객관적으로 관조하기 위하여 정신의 고유한 활동성의 이미지를 자기로부터 멀리 투사한다. 확실히 반성에 의해서 자기를 스스로 인식하기 위하여 정신이 정신을 포기해야만 했다. 그러나 문화의 독특한 아이러니는, 객관적 지식이 수없이 많은 착각들의 대가로 구매되기를 바랐다. 제논의 귀류법은 아인슈타인의 역설들과 꼭 마찬가지로 이렇게 오해로부터 생겨났다. 베르그송은, 상대성이론에 의해 생기는 난제들이 일반적으로 관찰자와 관찰된 사물 사이에 개입되는 기만적인 거리로부터, 또 그럼에도 불구하고 매우 필연적으로, 생겨난다는 것을 제시하는 데 한 권의 책 전체[3]를 할애하지 않았던가? 상대주의자의 허구적 시간들은 사람들이 살지 않는 시간들이다. 이 시간들은 우리에게 외부가 되었던 것처럼, 이 시간들이 다수의 지속 안에서 동시성들이 계속적으로 늘어서게 되듯이, 굴절의 착각적 효과에 의해 다수의 지속들로 풀어헤쳐진다. 이 시간들은 거리를 두고 서 있는 우상들의 순서에 속하며, 다시 말하면 게다가 회피할 수도 없고 또 심지어는 매우 자주 유용한 허상들의 순서에 속한다. 이 허상들은 그림자들처럼 정신 그 자체가 없는 정신[자기 부정의 정신]의 주위를 빙빙 돌고 있다. 그러나 [정신 자체의] 자기 부재는, 물질적 자연을 관조함에 있어서 무관심함과 진실성의 행복한 보증인데, 이 부재는 영혼의 사정들에서 해결할 수 없는 문

---

3. DS, 특히 238.

제들을 여럿으로 만든다. 또는 베르그송이 말하듯이, 환상들(환영들)les fantasmes 을 여럿으로 만든다. 제논의 의문들은 그래도 역시 운동과 시간의 환상적 관점 으로부터 생겨난다. 그리고 우리는 엘레아학파의 "아킬레스" 역설이, 마치 랑즈방 Paul Langevin의 "구르는 여행"[4]처럼, 긴 거리로 나열된 우상들의 영역에 속하는 것이 라고 감히 말하게 될 것이다. 만일 운동이 불가능하다면[5], 만일 지속이 순간들 로 뿌려지듯 흩어진다면, 만일 아인슈타인의 시간들이 죽 줄로 나열된 것이라면, 만일 동시성들이 풀리게 되어 있다면, 이것은 아킬레스의 운동과 여행자의 실재 적 늙음이 일치하기를 거부하는 구경꾼에게서 항상 그렇다는 것이다. 그리고 구 경꾼의 쇠약한(원칙이 깨진) 변증법은 가장 공통적인 명증들을 불가사의로 바 꾸어 놓는다[전향하게 한다]. 그러나 구경꾼은 자기 차례가 되어 무대 장면에 등장 하여, 드라마의 등장인물에 뒤섞여 들어간다는 것, 그리고 정신이 사색적 지식의 무감동성에서 떨어져 나오기를 멈추고 자기 자신의 삶에 참여하기에 동의하는 것인데, ― [그러면] 곧바로 우리는 아킬레스가 거북이를 따라잡는 것을 보게 될 것이고, 투창들이 그 목표물들에 다다르게 되는 것을 보게 될 것이고, 세상 사람 들의 보편적 시간이 물리학자의 헛된 환상[유령]들을, 마치 나쁜 꿈을 몰아내듯 이 쫓아내는 것을 보게 될 것이다. 삶의 자연적 명증함들은 변증법의 협잡꾼들 에 의해 찬탈당했던 합법적인 자기 자리로 다시 돌아오게 될 것이다. 구경꾼에게 오직 침투불가능한 자유는, 그 자유가 의식이기를 결코 그친 적이 없었다는 점에 서, 세상의 가장 분명하고 가장 단순한 사물[정황]이 된다. 따라서 베르그송주의

---

4. [옮긴이] (공처럼) 구르다 또는 (비둘기처럼 가슴을) 부풀리다(v. bouler)와 탄알(le boulet)은 발 음이 같다. 저자의 의도인지, "구르는 여행"(voyage en bouler)으로 오타로 쓰였는지 모르지만, 다 른 곳에서는 랑즈방이 "탄도 여행"("voyage à boulet")으로 썼다고 되어 있다. ― 2015년 판에는 boulet로 수정되어 있다.

5. MM 205 ; EC 335. DI 143~144는 자유 작동들(les actes libres)의 예견에서 "구경꾼"의 관점과 "배우"(행위자)의 관점을 분명하게 대립시킨다. 브랑슈비끄는 RI의 미학적 경험에 대해, 이 경험이 "청취자"(auditeur)의 관점을 표상한다고 말했다(Le Progrès de la conscience dans la philosophie occidentale, 1927, p. 661). 다른 의미에서 사람들은 베르그송주의는 본질적으로 창조자의 관점 을 표상한다고 말할 수 있다. [청취자 관점이란 말씀(langue) 또는 말투(parole, 말씀)에 관한 것 이다. 이런 관점은 베르그송의 몰리에르 작품 분석에서 분명하게 나타난다. 그런데 베르그송에게 서는 행동의 뻣뻣함에 대한 것도 많은데, 찰리 채플린의 영화는 그 예가 될 수 있다. ― 옮긴이]

는 필연적으로 편을 드는(결심을 정하는) 의식의 관점을 표상한다. 여기서 의심할 바 없이 베르그송이 말하고자 한 것은, 그가 직관을 정의할 때, **공감**으로 정의하는 것이다. 매번 우리의 영혼은 놀이 속에 있으며, 공감의 요청은 거기에서 철학자에게 어떤 문제가 중요한 것이 더 이상 아니고, 오히려 우리가 전적으로 참여했던 논쟁이 중요하다고 호소하고자 하는 것이다. 이 논쟁에서 우리는 항상 심판관이자 동시에 일부분이며, 또한 이 논쟁에서 인식하는 대신에 마땅히 다시 살고, 다시 만들고, 다시 창조해야 한다. 결국 파스칼이 말했듯이 중요한 것은 우리 자신이다. 강한 정신들은 직관 속에서 정신의 식물적인(자율신경의) 무감각을, 또 주관과 객관의 혼합을 경멸하는 체한다. 그러나 아주 단순하게도 직관은 **결정적으로 자기에 반환된 정신**일 것이고, 즉 자기 자신에 완전하게 현전(출석)하는 지식의 완전한 확신일 것이다. 따라서 공감으로서 직관은 고등한 당파성일 뿐인 철학적 당파싱의 어떤 종류처럼 나타난다. 모든 다율적인 재판 권으로부터 해방된 이 정신은 동일한 순간에 구경꾼이자 구경거리이다. 이중화되어 있는 지성을 강박으로 시달리게 하는 모순들에 대해 근심하지 않는 이 정신은 온의식Conscience으로 활짝 핀다. 직관은 영혼 전체의 원초적 참여가 아닌가?

『지속과 동시성』이라는 책은 여기서 또한 우리에게 가장 분명한 대답들 중의 한 대답을 제공한다.[6] 이 책에서 아인슈타인의 패러독스는 베르그송에게 결정적으로 실재적인 것과 허구적인 것의 출발점을 만들도록 강요한다. "지각된 것 또는 지각할 수 있는 것은 실재적이다." 한 사물이 실재적인지를 알기 위하여, 단지 그 사물이 정신의 현실적 경험의 대상을 만드는지 또는 만들 수 있는지를 찾아보십시오. 실재적 사실이기 위하여, 의식에 의해 실험되거나 또는 체험된 이런 가능성 이외 다른 진리의 표시(기호)는 없다. 예를 들어 실재적 동시성은 두 사건들의 동시성인데, 이 두 사건들은 정신의 순간적이고 유일한 작동에서 파악될 수 있다. 실재적이고 구체적 시간은 우리 의식에 의해 무매개적으로 지각된 시간이다. 보다 일반적으로 말하면, 한 생각(관념)은, 이것이 정신에게 진실로 현재 있

---

6. DS vi, 66, 88, 97, 99, 104. 참조 : MR 255.

는 정도에서 **효과적**effective이다. "효과성"의 유일한 지표un indice는 이 현전 자체이다. ― 이 단어는 시간적 의미에서 현재와 자연학적 의미에서 현재(파루시아) $\pi\alpha\rho o\upsilon\sigma\acute{\iota}\alpha$와 동시적으로 쓰인다. 그것(파루시아)은 러시아어로는 특별히 잘 표현한 하나의 관념이다. 반면에 우리나라(프랑스)의 단어인 "실재성"은 [프랑스어로] 사물을 지칭하고, [라틴어로] 레스(사물)res에서 형성된 것이다. 말하자면, 이루어진 사실, 즉 [러시아어로] 디에이스트비텔니dieïstvitelny는 준엄한 활동성dieïstvovat, dielo의 관념을 암시한다.[7] 이 준엄한 활동성은 사실들의 절단에서 정신의 살아있는 협력과 정신 속에서 사실들의 체험된 현전[출석]을 동시에 표현한다.[8] 이러한 의미에서 실질적(효과적)effectif이란 우선 실효성efficace을 의미한다. 그런데 프왕까레와 르 화가 제시했던 대로, "사실"은 자료라기보다 정신의 이상적 작품이다. 따라서 실질적인 것과 허구적인 것을 애매함이 없이 구별하는 정도에서 우리는 바로 여기에 있다. 실질적인 것이 허구적인 것과 대립되는 것은, 마치 실재적인 것이 상징적인 것과, 또는 "체험된 것", "간주된 것"(할당된 것)과 대립되는 것과 같다. 이리하여 『지속과 동시성』에는 반명제들의 목록이 있는데, 그 목록의 명단을 나열하는 것은 흥미 없지는 않을 것이다. 한편으로는 철학자 또는 형이상학자의 체험된 실재성이 있으며, 다른 한편으로는 자연학의 모든 기호들, 용어상 개념주의의 모든 추상작업들이 있다. 실재적 또는 형이상학적인 지속은 내가 나의 "참조 체계"의 내부에서 개인적으로 **실험하는** 지속이다. 그런데 상징적 지속들이란 내가 **상상하는**imaginer 환상적인 여행가들에 의해 체험된 지속들이다. 그리고 상징적 운동들이란 화살에게, 거북이에게, 아킬레스에게 내가 **할당한**attribuer 운동들이다. 똑같은 이유들에서, 물리학자 톰슨William Thomson이 회오리치는 원자들에게 할당했던 운동은 "연관들 사이의 연관"일 뿐이며, 정신의 개념작업이지 실재적 사건은 아니다.[9] 실재적인 것과 상징적인 것의 구별은 결국에는 무매개적인

---

7. [옮긴이] 러시아어로 설명한 것은 저자가 러시아 출신이기 때문이다.
8. '현실의'(Wirklich, 실재의, 사실의)라는 [독일어] 표현은 [프랑스어로] 실재적인 것(le réel)과 현실적인 것(l'acte)이라는 두 가지 관념을 동일하게 연결한다.
9. DI 158 [DI 155, Oe 135].

것과 매개적인 것의 구별로 귀착된다. 실재적인 것은 내가 직접적으로, 그리고 정신의 고유한 경험들을 정신의 단순한 접촉으로 또는 (머리로) 마주 대하는, "지각하는"(버클리의 의미에서) 현전들의 일체이다. 그러나 상징은 지각된 것이라기보다 구상된 것으로서 이중화의 작업을 가정한 것이며, 우리가 여기서 말했듯이 거리가 있다는 것을 고백해야만 하는데, 지적인 냉정함의 조건인 거리를 가정한 것이다. 따라서 '구상하다'란 무엇보다도 지각을 지각하는 것이다. 즉 그것은 이차적 지각, 즉 이차적 잠재태에 속하는 지각이다. 이 지각에서 오류는 시간이 미끄러져 나간다는 것이고, 마찬가지로 부정은 주장에 관한 주장이며 또는 제시문을 갖는 판단이다.[10] 따라서 상징적 사고는 실재적인 것을 그 근원에서 길어 올리지 못한다. 이 사고는 그것의 추상적 단순성은 조정할 수 있지만, 독창적인 신선함은 더 이상 없는 것이라고 대답하는 데 만족한다. 이 사고는 사고 자체를 불확실성이라고, 즉 모든 무의식적 상징주의와 모든 자기 부재의 사고에 티격을 가하는 불확실성이라고 단죄한다. 반면에 무매개적 개념은 통째로 사물의 사유인 데 비해, 개념은 직접적으로 인위적이고 제작적인 다른 지각에 대한 사고일 뿐이다. 이 개념은 실재적인 것의 대용품들 이외, 즉 개입된 매개물을 통해서 파악하는 대용품들 이외 다른 것을 인식하기를 영구히 부인했다.

따라서 하나의 관념, 하나의 이론, 하나의 용어의 출현에서, 자문해야만 하는 첫째의 어떤 것은 이다음의 사항일 것이다 : 즉 그 첫째 것이[제일 실체가] 진실로 사유할 수 있는 어떤 것에 해당하는지 자문하는 것이다.[11] 베르그송이 모든 토론들에서 기여한 본질적으로 유명론적인 고민은 우리에게 의심할 바 없이 항상 매우 우아하고도 매우 섬세한 논증 과정의 비밀을 전수하려는 것이리라. 그런 이유로 베르그송의 비판은 유사-관념들 주위에서 맺어지는 유사-문제들을 흩어 버리는 데 많은 재능을 소비한다.[12] 자유의 문제, 무의 문제는, 그 당시 진실로는

---

10. EC 312 [다음을 참조 : EC 296, Oe 745. 원문의 "판단에 대한 판단"을 저자가 의도적으로 변형시킨 것이다. ─ 옮긴이]
11. 예를 들어 EC 329 ; ES 35 [ES 27, Oe 835~836].
12. DI 55, EC 139.

참가자들이 아무것도 생각하지 않았을 때라 할지라도, 어떤 것을 생각한다고 믿었던 논쟁의 참가자들이 중대하게 옹호했던 수많은 헛된 논쟁들과 대립된 이론들을 불러일으켰다. 그것은 "내적 영화장면"에 비교할 수 있는 환상들 또는 현기증들[13]일 뿐이다. 이 내적 영화장면을 통해서 지성은 당황한 나머지 운동의 착각을 얻게 된다. 여기에 지적 현기증들 중의 한 현기증이 있는데, 베르그송은 가장 변화 많은 이론들 속에서 현기증을 좌절시키는 데 놀랍게도 능통했으며, 그 현기증의 진단법은 모든 유명론적 방법[14]을 폭로하는 것이었다. 그 정신은 어느 곳에도 놓이기를 거부하면서, "마치 두 라켓 사이의 공처럼"[15] 실증적으로 또 개별적으로 아무것도 결코 사유하지 않으면서 한 거짓관념으로부터 다른 거짓관념으로 껑충 건너뛴다. 사람들은 이 애매함 속에서 제작적이고 회고적인 경험주의(관례주의, 제2천성주의)의 저주인 악순환논리를 쉽게 발견할 것이다. 그러한 것이 "심리-생리학적 평행론"이며, 여기에서 베르그송은 지적 속임수를 아주 놀라운 침투로 명철하게 발견했다. 관념론자의 평행론은 그 관념론이 모순으로 인정되는 순간에는 곧바로 실재론적이 된다. 그러나 다음 차례로 실재론은 그것의 불합리가 터트려지는 순간에 서둘러서 관념론적이 된다. 평행론자는 이 혼동에서 특혜를 얻고, 왔다 갔다 하는 왕복 운동을 탐험한다. 그는 결코 잘못이 없다. 왜냐하면 사람들은 전혀 그를 뒤따라 잡을 수 없기 때문이다. 그는 하나의 마술사(착각을 불러일으키는 자)인데, 사실이 파악되는 순간에 그는 이미 다른 곳에서 발견되기 때문이다. 실재상으로 평행론자는 아무것도 사유하지 않는다. 그는 동등하게 거짓인 두 관념들 위에, 한 관념이 다른 관념에게 서로 거짓이라고 부르는 관념들 위에 걸터앉아 있다. 이런 유사한 특권은 사고가 동시적으로 부정하는 두 종류의 질서들, 즉 생명질서와 기계질서 사이의 간섭에서도 나타난다. 이것은 무질서와 우연의 환영[유령]을 창조하기 위한 것이다. 그럼에도 불구하고 적어도 이 두 질서 중의 한 질서는, 필연적으로 다른 한 질서가 사라질 때 존속한

---

13. 현기증(Vertige) : EC 333.
14. ES 191~210 (심리-생리학적 평행론) [ES 191~210, Oe 959~974].
15. EC 242 [EC 235, Oe 694].

다. 따라서 마치 심리-생리학적 평행론처럼 이 두 질서의 이중 배제는 단지 빈(허공의) 사고이며, [어느 하나라도] 제시되기를 거절한 것이다.[16] 또한 마찬가지로 무無, le néant의 우상을 창조하기 위하여, 비록 사람들이 다른 우상을 제시함이 없이 한 우상을 부정할 수 없다 할지라도 또는 반대 방향으로도 부정할 수 없다고 할지라도, 우리는 외적 실재성과 내적 세계를 동시에 제거할 것이다. 이러한 부정은 또한 환상적이고 사유할 수 없는 것이기도 하다.[17] 허무주의적 사고는 이런 사고의 무를 때로는 아무것도 없음un Rien으로서 취급하고, 때로는 그 무엇인 어떤 것 un Quelque Chose으로서 심지어는 온전체le Tout로서 취급한다. 전자에서부터는 그 사고가 자기 특권들을 통해서 전 세계를 끌어내는 데 강력하게 되어 있으며, 후자에서는 모든 사물들이 진행하는 것이 놀랍지 않은데, 왜냐하면 모든 사물들은 거기에 미리 포함되어 있었기 때문이다. 그런데 내가 무엇을 말(의미)하는가? 매우 흐릿한 무는 전체이며 동시에 아무것도 아니다. 그리고 존재를 그것의 비존재로 감싸고, 비존재를 그것의 존재로 감싼 안개 가득 낀 애매함은 아주 요정의 세상 같은 기적들을 그럴듯하게 한다. 두 개념의 중간에 걸터앉은 지성이 행하는 똑같은 착각의 놀이는 요술 속에서 나타난다. 이 요술은 생물학자의 정신을 기계주의의 적용의 관념에서, 또 활동적 적용의 관념으로 돌려보내거나 또는 "상관관계"라는 단어의 가능한 두 의미 사이에서 그 정신을 우왕좌왕하게 한다. 그러나 사람들은, 그런 것에 대해 모든 문제들을 나열하는 데서 끝나지 않을 것이다. 이 문제들에서 베르그송의 변증법이 이런 종류의 좌우로 흔들림[동요]를 발견했던 것이다. 이런 것이 일반 관념의 전형적인 문제이다.[18] 일반화 작업은 추상작업 없이 잘 진행되지 않으며, 추상작업 그 자체는 일반화 작업을 가정한다. 따라서 외연에 의해서 관념을 정의하는 **유명론**은 [결국에는] 관념을 내포에 의해 정의하는 **개념론**에 이른다. 그러나 개념론이 자기 차례가 되어 자기도 모르게 유명론으로 끝난다는 조건에서 옹호될 뿐이다. 따라서 정신은 이 둘 사이에 항상 공중에

---

16. EC 242, 255, 297~298 [EC 235, EC 245, 702~703, EC 285, 736].
17. EC 302~303, 320.
18. MM 171~172. 참조 : MM 135.

있다. 이 두 이론들의 각각의 이론은 각자가 취하는 관점에서 제자리 회전을 완성하고, 다른(상대) 이론의 얼굴을 갖다 쓴다. 찬성에서 반대로 이러한 전복은 장 발Jean Wahl이 헤겔의 사상에서 상당히 통찰력 있게 연구했던 반대들의 놀이를 세밀하게 예시하지 않았던가? 똑같은 모호성이 인과성의 두 개념작업들 사이에서 우리에게 알려졌는데, 하나는 역동적이고 다른 하나는 기계적이라는 것이다. 그리고 물리학자들에게서 상대성의 두 개념작업들 사이에서도 알려졌는데, 하나는 추상화된 것이고 다른 하나는 상상된 것이다. 또한 두 종류의 동시성들 사이에서도 있는데, 하나는 개념적 동시성이고 다른 하나는 직관적 동시성이다.[19] 이 모든 신화는 주로 언어에 의해 선호되었다.[20] 사유와 직관이 빠진 빈 단어는, 우리가 그것을 바란다면, 전혀 아무것도 없는 것 위에 근거하는 성질이다. 그 단어는 도처에서 있을 수 있고 동시에 다시 말하면 아무 데도 없을 수 있으며, 허공중에 매달려 있으며, 또한 두 관념의 중간-길에 있다. 마치 개념이 무한한 개별적 사물들을 잠재적으로 표상하는 것처럼, 우리가 아무것도 사유하지 않을 때라도, 우리는 그 개념을 사고하면서 우리가 어떤 사물을 사유하고 있다고 조심스럽게 믿게 할 것이다.

따라서 베르그송주의는 확고히 선언된 유명론이다. 사람들이 이것을 버클리의 철학과 여러 근친성이 있음을 알려주는 데는 당연한 근거가 있었다. 버클리처럼, 베르그송은 단호하게 **우리의 의식과 연관 없는** 비의적 또는 중성적인 물질의 환영을 제외했다. 물질을 우리가 절대적으로 구상하고 있다고 믿을지라도, 물질은 우리가 보게 될 것이지만, 순수지각과 다른 것이 아니며, 다시 말하면, 정신적 실재성이며 실질적인 현전이다. 그래서 그것에 대한 직관이 [무매개적으로] 현존한다. 그것이 순수하게 정신적 직관과 전혀 다른 종류의 것이라고 할지라도 말이다. 그런데,『지속과 동시성』의 언어로 말하자면, 지각된 사물 또는 지각할 수 있는 사물의 직관이 있다. 따라서 이번만은 모든 "인식할 수 없는" 것을, 이유가 있는 모든 존재를, 개념들에 의한 인식의 유적인 보편자들을 거부해 보자. 똑같은

---

19. DI 147, 165~166; EC 62~64, 73~74, 76; DS vi~vii, 3, 50, 130~132, 182, 278.
20. EC 173.

이유들에서 베르그송의 비판 작업은 "선입견 없는"(이 단어는 데카르트의 언어라 할지라도 『시론』 속에 나온다.)[21] 의식이 얻을 그 무엇을 찾으려는 데 있을 것이다. 이 선입견 없는 의식은 습관, 언어, 전통적 편견들로 인해, 또는 데카르트가 말했듯이, 유모의 동화들로 인해 우리 속에 이미 널리 알려진 추억들로부터 정화되기를 바랐을 것이다. 순수 성질의 직관은 이런 순화 cette purification로부터 태어나는데, 마치 물질이 형태 없는 기체基體도 아니고 모든 결정에 무관한 또는 비결정인 실체도 아니라고 인정했던 자는 누구나에게서 무無의 우상이 사라지는 것처럼 말이다. 이런 의미에서 단지 바로 이런 의미에서, 베르그송주의는, 사람들이 그것을 너무나 반복했던 것처럼, "인상주의"un impressionnisme일 것이다. 프루스트의 엘스티르[22] 그도 또한 느꼈던 것과 알았던 것을 분해하기를 원하고, 질들의 순진한 관점la vision을 대체하는 추론들의 결집체를 해체하기를 원한다. 이 학설이 우리에게 요구하는 것(무엇), 그것은 일종의 철학적 솔직함이며, 순진무구하고도 피상적인 나머지 심층의 솔직함이다. 이 솔직함은 우리를 무매개적으로 지각된 성질들을 출현하게 하는 것이다. 이 성질은 그 자체로부터, 즉 환원할 수 없는 자기의 고유한 특수성으로부터 자기 가치 전부를 끌어내지만, [현재] 있지 않은 어떤 것과 연관하여 끌어내는 것은 아니다. 그것은 그 자체로 알려지기를 요구한다.[23] 그 성질의 독자적이고 비교할 수 없는 독창성과 더불어, 그 성질의 언어를 말할 필요가 있다. 지각된 사실들은, 초월적인 어떤 권한의 부여를, 또 절대적 본질의 상벌 기능을 스스로에게 정당화하기 위하여, 더 이상 기다리지 않는다. 이 사실들은 자체의 유일한 출현의 저항할 수 없는 힘 덕분에, 또한 실질적이고 현실적인 경험들에 매여 있는 대체할 수 없는 가치 덕분에, 스스로 정당화된다. 이

21. DI 40.
22. Marcel Proust, *Du Côté de Guermantes* (1권 1920, 2권 1921), 101 [마르셀 프루스트, 『잃어버린 시간을 찾아서』 5~6, 김희영 옮김, 민음사, 2015]. [엘스티르(Elstir)는 프루스트 작품의 인물로서 인상파화가이며, 모네(Claude Monet, 1840~1926), 엘뤼(Paul-César Helleu, 1859~1927), 휘스틀러(James Abbott McNeill Whistler, 1834~1903) 등에 영향을 입은 화가. — 옮긴이]
23. DI 140. 'L'introduction à la métaphysique'(PM) 앞부분에서. RI 170, 비극적 시인에게서 내성 기능에 관하여. EC 4[Oe 497]: "…우리는 채색된 것을, 다시 말하면 심리학적 상태들을 정확하게 지각할 뿐이다."

리하여 그 철학자는 노력 없이도 요동하지 않는 진리들과 설득력 있는 명증성들로 둘러싸이게 된다. 그는 이것들에 이의를 제기하는 자들에게[24], 그리고 논리의 필연적 추론에게 항상 여리고 부서지기 쉬운 확실성의 시혜(온정)를 요구하기 좋아하는 자들에게, 증명의 책임을 넘겨준다. 체험된 경험들만이 경험 그 자체들에 의해서 이해될 수 있다. 그리고 그러한 것은 매우 진실하여, 상징주의들은 이것들이 차지하고 있는 실재성의 약간을 직관에게 그리고 오직 직관에게만 힘입고 있을 정도이다. 만일 수학자의 순간이 기하학적 점으로 전적으로 환원되지 않는다면, 우리 지성의 인위물들이 완전하게 모양을 왜곡하기에 성공하지 못했던 것, 그것은 그 (수학자의) 시간이 그 (기하학적) 점과 더불어 이 실재적 시간의 추억을 운반하지 못했기 때문이다. 그리고 추상적 동시성도 마찬가지이다. 추상적 동시성이 비인간적이라 할지라도, 그 추상적 동시성도 또한 직관적 동시성에게서 이것이 보존하고 있는 실재성과 닮은 것을 빌려온다. 보다 일반적으로 말하자면, 만일 진실한 생성이, 이 생성을 "시간화하기" 위하여 그리고 그 생성에 약간의 열기와 생명을 불어넣기 위하여, 영속적으로 거기에 없었다면 이미 사물이 거의 아닌 수학적 시간은 더 이상 아무것도 전혀 아닌 어떤 것일 것이다. 질이 좋지 못한 합금 같은 이 상징물은 우리의 진실한 내부를 매우 심각하게 변질시켰고, 그다음 차례로 직관의 관대한 전파에 의해 스스로의 지위를 얻게 된다. 이리하여 "4차원"은, 자기가 진실한 직관 주변에서 구걸한 축소된 생명성에 의해 존속한다. 직관은 자신을 몰아내고자 애썼던 허구들 자체들에게도 생명을 나누어 준다. 그리고 마치 개념이 직관의 대기 속에서만 숨 쉬듯이, 마찬가지로 담론이 직관의 동기[충력] 없이 앞으로 밀고 나가지 못하듯이[25], 이처럼 우리의 공간이 또 우리의 지속이란 풍자화들이 견고성을 지니는 것은 이런 정신으로부터 오는데, 이것들이 이런 정신을 더 나은 자신들의 것으로 잘못 이끌어 간 것이다.

---

24. 베르그송은 여러 번 되풀이하여 이런 방법론적 공리를 정식화한다 : ES 35(자유에 관하여), 59(잔존에 관하여), DS 115와 217(실재적 시간의 보편성에 관하여), 45~46(물질적 너비에 관하여).
25. 다음을 참조 : Le Roy, *La pensée intuitive*, 1929, pp. 57, 63 ; *L'exigence idéaliste et le fait de l'évolution*, 1927, p. xii.

제2절 생성

따라서 만일 우리가 "선입견 없는" 사유, 그리고 전적으로 자기에게à soi 현재하는 사유와 상의한다면, 우리가 우리의 시선에 개입하고 또 우리를 우리 자신으로부터 멀리 떨어지게 하는 '거리를 두고 나열된' 우상들을 멀리한다면, 바로여기에 우리가 만들어 갈 발견물이 있다. 인간은 내가 모를 그 무엇, 즉 거의 현존하지 않고 또 애매한 무엇이며, 생성 속에서만 있을 뿐만 아니라 완전히 지속하고 있으면서 그 자체 구현된 생성인 무엇이며, 순회하는 시간성이라는 그 무엇이다! 그것은 있지도 않고, 그것은 있지 않은 것도 아니다. 따라서 그것은 생성되고 있고 … 아리스토텔레스가 시간에 대해 말한 우크 에스틴(… 로 있지 않은)οὐκ ἔστιν, [즉 생성하는] … 그것(생성)은 있는 무엇이 아니고, 그리고 있지 않는무엇도 아니다. 그것은 더 이상 있지 않고, 또다시 있지도 않는다. 왜냐하면 동일한 것이 연속적인 교대에 의해 항상 다른 것이 되기 때문이다.(ἢ μόλις καὶ ἀμυδρῶς[26] … το μεν γαρ αὐτοῦ γέγονε καί ουκ εστίν, το δε μέλλει καὶ ουπω εστίν). 보다 정확히 말하면, 우리 의식 상태들은 수와[수적 나열과] 연관 없이 중단 없는 생성에 따라서 연쇄고리로 이어져 있다. 베르그송은 이 연쇄를 지칭하기 위해 유기체화란 단어를 쓴다. 유기적 총체성들에 대한 우리의 분석은 유기체화를 현재 있는 대로 더 잘 이해하게 하는 것이다. 우선 "유기체화"는동일자와 타자의 교대를 극복하는 것이다. 게다가 『필레보스』 편과 『파르메니데스』 편에서 논의되었던 일자와 다자에 상대적인 난문제들은 거짓 문제라고 선언되었다. 베르그송은 일자(하나)가 다양할 수 있다는 것과 그리고 다수들은 하나일 수 있는 것에 더 이상 놀라지 않을 것이다.[27] 생명은 지성으로서는 절망인 이모순들을 연출한다. 존재와 비존재의 혼합물인 생성은 배중률의 원리를 피하지못하는가? 살아온 지속 속에서 순서적으로 나열되어 있는 생명은 일자와 다자

---

26. Aristote, *Physique*, IV, 10, 217 *b*, 32~34.

27. Platon, *Philèbe*, I4 c : "Ἓν γὰρ δὴ τὰ πολλὰ εἶναι καὶ τὸ ἓν πολλὰ θαυμαστὸν λεχθέν, καὶ ῥάδιον ἀμφισβητῆσαι τῷ τούτων ὁποτερονοῦν τιθεμένῳ. 이에 대립하여, PM 189.

사이에, 뉘앙스 없는 동일성과 정합성 없는 타자성(이타성) 사이에 선택하는 것을 더 이상 유지하지 못한다. 베르그송은 이 반대들이 서로 등을 맞대고 있는 것으로 보고 있는데, 마찬가지로 그는 일방적인 원인성과 일방적인 목적성이 서로 등을 맞대고 있는 것처럼 볼 것이다. 해결할 수 없는 딜레마들 중의 한 딜레마를 위해서 그것은 더 이상 있지 않다. 셸링은 이미 그것을 주목했었다. 즉 생명은 독단적인 철학보다 수천 배 더 많이 풍부하고 창의적이다. 독단적 철학은 [배타적] 선언 명제의 원리에 부딪히고, 그리고 이 극단들 사이에서 이러지도 저러지도 못하게 되어 있다. 우선 생명은 선택하는 데 있지 않다. 왜냐하면 당연히 생명은 지속하고 있기 때문이다. 물질적인 물체들은 결코 늙어가지 않고, 이것들의 부분들이 지닌 비시간적 병치 속에서 존속한다. 이것들은 단위(통일성)의 형식 또는 다수성의 형식을 채택함에 따라서, 영원히 등질적이거나 또는 영원히 다수적이 된다. 거기에는 어떠한 치료제도 없다. 그러나 동일한 의식이 오늘도 그리고 여러 날 다음날도 그대로인 것을 누가 막는가? 시간은 결정적인 술어들을 허용하지 않는다. 그 시간은 빌려주기는 하지만 결코 얻지는 못한다 : mancipio nulli ⋯ omnibus usus. 그러나 만일 시간이 자신의 고유한 선물들을 기꺼이 철회한다면, 시간은 또한 중요한 병을 고치는 자(치유자)이다. 그 치유자는 상처를 치유하고, 그리고 고통스러운 모순들을 매끄럽게 하며, 유동성 있게 하고 평화롭게 하며, 해결할 수 없는 충돌들을 약화시키고, 거친 통일성에다가 유쾌한 다양성을 가져다준다. 공현존할 수 없는 uno eodemque tempore 모순들은 적어도 계속적으로 이어질 수 있다. [모순의 둘 중의] 하나가 우선이고 다른 하나는 그다음에 나온다. 그러한 것은 미래화 작업의 술수인데, 그 미래화 작업은 아직 있지 않는 것, 지금 있는 것, 이미 더 이상 있지 않은 것의 동시대성이다. 이것을 생각해야만 했다. 하나의 잘못인 불합리한 모순이 최소한의 잘못인 추잡스러운 배반(부인)이다. 고갈되지 않는 섬세함이, 시간적 해결들의 기발함이, 지성을 흔들어 놓는다. 왜냐하면 지성은 계속적인 것을 이해하기 위해 만들어진 것이 아니며, 오히려 공통불가능성, 양립불가능성, 화해불가능성들의 막다른 골목 안에 기꺼이 가두어져 있다. 그럼에도 불구하고, 우리의 잠재적 성격의 통일성 안에 원초적으로 압축된 다수의 경향성들을 조금씩 펼치면서, 우리는 인격성이 다양하게 또 빛살처럼 진화한다는 것[28]을 알지 않는가? **다발**la gerbe의 이미지는 베르그송 작품들 속에 곳곳에 있다.[29] 그리고 마치 인격 전체는 다수(다양)의 경향성들로 복잡하게 얽혀있는 것처럼, 인격의 내부에서 따로 있는 각각의 경향은 그 자체 다양한 감동들로 번식한다. 그리고 이 감동들은 자기 차례가 되어 우리 삶의 긴 여정을 따라, 점점 더 개별적으로 수많은 고통들과 환희들을 분봉한다. 진화 일반은 하나에서 다양(다수)으로 이행, 즉 다수성으로 성숙하는 동일성의 점진적 개화, 이외 다른 것이 아니다. 그러나 동시에 이 통일성은 개별적 경향성들로 폭발하여 터지고, 이 경향성들은 자기 차례가 되어 반대적이며 비례적인 운동에 의해 해소된다. 만일 사람들이 말할 수 있다면, 다수성은 통일성이 풀리는 정도에 따라서 치유가 이루어지고 있다. 이리하여 의식은 생명의 모든 순간들에 풍부하게 다양한 동일성의 구경거리를, 또는 쇼펜하우어가 말하듯이 **상호견제**concordia discors의 구경거리를 제공한다. 이 상호견제에서는 추상적인 일자도 다자도 결정적인 우선성을 자랑할 수 없다. 종합에 대한 비판주의자의 생각은 분명하고 새롭고 정신적이고 찬탄할 만한 의미를 발견한다. 정신의 통일성은 "합창 같은" 통일성이며, 이것은 마치 트루베츠코이, 프랑크Simon Frank, 러시아의 슬라브주의자에 따르는 소보르노스트(정신적 공동체)의 "공의회적"인 통일성과 같은 것이며[30], 다시 말하면 이 통일성은 특이성들의 고양에 근거하는 것이지 특이성들의 평준화에 근거하는 것이 아니다. 이 정신의 통일성은 협주하는 다양성들의 사막에서 통치하는 것이 아닌데, 왜냐하면 그것은 타자성에 관한 영속적 승리이지, 고독한 정체성에 관한 승리가 아니기 때문이다. 따라서 시간은 단순히 모순의 부재가 아니다. 그것은 오히려 설득되

---

28. DI 여러 곳. EC 15, 279~283 (그리고 또한 109). 'L'introduction à la métaphysique', PM 197~198; 참조: 137. 셸링은 매우 근접한 생각을 생성(le devenir)으로 만들었다.

29. [옮긴이] EC 119, Oe 595, 다발(la gerbe)이라는 단어는 한번 쓰이지만, 묶음과 같은 이미지로 행진하는 군대, 구르는 눈덩이, 여러 갈래로 퍼져 터지는 포탄 등으로 쓰인다.

30. 그라시외(Albert Gratieux)는 베르그송과 코미아코프(Alexeï Khomiakov)에게서 보이는 몇 가지 공통적 특징들을 강조했다. Albert Gratieux, *A.S. Khomiakov et le Mouvement Slavophile*, 1939, II, p. 263.

고 영속적으로 해결된 모순이다. 더 좋게 말하자면, 그것은 타동사적인 측면에서 고려된 해결 그 자체이다. 이로부터 두께, 구체적 충만, 생성의 생명화가 나온다. 이 통일성은 반항적인 독창성들을 따져서 강압적으로 설득시키기를 결코 끝내지 못했다. 왜냐하면 사람들이 다자의 항의를 쉽게 종식시키지 못하기 때문이다.

다른 한편 지속은, 마치 그것은 일자와 타자의 안티노미를 극복하듯이 또 마치 장 발의 형이상학이 스스로 반명제들의 저 너머에 위치하듯이, 연속성과 불연속성의 안티노미를 극복한다. 확실히 우리가 살았던 시간은, 화가 까리에르의 공간처럼, 연속성 자체이다. 그러나 이 연속성은 배제가 없다. – 내가 무슨 말을 했지? 연속성은 상태들의 근본적 이질성을 가정하며, 그 연속성은 상태들 사이에 유기체화한 것이다. 그 역도 마찬가지로 동질적 공간은 자기의 동질성 그 자체에 의해서 가장 단호한 불연속성에 적합하다. 거기에는 생성의 둘째 역설이 있다. 사람들은 벗은 공간 속에서 자연적 접속들을, 커다란 유기체적 분할들을 찾지 못한다. 이 분할들이 그 밖에서도 그 안에서도 한 그룹의 개별자들을, 살아있는 한 신체의 부분들을, 한 의식의 감정들을 한계 지운다. 벗은 공간은 획일성의 왕국이며, 황폐한 효라(재질, 공간)χώρα이다. 이 효라 위에 우리는 이런 임의적 절단들을, 또 인공적으로 작업들을 실행할 수 있고, 이런 행위의 요청들이 우리에게 유용성을 제시해 줄 것이다. 벗은 공간 그 자체는 몇몇 종류의 분할들을 위해 다른 종류의 분할들을 배제하지 않는다. 즉 어떠한 선호도 드러내지 않는다. 이러한 무차별 앞에서 우리는 우리의 필요들에 알맞게 물질적인 부피(길이)를 잘라야 한다[소비해야 한다]. 그런데 우리는 부피들을 조각[덩어리]들로 구획하고, 우리는 이것을 사물들, 물체들, 현상들이라고 부른다. 이런 것이 조각 나누기ce morcelage 라 불린다. 플로티노스와 다마스키오스는 이미 메리스모스μερισμός, division 31라 부르지 않았던가? 반대로 지속은 이질적이며 조각을 낼 수 있는 것이 아니다. 그 조각 나누기는 인위적인 조작이며, 지성이 그 조작을 자신의(지성의) 고유한 작업들에게 실행한다. 그리고 공간은 그 조작을 감내[허용]할 수 있다. 왜냐하면 정당

---

31. 에밀 브레이어가 *Études de philosophie antique*, 1955, pp. 280~281의 주석에서 인용했던 Damasius le Diadoque, *Dubitationes et solutiones de primis principiis*.

하게 공간은 지성의 추상작업화로서 이완되어 있기 때문이다. 그러나 우리의 지속은 자신의 객관적인 분할들ses divisions을 지니고 있어서, 그 어느 종류의 분석도 무차별적으로 감내하지 않는다. 따라서 지속은 근본적으로 이질적이다. 그러나 우리의 조잡한 조각 나누기는 지속을 장악하지 못하기 때문에, 우리는 지속이 "연속적"이라고 말하고, 지속은 그 결과로 공간을 잘게 나누는 유용한 분석이 거기에서 최소한의 균열도 발견하지 못하고서 시간의 길이를 따라서 미끄러져 간다고 말한다. 실제로 이 연속성은 오직, 생성이 그 어떤 불연속성도 허용하지 않는다는 것을 의미한다. 연속성은, 생성이 안개 속에서 흐릿해지거나 모든 종류의 다양성을 배제하는 것이라고는 전혀 의미하지 않는다. 연속성은 흐릿함도 무차별화도 아니고, 시간은 공유의 것이라기보다 오히려 나누어질 수 없는 것이다. 달리 말하면, 우리가 거기에서 예감할 수 있다고 할지라도, 우리는 우리 자신의 환상에 따라 그것을 재단할 수 없다. 이런 의미에서 연속체는 무한히 불연속성이다 … 특히 이것은 베르그송주의자인 알베르 바자이아스[32]에서, 또는 어떤 제임스 같은 이un James와 어떤 르누비에 같은 이un Renouvier의 다원론 속에서 충분히 밝혀진 것으로 나타난 분리작용과 결정 작업의 측면이다. 다원론자의 일방성은 게다가 다른 이들보다 훨씬 더 베르그송주의자인 것 같다. 만일 선택을 해야 했다면, 우리는 제임스와 더불어 "경험의 다양성들"보다 우리 스스로 지체하는 것을 선호할 것이다. 이것은 마치 "hétérousie"[이질체]와 "tautousie"[동질체] 사이에 또는 아마도 다신론과 일신론 사이에 주저하는 셸링이 말하는 것과 같다. 너무나 적다기보다 너무나 많도다! 그러나 거기에는 선택해야 할 것은 없다. 왜냐하면 생명은 학제적 딜레마들에 갇혀있지 않기 때문이다. 사실상, 다원론은, 자료le donné가 모든 부분에서 설명되는 점이 넘쳐난다는 것을, 그리고 지속의 경험이 드라마적 경험이라는 것을 단지 의미한다. 근본적으로, "설명작업"은 항상 일원론적이며, 이 설명작업이 이용하는 **조각 나누기**들은 다원론의 희극을 단지 공연할 뿐

---

32. Albert Bazaillas, *La vie personelle, Étude sur quelques illusions de la perception intérieure* (Paris, 1904). 다음을 참조: William James, *Introduction à la philosophie* (trad. fr., Paris, 1914). 또한 다음도 보라. Jean-Marie Guyau, *La genèse de l'idée de temps*, 1890, pp. 17~18.

이다. 우리는 저 아래에서는 신중한 것이 아무것도 없다는 것을 잘 안다. 왜냐하면 이 조각 나누기들은 우리에게 속하는 우리의 일이며, 만일 우리가 이것들을 실행한다면, 그것은 이것들[조각 나누기들]이 우리에게 편리하기 때문이다. 그런데 우리는 아주 조용하게 있으며, 우리는 우리의 소중한 통일성을 재발견한다고 확신한다. 왜냐하면 이 조각 나누기들은 통일성을 가정하는 것이지 배제하는 것이 아니기 때문이다. 우리는 성질들의 다양성과 이질성을 협약적인 절단[작업]들로 대체한다. 이 절단들은 체계의 획일성을 심각하게 위태롭게 하지는 않는다. 이리하여 수학적 공간은 근본적으로 동질적인 것으로 나타나며, 바로 이런 이유에서 그 공간은 그 어느 불연속에게도 제공된다. 우리는 다자가 그 자체로 파괴되도록 조각화 작업의 끝까지 갈 것이다.

조각 나누기는 통일성에 귀착하며, 그러나 근본적으로 조각 나누기는 통일성을 결코 떠나지 않는다. 왜냐하면, 그 조각 나누기의 "다수"는 진실한 다수가 아니기 때문이다. 반대로 시간의 질적 이질성은, 이 이질성이 통일성에 가장 폭력적으로 모순을 말하는 순간 그 자체에, 즉 대립된 것들이 신비적 경험 속에서 일치되는 것과 같이 약간의 폭력적인 순간에, 그 통일성을 함축하고 있다. 거기에 우리가 지금 밝혀야 할 불가사의le mystère가 있다. 생성의 통일성은 첨예한 위기로부터 나오며, 푹 젖어서 풍성하게 된 통일성이 거기에서부터 나온다. 베르그송은 지적 노력을 연구하면서, 어떻게 역동적 통일성이 공간을 모델로 하는 변증법적 통일성에 대립되는지를 우리에게 분명하게 제시한다.[33] 수평적 또는 **시각적 변증법**에서는 하나의 이미지만 있으나, 그 이미지는 여러 다른 대상들의 대리이다. 그런데 수직적 또는 **침투적 변증법**에서는, 반대로 동일한 대상을 위한 무한한 이미지들이 있다. 우리가 생각하기에 그러한 것은, 첫째의 경우에서 **동질적 세계를** 가로질러 **불연속적 진보가** 있다는 것을 말하고자 한 것이다. 그리고 사람들은, 베르그송에게서 어떻게 무의 거부가 이 불연속성의 거부를 설명하는지 볼 것이다. 반대로 둘째의 경우에서 이것은 가로지른 우주들인데, 이 우주들은 본성상 **이질적**

---

33. ES 166.

이다. 단지 이 우주들을 노력의 연속성이 다시 연결한다. 이 연속성에 의해 우리는 하나의 우주에서 다른 우주로 지나간다. 첫째 경우에서 통일성은 말하자면 실체적이고 형태학적이며[34], 이 통일성은 둘째 경우에서는 기능적이다. 왜냐하면 통일성은 여기서 더 이상 형식의 엄격한 동일성을 원리로서 삼는 것이 아니라, 오히려 어떤 잠재태의 방향 잡기와 멜로디 주제의 영속성을 원리로 삼는데, 이것은 마치 내적 목소리cette voix intérieure와 같은 어떤 것이다. 피아노 작품집 속에서 슈만은 이 내적 (목)소리에 대해 비물질적 성악을 표기할 필요를 체험했으며, 이 내적 (목)소리는 볼 수 있는 화음(하모니)들 아래에 감춰진, 보이지 않는 화음을 "제3의 손"에 부여하는 것과 같다. 이런 의미에서 그것은 오히려 수평적 변증법의 법칙일 것 같은 다채로움이고, 그리고 그것[법칙]이 채택한 환경의 피상적 통일성은 자기 소재의 근본적 다수성을 훨씬 더 투박하게[거칠게] 강조한다. 사물들의 독특한 회귀에 의해, 다자를 고려하기를 원치 않았던 평평한 통일성은 영원히 찢어진 채 남아 있을 것이다. 마치 평평한 통일성이 우리에게 곧바로 영원히 고독한 것으로 나타났던 것과 같이 말이다. 그런데 시간은 거기에 더 이상 있지 않으며, 오직 자기 상처들을 봉합할 수 있었으리라. 우리의 모든 분할들은 시간에 치명적인데, 왜냐하면 이 모든 분할들은 결정적이고 치료할 수 없는 것이기 때문이다. 그러나 우리가 의식의 뿌리에서 발견할 질적 다채로움은 지속의 순환 속에 무매개적으로 해소된다. 음악적 음색들도 이와 같다. 음색의 우주들은 마치 환원할 수 없는 많은 세상들처럼 우리들의 감동에 호소한다. 오직 여러 변조들의 기적만이 서로 소통할 수 없는 우주들의 상호침투를, 그리고 플로레스탄이 (들었던) 이해하는 내적 목소리의 연속성을 실현한다.[35] 이 불연속성들은 사라지는 것이 아니라 변조하는 역동적 힘의 심층 속에 녹아 있으며, 이 동력은 불연속성들을 가로지른다. 포레의 피아노곡《간편한 소품들》Les Pièces brèves op. 84(1869과 1902)의 8편 중의 제1편 '변덕'Capriccio(1899)에서 한끝에서 다른 끝으로 펼치는 서정적인 춤은

---

34. ES 189.
35. [옮긴이] 슈만은 자신 안에 때로는 작가로서 때로는 작곡가로서 나타난다고 한다. 이 이중적 성격에 대해 슈만 자신이 몽상적인 오이제비우스와 정열적인 플로레스탄이라 불렀다고 한다.

잡다한 색깔의 연속성에 대한 찬탄할 만한 예가 아닐까? 따라서 그 변조는, 이해하기 위한 노력처럼, 극복해야 할 독창성들의 어떤 두께에 대한 직관을 포함하고 있다. 게다가 오직 정신적 순환만이 또한 심층의 다채로움을 해소할 수 있다. 왜냐하면 생명만이 모순들의 충돌을 넘어서 통과할 수 있기 때문이다. 그리고 만일 기계적인 지성이 동질성의 세계에 작용한다면, 그것은 오직 정태적 동일성들만을 다루는 지성이 솟아나는 그 많은 독창성들을 극복할 수 없다는 것이다. 베르그송은 기꺼이 질적 도약의 개념을 돌연변이에 응용했다. 키르케고르[36]는 이 도약에 의해 원죄의 순간을 설명했다. 질들의 종별화는 양들의 획일화에 저항한다.

왜냐하면 질이란 남이 시키는 대로 내버려 두지 않기 때문이다. 사람들은, 자기 자신에게 전수된 의식 상태가 완전한 우주로 둥글어지고 조직화되는 경향이 있다는 것을 미리 보았다. 모든 감정은 따로 있는 한 세계이며, 그 세계는 대자로서 체험되었다.[37] 그리고 그 세계에서 나는 어느 정도로는 완전히 현재이다. 두 가지 감동 사이만큼이나 침묵과 소리 사이에도, 어둠과 빛 사이에도, 또는 두 가지 음악적 음색들 사이에도 많은 차이가 있다. 솔 단조는 드보르자크에게는 독창적 우주이다. 그 음악가는 이 우주를 자신의 값진 감동들의 신뢰와 일치시킨다. 천성적으로 관대하고 아낌없는 리스트는 음색들에서 매우 많은 반음 올리기와 매우 많은 승리의 영광을 자발적으로 생각한다. 그 예로 미 장조와 올림 파 장조. ― 어떠한 것도 이 관대한 감성을 위해 더 충분한 것은 없다. 미 장조는 차이콥스키에서 가을의 울적한 왕국이다. 프로코피에프의 놀이들은 오히려 도 장조의 순진무구한 흰 빛 속에서 펼쳐진다. 포레, 알베니즈, 야냐체크는 반음 내리는 음색들에서 변함없는 편애를 드러낸다. 또한 이 음색들은 가브리엘 포레에서는 아주 다른 가치들과 잠재력들을 갖는다. 그리고 사람들은 음색들을 서로 교환 불가능한 것으로 표상[재현]할 수 없다. 이렇게 감성의 각 상태는 그 자체로 자

---

36. Søren Kierkegaard, *Le concept d'angoisse* (그리고 Jean Wahl의 서문, p. 5) ; *L'écharde dans la chair* [l'épine dans la chair, 이것은 「고린도후서」(2 Corinthians 12 : 7)에 나오는 문구인데, "살 속의 가시"란 악마의 전령이란 뜻이라 한다. ― 옮긴이]
37. 참조 : MM 217.

기의 종류에서는 유일한 음색으로, 다른 종류들에서는 독립적인 음색으로 표현된다. 이러한 것은 포레에게서는 틀림없이 반음 내린 레 장조의 기능이다. 엄격히 말하자면, 이것은 그만큼 많은 절대자[절대음]들이다. 이 절대자들 사이에는 어떠한 동등성도 없고, 생각할 수 있는 어떠한 등가도 없다. 이것은 이미 페히너의 심리-물리학이 증명한 것이다.[38] 왜냐하면, 자극이 스칼라양이고 계속적인 점점 세게 하기에 의해 커갈 때, 심리-물리학이 껑충 뛰기에 의해 다채로운 감각을 우리에게 제시하기 때문이다. 두 가지 양들 사이에서 메커니즘은 이동을 무한정하게 삽입할 수 있다. 이리한 종류의 방법은 데카르트가 17세기에 『정신지도를 위한 규칙들』*Règles pour la direction de l'esprit*(1684)에서 우리에게 제시한 것인데, 그가 기하학적 도형들의 도움으로 색깔들의 차이를 해석했을 때도 제시한 것이다. ─ 어떤 새로운 본질을 우리가 쓸데없이 인정하지 않도다!*ne aliquod novum ens inutiliter admittamus!*[즉 맹목적으로 긍정하는 체하지 않도록 주의한나면 ···.] 그러나 도대체 어떤 중간 항이 고통과 환희를 연결할 수 있을 것인가? 그럼에도 지속은 기적을 행한다. 이로부터 자기의 고유한 지속과 진실로 동시대적인 의식은, 마치 담론처럼, 숙명적으로 매개를 통해서는 도달되지 못한다는 사실이 나온다. 담론을 길게 늘이는 중개물[매개물]들은 지체일 뿐이며, 우회와 느림의 이유이다. 매개물은 오직 목적을 위해서 현존하며, 이것들은 이 목적의 수단일 뿐이다. 그리고 정신은, 만일 자신이 할 수 있다면, 곧바로 그 위로 뛰어오를 것이다. 반대로 생성의 순간들의 각 순간은 자기 가치와 자기 고유한 자존심을 지닌다. 각 순간은 맞자기 자체로서 목적이자 수단이다. 거기에는 계속이 있지 추론과정은 없다. 여기서 또한 가끔 "기다릴" 필요는 있다. 왜냐하면 몇 가지 목적들은 특권적이기 때문이며, 그런데 이 기다림은 항상 관심들로 가득 차 있고, 사건들로 그리고 정열적인 놀라움으로 풍부하기 때문이다. 우리 내적 역사에서 매 순간은 예견되지 않는 것[무엇]으로 무지막지하게 풍부하다. 다른 사람들보다는 더 나은 예로서 곤차로프는, 세부사항들이 들끓고 있고, 새로운 것들이 솟아나고 있고, 반대들이 연합하고

---

38. DI 40, 43, 44, 48, 51 ; 참조 : 5와 63 [DI 20, Oe 21~22, DI 41~54, Oe 39~50, ES 184, Oe 954, PM 243, Oe 1443, Oe 1529(ES 184 편집자 주), Oe 1542, 1545, 1550, 1569, 1577].

있는 것이 보여지는 무한소의 드라마 속으로 들어갈 줄 알았다.

　이어서 사람들은 베르그송주의가 마치 생물학적 종들의 관계에서처럼 영혼과 신체의 관계에서 어떤 중요성을 불연속과 결부시켰는지를 볼 것이다. 다수성의 고양은 생성에 존경을 표하는 것인데, 생성은 다수성에게 승리하고 다수성에게 특이한 상[대가]를 수여한다. 메커니즘은 다수성을 저평가하는 것이고, 그리고 이것은 변화들에게 수적인 단계[척도]들을 포개면서 속이 빈 지속을 얻는다. 이 척도는 우리의 감정을 눈금으로 그리고 계산할 수 있게 하는 것이다. 항상 실증적이고, 항상 현실적인 의식의 생성 다음에 측정가능하고 환상적인 시간이 이어진다. 사람들은 이 시간에 대해, 『티마이오스』편에서처럼 시간은 영원성의 움직이는 이미지이다αἰὼν εἰκὼν κινητή[39]라고, 또는 메스트르[40]와 더불어 시간은 "끝내기가 요구되는 강요받은 어떤 것"이라고 말할 수 있을 것이다. 이처럼 우리는 베르그송과 그리스 철학의 대립을 약화시킬 모든 희망을 아마도 잃지 않을 것이다. 플라톤, 아리스토텔레스, 플로티노스가 조롱했던 시간은 일반적으로 문법적 토론이거나 또는 천문학적 시간이며, 결국 이 두 경우에서는 수적 시간un temps numerique, κατ᾿ἀριθμόν κυκλούμενος[41]이다. 그런데 이 시간이 바로 지체, 우회, 부정적인 어떤 것인데, 만일 정신이 보다 완전했다면, 정신은 이것[시간] 없이 지낼 것이다. 따라서 사람들은, 베르그송도 틀림없이 이것을 부정하지 않았을 것인데, 그러한 시간이 우리의 진실한 본성에 폭력을 행사한다는 것을 잘 말할 수 있을 것이다. 그렇게 말하는 것은 이러한 의미에서이다 : 즉 직관은, 삼단논법들을 통해서 힘든 산책의 끝에서 도달하는 것이 아니라, 자기의 모든 순수성 안에서 무매개적으로 실재적인 것에 도달하기를 바랐으리라. 그것은 바로 제한이며, 나약함

---

39. [옮긴이] Platon, *Timée*, 37 d : αἰῶνος εἰκὼν κινητή.

40. Joseph de Maistre, *Les Soirées de Saint-Pétersbourg ou Entretiens sur le gouvernement temporel de la Providence*, 1821, 11번째 대담.

41. Platon, *Timée*, 38 a. "고대철학자가 시간에 대해 말할 때, 그는 무엇보다 낮과 밤들, 달과 연들의 규칙적이고 주기적인 연속을 생각한다. … 시간은 낮의 운동과 매우 밀접하게 연결되어 있어서, 사람들은 그 운동을 천체의 운동 그리고 천제 자체와 혼동한다."(Bréheir, Notice au traité de Plotin, III, 7, Περὶ αἰῶνος καὶ χρόνου, *Ennéades*, coll. Budé, t. III, p. 123).

이며, 결함이다. 우리는 『묵시록』의 천사처럼, 시간이 더 이상 [미래에] 있지 않을 그날이 올 것이라고 확고하게 희망한다. 시간이 지체하지 아니하리니.ὅτι χρόνος οὐκ ἔσται ἔτι[42] 그러나 이 무미건조한 시간의 단죄는 진실한 시간에 대한, 더 좋게 말하자면[43], 연속의 경험인 지속에 대한, 억측이 결코 아니다. 반대로, 로기스모 οἱλογίσμοι의 시간과 더불어 이렇게 대립적으로 정의된 "영원"과 모든 수학적 허구에 대해 베르그송에 의해 순수하게 된 지속은 근친성들이 발견되기 위해서 이 많은 기회들을 갖는다. 여기서 우리는 정신적인 정밀도의 절정에 있다. 정신은, 면 목적을 향해 끊임없이 지체되는 대신에, 또 임시적이고 하급적인 관념들 가운데 부재로서 배회하는 대신에, 자기 고유한 노력의 핵심에, 즉 문제들의 중심 한복판에, 연속적으로 있다. 살아있는 영원성으로부터 문법의 시간으로 통과하기 위하여, 첨가해야 하는 것이 아니라 반대로 빼야 한다(공제해야 한다). 말하자면, 정신은 자기를 스스로 비우고, 개념들 가운데 흩어진다. 그러한 것은 아마도 형이상학이 말하는 이 "영원한 지금"의 진실한 의미일 것이다. 모든 순간마다 우리는 확신들과 본질적 사실들로 둘러싸여 있는 우리 자신이 현재한다고 스스로 느낀다.[44] 베르그송주의는 재발견된 시간이다.

　다채로움은 우리의 수학적인 지성으로는 감당할 수 없다. 이런 이유로 척도의 본질은 사물들을 양화하면서 사물들을 비교할 수 있게 하는 것만큼 크기들을 분류하고 정렬하고 비교할 수 있는 것은 아니기 때문이다. 척도는 [외연적] 자료le donné를 획일화하고, 사물들의 보편성에 공통적인 단순한 요소를, 즉 수적 요소를 분간해낸다. 따라서 척도는 따로 구분되기보다 더 많이 동화한다. 그리고

---

42. 요한 묵시록(계시록), X, 6.
43. 동사[동사의 의미]를 포함하는 실사로서 지속(durée)은 시간이란 단어가 동사를 포함하는 것보다 훨씬 더 잘 타동사의 본성을 표현한다. 사실상 지속(Durée)은 또한 영속, 완고한 계속, 생성에게 저항을 의미한다.
44. 다음을 보라 : 'L'introduction à la métaphysique'(PM 208~210). 기요가 말한 것은 추상적 영원성으로부터이지 살아있는 영원성으로부터가 아니다. 기요는 다음과 같이 말한다. "영원성은 생명과 의식의 영원성과는 모순적인 개념인 것 같다. … 생명과 의식은 다채로움을 가정하고, 이 다채로움은 지속을 생성하게 한다. 우리에게서 영원성은 무 또는 혼돈이다 … ." 'La Perception du changement'(PM, 176)은 또한 "불변성의 영원성"에 대립되는 "생명과 운동의 영원성"에 대해 말한다. 그러한 것은 신지학자 바더(Franz Xaver von Baader)가 말한 영원성이리라.

마치 극대와 극소의 차이에서처럼, 심지어는 이 척도가 극단의 항들을 멀리 떨어져 있는 것으로 간주하는 거기에서, 거리는 또한 척도를 가능하게 하는 본질적 등가성을 함축한다. 가장 큰 것과 가장 작은 것이 접근하는 것, 그것은 이 둘 모두가 양들이라는 것이다. 이것은 아리스토텔레스의 반대항들ἐνάντια [des contraries]처럼, 동일한 종류의 내부에서 가장 멀어진 항들이다. 그러나 가장 극단적인 대립은 비교할 수 있는 크기들 사이에만 존속할 수 있을 것이다. 더 큰 것과 더 작은 것이 있는 거기에서는, 동등이란 것이 잠재적으로 주어져 있는데 그렇지 않으면 등급들도 가능하지 않다. 수는 바로 직접적으로 비교할 수 없는 대상들에 공통적인 중간 항이다. 삼단논법 그 자체와 같은 척도의 과학들은 점점 더 과학적 매개 작용들에서 전적으로 유지되고 있다. 이 매개작용들은 우리에게 격차들을 동화하도록 허락한다. 그런데 질적 변화들은 잠재적 동등성을 배제한다. 한 주체가 가로지르는 계속적인 상태들 사이에는, 하나의 상태에서 다른 상태로 우리를 옮겨주는 연속적인 운동이 아니라면, 공통적인 것은 아무것도 없다. 증가들과 감소들 안에서 실체적이고 초월적인 통일성은 변질들les altérations 안에서 내재적이고 역동적이다. 왜냐하면 이 단위는 크기들이 다소 참여하는 암묵적인 중간 항으로부터 오기 때문이고, 이 중간항을 사람들이 "단위[통일성]"이라고 정당하게 부르기 때문이다. 이 단위는 변형된 상태들을 그 바깥에서 찾아가는 것이 아니라, 변형과정의 걸음걸이(방식) 자체를 특징짓는 것이다. 생성의 계속적인 국면들(위상들)은 직선의 눈금들을 따라서 숫자를 매기도록 하고 있다. 이 국면들은 정신의 측량사들에게 우리가 다시 발견할 일종의 깊은 환상을 대립시킨다. 즉 환상이란 꿈의 한 가운데에서 순수 추억들의 규율 없음에서, 또 계통발생적 진화의 개별적 변덕에서, 우리가 다시 발견할 일종의 환상이다. 모순들은 너무나 예견 불가능하기 때문에, 공통성을 확장하기 위해서임에도, 어떠한 외재적 매개도 거기에서 최소한의 공통성을 발견할 수 없을 것이다. 현재로 필요한 것은, 계속적인 순간들이 그것들 자체로 줄지어 져서, 그 순간들 상호의 모든 혐오들에 승리하면서 협정을 맺는 데 동의하는 것이다. 이 어려운 일의 성공이 지속이라 불린다. 지속은 따로 있는 사물이 아니다. 지속은 단지 그 자체로 조직화되고 또 무한히 해소되는 불협화의 자발적인 연속화이다. 증가들과 축소들의 거친 동질성은, 양들이 순서로 배열되는 운동 자체에 전혀 빚지고 있지 않고서, 비교된 존재들의 근본적인 불연속을 어느 정도 적나라하게 내버려 둔다. 양적 동화작용은 분명하고, 평탄하며, 뉘앙스가 없다. 그 동화작용은 모든 것을 한꺼번에 잘게 부수어 평준화한다. 그것은 정신적 사실들을 "변형된 감각들"로 또는 "신경 충격"으로 변장시키고, 결국에는 그 사실들을 서로서로 끌어당기는 마술적 인접성을 설명하는 것을 [이제는 설명]할 수 없게 하는 데 있다. 헛되이 원자론은 생성의 즐거운 변이를 "통일성"으로 환원한다. 관념연합주의의 환원적 분석에 종속시킨 의식의 상태들은 끝내는 그 바깥에서 서로 잘 닮게 된다. 그러나 이 닮음[유사]는 피상적인 것만큼이나 일방적이다. 왜냐하면 닮음을 발견하기 위하여, 정신적 사실들의 특이성들로부터 이 사실들을 빈약하게 해야만 했기 때문이고, 또 그것들로부터 매우 일반적이고도 매우 추상적인 하나의 성질만을 유지할 뿐이기 때문이다. 반대로 지속은 우선 우리 감정들과 우리 영혼 상태들의 화해할 수 없는 독창성들을 받아들인다. 그리고 이것들의 혼란스러운 뒤로돌기와 그것들의 모순적인 주장들을 수용한다. 따라서 여기서 통일성은 이제 부분적인 동화를 가정하는 것이 아니라 오히려 전체적 동의를 가정한다. 모든 것이 우리를 분할했듯이 모든 것이 우리를 재통합할 것이다. 이리하여 매 순간에 지속 속에서 신비가들이 말하는 반대들의 혼융이 실현된다. 그리고 우리는 정확하고도 전체적인 이 혼융을 우리 감동들의 환상적인 연쇄들 속에서 [나중에] 체험할 것이다.

생성의 탐험과 발견은 『시론』에서 베르그송주의의 초기 반명제들에서 생겨난 비판적 작업을 가정한다. 내가 인격의 존엄성을 사칭하는 공식적 자아와 내밀한 나의 인격을 구별했을 때라도 생성은 여전히 현재하는 무엇이다. 이것은 플로티노스가 말했듯이 내가 자아 자체의 내부에서 되었을 현재하는 무엇이다.τῶν μὲν ἄλλων ἔξω, ἐμαυτοῦ δὲ εἴσω 45 [플라톤]『파이돈』편의, 성 아우구스티누스의, 라벨의, 정신과 같은 독백적이고 집중적[명상적]인 정신은 베르그송에게서는 자

---

45. Plotin, *Ennéades*, IV, 8, 1. 참조 : EC 218.

주 비판적 형식을 취한다. 베르그송의 모든 노력[46]은 어떤 잠식의 결과에 이르는 잡종[혼혈] 개념들을 – 수, 속도, 동시성, – 분해하고자 했다. 왜냐하면 공간은 시간을 잠식하고 있고, 답보했던 선은 운동을, 점은 순간을, 양은 질을, 결국 물리적 필연이 자유로운 노력을, 잠식하고 있다. 시공간, 즉 상대주의자들의 "4차원"은 페히너의 로그함수들과 똑같은 자격으로 이 자연의 애매함에 근거한다. 그 로그함수들은 감각을 자극과, 심적 사실을 심적 원인과 뒤섞어 놓고서, 관할권들을 뒤죽박죽으로 만든다. 거기에는 – 사람들이 사용하는 단어로 – 진실한 도덕적 삼투 현상이, 다시 말하자면, 시간과 공간 사이에 실체적 교환이 있다. 베르그송의 시간주의는 이 모든 괴물들을 몰아낸다. 시간은 따로 그리고 우선적으로 사유되어야 하는 것이지 다른 것에 환원되지 않는다. [시간은] 상징주의들, 대칭적 신화들을 쫓아낸다. 베르그송은 특히 외부성에 의한 정신의 감염을 고발한다. 그것은 되돌려진 칸트주의이다. 그러나 그러한 이유에서 그는 질의 양에 대한 반작용을 무시하지 않는다. 왜냐하면 관념연합론자의 잡종의 개념들은 양쪽의 잠식으로부터 또 상호 잠식으로부터 태어나기 때문이다. 따라서 『시론』의 베르그송주의는 무엇보다도 이원론적 긍정이며, 과학의 타협들과 실천의 중간 척도들을 받아들이는 것의 거부이다. 두 가지 시간과 두 가지 자아가 있다. 브르몽 자신도 또한 "일화들과 다양한 사실들의 자아"를 "영혼의 섬세한 첨단 또는 중심 또는 꼭대기"에 – 이것은 우리의 신비적 본질인데 – 대립[47]시키는 남성성과 여성성Animus et Anima을 구별한다. 그리고 두 가지 기억들도 있다. 이런 의미에서 [첫째] 기억은 변화의 연속화 작용으로서 지속 자체이다. 그 기억은, 의식의 과거를 의식의 현재 속으로 연장시킬 수 있는 의식 없는 지속은 없다고 표현한다. 그러나 다른 기억도 있다. 또는 오히려 그것은 사실 이후에 고려된 동일한 기억이다. 그 기억은 지나간 과거의 잔존일 뿐이다. 그것[기억]은, 그 기억 자체가 보존하고 있는 사물들의 바깥에 남아 있다. 그리고 베르그송은, 이것을 몽테뉴를 상기하게 하는 용

---

46. DI 75, 83, 96, 165~166, 172~176 ; DS 69, 199 ; MM 60. 바자이아스(Albert Bazaillas)가 (앞의 책에서) 칸트 비판의 작업을 내적 지각에 확장시킬 것을 똑같이 제안한다.

47. Henri Bremond, *Prière et poésie*, 1925, pp. 131~132.

어들에서 쓰인 "판단"[48]에 대립시킨다. 그 기억은 "연속화"라기보다 "유치"rétention 이며, 기억이 의미를 상실했던 전승들에 관하여, 그리고 기억이 요약하고 비틀어 놓은 무기력한 과거에 관하여, 질투하여 감시하는 데 있다. 베르그송도 마찬가지로 시간과 공간은 모순적인 두 가지 항들이라고 한번[49] 주장하고, 『창조적 진화』에서는 역전[상반]되는 두 가지 운동이 있다고 말한다. 이 두 시간, 두 자아들 중의 **하나만이 진실하고 다른 하나는 첫째의 모조품**일 뿐이다. 이 첫째만이 생명성의 특권을 보유한다. 한 번 더 정확하게 말한다면, 수학적 시간은, 그 시간이 진실한 시간의 역할을 한다고 주장하는 정도에서 불순한 시간일 뿐이다. 완성된 사실들로부터 진실하다고 여기는 정태적 과학은, 만일 그것이 완성하는 과정에 있는 사실들에 관하여, 즉 완성하고 있는 중인 현재에 관하여 규칙을 정한다고 주장한다면, 거짓말이 될 뿐이다. 거짓이고 비실재적인 것, 이것은 한마디로 "합금"이며, 공간과 언어가 더 이상 자신들이 권한 없는 영역 속으로 침입하는 것일 뿐이다. ― 왜냐하면 진리는 관할권들의 해체 속에 있기 때문이다. 따라서 베르그송은, 버클리가 시각적 착각들에 대해 설명하는 것과 약간 비슷한 것처럼, 여기서 진실인 것과 거짓인 것을 구별한다. 자기에게 지각된 모든 것은 진실하다. 그리고 감관들 그 자체들로 전달된 우리 감관들은 우리를 결코 속이지 않는다. 오류는 정확히 이 점에서 시작한다. 정신이 자기의 추억들과 편견들에 사로잡혀 [외연적] 순수자료를 해석하는 데 있다. 오류는 연합과 더불어 생겨나며, 따라서 관계들과 더불어 생겨난다. 마찬가지로 시공간의 시각적[광학적] 허위, 즉 비유클리드의 4차원적 **연속체**le contiuuum는, 정신이 동등하게 실재적인 두 [의식적] 자료들 사이에서 확립한 부당한 [관념] 연합화 작업을 기원으로 삼는다. 왜냐하면 **실재적 공간**이 있기 때문이고[50], 그리고 그것은 그래도 진실한 지속보다 덜 진실하지도 않기 때문이다. 『시론』은 우리에게 더 이상 말하지 않는다. 그리고 순수 직관에 관한 어떤

48. DI 127~128, 151 ; DS 55, 61~62, 88. (참조 : ES 5와 56 ; EC 24 ; 'L'introduction à la métaphysique', 여러 곳.)

49. DI 175~176.

50. DI 83.

정확성들을 얻기 위해서는 『물질과 기억』까지 기다려야 한다. 실재적 공간은 순수 직관을 가지고 대상을 만들 수 있고, 순수직관은 물질 자체이다.

그럼에도 불구하고, 사람들은 이 시기부터 베르그송이 이원론을 극복하려고 애쓰지 않았다고 말할 수 있을까? 확신하건대, 『시론』의 목저은 특히 혼합된 개념들의 분해에, 혼동된 평면[도식]들의 분리에 있다. 따라서 베르그송은 특히 이것들의 공동협력관계를 연구할 것이다. 우리가 이렇게[협력관계에] 이르게 되는 무매개적 자료들은 "순수 추억"과 "순수 지각"의 아주 이상적인 본성을 전혀 갖지 않는다. 꿈 자체[51]는, 심층 자아의 지속이 주의 깊은 내성을 위하여 일상적으로 완성하지 못하는 어떤 것도 전혀 우리에게 제공하지 못한다. 결국 『시론』의 목적은, 그럴듯하지도 못한 무시無視가 우리에게 상실하게 내버려 둔 자료들을 재발견하는 것이다. 그리고 사람들은, 어떻게 매우 자연적 실재성, 즉 우리와 가까운 실재성이 매우 오랫동안 우리를 피할 수 있는지를 또한 자문한다. 그런 이유에서 『시론』에서는 "직관"이 아직 없었다. 그래서 진실한 자아와 마주하여 있기 때문에, 공간의 아주 부정적인 상징물을 제거하는 것으로 충분했다. 그럼에도 불구하고 이 시기에서부터 비난당한 합금이 정신의 유기적 요청에 응답한다고 믿도록, 그리고 그것의 축출이 우리에게 값비싼 대가를 치를 것이라고 믿도록, 몇 텍스트들[52]은 우리를 초대한다. 사실상 담론과 직관은 모든 순간에 협력한다. 우리의 심층 자아를 왜곡하는 이 공간은, 또한 자아에게 표현하기를, 그리고 우리의 철학적 통찰에 맞게 선언되기를 허락한다. 그러나 이 비극은 정확히 말하자면, 지속이 사라지지 않고서 표현될 수 없다는 점이다. 그럼에도 우리는, 담론과는 다른 수단들에 의해서일지라도, 지속이 알 수 있는 것이라는 것을 훨씬 더 나중에 알 수 있을 것이다. 그러나 소위 말하는 직관은 『창조적 진화』에 앞서서는 전혀 나타나지 않았다.[53] 다른 한편으로 지속이 아직 의식의 특권[적 지위]에 있지

---

51. DI 96, 103~104.

52. DI 100, 104, 140, 182.

53. 그럼에도 불구하고 이 단어는 (1902년에) 'L'introduction à la métaphysique'(1903)에서 발언되었다. 참조 : PM 25~31, 216(주석), 그리고 제4장.

않을지라도, 베르그송은 지속이 아마도 의식에게 제한되는 것이 아니라는 것을 이미 예감한 것 같다. 그것은 『시론』 속에서도, 순수 "운동성"의 발견이 증명한 것이다. 정신과 외적 세계의 경계에 위치한 현상은, 즉 본질적으로 정신적이고 효과적으로 물리적인 이 현상은, 두 우주 사이에 접선으로 붙어 있다. 운동은 어느 정도로 객관화된 정신이다. 베르그송은 그것을 너무 과도하게 설명하지 않고서, "이해할 수 없는 이유"[54]가, 즉 물질적 사물들에게 지속의 겉보기를 부여하는 "설명할 수 없는 이유"[55]가 있다는 것을 이미 확정했다. 게다가 이 불가사의는, 즉 나도 모를 어떤 것은 그가 보기에 사물들 자체의 성질들에 있다기보다 오히려 정신의 출현에 있다고 보는 것 같다. 그럼에도 불구하고 베르그송주의가 불가사의로부터 보편적 지속의 긍정으로 남아 있다는 점에 대해서는 이의를 제기할 수 없을 것이다. 사실상, 이때에 이원성은 폐기되기보다 오히려 확장된다. 인간에게서처럼 세계에서도 시간과 창조가 있다. 그리고 만일 주체의 기억과 사물들의 공간 사이에 대립이 더 이상 없다면, 대립은 실재적인 것 일체를 관통하여 상반된 두 가지 운동 사이에, 즉 하나는 물질화의 운동과 다른 하나는 생명 진화의 운동 사이에 존속한다. 그럼에도 대립은 매우 섬세하게 되고, 훨씬 덜 거칠게 된다. 이리하여 베르그송의 사색은 조금 조금씩 사물들의 역사[이야기] 속에서 계속의 환원할 수 없는 요소를 발견한다. 그것은 역사적 잔여물로서, 물리학자의 원인성을 동일성[또는 일자의 동일성, 생명의 정체성]에 완전히 닮은 것으로 되는 것을 막는다. 그런데 이 동일성은 수학적 시간을 그럴듯하게 하고 또 이용가능하게 한다. 『창조적 진화』 이후에, 베르그송은 이것[역사적 잔여]에 대해서조차[56] 자아를 희생시켜 가며 보편적 지속의 몫을 확장하기에 이른다. 만일 지속이 우리 지식의 단순한 결함을 설명하지 못한다면, 그것은 지속이 의식의 성질 못지않게 사물들의 특성이라는 것이다. 더 잘 표현하자면, 그것은 의식이 도처에 있다는 것이다. 이것은 진실

---

54. DI 160.
55. DI 175.
56. DS 82~83, 209, 213, 222. 참조: EC 10, 366~367. [역사적 잔여라기보다, 생명의 긴 진화과정에서가 의미상으로 맞을 것 같다. ─ 옮긴이]

로 우리에게 도달한 것이 사건들이지, 사건들에 도달한 것이 우리가 아니라는 것
이다. "일어나다"avoir lieu란 에딩턴Arthur Eddington에게는 그 용어가 맘에 들지 않
지만, 잉여적 형식성은 전혀 아니다. 그리고 행동의 쓴맛을 보았던 자들은 지속이
세상에서 가장 실재적인 사실이라는 것을 안다. 왜 종종 다음날을 기다려야 하
는가? 왜 미래는 우리에게 현재로 주어지지 않는가? 만일 우리가 원하는 것을 우
리가 행하지 못하는 시간성이 있기 때문이 아니라면, 또 그 간격이 압축될 수 없
기 때문이 아니라면, 말이다. 그것은 형식성이 아니다. 반대로 [미래라는 어느 것도]
아무것도 더 이상 실험적이지 않다. 세상의 가장 위대한 철학자도 설탕이 교수의
잔에서 녹는다는 것을 기다려야만 한다 … 그러나 다른 한편으로 이 [물리적] 재
료의 저항 자체는 우리에게는 안심이 된다. 변증법적 시간은 진실로 부정적이다.
왜냐하면 영원 속에 주어진 시간의 대상을 가정하더라도, 시간은 자신을 발견하
기에 앞서서 커다란 회로들을 완성해야 하기 때문이다. 그것의 협약적 불구성[결
함]만이 문젯거리이다. 그러나 왜 사물들의 지속이 우리의 내적 지속에게 벙어리
일까? 변화는 인식하기 위하여 행해지고[인식하기 때문에 이루어지고], 우리의 직관
은 절대자와 동일한 길에 참여한다.

　　단지 이런 이유로, 지속은 절대자의 계시일 것이며, 또는 더 잘 표현하기 위
하여, 지속만이 우리에게 완전히 결정된(규정된) 실재성[57]을 전한다. 왜냐하면, 지
속의 상벌승인은 체험되고 지각된 경험이며, 항상 결정된 경험, 다시 말하면 개별
적인 경험이다. 이런 이유로 모든 지속은 방향이 정해지지만 되돌릴 수 없는 한
계열이다. 사람들은 이 계열을 어떠한 결말에서도 차이를 만들지 않고서는(무차
별적으로) 파악하지 못한다. 왜냐하면 계열은 하나의 의미(방향)une sens이기 때
문이다. 여러 경우들을 뒤따라서 이 계열은 풍부해지기도 하고 또는 빈약해지기
도 한다.[58] 따라서 지속은 드라마 같은 전형적 질서를, 즉 전기傳記를 표상한다. 사
람들은 전형적 질서의 일화(에피소드)들을 기꺼이 뒤엎지[전복하지] 못한다. 그리
고 그 전기에서 체험된 경험들의 연속[59]은 그 자체로 비조건적이고 유기적인 어

---

57. DS 209, 220 ; EC 366.
58. DI, 119, 148, 150~151.

떤 것을 갖는다. 모든 것이 거꾸로 거슬러 올라간다고 할지라도 진실로 남아 있을 철학은 그 자체 스스로 단죄받게 된다. 의미와 방향만이 중요하다. 과학은 동시성들 사이에서 관계들만을 계산한다. 그래서 과학은 방정식들을 변경하지 않고서도 무한히 가속적이거나 또는 지체되는 시간의 간격들을 가정할 수 있다.[60] 이 추상적 유토피아는 탄알을 탄 여행자만큼이나 거의 신중하지 못하며, 상대주의의 부조리성을 증명한 것이다! 동시성들의 둘-사이가 오직 시간적이다. 이 둘-사이는 불가분적이고 이동이며 연속적인 간격이다. "나는 존재를 그리지 못한다, 나는 이행을 그린다"라고 몽테뉴가 말했다.[61] 살아온 모든 지속은 어떤 특별한 성질을, 규정된 가치를, 그 지속이 나의 노력으로부터, 나의 기대 또는 나의 조급함으로부터 지니는 애정적 상호효과를, 소유한다. 그런데 이 조급함 또는 이 노력은 질적 변화이며, 다시 말하면 절대자들이다. 토론은 토론의 유일한 가치를 토론이 매개하는 목표로부터 끌어낸다. 간격 그 자체는 결핍과 지겨운 지체이며, 순수한 예외적 원리이다. 그런데 이것은 대체할 수 있는 도구이며 — 왜냐하면 다른 수단들이 권리상으로 동일한 목적에 쓰일 수 있기 때문이다 — 그리고 이상적인 것은 완전히 그것들 없이 지낼 수 있을 것이다. 그러나 체험된(살았던) 지속은 그것의 목적 그 자체이다. 그것은 여기서는 도입하는 간격이며, 완전히 충만한 간격이다. 잃어버린 어떤 시간이 중요하며, 무료하게 시간을 보내면서 시간을 "죽이는" 자들처럼, 이러 저러한 사건을 기다리는데 내가 시간을 보내야 할 기대의 지속이 중요하다. 또, 그 분야에서 유일한 진보가 중요하다. 그 진보 과정에서 내가 늙어가고, 그리고 나에게서 획득과 상실이 [앞으로도] 있을 것이다. 따라서 진실한 시간은 전 인격의 역사에다가 운동경기처럼 내기를 건다. 진실한 시간과 환상적 시

---

59. 현대 러시아 철학은 솔로비에프(Vladimir Soloviev)에 이어서 종종 우리들이 겪은 것(pere-jivanié)이란 단어를 쓴다. 참조: Sergei I. Hessen, "Mystique et métaphysique", in *Logos* russe, 1910, I, p. 132 이하.

60. DI 88~89, 147~149; EC 10, 365~368; DS 76~77; PM 3. 참조: Pierre Janet, *L'évolution de la mémoire et de la notion du temps*, 1928, p. 604.

61. Michel Eyquem de Montaigne, *Essais*, III, 2 [미셸 에켐 드 몽테뉴, 『몽테뉴 수상록』, 손우성 옮김, 동서문화사, 2007].

간의 관계는 『창조적 진화』의 본능과 지성의 관계와 같다. 진실한 지식은 본성상 "정언적"이며, 반면에 수학자의 시간은 헤겔의 변증법처럼 단지 가설적 현존만 있다. 셸링과 키르케고르는 헤겔적 변증법을 비난하는데, 용어적인 변증법적 특성이라고, 또 딱하게도 효과 없는 변증법적 특성이라고 비난한다. 누가 우리를 역사의 **본질**quoddité로 만들 것인가? 민코프스키가 매우 심도 깊게 서술했던 "체험된 시간"을 어떻게 재발견하는가? 『지속과 동시성』이란 책 전체는 이렇게 시간의 무매개적 직관이 우리에게 자연적이고 절대적인 참조 체계를 제공한다는 것을, 보편적 시간을 믿는 상식의 신념이 철학적으로 기초되어 있다는 것을 제시하는 데 바쳐졌다. 『시론』이 애매한 상징주의들로부터 책임질 수 있는 것으로 간주한 "상식"은 통속적 과학의 거대한 진리의 운반자가 된다. 그 진리는 운반자를 물리학자들에 대항하여 철학자들과 통합한다. 거기에는 명백하게 "반대에 대한 찬성의 전복"이 있다. 체험된 지속은―이 지속이 그 이전에 성채城砦를 거짓이라고 했을 것 같았던―공통적 명증들의 성채를 다시 생성한다. 물질에 대한 베르그송의 이론은 상식의 실재론에 간접적으로 이유를 부여할 것이 아닌가?[62] 그것은 과학적 순진성이, 즉 학자들의 헛된 섬세함들보다 수천 배 더 심오한 순진성이, 현존한다는 것이다. 이 순진함이 우리에게 시간의 보편성을, 운동의 절대적 실재성을, 믿도록 권유한다. 상대주의의 과학은 매우 단순하고 매우 단단하고 매우 자연적인 모든 사물들을 환상들로 증발시킨다. 왜냐하면 상대주의적 과학은 현상들을 전망적으로 생각하는 습관에 젖어 있기 때문이다. 다시 말하면 그 과학은 참조체계처럼 차례차례 선택하는 변화 가능한 관점들[63]에 따라서 생각하는 습관에 익숙하기 때문이다.

따라서 직관적인 지속은 우리에게 일종의 우월한 인간중심주의적 원리를 제공한다. 베르그송주의의 고유함은 모든 상황에서 **특권체계**가 있다는 것을, 참조체계도 아니고 오히려 모든 참조체계보다 더 우월한 참조체계가, 즉 내가 말하는 순간에 내가 그 내부에서 실험하는 체계가 있다는 것을 주장하는 것이다. 어

---

62. MM 67(참조: EC 301). 상식은 또한 자유에 유리하게 변론한다.
63. 'L'introduction à la métaphysique', 여러 곳.

따한 역설도 자기 내부의 사유의 확신을 능가[지배]할 수 없을 것이다. 그 내부 사유는 그 자체로 의욕하고, 살아가고, 지속하는 것이다. 우리들 각자는 하나의 지속(왜냐하면 지속＝의식이기 때문이다)을 지니고 있다. 그리고 이어서 각자는 특권적 도식의 내부에 "참조할"référant 것으로서 정당하게 처신한다. 그 결과로 보편적 상호성이 그 자체로는 파괴되고, 절대적 시간을 회복하는 것이다. 그러나 상대주의의 여러 역설들의 본질은, 참조할 의식이 참조된 의식들에 관하여 얻어지는 모든 환상적인 통찰[관점]들을 동일한 도식 위에 놓는 것이고, 따라서 그 본질은 실재적인 것에서부터 잠재적인 것까지 형이상학적 거리를 잘못 이해하는 것이다. 훨씬 더 좋게 말하자면, 실재적인 것은 잠재적인 것의 특수한 경우가 된다. 마치 상상하는데 우리의 맘에 들도록 생생하게 변화된 환상들을 우리가 중요시하는 체하는 것처럼, 또 마치 우리가 "참조된"référés 우리의 관찰자들에게 생명을 은밀하게 불어넣는 것처럼, 현실적인[효과적인] 지속은 허구적 지속들에 비해 비교할 수 없는 우월성을, 살과 뼈로 되어 있는 생명체와 밀랍으로 만들어진 인형을 구별하는 그 우월성을 차지하기를 그만둔다. 아마도 계산(측량)된 것들의 단순한 다수성이 있었다고 할 때라도, 사람들은 "고유한 시간들"의 다수성을 실현했고, 심지어는 실체화hypostasier 했다. 반대로 베르그송은 실재적인 것을 너무 높은 관념으로 만들었기에 ― 추억과 지각의 구별로 우리가 [나중에] 증명할 것이지만 ― 실재적인 것을 그것의 모조품들과 이처럼 동일한 서열에 둘 수는 없을 정도이다. 이 모든 거북이들을, 이 모든 고등학교의 아킬레스[운동선수]들을, 변증법적 또는 수학적 이 모든 인형들을 ― 사람들이 이름 붙인 탄알을 타고 가는 여행자, 시-공간[사차원], 빛의 속도 여행들 ― 이 모두를 진실한 존재로서 취급하려는 것이 곧 실재적인 것은 아니다. 내가 효과적으로 그리고 인격적으로 실험할 수 있는 사물들은 ― 나의 지속, 나의 노동, 나의 노력 ― 특권적인 실재성들이자 또한 고통스러운 어떤 것들이며, 어떤 다른 것도 이것들에 비교할 수 없다. 운동들은 눈[[목]에 상대적이고, 달리 말하자면 기하학자에게 상대적이다. 기하학자는 단지 사물들의 시각적 측면만을 유지한다. 그러나 운동은 나의 근육들에도 또 나의 행동과 피곤에도 상대적이지 않다.[64] 그리고 어떤 사람도 그것에 속지 않는다. 마찬가지로 지속은 불가역적이고, 다시 말하면, 절대적으로 앞선 사건들과 절대적으로 다음 사건들을 허용하여, 사람들은 사건들의 순서의 앞뒤를 바꿀 수 없다. 마찬가지로 지속의 직관은 우주 속에서 동등한 상대주의가 폐기하고자 애썼던 위계질서들과 특권들을 회복한다. "실재성"이란 제목은 현상에서 현상으로 산보하는 임시적인 표지[현상]을, 관찰자의 전망에 따라서 변하는 표지를, 우리의 관점에 종속하게 하는 데 우리 맘에 드는 체계를 기꺼이 장식하는 표지를 더 이상 지칭하지 않는다. 그것은 자연적 특권으로서, 지각되었고 또 지각할 수 있는 사물들에게 일방적으로 속하는 자연적 특권이다. 직관의 우선성은 불러올 수 있는 협약에, 또는 임의적으로 선택된 관점에 더 이상 의존하지 않는다. 이 권리[자연권]을 정신[영혼]은 탄생에서부터 소유한다. 왜냐하면 정신의 사물들은 다른 사물들과 같은 사물들이 아니기 문이다. 이 사물들은 선택의 영역을, 즉 완전히 따로 이루어진 세상을 형성한다. 거기에는 효과적인[현실적인] 실재성들만 있고, 거기에서 사람들은 동전으로 지불하는 것이 아니라 금화로 지불한다. 이 실재성들에 대항하여, 『파이돈』 편이 말했듯이, 모든 다른 가치를 교환해야 할 필요가 있다. 직관주의는 정신[영혼]의 진실한 형이상학이며, 세계[세상]의 진실한 중심이다.

사람들은 기요의 심리학에서[65] 지속과 공간의 연관에 관하여 예언적 관점들을 발견할 수 있을 것이다. 우리에게 예상참여를 알리는 기회가 더 많은 것으로 보이는 만큼이나 [기요의] 『시간관념의 발생』*Genèse de l'idée de temps*이 아마도 베르그송의 발견물에 대해 회고적으로 느꼈던 것 같다.[66] 기요는 우선 베르그송처

---

64. DS(37)는 데카르트의 물리학에 관하여 헨리 모어(Henry More, lat. Morus)의 재담(une boutade, 독설)을 인용한다. 사람들은 또한 버클리의 질병에 관하여 스코틀랜드 의사인 아버스넛(John Arbuthnot)의 말을 생각한다 : Georges Bénézé, 'Qu'est-ce qu'un système de référence?', *Revue de métaphysique et de morale*, 1925, p. 356.

65. 르네 베르틀로(René Berthelot)의 *Un romantisme utilitaire, étude sur le mouvement pragmatiste* (1911, t. II : *Le pragmatismem de Bergson*)이란 책을 보라. "[프랑스] 철학회"(1905)에서 기요에게서 나온 "생명의 관념"에 관한 토론 과정에서, 베르틀로는 [벨기에인] 드웰쇼버스(Georges Dwelshauvers)와 편지 교신에 응답하면서, 기요·베르그송·니체를 정확하게 비교했다.

66. 『시간관념의 발생』은 1890년에, 즉 기요가 죽고 난 2년 후에, 그리고 베르그송이 박사학위 논문을 발표한 1년 후에 푸이예(Alfred Fouillée)에 의해 출간되었다[푸이예가 서문을 썼다 — 옮긴이]. 그러나 이 『시간관념의 발생』은 기요가 『철학 지』(*Revue philosophique*)에 1885년부터 발표했던

럼[67] 앵글로색슨학파들의 경험[관례]주의자의 주제를 비판했다. 이 주제에 따르면 공간 관념은 시간관념과 더불어 구축되었다. 우월성의 표면[현상]을 시간에 일치시키는 이런 이론들하에서 베르그송은 진실한 지속에 충실하면서, 특히 공간일 뿐인 착각적인 시간의 특권들을 좌초시킬 것을 제안한다. 마찬가지로 그는 자유를 더 잘 구출하기 위하여 고전적 비결정론과 싸울 것이다. 기요의 논증 또한 세밀한 것인가? 스펜서, 베인, 셜리의 시간은,『시론』이 원했던 대로 확실히 "합금"이다. 이런 의미에서 합금은 시간의 개념을 구축하는 데 쓰이는 공간이다. 지속은 공간의 용어들로 일단 번역되어야만 측정할 수 있는 것이 된다. 기요가 주장하는 "측정하다"란 것, 이것은 항상 너비를 병치의 방법에 의한 너비와 비교할 수 있다. 그런데 "나는 시간-표시막대를 다른 시간에 직접적으로 병치할 수 없다. 왜냐하면 시간은 항상 나아가고 있고, 그리고 결코 포개질 수 없기 때문이다.… 자, '왜?'인가 하면, 고정된 어떤 것을 시간의 영속적 흐름 속에 놓기 위해서, 사람들은 공간적 형식하에 영속적 흐름이 표상되도록 강요하기 때문이다."[68] 그리고 기요는 베르그송이 영감을 얻기를 원하는 정식들에 이른다. "시간은 그 기원에서 공간을 차지한 사물들의 4차원처럼 있다."[69] 따라서 스펜서는, 만일 그 시간 자체가 이미 공간의 환영이 아니었더라면, 시간으로부터 공간을 추출하는 데 결코 이르지 못했을 것이다. 베르그송이 두 가지 구별된 형이상학적 실재성들을 하나로부터 다른 하나를 연역한다는 것이 불가능하다고 표현한 이 순환논증의 오류가 결코 증명되지 않듯이, 달력으로부터 그리고 시간적 문양[무늬]들로부터 공간적

논문을 재생산한 것이다. 그럼에도 불구하고 푸이예는 이미 나온 DI(베르그송)의 영감을 받아서, 기요의 유작에 자기 글을 첨가하는 것이 가능했다(이 가설은 베르그송 자신에 의해 우리에게 암시되었다). 그럼에도 우리는 어떠한 의문의 측면도 무시하지 않기 위하여, 베르그송주의가 푸이예에게서 여전히 완고한 반대자를 만났다는 것을 상기해야 한다. 『시간관념의 발생』의 서문에(이 서문은 푸이예가 썼다) 쓰인 매우 베르그송적인 음색[말투]는 *La Psychologie des idées-forces* (1893)(예를 들어 II권, 109, 112. 참조:"사유와 새로운 반지성주의 학파들")의 말투와는 전혀 동일하지 않다.

67. DI 75과 그 이하.

68. Guyau, *Genèse de l'idée de temps*, pp. 73~74.

69. 같은 책, p. 71. 이 문장은 1885년 논문에서 나왔었다. [베르그송의] DI를 읽은 후에 푸이예에 의해 첨가되었을까?(참조 : pp. 11, 93.)

기원도 더 이상 아무것도 기요에게서 증명되지 못한다. 사실상, 그는 다른 곳에서 지속에 대해 "하상"un lit과 "경과"(흐름)un cours를 구별한다. 이 스펜서류들의 유사 -지속은 "살아있고 운동하는 심층"에 대립하는 "수동적 형식"이며[70], 구체적 사건들이 순서로 배치되는 외연적으로 줄 세우기이며, 나의 경험들의 움직이는 순환들이 활성화될 수 있을 텅 빈 거리이다. "시간의 경과, 이것은 사실(만들어진 것) le fait 위에 파악된 변화 자체이다."[71] 사실 위에[사실에 근거하예! 또는 베르그송이 나중에 표현할 용어로 "…에 따라서"이다. 왜냐하면 만일 사람들이 이 역동주의의 독창성을 경험하기를 원한다면, 잃어버릴 시간이란 것이 없기 때문이다. 기억의 최소한의 지체遲滯와 상상작업의 최소한의 예상참여는, 공간 그 자체와 항상 동시적으로 변화하는 데 대하여 직관 대신에 공간으로 대체한다.

말하자면, 기요는 추상적 공간과 추상적 시간을 대치시키는 데 그쳤다. 그러나 이 경우에 사람들은 사유할 권리를 갖는데, 그 권리는 열려진 문을 돌파하는 것이다. 왜냐하면 만일 진실로 경험론이 공간을 구축하기 위하여 사용한 시간 이외 다른 시간이 없다면, 사람들은 독창성의 독점권을 공간의 관념에게 예약하는 데 어떠한 수고도 하지 않기 때문이다. 그러나 거기서 그것은 너무 많이 편드는 것이다[너무 많은 몫을 할당하는 것이다]. 베르그송 그 자신은 1891년 2월에 작성했던 작은 보고서에서, 즉 『철학 지』에 실린 ""시간관념의 발생"에 관한 보고서」(Me, 349~356)에서 그것을 매우 잘 알았다. 그가 보기에, 기요가 단 한 종류의 다양성多樣性, 즉 수적 다량多量만을 인정하고 있다는 것은 분명한 일이다. 그리고 따라서 "시간이 공간 속에서 표상되기를 바란다는 것은 무용한 것이다. 왜냐하면 사람들은 공간을 시간 속에 놓은 것으로 시작했기 때문이다. 수적 다수성多數性을 말하는 자는 병치의 다수성, 공간 속에서 다수성을 말한다."[72] 기요는 단지 다음의

---

70. Guyau, *Genèse de l'idée de temps*, pp. 4, 25, 27.

71. 같은 책, pp. 17~18.

72. *Revue philosophique*, t. XXXI, p. 190. 사람들은 푸이예의 *La Psychologie des idées-forces* (1893, II, p. 106)에서와 동일한 동의를 발견한다. 여기 *Genèse de l'idée de temps* (1890, pp. xxxi~xxxii)의 「서문」의 몇 마디는, 즉 " '시간이 변한다'라는 것은, 시간이 이전에서 역동적 형식 하에서 완성되는 순간 자체에서 파악된다…등등"은 직접적으로 베르그송에게서 빌려온 것이다.

대안만을 생각했다 : 시간은 공간을 구축하는 데 쓰인다거나 또는 공간이 시간을 — 우리 시계들의 시간과 우리 달력들의 시간 — 구축하는 데 쓰인다는 것이다. 그러나 공간에 앞선 것도 뒤진 것도 아닌, 그리고 절대적으로 독창적인 형이상학적 실재성을 표상하는, 지속의 자치적 질서는 없는가? "배경"le fond과 "형태"la forme처럼 정밀측정의 시간에 대립되는 시간의 "경과"에 관하여 말하자면, 우리는 여유있게 그 경과의 깊이를 잴 수 있다. 우리는 거기서 실재적 지속이란 이름으로 불릴 만큼 장점이 있는 것은 아무것도 발견할 수 없을 것이다. 공간과 시간이란 개념들의 공통적 근원은 기요에게서는 "의도"라 불린다. 기요는 이 의도를, 공리주의와 실용주의의 영향을 쉽게 인식할 수 있는 용어들로 정의한다. 삐에르 쟈네는 틀림없이 이것들을 베르그송보다 훨씬 더 기꺼이 인정했다.[73] 즉 의도는 "어떤 감각에 이어지는 운동"이며, 능동행위와 수동행위에 의해 일어나는 운동적 반작용이다. 그래서 의도는 욕망하고, 원하고, "원했던 것과 소유했던 것의 구별", 즉 "술잔과 입술 사이의 거리"에 이르는 것이다.[74] 이 의도는 수학자의 "상수적이고 필연적인 계속"과 구별되는 것이고, 순수 지속과는 구별되지 않는다. "미래란, 동물 앞에 있는 것과 동물이 잡으려고 애쓰는 것이고, 과거는 뒤에 있는 것과 더 이상 보이지 않는 것이다." 시간에 대해 독창적으로 의식한다는 것, 그러한 것은 이렇게 말하고자 하는 것, 즉 "길이에 대해 이전(먼저)과 이후(다음에)를" 인식한다는 것을 의미한다.[75] 시간은 운동의du mouvement, κίνησις 추상작용이다 … 그것은 시간을 인간 의식 속에서 창조하는 공간 속의 운동이다. 운동 없이는 시간도 없다. 아리스토텔레스 자신은 시간을 운동에 동일시하는 것을 거부하면서도, 운동 없이 시간은 없다οὔτε κίνησις οὔτ' ἄνευ κινήσεως ὁ χρόνος는 것을, 또 시간은 운동의 "수"le "nombre"[ἀριθμὸς κινήσεως κατὰ τὸ πρότερον καὶ ὕστερον], 또는 보다

<hr />

이처럼 생각된 것과 지각된 것과의 구별로부터 빌려온 것이다.

73. 다음을 보라 : Janet, *L'Évolution de la mémoire et de la notion du temps*, 1928, 여러 곳.

74. Guyau, *Genèse de l'idée de temps*, pp. 30~34.

75. Guyau, *Genèse de l'idée de temps*, pp. 35, 36. (참조 : p. 70 : " … 우리는 우리 뒤에(*derrière nous*) 전망처럼만 과거를 그릴 수 있고, 그리고 과거를 벗어난 미래를 우리 앞에(*devant nous*) 전망처럼만 그릴 수 있다). DS 64~71과 *Genèse de l'idée de temps*, pp. 37과 47 사이를 비교해 보라.

더 정확하게 세어진 것le nombré, τὸ ἀριθμούμενον, 더 좋게 말하자면 척도la mesure, μέτρον라고 인정했다.[76] 그런데 베르그송은, 운동이 반대로 매개물이라는 것을 제시하고자(『지속과 동시성』은 또한 이런 증명작업의 일환이다.) 전력을 다했다. 매개물 덕분에 지속은 측정 가능하게 되고 말하자면 외연적이 된다. 그 운동은 시간의 관념을 생성하기는커녕, 오히려 우리에게 지속과 궤적을 혼동하게 하는 미봉책이다. 운동 속에서 있는 실증적인 모든 것은 – 운동성 또는 변화하는 작동 – 본성상 정신적이고 시간적이다. 따라서 기요는 근육운동의 시간관념과 같은 어느 정도로는 심정적 시간관념을 넘어서는 데 성공하지 못했는데, 그가 그 시간관념을 욕구로부터 만족까지의 거리로서 해석했기 때문이다.[77] 지속의 "경과"는 시간의 "수동적 형식"보다 약간 더 기본적인 표상, 그럼에도 불구하고 하나의 표상이다. 삐에르 쟈네는 그것은 하나의 품행(이끄는 방식)이라고 말할 것이다. 베르그송은 과학자들의 거짓 된 지속의 근저에 감추어져 있는 공간적 인위성을 고발했다. 우리는 인위성의 유일한 목적이 철학자들의 순수 지속을 분리하는 것임을, 또한 그것은 실재적 시간을 더 잘 재발견하기 위하여 착각적인 시간을 배척하는 것임을 이해하고 있다. 반대로 우리는 기요의 비판이 수학자들의 기만적인 지속에뿐만이 아니라 시간 일반에 이르지 않을까 걱정한다. 사람들이 불순한 시간으로부터 순수시간이 분간되는 것을 언젠가 알아보고 절망하는 것만큼이나, 그는 공간의 관념의 선행권(우선권)을 그만큼 더 강조한다. 기요가 말하기를 "시간은 우주 변화들의 추상적 정식이다."[78] 그것은 형식이며, 이 형식에 따라서 우리의 감각들이 순서로 정돈되고, 우리의 반작용들이 방향 잡게 되며, 우리의 욕망들이 분류된다. 심지어는 이렇게 사유하는 것도 허락된다. 만일 기요가 불순한 지속의 비판에 충분히 멀리까지 갔다면, 그 이유는 그가 그의 모든 심리학이 순수 지속 없이도 이루어질 수 있다는 것을 알았기 때문이다. 거짓 지속도 순수 지속만큼이나 거짓이 아니다. 그런데 그 시간으로부터 거짓 지속은 심지어 현상

76. Aristote, *Physique*, IV, 219 *a*, 1 ; 219 *b*, 2, 8 ; 220 *b*, 32.

77. Guyau, *Genèse de l'idée de temps*, pp. 46, 71.

78. 같은 책, p. 119.

들(겉모습들)을 갖지 못할 것인데, 만일 진실한 지속의 직관이 거짓 지속을 유지하고 또 그것을 생생하게 하기 위하여 거기에 있지 않았다면 말이다. 그것은[시간의] 영화방식의 환영들 속으로 직관의 회상une réminiscence을 끌고 가며, 마치 그것의 회귀에 대해 수줍은 예감처럼 끌고 간다. 만일 우리가 매 순간 직접적인 경험으로 전환할 수 있다는 것을 우리가 알지 못한다면, 우리는 이 모든 방정식들을 한순간도 믿지 않을 것이다. 만일 우리가 은행 지폐는 안락과 평안과 동의의 약속이라는 것을 알지 못한다면, 마치 우리가 그 지폐를 믿지 못하는 것과 마찬가지이다. 수학자들의 지속이 공간적인 것인 만큼, 그러한 것이 기요에게 맘에 들었다. 그것은 그 지속이 순수하고 단순한 공간과 혼동되어 있지 않다는 것이 사실이라는 것이다. 만일 그 겉모습이 표본(모델)을 가정하지 않았다면, 그것은 설명힐 수 없는 것일 것이다. 그런데 그 표본은 우리 안에 있다. 우리 안에는 모든 삶이 있고, 모든 실재성이 있다. "품행"(이끄는 방식)은, [어쩌면] 기대일지라도 또 의도일지라도, 지속을 부여하지 못할 것이다. 만일 그것이 미리 그것의 직관을 함축하지 않는다면 말이다. 왜냐하면, 품행들은, 품행들 자체들에만 맘을 몰두하기에, 자기 것들(품행들)만을 부여하기 때문이다. 철학의 역할은 똑바로 지속의 생생한 근원으로 거슬러 올라가는 것이다. 왜냐하면, 우리가 그 역할을 [미래에] 원하자마자 우리의 가녀린 상징들이 순수 지속이 다시 되리라는 것을 우리가 알기 때문에, 우리는 언제나 상징들을 실현하기를 고집할 것이고, 우리는 배은망덕하게도 이것들을 생생하게 살게 한 시간을 잊고 만다. 그럼에도 불구하고 사람들은 직관으로 회귀를 영속적으로 연기할 수 없다. 어떤 사람도 더 이상 상징들을 수용하지 못할 것이다. 이 상징들에서는 굳건하고 효과적인 사물들, 즉 직관이 영양가를 얻게 되는 모든 좋은 사물[사정]들이 조만간에 재발견되지는 못할 것이다. 왜냐하면 사람들은 절대자 없이 살 수 없기 때문이다.

　　시간은 하나의 차원도 아니며, 인간존재의 다른 속성들 중의 한 속성도 아니며 이 존재의 부분관사 같은 성질들도 아니다. 시간은 존재의 어떤 존재 양태도 아니다. 왜냐하면 그 존재는 어떤 경우이든 간에 권리상으로 모든 연대기적인 양상의 바깥에 있는 비시간적 실체로서 생각될 수 있을 것이다. 베르그송은,

시간적 내용들이 부차적으로 다시 말하면 우발적으로 움직이게 할 것이라는 하나의 형상(형식)을, 더 이상 우대하지 않았다. … 이 모든 추상화 작업들은 시간성 속에서 날개들의 상실로 그리고 재난의 추락으로 이루어진 편견에, ─ 오르페우스의 편견에, 플라톤주의자의 편견에, 영원한 편견에 ─ 생명을 회복시켜준다. 왜냐하면 만일 시간성이 하나의 벌[죄]라면, 시간성은 그 방법으로 후성설적이고 우연적이기 때문이다. 다음 차례로 이 편견의 기원은 참조 체계의 생물불변설의 미신이며, 실체론의 미신이다. 마찬가지로 실체론이 상황과 관련되어 있는 모든 방식에 앞서서 중성적이고 자격[성질] 없는 기저un substrat를 표상하듯이, 마찬가지로 겉만 그럴싸한 변형론[진화론]은 마치 불변성을 기대하여 성의 없이 완성하는 것으로서 진화론을 표상하는 것과 같다. 불변의 전형은 단지 껍질만, 깃털만, 변장된 것만 변하는 것으로, 다시 말하지만 변신에 의해 그 전형의 양상들을 변형하는 것으로, 공간의 주제에 관하여 얇은 막 같은 어떤 작은 변이들을 실행할 것이다. 양상변화Modification, **변형론**transformation, **모양변화**transfiguration는 형태에서 형태로 산보를, 또는 모습에서 모습으로 이행을 돌연변이론ce mutationisme으로 삼는다. 그리고 변질에 관한 한, 그 변질은 동일자와 연관하여 정의된다. 따라서 시간은, 우선 현재 있고 그러고 나서 생성되고 조작하는 존재의 부차적 특성이다. 왜냐하면 온존재l'Etre는 현실태l'Acte에 앞서 있기 때문이다. 진화를 진화된 것의 조각들을 가지고 재구성하는 진화론은 변화를 마치 옛 요소들의 피상적 배열처럼, 다시 말하면 마치 불변성의 완곡법처럼 취급한다. 결국 그것은 옛것을 새로운[무엇]…으로 만드는 기술이다. 사람들은 동일자들을 취급하고 그리고 다시 시작한다! 그런데 인간은 "시간적"일 뿐만 아니라, 이런 의미에서 시간성은 그 실체의 질적인 형용사일 것이다. 그것은 인간 그 자신이 시간 그 자체이며, 시간 이외 다른 것이 아니다. 그 시간은 시간의 자기성(자체성)l'ipséité이다. 겉보기의 변화들에 대하여, 베르그송은 "초실체화"une transsubstantiation의, 또 중심적 생성의, 초경험론적인métempirique 관념을 대립시켰다. 중심적 생성은 존재를 다른 존재 안으로 완전히 옮기는 것이고, 동일성의 원리를 반박한다. 부분적인 신진대사들에 대하여, 『창조적 진화』는 급진적 돌연변이의 경이le prodige를 대립시킬 것이다. [또한]

진화론적 유사-역사주의에 대하여, 혁명적 변화를 대립시킬 것이다. 표피적 시간성의 정태적 편견에 대하여, 「변화의 지각」에 관한 옥스퍼드의 둘째 강연이 "존재적 생성"un devenir ontique의 역설적이며 거의 폭력적인 관념을 대립시킨다. 모순적인 관념은 우리의 모든 습관들의 개입을, 우리들 논리학의 왜곡을, 그리고 내적인 깊은 개혁을 우리에게 부여한다. 시간과 영원성 사이에서 연관들의 역전은 이미 "전향"une conversion을 가정하지 않는가? 급진적인 상대주의라고 우리가 말하는 '변하고 있는 그 주체'가 없는 변화는 지각론적 인상주의의 기저 없는 성질들과 짝을 이룬다. 시간은 존재의 모든 두께에 일물동체적consubstantiel이고 또 더 좋게 말하자면 시간은 한 존재의 유일한 본질이며, 존재의 모든 본질은 변하는 것이다! 따라서 그것은 그 뿌리와 그 자체성에까지 이르는 존재 전체이며, 자체성은 운동 속에 **생성**을 이끄는 것을 의미한다. 다른 말로 하자면, 존재는 생성 이외 다른 존재 방식이 아니다. 다시 정확하게 말하자면 이미 더 이상 있지 않는 것un Déjà-plus도 또는 아직 있지 않는 것un Pas-encore도 아닌 존재이다. — **자유**는 시간처럼 인간존재의 실체 자체이다. 독단적 비결정론에서 자유는 이 존재의 부분적 성격을 지칭한다. 예를 들어 자유는 방어태세를 취하는 의지가 몸을 사리고 있는 공략할 수 없는 성채이다. 자유는 결정론이라는 그물눈 조직에서 부정적 예외가 아니다. 자유는 창조적 적극성(실증성)이다. 자유는 부분들의 배열을 변형하는 것이 아니라 혁명적 결단에 의해 물질[몸]을 해방하는 것이다. 인간은 마치 인간이 완전히 생성 중인 것처럼, 완전한 자유이다. 인간은 두 발 달린 자유이며, 그는 가고, 오고, 말하고, 숨 쉰다. 우리에게 제시할 것으로 남은 것은 이것이다.

제3절 자유로운 현실태[자유 작동]

어떤 부분에서도 설명[79]이라는 우상은 자유와 관계있는 물음들에서와 마찬가지로 해결할 수 없는 난문제들을 솟아나게 하지 않는다. 왜냐하면 아마도 어

---

79. DI 125, 138, 140.

떤 부분에서도 설명한다는 근심은 그것의 진실한 본성과 그것의 회고적 범위를 더 이상 배반하지 못하기 때문이다. **설명**l'explication은 설명해야 할 사물들에 대해 정확하게 공식적이지 못하다. 설명은 사건들의 경험적 역사 대신에 현상들의 지성적 역사를 대체한다. 그리고 후자가 전자를 재구성하기에 앞서서 전적으로 이야기(구두서술)되었다는 것을 [우리는] 기다려야만 한다. **구술**le récit을 설명과 대립시키는 것, 그것은 구술에서는 전기 작가나 화자le narrateur가 관례적으로 항상 흘러가는 기괴한 연대기에 동시대인들이게 하는데, 이에 반하여 "설명"에서는 도덕론자나 역사가가 이미 흘러간 연대기에 허구적으로 그 후배가 되게 하는 데 있다. 회고성의 시각에 의해 왜곡된 **자유재량**le libre arbitre이란 무엇인가? 자유로운 행위 동안에 그 자유la liberté란 무엇인가?

1) 전통적 정신주의는 우리에게 자유로운 의지적 작동으로부터 오로지 책에서나 얻어지는 정식을 유산으로 남겼다. 이 정식에 대한 비판은 특히 블롱델Charles Blondel에 의해 여러 번 이루어졌다.[80] 이것이 바로 이렇게 사람들이 책들 속에서 원하는 것이다. 아마도 의욕적인 풍자의 검토는 진지하게 원하는 자유에 관하여 간접적으로 빛을 던져 줄 것이다. 사람들이 알고 있는 대로 개론서들은 의욕la volition 속에서 네 가지 연속적 계기들을 구별하는데, 이 네 가지를 개론서에서는 개념작업, 숙고, 결단, 실행이라 불린다. 우선 이 작업들 사이에 도입된 그러한 칸막이(세분화) 작업이 — 사람들은 이 네 가지 작업들을 미리 [주어진] 공통분모가 없으며 실체적으로 구별되는 것으로 가정하지만 — 얼마나 불합리하고 임의적인가를 제시해야만 하는가? 특히 우리는 의욕-표본(모델)의 뿌리에서 베르그송주의 전체가 싸워왔던 고집스러운 편견을 인정한다. 그래서 정신은, 일화들의 생생한 것에 관해서 구체적인 내재성을 파악하는 대신에, 자유 작동이 모든 심적 일화들(에피소드들)을 풀어내었던 것을 기다린다. 이렇게 사람들은 의지의 **뼈**대를 얻는다. 그 **뼈**대는 아마도 볼프Caspar Friedrich Wolff의 심리학에 나오는 이상적인 호문쿨루스homunculus에 속하지, 원하고 행위하는 실재적 개체에 속하는 것은 아니

---

80. Georges Dumas, *Le Traité de psychologie*, 1923, 1924, t. II.

다. 이런 이유로[81] 통속적 실체론은 숙고가 앞서고, 그리고 해결을 준비하는 것을, 마치 해결이 되기에 앞서 예를 들어 실행이 이루어지는 것처럼, 전심전력으로 원한다. 그리고 그러한 것은 이러한데, "논리적으로" 사람들이 결정하기에 앞서 마땅히 주저해야 하기 때문이고, [자유] 작동이 실재적이기 앞서서 마땅히 가능해야 하기 때문이며, 의욕이 제작과정에 마땅히 닮아야 하기 때문인데, 이 제작과정에서 [자유] 작동은 잠재적 또는 숙고된 현존으로부터 현실적 또는 단호한 현존으로 이행하면서 조각들에 의해 구축되어 있다. 그러나 반대로 행동에서 진실로 동시적인 경험은, 사람들이 해결하기에 앞서서라기보다 결심한 후에 숙고한다는 것을 증명한다. 이런 것은 불합리한 것으로 나타났다. 그러나 또한 "사후"에 숙고의 무용성은 사색적 지성의 무관심le désintéressement을 증거한다. 이 사변적 지성은 역학적인 지성의 취향을 만족시키기 위하여, 우리의 모든 삶을 기꺼이 논리화할 것이다. 사람들은 도처에서 제작작업의 질서를 탐구하는 덕분에 기술의 질서가, 다시 말하면 입헌적인[법칙적인] 관성의 질서인 "유용한" 질서가, 너무 늦었을 때라고 하더라도, 그것을[기술 질서를] 재구성하려고 그것을 훈련[단련]시켰다. 이런 이유로 모든 것은, 마치 여러 주저함들의 순간이 어느 정도는 하나의 작은 무의식적 희극일 뿐인 것처럼, 이렇게 일어났기 때문이다. 우리가 우리 자신에게 무의식적 희극의 역할을 스스로 하는데, 지성을 가지고 규칙으로 만들기 위하여 그리고 회고적으로 결단을 합법화하기 위해서이며, 이리하여 결심은 숙고과정에서 매우 자주 먼저 형성되었다. 결심은 추상적 평결에 따라 심사과정을 실행하기는커녕, 그 내부 안에서 숙고과정을 지배한다. 그리고 사실상 준엄한 의식의 검토는, 의지가 왜Pourquoi라는 질문에 **왜냐하면**Parce-que이라고 대답함이 없이, 기원적으로 결단했다는 것을 우리에게 제시한다. 이데올로기적인 동기들은 원인의 필요들을 위하여 발명되었고, 그리고 우리는 우리의 실재적 품행을 우리가 차후에 규칙으로 만든 이상적 시나리오와 혼동한다. 우리는, 어느 정도로는 사물들이 "이성적"인 방식일 수 있게 마땅히 일어나야만 했을auront dû[전미래] 것이라는

---

81. 우리가 여기서 주를 달자. DI 120~121.

그 방식을 상상하는데 기분이 좋아서 마음에 들어한다. 왜냐하면 회고적 배열들의 악[오류]는, 그 배열들이 **전미래**futur antérieur 82에서만, 그리고 언젠가jamais 진실한 미래에 따라서만, 정확하게 의미를 갖는다는 것이기 때문이다. 엄밀하게 파악된 미래, 그것은 사람들이 아무것도 속단할 수 없는 그 무엇이다. 왜냐하면 그 미래는 **절대적으로 "다음"**après이기 때문이다. 그런데 앞선 미래의 고유함은 심리학적으로 과거가 된, 상상에 의해 허구적으로 앞선, 예상참여된, 따라서 미래로서는 부정된, 미래라는 것이다. 이렇게 이 설명은 설명해야 할 행동을 앞서는 것이고, 그 행동에게 어느 정도로는 교훈을 만들어 주는 것이다. 진실이라는 것이 문제가 아니라 오히려 삶의 문법 앞에다가 단순히 **순서로 놓은**83 것이 문제이며, 게다가 검은 논리를, 즉 우리의 작동들에 대해 부끄러운 논리를, 갈 길을 조정하는 지성에 의해 규제된 공적인 논리의 고상한 이유들을 가지고 감추는 것이 문제이다.

이 회고성의 착각은 실재적인 연대기의 전도顛倒를 명령한다. 마땅히 있어야 했던 대로, 또 있는 것으로 **추정되었던** 것과 같은 병인학l'étiologie은 현재 있는 것과 같은 병인학으로 대체되었다. 협약적인 것만큼이나 영광스러운 원인성은, 다시 말하면 길을 잡아주는 관념에 의한 원인성, 즉 주도권을 쥔 이성에 의한 또한 순진무구한 정신에 의한 원인성은, 우리 자신 속에 모범적인 어린이[유치한] 질서를 확립한다. 동기 없이 수동적으로 결심한 결단, 다시 말하면 이유 없는 결단은 사후 정당화 작업들의 어머니였다. 정당화 작업들은 어머니에게 결단을 잘 되돌려준다. 이 지체된[저능] 아동들ces progénitures은 거꾸로 행하면서도 결단의, 전환의, 선호의 이성적[합리적] 원인이라고 지금도 주장한다. 자발성의 아주 열기 있는 질서는 인위성의 다시 덮어진 질서에게 양보한다. 우리의 삶 전부는 마비된 재구성작업들에 굴복하여 이 논리의 무더기 만들기 속에 사라진다. 자유의 심층적이고 중심적인 의미화(기호화)는 우리를 침투할 수 없게[불가침투적 존재로] 만든다. 우리는 끝내 부차적[이차적] 삶을, 회고적 삶을 살면서 실재적으로 살았던 삶

---

82. 이 **전미래**(*futur antérieur*)에 관하여 다음을 참조 : 옥스퍼드 회합에서 이미 인용된 연설(*Revue de métaphysique et de morale*, 1921, p. 101). 참조 : DI 140.
83. 베르그송 자신은 이 설명을 사용한다 : DI 121. "재구성"의 관념에 관하여는 DI 144.

위에 지체하며 산다. 그 삶은 우리가 곧바로 살아야 할 삶인데, 다른 행동들에게 표본으로 쓰이기 위하여 또는 단순히 우리의 행동을 책 속에서만 그려진 어떤 협약적인 모범에 결합시킬 수 있게 하기 위해서이다. 하나의 당(종파)을 떠나기를 갈망했던 자는, 니체[84]가 주목하듯이, 우선 그 당(종파)을 반박하도록 강요되었다고 믿게 된다. 막스 셸러가 『자기인식의 우상』*Die Idole der Selbsterkenntnis*(1912)에서 매우 통찰력 있는 분석에 열중했던[85] 사회적 도덕적 착각은 이 거짓 전망의 특별한 한 경우일 뿐이다. 왜냐하면, 여론의 눈에 비추어서 영예로운 동기들을 잘 치장하기 위하여, 그 명예로운 동기들에 대해 우리의 행위들을 차후에 할당하는 것이 중요할 뿐만 아니라, 또한 아주 원초적인 논리의 요구[필요]도 중요하기 때문이다. 우리 견해들에서 유일하고, 인격적이고, 진실로 비합리적이며, 고백할 수 없는 견해가 있다는 것, 그것이 우리를 혼란하게 하고 무섭게 한다. 우리는 개론서들의 안정된 분류 작업들에게, 또 상식적인 노력의 [잡지 지면의] 항목들에게, 학적인 만족들을 요구하기를 더 좋아한다. 이 만족들은 우리에게, 우리 의지의 중심 자체에다가 우리를 안착시키려는 수고를 절약하게 한다. 만일 우리가 자유의지를 진실로 수용하는 데 동시대인들과 같이한다면, 이 자유의지가 무엇이 될 것인지를 우리가 의심하지 않는다고 하더라도, 가끔 우리는 그것이 심지어 너무 지나칠 정도라는 것을 알고 있다. 그러나 우리 행위들의 중심적 근원은 우리를 약간 두렵게 한다. 게다가 정식들이라는 목발에 의지하는 것이 상당히 아늑하게 느껴지기도 한다! 작동이 완수된 이후에, 사람들은 시간을 갖고서, 논리에 앞서서 정당화되는 무엇을 여전히 발견한다. 그리고 사람들은 깨어지기 쉬운 "착한 이유들"의 무더기 아래서 신중하게 흘낏 들여다보았던 진리를 감추려고 서두른다. 그리고 나서 사람들은 이 진실한 원인을 완전히 망각하고, 또한 단호한 작동을 생성하게 했던 특권을 결정적으로 획득하게 된 회고적 정당화 작업을 망각

84. *Le voyageur et son ombre*, 경구 82. Friedrich Wilhelm Nietzsche, *Menschliches, Allzumenschliches: Humain, trop humain*, 1878, II, 2 [프리드리히 니체, 『인간적인 너무나 인간적인』 1~2, 김미기 옮김, 책세상, 2001/2002].

85. Max Scheler, *Vom Umsturz der Werte*, 1919, t. II, p. 155 [셸러의 『자기 인식의 우상』(*Die Idole der Selbsterkenntnis*, 1912)은 셸러 전집(1954~1998) 15권 중 제3권에 포함되어 있다. — 옮긴이]

한다. 우리 모두는 항상 늦게야 도착하는 이 (성질) 나쁜 변명자를 다소간 닮는다. 때로는 그 변명자는 너무 오래 자고 있었기 때문이라고, 때로는 그가 기차를 놓쳤기 때문이라고, 때로는 약속시간을 망각했기 때문이라고 한다. 그는 결정적으로 항상 지각했었는데, 왜냐하면 지각의 원인은 그에게[그의 내부에] 있었기 때문이며, 그의 현존의 양식에, 또 그의 정신적 구성방식에 있었기 때문이다.[86] 이런 다수의 변명[구실]들 자체는, 지각[늦음]들을 변명하기 위해 나쁜 이유들을 지각들과 더불어 발생했던 중심적 운명le destin central의 주변 사항들을 그릴 뿐이다. 직관주의자의 철학과 감동주의자들의 철학은 행위의 중심적 근원에게 다른 철학들보다 일반적으로 주의를 더 기울이며, 또한 정당화하는 상부구조들에 대하여 부자연스럽고 인위적이며 시대착오적인 측면을 보다 분명하게 항상 고발한다. 심성의 권리들을 옹호했던 파스칼은 [친구인] 로아네즈에게 다음과 같은 견해를 부여했다. "이유들은 나에게 나중에 온다. 그러나 우선 사물[사정]은 나에게 동의를 구하거나 또는 그것의 이유를 알게 함이 없이 나에게 충격을 준다. 그럼에도 불구하고 그러한 것은 내가 그러고 난 다음에만 발견한 바로 이 이유 때문에 나에게 충격을 준다." 그리고 덧붙여서, "그러나, 사람들이 나중에 발견한 이유들 때문에 그러한 것이 충격을 주었다는 것이 아니라, 오히려 그러한 것이 충격을 주었기 때문에 사람들이 그 이유들을 발견한다."[87] 그리고 반주지주의자가 결코 아닌 그러나 코나투스Conatus의 우선성을 존중했던 스피노자, 그 또한 원인성의 질서를 뒤집으며(전복하며), 이렇게 공언했다. "노력, 바람, 욕구, 욕망을 기초하는 것, 그것은 우리가 사물이 좋다고 판단하는 데 있는 것이 아니다. 그러나 반대

---

86. 다음을 참조하라. Georg Simmel, *Lebensanschauung. Vier metaphysische Kapitel*, 1918, p. 127 : 숙명(la destinée)의 개념에 관하여, 제3장 「죽음과 불멸」(III. "Tod und Unsterblichkeit." [저자는 본문에서 운명(le destin)이라 쓰고, 주에서는 숙명(la destinée)이라 강조했다. 그 이유를 모르겠다. ─옮긴이]

87. Pascal, *Pensées*, éd. Brunschvicg, fragment 276 (제4섹션) [파스칼, 『팡세』]. 브랑슈비끄는 이 견해에 관하여 흥미 있는 여러 본문들을, 즉 [법학자인] 도마(Jean Domat)와 [철학자인] 벨(Pierre Bayle)에게서 인용된 본문들을 인용한다. 참조 : 단편 81과 97. 또한 브랑슈비끄의 *Le Progrès de la conscience dans la philosophie occidentale*, 1927, p. 656에서 인용된 아미엘(Henri-Frédéric Amiel)의 본문을 참조하라.

로 사람들은, 노력, 바람, 욕구, 욕망에 의해 사물에 이르렀기[목적을 성취했기] 때문에, 이 사물이 좋다고 판단한다."[88] 술을 마시고자 갈망하는 자는, 그에게 그렇게 처방한 의료 처방전을 때에 맞게 항상 발견한다. 이것은 이런 견해에 맞게, 레온 브랑슈비끄와 더불어 라 로슈푸꼬La Rochefoucauld의 격언을 상기하는 경우이다. 즉 "정신은 항상 심성의 속임수이다" … 또는 본능의 속임수이다. 이런 이유로, 그러한 것은 파스칼이 여기서 심성le coeur이라 불렀던 초점에서 퍼져나가는 힘인데, 그 심성은 이 힘을 행위들로 방출되게 할 뿐만 아니라 운명적으로 행위들을 합법화하게 하는 이데올로기적인 정당화들로 방출되게 한다는 것이다. 따라서 정당화의 체계는 정신의 표면에서 자기의 고유한 자치(능력) 없이 부차적 생장을 표상한다. 왜냐하면, 자발적 운동으로 진행하는 것으로 보이게 하는 것, 또 전적으로 하부 대체재인 증거들을 밑바탕에 줄 세우는 것, 그것이 "정당화"의 본질이기 때문이다. **추론의 불편부당성[공정성] 대 논증들의 비굴함[억지]** 사이에 모든 대립이 있다. 논증하는 사고는 미리 예견된 사고이다. 그것은(사고는) 항상 어떤 것의 하녀ancilla이다. 그것은 항상 어떤 주제[명제]에 관심 있다. 그러한 이유는 그것이 특히 변호론자들[호교론자들]과 수사학의 스승들에게 선입견을 갖게 하기 때문이고, 진솔한 사색보다 전투적 논리에 더 많은 고민을 하게 하기 때문이다. 우리의 작동들(현실태)에서 영감을 일으키는 원천과 우리 자유의 진솔한 재능le genie은 공언된 이론들과 숙고된 논증들 중에서, 말하자면 거의 항상 합법화된 그 무엇의 이론들 중에서 선택하는 것이 아니다. 프리드리히 2세 같은 이는 그가 탐냈던 슐레지엔 지방을 획득함으로서 진정한 [왕위] 자격들을 드러낸다. 고백할 수 없는 이유들 때문에 자기 개(견)ᛏ를 익사시키기를 결심했던 자는 우연히 그 개가 광견병에 걸린 것을 발견한다. 이것은 나쁜 신앙의 정의 자체가 아닌가?

이렇게 의지적 작동의 전통적 도식을 비판하면서, 우리는 비결정론에 무기들을 제공하는 것 같다. 이런 이유로, 언제 어느 때에나, 인간들이 선택의 순간에, 다시 말하자면 추론적 숙고의 순간에, 자유의 서명을 식별한다고 믿었다. 그

---

88. Spinoza, *Éthique*, 1677, 제3부, 명제 9의 주석 [B. 스피노자, 『에티카』, 황태연 옮김, 비홍, 2014].

런데 숙고는 이제 우리에게 마치 사후의 합법화처럼, 마치 쓸모없는 형식성처럼 나타난다. 우리는 완수된 사실 앞에서 미신들을 믿듯이 쓸모없는 형식성으로 진행하고, 그리고 그 쓸모없는 형식성은 작동들의 진실한 일반화에 더 이상 영향을 주지 못한다. 우유부단한 군주들이 실제로 곧 담당할 독재 권력을 강요할 분위기를 만들기 위하여, 필수적인 덕성을 시행하면서, 마치 한 장관의 피할 수 없는 쿠데타를 합법화하기를 서둘러 끝내는 우유부단한 군주들의 양심 가책들처럼, 약간의 가책이 남는다. 행위의 모든 생산성은 우리들의 몸짓과 몸짓의 정당화에 영감을 주는 어떤 결과의 개념작업 속으로 말하자면 애초부터 도망쳤다. 따라서 그 결단은 동기들과 동인들을 가지고 구축되지 않듯이[89], 예지적 작업에서 의미는 요소들의 기호들을 가지고 구축되지 않는다. 동기들과 동인들은 사유의 여러 방향들로 짜여진 – 이 방향들로부터 우리가 바라는 것이 수렴하는 방향 정립이라는 것을 확신하는데 – 심리학적 매듭들이다. 따라서 이것들이 단순하지 않듯이, 심리학적 "원자론"의 개념들도 단순하지 않다. 그리고 이것들은 심지어 훨씬 더 복잡하게 되어 있다. 왜냐하면, 만일 동요하는 숙고과정 속에서 무게를 측정할 수 있는 요인인 한에서, 다시 말하면 무게 있는 것처럼 고려되었던 심적 내용(감정, 관념)이 아니라면, 사람들은 무엇을 "동인" 또는 "동기"라고 부르는가? 니체는 임의적 자유의 신화와 심리적 "사실들"의 원자론적 고립 사이에 맺어진 암묵적인 동조(묵계)를 고발한다. 언어의 실체주의는 아주 자연스럽게 이 묵계를 총애한다.[90] 그러나 만일 동기들이 결단에 관하여 동기들의 "무게"에 의해 행동할 수 있다면, 그것은 동기들이 그 자체로 정신적인 관계들의 망[그물]에 걸려 있어서, 이미 잘 계획된 길거리에서 우리들의 주저하는 행동에 방향을 잡게 하는 섬세한 긴장을 반영하는 것이다. 각 동기는 나의 내밀한 선호 작업들을 혼자 힘으로 증거한다. 마치 한 문장의 각 단어가 전체적 의미를 – 그 단어는 한 부분만을 형

---

89. 참조 : Charles Bernard Renouvier, *Traité de psychologie rationnelle d'après les principes du criticisme*, t. I. pp. 314~316.

90. *Le voyageur et son ombre*, 경구 11 [Nietzsche, *Menschliches, Allzumenschliches : Humain, trop humain*, 1878, II, 2 (니체, 『인간적인 너무나 인간적인』)].

태학적으로 운반할 뿐인데 — 증거하고, 그 문맥을 재구성하게 하듯이 말이다. 하나의 작동은, 그 작동의 동기들이 전체적 자아를 포함하고 있지 않지만 바자이아스가 올바로 그것을 관찰했듯이[91], 의욕의 풍자적 모방일 것이다. 이 모든 숙고 과정은 대안[교대적인 것]의 형식을 상식으로 삼는다. 그 대안[교대]의 두 가지는 잘 구별된 동기들의 두 계열에 해당한다. 그러나 대안은 마치 동기들 자체들처럼 회고적 효과이다. 그러한 것은, 아마도 **임의자유**le liberum arbitrium가 사유에서 무-의미le non-sens라고 키르케고르가 말한, 그 추상적 임의자유일 것이다.[92] 따라서 달리 행할 수 있다는 착각은, 라이프니츠가 말했듯이 그렇지 않으면Aliter이라는 착각은, 사후의 제작 작업이다. 사람들은 왜 상식의 표본적인 자유가 가능한 두 해결방식이 갈라지는[93] 그 점에 정당하게 있어야 하는지를 쉽게 이해한다. 그럼에도 삶이 분명하고도 거친 딜레마들을 받아들인다는 것은 드물며, 하나의 의식이 반대되는 가능성들 사이에서 이렇게 이중화된 채 있다는 것도 느물나. 의지에서는 의지의 반명제를 함축하는 주제[논제]는 없다. 그러나 특히 선택 자체가 있으며, 그 선택은 결심을 고정화시키고서, 그 결심과 더불어 모든 진행 절차를 만든다. 이 대안의 절차와 동기들이 결심으로 이끌었다고 추정된다. 르끼에가 강조하여 말했듯이, 르누비에에 의해 인용된 아름다운 조각 글 속에서 "나의 선택은 나의 기호(기분)에 따라 행한 것이다. 나의 맘에 든다는 점이 나에게 기분 좋다." 플라톤은 『에우튀프론』에서[94] 소크라테스를 통하여 질문하게 한다. 경건한 사물들이 경건한 것은 그것들이 신들에게 동의(사랑)를 받기 때문인가 또는 그 경건한 사물들이 신들의 동의를 받은 것은 그것들이 경건하기 때문인가? 사람들은 똑같은 의미에서 물을 수 있다. 우리가 한 작동을 선호한다는 것은 우리가 그것을 선택했기 때문인지, 또는 우리가 그것을 선택한 것이 그것을 선호했기 때문인

---

91. Bazaillas, *La vie personelle*, 1905, pp. 63~64.

92. Kierkegaard, *Du concept d'angoisse*, (Begrebet Angest), 1844, p. 93 [쇠얀 키에르케고어, 『불안의 개념 / 죽음에 이르는 병』, 강성위 옮김, 동서문화동판, 2007].

93. [옮긴이] DI 133, Oe 117.

94. Platon, *Euthyphron*, 10a~11a. (다음 문장으로부터 : Σωκράτης … ἆρα τὸ ὅσιον ὅτι ὅσιόν ἐστιν φιλεῖται ὑπὸ τῶν θεῶν, ἢ ὅτι φιλεῖται ὅσιόν ἐστιν;).

지. 우리가 생각하기에 다음과 같은 대답이 나올 것 같은 어떤 패러독스에 대해 대답해야 할 것이다. 만일 작동이 자유로운 작동이라면, 작동이 무엇인가를 선호할 수 있는 것은 그 작동이 선택되었기 때문이다. 피아트(심사숙고 후 결단)*fiat*가 자기 기호에 맞게 결심하기 **때문에**, 이성은 피아트를 합법화하기 위하여 맞춰나가는 것이 필요할 것이다. 그러나 우리는 조용히 안정될 수 있고, 이성은 항상 약속된다. 이것이 회고적 효과이다. 일단 선택의 모험에 처하면, 전도顚倒를 안심하게 하는 모든 작업은 약속될 것이다. 왜냐하면 우리는 자의적이고 무상이고 절대적인 바람의 우선성을, 또는 – 설명에 의해 질문에 응답하는 대신에 질문에 의해 질문에 응답하는 – 응답의 순환성을 인정하는 것이라기보다, 모든 일에 심지어는 가장 절망적인 결정론에 동의했기 때문이다. 사랑하는 이[남성]은 소위 말해서 사랑받는 이[여성]을 사랑한다고 한다. 왜냐하면 사랑받는 이는 사랑스럽기 때문이며, 그리고 왜냐하면 [그가] 사랑받는 이[여성]이 아니라 사랑하는 이[남성]이기 때문이다. 왜냐하면 이것은 그가 어떤 이유들도 없이 사랑한다는 것을, 또는 그가 ··· 도 고려할 것이 없다는 것을 고백하는 것일 것이기 때문이다. 베르그송주의는 확실히 무차별의 철학이 아니다. 우리는 이에 대해 곧바로 확신하게 될 것이다. 그럼에도 불구하고, 이것은 무차별적이고 깊이를 잴 수 없는 전제적인 신의 신학적 가설에서, 즉 심지어는 영원한 진리들보다 우월한 신의 신학적 가설에서, 심리학적으로 합법적인 무엇인가가 있으리라는 것이다. 아무것도 순수한 의지를, 현존들과 가치들 그 자체들의 모태matrice를 앞서지 못한다. 마치 "생의 도약"에 앞서서, 생의 도약이 실현화할 것이라는 초월적 프로그램이 없는 것처럼[95], 이처럼 앞서가는 의지는 – 의지가 동기들의 충동을 상속하다 – 동기들에 의해 결코 먼저 앞서나가지 못한다. 오히려 만일 이 동기들이 있다면[현존한다면], 동기들은 의식 상태의 단계들에 환원된 완전한 의지이다. 그러나 아무것도 바람vouloir의 비합리적인 우선성 그 이상으로 기분을 거스르기도 하고 멍청하기도 하고 현기증 나게 하는 것도 없다. 행위를 시작하기 위하여, 우리는 원칙의 순서에 따른 행위가 아니라

---

95. 참조: Renouvier, *Traité de psychologie rationnelle d'après les principes du criticisme*, t. I., p. 326.

완전히 이루어진 사물이라는 원리를 요구한다. 우리의 작동들이 출현 자체와 일치하는 유일한 예외적 직관[96]은 그때에는 무용하게 된다. 자유의 모호한 실험실 안으로 침투하는 것이라기보다, 오히려 우리는 어떻게 결심이 [심사]숙고의 현명한 견해들과 더불어 조금씩 만들어지는지를 탐구하기를 선호할 것이다.

만일 사람들이 모든 대가를 치르고서도 고전적 어휘에 집착한다면, 우리는 이렇게 말할 것이다 : 자유란 심사숙고 속에 있지 않다. 따라서 자유는 자유의 실재적 목적과 그것의 명백한 결과인 결심의 과정에서 어딘가에 있어야 한다. 베르그송의 사유에 충실하게 남아 있게 하기 위하여, 어떤 의미로는 의욕의 두 가지 시각들을 구별해야 한다. 1) 심사숙고를 통하여 생각되었다면, 의욕은 결정되었던 것으로서 나타난다. 왜냐하면 일반적으로 숙고는 **실재적으로** 결심 다음에 있다. 그리고 그러한 것이 증명하는 바는 결정론이 옳다고 인정하는 의지적 목적성을 강조하는 방식이 있다는 것이다. 확실히 변호는 증명해야 할 논제를 **형식적으**로 앞선다. 그러나 그때에, 하나의 의미에서 결과들은 그 결과들의 원인들에 앞서 있을 수 있다고 말해야 할 것이다. 지칠 줄 모르는[97] 베르그송의 변증법은, 이 경우에 ― 신학적 목적론의 경우인데 ― 심리학적으로 원인성이 또한 중요하고, 그러나 육안으로 보기에 목적론의 형식을 취했던 부끄러운 원인성도 중요하다는 것을 제시하고자 집착했다. 이것은 『창조적 진화』의 제1장 전체에서 베르그송이 증명하려 할 것이다. 파스칼은 이 전복을 이미 주목했고, "왜냐하면"의 의미를 바꾸어놓았다. 베르그송은 자기편에서 원인성의 두 전형을, 우리가 **척력 원인화**(밀기)와 **인력 원인화**(당기기)라 부르는 것을, 은연중에 구별했다. 밀기[척력]에서, 말하자면 일상적 전형의 효율에서, 결과들은 ― 단어의 고유한 의미에서 ― 그것들을 원인 앞에 밀고 가면서, 그것들[결과들]을 "생산하는" 원인을 이어간다. 그러한 것은 충격의 충력(충동)이며, 효율적인 또는 원심성의 원인의 충력[충동]이다. 그러나 모

---

96. 'L'introduction à la métaphysique' (PM 206, 213).

97. DI 120~121 ; ES 190 ; EC 43, 55, 59, 79, 113, 349, 351 ; 참조 : EC 79~80, 원인성의 여러 전형들의 분류에 관하여 참조하라. [EC 73~74, Oe 557~558, 원인(une cause)은 충력(impulsion), 촉발, 풀림에 의해 작용될 수 있다. ― 옮긴이]]

든 베르그송의 변증법은, 그 경우가 "목적(최종)"의 원인성[목적인]에서는 밑바탕에서 동일하다는 것을 정확하게 제시하는 데 있다. — 목적 원인성에서는 결과들이 앞서서 간다. 왜냐하면, 만일 원인이 결과들을 자기 쪽으로 "당긴"다면, 살았던 지속에서 원인이 결과들에 앞서기 때문이다. 원인의 후행성은, 우리가 완수된 작동 앞에서 이 지속 바깥에 위치하기 때문에 가능하게 되는 허구이다. 따라서 만일 우리의 자유로운 작동들이 이 작동들을 재구성하여 검증하는 도식들의 목적성을 전적으로 유지한다면, 우리의 행위는 총체적으로 예견할 수 있다고 말해야 할 것이다. 법정 변론에서 변호사가 입을 열 때, 우리는 무슨 일이 있을지라도 변호사는 혐의자의 무죄를 지지할 것을 안다. 그리고 설교자는 단상에 올라갈 때, 우리는 설교자가 신의 현존을, 또 자비로운 자들에게 약속된 지복을 증명할 것임을 안다. 자유는 거기에 있지 않다. 2) 자신의 성장에서 진실로 동시대적인 성찰에 의해 자유 작동이 성숙하는 **정도에 따라** 생각되었다면, 자유 작동은 **영감받은 작동**처럼 나타난다.[98] — 영감받은(우리는 보다 정확한 용어는 아니지만 지금으로서는 이 정도로 말하자)이란 의미는, 나의 인격의 재능에 의해, 자유로운 행위가 솟아나는 중앙 핵심에 의해, 결국 양심의 심판 *ce for intime*에 의해, 사람들이 에크하르트에게서 빌려온 단어로 부를 수 있다면 **작은 불꽃**에 의해 영감받았다는 의미이다. 이리하여 우리는 생산–원인성의 관념으로 그리고 새로이 비결정론으로 되돌아가는가? 그러나 여기서 특히 **알아맞힘***divination*과 **예상참여***anticipation* 사이를 구별하는 것이 중요하다. 영감을 주는 결정권(주도권)은, 전적으로 발명 작업과 임시방편일지라도, 행동의 생성에 앞선 전제군주적인 "주제"에 되돌아가지 않는다. 이 "주제들"이 영감을 주기보다 더욱 낙담시킨다. 이 주제들은 미래에 대해 투명하게 예견할 수 있는[99] 관점(통찰)을 우리에게 제공하기에, 다시 새롭게 하기 작업의 모든 가능성들이 앞서 소진되어 버렸던 것이다. 그러나 예감들

---

98. 라베송은 이것과 유사한 표현을 사용한다. *La Philosophie en France au XIXᵉ siècle*, 1867, 제5판 1904, p. 260. 여기서 인격의 "생성적 원리"(principe générateur)를 지칭하고 있다. [인격(personne)은 철학사에서 소크라테스 이래로 인간 "영혼"이다. — 옮긴이]

99. 앞보기–통찰(Prévision-vision) [관계] : DI 88, 116, 149, 150 ; DS 84.

은 영감적이다. 우리가 그 예감들에 빚진 직관은 밖으로 퍼져가는 원심력의 "역동적 도식"과 동일한 질서의 것이다. 이 도식으로부터 지적 운동이 진행한다. 모든 예견prévision에 매우 반대적인 흘낏 보기(일별)cette entrevision는 일종의 의도이며, 일종의 **지향적** 상태이며, 즉 동기화된 선택이 선호에 맞게 현실화하려는 것을 생겨나는 잠재적인 상태에게 포함시키는 매우 조형적인 의도적 상태이다. 따라서 생명은 "충력" 원인들의 초월성과 목적 원인들의 초월성 사이에서 이미 매개적인 것[100]으로서 우리에게 나타난다. 생명은 말하자면, 원인들 서로의 길 위에 있으며, 이미 이루어진 것le tout-fait 속에가 아니라 **이루어지고 있는 것**le se-faisant 속에 있다. 이것은 이행성cette transitivité이다. 이것은 불가사의와 자유의 그 자체성 자체를 재현하는 "현재의 나누어 가짐"이다.

2) 따라서 이제 자유재량에 위치(지위)가 만들어졌다. 자유 작동에 적용된 역동적 도식은 – 나시 말하면 우리 언어 속에서 행위의 지향성(의도싱)은 – 그 철학자가 어떤 길 위에서 자유와 만나는지를 우리에게 이미 지적해 준다. 결정하는 의도(지향)는 전적으로 행위의 욕망이며 아리스토텔레스가 의지에 대해 말했던 대로 [어떤 실행하는 욕망]ὁρμή τις τοῦ πράττειν이다. 지적 노력의 참여들에서처럼, 의도(지향)는 형태론적으로가 아니고 역동적으로이며, 말하자면 기능적으로 미래 작동이 이미 완전히 선형성되었다. 이런 이유에서, 재구성 요소들로부터 작동의 재구성은 해결할 수 없는 만큼 많은 아포리(난제)들을 생성시킨다. 이 요소들은 행위의 **구성적인 것**들이 결코 아니라, 행위의 **표현적인 것**이다. 경험은 우리에게 체계의 조각들이 아니라 역사의 순간들을 폭로한다. 이런 의미에서, 그런데 오직 이런 의미에서만, 자유 작동에 대해 그것이 예견할 수 있는 것이라고 사람들은 말할 수 있다. 의지적 작동의 예측은 "거짓 재인식"에 대하여 베르그송이 묘사한 예감들과 유사한 예감으로부터 유래한다.[101] 내가 이러한 또는 저러한 방식으로 작동할 것이라고 알아맞힌다. 그럼에도 불구하고, 나는 작동함으로서만이 그것을 알 뿐이다. 내가, 여러 주저함들에 처해 있어서 이 주저함들의 출구에 예상참

---

100. ES 190.
101. ES 138 (그리고 전반적으로는, ES 137~140).

여할 수 없다. 그러나 내가 거기에 참여하려 할 때, 나는 이 출구를 가능한 유일한 것으로서 인정할 것이라는 것을 내가 미리 내다본다[예견한다]. 나는 알지 못하지만, 내가 곧 알게 될 것을 내가 알아맞힌다. 결국에는 내가 "한 인격이 무지하다고 스스로 아는 것을 안다고 스스로 느끼는 그 인격의"[102] 모호한 상황에 처해 있다. 이 자유의 감정은 **이 무지를 보탠 지식**[103]이외 다른 것이 아니다. [이것은] 혼란스럽지만 보기 드문 특이한 감정이다. 왜냐하면 그 감정은 자기 속에 엄격한 필연성의 위협을 지니고 있다. 그것은 르누비에가 표현한 것인데, 그가 "자기 동기적" 행위는 사실에 앞서 후천적으로 자유롭게 항상 결정되는 것 같다고 말했을 때이다.[104] 마치 진화론의 목적성과 같은 이 작동들의 필연성은 오직 회고적일 뿐이다. 밑바탕에서 스튜어트 밀 같은 이의 결정론은 이것 이상의 어떠한 것도 말하지 않는다. 일단 정해진 결단은 우리에게 항상 유일하고도 가능한 결단처럼 또한 유일한 자연적인 결단처럼 나타난다. 왜냐하면 그 결단을 준비했던 심사숙고를 재구성하면서 그일 다음에 결단이 설명될 수 있는 방식이 항상 있기 때문이다. 행위에 앞서서 나의 선택이 나 자신도 모르게 나를 덮쳤다는 것을 나는 확신한다. 그럼에도 불구하고 내가 지금 있다는 것에 관련하여 내가 [미래에] 선택하리라는 것을 나는 잘 알고 있다. 내가 나의 심층적 욕망들과 점점 더 내밀하게 일치할 때, 심지어 나는 거기서 결말(대단원)이라는 단어를 읽기에 이른다. 하지만 애석하도다! 그것은 나에게 틀림없이 정보를 줄 수 있을 유일한 결말이다. 따라서 결말이 너무 늦었을 때만, 또 미래의 비밀이 현재의 실재성이 되었을 때만, 나는 확신을 획득할 뿐이다. 그러나 이때 결정론은 예측이 더 이상 아니다. 그것은 확인이다. 따라서 나의 자유는 매 순간에 죽음의 위험에 처해 있다. 자유는 스스로 부정하면서만이 스스로 활성화된다. "사람들이 지닌 '선택하다'라는 능력은 그 능력 덕분에 실행했던 선택 속에서는 읽힐 수 없다."[105] 완성된 작동은 완성할 작동

---

102. [옮긴이] ES 138, Oe 919.
103. 상대성의 감정에 관하여 다음을 보라. Georg Simmel, *Lebensanschauung. Vier metaphysische Kapitel*, 1918, I : 생명들의 초월(Die Transzendenz des Lebens).
104. Renouvier, *Traité de psychologie rationnelle d'après les principes du criticisme*, t. I, pp. 321, 326 ; t. II, pp. 86, 102.

에 대해 등을 돌린다. 그리고 이 자기 만족적인 재구성들은 우리에게 우리의 굴종을 증명하기 위하여 사방에서 쇄도한다.

특히 엘레아 학자들의 착각은 이렇게 설명된다.[106] 변증법은 아킬레스에게 거북이를 따라잡지 못한다고 한다. 그럼에도 그가 거북이를 따라잡는다는 것은 사실이며, 심지어는 거북이를 뛰어넘는다는 것도 사실이다. 베르그송이 다른 곳에서 말하듯이[107], 기하학자들은 곡선을 마치 무한히 많은 작은 직선들의 재통합처럼 설명한다. 왜냐하면 극한에서 곡선은 각 점에서 점의 접선[기울기]과 혼동되어 있기 때문이다. 그럼에도 불구하고 굽은 선들이 굽어 있다는 것은 사실이다. 그리고 가장 잘 검사하는 눈은 곡선의 휨(굽힘)의 연속성을 부수는 데 성공하지 못했을 것이란 것도 사실이다. 변증법을 조롱하는 아킬레스는, 마치 변증법이 아킬레스가 지나갈 공간의 길이들을 끝까지 총합하는 것처럼 진행하지 않는다. 그는 달리고, 그리고 이 헛된 문제를 해결한다. 톨스토이는 인류성[인류애]의 역사적 생성에 관해 성찰하며[108] 이렇게 설명한다. 운동의 연속성이란, 우리들이 운동의 흐름에서 구별하는 간헐적인 짓거리들les motions의 결과에 의해, 우리에게 비지성적일 수 있게 되어 있었다. 역사의 '미분적인' 것을 계산하는 것이, 그리고 셀 수 없을 정도이며 무한소들인 자유재량들을 "적분하는" 것이 우리에게 요구된다. 베르그송의 형이상학은 곡률(기울기)들의 계산과 무한소 수학을 넘어서 갈 것이다. 운동은 ─ 스스로 움직이는 사물들의 진실한 운동 즉 로댕이 영화적 기법에 의해 암시한 운동 ─ 하나의 유기적 총체성이고, 그리고 만일 사람들이 그것을 요소들로부터ἀπό στοιχείων 해석하기를 전심전력으로 원한다면, 무한히 현실적이고 긍정적인 요소들에 의해 그것의 역동적 연속성을 설명해야 할 것이다. 그런데

---

105. DS 107.

106. DI 85~87; MM 211~213; EC 333~339; PM 8, 156~157, 160~161; MR 32, 51, 72, 207~208.

107. EC 33~34 (참조: EC 260). 이 본문들에서 아주 다른 문제가 중요하다. 그럼에도 불구하고 이 두 표본들은 비교 가능할 것 같다. 참조: MM 130. MM(204)이 말하는 철학은 진실한 총합적 작업이다. 참조: Leibniz, *Tentamen anagogicum* (Essai anagogique dans la recherche des causes), Gerhardt, VII, 270~279. 다음을 보라: Le Roy, *La Pensée intuitive*, 1929, p. 67.

108. Léon Tolstoï, *La Guerre et la Paix*, 1867~1869, III, iii, 1 [레프 니콜라예비치 톨스토이, 『전쟁과 평화』, 박형규 옮김, 문학동네, 2017]. 참조: PM 215.

변증법적 구축은 원자들의 유한한 수로 작업을 하면서 진실한 운동성의 이유를 설명할 수 없을 것이며, 더욱이 그 구축은 멜로디의 유연함과, 곡선들의 구불구불한 굴곡성과, 자유행동의 살아있는 우아함을 복구할 수 없을 것이다.[109] 따라서 사람들은 운동과 행동을, 움직이면서만이 또 작동하면서만이 진실로 이해한다. 왜냐하면 오직 작동 자체만이 또는 그것을 모방하는 인식의 기능만이 ─ 말하자면 직관 ─ 생명적인 것에 알맞게 이루어지기 때문이다. 그것은 그 바탕에서 아리스토텔레스가 『자연학』의 용어[단어]들에 의해서 표현한 바의 것이다.[110] "무한한 시간 속에서 사람들이 무한한 것들을 답보한다는 것보다 불합리한 것은 아무것도 없다."οὐδὲν γὰρ ἄτοπον εἰ ἐν ἀπείρῳ χρόνῳ ἄπειρα διέρχεταί τις(VIII, 12) 다른 한편, 당신들[엘레아학자들]이 시간의 무한 분할에 의해 얻었던 순간들이 시간 속에서 현실태en acte가 아닌 잠재태en puissance로서 현존한다고 해서, 그[아리스토텔레스]는 엘레아 학자들에게 반대하는가? 베르그송은, 자신이 말하듯이, 거기에서 잠재적 멈춤들arrêts virtuels을 보지 못할 것인가? 우리에게 가능한 멈춤들을 현실화하게 해 주는 것이 표상의 인위적이고 우발적인 작용이다. 그러나 사실상 시간은 순간들로 구성되어 있지 않듯이, 불가분적인 내용도, 또는 운동체들κινήματα의 운동도 그렇게 되어 있지 않다.[111] 점들은 현실태로서 선을 자르는(분할하는) 반면에, 순간들은 시간을 잠재적으로만 나눈다(분할한다).[112] 그런데 아

---

109. Georg Simmel, 'Rodin', *Philosophische Kultur*, 1911, p. 102 이하.

110. Aristote, *Physique*, VIII, 8, 263 a, 12···. 참조 : VI, 2, 233 a, 3~31 : Διὸ καὶ ὁ Ζήνωνος λόγος ψεῦδος λαμβάνει τὸ μὴ ἐνδέχεσθαι τὰ ἄπειρα διελθεῖν ἢ ἅψασθαι τῶν ἀπείρων καθ' ἕκαστον ἐν πεπερασμένῳ χρόνῳ. ···Ὥστε ἐν τῷ ἀπείρῳ καὶ οὐκ ἐν τῷ πεπερασμένῳ συμβαίνει διιέναι τὸ ἄπειρον, καὶ ἅπτεσθαι τῶν ἀπείρων τοῖς ἀπείροις, οὐ τοῖς πεπερασμένοις.

111. 키네마(κινήμα)라는 용어에 관하여 다음을 참조 : Henri Carteron, 'Remarques sur la notion de temps d'après Aristote', *Revue philosophique*, 1924, II, pp. 67~81. 특히 pp. 74~79. 참조 : Aristote, *Physique*, VI, 8, 마지막 부분 ; *De Anima*, III, 6, 430 b, 20~24 : 한계는 속성이자 결핍이다. *Physique*, IV, 11, 220 a, 18~20 : καὶ ἔτι φανερὸν ὅτι οὐδὲν μόριον τὸ νῦν τοῦ χρόνου, οὐδ' ἡ διαίρεσις τῆς κινήσεως, ὥσπερ οὐδ' ἡ στιγμὴ τῆς γραμμῆς. 키네마(le κινήμα)는 아주 역동적인 지위이다.

112. Aristote, *Physique*, IV, 8, 263 a, 11. ἣ μὲν οὖν πέρας τὸ νῦν, οὐ χρόνος, ἀλλὰ συμβέβηκεν 참조. 까르트롱은 아리스토텔레스가 어떤 조심성을 가지고 공간적 궤적과 시간적 연속 사이를 구별했는지를 올바르게 주목했다.

무엇도 동체가 잠재적 점들을 무한한 수로 답보하는 것을 막지 못한다고 할 경우란, 사람들이 이 무한을 현실화하지 못하는 한에서이다. "걱정하지 마세요, 당신,"이라면서 라이프니츠가 말하기를[113], "퓌론주의자들이 아킬레스만큼 **빨리** 갈 수 있게 하는 거북이를 걱정하지 마세요. 당신은 모든 크기들이 무한히 분할될 수 있다는 것을 말할 이유가 있습니다. 너무나 작은 크기 안에서도 사람들이 결코 다 써버릴[소진할] 수 없는 무한 분할들을 생각할 수 없을 정도로, 그렇게 매우 작은 크기란 전혀 없을 정도입니다. 그러나 나는 어떤 잘못이 일어나는지를, 또는 어떤 필요에서 무한 분할들을 소진하는 것이 있는지를 알지 못합니다. 끝없이 나눌 수 있는 공간은 또한 끝없이 나눌 수 있는 시간 속에서 일어납니다." 기하학과 더불어 불가분성들을 파악한 파스칼은 이 동일한 논증을 변증법적 형식으로 이용하는데[114], 그가 무한한 가분성을 반대하는 메레^{Méré}의 반박을 거부하기를 시도할 때이다. 어떻게 사람들이 유한한 시간에서 무한히 많은 무한소들을 즉 너비를 구성하는 이 무한소들을 거쳐갈(답보) 수 있는가? 그러나 파스칼이 대꾸하기를 그것은 시간 전체이며, 공간 전체와 공연적^{coextensif}이고, 운동은 무한히 많은 순간들로 되어 있는 무한히 많은 점들을 답보한다. 그러나 유한론자인 르누비에는 사람들이 난점을 이중화하면서 그 난점을 해결하지는 못한다는 구실로, 그 당시 유일한 무한 대신에 뛰어넘어야 할 두 가지 무한이 있을 것이라는 구실로, 이 논증을 거부했다.[115] 그런데 끝날 수 없는 지겨운 시간의 경과들^{laps de temps}이 성공한다. 즉 [그렇게] 되면서 비로소, 우리는 간격을 소모하고, 각 시기의 끝에까지 건드린다. 무한한 시간으로부터 무한한 궤적에까지 공연성이, 무한은 온무한

---

113. Liebniz, opp. Louis Dutens, *Gothofridi Guillemi Leibnitii opera omnia*, 1768 (6 vol.), I, 238. 데카르트의 편지 안에서 동일한 언어.

114. Pascal, *De l'esprit géométrique*, 제1단편 (*Œuvres complètes de Pascal*, éd. Brunschvicg, t. IX, pp. 261~262). 참조 : William James, *Introduction à la Philosophie*, 1914, pp. 222~226.

115. Renouvier, *Traité de logique générale et de logique formelle*, t. I, pp. 42~49, 66 (*La critique philosophique*, 1876, II, 69). 시간의 무한성은 공간의 무한성을 전혀 시정하지 못한다 (?). [르누비에는 무한이 열리는 시기인 리만(Riemann, 1826~1866)을 알았을 것 같다. 칸토르(Georg Cantor, 1845~1918)를 잘 몰랐을까? 괴델(Kurt Gödel, 1906~1978)은 연대가 맞지 않지만 말이다. (49NLD) — 옮긴이]]

l'Infini에 취약할 수 있다는 것을, 운동은 공간을 꿀꺽 삼킨다는 것을, 작동의 단순성은 열거하는 변증법이 좌초하는 거기에서 성공한다는 것을, 표현한다. 그리고 파스칼이 자신을 위하여, 언제 어느 때에나 역동주의자[동력학]의 학설들을 원자론에 대립시킬 줄 알았다는, 논중을 다시 한다.[116] 또는 이 "나눌 수 없음"이 이미 너비의 권능(잠세력)la puissance을 가지고 있고, 그리고 그것은 그 자체가 부분들을 가지고 있다. 또는 그것은 진실로 비너비적인 것l'inétendue이고 그러면 너비는 제로0로부터 태어난다고 해야 할 것이다. 게다가 프루동이 주목하듯이[117], 우리가 운동을 부정한다는 것은 정신[지성]의 운동에 의해서가 아닌가? 운동체를 비운동성이라고 단죄하는 자는 사유의 진보를 마비라고 단죄하지는 않는가? 지나가는 데는 오랜 시간이 걸리지만 지나간 시간은 빠르다. 그러한 것이 시간이고, 그러한 것이 운동이다. 아리스토텔레스는 분할의 무한 또는 무한한 분할성 κατὰ διαίρεσιν과 크기의 무한τοῖς ἐσχάτοις, ou κατὰ ποσόν을 구별했다.[118] 무한히 큰 궤도를 실행하기|effectuer 위하여 진리에 무한히 큰 시간의 경과가 필요하다. 그러나 무한히 나눌 수 있는 길이는 무한히 길이가 있는 것이 아니고, 그 길이를 소진하기 위하여 무한히 나눌 수 있는 그러나 유한한 지속으로 충분하다. 이렇게 이해된 운동이 불가능하지 않듯이, 현재는, 즉 영속적 기적은 과거와 미래에 대해서 생각할 수 없게 한계를 정한다. 밀이 주목하듯이, 태양이 잠을 잔다는 것이 불가능하다고 말하는 편이 낫다. 왜냐하면 만일 그것이 가능했다면, 태양이 수평선 위에 아직 있는 한에서 이건 또는 태양이 수평선 그 밑에 있을 때이건 간에, 태양이 [잤다면] 마땅히 일어나야만 했을 것이기 때문이다. 그러나 잔다는 것은 어디에도 없다. 왜냐하면 태양은 마치 낮에서 밤으로 이행처럼 정당하게 정의되기 때문이다. 변화에 장소를 할당하는 것, 그것은 그것[변화]를 제거하는 것이다. 메가라학파의 부동론은 이렇게 반박되었다.

---

116. Pascal, *De l'esprit géométrique*, 257, 258, 260, 263. 참조 : Leibniz, *Système nouveau de la nature et de la communication des substances*, 1695, §§ 3, 11 ; *De la nature en elle-meme* (s. d.), § 11.

117. Pierre-Joseph Proudhon, *Philosophie du progrès*, èd. Ruyssen, 1853, p. 127과 1번 주석.

118. Aristote, *Physique*, VI, 2. John Stuart Mill, *La philosophie de Hamilton*, trad. fr, 1865, pp. 521~523.

유기적 총체성의 연구는 우리에게 모든 정신적 존재가 필연적으로 충만하다는 것을 제시했다. 운동과 자유 작동에 대해 진실하다는 것은 확장과 예지작업에 대해서도 또한 진실할 것이다. 사람들은 운동을 점들로서 더 이상 제작하지 않듯이, 너비를 추억들로서, 의미를 기호들로서 제작하지 않는다. 마찬가지로 자유 작동은 말하자면 최소한의 요소들에까지도 총체적 연속성이고, 이런 비합리적 긴장만이 생명에 가까운 방법을 취하고, 그리고 생명의 [진행] 방식을 모방한다. 회고적으로 행동은 순간들과 동기들을 가루로 만들고, 사람들은 행동을 곡선으로 재구성하기 위하여 순간들과 동기들을 [수적] 다수로 만든다. 상호연관적으로 우리의 변증법은 근사치로 또 조잡한 할당량으로 소진된다. 어떤 르누비에라는 자의 유한론에서 알파에서 오메가까지라는 현실적 무한의 비판은 회고적인 분해 작업들의 불모성[생산성 없음]을 단지 진술할 뿐이다. 전투적이고 건장한 자유는 변증법에 의해 실현된 현재적 무한에 대한 강박[시달림]을 벗어난다. 그것은 원하는 것 속에서 그리고 행위 속에서 건강의 증거이다. 조락해지는 조심성들에 사로잡힘에도 손상 될 수 없는 자유에 대한 근심걱정 없음[무사안일]이 그 증거이다. 무능이 끊임없는 의심들에 의해 부스러지게 되는 자들에게 충격을 준다. 그러나 자기 자신과 진실로 동시대인 정신이 또 회고적 조심성들에 대해 진실로 면역이 된[무감각해진] 정신이, 또 어떻게 완수된 사물[사정]들에 대한 영원한 후회 속에서 이 정신은 자기 시대를 상실했던가? 어떻게 그 정신은 매 순간에 단순한 결단들에서 무한히 풍부한 자기 경험들을 몸에 배게 하는 기적을 이루지 못했던가? 정신이 주도하는 편안함은 그대로 됨grâce과 다른 것이 아니다. 우리의 예술은 그것을(그대로 됨) 모방하고자 애쓴다.[119] 그러나 그대로 됨은 자연적으로 생명에만 속한다. 그대로의 행위는 재담과 관계없이 무엇보다 무상 행위이다. 그 행위는 회고적인 어떠한 절차조차도 매력과 자발성을 변질시키지 못하는 그런 행위이다.

따라서 베르그송의 자유 이론은 보편적 시간의 회복이며, 엘레아 학자들과

---

119. 그대로 됨(la grâce)에 관해서는 DI 9 ; RI 22, 38.

아인슈타인에 대한 반박처럼, 상식에 대한 존경이다. 그 철학자에게 운동과 행위는 이것들이 모든 세상 사람들에게 있어서 **사실**들 중에서 가장 분명한 무엇이 되며, 가장 단순한 무엇이 된다. 메스트르가 말하듯이 "사람들은 응답만을 알 뿐이지만, 계속해서 걷는다." 여기서 사람들은 베르그송의 방법에 대한 비교할 수 없는 독창성을 잘 인정한다. 상식의 관점은 행위자(배우)의 관점이며, 반면에 제논의 관점은 지속에서 살기를 거부하며 행위에 참여하기[분유하기]를 거부하는 **구경꾼**의 환상적 전망을 표상한다. 개인적으로 자유의 드라마에 참여하는 행위자에게 있어서, 운동들이 그것들의 목표에 도달하는 것은, 그리고 그 작동들이 효과적인 결론들로 대단원의 막을 내리는 것은 생명적 관심으로부터이다. 그러나 그 배우에게 있어서는 정확히 어떠한 의심도 없다. 베르그송주의의 본질은, 이 순진한 확정이 그 철학자가 본질에 부여한 존경을 겨우 받을 만한 정도일 것 같이 매우 순진하기에, 우리에게 절대자에 관한 관점만을 제공한다고 주장하는 것이다. 더 좋게 말하자면, 행위자는 심지어 "관점"을 갖지 않는다. 왜냐하면 행위자가 드라마 자체이며, 가장 미묘한 세부사항들과 가장 비밀스러운 동기들을 지닌 드라마 전체이기 때문이다. 관점은 제한을 의미한다. 그리고 따라서 라이프니츠의 신은 관점을 갖는 것이 아니라, 단지 모나드들을 갖는다. 엘레아 학자들은 우리에게 운동에 관하여 사변적 관점을, 다시 말하면 우리들의 시각을 완전히 착각하게 하는 전망적이고 부분적인 관점을 제안한다. 우리는 장면의 불[조명]들과 거리의 특권에 의해 눈부신 변증법의 신기루 대신 직관의 분명하고 총체적인 명증으로 교환한다.

이리하여 자유 작동들은, 운동들 그 자체들과 마찬가지로, 운동들의 "지엽적 기호"lan signe local를, 즉 그것들의 고유한 독창성을 지닌 불가분적 존재들이다. 수학자는 운동들의 정신적 본질을 무시하고 또 가볍게 그것들의 "운동성"을 다루면서 운동들만을 획일화할 뿐이다. 그 운동성은 항상 개별적인 경향이며, 질적이고 방향이 주어진 교대작용이다.[120] 자유 작동을 물고 늘어지는 또한 자유 작

---

120. 참조 : Joseph de Maistre, *Les Soirées de Saint-Pétersbourg*, 1821, 제2대담의 주석들 (여섯 째 주석).

동의 이것임[고유한 인격성]에 도달하는 인식의 유일한 형식은 직관일 것이다. 왜냐하면 그것이 일반적인 것으로 남아 있는 것은, 그럼에도 불구하고 불가분적 대상들에게 정확하게 어울리는 것은, 직관의 본성 속에 있기 때문이다. **삶(일생)의 인식은 당연히 삶의 모방이다.** 지성은 자기 대상과 항상 닮지 않을 수 있는 데 비하여, 직관의 운동과 자유 또는 생명의 운동 사이에는 본질적 차이가 없다. 엠페도클레스가 동일자는 동일자에게만 인식 가능하다고 하듯이, 이처럼 생명은 생명에게만 침투 가능하다.[121] 괴테가 그렇게도 찬양했던 플로티노스의 문장에 새로운 의미를 입혔다 : 빛을 보기 위하여 눈은 태양이어야만 한다.[122] 너의 눈이 **보여지는** 사물이라 치면, … "지상의 양식"Les Nourritures terrestres 속에서 우리를 읽자. 너의 망막이 창공 자체라 치면, 너의 시각은 인격적인 면에서 불이로다! 이러한 의미에서 우리는 순수 지각의 실재론을 해석할 것이다. 직관은 자기 차례가 되어서 느끼는 것과 느껴지는 것의 사변적 동화가 아니며, 오히려 강력한 일치이며 말하자면 재창조이다. 이해하다comprendre, 이것은 다시 만들다refaire가 아닌가? 해석적 노력은, 정신이 문제들의 출현 앞에서 단번에 정신적 분위기 속에 자리 잡고서 진실한 의미를 가정하면서 그 의미를 **발견할** 것을 요구하지 않는가? 따라서 항상 엄밀하게 지적 작업은 해결된 문제를 가정하는 데 있다. 그런데 운동이 문젯거리일 때, 해결된 문제를 가정하는 것, 그것이 스스로 움직이고 있지 않은가? 마찬가지로 가능한 자유를 증명하는 데 좋은 방식이 있다. 그것은 원하는 것이고 행동하는 것이다. 역설과 양식이 결합되어 있는 활동가 방식의 해결은 적어도 임의적인 진행방식을, 즉 일종의 초기적인 모험을 함축하고 있다. "시작해"야만 하고, 위험에 부딪혀보아만 한다. 추론은 어떤 [도구적] 자료의 선현존에 항상 종속되어 있다. 그러나 행위는 그 자체 통째로 스스로를 창조한다. 왜냐하면 행위는 충만하고 총체적인 현존이기 때문이다.[123] 몽테뉴의 교육학이 그것을 잘 포함하

---

121. 참조 : Simmel, *Der Konflikt der modernen Kultur*, 1921, p. 20.

122. Plotin, *Ennéades*, I, 6, 9. 참조 : Platon, *République*, VI, 508 *b*, 509 *a* [플라톤, 『국가』, 천병희 옮김, 도서출판숲, 2013] ; *Phèdre*, 250 *c* [플라톤, 『파이드로스』, 김주일 옮김, 이제이북스, 2012] : εν αὐγῇ καθαρᾷ καθαροὶ ὄντες.

123. EC 210 ; ES 2 ; DS 38~39. 디오게네스는 엘레아 학자들을 침묵으로 만들기 위하여, 증인들 앞

고 있고, 그는 모든 사물들보다 먼저 경험, 훈련, 행위의 수련(배움)을 권장했다. 사람들은 말을 하면서 말하기를 배우고 그리고 어린이는 걸으면서 걷기를 배운다. 우리의 입문자들의 자발성은 문제들의 흩어진 수▨들을 끌어모으는 것이 아니라, 문제들을 밝힌다. 행위는 정당화 작업들이 우리를 가두고 있는 원(순환구조)을 부순다. 행위가 자기 원인*causa-sui*이 아닌가?

자유에 대한 이러한 내재주의적 개념작업은 결단의 시기에 시작이라는 예외적인 자유 가치를 제거하지 못한다. 베르그송은, 피아트(심사숙고 후 결단)의 엄숙함(성대함)을 우리에게 느끼도록 하기 위하여, 르누비에처럼 자유 행위들의 불연속을 강조해야 할 필요가 없었다. "시작하다란 위대한 한마디다!"*Commencer est un grand mot!*라고 르누비에가 인용한 감동적 조각 글들 속에서 퀼 르끼에가 소리쳤다.[124] 사람들은 이 위대한 한마디가, 베르그송의 임의자유 안에서 그 말의 존엄성을 상실했다고 보지 않는다. 르누비에 그 자신은 자유*liberté*와 뜻밖*fortuité*의 차이를 내는 데 끝장까지 가는 고민을 하지 않는가?[125] 베르그송으로부터 올 수 있을 언어에서, 그가 약간 덜 좌파(왼쪽)였다 할지라도, 그는 동기들의 추상적 산술학에 대항하여, 무차별적이고 몽상적으로 절대적인 바람의 신화에 대항하여 저항한다. 의지는 수동적 기저도 아니며, 동기들이 밖으로부터 의지를 규정하러 오는 것을 기다리는 백지도 아니다.[126] 르누비에가 심도 있게 첨가하기를, 결정론과 비결정론의 공통적 전제는 의지의 기본적이고 본질적인 비차이*une indifférence*라는 전제이다. 아무것도 더 이상 베르그송적인 것은 없다… 베르디아에프*Nikolai Berdyaev*도 또한 경쟁하는 동기들을 동일효력성*isosthenie*, *ἰσοσθένεια* 안에서, 더 좋게 말하자면 모든 동기화 과정이 빈 것 안에서, 선택하는 실체적인 자유재량의

에서 걷기를 제안했다!

124. Jules Lequier, *La recherche d'une première vérité*, 1865. Renouvier, 앞의 책, t. II, p. 111에서 재인용.

125. Renouvier, *Nouvelle Monadologie*, 1898 (avec Louis Prat), § 89 (p. 229). [자유(liberté)를 실행하는 것과 뜻밖(fortuité)에 온 것은 다르다. 뜻밖에 온 해방(liberation)에는 자주의 실천성이 없었다. 민주는 자유 위에서이지 해방 위에서가 아니다. ─ 옮긴이]]

126. Renouvier, *Traité de psychologie rationnelle*, t. I, pp. 314~316.

관념을 거부한다. 본질적으로 '바란다'는 것은 무차별주의에 따르면 무無 가운데서 결단한 좋은 쾌락일 것이고, 바람을 결정할 때조차도 차이들에 대한 수고[힘들임]에서 땀나지 않음[여유로움]일 것이다. 우발적으로, 바란다는 것은 결정론에 따르면, 밖에서 그것을 방문하러 온 몇 가지 요인들에 대해 저항할 수 없는 충력을 받아들이는 것일 것이다. 그러나 권리상으로 사람들이 그 충력을 수동으로 또는 능동으로 취급하면, 의지는 본질적으로 이 요인들로부터 판명[분명]해질 것이다. 그런데 반대로 우리는 동기 전체가 이미 원해진 것임을 안다. 그러나 이렇게 사람들은 인격 자체에 초월하는 바람을 인격화하기 또는 "사물화하기"réifier도 거부하지 않는가? 나의 의지는 나 자신 속에 이방인처럼 또는 방문자처럼 있지도 않고, 더군다나 나의 지속은 의식 자체로부터 실재적으로 구별되는 어떤 사물을 지칭하지도 않는다. 반대로 나의 의지와 나 사이에서 내밀한 친밀성, 오랜 동지의식이 있다. 그것은 순수하게 원하는 인격과 순수하게 원했던 인격의 차별 없는 마주함이 아니라, 오히려 모든 순간의 일치[합의]이다. 사실상 이때 자유의 작동은 자의적 법령[훈령]이기를, 즉 듣지도 못한 파국이기를 그친다. "나는 자유롭다는 것으로부터 자유로운가?" 사람들은 얼마나 르누비에가 근본적인 혁신들에, 또 행위의 위기들에 민감했는가를 알고 있다. "그것은 이상하게도 특이한 사물(무엇)이며, 그리고 심층적 시선을 두렵게 하기 위해 만들어진 사물(무엇)이다. 이 무엇이[이 뭣꼬는] 순간적이고 새로운 현상을 생산하는 능력이며, 진실로 앞선 것도 뿌리도 없지 않으면서 결국에는 사물의 영원한 질서와 필연적 연결도 없이 그 현상을 생산하는 능력이다. … "127 그럼에도 불구하고, 자유 작동이 이 작동 자체를 준비하는 전통들[이론들] 속에서는 먼저 형성되었다고 할지라도, 이 자유 작동은 베르그송 속에서는 갑작스러운 행위로 여전히 남아 있으며, 진솔한 시작이다. 우리의 주도권들은 우리 자신 속에서 예견되지 않은 어떤 것을 가지고 있으며, 자아는 자신의 고유한 빛을 초월하기 위하여 필수적인 모든 것을 내포하고 있다. 창조는 도처에, 즉 우리 속에, 그리고 우리 주위에 있다. 매 순간 내적 삶에

---

127. Renouvier, *Traité de psychologie rationnelle*, t. II, p. 82.

는 넘어야 할 어떤 루비콘강이, 말하자면 완수하기에는 위험스러운 도약이 있다. 그것은 사람들이 갑작스러운 몇 가지 결단들의 불합리성을 잘 인정하고 있다는 점이다. 이 결단들은 한 바탕의 연극을 터뜨리면서 우리 경향들을 따르기보다, 경향들을 앞서고 또 경향들을 인도하는 것 같다. "일어나다"avoir lieu라는 것은 헛된 형식성이 아니며, 그것을 다시 말해야 할지라도, 영혼의 삶 속에서도 자연 속에서도 헛된 형식성이 아니다. 고심[계산]할 사건만 있다. 그러한 것은, 행위의 결말(대단원)이 관례적인 예식도, 즉 대단원의 막 내림의 상징적 짓거리도, 전혀 아니라는 것을 말하고자 한다. 거기에서 더 멀리 간다. 중요한 것은 결론이며, 그리고 그 결론은, 모든 대가를 치르더라도 반드시 사람들이 결론 내린 주장을 요구하면서, 정당화 작업의 예식들을 그것[결론]의 쓰임새에 맞게 창조한다[만들어 낸다]. 따라서 모든 것은 대단원의 결말을 위해서인데, 즉 그것을 논리에 맞게, 즉 예식들이 할 수 있을 것처럼, 배열되어야 할 이유에 맞게, 창조한다. 어느 누구도 예식의 공연에 대해, 예식의 아름다운 정식들에 대해, 이 모든 의례의 합법화에 대해 속지 않는다. 왜냐하면 단지 대단원의 결말은 약간의 희생(대가)을 치르기 때문이고, 단지 그 결말은 우리가 모든 것을 그 결말 아래로 배치하는 것이 장점이게 한다. 단지 **결말만이 효과적**이다. 그리고 효과적인 실재성들에 대해 베르그송주의만큼이나 배려 깊은 철학이 어떻게 전투적이고 정복적인 자유에 대한 모든 창조적 결단들을 그 위에 놓지 않을 것인가?

이렇게 말하면, 베르그송은 혁신들을 인정하지만 급진적 창조를 인정하지 않는다. 사람들은 왜 충만의 연속주의가 절대적 시작을 인정할 수 없는지 그 이유를 보게 될 것이다. 베르그송의 정신에서 창조적 연속화는 모순이 아니듯이 창조적 진화도 더 이상 모순이 아니다! 또한 자유는 모든 선호와 모든 선현존으로부터 빈 것 속에서 현기증 나는 선택이 아니며, 심지어는 임의적으로 표상의 흐름을 굴곡시키거나 또는 급습하는 능력도 아니다. 자유는 급습하는[우연적] 클리나멘un clinamen, παρέγκλισις, 즉 생성의 급변적 편위déclinaison도 아니고, 오히려 지속의 극단적인 집중화[긴장성, 강도성]이다. 이런 결과로 베르그송은, 르누비에와 르끼에게 대립하여[128], 바람의 초월을 주장하기를 경계한다. 인간은, 머리에서 발끝까지 생성 속에서 잠겨있는 것처럼 자유 속에 푹 빠져 있다. 우리는 그것 속에 살고 움직이고 현존한다.in ea vivimus, et movemur, et sumus 129 자유는 생명적 환경 안에 있다. 베르그송의 자유는 베르그송의 기억의 표본에 맞추어보면, 쇠퇴할 수 없다(영원하다). 영혼이 항상 스스로 추억하듯이, 이처럼 의식은 연속적 자유로부터 자유롭고, 심지어 그 외에 의무들의 충돌들과 많은 도덕적 선택들로부터도 자유롭다. 왜냐하면 지속 자체는 연속되어 있는 선택이기 때문이다. 편을 갈라서 선택하는 것보다 훨씬 더 많이, 총체적으로 또 토대에서, 자기 자신이 되는 것이 문제가 아닌가? "네가 [현재] 있는 바대로 되어라(생성하라)", [그러면] 그 자가 네가 있는 바의 것이다! 심지어 인간은 자유롭기를 원하지 않을 때라도, 인간은 자연적으로 자유롭다. 또한 『시론』의 내밀주의는, 예외적이고 간헐적이고 불연속적인 위기들을 무시하고, 또 책무로부터 나오는 것이며 르누비에에게서 도덕적 논쟁과 실천적 이성의 중요성을 표현하는 위기들을 무시한다. 베르그송은 피아트(결단)가 그에게서는 결정적이고 혁명적인 약간의 특성을 상실하는 만큼이나 매우 자주 자유로운 선택을 생물학적 부화(개화)에 또는 과일의 유기적 성숙130에 비교한다. 에픽테토스가 말했듯이, 무화과une figue는 한 시간 안에 제작될 수 없다. 즉 시간이 필요하다.χρόνου δεί… Εἶτα συκῆς καρποσ αφνω και μιαι ωραι ου τελειουται131 향수의 향내, 유출132, 자연적 진화, 익어감, 개화와 결실. 여기서 모든 것은 레가토 연주법Legato의 연속성과 내재성 속에서 갑작스레 순간을 삼켜버리는 데 공헌한다. 『도덕과 종교의 두 원천』에서는 보다 단호한 방식으로 주도권

---

128. DI 182~185, 주석.

129. [옮긴이] PM 176, Œ.1392. 사도행전(Actes, 17:28).

130. MM 205. 참조: Épictète, διατριβαί, I, 15, 7~8. Isaïe, 66:8 (… 사람이 살 땅이 하루 만에 생겨나며[εἰ ὤδινε γῆ ἐν ἡμέρᾳ μιᾷ]). [66:8, "누가 이런 말을 일찍이 들어본 적이 있느냐? 이런 일을 본 적이 있느냐? 사람이 살 땅이 하루 만에 생겨나며, 한 민족이 어찌 단번에 생겨나겠느냐?"[τίς ἤκουσε τοιοῦτο, καὶ τίς ἑώρακεν οὕτως; ἢ ὤδινε γῆ ἐν ἡμέρᾳ μιᾷ, ἢ καὶ ἐτέχθη ἔθνος εἰς ἅπαξ]. ; "그런데 시온은 몸을 비틀기가 무섭게 자식들을 낳아 놓았구나.[ὅτι ὤδινε καὶ ἔτεκε Σιὼν τὰ παιδία αὐτῆς]. — 옮긴이]

131. [옮긴이] "시간이 필요로 하다. … 무화과 열매는 한 시간에(단시간에) 완성되지 않는다."(χρόνου δεί … ειτα συκης μεν καρποσ αφνω και μιαι ωραι ου τελειουται). διατριβαί, I, 14, 7~8.

132. DI 128, 132 (유출하다[émaner]).

을 표상할 것이로다! 그러나 『시론』에서는 자유가 네오플라톤주의의 과정도 아니듯이 그만큼 크리스트교의 드라마도 불러일으키지 않는다. 게다가 감정 토로도 아니듯이 그만큼이나 [생의] 도약도 불러일으키지 않는다.

따라서 자유는 결단의 어떤 총체성이며 또는 르누비에가 말하듯이[133] "인간 작동(현실태)의 특성 … 그 특성[인격성] 속에서 의식은 동기와 이 동기와 동일시하는 운동체를 밀접하게 통합하기를 제안한다." 자유 행위는, 한 인간이 저자인 모든 저작품들 중에서 그에게 가장 본질적으로 속하는 하나의 저작품이다. 그는 예술가가 자기 예술품에서 인정하는 것보다 더 잘 스스로를 그 저작품 안에서 인정하고 있고, 아버지가 자기 자식을 인정하는 것보다 더 잘 스스로를 인정하는 것이다. 그것은 보다 깊은 부성父性이며, 능력 있고 내밀한 공감이다. 자유는 총체적 과거로부터 **자유로워진다**. 자유는 일종의 상위 필연성을, 즉 자아에 의한 자아의 결정론[자기에 의한 자기의 생성 즉 자연]을 **표현한다**. 왜냐하면 그것은 여기서 원인이고 동시에 효과라는, 또한 형상이자 질료라는 동일자이기 때문이다. 생명의 사물[사정]들에서, 사람들은, 마치 호소하기에는 불가능한 궁극적 심급에로 이끌리듯이, 항상 생명 그 자체로 이끌린다 : 정신은 정신을 가정하고, 행위는 행위를 가정한다. 내적 경험은 우리를 원[순환]에서 벗어나게 내버려 두지 않는다. 이렇게 나는 나의 행위들의 각 행위를 위하여 전적으로 원인으로 남아 있다. 쇼펜하우어가 말하듯이[134], 나의 책임성은 겉보기에 내가 행한 그 무엇에, 실재적으로는 내가 [현재] 있다는 그 무엇에ce que je suis 참여한다. 나는 나의 본질(동사의 부정법)esse이기에 책임질 수 있다. 그런데 내가 [정지하고 있는] 나 자신 자체라고 하는 것이 잘못이다. 나는 나의 작동 안에 전적으로 [현재로] 있고, 또한 작동을 일으키는 동기들 안에 전적으로 [현재로] 있다. 총체적 인격으로부터 발산하는 자유 작동은 부분적으로 참여하는 영혼이 아니라 온전하게 전체의 영혼의 작품이다. 왜냐하면 자유로운 인간은, 플라톤의 용어에 따르면 영혼 전체를 합하여

---

133. Renouvier, *Traité de psychologie rationnelle*, t. I, p. 317.
134. Schopenhauer, *Die beiden Grundprobleme der Ethik* (일칭 *Die Grundlage der Moral*, 1941), (Frauenstädt, t. IV).

ξὺν ὅλῃ τῇ ψυχῇ[135] 원하고 결심하기 때문이다. 베르그송은 이것을 『시론』에서 상기했다.[136] 자유롭다, 그것은 이런 의미에서 **전체적**이고 **심층적**이다. 그리고 웃음에 대한 시론[『웃음』]은 정확히 강조한다. "생에서 모든 신중한 것은 우리의 자유로부터 삶으로 온다."[137] 신중한 이란 것, 그것은 바로 그러한 것이로다! 왜냐하면 만일 기계적인 효과에서 오는 웃음거리가 지엽적이고 부분적인 우발사건이라면, 신중한 것은 **총체적**이다. 작동[자유의 현실화]는, 그것이 인격에 관하여, 보다 진솔하고 보다 더 표현적인 증거인 만큼이나 자유롭다. 그리고 그것은 우리가 사회적 교환에 운명적으로 맡겨진 인격의 세속적이고 연설적인 할당 부분에 관한 것이 아니라, 오히려 필연적이고 내밀한 나의 인격에 관한 것이다. 즉 내가 책임을 질 수 있다고 느끼고, 진실로 "나-자신"이라고 하는 인격에 관한 것이다. 자유 작동은 기호화하는 작동이다. 반대로 결정된 작동 속으로, 보다 더 주변적이고 또 보다 더 비기호적인*insignifiant* 인격 속에 있는 그 무엇이 피난한다. 그것은 피상적이고 지엽적인 작동이다. 게다가 이렇게 생각된 자유는 마치 플라톤, 스토아 학자들과 스피노자가 자유를 이해했던 것처럼, 무차별과도 또 결정론과도 동시에 대립되는 **유기체적 필연성**일 것이다. 그러한 것이 현자의 자유이다. 요청으로서 생각되어지면, 자유는 우리에게 있어서 의무를 함축한다. 그 의무는 가능한 한 가장 우리 **자신다운 행위들**과 동시대적인[현실태] 의무들로 남으며, 효과적 원인들의 과거 속으로도 회고적 정당화[검증화]의 미래 속으로도 도망치지 못한다. 그 자유는 허구와 대립된다. 자유는 허구에 반대하여 변호인들의 위선을 갖추고, 유창한 추상화 작업의 감정을 갖는다. 그러면 그때 그의 이름은 솔직성(진정성)이다.

---

135. [옮긴이] 플라톤의 『폴리테이아』 제7권, "οὕτω σὺν ὅλῃ τῇ ψυχῇ ἐχ τοῦ γιγνομένου περιαχτέον εἶναι, ἕως ἂν εἰς τὸ ὂν…"에 나오는 문장이다. 인용자들은 플라톤의 이 구절을 ξὺν ὅλῃ τῇ ψυχῇ으로 인용한다고 한다.

136. DI 128. 이 아름다운 문장 전체를 다시 읽어보라. DI 126~133 그리고 148.

137. RI 80.

제3장
영혼과 신체

자주 내가 자아로 되돌아오기 위하여 신체의 잠에서 깨어나고,
나의 주의를 나 자신에게 집중시키기 위하여 외적 사물들로부터
되돌려 놓으면서, 나는 거기서 경탄할 아름다움을 깨닫는다 ….

플로티노스, 『엔네아데스』, IV, 8, 1[1]

첫째로, 『물질과 기억』(1896)이란 책은 아마도 베르그송의 저술들 중에서 가장 천재적인 저술이며, 이 책은 의식을 마치 유기체 안에 참여된 것처럼 연구했다. 그 유기체에게 의식이 의존하고 있고, 또한 유기체는 의식을 바깥으로 드러낸다. 이 의존의 정확한 본성은 어떤 것인가? 그리고 이에 이어서, 『시론』(1889)이 우리에게 반명제들의 첫 목록을 제공했었는데, 그 반명제들은 어떤 형식을 띠고 있는가?

제1절 사유와 두뇌

물체와 정신의 소통에 대한 베르그송의 이론은 평행론자의 - 부대현상론자, 실재론자[경험론자], 관념론자 - 체계들에 반대하여 작성되었다. 이 체계들은 두뇌와 의식의 동등성[등가성]을 인정하고, 심지어는 의식적 사실의 절대적 허풍[자만심]을 인정한다. 이 등가성은 모든 "구심적인" 심리학들이, 또한 밖에서 안으로 신체에서 영혼으로 가는 모든 형이상학들이, 다소 암암리에 주장하는 등가성이다. 그러나 정신적 사물들에 대한 우리의 통찰은 이 선천적 해결을 아주 있을 수 없는(그럴듯하지 않은) 것이게 한다. 어떤 물질적 현상도 어떤 두뇌의 변양도, 거대하게 무한한 영혼의 상태와 공연적coextensif일 수 없을 것이다. 신경체계의 해부학에서는 정신의 가장 보잘것없는 사실에 대해서 소진할 수 없는 그 깊이와 그 풍부함을 고려해 온 바가 없다. 베르그송은 수천 개의 다른 형식들로 이 근본적인 생각을 표현한다. 기억은 두뇌보다 더 무한히 펼쳐져(부피가)étendue 있다.[2] 자아는 신체를 넘쳐나는 데 비해, 신체는 자아를 공간과 시간 속에 가두고 있다. 공간 속이라는 것에 대해서는, 왜냐하면 우리의 상상작업이 동시에 도처에 있음이란 소질(천부적 재능)을 가지고 있기 때문이며, 그 소질은 또한 민첩한 존재이기

---

1. [옮긴이] Plotin, *Ennéades*, IV, 8, 1. 그리스어 원문은 다음과 같다. "Πολλάκις ἐγειρόμενος εἰς ἐμαυτὸν / ἐκ τοῦ σώματος καὶ γινόμενος / τῶν μὲν ἄλλων ἔξω, ἐμαυτοῦ δὲ εἴσω, / θαυμαστὸν ἡλίκον ὁρῶν κάλλος, …"

2. MM vii, 133, 189, 199; ES 27, 30~31, 42~43, 47, 57~59, 79; EC, 195, 285.

에 경계가 없기 때문이다. 시간 속이란 것에 대해서는, 왜냐하면 정신은 스스로 추억을 되새기고 또 상상작업은 자기-자체를 스스로 넘어서기 때문이다.

그러면 신경체계는 무엇에 쓰이는가? **나의 신체**는 우선 **행동의 중심**일 뿐이다. 신체는 운동을 받아들이고 되돌려준다. 이 행동의 중심에서 신경 축은 본질적 임무로서 자극들을 받아들이고 이 자극들을 운동들로 이어간다. 척수의 수준에서 자극은 무매개적으로 운동의 반작용으로 "반사된다." 따라서 반사는 본질적으로 외적 세계를 향해서만 일종의 열린 회로이다. 자극은 주변에서 하부 중추들(척수, 신경절, 연수)에까지 길을 따르면서, 무매개적으로 폭발적인 방출을 일삼는다. 이 방출은 아직은 두뇌에게까지는 작용을 행하지 않는 것이다. 고등척추동물에서 두뇌의 출현은 응답을 연기하고 지체하게 하는 것을 특히 효과로서 삼는다. 오류 가능성은 없지만 획일적이고 맹목적인 적응체계[순응 체계]는 보다 느리지만 덜 운명적이고 그럼에도 유연하며 다양한 적응체계로 대체된다. 그 반사가 이렇게 숙고된 의도에서 복잡해짐에 따라서, 두뇌의 여러 메커니즘들[기계적 작용들]은 작동의 두 항들 ― 외적 선동과 응답이라는 ― 사이에, 점점 더 오랜 지연을, 즉 우리 품행의 비결정성을 증가하게 하는 집행유예를 개입시킨다. 베르그송의 관점을 밝히는 데 여기서 매우 적당한 삐에르 쟈네의 언어로 말하자면, 우리는 이렇게 말할 것이다 : 의지와 분간을 천성으로 부여받은 존재들의 중요한 덕목[탁월성]은 **잠복과 대기**의 덕목이란 것이다.[3] 살아있는 존재는 첫째로 자기 두뇌에 빚지고 있다는 것[의미], 그것은 원하는[바람] 능력이라기보다 훨씬 더 많이 **스스로 자제하는** 권능이다. 그러나 자제는 또는 충력보다 훨씬 더 긍정적이지 않은가? 우리가 조금 전에 말했던 회로le circuit는, 둘째로 열리지만 다른 측면에서는 내부를 향해 열려 있다. 더 좋게 말하자면 뇌 활동 작업은 피질의 에너지 저장에 의해 무한히 늘어진 순환 작동 대신에, 점점 더 자의적이고 예견 불가능한 작동들로 대체한다. 정신적 세계를 더 이상 포함하지 않는 자동화된 활(궁)弓은 추억들과 이미지들로 부풀려진 행위들을 향해 쏘아댄다. 신중한[대뇌를 사용하는]

---

3. Pierre Janet, *L'évolution de la mémoire et de la notion du temps* (Paris, 1928), pp. 145, 230.

인간은 척수의[조건반사의] 인간의 뒤를 잇는다. 따라서 늘장 부리는 여러 메커니즘들을 지닌 두뇌는 선택의 기관이자 **자제**의 기관이다.[스페인 제수이트인] 그라시안은 시의에 맞는 행동과 조심스러운 신중함의 이론가인데, 그는 뇌의 기능이 지체이며, 본성상 연체하는(moratoire = moratorium 지불유예명령) 것이라고 말했다. 예를 들어 두뇌는 앙심[깊숙이 처박기]와 생각 바꾸기를 허용하고, 반면에 반사적 행동은 바깥으로부터 오는 선동들과 하부 중추[신경들] 사이에 둥글게 원을 돌면서, 우리의 충동적인 복수復讐들을 오히려 내려놓는다. 이때부터 우리가 먼 기간의 지불기한 만기들을 예견하는 가능성은 열정적으로 표현하는 즉흥곡적인 것들과 그 즉석연설적인 것들에 대해 신속하게 처리하는 것을 회피하게 한다. 그럼에도 불구하고 베르그송이 강조하기를[4], 척수의 기능들과 대뇌의 기능들 사이에 본질적인 차이는 없다고 한다. 동일한 구심적 자극은 대뇌에서 무한히 많은 운동[을 전달하는 회로]의 길들에서 선로 변경이 일어날 수 있다. 또한 반작용들의 음계(주파수)는 가능한 진동들의 음계보다 훨씬 더 많이 넘쳐난다. 연수[척수]와 대뇌의 기능들의 본질적인 동질성은 베르그송 생물학의 근본적인 원리들 중의 하나이다. 그리고 동시대의 신경학자들이 그것을 충분히 확인해 주었다.[5] 사람들은 단순한 감응성에서 감성으로 또 "자발적인" 운동으로 고양됨에 따라서, 쇼펜하우어가 이미 주목했듯이, 비례에 맞지 않은 이 불균형이 자극과 반작용 사이에서 점점 더 커진다. 결국에는 의욕 안에서 중추들[신경체계들]은 우리의 근육들이 소모하는 에너지를 창조하는 것으로 보인다.[6] 아주 단순하게 두뇌

---

4. MM 9, 15, 248, 251, 278 ; ES 9 ; EC 120, 136~137, 274.

5. 참조 : 모나코프(Monakow)와 무르그(Mourgue)가 중요한 한 책에서 전두엽의 돌출부(투사와 연합의 중심적 표면)를 향한 기능의 이동의 원리라고 부르는 것을 참조하라. 둘의 공동 저술로서, *Introduction biologique à l'étude de la neurologie et de la psychopathologie : intégration et désintégration de la fonction* (Paris, 1928), pp. 14, 17, 23.

6. 뒤마(Dumas)가 어떻게 단순한 감응성에서 토착적 운동(mouvements autochtones, 내재적 운동)(중추 신경계[척수신경계]의 자동주의)으로 그리고 의욕으로, 불균형[불비례]가 주변의 자극과 자유로워진 에너지 사이에서 증가하려는가를 잘 제시했다 : *Le Traité de psychologie*, t. 1, pp. 235, 278~281. 두뇌 속에 에너지의 축적(capitalisation, 자본화)이 무한히 불균형일 때, 우리의 반작용은 실천적으로 자발적이 되고, 구심적인 인상들이 [반작용을] 더 이상 계산하지 않게 된다. 참조 : DI 25.

는 시간 속에서 아주 충만한 행동에 접속하고서, 부속된 인상들에 의해 받아들여진 에너지를 무한히 축적한다. 이 불균형은 극한에서 우리에게 선택의 자유를 의미한다. 그러나 두뇌 자체는 운동의 절대적 원인이 아니다. 사람들은 베르그송이 "자연주의자"naturaliste라고 비난할 것이다. 왜냐하면 그는 두뇌의 작업에 기적적인 독창성을 부여하기를 거부했기 때문이다. 관념론자들은 인간 정신의 순결한 존엄성을 간직하기 위하여 이 두뇌에게 부여한 독창성을 필수불가결한 것으로 평가하는데 말이다. 그러나 우리는 그것이 심층에서 아주 **반대**라는 것을 보게 될 것이다. 그리고 우리는, 척수의 활동성과 두뇌의 활동성 사이에 단절을 거부하면서 베르그송이 두뇌 활동과 정신 활동 사이에 이제까지보다 더 깊고 뛰어넘을 수 없는 단절을 보고報告할 수단들을 예약해 두었다는 것을 보게 될 것이고, 그리고 사유를 [신경의] 모양변화들에서 추출하기 위하여 몰래 끼워 넣은 궁여지책이란 어떤 것을 베르그송이 이렇게 부인한다는 것도 보게 될 것이다. 감화적인 강도성의 문제를 토론하는7 베르그송은 윌리엄 제임스와 더불어 노력의 구심적 이론을 채택하기를 주저하지 않았으며, 사람들이 희생자로 보았듯이, 회고적 착각의 희생자인 상식의 이데올로기적인 원인성을 **전도**시키는 것을 주저하지 않았다는 사실은 주목할 만하다. 그럼에도 불구하고 우리는, 그가 지적작용을 중심적이고 사방으로 퍼지는 노력처럼 해석하리라는 것을 안다. 그러나 전복이 이루어지리라는 것은 정신 그 자체를 위해서이다. 나도[아무도] 모를 어떤 창조적 방출émission 능력을 신경 중추들에 부여하는 것이라기보다 오히려 주변의 모양변화들의 역할을 강조하는 것이 훨씬 더 가치 있다. 왜냐하면 모양변화들이, 정신적인 것에, 즉 운동과 그 행동의 유일한 핵심에 맞서 경쟁할 수 없기 때문이다.

이리하여 자극들과 운동들 사이에서 개입하는 두뇌가 하는 역할을 우리는 점치게 된다. 우리가 대뇌에 의해 신경충동을 우회하면서 얻는 것을 사람들이 어

---

7. DI 16 이하. 참조:MM 216~217. 베르그송은 또한 DI 속에서, 의식 상태들에 자격을 부여하는 "이데올로기적" 이론보다 아마도 덜 의심스러운, "감동의 심리학적 이론"을 인정하는 데까지 간다. 이처럼 애정적 사실은 측정할 수 있는 크기에는 낯선 것으로 나타난다. "운동 도식"의 이론이 증명하는 바이다.

려움 없이 막연하게 들여다본다. 우리가 시간을 번다. 그리고 여기서 시간이 자유라는 의미이기를 원한다. 삶의 투쟁들에서 중대한 사건, 그것은 사건의 개입을 연기할 수 있다는 것, 즉 사건의 시간을 선택하는 것이다. 그것은 따로 떼놓은 가능적인 것을 맞자기(대자)pour soi로서 갖는다는 것이다. 먼 시간이 지나서 기한 만기된 것들을 예견하는 자들과 시간화하면서 조정의 범위와 계산의 정확성을 열 배커지게 하는 자들은 강한 자들이다. 따라서 유예의 도구인 두뇌는 바로 그러한 이유로 **자유의 도구**이다. 이러한 대로 『시론』은 자유라는 것을 우리에게 모조리 말했다. 그러나 그의 운명이 두뇌에 연결되어 있다는 것이 이제 어떻게 가능한가?

두뇌는 일종의 "중앙 전신전화국"이다. 그것의 역할은 소통을 부여하는 것이고 소통을 기다리게 하는 것이다.[8] 또한 [두뇌는] 유기체의 관점에서 받아들인 흐름을 가능한 수많은 방향으로 던질 수 있는 "전환기"이다.[9] 베르그송은 훨씬 더 분명하게 다른 곳에서 뇌를 "무언극의 기관"에 비교했다.[10] 뇌의 역할은 정신의 삶을 모방하는 것이지, 그것을 생성하게 하는 것이 아니다. 말하자면 어떤 상응이 있으며, 더하여 뇌 피질의 분자의 모양변화들과 이미지의 계속 사이에는 동시성이 있다. 오케스트라 지휘자의 몸짓이 매 순간에 교향곡의 리듬의 분절들에, 즉 그 몸짓들이 정확하게 또박또박 맞아떨어지는 분절들에, 상응하는 것을 보고 어떻게 놀라지 않겠는가? 그럼에도 교향곡이 지휘봉에도, 악보대 위에도 있지 않다는 것을 우리는 잘 안다. 그리고 박자를 맞추는 몸짓이 박자를 창조하지 않는다는 것도 잘 안다. 만일 사람들이 말할 수 있다면, 뇌의 삶은 매 순간에 정신적 생명의 박자에 맞추어 두드리는 것이지, 정신적 삶이 뇌의 삶의 기능인 것은 아니다. 더욱이 한편의 희극은 배우들의 연기 몸짓 속에 소진되지 않는다. 베르그송은 놀이라는 용어에 도움을 청하면서 자주 표현하는데, 이에 대해 사람들

---

8. MM 16 ; 참조 : Jean Larguier des Bancels, *Introduction à la psychologie*, 1921, p. 146. 참조 : Alain, *Préliminaires à l'esthétique*, 1939, pp. 174~175.
9. ES 9, 44. 크래치머(Ernst Kretschmer)는 시상(視床, thalamus)을, 즉 일반 감성의 "샬트젠트랄"(Schaltzentral)을 지칭하기 위하여 "전환기"라는 동일한 표현으로 사용하였다. (*Manuel théorique et partique de psychologie médicale*, 1927년 불어본의 p. 29).
10. MM viii ; ES 42~44, 47, 74~75.

이 말할 수 있는 것은 그가 전적으로 그것을 새롭게 했다는 점이다.[11] 놀이 역할을 하는 자le jouable와 역할을 부여받는 자le joué 사이의 관계는 모방 작업이라기보다 오히려 **무언극**이다. 그리고 이 관계는 문자적인 닮음(유사)의 연관을, 또는 타동사[외적 힘]의 원인성의 연관을 배제한다. 그런데 하나[심心]의 출현은 단지 다른 하나[신身]이 거기에 있다는 것만을 지적한다. 심리적인 것은, 평행론자들이 번역을 인정하는 것과 같이, 두뇌의 선線상에서 병치하는 것과 같은 번역[12]이 아니다. 심리적인 것은 거의 언어에 가까운 측면에서 원본 텍스트 안에 있는 만큼만 정확하게 번역 속에 있다. 그리고 이런 위치 이전은 아무것도 보태지 못하고 삭제하지도 못한다. 그러나 정확하게 상응하는 이 두 판본은 이 둘의 내용의 측면에서 이제 무한히 동등한 것이 아니며, 이들의 본성상으로 보면 절대적으로 **이질적**이다. 스피노자가 그렇게 원했던 대로, 하나의 유일한 실체[13]는 두 가지로 정식화되어 평행하는 관용어법deux idiomes으로 되어 있는 것이 아니라, **질적으로 다른 실재성의 두 질서**로 되어 있다. 더군다나 타동사[외재적 힘]의 원인성은 없으며, 베르그송은 이 관점에 관하여, 라이프니츠가 실체들의 상호소통의 문제에 대한 데카르트적 해결에 반대했던 비판들을 기꺼이 자신의 것으로 만들 것이다. 좀 더 정확하게 표현하자면, 『창조적 진화』에서는, 물체성이 생명에 관해 효과적인 작용을 행사하기는커녕, 아주 부정적인 역할을 수행한다는 것을 보여줄 것이다.[14] 사유와 두뇌를 연결하는 연관은 오히려 표현이라는 연관, 즉 상징적 연관일 것이다. 표시(기호)는 의미화된 사물을 모방하는 것이 아니며, 상징은 상징화된 사물을 더 이상 닮지 않는다. 표시는 사물을 **놀이 삼는다(상연한다)**jouer. 이것은 바로, 데카르트 그 자신이 과학의 자치성을 좋아하는 만큼이나 사유의 순수성을 좋

11. MM ii, vii, 75 이하, 169, 175, 177, 182~183, 249, 265, 271과 여러 곳. ES 47, 74. EC 156, 158, 196, 205. 웃음거리 "놀이"의 미학에 관해서는 RI를 참조하라. *Bulletin de la Société française de Philosophie*, 1901년 5월 2일, p. 55를 보라.

12. 번역 : MM 7, 9. 참조 : DI 114.

13. 참조 : Léon Brunschvicg, *Spinoza*, 1894, 초판의 p. 64.

14. 마찬가지로 베르그송은 훨씬 나중에 지성을 "생산적" 원인으로서 취급하는 것을 거부할 것이다. 지성은 물질이 가로막은 어떤 것을 통과하려 하면서 몇 가지 효과들을 단지 "촉발할"(déclencher) 뿐이다(EC 199). [EC 207, Oe 670. 이 부분이 더 적절할 것 같다. ─ 옮긴이]

아하여 이원론을 무엇보다도 먼저 유지하고자 고민하였던 것인데, 그의 저술『세계론』[15] 앞부분에서 그가 이미지들과 감각적 대상들의 본질적 비유사성을 강조할 때 가정한 것으로 보이는 그것이다. 번역은 두 사물들 사이에 내적이고 총체적인 의존성을 창조(생산)한다. 왜냐하면 번역은 그것들의 내용들에 대하여 평행론 자체에 근거한 상사相似, une similitude에 토대를 두고 있기 때문이다. 반대로 상징주의는 사물들의 기능에 근거한 단선적이고 추상적인 관계이지, 사물들의 형태학morphologie에 근거하는 것이 아니다. 번역은 사물에 단지 새로운 관습 위 옷을 입히면서 그 사물 전체를 운반하는데, 이에 비해 상징물은 사물을 연출하기 위하여 사물의 분배된 몫을 추출한다. 예를 들어, 근육[근육 운동]의 전송에서 멜로디[강도]는 높이로 변화시키는 것이지 옆모습을 변화시키는 것이 아니다. 그것은 열쇠와 장롱을 바꾸는 것으로, 또는 단순하게 말하자면 원했던 간격을 음정을 높이거나 낮추기 위하여 음악 보표 위에 음표를 이전하는 것으로, 충분하다. 그러나 정신적인 것은 운반된 뇌의 물질이 아니며, 알고리듬(계산식)의 단순한 대체는 우리를 하나의 기보법에서 다른 기보법으로 결코 운반[이동]할 수 없을 것이다. 이리하여『물질과 기억』에서는 상징주의의 역할이 전개되고 정확하게 기술되어 있고,『시론』에서는 특히 그것의 부정적 기능, 건조함, 불투명성을 고발했었다. 이 뇌의 상징물은 이제 우리에게 특히 무언극처럼 나타난다. 그런데 분명하게도 무언극 안에는 모방된 감정들 안에서보다 훨씬 더 적은 것이 있다. 왜냐하면 우리 몸짓 속에서나 표현하는 움직임 속에서 우리 자체로부터 일어나는 것, 그것은 단지 우리 감응들(감동들)nos emotions 중의 연기할 수 있는 부분일 뿐이기 때문이다. 다시 말하면 내적 삶 중에서 가장 잘 요약되고 가장 겉껍질같이 분배된 몫일 뿐이기 때문이다. 또한 예를 들어 필체학la graphologie은 성격학의 유類적인 것을 지적하지만, [필체학은] 개별적 종별화가 아니라서, 비교할 수 없는 뉘앙스들도, 게다가 종별화로부터 구별할 수 없는 뉘앙스들도 지적하지 못한다. 무언극과 "모방된" 사물은 아주 다른 두 질서에 속한다. 이것들은 동일한 도식(평면) 위에 있지

---

15. René Descartes, *De mundo, Traité du monde et de la lumière*, 1장 서두.

않다. 그리고 우리는 본질적 이질성 속에는 정도의 변이들이라기보다는 오히려 도식이란 면에서 차이들의 심리학적 상태들이 있다는 것을 이미 알고 있다. 표시 (기호)와 기호화된 사물은 차이 있고 중첩되는 두 도식(평면) 위에 있다. 반대로 번역은 원본 텍스트와 다른 도식 위에 있지도 않고, 또 아주 다른 질서로부터 나오지도 않는다.

따라서 뇌의 작업은 정신적인 작업의 연출만 할 뿐이다. 이 두 도식 사이에는 어떠한 공통적 척도도 없으며, 그리고 베르그송의 심리학은 처음에서부터 **조심스럽게** 이원론으로 나타난다. 모든 평행론 체계들의 공통적 잘못은 – 또한 관념론자들도 부대현상론자들도 마찬가지인데 – 근본적 이질성을 잘못 이해하고 있다는 것이다. 말하자면 뇌의 모양변화(양태변화과정)들은 모양변화 그 자체일 뿐이며, 다시 말해 그것들은 물질적 세계를 구성하는 수천 개의 다른 이미지들 중에서 매우 특별한 이미지이다. 그러나 이 모양변화들이 부추긴 것으로 간주된 지각들은 뇌의 현상들 그 자체를 포함하는 전 우주를 정확하게 표상[재현]한다. 정신적인 사실은 그것의 경이로운(놀라운) 탄성(탄성체 성질)에서, 그리고 전 세계와 동등하게 되고자 하는 그것의 자질(재능)에서 본질적으로 총체성이다. 그러나 만일 사람들이 하나의 유일한 전체의 부분들을, 동등하든 또는 동등하지 않든, 이 두 부분들을 그 자체들로 비교한다 할지라도, 사람들은 전체 그 자체를 부분들의 하나에 비교할 수 없다. 차이는 **모든 측면**에 있다. 그런데 지각은 심리적 사실과 마찬가지로 **전체**이다.[16] 그럼에도 불구하고 사람들은 부대현상론자가 사유를 생성하게 하는 책임을 진 두뇌 운동들을 사유에 의해서 표상한다는 것에 대해 근거를 가지고 자주 비난하지 않는가? 심신 평행론에 대해 베르그송의 비판이 고발한 순환논증의 오류는 – 예를 들어 그 순환논증 오류 속에 있는 쇼펜하우어의 관념론이 대우주를 세부 현상일 뿐인 두뇌 속에 가두어 둘 때 – 사유의 우선성을, 그리고 사유가 우리를 감싸고 있는 필연적 명증을, 기원으로 삼는다. 경험적이든 또는 구심적이든 모든 주변적 설명을 – 이 설명은 정신적 삶의 고유성을 그것의 고유

---

16. MM 8 ; ES 197과 그 이하. EC는 쇼펜하우어에 이어서 진화를 갈망하는 지성의 주장들을 마찬가지로 거부할 것이다. 지성은 그 자체가 진화의 하나의 생산물일 뿐이다.

한 요소들과 더불어 생겨나게 한다고 주장했을지라도 — 암묵적인 부당전제의 오류라고 이렇게 단죄하는 것은 정신적 삶의 고유함이 하는 것이다.[17] 왜냐하면, 정신적 삶은 보편적인 현전[출현]이며 총체적 확신이기 때문이다. 이 총체적 사유는, 마치 옷이 못에 걸려 있는 것처럼[18], 뇌에 걸려 있으며, 뇌는 사유를 보다 좋은 자신의 방식으로 모방한다. 그러나 어떤 이가 도대체 못과 옷이 닮았다고 주장했던가? 왜냐하면 나사는 기계를 고정하는 데 쓰이기 때문에, 사람들이 기계 전체를 나사에 동등한 가치라고 말할 것인가?

이리하여 뇌의 위치화[지도화] 작업들의 우상은 사라진다. 뇌의 위치화 작업은 진실한 과학적 골상학의 약속을 얻기 위하여 지난 한 세기를 보낼 수 있었다. 사람들은, 베르그송이 천재적인 진솔한 특성에 의해 대부분의 생물학자들보다 앞서서[19], 히트찌히, 베르니케, 플레히지히 등의 지배적인 이론에 1896년부터 치명적인 일격을 가했다는 것을 안다. 의사 노데Dr. Nodet와 초기 시기에서부터 피크 Arnold Pick는 베르그송의 예상참여들의 가치를 분간할 수 있었다. 그리고 사람들은 오늘날 마리와 무띠에, 모나코프와 무르그의 작품들 덕분에, 아무도 이미지들의 중추들에 대해 신중하게 말하고자 하는 데 더 이상 과감하게 모험하지 않는다. 뇌수와 심리의 절대적 이질성은, 어떻게 이미지들이 피질의 세포들 속에서 잠자고 있을 수 있는지를, 그리고 일반적으로 어떻게 영혼의 모든 지리학[위치화]가 어떤 의미를 가질 수 있는지를, 우리가 이해하지 못하게 금지한다. 실어증의

---

17. 참조 : Édouard Claparède, *l'Association des idées*, 1903, p. 312.

18. MM vi ; ES 36, 210 ; EC 383 [MM 4, Oe 164, ES 26, Oe 842, ES 210, 974 (나사와 기계 : 나사 없이 기계가 안 돌아간다). EC 354, Oe 795(나사와 기계)].

19. 휴링스 잭슨(John Hughlings Jackson)의 경우는 예외이며, 잭슨의 논문들은 1884년에 쓰인 것들인데, 1915년 헤드(Henry Head)의 배려로 재인쇄되었다. 참조 : 이 주제에 관하여 무르그 (Raoul Mourgue)의 흥미 있는 논문이 있다. 베르그송의 작품 속에서 신경생물학적 관점과 과학의 현실적 자료들에 관하여 *Revue de métaphysique et de morale*, 1920, pp. 27~70를 참조. — 베르그송은 마리(Pierre Marie)와 무띠에(François Moutier)의 작업들을 MM의 제7판 서문 (1911년)에서 인용한다(p. x [MM 8, Oe 166]). 참조 : ES 73. [히트찌히(Julius Eduard Hitzig 1838~1907)는 독일 정신과 의사, 신경생리학자. 베르니케(Carl Wernicke, 1848~1905)는 독일 신경학자, 정신과 의사. 브로카(Paul Broca)와 더불어 실어증학 탐구의 선구자이다. 플레히지히 (Paul Emil Flechsig, 1847~1929)는 독일 정신과 의사, 뇌 연구자, 신경해부학자. — 독일 의사들인데 신칸트주의자들처럼 뇌와 의식의 대응을 생각했다. — 옮긴이]

연구는 이런 인상을 확인한다. 사람들은 뇌의 반구들의 몇 가지 손상들에 의해 일으켜졌던 다양화된 혼란들이 1861년에 브로카에 의해 확립된 두뇌의 지형학[위상학]에 출발점으로 이용된다는 것을 알고 있었다. 그러나 어느 부분에도 사람들은 피질의 단절[손상]들과 소위 말하는 추억들의 상실 사이에 필연적 연결이 있다는 것을 확인하지 못했다. 우선[20], 매우 진실하게 추억들이 피질의 세포들 속에 자리 잡고 있었다고 하더라도, 실어증 환자에게서 단어들은 기계적으로, 즉 손상이 넓어지는 정도에 따라서, 하나 다음에 다른 하나로 차례차례 사라지게 되었을 것이다. 물질적 사물들의 고유함[동일성]은, 우리가 그 고유함을 알고 있는 대로, 그 물질적 사물들 자체 이외 다른 사물을 함축하고 있지 않는다는 것이고, 그리고 [사물들 자체들이] 서로 상호 배제되고 있다는 것이다. 따라서 만일 추억들과 이미지들이 뇌의 흔적들에, 마치 투사가 모델[원본]을 되찾는[덮고 있는] 것처럼, 점 대 점으로 대응한다면, 추억들이 굴복한 사건들은 정확하게 추억들의 상호 외재성을 표출해야만 했을 것이다. 사실상 경험은 우리에게 두 가지 경우를 구별하게 해준다. [한편] 그것은 전적으로 약화되고 전적으로 사라지는 심적 청취 일반의 기능이다. 또는 [다른 한편] 단어들은 리보가 정립한 퇴행 법칙에 대체로 복종하는 불변의 순서로 사라진다.[21] 우선 고유명사들이, 그리고 나서 일반명사들이, 결국에는 동사들 사라진다. 동사적인 이미지들이 그 이미지들의 문법적 본성에 따라서 뇌 속에서 배치되어 있다고 사람들은 생각할 것인가? ― 여기서는 동사들과 좀 더 나아가면 형용사들 ― 그리고 기적적 우연에 의해 손상이 동사들을 항상 동일한 순서로 차례로 제거한다고 사람들은 생각할 것인가? 가설이 낯설게 드러나기 때문에 그만큼이나 기분 좋은 가설을 정식화하는 것으로 만족한다. 이 단어들은 그 단어들의 기능이란 이유 때문에 타격을 입는 것 같지, 따로 떨어져 있기 때문은 아닌 것 같다. 이미 두뇌와 사유의 일반적 관계는 "놀이"와 같이 기능적인

---

20. MM 125, 193, 265.

21. MM 125~128. 참조 : Théodule Ribot, *Les Maladies de la mémoire*, 1881, pp. 10, 131,⋯ ; *Les Maladies de la volonté*, 1882, pp. 86, 154~155, 161 이하. 또한, 다음을 참조 : John Hughlings Jackson, *Clinical and physiological Researches on the nervous System*, 1868.

연관들이 형태학적 유사성 또는 구조들의 평행론보다, 심리학적으로 훨씬 더 중요한 자리를 차지하고 있다는 것을 우리에게 예감하게 하는 것 같다. 실제상으로 실어증 환자에게서 망각은 범주들에 영향을 입지, 단어들에 영향을 입지 않는다. 그런데 만일 엄격히 말하자면, 단어들이 두뇌 안에서 소리 이미지의 자격으로 특이하게 보존될 수 있다 하더라도, 반대로 단어들의 분류들은 전혀 위치화될 수 있지 않는다는 점이다. 이것은 추상의 계열들이기도 하고, 이때 이 계열들의 단위는 아주 형식적이며, 또한 유들이기도 한데, 우리의 정신이 이것들을 따라 떼어 놓기도 하며, 어떠한 감각적 경험도 이것들을 뇌의 피질 속에 표지로 세울 수 있는 영역으로 기입할 수는 없다. 사유의 결과로서 범주들은 그 자체에 의해 총체성이며, 다시 말하면 범주들은 무한히 많이 실재적 또는 잠재적 단어들을 미리 수집한다. 그러나 어떠한 신경 섬유도 무한한 사유를 고정시킬 수 없다. 물질적 기관은 다른 물질적 현존과 동연적coextensif이다. 그렇다고 가능한 현존들과 또는 관계들에 공연적인coextensif 것은 아니다. 이렇게 실체적으로 정의된 [뇌의] 중추들은 가능적인 것의 역동성을 명령할 수 없을 것이다. 따라서 극단적인 면에서 위치화 주장자들은, 절망적인 양자택일[궁지]에 빠지게 되어, 즉 부사들의 중추와 전치사들의 중추를 인정하게 되거나, 또는 자의적인 언어만큼이나 어림잡는 언어를 단호하게 포기하게 된다.

훨씬 더 일반적으로 말하자면[22], 만일 기억이 두뇌와 결합되어 있다면, 나는 수천 개의 신중한 이미지들에 대해 동일한 단어, 동일한 대상을 가질 것이다. 왜냐하면 각 대상 각 단어는 무한히 많은 개별적 형태들 아래서, 또한 밝기, 장소, 배경, 강도 등의 모든 종류의 특이한 상황들에서 나의 감관들에 각인하러[인상을 주러] 왔기 때문이다. 두뇌[기억]에게 그 자체를 넘어서도록 허락하는 엔그람(과거의 개인적 경험이 머릿속에 남겨 놓은 흔적)un engramme 안에는 아무것도 없으며, 두뇌는 감각적 진동이 두뇌 속에 기입되었다고 가정되었던 것만을 오직 등록한다. 그런데 내가 동일한 단어로부터 또 동일한 인격으로부터 유일한 이미지를,

---

22. MM 121, 123~124; 참조 : ES 51~52.

즉 말하자면 유연하고 역동적인 한 이미지를, 보존하는 것은 사실이다. 그 이미지에 의해 나는 단번에 불연속적인 인상들의 부스러기를 넘어선다. 청각적 이미지는 유類, un genre이며, 베르그송이 관념연합론에 반대하는 다른 문제들을 위해 그것을 제시했던 대로23, 나열하여 유들을 구성하는 것을 거부해야만 한다. 기억은 총체성이다. 그리고 위치화 주장자들은 원자들을 가지고 기억을 재구성하는 데 힘을 다 소모한다.

실어증에서 이 총체성은, 조각들로 잘게 깨어지는 것이 아니라, 폭넓은 넓이에 따라서 동시적으로 흩어진다[풍화된다]. 이것은 동사적 **기억의 붕괴**[분해]가 증명하는 바의 것이다. 동사적 기억은 시초에서부터 그리고 점점 더 깊이 있게 완전히 타격[손상]을 입는다. 다시 말하여, [이 방면의] 선구자들의 언어를 여기서 말하자면, 망각은 추억들을 [회로상] 선으로 공격하지, 땅굴이 무너지듯이 폭삭 무너뜨리지 않는다는 것이다. 단어 대 단어에 의해서 점진적으로 길을 가는 대신에, 망각[기억상실]은 평면[도식]에서 평면[도식]으로 파서, 깊이 파고 들어간다. [기억손상] 질병은 존재자들의 구조를 분해하면서 그 구조를 원망하며, 어느 정도로는 정신의 가장 큰 차원[규모]에 따라서 작동한다. 그런데 정신은, 마치 우리가 정신을 기호le signe와 기호화된 것le signifié의 관계로 증명했던 것처럼, 두께 있게 [유기적으로] 조직화되어 있다. 따라서 이런 측면에서 정신은 진행성 건망증에서 가장 많이 손상 입을 수 있을 것이다 "폭삭 무너뜨리기" 같은 **이 붕괴에서**, 망각은 처음부터 심층적으로 총체적일 것이고, 외연[확장]적으로 제한될 것이다. 반대로 **실어증에서**, 망각은 우선 거의 모든 그것의 외연 안에서 나타난다. 그러나 망각은 시작에서 피상적이 될 것이고, 그리고 나서 기억을 향하여 점점 더 깊이 있게 잡아먹는다. 말하자면 평행론은 뇌 안에서 질병의 조각들이 병든 실물의 조각들에 상응[대응]하기를 바랄 것이다.24 그것은, 마치 원자론적 "표현주의"가 바라는 것, 즉 언어 조각들이, 즉 실사들, 전치사들, 접속사들이, 의미의 조각들에 호응[대답]할 것이라고 … 바라는 것과 마찬가지일 것이다. 그런데 불가분의 의도인 의미는, 대체

---

23. MM 171~172 [MM 148~152(관념연합의 오류), 181~183(관념의 원자화)].
24. ES 209.

로 그리고 차후에도 문장 일체에 내재하고(타고난) 있는 것인데, 그 문장 일체는 향기처럼 의미를 높일[널리 퍼질] 것이고, 또는 문장의 의미는 매력이라는 방식으로 돋보이게 된다. 그러나 의미는 문법적 형태학의 단편적인 인용구들 사이에서 나누어져 있지 않기에, 집합된 단어들은 그 의미를 퍼즐처럼 재구성할 것이다. [프랑스 작곡가] 포레의 멜로디(음률)가 시의 시상을 뭉뚱그려 표현하였듯이, 그 음표들의 각각은 [시의] 원문의 부분들 각각에 상응하지 않는다.[25] 사람들은 의미를 단어 대 단어에 의해 철자 표기를 읽지 않듯이, 음표 대 음표로 읽지[듣지]도 않듯이, … 추억들을 신경세포 대 신경세포로 구성하지 않는다. 실제로 베르그송의 표현에 따르면[26], "타격을 받은 것은 뇌 전체이며, 마찬가지로, [현의] 매듭이 잘못 이루어졌을 때, 이완되는 것은 긴장된 현 전체이지 이러저러한 부분들이 아닌 것과 같다." 이어서 그 잘못은 그 현의 결정적인 심도에 있는 것이 아니며, 감염[음의 전파 또는 조율]의 의미는 오히려 수평적이라기보다 수직적이다. 그것은 기억의 생생함의 점점 더 날카로운[예민한] 침투이지, 추억들의 확장적 오염이 아니다. 예를 들어 [기억에 거의 마지막까지 남는] 동사들은 실사들[대명사, 명사, 형용사]보다 더 끈질기다. 왜냐하면 모든 단어들 중에서 동사들은 행동에 가장 가깝기 때문이고, 동사들은 무매개적으로 행동이 연기[놀이]할 수 있고 모방할 수 있는 것 속에서 표현하기 때문이다. 따라서 만일 동사들이 뇌에 의존한다면, 그것은 동사들이 거기에 거주하고 있다는 것이 아니고, 무언극의 기관인 뇌가 본질적으로 행동을 지배하고 있다는 것이다. 그리고 뇌의 손상은 무엇보다 행동의 병[질병의 상태]를 이끌어 낼 것이라는 것이다. 행동은 뇌 속에[dans] 있지 않으며, 만일 위치화[지도] 작업이 있다면, 그것은 역동적 의미에서이지 기계적 의미에서가 아니다. 피질의 중단에 의해 일어나는 대부분의 혼란들[장애들]은 추억들 자체라기보다, 오히려 이렇게 추억들의 활동화 작업에 영향을 미친다. 병든다[환자가 되게 한다]는 것은 추억들을 이용한 우리들의 소질이다. 손상의 결과는 사물들을 희박하게 하는 것이 아니며, 이때 이 사물들은 모든 사물들과 마찬가지로 불가침투적이고 유한하다.

---

25. [옮긴이] EC 94.
26. ES 48, 그리고 121~123을 비교해 보라. 참조: EC 196.

[손상의 결과는] 오히려 어떤 기능을 느슨하게 하는 것이다. 전자의 것 자체를 베르그송은 "생의 주의"[27]라 불렀고, 그리고 실어증은 이 전자의 주의注意를 무디게 하는 것이다. 정신과 의사 민코프스키는, 자폐증과 "생명적인 것과 실재성의 접촉"의 상실에 의해 분열증을 설명하는데[28], 그의 깊이 있는 임상실험으로 베르그송주의를 지지하는 데 기여할 것이다.

따라서 심적(심리적)mental 생성의 경화증에다가 책임을 돌리는 — 『시론』이 스스로 흡족했던 — 그 언어는, 그 언어의 사라짐 자체에 의해 어떤 방식으로 뇌가 사유를 연출하는지를 더 잘 이해하게 해 준다. 특히 동시대 생물학자들에게서 현실화에 대한 베르그송 이론을 재발견하는 것은 교훈적이다. 왜냐하면 모나코프와 무르그의 "시간생성의 위치화"는 다른 의미를 가지기 때문이다.[29] 그 손상은 공간 속에 있지 기능에 있는 것이 아니다. 기능은 시간 속에 있다. 매우 필수적인 이 구별은 의식을 공간에 대립시키는 극복할 수 없는 반주제로부터 결과되어 나오지 않는가? 기능이 스스로 행사되기 위하여 해부학적 기초를 필요로 한다. 이런 의미에서 기관 없이는 가능한 기능도 없을 것이다. 그러나 섬유질들 안에서 기능은 자기 좌석(중추)을 갖지 않는다. 또한 사람들이 뇌라고 부르는 사유의 필수적인 이 조건은 결코 충분하지 못하다! 기능은 멜로디처럼 조직화된다. 이 멜로디의 연속적인 계기[순간]들은, 더 잘 모이는 경향들이 중요함에 따라서, 점점 더 복잡한 리듬을 채택한다. 그리고 사실상 사람들이 관찰하는 바는, "위치화 주장자들"의 시대인 지난 세기에 깊이 연구된 대부분의 질병들의 특징이, 조작적 작동의 장애(혼란)들에 의해서 또 멜로디의 고장과 불균형에 의해서, 규정되었다는 것이다. 이것들은 시간의 질병들이다. 미래를 향해 기다릴 수 있고 선택할 수 있고 또 바라볼 수 있는 두뇌의 참석(현전)이 그 시간을 인간적 기획들 속에 개입시킨다. [시간의 질병들에서] 예를 들어 비정합적이고, 공백이 있고, 절뚝거리게 되는 것은

---

27. 이 표현에 관해서는 MM ix, 190 ; ES 5, 47~48, 75~78, 107, 121~124, 126, 145~147, 151~152 ; RI 140, 149.

28. Eugeniusz Minkowski, *Le Temps vécu. Étude phénoménologique et psychopathologique*, 1933, pp. 58 이하, 그리고 256.

29. Monakow et Mourgue, 앞의 책, pp. 20과 그 이하.

멜로디이다. 운동장애증l'apraxie에서 활동화 작동 그 자체가 타협의 산물이다. 마찬가지로 실어증l'aphasie은 단어들을 내부적으로 동원하는 데 자질이 없어서, 단어들이 연속적으로 흘러가 버린다는 것이다. [그럼에도 불구하고] 내부적 말투는 일반적으로 존속하나, 입으로 말하는 멜로디와 사유 사이에 접촉이 상실되었다. 타격[손상]을 입은 것은 음소들과 단어들의 역동적 이용방식이다. 우리가 인용한 생물학자들은 일시적으로 귀에 거슬리는 옹알이(말더듬)의 여러 형태들을 분류하기를 즐겼다. [즉 분류로는] 보속증[병의 원인이 제거되었는데도 의식적·무의식적으로 증세가 유지되는 현상]保續症, persévération, 반복증réduplication, 선행증先行症, anticipation, 혼합증confusion, 허위 재촉증fausse sommation 등등이다.[30] 멜로디가 여러 가지 방식으로 불구가 되었거나 또는 고장 났었다. 그러나 이 모든 경우들에서, **행동거지**가 이제 **구조**보다 훨씬 더 중요하다. 오래전에 리보[31]는 "구심 심리학"의 편견들 때문에 보다 더 맹목적이 되었으며, 의지의 원리적 저하[퇴행]들에서 해부학의 침묵에 주목하였다. 예를 들어, 의지 결핍증(무기력증)l'aboulie은 근육체계와 운동기관들의 온전한 상태에 의해 특징지어진다. [온전한 상태의 특징은] 이 운동기관들이 지성과 욕망만큼이나 아무 타격도 입지 않은 채 남아 있는 경우이다. 그런데 막혀있는 것은 작동으로의 이행과정이다. 따라서 의지 결핍증은 진실로 무기력une "impuissance"[32]이며, 그리고 만일 사람들이 의지 결핍증을 실어증에 비교한다면, 이 의지 결핍증은 이것이 우리 위치에서 경험하게 하는 특별한 관심을 표시한다. 의지 결핍증은 나머지 모두를 존중하면서, 의지의 역동성, 즉 생의 주의를 따로 분리한다. 물론 리보는, 게다가 타격을 입은 것은 있는 대로 삶이 아니라 행위에 호소하는 한에서 감성이라고 보지 않고서, 또는 **삐에르 쟈네**가 말하듯이 실재적인 것의 기능이라고 보지 않고서[33], 선동[격려]들의 약화에 의하여 주변적

---

30. 피크(Arnold Pick)는 보속증을 매우 중요하게 여겼다. 크래치머(앞의 책, pp. 60, 70)는 음절 간섭(l'interversion des syllabes, Sibenverwechslung), 뇌 반구 변동(glissement sphérique, Sphärische Entgleisung)과 같은 다른 실언들(lapsus)을 인용했다.

31. Théodule Ribot, *Les Maladies de la volonté*, 1882, pp. 38~56 그리고 특히 49~50. 참조 : Monakow et Mourgue, 앞의 책, p. 284 ; MM 119~120.

32. 이 단어를 찾아보기 위하여는 MM 136, 148, 194를 보라.

인 설명을 하려는 경향이 있다. 쟈네에게 있어서 심리학적 긴장의 관념[생각]은 베르그송에게서 지각의 관념에 비교할 수 있는 충분한 역할을 한다. 쟈네는 실재적인 것의 기능이 보다 강한 강도성을 현재에게 부여할 뿐만 아니라는 것을 이유[근게 있게 주목하였다. 이런 이유에서 만일 예를 들어 의심의 광기에서, 지각이 그것의 크기와 분명성에서 배타적으로 공격을 받았다면, 사람들은 심성적 정신병리학에서 본질적인 것이 해부학적 손상이라는 것을 인정할 수 있을 것이다. 왜냐하면 신경물질의 물질적 단절과 우리 지각의 양적 점증漸增 사이에는 분명하고 지성적인 연관이 현존하기 때문이다. 그런데 샤를 르누비에는 심성적 소외로부터 정신적 본성을 그리고 비해부학적 본성을 이미 주목했다. 그런데 정신병은 도처에 있지만 어느 [정해진] 곳이 없다. 신경중추들에 일반적으로 연결되어 있는 정신병은 거기에서 기준 표기를 할 수 있는 것이 없다. 무기력과 생의 주의 사이에서 차이는 정도의 차이가 아니라 본성상의 차이이다. 쟈네는 이제 신경쇠약의 고전적 이름 아래에다가 심성적 불충분함을 몇 가지 경우의 수를 이용해서 그룹으로 모았다. 이 몇 가지 불충분함은 본질적으로 작동으로의 이행에 타격을 주는 것이거나 또는 그가 표현한 대로 "대상의 현재화(현재화 과정)"présentification에 타격을 주는 것이다. 그는 실재적인 것의 기능에서 우리의 지각이 활성화되는 운동들만을 본다고 베르그송을 비난했다. 이 비난은 리보의 제자 [쟈네]의 필설로서는 예견되지 못한 것으로 나타나는데, 『물질과 기억』의 "형이상학"이 전혀 다른 상황에서 그를 두렵게 했기 때문이다. 게다가 "운동"에 의해서 베르그송이 "행동" 일반을 자주 말하기를 원한다는 것을, 특히 『물질과 기억』에서 우리가 외적 환경과 접촉하기 시작하는 생생한 역동성이 중요하다는 것을, 쟈네 그 자신이 인정하지 못하였는가?

그러나 사람들은, 근대 신경과학이 베르그송의 예상참여들에 제공했던 모든 지지를 알리는 것으로 끝내지 않을 것이다. 그런데 앙리 들라크루아는 언어에

---

33. Pierre Janet, *Les Obsessions et la psychasthénie*, t. I (1903), 특히 pp. 477, 488과 그 이하. 그리고 *L'évolution de la mémoire et de la notion du temps*, 1928, p. 351 이하와 비교해 보라. 베르그송은 쟈네를 인용하는데 MM x, 126, 192 ; ES 113~115, 122 ; MR 242.

관한 그의 책에서[34], 많은 설득력 있는 사실들을 열거하였다. 신경병리학은 이미 지 중추들의 고전적 이론이 질병들을 인정하였던 것과 같은 그러한 임상적 질병들을 체념해야 했다. 심리주의는 피질 속 도처에 그것의 자리를 마련하였고, 어느 곳에도 그것의 중추를 마련하지 못하였다. 점점 더 임상실험자들은, 예를 들어, 삐에르 마리는 실어증에 의해 일어난 일반적 지적 장애에 관하여 강조하였다. 그리고 지성은, 연관들을 형성하고 체계들의 순서를 세우는 능력을, 또 우리가 스스로 현재에 재빨리 적응하게 하는 상징적 기능을, 여기서 매우 자주 지적한다. 들라크루아가 말하듯이[35], 실어증 환자는 시간적 공간적 지도[도식]을, 특히 시간적인 지도를 조절할 줄 모른다. 거의 매일 관찰자들은 기억과 "궁극적 의도"의 주목할 만한 약화를, 과거와 미래의 간격 좁힘[시간 줄임]을, 작동들에 대해 아주 규칙적인 혼란을 확인하였다. 실어증의 변말(은어, 횡설수설)의 연구는 ─ 피크의 비문법상애증과 헤드의 밀 잇기 실어증aphasie syntactique 등 ─ 문장 구문론이 여기서 분류가 하는 역할보다 더 잘 역할을 수행한다는 것을 제시하였다. 그리고 이는 총체성이 우리가 총체성으로 구성한 단순한 요소들보다 더 오래된 것임을 우리가 이미 알고 있다는 이유에 기인하는데, 사람들이 어떻게 이에 대해 놀라지 않겠는가? 잭슨이 이미 말했듯이, 실어증은 무엇보다 먼저, 명제(문장)에 타격을 가하고, 계속적인 소리들을 빌려오는 명제적 운동의 질서를 흩어놓는다[36]. 이것은 "문법주의"의 진솔한 고민이다. "의미론"의 실어증에서, 잘못은 의미에서 기호로의 이행에, 즉 지적 작업과정 자체에 영향을 준다. 그러나 지적 작업과정이, 즉 기호를 우리에게 이해하게 하는 작동이, 뇌의 어떤 구역에서 자리를 차지할 수

34. Henri Delacroix, *Le Langage et la Pensée* (Paris, 1924), pp. 477~573. 알박스(Maurice Halb-wachs, *Les Cadres sociaux de la mémoire*, 1925)는 실어증이 파괴했던 언어학적 틀들의 사회적 본성에 관해 특히 강조하였다. 왜냐하면 그는 기억에서 우선 달력적[시간적] 측면을 생각하기 때문이다.

35. Delacroix, *Le Langage et la Pensée*, 1924, pp. 529, 550 주석; 참조: Guyau, *La genèse de l'idée de temps*, 1890, p. 63.

36. W. van Woerkom은 *Journal de psychologie normale et pathologique*, 1921['La signification de certains éléments de l'intelligence dans la génèse des troubles aphasiques']에서 이 주제에 관해서 모나코프와 무르그의 고찰과 근접할 만한 고찰들을 소개한다.

있을 것인가? 에빙하우스가 관찰하였듯이[37], 사람들은 한 동물의 이미지가 피질 속에서 가축으로 선정되었을 것이라고 엄격하게 설명하게 될 것이다. 그러나 사람들은 이때에 두 동물의 유사성을, 유類를, 두 동물이 속하는 분류를 어디에 위치시킬 것인가? 우리가 자문하듯이, 소리들과 이미지들을 의미 있게 하는 갑작스러운 계시는 어디에 자리를 차지할 수 있는가? 사람들은 단어들을, 동사적(언어적) 이미지들을 위치화[지도화]시키는데, 그러나 무엇이 우리에게 문장들의 자리를 제시할 것인가?

따라서 뇌는 그 고유한 의미에서 영혼의 "기관"이며, 즉 영혼이 사물들 속으로 침투하기 위하여 사용하는 기구이다. 그러나 뇌는 영혼의 "번역"(번역도구)이 아니고, 뇌는 그것[번역]의 동기를 설명하는 것도 아니다. 따라서 이 관심은 생명성 그 자체의 분신들에 관한 뇌-척수의 위상학la topologie으로 교체되었다. 아마도 "상상지도"를 부인하는 것만큼이나 형태학적 말투 방식들을 부인하는 것이 보다 더 낫다. 모든 물질적 사물은 단순하며, 빈약하며, 조잡하다. 그것은 정신의 구체적인 충만을 고정할 줄 모른다. 따라서 사람들은 의미로부터 기호로 결론 낼 수 있으나, 기호로부터 의미로 결론 낼 수 없다. 엄격히 말하자면, 사유로부터 뇌 작용으로이지, 뇌 작용으로부터 사유로 결론을 내릴 수 없다. 정신적 삶의 영속성은, 몸짓이 그것을 결코 수집할 수 없게 할 것이라기보다, 더 많이 섬세하고 미묘한 사물들을 무한히 굴러가게 한다. 뇌의 모든 회백질 안에는 이 모든 풍부함을 고려하는 그 무엇도 없다. 반대로, 그 영혼의 상태가 그의 비밀을 우리에게 전달한다면, 영혼의 상태 안에는 상응하는 분자 운동이 생성되기 위해 필요로 하는 것보다 훨씬 더 많은 것이 있을 것이다. 해독하면서, 우리는 그 정신적 사실의 무용술la chorégraphie에서 하물며 이 정신적 사실[비밀]을 읽고 있었다. 왜냐

---

37. Hermann Ebbinghaus, *Précis de psychologie*, trad. Raphaël, p. 108. 에빙하우스는 자극의 미세한 차이들이(예를 들어 거의 동음어인 두 단어) 절대적으로 반대되는 표상들을 불러일으키는 것으로 충분하다는 것을 또한 관찰하였다. 참조 : Hans Adolf Eduard Driesch, *Der Vitalismus als Geschichte und als Lehre*, 1905, pp. 220~221. 드리쉬는 이로부터 다음과 같은 결론 내렸다. 어느 기계설비도 매우 개별화된 반작용들을 규정할 수 없다고 한다. 따라서 그는 형이상학적 요인, 즉 현실태(l'entéléchie)의 한 형식인 "유사심리"(le psychoïde)를 내세웠다.

하면 하나에서 다른 하나로 이행하기 위하여, 첨가해야 하는 것이 아니라 삭제해야 하기 때문이다. 그런데 이는 유^類에 대해 만족하기 위하여 종별 차이가 달아나게 내버려 두기 때문이다. 그리고 학적 분류작업화들에서 개별성을 편대로 편성하기 위하여 정신적 상태의 개별성을 부인하기 때문이다. 내부적 목가주의의 수많은 뉘앙스를 소품(관행)의 일상성에 희생시키기 때문이며, 두 멜로디가 평행하는 이런 이전작업[종에서 유^類로 이행]에서, 사람들은 하나의 멜로디에서 다른 멜로디[계열]로 무차별적으로 건너간다. 무매개적으로 또 둘째 멜로디에서 첫째 멜로디로 음표 대 음표로 읽기 위하여 숫자 또는 음자리(음조)를 이해하는 것으로 충분하다. 그러나 우리가 그것을 알듯이, 심리적인 것은 뇌의 이전으로부터 오는 것이 아니다. 따라서 사람들은 기호를 통해서 비밀 해독^{解讀}을 할 수 없을 것이고, 만일 사람들이 당신에게 텍스트의 문장부호들만을 준다면, 당신들은 텍스트도 발견할 수 없을 것이다. 그것이 문제이며, 이 문제에서는 알려지지 않는 것이 너무나 많을 것이다. 따라서 뇌의 동일한 영역은 영혼의 다양한 상태들을 지배한다.[38] 뇌의 영역은 이것에 대해 이것임(특이성)임을 – 사람들이 말할 수 있다면 – 규정하지 못한다. 이것에 의해서 그러한 경험은 유일하며 모방할 수 없다. 주어진 하나의 "중심"이 운동들의 모든 진리를, 그리고 물체[신체]의 자세를 명령한다. 동일한 종합에너지들과 동일한 근육들이 매우 다양하게 몸짓을 지배한다. 근대 신경학의 진행들이, 마치 심층에서 상층으로 점점 가지치기처럼 된 그물망과 같은 신경체계로서, 그다음 차례로 이 체계를 넘쳐나는 심리학적 사실까지 고려하기에 이르러서 마땅히 우리를 초대한다. 그러나 사람들이 서로서로 조금씩 합류하여 신경세포의 길들을 주변으로 내려가고, 그리고 또 밖에서 접합하는 순간에 희박하게 되는 정도에 따라서 고려하기에 이른다. 영국의 신경생리학자인 셰링톤의 관찰에 따르면[39], 마치 필연적으로 여러 갈래의 행동으로 가는 "공통 오솔길들"이 있는 것과 마찬가지인데, 왜냐하면 가능한 몸짓들의 음계는 무한히 많은 신경섬

---

38. ES 42~43, 193, 200.
39. Charles Scott Sherrington, *The Integrative Action of the Nervous System*, 제6판 (1920), pp. 115 이하.

유들을 통과하기 때문이다. 이처럼 다른 끝에서는 동일한 영역이 무한히 많은 가
능한 지각들에 상응해야 하는 것과 같은데, 왜냐하면 감응들과 경향들의 등록
부는 모든 기계적인 것이라 생각할 수 있는 것을 통과하기 때문이다.[40] 따라서
자극들의 자판(건반) 위에 두드리기들이 있다기보다, 인간적 감성 안에는 더 많
은 뉘앙스들과 음색들 les timbres이 있다. 따라서 또한 운동성은 가능한 인상들의
연장(외연)을 무한히 초과한다. 운동성의 여분에서, 그리고 이 [초과했기에] 과도
함 ce trop에서도, 자유가 여전히 남아 있다. 나는 외적 공간이 자유에 대해 의문을
제시하는 것보다 훨씬 더 많이 대답하는 방식들을 가지고 있다. 그것은 나의 품
행을 점점 더 적게 예견가능하게 하는 것이고, 나의 자발성을 점점 더 많이 공격
적이게 하는 것이다. 왜냐하면 반격의 순간에, 나는 선택의 곤경(당혹)에 빠지기
때문에, 말하자면 나는 사건들보다 더 광대하고 더 다양하게 되어 있다. 그러나
형태학의 모든 설명들이 행위의 넘쳐나는 이 잉여[초과]를 포함하는 데 이르지 못
하는 것처럼, 우리 행위의 성질들과 다수의 반향들이 뇌 물질의 몇몇 음계들 안
에 있지 않다는 것을 잘 인정해야 한다. 따라서 두뇌가 자유를 그래도 가능하게
한다. 그러나 우리가 그렇게 예견했듯이, 자유는 뇌의 맴돌기들 안에 기거하지 못
한다. 뇌는 자극들을 넘어서기 위해서 만들어지는 것이지만, 오히려 정신이 뇌를
무한히 넘어선다. 그리고 이번에 그의 차례에서 정신은 그 자체로 휴식 없이 스
스로 넘어선다. 왜냐하면 정신이 무한하게 넘어서기 때문이다. 그리고 내가 나 자
신을 위하여도 예견 불가능하듯이, 또한 나의 주도권들(결정권들)도 내가 살고
있는 환경에서 예견 불가능하다. 그리고 나의 고유한 의지는 나에게 있어서 놀
라움과 두려움의 영속적 주체이다. 거기에 거대한 불가사의 un grand mystère가 있
다. 생명은 영속적인 자기-뛰어넘음이다.[41] 그리고 생명이 위로 향한 섬세한 꼭짓

---

40. 참조 : Monakow et Mourgue, 앞의 책, pp. 174, 175, 261. 상호적으로 차이 나는 손상들이 가끔
동일한 징후를 일으킨다(p. 22). 헤드(Henry Head)는 자신의 책 『실어증과 유사 언어 무질서들』
(*Aphasia and Kindred Disorders of Speech*, 1926)에서 동일한 운동 중추가, 앞선 활동성에 따라
서 그리고 신경체계의 경계(la vigilance)의 상태에 따라서, 반대 의미들의 운동들을 지배한다는
것을 보여 준다.
41. 위대한 철학자 게오르그 짐멜은 『생명 직관 : 네 가지 형이상학적 장』(*Lebensanschauung. Vier
metaphysische Kapitel*, 1918)의 제1장에서, 이러한 니체적이며 또한 베르그송적인 생각으로부터

점[첨예한 끝]에 의해서 외적 세계에 관통할 때, 생명이 세계 위로 매우 넓게 불쑥 솟아올라서, 생명이 세계 위에다가 자신의 무게로 누른다. 특히 위치화 작업들에 대한 베르그송의 비판은, 그 불가사의가 공간 속에 있는 것이 아니다 라는, 또 그 불가사의는 아주 다른 질서로부터 나온다는, 깊이 있는 철학적 생각에 우리를 익숙하게 한다. 사람들은 사유를 뇌의 피질 세포들 속에서 해독^{解讀}하지 못한다. 그리고 사람들은, 무한정하게 눈을 크게 뜬다고 하더라도, 온신^{Dieu}을 깜박거리는 별들 속에서 해독하지 못한다(별이 박힌 하늘이 자기 방식으로 신적 영광을 "이야기한다" 하더라도). 사람들은 저술 속에서 총명함을 발견하지 못한다. 게다가 사람들은 죽어가는 자의 마지막 숨결에서 죽음을 읽지 못한다. 죽음 그 자체는 여기에도 또는 저기에도 있지 않다. 생명성의 불가사의는 자기 차례가 되어 세포의 핵 속의 어떤 곳에도 숨지 못하며, 또는 염색체의 "유전자" 속에도 숨지 못한다. 생명의 생명성은 근본적으로 자리를 지정할 수 있는 것이 아니고, 속이고, 또 회피하는 것이다. 그리고 그 생명성은 우리가 세운 표식깃발(기준표)들로부터 무한히 달아난다. 이 불가사의의 지형학은 브로카의 지도만큼이나 헛된 것이다. 왜냐하면 그 지형학은 관념들을 고정시키는 데 사용되었기 때문이다. 마치 관념들이 고정될 필요가 있는 것처럼! 불가사의는 항상 있고, 다른 사물은 항상 다른 곳에 있다. 즉 여기(여전히) 그리고 다른 곳에^{aliud et alibi} … 따라서 의미들이 감추어져 있다고 가정된 기호들의 매개 작업은 완전히 비어 있고 상징적인 매개 작업이다. 이 매개 작업은 기념묘비만큼, 또 속고 있는 사색만큼, 비어 있으며, 거짓 깊이의 전형 자체이다. 즉 어느 곳(때)에든 그리고 아무 데(때)도 아닌^{ubique et nusquam}! 이러한 것은 온신에 대해 진실일 뿐만 아니라 또한 매력(마력)에 대해 진실이며, 그리고 영혼 자체에 대해 진실이다. 즉 모든 곳에 출현하고^{omnipresente} 모든 곳에 부재하는^{omniabsente} 영혼, 신체에 연결되어 있지만 기준표시를 할 수도 없고 또 위치화할 수도 없는 영혼. 그런데 신체 안에 있으나 또한 신체 밖에 있는 영혼. 영혼이 신체 안에 있듯이 신체가 영혼 안에 있도다! 매력(마력)은 문법적 문장과도,

---

놀라운 형이상학적 귀결들을 끌어냈다. [짐멜의 작품이 베르그송의 EC(1907) 이후 10년이 지나 나온 것이다. (49UHI) ─ 옮긴이]

[말투로 쓰이는] 소리들과도 아주 다른 것이 아닌가, 그리고 그럼에도 매력이 그곳에서 잘 구현되는 얼굴이 아닌가?

제2절 추억과 지각

베르그송주의는 정열적으로 심리학적 극성의 생각을 옹호했다. 그리고 추억과 지각의 이원성은 『물질과 기억』에서 중심적 위치를 차지한다. **순수 지각**은 이 지각 덕분에 이루어지는 행동과 이 행동 연장하는[이어가는] 운동들 사이에 무매개적으로 연대적이며, 순수 추억은 서명의 꼬리표가 붙어 있는 과거 자체처럼 무관심하게 되어 있어서 정도상으로가 아니라 본성상 서로서로 구별되어 있다. 베르그송의 모든 변증법은, 개방되고 변장된 방식으로 이 구별을 지우고자[없애고자] 애쓰는 자들과는 반대로 나간다. 이미 『시론』에서 강도성 관념의 비판은, 자연적으로 이원론적인 베르그송의 철학이 도처에서 강도성의 차이들 대신에 질적 이질성으로 대체하였다는 것을 우리에게 가르쳐 준다. 어떤 이들은 기꺼이 추억을 가지고 **약화된**_affaiblie_ 지각으로 만든다. 다른 이들은 추억으로 **강화된**_renforcé_ 지각을 만들 것이다. 이 양자들은 무엇보다 체계화와 동질성을 고민하고 단순 요소와 원초적 사실을 찾는다. 이 원초적 사실은 그 자체에 의해 다소 다수화되어서 기계적으로 모든 심적 현상들을 부여할 것이다. 전자의 사람들은[42] 과거가 단순 탈색되고 또는 희미해진 현재로부터 온다고 말한다. 그러나 탈색된 현재는 현재로도 남아 있다. 약화된 지각은 영원히, 즉 사라지는 순간까지 지각일 것이다. 가장 비물질화된 **여림(점점 약화)**_pianissimo_과 기억화된 멜로디 사이에는 절대적인 차이가, 즉 아무리 내려가도 뛰어넘지 못하는 심연(큰 차이)이 있다. 만일 사람들이 과거의 종별화된 과거성_passéité_을 잘못 이해한다면, 사람들은 재인식을 이해하는 것이 금지될 것이다. 따라서 어떤 강도 있는 소음의 추억을 위하여 누가 지

---

42. MM 146~147, 151, 267 ; ES 132~133. 사람들은 이 비판을 증거들에 비교할 수 있다. 그 증거란 비알르통이 생물학적 불연속성을 위하여 기여했던 증거를 말한다 : _L'origine des êtres vivants : l'illusion transformiste_ (Paris, 1929) (p. 289. 어린이는 상위 동물이 아니다.)

각을 낮은 소리라고 주장할 것인가? 흄과 관념연합주의자들의 언어로 말하는 뗀Taine에 따르면, 진실한 "감각"은, 특히 보다 더 큰 강도에 의해서 "이미지"로부터 구별된다. 감각은 외부성질의 대리자로서 그 무엇으로 되어 있을 것이다. 그러나 이 둘은, 추억일 뿐인 추억으로부터 지각일 뿐인 지각으로 이행하기 위하여 주어진 순간에 위험한 도약을 행해야 한다는 것을 어떻게 알지 못하는가? 추억을 지각으로부터 생겨나게 하는 자들은, [정지되어 있는] 점들을 가지고 행동 또는 운동을 만들면서 행동이나 운동을 불가능하게 하는 자들과 동일한 자들이다. 『물질과 기억』[43]의 몇 가지 폭로된 구절들이 다음 두 문제의 연대성을 분명하게 드러낸다. 만일 과거가 현재로부터 조금씩 점진적 하강에 의해 나온다면, 언제 우리는 지각이 더 이상 없고, 추억이 있는지를 말할 것인가? 이미지가 다시 지각이 되기 위하여 어떤 강도를 가져야 하는가? 그 변형은 정확한 순간에, 다른 순간이 아니라 오히려 어떤 순간에 일어나야 한다. 왜냐하면 그 변형은 근본적이기 때문이고, 또 왜냐하면 그 변형은 나에게 행동이 되는 현재로부터 사색하는 과거로, 즉 한 가로운 것이 아니라 "날짜가 있고" 그림 같은 광경의 과거로 운반되어야 하기 때문이다. 관념연합론은 그 오히려를 설명하지 못하며, 우발적이고 행운적인 복잡화 작업들의 힘이 없다면 정신을 구축한다는 것이 있을 수 없다. 여기서 사람들은 궤변들(식언들)과 연쇄추론들을 인정하는데, 주지주의는 어느 때이건 운동을 움직이지 못하게 하기 위하여 그것들 안에다가 감옥을 만들어 운동을 가두고자 시도했고, 연속적인 것을 잘게 쪼개기 위하여 그것을 가두고자 시도했다. 그러나 진실한 변화는 모험이며 변조(조바꿈)이며 혁신인데, 그 변화는 궤변들을 포획하는 그물에 잡히도록 스스로를 그냥 내버려 두지도 않고, 난문제들에 의해 으스러지게 내버려 두지도 않는다. 한 유적인 것에서 다른 유적인 것으로 옮겨질 수 있는 것은 아무것도 없다.Nihil est enim, quod de suo genere in aliud genus transferri possit 키케로가 루쿨루스의 입을 통해서 신아카데미의 궤변들에 반대했다.[44] 지적 원자론자는 돌연변이의 신진대사를 지식으로 담기가 불가능하기에, 반대사항들에

---

43. MM 45~46. 참조 : 109.
44. Cicero, *Académiques*, II, 50.

대해 절망하여 부동성에 또는 동일화 작업에서 스스로를 자책하였다. 그러나 우리가 이미 보았듯이 자유 작동이 자의적인 진행 방식 없이 설명되지 못하는 것과 마찬가지로, 이처럼 이 둘 사이에서 공통적인 것이 아무것도 없는 정신적인 두 가지 사실들 사이의 관계는 갑작스러운 변신을 통하여 관념연합론의 연역을 강요한다. 이 갑작스러운 사태 만으로부터, 질적인 변화의 생각이 진실로 고려될 수 있다. 따라서 지각과 추억은 본질 측면에서 다르며, 존재의 양의 측면에서 다르지 않다.

사람들은 이때에 거꾸로 추억으로부터 지각을 연역하기를 시도할 것이다. 조금 전에 사람들은 지각된 것le perçu을 가지고 추억을 제작하면서 추억을 물질화하였다. 그런데 사람들은 이제 추억들을 가지고 지각된 것을 제작하면서 지각된 것을 관념화할 것이다. 거기에는 매우 공통적인 편견이 있다. 이 편견은 지난 세기에 물질과 외적 실재성을 지칭하기 위하여 사람들이 이용했던 모든 감각적인 정식들에 영감을 준다. [정식들이란] 즉 진실한 환각, 정합적인 거짓말, 토대가 잘 갖추어진 현상 등이다. 원초적으로 비연장적인inextensives 감화들 또는 관념들이 너비 있는étendue 지각을 구성하기 위하여 서로 연합하였다. 결국에 사람들은 감화들로부터 이미지들로 점진적 투사에 의해서 외부성을 얻을 것이다. 그러나 여느 때처럼, 경험론의 설명은 악순환[선결문제 미해결의 오류] 속에 돌고 있다. 만일 너비가 순수 비연장적인 요소들로 이루어졌다면, 어디에서 너비가 태어나는가?[45] 그러거나 말거나 우리는 이미 추억 속에 이미 너비를 놓아야만 하고, 만일 우리가 그것의 견고한 실재성이 나오는 것을 보기를 원한다면, 이 환영(유령)에게 살을 붙여야만 한다. 자유와 마찬가지로, 또 운동성과 마찬가지로 외연(확장)은 독창적인 어떤 것이며, 갑자기[46] 그리고 전적으로 그것을 인정해야 한다. 관념들의 초기 재료를 가지고 조각들에 의해서 외연을 제작하기를 바랐기 때문에, 원자론은 외연을 도처에서 스며들게 하도록 강요되었으며, 심지어는 원자론이 그것을

---

45. MM 39, 53. 참조 : DI 71.
46. MM 145. "… 만일 우리가 단번에(d'emblée) 과거에 스스로 위치하지 못한다면, 우리는 그 과거에 결코 도달하지 못할 것이다." 참조 : MM 268.

환원한다고 주장했던 관념들 안에도! 진실한 환상[환각]의 주관주의는 실재적인 것에서는 모욕적인 것임을 덧붙여 말하자. 이 주관주의는 실재적인 것의 고유한 존엄성을 인정하기를 원하지 않는다. 그러나 가장 정합적인 꿈과 각성 시의 이미지 사이에는 본질적 차이가 있다. 주의 깊은 또 활성적인 이미지는 강화된 모방(흉내)이 아니다. 사람들이 원하는 만큼이나 꿈을 그 자체에 의해 다양화한다고 할지라도, 사람들은 결코 각성을 얻지는 못할 것이다. 이 두 세계는 동일한 질서로 되어 있지 않다. 이것들은 두 개의 다른 **도식들**(평면)에 속한다. 무능한 그림자들의 왕국을 떠나기 위하여, 일찍이 "잠 깸"의 쓴맛을 통과해야만 한다. 메가라학파의 난제들이 소크라테스가 사망하는 것을 막았으며, 아킬레스가 달리는 것을 막았다. 그러나 자유의 현기증[혼미]와 행동의 고뇌를 맛보았던 자들은, "잠들 필요가 없다"라는 것과 가장 의식이 맑은 잠으로부터 가장 여린 작동에까지 경험론의 인위적인 것들[가식들]로서는 뛰어넘을 수 없는 거리가 있다는 것을 알고 있다. 꿈과 실재성을 구별하지 못하는 것은 중심 주제가 아닌가? 이 주제 주위에서, 의사 쟈네의 환자들인 신경쇠약자들과 저혈압인들은 그들의 속내의 거의 모든 것들을 과장하여 이야기하고 있다. 겸손이 부족한 거짓 관념론자는 이 혼동을 체계적으로 세우고, 실재적인 것을 신체 대 신체로 다루기를 거부한다. 단지 이원론만이 신체 대 신체로 다루기를 수용한다. 왜냐하면 이원론은 실재적인 것에 대해 너무 높이 생각하기에 그것을 환각적이라고 선언할 수 없기 때문이다. 그리고 또 왜냐하면 추억의 불순한 성질들을 지각의 자료le donné에 뒤섞지 못했던, 이원론은 그 대가로 공간적 자료를 주체의 내부에 옮겨놓는다고 자신에게 제시하지 못했기 때문이다.

따라서 대상의 순수성과 주체의 순수성은 서로서로 연대적이다. 베르그송주의는 이미 효력이 있었을 것인데, 왜냐하면 베르그송주의는 우리에게, 진실한 관념론이 세심한 실재론 없이 진행하지 못한다고 제시했기 때문이다. 이 사실만으로 사람들은 베르그송을 비난한 비판자들의 무지를 측정한다. 그들은 베르그송이 문제들을 해결하는 대신에 분해했다고 비난하고, 이론에서만큼이나 행위에서도 불행한 "취미" 정도라고 그에게 책임을 전가한다. [그러나] 그것은 정반대이다. 베르그송주의는 "실재의 감관"을 매우 높은 자리에 놓았고, 진실로 실재론의 철학적 정당화에 기여했다. 베르그송은 지칠 줄 모르고 말하기를[47] "순수"지각은 충실하다고, 그 자체로 전달된[배송된] 순수지각은 우리를 사물 속에 위치하게 할 것이고, 그것은 권리상으로 물질과 한편이 되고, 그것이 있는 바로 거기에서 외적 대상이 지각된다[48]고 한다. 지각의 "진정성"의 문제는 똑같이 제시되지 않았는데, 그것은 주관주의적 상대주의에 의해 자극된 거짓 문제이다. 그 상대주의는 홉스에게서 태어났고, 소형모형이론Théorie de la miniature이라 불린 상대주의에 결부되어 있다. 평행론자에서 사고는 두뇌의 언어로 옮겨진 단순한 전사轉寫, transcription인 것과 같이, 말하자면 이처럼 두뇌의 운동들은 외적 실재성 속에서 펼쳐지는 동시대적 사건들을 소형모형으로 대체될 것이다. 어떻게 두뇌의 소형모형이 투사되는가? 이점에 관해서 여러 의견들과 이론들이 조금씩 복잡하게 되었다. 모방들에 대한 고대 이론 이래로 사람들은 감각적 발산물들의 점점 더 미세한 변형들을 감내해야 한다. 예를 들어 "비판적 관념론"의 체계 안에서 선천성은 매우 완전하게 왜재성을 걸러내며, 우리의 정신은 단순한 "현상들"을 수집한다. 이 지각은 이리하여 기원적인 변질이 되는데, 소우주가 두뇌현상Gehirnphänomen으로 변형되는 경우에 따라서이다. 두뇌 체계는 도구로 남아 있기는커녕 유기체의 "기관"이다. 우리가 외적 세계와 관계할 수 있게 하는 이 기관은 우리를 세계와 따로 떼어놓는 화면이 된다. 이 지각은 거짓말하고, 과학[주]지주의는 단지 이 거짓말들과 잘 연결된 체계일 뿐이다. 이처럼 두뇌 관념론은 불가피하게 자기 뒤에 회의주의를 끌고 있다. 주관주의의 뿌리에서 사람들은 다른 편견을 발견할 것이다. 그것은 외재성이 그 자체로 두뇌 안에서 환원되어 기입되는 것이고, 사람들은 흔적들 또는 앤그람(머릿속 흔적) 속에서 매우 압축되었지만 충만한 외재성을 이론적으로 재발견하는데, 외재성이 두뇌에 기입한 앤그람이란, 사람들이 사진사가 사진기 조준기 속에서 충만한 풍경의 소모형을 관찰하는 것과 같은 것이다. 그러나 그 충만한 풍경은 이미 사유로부터 온 것이고, 표상 그 자체이다. 위치화 연구

47. MM 여러 곳.
48. MM 49.

를 통해서 우리는 위치화 작업이 피질 속에 자리를 차지하지 못하고 있다는 것을 잘 안다.[49] 따라서 소우주가 두뇌 속에 수입된다는 것을 설명하기 위하여 소형모형이론은 주관적 정교화 작업에 예상참여하고, 그리고 사유 자체를 가정한다. 가설상 이 사유는 뇌의 기입 다음에 생겨났음이 틀림없는데도 말이다. 사람들은 어쨌든 앤그람이 어떤 방식으로든 신체적 대행자와 닮기를 바란다. 그 대행자는 앤그람을 규정하는데, 그렇게 하는 이유로는, 완고한 인간형태주의가 우리들이 정신적인 것을 물질화하면서 신체적인 것을 미리 정신화했을 것을 요청하기 때문이다. 우리 스스로도 모를 정도로, 우리는 두뇌 속에서 거울과 같은 어떤 것을 본다. 그 거울에서 독창적인 것(원본적인 것)이 다소 충실하게 반영될 것이다. 그리고 마치 이 독창적인 것이 반영되는 대로, 우리는 그것을 질적인 것으로서 이미 짐 지고 있었고, 상응하는 자극을 얻기 위하여 축소된 그것을 [다음에] 가정해야 했을 것이다. 진실한 이원론을 가정하지 않는다면, 사람들은 외재성과 징신 사이에 충분히 큰 간격을 두지도 못하며, 반면에 사람들은 물질에 대항하는 내재성을 충분히 보호하지도 못한다. 그러나 우리가 보았듯이 두뇌는 유예 기관일 뿐이다. 유예 기관이란 운동을 멈출 것인가, 선택할 것인가에 운명이 걸려 있다는 점이며, 반작용의 에너지를 축적할 것인가라는 점이다. 그런데 사람들은 여기서 지연의 메커니즘들을 발견하기는 하나, 그러나 소형모형들에 닮은 것은 또는 소형표시딱지들에 닮은 것은 아무것도 없다. 즉 더 많은 것이 있다. 앤그람과 인상과의 연관, 두뇌와 심리의 연관은 모델과 이미지의 연관이 아니다. 그 이유는 지각이 필연적으로 진솔하기 때문이다. 소형모형 이론처럼 모방이 있는 거기에 또한 변질이 있을 수 있다. 닮음(유사)이란 것이 신경체계가 변형[왜곡]되는 만큼 환경의 시련을 감당할 때, 모조품[모조작업]은 닮음과 더불어 주어진다. 만일 사람들이 "유입하는 분비액[영액靈液]"un influx afférant의 관념을 또는 주체를 향한 대상의 타동적 행위의 관념을 거부한다면, 지각은 권리상으로 바로 진정성이 된다. 왜냐

---

49. 형태심리학(Gestalt) 이론가들, 퀼러와 베르트하이머는 "이차적 유입"을 환기시키면서, 감각적 성질들의 독창적 질서(l'ordre original)를 설명하기를 정확하게 시도할 것이다. 그런데 관념 연합론자는 흩어진 요소들의 투사처럼 이해하는 것과 달리 이 질서를 이해하는 것을 거부했다.

하면 지각은 그 자체로 외재성이기 때문이다. 감관들이 우리를 사물들 가운데 자리를 차지하게 하는데, 감관들이 어떻게 우리를 속일 것인가? 만일 이미지가 모방이라면 즉 실재적 원형의 매개적 투사라면, 오류는 가능하다. 왜냐하면 표본의 성질[예시된 것의 특성]은 항상 상대적이기 때문이고, 패러다임이 이미지로 흩어지는 궤적 위에서는 거짓[허위]를 위한 자리가 있기 때문이다. 따라서 앤그람과 신체적 대행자 사이에서 표본적인 상사의 탐구는 가장 수상쩍은 모습[변형과정]들 앞에서 무장해제 된 정신을 그냥 내버려 둔다. 그리고 여기에서 자주 일어나는 것처럼, 의심은 체계적인 동질성의 보상이다. 반면에 순수하게 도구적 역할을 두뇌에게 남겨 두어서, 사람들은 감관들이 거짓말하지 않는 또 흔들리지 않는 확신을 얻는다.

비슷한 생각들이 러시아 철학자인 로스키가 공언한 "직관주의적" 인식형이상학의 토대를 형성한다.[50] 베르그송처럼 로스키는 조잡한 실체주의에 반대하여 항의했다. 왜냐하면 이 실체주의는 지각의 명증성과 인식 전반의 명증성을 치유할 수 없을 정도로 뿌리 뽑혔기 때문이다. 전적으로 베르그송주의자인 그 러시아 철학자의 중심사상은, 이제 **자료**le donné가 **방해받지 않아서** 우리 속으로 **침투**할 수 있다는 것이다. 곧바로 이어서 우리는 그것에 대해 인식한다는 것, 그것은 유기체적인 감각운동기관들에 의해 걸러진 분신(즉, 소형모형, 현상 또는 모방)이 아니며, 오히려 그것은 **사실 그 자체**이며, 독창적인 것 그 자체, 즉 **포드리니크** *podlinnik*이다. 이런 의미에서 원초의 질들만이 있을 것이다. 무매개물의 실재론에서 러시아 사유의 근본적 특징을 인정해야 한다. 그리고 톨스토이의 객관성은 그 것[러시아 사유]의 귀결이 아닌지를 누가 아는가? 그러나 베르그송은, 기억이 물질과 공통분모가 없다고 하는 신경 병리학에 의해 정확하고 잘 확립된 관념으로부터 출발하여, 순수 지각을 근본적으로 내재성으로부터 몰아내는데, 이에 반

---

50. Nicolas Lossky, *Le Fondement de l'intuitivisme* (en russe), 1906. 러시아 학술지 *Logos* (Prague, 1925)에 실린, 「동일자, 철학적 방법으로서 관조」(Du même, La contemplation comme méthode philosophique). 프랑크(Simon ou Siméon Frank)의 존재 논리주의는 베르그송주의로부터 훨씬 더 멀리 있다.

해 로스키는 몇 가지 형이상학적 선가정들을 인정하고, 두 개념을 참석하게 한다 [드러나게 한다]. 즉 주체le sujet와 작동l'acte이다. **주체**는 무매개적으로 "초월적 주체의"transsubjectif 대상을 "관조한다." 그리고 인식한다는 것의 황홀한 **작동**은 초월적인 독창적인 것[원본]은 그 자체가 지탱하는 공간을 떠나지 않고서 주체에 내재하게 되는 기적을 실현한다. 따라서 독창적인 것은 우리의 의식 속에서 여전히 다소 변조된 그 자체의 반영을 투사하기는커녕, 우리의 밖에서 현재하고 있으며, 상식이 그것을 원하는 대로, 우리 속에 **동시적으로** 나타난 것은 사본[예시본] 그 자체이다. 고전적 관념론은 대상을 흡수한다. 새로운 실재론은 인식 가능한 사물들의 우주 안에서 그 사본을 내버려 둘 것이다. 이 개념작업의 관심은 우리로 하여금 다음 생각을 끊게 한다. 이다음 생각이란 마치 주지주의적 오만이 우리에게 그렇게 믿게 하는 것처럼, 인식은 점진적인 동화이며, 실재적인 것의 이해(소화)이며, 우주의 빨아들임이라는 생각이다. 인식적 관계는, 또는 로스키가 말한 대로 "인식형이상학적 배열"은 절대적으로 독창적이고 특수한 어떤 무엇이다. 그것은 셸링이 이 단어에 부여했던 의미에서 **마법**이며, 멀리 있음과 산만한 논의의 저주를 피하는 일종의 거리를 둔 행위(원거리 행위)l'action à distance이다. 대상은 저기에 있으며, 또한 인식의 주문un sortilège에 의해 대상은 순간적으로 정신 속에 있다. 이리하여 빛은 비추고, 따라서 빛은 자기로부터 벗어남이 없이 또 바깥의du dehors, θύραθεν 사물들 속에 자리 잡지 않고서, 대상을 둘러싸고 있는 것을 밝게 한다. 언제든 편재함과 어느 곳이든 편재함의 상징 자체인 것으로서의 그 빛은 발산하는 불꽃[중심]이며 동시에 빛을 발하는 방[환경]이 아닌가? 또한 그러한 플로티노스의 일자는 그 자체가 스스로 소외되지 않고도 피조물들로 흘러나가고. 실재론은 점진적인 정교화 작업의 편견을 믿지 않고서도, 진실한 인식에 대하여 이렇게 겸손을 회복한다. 우리는 자료를 합병하지 않으나, 무매개적이고 어느 정도로는 신비적인 작동에 의해 그 자료를 신임하여 받아들인다. 초합리적인 외재성의 수용은 신경쇠약자[파라노이아 환자]에게 최상의 치료제가 아닌가? 그럼에도 사람들은 로스키가 난점을 해소하기보다 더 많은 난점들에 이름 붙였다는 것도 또한 안다. 베르그송, 그 자신은 "그 한계를 통과한다."passer à la limite 동질성의 변증법은 추억과 이미지 사이에 개입하는 이 모든 이전작업들을 무한정하게 뛰어넘으면서, 추억은 자아의 표면에서 지각 뒤로 물러선다. 만일 지각의 작동은 자아를 그 자체 바깥으로 놓는다면, 그 자아는 아무것도 지각하지 않는다. 이는, 마치 소크라테스가 결코 운명하지 않을 것이라고 하는 것처럼. 만일 소크라테스의 삶이 죽음의 그 안에서 임의적으로 이번을 마지막으로 위치하고 있다면 이란 가정에서 말이다. 그런데 그 변조la mutation는 도달한다. 만일 정신이 유아론이라고 단죄받기를 원하지 않는다면, 자기에게 황홀했던 정신은 지각에 의해 물질의 핵심에 자리 잡는다. 사람들이 지속을 순간들로 더 이상 구축하지 못하듯이, 사람들은 기억의 가벼운 환영들을 조금씩 압축하면서, 견고하고 실재적인 너비(길이)를 더 이상 얻지 못할 것이리라.

다른 사람들은 베르그송이 기회가 있을 때마다 터뜨리는 자료에 대한 존중을 진지하게 이의 제기할 수 없어서, 이들은 베르그송의 "혼합주의"를 비난하기를 더 좋아한다. 이들 강한 정신들[51]은 직관의 철학에게 이성에 의하여 그려진 모든 한계들을 해소하는 해로운 취미라고 쉽게 비난한다. 예를 들어, 크로네[52]는 "생물학주의"가 유기체적 생명의 생성에서 사유의 형식들을 물에 빠져 죽게 했다고 고발하고, 그리고 용도상으로뢰쓰임새로 보아] 정신의 분절들les articulations, χρίσις 보다 주의 깊은 비판주의 철학을 선호했다. 그러나 베르그송주의 또한 이런 의미에서 바로 비판적일 것이다. 베르그송주의는 **실재성의 도식들**의 철학이다. 어느 곳에서도 중첩된 도식들의 구별이 그만큼 중요한 역할을 행하지 못했다. 사람들은 삐에르 쟈네가 "심정적 수준"[53]에 대해 자주 말했다는 것을 안다. 그리고 사람들은 그가 이 수준의 왕복 진동들에 의해서, 다시 말하면 심리주의의 변하는 긴장에 의해서, 신경쇠약 장애[혼란]들을 설명한다는 것을 안다. 다른 한편, 모나코

---

51. Frédéric Rauh, 'La conscience du devenir', *Revue de métaphysique et de morale*, 1897~1898. 그리고 Heinrich Rickert, *Die Philosophie des Lebens* (Tübingen, 1902). 릭케르트는 게오르그 짐멜에 반대하여 "형상"의 권리들을 가치 있게 했다.
52. Richard Kroner, *Zweck und Gesetz in der Biologie, eine logische Untersuchung* (Tübingen, 1913), pp. 49~59.
53. Pierre Janet, *Les Obsessions et la psychasthénie*, 1903, t. I, pp. 496~498.

프와 라울 무르그는 신경학자인 휴링스 잭슨에게 이런 생각을 빌려온다 : 즉 병적 성질은 상위 수준에서 하위 수준으로의 퇴행에서 설명된다는 생각이다. 그러나 베르그송은 처음으로 이런 생명의 위계에 질적이고 정신적인 의미를 부여하였다.[54] 심정적 생명의 두께는 시간과 기억의 효과가 될 것이라는 연속된 침전화 과정으로부터 결과되지 않는가? 베르그송주의는, 순수하지 않은 중간 형태들을 제거하면서, 우리에게 구체적 경험을 제공하는 지각-추억의 혼합을 해체하면서, 층들로 이루어진 우주들을 할 수 있는 한 최대한으로 따로 떼어놓으려고 노력한다.[55] 사람들이 그것을 곧 보게 될 것이지만, 한계[극한]들일 뿐인 순수 추억과 순수 지각은 베르그송의 비판주의에 대해 자연적인 혐오를 드러내는데, 그의 비판주의가 정신적인 것의 위계적이고 수직적인 유기조직화를 뒤섞어 버리는 데 있다는 것이다. 확실히 베르그송주의는 자기 대상을 흡수하는 직관에 도달할 것이고, 모든 요소들이 나의 전인격에 관해 표현적 증거를 지닌 기억에 도달할 것이다. 그러나 사물들의 상호 외재성이 서서히 해소되는 내재성의 우주를 발견하기 위하여, 순수화하는 반명제들의 불과 날카로운 충돌들의 불이 가로질러 가야만 했다.[56] 예를 들어 기억의 두 수준들은 ─ 그림 같이 펼쳐지는 추억들의 기억과 운동들의(또는 습관의) 기억 ─ 마치 과거와 현재의 연관처럼 한 기억과 다른 기억의 연관이 있는 두 가지 생명적인 음색들을 표상한다. 그 생명색이란 여기서는 [생명의] 음질la tonalité임과 동시에 [생명의] 긴장la tension이다. 정신의 두 가지 두뇌 반구는 근육적인 "음질들"만큼이나 이들 사이에 대립되어 있으며, 그들의 대립은 심리기제의 변할 수 있는 "긴장들"이 되었다. 이 심리기제는 꿈의 완전한 이완(느슨함)과 상연 하는 또는 "주의 깊은" 행동의 조심스러운 긴장le tonus 사이에서 왕복운

---

54. MM ix, 108, 177, 268, 279. 또한 Le Roy, 'Sur la logique de l'invention', *Revue de métaphysique et de morale*, 1905, p. 204. 그리고 Maurice Blondel, *La conscience morbide*, 1928. 베르그송의 작품 ES, 95, 160에서, 그 피라미드의 문제가 있는데, [유기체의] 감각-운동하는 현재는 피라미드의의 그 꼭대기이다. 참조 : Guyau, *La genèse de l'idée de temps*, 1890, p. 55. 애정적 지층화의 개념은 막스 셸러에게서 큰 역할을 한다.

55. MM 60, 87~88. 참조 : 제7판 서문.

56. 반명제의 변증법에 관하여, 다음을 보라. Joseph Louis Paul Segond, *L'intuition bergsonienne* (Paris, 1913).

동하고 있다. 방심하는 기억에서 긴장하는 지각까지, 뛰어넘을 수 없는 거리가 있는 것으로 나타난다. 그러나 정신적 종합들이 심히 악화된 다양체들 위에서 조성된다는 것을 우리가 알지 못하는가? 조화는 위기의 순간에, 다시 말하면 가장 큰 구별의 순간에 항상 탄생한다. 그리고 우리에게 이제 마땅히 설명되어야만 하는 것은 이런 탄생이다.

만일 이런 이유로 순수 지각이 사물들과 대등한 입장으로 우리에게 자리 잡는다면, 이것은 불가능하게 되는 오류이다. 지각주의는 과학의 진리를 설명하지 못했고, 과학의 성과를 가지고 (우발적) 사고를 만들었다. 이제는 우리의 감관 (의미)이 여전히 이유 있다고 억지로 강요받게 된다. 지각은 그것 자체의 명증성에 갇힌 죄수이다. 그러면 사물들에 대한 우리 인식은 어떻게 항상 진리인가? 오류는 두 가지 방식이 가능하다. 1) 행동을 위하여 그리고 우리 필요의 만족을 위하여 만들어진 지각은 실천적으로 외적 세계의 작은 몫에만 관심이 있다. 지각은 우선 우리를 속이는데, 지각이 자기 자신의 것을 물질성에 덧붙이는 것이기 때문이 아니라, 반대로 **지각은 물질성의 어떤 것을 잘라서** 해결하기 때문이다. 이것이 로스키가 표현하고자 한 것인데, 그의 편에서 보면, 그가 실재성을 **대상들**로부터, 그리고 지각을 **내용들**로부터 구별하기 때문이다.[57] 지각은 모든 실재성을 사로잡지 못한다. 그럼에도 불구하고, 지각은 그것이 [현재] 있는 것인 바로 그것이며, 부분은 거짓이 아니다. 사람들이 오류에 대해 말할 수 있기 위해서는, 부분과 전체의 혼합이 있었다는 것이 필수적이다. 왜냐하면 모든 오류는 판단과, 구별의 작동을, 또는 비교의 작동을 내포하고 있기 때문이다. 2) 이런 이유로 순수 자료의 진솔함을 변질하게 하는 것은 사고가 기여하는 것이다. 우리는 그것을 어떻게 이해해야 하는가?

실천적으로 베르그송의 "천성주의" le "nativisme"는 주관주의적 철학의 결론과 재결합한다. 선천성이 있다. 그러나 오류의 근원은 지각 자체가 아니다. 왜냐

---

57. Nicolas Lossky, *Obosnovanité intuitivisma*, 3판 (Berlin, 1924), pp. 87~89. 'Du même, Esquisse d'une théorie intuitiviste de la connaissance', *Revue philosophique*, 1928, I, pp. 63~65 ; 참조 : *L'Intuition, la Matière et la Vie* (1928), pp. 15, 28~30.

하면 순수 지각 안에서, 우리의 정신이 자기 바깥에 전적으로 어떤 종류의 것으로 있기 때문이다. 오류의 근원은 기억이다. 그런데 "진상"이 있다고 말하는 것과, 그러나 왜냐하면 주체가 그 자신이 건드리는 모든 것을 변형하기 때문에, 주체가 그것의 어떤 것도 수집하지 못한다고 말하는 것과는 분명하게 전혀 다르다. ― 또는 추억들의 핵심에서 착각의 원리를 억제하면서 정신 속에 진리를 안착시키는 것도 분명하게 전혀 다르다. 외재성은 인간화되고, 반면에 인식은 자연화된다. 이 둘 모두는 순수 지각의 탄생하는 확장[외연]에서 서로 만난다. 그러나 순수 지각은 물질보다 더 좁고, 또한 기억보다 더 좁다. 살 없는 추억들은 신체를 가지기를 원하며 지각들 위에 스스로 침전한다. 영혼 없는 지각들은, 이것들 편에서 보면, 정신을 간청하고, 이것들의 무감동한 충실성을 상실한다. 이런 만남으로부터 구체적 지각이, 즉 현실적으로 현존하는 유일한 지각이 탄생한다. 기억의 침입은 사물들에 관한 그것의 증거를 변질시켰다. 그리고 사람들은 베르그송의 이원론을 비난하지 못하는데, 이 이원론이 혼합된 지각 가운데서 추억과 지각된 것의 전체적 동거를 미리 설명할 수 없게 만든 것인데도 말이다. 이 불가능성은 주지주의에서만 현존하며, 변화의 내밀하고 역설적인 자연(본성)la nature이 주지주의에는 침투할 수 없어서 [밖에] 머물러 있다. 그러나 이 정신은 이 모순들에 대해 공연[상연]한다. 내가 무엇을 말하지? 정신은 모순들을 가지고 자신의 영양분으로 삼으려 하고, 이리하여 정신적 삶 전부는 모순에 관하여 기적적이고 또 연속으로 이루어진 승리처럼 나타난다. 휘발성 있는 추억의 구현, 너비 있고 물질로 된 무거운 이미지의 승화, 이러한 것은 그런 이유로, 감각[58]이 매 순간에 조작하는 기적이다. 게다가 진실로 기적이 있는가? 추억은 순수 질이다. 추억은, 마치 추상 개념이 하는 것처럼, 이미지들의 선명함에 저항하지 못한다. 추억의 극단적인 흩어짐(산란)은 모든 모습 각각들을 부른다. 추억의 부서지기 쉬운 개별성은, 지각에

---

58. 프랑스 심리학의 어휘사전에서 감각(la *sensation*)이란 명사는 오늘날 베르그송이 "순수 지각"이라 부를 것과 구별하는 데 오히려 사용되었으리라는 것을 주의해야 한다. 지각(la perception)은 반대로 우리에게 있어서 추억들로부터 자라난 해석된 감각일 것이다. 『물질과 기억』에서, 마치 감화(affection)가 운동에 대립되듯이 감각은 표상적 지각에 대립된다. 참조 : Pierre André Lalande, *Vocabulaire technique et critique de la philosophie*, 1927, 감각 항목.

고정되기 위하여, 지각의 견고한 일반성들을 노린다. 무엇보다도 **정신적인 것**의 심층을 존중하기에 염려하는 베르그송주의는, 수평적 운동보다 수직적 이중운동에 훨씬 더 주의를 기울인다. 수직적 이중운동이란 [원뿔의 도식에서 기억 운동인데] 위에서 밑으로, 그리고 밑에서 위로 운동이며, 반면에 수평적 운동에 따르면 추억들이 서로 연결되어 이어지는 것이다.[59] 베르그송주의는 관념들의 직선적인 연합에는 거의 관심을 가지지 않는다. 따라서 인식의 선천성은 결정적 형식 속에는 남아 있지 않다. 이 형식은 자료 전체를 미리 그리고 치료할 수 없을 정도로 변질시킬 것이다. 개인적 기억의 총체성은 "기분"의 탄력성(자극성)에 따라서 다양하게 우리의 경험에 색깔을 입힌다. 그리고 영속적으로 우리의 행동을 시달리게 하는 과거의 찢어진 부분을 통하여, 우리는 사물들의 진실한 본성을 일시적으로 좋아진 상태에서 잠시 들여다본다. 인식의 뿌리에는 기원적이고 치명적인 악이 있는 것이 아니라, 단지 항상 점진적인 작업[노동]이 있다. 이 작업에 의해 추억과 지각은 스스로들을 재발견하기에 힘쓴다. 사람들은 베르그송에게서 **태어나는 행동**의 관념이 어떤 역할을 하는지 안다. 이러한 표현은[60] 베르그송주의 안에서 사물들의 일반화에 참여하기 위하여, 대립된 것이 조화를 이룰 것이라는 느린 성숙을 따르기 위하여, 추억이 운동이 될 것이라는 또 관념의 무관심이 행동의 실용주의를 변형시킬 것이라는 정확한 지점에 끼어들기 위하여, 영속적 노력으로 번역되는 것 같다. 가장 큰 반대 사항으로부터 이처럼 가장 내밀한 혼용이 태어

---

59. 참조 : 이 주제에 관하여, Maurice Halbwachs, *Les Cadres sociaux de la mémoire*, 1925, pp. 67, 82~83. 이 중요한 저술에서 알박스는, 어떻게 추억이 전혀 닮지 않는 어떤 것을 재결합하는지를 이해하기를 거부한다. 추억의 동질성과 추억의 지적이고 공간적인 틀의 동질성은 [추억의] 소환을 조건 지운다.

60. 리보에게 이미 친숙한 이 표현은 화학자들의 어휘에서 빌려온 것 같다. 의사 라울 무르그는 이런 이유로 그 표현의 중요성을 강조했다. 참조 : 앞의 글, *Revue de métaphysique et de morale*, 1920, pp. 37, 42. 지적 작용에 관하여 보다 훨씬 더 멀리 있게 될 문젯거리인 **역동적 도식**(le schéma dynamique)은 태어나는 상태의 가장 좋은 예이다. **생명도약**(élan vital)은 동일 질서인데, 만일 그것이 심리학적 질서를 말한다면 말이다. 그런 그것은 개별성을 뛰어넘는다. 결국 애정적[감화적] 감각들은 태어나는 반작용들이다. "태어나는 운동"의 관념에 관하여, 1929년 1월 26일 프랑스 철학회 회기에서 "도덕성과 생명"(La moralité et la vie)에 관하여 『프랑스 철학회 회보』(*Bulletin de la Société française de Philosophie*, 1929) p. 5에 실린 빠로디(Dominique Parodi)의 천재적인 논평을 참조하시라.

난다. 이것은 평행론인데, 그 평행론은 공생을 가지고 언제까지나 이해할 수 없고 또 우연에 근접하게 한다. 그러나 이 평행론은 심리학적으로 부대현상이 아니다. 그리고 모두는 생명체에서 내재적이고 유기체적인 **필연성**으로 진행한다.

사람들은, 근대 심리학이 이 단어[지각]에 부여하는 정확한 의미에서, 구체적 지각은 착각의 가장 관대한(가벼운) 형식이라고 말할 수 있을 것이다. 만일 우리가 외적 세계를 "진실한 환각"으로 취급한다면, 그것은 외적 세계의 과오가 아니고 우리 자신의 과오이다. 외적 세계는 우리의 지각과 잘 일치한다. 그러나 우리의 지각은 기억의 심층으로부터 물질의 탐문 중에 있는 "편견들"의 떼거리를 끌어낸다. 왜냐하면 기억은 편견들의 상점들이기 때문인데, 만일 사람들이 편견에 의해 선천성의 어떤 종류를 이해하는 경우에서 그렇다. 그 선천성은 영원히 고정된 지적 형식이 아니라 나의 과거에서 구체적으로 충만 된 것들이다. 사실상 그것은 해석된 지각일 뿐이다. 왜냐하면 우리의 과거는 **그림자처럼** 우리의 행위를 따르기 때문이다. 그리고 그것은 주관주의자들이 "순수"지각을 인정하는 것을 막고 있는 그 무엇이다. 그러나 베르그송은 유아론자의 중복법ce pléonasme을 회피한다. 미국의 신실재론은, 이 순간에서부터 경험들을 가득 채운 추억들과 관념연합들이 물질의 절대적 직관을 필연적으로 배제하지 않는 순간부터, 이 중복법을 우리에게 경계시켰다.[61] 착각의 실체는 자아에 속하지 않는다. 그리고 이것은 진리치가 아니고, 반대로 종합적 판단이다. 이 종합 판단은 진리의 핵심을 착각주의자의 기억에다가 종속시키는 것으로 주장하는 것이며, 착각주의자의 기억은 그것의 뿌리들을 특성의 깊이(심층)에 밀고 가는 것이다. 따라서 베르그송주의는, 약간은 마치 버클리의 유명론과 같으며, 습관과 관념연합의 "암시들"의 무매개적 자료를 해소하기 위한 일종의 노력이다. 예를 들면, 버클리가 그의 저술인 『새로운 통찰론을 향한 시론』*Essai d'une nouvelle théorie de la vision*(1709)에서 다루었던 시각적 착각들의 매우 우아한 설명이 잘 제시하는 그것이다. 말하자면, 베르그송주의는 **전복된** 지각주의이다. 감각적 "관념"은 밖에서 순수하게 생성되는 것이다. 그러나

---

61. 참조 : Ralph Barton Perry, 'Le réalisme philosophieque en Amérique', *Revue de métaphysique et morale*, 1922, p. 139.

베르그송에게서도 버클리에게서도, 감각들이 그 자체들에 의하여 거짓말하는지를 스스로 자문하지 않는다. 양자는 감각적 복제품의 관념을 거부하다. — 베르그송에게서는, 왜냐하면 그가 순수 지각의 절대적 진지성을 주장하기 때문이다. 버클리에게서는, 왜냐하면 그가 정신의 외부에 있는 원형적인 전형을 제거하기 때문이다(그러나 독창성의 독점을 지각하는 것이 또한 작동에 유보하는 방식은 아닌가?). 버클리가 관찰하듯이, 대상들이 내부에서 망막 위에 그려지게 될 때, 사람들은 왜 우리는 바깥에 있는 대상들을 보는지 자문한다.[62] 이 질문은 어떤 의미도 없으며, 그리고 말하자면 이 질문은 우리가 상상적 원형으로부터 그것의 소형모형에까지 굴절된 빛살들의 진행을 머릿속에서 따르는 것에서 온다. 그러나 보고 있는 눈은 보면서 보여지는 것이 아니며, 굴절된 이미지는 단지 첫째 시각을 관조하는 둘째 시각에서 보면, 다시 말하면 첫째 시각이 안에서 보는 것을 밖에서 보는 둘째 시각에서 보면, 반대로 있다. 엄격한 의미에서 지각에 속하지 않는 모든 것은 그것에게[눈에게] 경험적인 부속연결에 의해 암시되었다. 그리고 버클리가 두 계열의 깊은 이중성을 확립하는 데 수고하지 않았더라도, 그럼에도 불구하고 그는 순수 자료로부터 사람들이 경험의 "조건적" 요소들이라 부를 수 있는 것을 따로 떼어내기 위하여 정열적인 노력을 하였다. 결국 몰리늑스의 외과수술을 받은 자는 베르그송의 입장에서 순수 지각의 경험을 행하지 않았던가?

따라서 혼합된 지각과 순수기억 사이에는 **함축된** 차이와 **자유로운** 착각을 구별하는 차이가 있다.[63] 자유로운 또는 육체와 분리된 추억은 **나의** 인격 전체를 증거한다. 그리고 그런 이유 때문에, 추억은 나의 전인격과 더불어 나의 착각들을 전달하다. 착각은 경험의 일상적 빵(일용할 양식)이다. 지각이 오랜 이래로 죽어 있었을 때라도, 착각은 또다시 말한다. 착각은 실재성이 [재료를] 제공하기를 그만

---

62. Berkeley, *Essai d'une nouvelle théorie de la vision*, trad. Beaulavon et Parodi, 특히 §67 이하 (pp. 42~59). 그러나 다음을 참조 : MM 239~240.

63. 우리는 "묶인 추억"(gebundene Erinnerung)이란 표현에서 회프딩의 의미와 동일한 의미를 이 단어들에 부여한다. 사람들은 회프딩은 지각을 "무매개적 재인식"이라 정의했다는 것을 안다 ('Über Wiedererkennen, Association und psychische Aktivität', dans *Vierteljahrsschrift für wissenschaftliche Philosophie*, 1889와 1890, t. XIII, XIV. 다음을 보라 : DI 98.

146 깊이 읽는 베르그송

두는 바로 거기서 작업한다. 혼합 지각은 그 자체로 우리 착각들의 영속적 주석(해석)일 뿐이다. 지각은 그것의 영혼을 착각에 빚지게 한다. 마치 지각이 그것의 신체를 사물에 빚지게 하는 것처럼 말이다. 따라서 착각은 현재가 배반하러 오는 것들(영혼과 신체)의 도피일 뿐만 아니라, 착각은 지각된 것을 우리의 소유로 가득 채워 놓았다. 착각은 친숙성 있는 우주 속에다 우리를 위치시킨다. 그 우주에서는 아무것도 우리의 경험에, 우리의 기억에 무관심한 경험에, 침묵으로[벙어리로] 있지 않는다. 그 인식은 재인식이 된다. 섬세하고 훌륭한 공감들의 그물망은 정신을 실재적인 것에 묶어 놓는다. 그리고 심지어는 우리는 사물들의 보편적 음모에 더 이상 저항하지 못한다.

제3절 예지작업

가끔 자발적으로 기억은 자기의 정신적 능력을 지각된 것을 향해 행사한다. 이해하다를 위한 노력은 추억과 이미지의 상호 인력[끌기]의 잠재력을 날카롭게 하면서, 특히 추억이 합체[동화]되는 하강 운동을 밝힌다.

"예지작업"[64]은 모든 태도들 중에 강도 있는 태도를 표상한다. 이 태도는 우리가 채택한 것으로, 우리가 공격적인 진행방식으로 사물들의 정신적 두께를 관통할 때이다. 이것이 노력인데, 도식들의 중첩과 심층의 차원을 표현하는 단어로 바더Franz Baader가 **관통력**Penetranz, la *pénétrance*이라 불렀던 것이다. 왜냐하면 '**이해한다**'는 것, 이것은 모리스 블롱델이 말한 것처럼 **정복한다**는 것이며, 의미상으로 강화된다는 것이다. 예지작업 그 자체는 관통하는[통찰하는] 직관들의 어떤 합류이다. 그런데 우리의 예지un intellect는 정확하게 두 가지 태도들 사이에서 선택이다. 두 가지란 휴식하면서 외연적인 태도, 그리고 강도 있는 진행 방식들이다. 이

---

64. 『철학 지』(*Revue philosophique*)에 실린 「지적 노력」(L'effort intellectuel, 1902)은 ES 153~190에 재수록되었다. 참조 : Le Roy, *La Pensée intuitive. Le problème de Dieu*, 1929, pp. 74와 그 이하. 또한 Max Scheler, *Vom Umsturz der Werte*, 1919에 수록된 'Die Idole der Selbsterkenntnis', t. II, pp. 117~120.

태도의 덕목 덕분에 말하자면 예지는 사물들의 표면에 멈추며, 반대로 이 진행 방식들은 반투명적이고 침투할 수 있는 완전한 능력이 있는 빛의 표면을 예지가 파고들게 한다. 예지는 이 정복하는 덕목을 직관의 협력에 빚지고 있다. 이 직관의 협력 없이는 가능한 사유의 운동도 없고, 진보도 없고, 따라서 예지작업도 없다. 그리고 이렇게 말해도 좋다면 사물들의 기하학적 도식에 관념적으로 수직적인 직관적 관점은 실재적인 것의 피질 위에 자리 잡은 완전히 시각적인 관점에 정확하게 대립된다. 이해하기 위한 노력은 **깊이**가 있다. 왜냐하면 그 노력은, 평평한 현실성에서가 아니라, 오히려 그것의 부피 있는 충만과 그것의 입체감에서 생명을 위하여 이루어졌기 때문이다. 주위를 도는 것이 더 이상 아니라, 침투하는 것이 중요하다.[65] 그러나 침투하는 사유는 예지작용에서 반성의 형식 아래 우리에게 생명적인 것에 관하여 정신적 에너지의 역설적 방향 정립을 묘사하도록 허락한다.

이런 이유로 이 문제의 통속적 해답은 우리에게 **회고적 착각**의 놀라운 예를 제공한다. 공통의 지혜에서 '이해하다'란 본질적으로 기호로부터 기호화된 사물로, 단어에서 의미로, 상상된 지각들에서 추상적 관계들로 간다.[66] 이것은 분명히 물질적 특징들과 물질적 소리들이며, 그리고 껍질과 외피를 의미 있게 하기 위하여 소리의 껍질과 글자표시의 외피에 구멍을 내는 것이 중요하다. 그런데 예지작용은 기호로부터 의미 있는 사물로 가는 것이 마땅하다. 왜냐하면 정신에게 가장 안락한 조작은 단순한 것을 가지고 복잡한 것을 제작하는 조작이다. 예를 들어 모호한 그리스 번역본과 더불어, 어려운 번역과 실랑이한다고 가정해 보자.

---

65. Plotin, *Ennéades*, III, 8, 6 (유랑하다[περιπλανώμενοι]) ; VI, 9, 3 (바깥으로 돈다[ἔξωθεν περιθέοντας]).

66. ES 169~170. 게다가, 사람들은 실천적으로 언어적 근접작업처럼 이 믿음을 바라볼 수 있다. 들라크루아가 주석을 단 대로 의미에서 기호로 이행은 일반적으로 매우 순간적이어서 의미는 곧바로 언어에 무매개적으로 동조하는 것으로 나타난다. 게다가 이 들라크루아의 논평은 운동 도식(le *schème moteur*)이라는 베르그송의 관념을 겨냥한 것이다. 여기서 운동 도식은 [신체 내부의] 운동 인식에서 매우 큰 역할을 한다. 많은 경우들에서 언어는 사유를 직접적으로 고정시킬 것이다(*Le Langage et la Pensée*, 1924, pp. 405, 442). 더군다나 운동 도식은 MM 속에서보다 노력에 관한 논문[지적 노력]에서 덜 중요한 역할을 한다.

원문이 **이해되었을 때**, 그것은, 단어들에 연이어 가치를 부여하기 위하여, 비의적인héméneutique 운동이 단어들에 후원[지지]했던 것으로 우리에게 나타난다. 왜냐하면 오직 단어들만이 우선 무매개적으로 주어지기 때문이다. 우리의 눈은 기호들을 보는 것이지 의미화를 보는 것이 아니다.

사람들이 착각을 보듯이[알듯이], 그 착각은 사실들 이후에 옮겨지는 것이다. 이때는 노력의 과정이 모든 심리학적 에피소드들을 전개했을 때이다. 그리고 착각은 체험했던 사실들의 생명적 질서를 재구축된 개념들의 논리적 질서와 혼동하는 것이다. 은밀한 전복un renversement이 있다. 이 전복 덕분에, 사유의 추상적 잔여(잉여물)인 기호들은 사유 자체의 유기체적 **배아**가 될 것이다. 왜냐하면 우리가 이해하려고 애썼던 순간에, 말하자면 **이루어진 동안에**, 사물들은 반대 방향으로 지나간다. 기호들은 단순히(플라톤의 변증법에서 약간은 감각적 현상처럼) 환기시키고 우연적인 기회의 역할을 했다. 그 역할은 [기호들을] 조각조각으로 만들고 촉발하게 하고, 그리고 해석적 흐름에 방향을 잡는 데 쓰인다. 그러나 정신의 진실한 출발점은 기호화된 것(기의) 그 자체 안에 있었다. 또는 더 좋게 말하자면 선현존하는 관념 안에 있었다. 이 관념을 우리는 우리의 감관들에 의해 지각된 기호들과 대립각을 세우고자 작업한다. 그렇지 않으면, 소리들이 이미 그 자체적으로 기호 표시화로 되었다는 것을 믿어야만 하고, 그리고 정교한 요소들과 또는 우리가 말했던 개념-판단들과 닮은 소리들이, 이미 그 소리 자체들에 의해, 제작하는 데 꼭 필요한 의미를 은연중에 포함하였다. 만일 작은 육면체들이 모자이크를 앞선다면, 이번에는 예술가의 개념형성은 작은 육면체들을 앞서고, 그리고 그것들을 다듬고 배열하기를 주재한다. 거기서 사람들은 일상적 방식으로 악순환(선결문제 미해결의 오류)을 인정한다. 모든 시대의 철학의 옹호자들은 경험주의자의, 감각론자의, 원자론자의, 관념 연합론자의 학설들이 그 악순환 속에 갇혀있다는 것을 알았다. 말하자면 [이들의 학설들은 한편으로는] 정신적인 것이 제로로부터 태어나거나[로크], 또는 중심에서 구축을 설명하는 것이 곧바로 중요하다는 점을 주변[현상]에게 선가정하게 할 필요가 있다는 것이다[67][결과를 미리 사물에 부여하는 아리스토텔레스식의 결과론(목적론)적 사고]. 또는 [다른 한편으로] 소위 말하자면 지각에서 전개되는 추억들이 그 자체적으로 부피(길이, 과정) 있는 것이며, 또는 외연[수적 확장]은 있을 수 없을 것이라는 것이다. 왜냐하면 시초에서부터 완전했던 것이, 또 부분들을 덩어리로 모음으로서 구성에 의해 조금씩 태어나지 않는다는 것이, 정신적 총체성의 고유함이기 때문이다. 따라서 논리적으로 단순한 기호는 **우발적인** 주도권(선도권)일 뿐이다. 유기체적으로 단순한 의미는 실재적인 시작이다. 실제상으로 우리는 기호로부터 의미로 가는 것이 아니라, 오히려 **의미로부터 기호들을 가로질러[관통하여] 의미로 간다.** 이것은, 해석에 대하여 단선적인 개념작업과 순환하는 개념작업을 대립시키면서, 『물질과 기억』이 『정신적 에너지』보다 훨씬 더 깊이 있게 표현했던 것이다.[68] 단선적인 개념작용은 관념연합론자들의 개념작용이다. 관념연합론자들이 해석적이고 지적인 운동을, 마치 감각들의 알파벳 순서로부터 똑바로 직선으로 가는 정신의 행진처럼, 표상한다. 그리고 우리가 덧붙여야 할 것이 있는데, 교훈적인 명석함과 절약함[아낌]의 배려에서 지적 자동주의가 필요로 하는 것은, 거꾸로 되돌림 없이 또 [굴곡으로] 가능한 한 구부러짐 없이 일반적으로 순수하게 진보적인 단선적 계열들이 주어진다는 것이다. 사람들은 제작의 운동은 뒤로 되돌아갈 수 있고, 어느 정도로 휘어질 수 있다고 생각할 것인가? 반대로 정신이 지각하고, 재인식하고, 회상하고, 이해하고, 발명하는 정신의 진행방식은 항상 **회로**un circuit이다. 우리는 사유의 음절들인 감각들로부터 (우발적으로) 출발하고, 그리고 말하자면 우리는 우리 자신을 향하여, 추억들과 축적된 경험들에 대한 인격적 중심을 향하여, 무매개적으로 반사된다. 이 추억들과 축적된 경험들은 자아le moi와 더불어 생성적 접촉에 이어서 우리

---

67. MM 113. 들라크루아도 마찬가지로(앞의 책, pp. 436~437), 정신적 총체성 없이 지내기 위한 모든 노력은 — 따라서 특히 그는 지적 가치들의 체계를 이해하는 데 있어서 — 해석자가 남몰래 주변 요소들(이미지, 행동 : 뽈랑[Frédéric Paulhan]) 속에 이 총체성 자체를 미끄러져 들어가게 한다고 단죄한다는 점이다.

68. MM 107, 110, 122~123, 129~130. MM에서, 특히 해석의 자발적이고 무매개적인 형식의 질문은 재인식(la reconnaissance)이란 것이다. 우리들이 유적이란 점에서 해석(interprétation, Sinngebung, 현상학자들의 언어에서 사람들이 말했던)이란 명사를 관계의 모든 진행방식들(ces démarches)에 부여해 보자. 이 진행방식들 덕분에 스스로 추억하고 있는 정신은 순간적인 재인식 이래로 강도 있는 예지작용에 이르기까지 의미를 인상들에, 즉 의미를 감화하게 하는 인상들에 부여한다. MM 106, 129, 135, 143.

를 새로이 기호에게, 그러나 지성적이고 표현적이며 의미 있는 기호에게 되돌려 보내고 있다. 그러므로 우리가 말할 것이지만, 모든 것은, 마치 그 제안이 어느 정도로 우리의 추억들을 향해 되돌아오거나 했던 것처럼, 그리고 명석하게 가치와 의미를 추억들에서 길어 올리거나 했던 것처럼, 일어난다. 자기 추억들의 **독창적**[원본적] **일체에 의해 인격화된 자아**는 어느 정도로는, 마치 자료를 이해하기 위하여 도처에서 자료와 만나러 가는 의미 있는 힘과 생명의 근원처럼, 작동한다. 이리하여 모든 해석의 과정에서 두 가지 반대되는 흐름이 있다.[69] 즉 자료로부터 시작하는 받아들이는 흐름과 정신적 총체성으로 진행하는 원심적(흩어지는, 내보내는) 흐름이 있다. 정신적 총체성의 원리는 기억이며, 그 정신적 총체성은 어느 정도 무한정하고 직선적인 진행을 순환한다. 이 진행에 관념연합주의는 정신을 **빼앗긴다**(최면 걸린다). 그런데 회로를 가두는 것은 이 정신적 총체이며, 이 총체성은 정신을 자료의 외연적 유입(집중)l'afflux 위에다가 다시 넣어씌우고, "순수한 바깥"을 정신화하며, 요소적인 것을 총체화한다. 이리하여 자아는 감각적 이미지들의 진실한 계시자이다. 르 화가 말한 것처럼, 그 자아는 우리에게 "진리의 역동적 접령"(신들림)을 확신하게 한다.

사람들은 그렇게 보는데, 예지작업의 연구는 우리에게 그 방법을 필연적이게 하는 것과 같은 유기체적 방법의 관점이 중심적 관점이다. 『물질과 기억』보다 5년 후에 나온 "지적 노력"에 관한 논문(1902)은 해석적 운동의 "원심적" 성격을 아마도 보다 조심스럽게 강조하였다. 가장 역동적이고 가장 강도 있는 측면들 하에서 본질적으로 노력을 생각하면서, 그는 두 흐름을 더 이상 유지하지 않고 단지 하나의 흐름, 즉 흘러나가는 흐름만을 유지하였다. 확실히, 『물질과 기억』의 "회로" 안에서, 이 강도는 이미 역류[썰물] 위에서이지 유입[밀물] 위에서가 아니다.[70] 우리는 눈을 가지고 보는 것만큼이나 적어도 정신을 가지고 본다. 우리에게

---

69. MM 136. 다음을 참조하라. MM 106: "구별된 우리 지각은 진실로 닫힌 원에 비교할 수 있다. 그 원에서 정신으로 향한 인도된 지각-이미지와 공간에 던져진 추억-이미지는 하나(후자) 뒤에 다른 하나(전자)가 달렸다."

70. MM 140: "우리는 지각에서 관념으로 가는 것이 아니라 오히려 관념에서 지각으로 간다. 그리고 재인식의 특징적 과정은 구심적이 아니라 원심적이다." MM 113, 베르그송은 감관의 "탈중심적

서 지각은 오직 추억들을 현실화하는 기회일 뿐이다.[71] 그러나 『정신적 에너지』는 상상처럼 구심적인 모든 간청으로부터 거의 완전하게 해방되는 여러 종류들의 노력을 분석하면서, 흘러나가는 진행방식만을 강조하였다. 그것은 회로의 다른 가지가 진실로 **하나의** 진행방식이 **아니라**는 것이다. 그것은 단순한 암시이며, 감각된 것에 의해 기억에게 던져진 순간적 호소이다. 그리고 정신은 그것[기억]을 중심의 "역동적 도식"에 대립시키기 위하여 그것을 기준표시로 삼는다. 이미 역동적 도식은, 다시 말하자면, 읽히고 이해된 단어들 위에 침전되고자[심층화되고자] 애썼던 "접지각"(신들림의 강신무降神巫)la préperception은 우리에게 도약처럼 표상된다.[72] 이 도약의 이미지에서 "출발"이라는 관념은 "지참"(이바지, 기여)이라는 관념을 능가하지 못한다. 역동적 도식을 몰랐던 『물질과 기억』은 이미 해석의 진실한 출발점인 지적 작업의 어떤 "음색"과 어떤 "성향"에 대해 말했다. 기억 일반은 마치 발명 또는 예지작업같이 창조적 진행방식들의 방향을 정하는 것으로는 충분하지 못하다. 이런 진행방식들은 덜 확산되고 더 많이 명령적인 권위를 요청한다. 그러한 것이 "역동 도식"이며, 이 도식은 진실로 기억의 집중화이며, 항상 개별적인 창의력이다. 브르몽[73]이 "모호한 예감" "곧바로 생산될 걸작의 확실한 약속"에 대해 말했다. 구멍을 판다, 그리고 주위에 어떤 것을 놓는다. 이것은 끌로델에 따르면, 영감의 기적이로다! 베르그송은 유명론자의 철학자로서 이 언어(유명론)를 말하지 않았고, 프루스트와 마찬가지로, 시가 거기에서 터져 나오는 무無를 인정하지도 않았다. 그래, 인정하지 않았다. 무le néant는 부정신학의 "무─그 위"(초월무)le Sur-néant처럼 모든 사물의 가능성이다. 그 안에서 작품은 [미래에] 싹틀 것이다. 강철처럼 날카롭고 예리한 역동적 도식만이 시작의 권능을 갖는다. 이것은 어

투사'에 대해 말한다. 참조 : MM 180.

71. MM 59, 163. 참조 : Høffding, *Esquisse d'une psychologie fondée sur l'expérience*, 1903, p. 186. RI 52.

72. ES 165 그리고 거짓재인식에 관하여 ES 138, 147~152. 마찬가지로 의식의 도약은 생명의 도약으로 표출된다고들 말한다. 비교해 보면, EC 100~101 ; MM 125, 128, 133. 참조 : MR 58, 62, 79, 115~120, 208, 219, 229, 244, 250, 255, 265, 272, 282, 286, 291 ; PM, 65.

73. Henri Bremond, *Prière et poésie*, 1925, p. 101. 참조 : Marcel Proust, *À l'ombre des jeunes filles en fleurs*, 1918, I, p. 143.

느 정도에서는 영혼의 첨점*acumen mentis*이다. 그 역동적 도식은 우리에게 어떤 사물을 등장할[생성할] 수 있게 해준다. 그 속에서 자아는 모여지고 천재의 영감들을 위하여 실이 풀리듯이 이어져 나온다. 만일 그것이 선견지명 있는 통찰이 아니라 할지라도, 그것은 레르베르그Charles Van Lerberghe가 말했듯이 적어도 **흘낏 보기**이다.

베르그송의 "중심주의"의 원리는 기호 속에서보다 의미 속에, 지각 속에서보다 사유[기억] 속에 무한히 더 많이 있다. 기억은 두뇌 속에서보다 무한히 넘쳐나는데, 이번에는 마치 두뇌가 우리 작동들을 잠재화하면서, 또 우리 선택의 자발성을 자유롭게 하면서 사건들에 넘쳐나는 것과 같다. 무한한 추억들과 연관하여 외재성의 암시들은 더 이상 헤아릴 수 없다. 소리들과 단어들이 의미를 구성한다고도 말하지 않아야 한다. 왜냐하면 의미는 소리들과 단어들에 영감을 주기 *inspirer* 때문이다. 예술가의 "영감"은 정신적 중심주의를 그의 절정에 옮겨놓는다. 왜냐하면 이 영감은 자연 그 자체보다 풍부하고 보다 생산적이고 보다 강도 있는 내적 핵심의 관념을 포함하고 있기 때문이다. 그것은 **"암시적인" 사물들이 아니다.** 다시 말하면 우리에게 사물들의 아름다움을 "지참하는" ‑ 암시하는 ‑ 사물들이 아니다.[74] 그것은 사물들을 표현하게 하는 자아이며, 그 자아는 사물들 속에 자신의 고유한 젊음을 도입한다. 여기에 왜 이 모든 것이 통속적 정신들[일반인들]에게서는 표현되지 못하는가에 대한 이유가 있다. 반면에 이 모든 것은 "황금의 종족들"에게는 새롭고, 감동적이고, 의미심장한 것이다. 그러나 가장 빈약한 지각 속에서도 우리의 기억은 이미 영감적인 역할을 한다. 그리고 노력하는 지성은 문제들에 빛을 비추며, 또한 지성 그 자체가 영감받는 것이 된다. 형상적*noétique* 사물들의 **지성성***l'intelligibilité*은 그 문제들에게 은연중이든 명시적이든 체계에게로 다가오고, 이 체계는 이것들[문제들]을 이성[이유]에 맞도록 정당화한다. 이것들의 의미는 이것들이 서로서로 연관하고 있는 설명으로 전파하고 있다. 마찬가지로

---

74. 마치 최면술사가 환각을 암시하는 것처럼, 감각을 암시하는 것은 오히려 추억이다(ES 133). 다음을 참조하라. MM 105 : [신체의] 운동 도식은 우리가 지각된 것 앞에서 던져 놓을 선개념을 "암시한다".

그것은 "환기하는" 현재가 아니다. 우리는 현재로부터 과거를 재구성하지 않으며, 우리는 과거 속에 단번에 위치한다. 이 잠재적 과거는 우리 자체이며, 후천적으로 (차후에) 정당화되게 내버려 두지 않고서 행위 속에 우리를 투사한다. 기억은 영감이고 충력이며, 기억은 회고적으로 퇴행하는 귀납론이 아니다.[75] 따라서 좀 전에 윌리엄 제임스가 비랑의 근육 노력의 이론에 반대하여 이끌었던 잘 알려진 비판은 정신적 노력에는 적용하지 못한다. 확실히 정신의 강도 있는 작업을 촉발하기 위하여, 우선 지식일 수 없는 자료의 저항이 필요하다. 그러나 이 작업 자체는 내부로부터 전파하며(비추며), 이 작업을 협업하는 지각된 기호들 속에서 소멸한다. 왜냐하면 정신적 생명은 소멸하면서만이 단지 고정될 뿐이라는 것이, 그럼에도 불구하고 그 생명은 행동하기 위해서 고정되어야만 한다는 것이, 정신적 생명의 비극적 숙명이기 때문이다. 따라서 이러한 "주변적인" 설명들의 오류는, 도처에서처럼 거기에서, 사실(만들어진 것) 이후에 위치가 정해지는 데 있다. 사람들은, 심리학자들이 그 출구에서 노력이 소멸해가며 또 감각들로 침전되는 그 순간에, 노력을 기다리고 있다고 말했을 것이다. ― 마치 이런 감각들이 우리가 우리 자신에게 우리의 고유한 행동을 되돌려 보내는 것과는 다른 것을 실행했거나 한 것처럼 말이다. 그러나 소위 말하는 행동이 이미지들 가운에 침투하는 그 순간에, 이 행동은 감각들의 산술적 결과물과는 전혀 다른 어떤 것이다. 그것은 단순하고 의지적인 어떤 것이며, 노력 그 자체이다. 제임스는 노력을 실체적인 "발산"(유출)에 동화시키는 조잡한 비유들을 반박한다. 그러나 만일 사람들이 감히 이미지를 추적해본다면, 더 나은 표현으로는 노력을 비물질적 빛살에 비교하는 편이 나을 것이다. 그 빛살 속에서 발산(유출)하는 근원은 발산되는 빛과 일치할 것이다. "구심적인" 현상은 이처럼 소급적인 효과일 뿐이다. 이 효과 덕분에 이완된 기호들은, 일단 이해되었다면, 기호들을 해석했던 관념에 반대하여 뒤바꾸어 놓는다. 구심력은 원심력의 여파(영향)일 뿐이다.

따라서 노력은 어느 정도로는 이완으로 향해 뻗어나 있다. 노력은 "주의 깊

---

75. MM 268. 본질적인 것은 "환기"가 아니고, 오히려 "재인식"이다. [추억은 고착된 사건인 데 비해 기억은 증가하는 의식이다. 추억은 과거에 머물러 있는 데 비해 기억은 현재에 닿아 있다. ― 옮긴이]

은"attentif 것이다. 그리고 노력은 이미지들의 그 위에서 전개하기를 열망한다. 베르그송은 그것의 "수직성"에 대해 종종 말한다. 그만큼이나 "침투도"에는 깊이 있다(심층적이라)는 것이, 또한 침투도는 사물들의 정신적인 "부피"를 파악하기 위하여 본질적으로 이루어졌다는 것이, 사실이다. 이해하다란, 이것은 내부에서 읽는다(인텔리게레)*intelligere*는 것일 뿐만 아니라, 모든 차원들을 감싸 안는다(콤프레헨데레)*comprehendere*, 즉 직관의 단순한 작동에서 압축한다는 것이다. 지적 노력은 『물질과 기억』에서 상상된 고깔의 내부에서 위에서 밑으로 움직인다.[76] 그리고 그것의 수직성은 정신의 무한한 풍부함에 의해서 필연성이 된다. 그 정신은 사물들에 앞서가면서, 우리에게 사물들을 표현적이게 하고 또한 우아하게 하는 것이다. 이 만남 안에서 흥미 있었던 우리 자신의 몫은 다소 피상적인데, 따라서 지각이, 매개적인 재인식이, 또는 소위 말하는 예지작용이 중요하다. 그러나 자아 전체가 그것[자아]의 상태들 각각 속에 있는 것처럼, 우리의 총체적 과거도 항상 해석하려는 자료와 더불어 접촉하고 있는 것이다.[77] 마찬가지로 라이프니츠에게서 모든 모나드들은 각각의 모나드에 내재한다. 비록 한 특이한 모나드의 "관점"이 신적 모나드의 관점보다 더 제한적이라 할지라도, 그리고 그 결과로서 대우주의 표현은 여기서[신적 모나드의 관점에서] 더욱더 지엽적이라 할지라도 말이다. 우리가 여기서 말했지만, 정신적 사물들은 항상 충만 되어 있고, 자기 자체들에게 스스로 자족적이다. 이 결과로 단어들은 단어들의 문맥과 연대적이다. 권리상으로 총체성들이 있을 뿐이다. 그러나 과장하는 소리들과 고정하는 소리들의 역할이 있다는 것은 각각이 지배적인 것들에 의해 특징지어진다. 이렇게 예지작업이 기억을 침전시키는 언어에서 기억은 소진한다. 이해하다란, 따라서 이것이 지각된 것을 정신화할 뿐만 아니라, 또한 자료 앞에서 스스로를 낮추고 자료의 저항을 맛보는 것이다. 우리의 기억에 의해 사물들에 향해 투사되었던 의미는 사물들을 우리들의 기억을 향해 튀어 오르게 한다. 인간들이 많은 사물들을 이해한다고 말하는 그 인간들이란 또한 길 위에서 많은 그들 자신들을 포기해야만 했

---

76. 본질적 원문들은 ES 166과 189에 있다.
77. MM 108, 181, 187. 다음을 참조하라. DI 68: 각 감정은 영혼 전체를 차지한다.

다. 왜냐하면 예지작업은 수축의 대가를 치루기 때문이고, 다양한 부인(포기)을 보상으로 삼았기 때문이다. 즉 안으로 읽고, 용서[포기]하는 것이다. 그러나 용서ᵉ pardon는, 실재적인 것이 우리의 개인적 공감과 독립적인 것이라고 또한 고백하는 것이 아닌가? 그리고 거기에서는, 산만한(방심한) 총체화 작용들에 대해 부분성 [개별성]을 단념(포기)하는 것이 아닌가?

제4절 기억과 물질

영혼과 신체의 연관에 대한 베르그송의 이론은 수많은 중대한 난점들을 일으켰다. 이에 관해서 해석자들은 일반적으로 가볍게 지나가지만 말이다. 어떤 이들은 학설의 정합성 자체에, 다시 말하면 『의식의 무매개적 자료들에 관한 시론』의 결론에다 붙인 『물질과 기억』의 충실성에 관심을 갖는다. 반면에 다른 이들은 오히려 이원론의 관념에 집착한다. 이 후자들에게 베르그송은 『물질과 기억』의 제4장에서 몇 쪽을 할애한다. 이 몇 쪽은 그의 작품에서 가장 모호하고 가장 당황하게 하는 것들 가운데 속한다. 말하자면 물질의 극과 기억의 극을 치유할 수 없을 정도로 분리하면서 신체와 영혼의 소통을 설명하는 것이 도박(무모한 짓)을 말하는 것은 아닐까? 우리는 기적이란 단어를 발설했고, 모순 그 자체가 거기에서 장애를 일으키기는커녕 통합에 초대되었다고 주장했다. 뭐니 뭐니 해도 거기에는 말하는 방식이 있고, 그리고 반성적 사유는 신비적 매력 덕분에 합리적 조정의 연속성을 부정하는 데 여전히 많은 수고를 아끼지 않을 것이다. 베르그송은 자신에게 모순의 책임을 지우는 자들 자체를 무장해제 하기 위하여, 모순을 공언하는 것으로는 충분하지 못하다는 것을 느꼈다. 그가 이원론을 극단에까지 또한 밀고 나가는 체했던 그 장ᵃ들 자체에서, 베르그송은 본능적으로 그것의 결과들을 약화시키고자 애썼다. 예를 들어, 그것은 [신체의] **운동 도식**의 정교한 관념이 향하는 그 무엇에 있다. 사람들은 그 운동 도식을 "심성의 사진기술"의 기능처럼, 또는 내부적 동반관계처럼, 또는 순간화되는 모방작용의 운동의 계열로 정의하고 있다. 그 운동 도식은 특히 정신적인 것과 신체적인 것의 조우(만남)의 계열이다. 그것은 우선 [유기체에서] **운동하는** 것인데, 왜냐하면 그것이 지각과 닮았기 때문이다. 그러고 나서 그것은, 마치 관념들을 참여시키는 그 모든 것처럼, [영혼에서] **도식적**이다. 왜냐하면 그것은 뒤이어 종합이 따르는 주의 깊은 분석의 대상이었기 때문이고, 그 부분들의 각각은 잠재적으로 도식의 유기체적 총체성을 포함하기 때문이다. 단지 운동하는 재인식뿐만 아니라 주의 깊은 재인식이 문젯거리일 때, 말하자면 과거의 기억이 개입할 때, 운동 도식은 매개자[중개자]로, 또는 이미지들과 운동들의 공통적 공간으로 쓰인다.[78] 이것은 "태도"[태도의 문제]이다. 그러나 이 태도는 이미 정신적이다. 왜냐하면 추억들이 거기에 "개입"되기 때문이다. 게다가, 무엇이 재인식 자체를, 다시 말하면 추억들의 합체작업[신체화 작업]을 촉발하는가? 이런 질문에 사람들은 특히 비유들에 의해서 대답한다. 한편으로 과거는 아직도 있기를 원할 것이다. 즉 꿈이 된 추억들은 그 이행[과거에서 현재로 통과]에서, 추억들의 [신체의] 살을 만들기 위하여 지각의 생생한 자료들을 노린다. 따라서 순수 기억 속에는 현재로 향하는 어떤 도약이 있다.[79] 우리는 그 도약을 "태어나는 행위"를 통하여 이미 분간했다. 그러나 운동들은 이것들의 편에서 보면, 기억을 간청하고 있고, 기억에게 운동들의 도식들을 접대[환대]하려고 한다. 이런 의미에서 현재는 우리에게 오히려 미래를 향하여 밀고 나간다. 그러나 현재는 이미지들을 구현하고 선택하면서 과거의 현실화를 또한 준비한다. 지각은 태도[행동]들로 이어갈 경향성을 증거한다. 이 태도들은 지각을 "사진 찍기 하는"[거울 상] 정도인데 말이다. 그리고 이 태도들은 이것들의 자기 차례가 되어서, 변덕스러운 추억들을 부른다.[80] 이리하여 우리는 극장의 한 편[장]을 원용하려는 필연성을 회피하려는가? 베르그송 그 자신이 말하듯이[81] "출석과 부재 사이에는 어떠한 정도 차이도 어떠한 환경[공간]도 없다." 『물질과 기억』의 결론이 우리에게 제안한 깊은 형이상학적 해결을 이해하기 위하여, 우선 『시론』 이래로 지나온 길의

---

78. MM 101, 105. 참조 : DI 13, 33.

79. ES 99.

80. MM 96, 105, 109, 119.

81. MM 264.

깊이를 측정해 보는 것이 필수불가결하다.

『시론』은 중간쯤-문제만을 제시했고, 그 문제를 본질적으로 낙관적인 용어들로 제시했다. 반명제들은 아직도 비판적이고, 생명적이지 못하다. [그런데, 한편으로] 진실한 정신성이 있고, 그것의 살아온 지속은 위탁받은 자이다. [다른 한편으로] 정신의 분장술이 있는데, 이것은 언어의 작품, 공간의 작품, 다양한 사회적 상징주의 작품이다. 따라서 여기서 상징주의는『물질과 기억』에서와는 전혀 다른 얼굴을 제공한다. 그것에는 고유한 기능이 없다. 그것은 정신을 감추는 데만 쓰인다. 그것은 기생하는 생장으로서, 엄밀히 말하자면 진실한 자아를 재발견하기 위하여 소용없는 가지를 치는 것으로 충분할 것이다. 사람들은 이렇게 말할 것이다. 공간적 개념들과 노년기의[낡은] 협약들은 잘못인데, [이 잘못으로써] 정신이 즐겁게 지내는 심성le coeur의 유쾌함에 타격을 입기도 하고, 그리고 정신은 큰 손해를 입지 않고 [그 잘못을] 피할 수 없을 것이다.[82] 거기에는 어떠한 비극도 없다. 비극은 무엇보다 필연적 모순으로 이루어져 있다. 그러나 공간의 전염[개입]은 우리의 지속에서 절대적으로 피할 수 없는 잘못이 아니다. 사람들은 기억과 지속이 지니는 정신과 마주하고 있을 수 있으며, 정신을 어느 정도로는, 양팔로 꽉 잡듯이 파악하는데, 이때는 사람들이 정신을 부정적 힘들의 – 공간, 언어, 유용한 개념들의 – 연합에서 추출할 때이다.『물질과 기억』에서는 전혀 그 반대이다. 예를 들어, 사람들이 언어를 정신의 가장 위험한 기생충처럼 고발하였는데, 이제 그 언어는 정신의 긍정적 기능으로 나타난다. 그 기능은 실재적인 것의 적응이며, 작동으로의 이행이다. 이제 두뇌의 상징물은 긍정적 기능으로 권한을 부여하는 것이 아니다. 우리가 알다시피, 두뇌는 지각의 필수적 조건이지 충분조건은 아니다. 그리고 심지어는 그것의 역할은 특히 부재와 결함의 현상에서, 또 사람들이 결함(부재)의 접두어들, 실어증aphasie, 실독증alexie, 실행증apraxie … 등등이라 불렀던

---

82. 그러한 것은 게오르그 짐멜의 심도 있는 비판들의 의미이다. 다음을 보라. Georg Simmel, *Zur philosophie der kunst, philosophische und kunstphilosophische* (Potsdam, 1921), pp. 126과 그 이하. 그러나 다음을 참조하라. MM 87 : "자연에 부합하게" 될 것이라는 것은 운동하는 기억이다. 그런데 꿈은 "자연적"이 아니다. 참조 : MM 80.

모든 부정어들 속에서, 표출되는 것이기 때문이다. 그럼에도 불구하고, 내면적 삶의 내적 요청 덕분에, 정신에는 내부로부터 강요되는 두뇌의 규율이 있다. 순수 추억은 일상적 사실이라기보다 한계라고 사람들이 우리에게 말하지 않는가? 우리의 기억은, 기억을 지각으로 환원하는 물질의 유혹들에 결코 저항하지 못한다. 『시론』은 우리에게 그러한 것에 대해 아무 말도 하지 않았고, 그리고 그 언어는 아주 새롭다. 사람들은 예전에 공간적 추상작업들을 구체적 지속에 대립시켰다. 여기에 혼합된 지각의, 다시 말하면 함축된 추억의, 특권을 생성했던 구체작업이 있는데, 여기에서 물질과 기억이 상호침투 되고 있다concrescunt. 추억은 새로운 초대招待과정들에 양보한다. 필연적으로 불안정하고 부서지기 쉬운 그 추억은 구현[체화]작업에서만 그것의 평형을 이룬다. 따라서 실행이란 면에서 베르그송은 몇몇 정식에 이른다. 그 정식들은 적어도 겉보기에는 비판주의자의 해석 작업에 적합하다. 아마도 절대적으로 받아들여진(장악된) 지각은 진실이다. 그러나 그것은 전혀 우리를 앞으로 진행하게 하지 못하는데, 왜냐하면 지각은 결코 절대적으로 장악되지 못하기 때문이다. 아마도 "현상"과 "사물"의 관계는 부분과 전체 관계와 같은 것이지, 원본에 상대적인 겉모습과 같은 것이 아니라는 것이다.[83] 체화과정의 숙명성la fatalité, 즉 쪼가리로 작업하는 지각의 탐문에서 항상 기억의 경솔함l'indiscrétion은 편협한 경험을 또한 치료할 수 없을 정도로 변질되게 한다. 이것은 뮐러의 법칙이 그 대상이 되었던 진지한 논의가 바로 그 증거였다.[84] 베르그송이 관념론을 회피하는 경우는 주관적인 변질의 가설 대신에, 아주 숙명적 선택의 가설을 또한 아주 변형된 공리주의의 가설을 대체하면서이다.

여기에 더 이상의 것이 있다. 이런 변형작업에 대하여, 기억은 책임질 수 있는 첫째의 것이다. 기억은 중요한 방해꾼이 되었다. 기억이 『시론』에서는 오히려 공

83. MM 257.
84. MM 41. 사람들은 로스키에게 동일한 비판들을 상의할 수 있을 것이다. 로스키는 베르그송처럼 신경세포들의 특수한 에너지 이론을 해석하였고, 이리하여 대상과 내용의 실재론적 구별을 정당화한다고 믿었다. 이런 의문에 관하여 다음을 참조: Karl Post, 'Johannes Müller's philosophische Anschauungen' in *Abhandlungen zur Philosophie und ihrer Geschichte* (21집, 1905), pp. 54과 그 이하. 또한 다음을 보라: Meyerson, *Identité et réalité*, 1908, pp. 325~326, 402; *De l'explication dans les sciences*, 1921, pp. 192~193 (t. I.), p. 360 (t. II).

간의 특권들의 희생자였다. 기억은 이제 모든 신기루의 근원이지, 신기루의 기만이 아니다. 그리고 마치 기억은 본질적으로 정신인 것처럼, 또는 한 번 더 말하자면 기억은 정신 속에 정신인 것처럼, 정신 그 자체가 인식의 작동 안에서 방해된다고 믿어야만 한다. 인격 전체는 그 인격의 참석에 의해 물질의 관점을 방해한다. 전적으로 자기에게 매료된 의식은 말하자면 자기의 알몸에서 그 물질의 관점을 관조할 것이라는 점이다. 그러나 비극은, 이 관점이 필연적으로 어떤 이의 작동이라는 것이다. 자아의 관점은 현존하기 위해 현재하는 지각을 기대하지 않았고, [오히려] 지각의 편견들의 무게들을 전적으로 지각에 예상참여하게 한다. 주체 없는 대상의 직관이, 즉 직관이 **인격적으로** 되었을 그 직관이, 따라서 마찬가지로 직관이 **모든 사물들로** 되었을 그 직관이, 현존하는가? 어쨌거나 지각 속에 있는 사물들의 몫이 더 적은 만큼이나 인격들의 몫은 그만큼 더 큰 것 같다. 지각하는 자le percevant는 불순한 경험들의 무거운 자기 과거를 가지고서, 작동들 자체에서 지각된 자le preçu를 오염시킨다. 그 작동에 의해서 지각하는 자가 지각된 자를 소유하는 것이다. 더군다나, 이제 물질에 폭력들을 행하는 과거란 무엇인가? 『시론』에서 베르그송주의가 보여 주듯이, 물질이 정신에 폭력들을 가하는 것과 같다. 과거의 "극한", 그것은 순수 추억le souvenir pur이다. 만일 사람들이 감히 말할 수 있다면, 순수 추억은 기억의 최상급이며, 따라서 정신의 최상급이다. 순수 추억들은 또는 꿈들은, 마치 사람들이 말하듯이, 현재의 행동으로부터 전적으로 구별되어, "시메리안족Les Cimmériens의 지방에서 호머의 그림자들처럼, 이들은 자신들의 온기와 삶을 만들기[획득하기] 위하여 기회를 탐색하러 방황한다."[85] 온전히 말하자면, 순수 기억은 무의식이 될 것이다.[86] 『시론』에서 지속은 완전히 연속적이고 또한 항상 충만하고, 의식에게 현재로서 있다. 심지어 그 점에서 지속은 로[87]의 비판들에 단서를 제공한다. **로**Rauh는 베르그송이 과거 또는 미래에 대해

---

85. Léon Brunschvicg, *Le Progrès de la conscience dans la philosophie occidentale*, 1927, p. 670.

86. MM 153과 그 이하. 참조: EC 119~122, 155~158; EC 369: 과거는 죽음이다.

87. Frédéric Rauh, "La conscience du devenir", *Revue de métaphysique et de morale* 5, 1897, p. 659.

말할 권리를 부인했는데, 소위 말하는 자료를 초월하는 주장을 하기 위해서가 아니라면 말이다. 반대로 꿈은 피어오르는 과거와 전혀 다른 것이 아니다. 과거는 지각 작업들 속에서 휩쓸려가는 대신에 이 작업들의 호소에 저항하며, 과거는 자기에게 밀려와 행동과는 거리가 멀어져서 변덕스럽게 전개된다. 선先형성 작업은 표현적인 조작 작업이 되기 위하여 암묵적이고 영속적인 지속의 성질이 되기를 그만둔다. 이 조작 작업에 의해 추억은 자기와 갈라져 있었던 물질[신체]와 매 순간에 재결합한다. 『물질과 기억』은 이리하여 베르그송의 [『시론』의 **첫째 지속**의 내재성을 극복한다. 그리고 과거와 미래 사이에 결합 없이 걸려 있는 지속의 화폭 대신에, 그것을 경과된 과거와 물질적 현재 둘 사이를 서로서로 조절하는[일치시키는] 대담(대화)으로 대체한다. 따라서 이 두 극 사이에 중간항인 이런 조절 자체는 첫째 지속의 이행하는 역동주의를 받아들인다. 이제는 모든 것이, (적어도 이 책의 앞부분 3개의 장에서) 마치 과거가 물질의 어떤 능동적 식관에게 공간에 관한 우월함의 특전을 포기하게 하는 것처럼 일어난다. 게다가 반명제는 공간 전체와 지속 전체 사이에서 있는 것이 아니라, 오히려 현재와 과거 사이에, 다시 말하면 사람들은 정신의 특권들이 어떤 것인지를 알지 못하는 지속의 두 계기 사이에 있다. 이원론의 효과라는 것은 이 양자들을 이 생명성으로부터 서로서로 박탈하는 것이다. 이 생명성은 충만하고 유기체적인 생성의 부속물이었다. 베르그송주의는 이 분석에서 검증할 것이 남아 있지 않다는 것을 우리가 검증해야 할 것으로 남긴다. 차이 나게 되는 계기들이 재결합되기에 애썼던 작업에서 우리는 원초적 지속의 불가분과 내재성이 다시 나타나는 것을 볼 것이다. 살아남지 못한 무의식의 이중 초월이, 즉 선현존하지 못한 순수 새로움의 이중 초월이, 조금 조금씩 서서히 해소된다.

현재와 과거를 따로 떼어 놓으면서, 베르그송은 지속을 순수하고 단순하게 이중화하지 못했다. 물질은 이제 현재의 수준에 있다. 말하자면, 물질은 그 자체가 또한 상대적으로 정신적이 되었다. 지각 속에서 정신은 외재성 자체 속에 자리 잡고 있는 데 반해, 외재성은 자기 차례가 되어 정신에 참여한다. 첫째로 의식은 자기로부터 나오며, 자기를 운동에, 신체적 변화에, 그리고 구체적 길이[부피]

에 통합하는 먼 인척성을 발견한다. 의식은 진실한 외연을 동질적 공간의 신기루들과, 실재적 운동의 긴장을 (이 운동을 측정하는) 양적 도식들과, 혼동하지 않을 것을 배운다. 이처럼 시간의 문제를 다루었던 『시론』이 연속성의 관념을 종속시켜 놓았던 통찰력 있는[꿰뚫는] 분석들이 밝혀진다. 이때에 사람들은 운동성[la mobilité]이 지속의 "상징"[88]처럼 선택되었다는 것을 이해할 수 없었다. 이 지속의 상징은 긴장과 성질의 특권을 또다시 독점화하였다. 정신의 출석[현전]에는 기하학자들의 무차별적인[등질적] 공간과는 다른 것[공간]이 있었다는 것을 사람들은 우리에게 말하지 못했다. 그리고 게다가 우리는 이 공간이 어떤 실재적 환경으로 이루어진 상상적 굴절인지를 몰랐다. 공간 속에서조차 의식은, 자기의 고유한 지속을 모호하게 자기에게 상기시키는 사물들 가운데 있는 자기 속에서 느끼고 있다는 것을, 우리는 이제야 안다. 분명히 로[Rauh] 같은 이는 자기의 지적 초월을 법칙에 보존하고자 고심하면서 베르그송이 변화와 그것의 지각을 혼동했다고, 공간 그 자체와 공간적 자료를 동일시했다고 비난했다. 공간적 자료란 자료로서는 물론 정신에 닮았지만 말이다. 그러나 주지주의가 무엇을 만들었다 할지라도, 그 주지주의는 직관을 아래에 두는 추상적 도식들을 회피할 수 없을 것이다. 게다가, 만일 이 작동이 모든 기억으로부터 무매개적이고 진실로 순수하다면, 왜 실재적 연속성이, 왜 진실한 운동이, 이 둘이 우리에게 주어지도록 하는 이 작동과는 분명하게 구별될 것인가? **물질은 나의 현재이다.** 이러한 것은 두 가지 사항들을 말하고자 한 것이다. 1) 나의 현재가 순수할 때, 나의 현재는 너비 자체라는 것이며, 내가 이미 내 속에서 왜재성을 발견한다는 것이다. 그러나 또한 2) 이번에는 물질이 시간 속에서 자리를 차지한다는 것이다. 물질은 극단적으로 묽어진 상태에 있는 성질 이외의 다른 것이 아니라는 것이며, 느슨해짐의 마지막 정도에서는 지속과 다른 것이 결코 아니라는 것이다. 『시론』의 등질적 공간에 관하여, 사정은 전혀 다르다. 전체는 현존하지 않는다. 그것은 유용한[공리적인] 필요에서 태어난 상상작용의 환영[un fantôme]이다. 따라서 이 우상[모조물]의 앞에서는 사람들이

---

88. DI 84.

생각하는 도식[여러 도식들]에 따라서 불평등하게 긴장되고 집중화된 동일한 실재성만이 있다. 즉 정신적 기억의 도식은 가장 밀도 있는 지속이고, 다른 끝에는 외연의 도식이 있는데, 그 도식에 의해서 지속은 흩어지고 또 순간성에 재결합하려 한다. 물질은 더 이상 환각une hallucination도 아니다. 그럼에도 불구하고 이원론은 극복된다. 극복되었다는 것, 그것은 우리가 순수추억과 순수기억의 근본적 구별을 약화시키지 않았다는 것이다.

어떻게 이 깊은 형이상학적 관점들을 해석할 것인가? 기억 속에 압축된 진실한 지속une durée이 있다. 그리고 [신체] 기관이 너비의 진실한 지각이 될 만큼 아주 진실한 너비une étendue가 있다. 중간적인 또는 유용한 지각은 자기를[지각을] 넘쳐나는 이런 두 무한자들[지속과 너비]의 교차에 위치되어 있다. 따라서 이 공통의 지대를 넘어서 순수 정신의 직관과 순수 물질의 직관이 현존한다. 사람들은 한편으로 이렇게 떨어져 있는 정신이 아주 새로운 얼굴을 세공한다는 것을 이해한다. 습관적으로 기억에게 견고한 토대를 제공하는 물질과 떨어져 있는 기억은 꿈의 무의식 속에 둥둥 떠돌고, 수많은 부서지기 쉬운 추억들을 분봉한다. 여기서 추억들의 각각은 나의 기억 속에서 그 날짜를 갖고 있다. 그러나 베르그송이 이제 직관에 대해 말할 때, 그것이 일상적으로 문제가 되는 것은 다른 직관으로부터이다.[89] 이 후자의 직관은 대조적으로 비인칭적이고 순간적으로 되어 있을 것이다. 이 직관은, 버클리가 잘 말했듯이, 기억이 지각들에 연결했던 모든 편견들을 제거하는 데 있을 것이다. 이 직관은, 마치 정신적 직관이 정신과 동일화되듯이, 자연 자체와 동일화되는 것이리라. 『웃음』이라는 책의 아주 유명한 장에서[90], 두 직관들의 대칭을 잘 밝혔다. 이 두 직관들은 말하자면 정신을 진실한 원[순환] 속에다 감싸고 있다. 따라서 오류는 무엇으로 남아 있는가? 베르그송은 공간 속에 애정적[감화적] 감각들의 개입을, 또는 시간 속에 추억들의 침입을 비난한다. 실

---

89. MM 다른 것들 중에서 59. 참조: EC 217, 387~389. 참조: EC 296.
90. RI 제3장. 참조: PM에 수록된 'L'introduction à la métaphysique.' [이 글에서 베르그송은 실재성의 두 종류를 설명한다. 물질도 실재성이고 영혼(의식 또는 정신)도 실재성이다. 그러면 두 실재성은 동일한가? 그에 대한 설명보다는, 의미상으로 움직임(동적인 것)이 실재성이라는 것이다. 즉 실체 또는 실재성이 사물로 있기보다 움직임이라는 것이다. (49PKB) ─ 옮긴이]

재성에서 오류는 하나의 원인 즉 유일한 원인을 갖는다. 오류의 원인은 정신의 중첩된 도식들의 혼동이다. 정신적 삶은, 우리가 이미 보았듯이, 순수한 꿈꾸기와 상연된 행동 사이에 층층이 겹쳐져 있는 중첩된 층들에 따라서 두께 있게 또는 신체적으로 유기 조직화되었다. 이 도식들 각각은, 사람들이 그 도식을 경계한다고 하더라도, 그 도식 자체에게 진실하다. 브랑슈비끄가 말하듯이,[91] 진리는 쌍으로서 판단되기를 바란다. 따라서 명증성들은 본질적으로 선접되어 있고 또 산발적이 된 채 있다. 따라서 무매개는 두 방향 속에서 두 극단적 도식으로 피신할 것이다. 그 두 극단적 도식에서 애매성은 가장 완전하게 패배한[정복된] 것인데, 왜냐하면 여기서 의식은 모두 정신이기 때문이고, 저기서 의식은 모두 물질이기 때문이다. 다른 도처에서는 의식은 다소 양면적[양서류적]이고, 의식이 채택한 수준에서 고유한 리듬과는 많거나 적거나 간에 일치할 수 없기 때문이다. 사람들은 베르그송의 무매개를 여러 방식으로 해석했다.[92] 무매개는 무엇보다도 순수함이다 라고 우리는 이렇게 말할 수 있을 것이다. 모든 사유는 무매개적이다. 모든 사유는 주어진 도식에서 스스로 움직이기 위하여 다른 도식들에서 아무것도 빌려오지 않는다. 사유는 무매개적이다. 이 사유는 정신과 더불어 정신만을 사유하며, 물질과 더불어 물질 만을 사유한다. 따라서 무매개적 사유는 바로 직접적이다. 왜냐하면 사유와 그 대상 사이에서 우리는 여러 등급들에서 길어 올린 어떠한 중간 항도 삽입하지 못하기 때문이다. 따라서 무매개는 상대적 의미를 지닌다. 무매개는, 사유가 혼란과 애매함이 되기를 그치는 곳 도처에 있다. 또한 사유가 관조된 대상에게 전적으로 스스로 동화되는 곳 도처에 있다. 따라서 모든 시기에 그것을 예감했던 신비가들이 말하듯이, 사람들은 자신들이 [현재] 있다는 것만을 진실로 안다("만일 눈이 우선 태양의 형태를 파악하지 못했다면 눈은 결코 태양을 자각하지 못했을 것이다. 마찬가지로 영혼이 우선 그 자체로 아름답지 않았

---

91. Brunschvicg, *L'expérience humaine et la causalité physique*, 1922.

92. 참조 : Le Roy, *L'exigence idéaliste et le problème de l'intuition*. [이 제목의 저술은 구글에서도 찾을 수 없다. 『관념주의의 요청과 진화의 사실』(*L'exigence idéaliste et le fait de l'évolution*, 1927)을 잘못 쓴 것이 아닐까 한다. ─ 옮긴이]

다면, 영혼은 미를 볼 수 없을 것이다."[93] 이렇게 외연은 『물질과 기억』 속에서[94] 무매개성을 회복한다. 『시론』에서는 자신의 고유한 흐름 속에 있는 주의 깊은 의식이 이 무매개성을 자료들에게 유보시켰던 것인데 말이다. 우리는 무매개를 『웃음』에서 말했던 "중간지대"로부터 추출한다. 이 중간지대에서 우리는 우리 지각들 중의 하찮은 애매성들을 멀리 쫓아내 보낸다.

왜냐하면 사실상 의식은 항상 거의 혼합되어 있기 때문이다. 데카르트가 말했듯이, 그것[혼합된 의식]은 의식이 "단순한 본성들"을 자발적으로 인식하기를 막는 무엇이다. "이로부터 다음의 결과가 나온다. 거의 모든 철학자들은 사물의 관념들을 혼동한다. 그리고 그들은 정신적으로 물체적 사물들에 대해 그리고 물체적으로 정신적인 것들에 대해 말한다."[95] 파스칼이 덧붙이기를, 그것은 구성적인 이중성[복사판]인데, 이 복사판은 물리학(자연학)의 인간형태주의와 심리학자들의 유물론을 생겨나게 한다. 물리학적으로 심리학인인 자는 명승성을 휘저어서, 마치 [꼬르네이유의] 『폴리왹트』 *Polyeucte*(1642)의 상연에서 그것이 무엇을 증명하는가? 라고 질문하는 자처럼, 비극과 기하학을 뒤섞는다.[96] 사람들은 모든 우상들을 의사[pseudo]-철학이 혼잡 되어 있는 이러한 전환에 의해서 설명할 수 있다. 예를 들어 관념연합주의는 이 둘 사이에서 의식의 모든 도식들을 뒤섞는 학설이다. 베르그송 그 자신은 『시론』에서 상호 전염으로부터 생겨나는, 또한 그가 말하기를 공간과 시간의 내향침투[97]에서 생겨나는, 다양한 개념들을 열거하였다. 그러한 것은 당연히 동시성과 속도의 개념들이다. 그러한 것은 또한 『창조적 진화』에 따르면, 유[類]라는 "모호한"(수상쩍은) 관념이 될 것이고, 이 관념 속에

---

93. Plotin, *Ennéade* I, 6, 9.

94. MM 244, 274. 참조 : DS 45.

95. Pascal, *Pensées* (전집, éd. Brunschvicg, t. XII, p. 90), 단편 72 전체. EC 389, 필연적인 "구별작업"들에 관하여.

96. 참조 : Aristote, *L'éthique à Nicomaque*, I, 3 [아리스토텔레스, 『니코마코스 윤리학』, 천병희 옮김, 도서출판숲, 2013] : 수사학자는 증명을 필요로 하지 않고, 기하학자는 설득을 필요하지 않도다!

97. DI 85. 문학적으로 의식의 도식들을 구별하는 기술에 관하여 MM 185를 참조 ; EC 247, 296, IV.

서 생물학자들은 유를 법칙들로 환원하든지, 법칙들을 유로 환원하든지 하면서, 생명적 질서와 기하학적 질서를 혼동했다. 결국 그러한 것이 지성의 절차들을 생명체에 적용하는 잘못을 범한 생물학적 메커니즘이다. 그럼에도 불구하고 지성은 실행의 영역에서 자신 속에 있을 것이다. 마치 사색이 꿈의 영역 속에 있듯이 말이다. 반대로 만일 베르그송이 지칠 줄 모르고 사변적인 지각의 가설을 단죄하는 경우, 그것은 가설이 행위의 도식과 관념들의 도식을 혼동하게 된다는 것이다. 그리고 사색적 이론은 기억의 도식과 순수 관조의 도식 위에 이동시켜지는 것이 아니라는 것이다. 그러나 기억의 한가함이 행위에 물들게 하여, 그 행위에 기억의 무관심을 소통하게 하는 것도 필요로 하지 않는다. 따라서 진실한 실재론은, 대상 없는 주체의 직관과 주체 없는 대상의 직관 사이에 왕복운동하면서, 사물들 속에서는 절대적으로 "객관적"이 될 것이고, 영혼의 사물들 속에서는 절대적으로 "주관적"이 될 것이다. 여기서 또 저기서 그리고 다른 곳에서도 의식은 반성적 이중화(양분화) 작업의 저주를 회피할 것이다. 의식이 주변으로 물러난다든지 또는 의식이 중심에서 완전히 집중한다든지 간에, 의식은 전적으로 자기의 고유한 대상이 되었다. 그러나 특히 도식들의 혼동은 **웃음거리**가 현존하고 있음을 설명할 것이다. 웃음에 대한 베르그송 철학의 찬탄이 아마도 이러한 발견으로 모일 것이다. 웃음거리는 아주 단순하게 말하자면, 하나의 의식이다. 즉 우리가 꿈의 도식과 운동하는 몸짓의 도식 사이에서 정교하지 못한 혼동으로부터 취한 의식이다. 꿈꾸는 자들은 꿈의 세계에서 웃을 수 없을 것이다. 자동인형은 완전히 기계적인 우주에서 웃을 수도 없을 것이다. 조롱거리(우스꽝스러움)란 것은, 인간들이 현재로 살아가고 행동하는 우리의 물질적 세계에서 어떤 꿈꾸는 자가 헤매는[방황하는] 것이다. 웃음거리라는 것은 독창적 인격성을 지닌 정신적 피조물들 가운데서 자동인형이 우왕좌왕하는 것이다. 여기서 이 독창적 인격성이란 적응에서 무한한 유연성과 항상 예견되지 않은 반작용들의 유연성을 지닌 자들을 의미한다. 따라서 웃음은 우리가 뒤섞여서 느끼는 두 도식들의 **관계**와 항상 결부되어 있다. 그러나 따로 파악되는 각각의 도식은, 마치 각각이 진리일 수 있는 것처럼, 신중한(근거 있는) 것일 뿐이다. 천체들을 관조하는 데 전념하는 철학자들은, 만일 이 아래 세상에서 철학자들을 노리는 우물들이 없었다면, 트라키아 지방의 노예들이 그들의 발아래 장난삼아 장치해 놓은 수많은 함정들이 없었다면, 그들의 이웃 사람을 웃게 하지는 않았을 것이다. 그러나 우리는 밑바탕에서 꿈꾸는 자들이 건드리고 또 승화한다는 것을 잘 안다. 말하자면 밑바탕이란 의미는, 거기에는 두 개의 상반된 도식들이 있다는 것을, 또한 오직 삶의 비참함만이 우리에게 두 도식들을 맞추도록 강요한다는 것을, 사람들이 잘 이해했을 때이다. 『데아이테토스』편이 말한 대로, 이것은 실재 상으로 합창의 진실한 주인들이며, 탁월하게 자유로운 인간들이다. 마치 크게 방심하는 자들처럼 또한 삶의 몽유병 자들처럼, 우리들 중에 꿈꾸는 자들은 영광스러운 세상의 메신저들로서 던져져 있다. 우리는 이 영광스러운 세상의 찬란함을 예견한다. 그리고 그 세상은 정신의 불처럼 순수하고 순결할 것이다. 저 아래에서 꿈꾸는 자들은 제멋대로 안락하게 있다. 인간들 가운데서 그들은 너무 좁은 세상에 적응하지 못하는 또 노예적인 의식에 적응하지 못하는 천재의 미숙함 la gaucherie을 배반한다. 그것은 우리가 이상하다고 drôle 발견한 그러한 것이다. 베르그송 그 자신은 방심이라는 관념에 웃음거리를 결부시키지 않았던가? 희극의 재료로 삼는 것은 삶에서 모든 종류의 심심풀이로 웃음을 자아내는 궁지들[외통수들]을 생겨나게 하는 수준의 혼동이다. 그러나 희극은 또한 하나의 기술인데, 왜냐하면 희극은 순수성의 향수 鄕愁로부터 오기 때문이고, 또 모든 기술은 그것[순수성]을 가두려고 하는 평범성들의 무매개물을 해소하고자 애쓰기 때문이다. 돈키호테는 영웅적이고 불합리이다. 그러나 돈키호테와 웃는 자들에 대하여, 잘못을 행한 자들은 웃는 자들이라는 것을 우리는 잘 안다.

　　그러나 이 혼동들로부터 기억이 현재에서 책임질 수 있는 것으로 간주될 수 있다는 것이 어떻게 가능한가? 기억은 이중 측면을 지니고 있다고 말하지만 그 자체로 모순되어 있다. 베르그송은 이런 이중성을 드물게[98] 의식한다. 그럼에도

---

98. 이러한 고려에서 가장 깔끔한 원문들: MM 235과 254. 게오르그 짐멜은 정신적 삶의 이러한 모순에 커다란 중요성을 부여한다. 그러나 그는 [유기체] 운동 습관은 베르그송의 진실한 기억이 아니라고 이해했다. 이리하여 기억은 아무것도 증거하지 못한다.

불구하고 이 이중성은 그의 철학에서는 본질적이다. 여기에는 일종의 고통스러운 아이러니가 있다. 사람들은 이러한 아이러니에는 일상적으로 충분한 주의를 기울이지 않는다. 『시론』이 우리들 삶의 노화된 딱딱함을 매우 유창하게 전가시키려 한 다양한 상징주의들 ㄱ 자체들은, 자기 현재를 관통하여 자기 과서를 지속하고 영속하려는 모든 살아있는 의식이 갖는 이런 성질로부터 결과되어 나온다. 예지작업의 정식들과 도식주의들은, 이것들이 몰살시켰던 지속으로부터 진행한다. 거기에 진실한 "의식의 불행"이 있고, 이것[의식의 불행]에 대해, 헤겔의 견해에 따라서, 장 발의 훌륭한 책이 우리에게 말해준다. 의식의 불행은 양분화 과정(분열과정)이 아니다. 오히려 의식의 불행은 아주 실재적이고 아주 비극적인 이런 저주 속에 있다. 그 저주가 의미하는 것은 생명이 자기 속에 죽음의 싹을 지니고 있고 또 생명이 자기 생명성을 주장하는 바로 거기를 통하여 소멸하고 있다는 것이다. 우리들 편에서는 이렇게 말하자. 기억은 현재의 참여[나누어 가짐]이든 과거의 참여이든, 즉 "주는"[능동] 것으로서 또는 "주어진"[수동] 것으로서 고려될 수 있다. [능동적으로] 주는 기억은, 지속의 각 순간이 다음 순간에 위임하는 전승[유전]들, 즉 만져서 느껴질 수 없는 전승들의 [섬유]조직처럼 된 우리의 삶을 만들어가며, 따라서 우리의 현재는 ― 라이프니츠가 말했듯이 ― 외래적인 명칭작업의 도움으로는 결코 설명될 필요가 없다. 그러나 기억은 현재의 연속화일 뿐만 아니라 또한 그런 것에 따라서 과거의 잔존이다. 그 과거는 생성의 위탁물이자 생산물이면서, 스스로 생성을 피할 수 있게 된다. 왜냐하면, 정신의 모든 자손들은 자신들을 낳아주는 정신들에 대하여 복귀하는 것이[99], 그리고 작품은 천재에게 거짓말하는 것이, 모든 생명의 법칙이기 때문이다. 이 배은망덕과 이 부인(배반)은 마법사 제자의 불상사를 새롭게 하면서 소급력의 착각에 호의를 갖지 않는가? "구성된" 기억[100]은 "예방"(선입견)의 원리이다. 또한 17세기의 위대한 합리주의자들은 고

---

99. EC는 우리에게 정신적 부친살해의 수많은 예들을(특히 EC 113, 138~139, 293) 제공한다. EC 369에서 문제를 삼는 것은 주어진(donnée) 기억에 대해서이다. 참조 : Proust, *À l'ombre des jeunes filles en fleurs*, 1918, I, p. 185.
100. 게다가 베르그송의 두 기억들(운동습관과 순수기억)은 생명의 한 동일한 성질(propriété)을 ― 회프딩은 이것을 훈련의 법칙이라고, 제몬은 므네메라고 부른다 ― 공통기원으로 삼지 않았

집스럽게 그것에 불만을 표시했다. 줄곧 새롭게 되는 개별적 경험에서 과거와 현재를 총합하는 동일한 기능이, 그 기능이 그 자체의 끝까지 갈 때, [문법적] 단순과거형에게 잘 익은 과일처럼 생성으로부터 분리되는 것을 허락하며, 지각들을 연속적으로 삼키는 것을 회피하기를 허락한다. 따라서 순수 추억의 어머니, 즉 단순 과거화는 그 안에서부터 덫에 걸린다. 추억이 지속 안으로 다시 내려갈 때, 추억은 혼백(유령)un revenant의 효과를 만들 것인데, 그것은 마치 베르그송이 매우 깊이 연구했던 재인식의 현상들이 그 효과를 제시했던 것과 같고, 그리고 거기에서 매우 오랜 과거가 갑자기 현재 속에 침입하는 것이다. 그러나 일반적으로 저기 있는 이 기억[추억들]이 [현재에 침투하여] 간소한 기호들과 상징들로 엉기게 하는데, 이 기호들과 상징들은 자아와 자기[기억] 사이에 침투할 수 없는 화면을 창조하기 때문이다.[101] 그러한 것이 라이프니츠가 "가정법"이라 불렀던 사유의 역할이다. 이때에 기억은 역사적 기능이 되며, 즉 정신을 만드는 고증l'érudition과 편찬la compilarion의 기관이 되며, 말브랑슈가 말했듯이 가구창고un garde-meuble가 되며, 라 브뤼에르가 말했듯이[102] "다른 천재들의 모든 생산작업의 수집 장부, 등록부, 또는 상점"이 된다. 기억은 한마디로 이해한 자들을 향한 배우는 자들의 앙갚음이며, 개인적으로 사유하는 교양인[신사]를 향해 현학자의, 기술자의, 그리고 몰리에르, 브왈로, 데카르트, 몽테뉴가 조롱했던 모든 자들의 앙갚음이다.

　　여기서, 『시론』은 우리들에게 무엇인가를 말하지 않았는데, 『물질과 기억』에

는가? 『물질과 기억』의 마지막 일원론은 정신적 긴장의 점진적 이완의 관념에 의해 소급적으로 이것을 설명했다. 구성된 기억은 또한 습관보다 훨씬 더 구성하는 기억에 가깝다!

101. 참조 : Ribot, *L'évolution des idées générales*, 1897. − 기억의 이중성(la duplicité)은 예를 들어 강독(*lecture*)의 현상 속에서 잘 재인식될 수 있다. 마흐(Ernst Mach, *Die ökonomische Natur der physikalischen Forschung*, p. 214)와 같은 인식론자는 "강독"을 특히 해석 작업이 깔아 놓은 매우 간소한 상징들 속에서 과거분사라고 생각했다. 반대로 베르그송은(MM 106 ; ES 97~98, 170~171) 이것을 오히려 작업 그 자체 속에 있는 "현재분사"라 생각했다. 이런 문제에 관하여 다음에서 상의할 수 있다. 즉 Delacroix, *Le Langage et la Pensée*, 1924, pp. 330~337. Friedrich Nietzsche, *Par-delà le bien et le mal (Jenseits von Gut und Böse)*, 1886, 경구 192 [프리드리히 니체, 「선악의 저편」, 『선악의 저편·도덕의 계보』].

102. Jean de La Bruyère, *Les caractères, ou les moeurs de ce siècle*, 1688, I ; *Des ouvrages de l'esprit*. 참조 : Descartes, *Épître à Voët : Lettre de René Descartes à Gisbert Voët*.

서 꿈의 이론이 이제 우리들에게 그것을 이해하는 데 도움을 준다. 우리들이 매우 합법적으로 상상하는 효과들이라 비난했던 유적 신호들과 개념들은 우리 자아와 동일한 정신적 기원을 갖도다! 매우 쓰디쓴 아이러니와 가소로운 모순이로다! 생명은 생명 자신이 스스로 주장한 작동 지체 속에서 자기의 고유한 손실에 맞게 작업하고 있다. 그러나 우리는 이 역설들이 생명에게 평소 습관으로 있다는 것을 알지 못하는가? 지속의 딸인 기억은 지속에 반대로 다시 작업한다. 쟈네는 마치 운동이 간격을 중성화하는 데 쓰이는 것처럼, 기억은 부재들을 중성화하는 데 쓰인다고, 아주 올바르게 주목했다.[103] 기억은 여가의 원리이며, 따라서 기억은 사물들에 관한 우리의 지배력을 강화한다. 우리가 훈련한 생성의 개념들을 벗겨버리고서, 기억은 세계를 비시간적 추상화 작업으로, 즉 우리의 예견들과 우리의 기획들이 침식하여 들어갈 수 있는 추상작업으로 옮겨놓는다. 그러나 지식적인 예방일 뿐인 이런 "예견"은 진실한 직관의 참신함을 경멸하지 않는가?『시론』의 자유는 자신의 모든 과거를 자신의 순간들 중의 한순간 안에서 발견하기 위하여 충분하게 스스로를 깊이 파고들 수 있는 **한 인격이 되는 방식**이었다. 그리고 이제『물질과 기억』으로부터 다른 한 자유가 나타나는데, 두뇌가 그 자유의 기관이며, 이 자유는 그것 안에서 순수성이라기보다 그것 밖에서 지배력이다. 전자는 자신에게 항상 현재 있는 정신의 작업에서 내재성을 탐구하는 것과 거리가 멀며, 투박스럽게 사물들의 미래를 정체되어 있는 개념들 속에 고정시킨다. 이 전자는 순수 연속에 전념하고 있어서 새로움들[창조성들]에 의해 기습당하게 되는 데 대해 너무나 두려워했다. 이것은 마치, 운명의 잔인한 아이러니에 의해 행동의 권능[잠재력]이 관점의 연약성 없이는 앞으로 나가지 못하는 것처럼! 이런 기생하는 기억과 반대하여, 유일한 해독제는 망각이 될 것 같다. 그 망각은 이성적이고 또한 거의 협의에 가까운 망각이다. 망각은, 지각들의 순결성을 우리 스스로 회복

---

103. Janet, *L'évolution de la mémoire et de la notion du temps*, 1928. 쟈네는 어떻게 기억이 조금 조금씩 "지연된 행동"(l'action différée)으로부터 나오는지를 제시한다. 또는 셰링톤(Charles Scott Sherrington)이 말했듯이 먼 반성으로부터 나온다 : "설립"(érection)하는 문장과 "소비"(consommation)하는 문장은 우리에게 조금씩 예견하고 기대하기를 허락하는 연속적 노력에 의해 따로 떨어져서, 점점 더 서로 멀어진다. 참조 : EC 120, 136~137, 194, 198.

하게 하면서, 순간적으로 우리 정신을 다시 젊게 하지 않는가? 거기에 베르그송이 양식bon sens이라고 부른 바의 것이 있다.[104] "양식"은 규제되고 지속적인 망각일 뿐일 것이다. 우리가 덧붙인다면, 상식은 특히 [사람들에] **자기의 과거를 청산하는 기술**이다. 즐거운 현재를 지니기 위하여, 자기 과거를 잘 극복해야만 하고, 생명이 사물들로부터 방해받지 않도록 경과된 사물들의 경계를 잘 그어야만 한다. 죽음은 미리 앞서 있지 않다. 죽음은 우리들에게 보고 듣는 것을 방해하는 모든 지적인 미신들 속에서 오히려 뒤에 있다. 셸링이 말하듯이, 자기 과거를 잘 억제하는[물러가게 하는] 사람이면 누구나 자기 앞에 분명하고 가벼운 미래가 있을 것이다. 왜냐하면 이렇게 시대에 뒤진 낡은 것들로 가로막힌 미래가 **자발적으로** 다시 즐거운 행동으로 피어날 것이기 때문이다. 망각은 행동뿐만 아니라 감성을 다시 젊어지게 할 것이다. 망각할 줄 아는 자들은 유용한[공리적] 편견들의 혼융이 우리에게 상실하게 했던 사물들로부터 예술적이고 순진한 관점을 재발견한다. 이들은 세계를 마치 자신들이 처음으로 세계를 보는 것처럼 바라본다. 이들은 이 세계에서, 우아함과 감동의 보물들을, 우리에게 언제까지나 의심스럽지 않게 남아 있는 보물들을 발견한다. 왜냐하면 찬탄과 놀람의 위대한 권능이 예술가들을 특징짓기 때문이며, 마치 스스로 분노하는 그 능력은 도덕적 의미를 증거하는 것과 같다. 과학은 놀라움에서 태어난다. 왜냐하면 그것의 임무는 놀라움을 제거하는 것이기 때문이다. 그러나 예술은 놀라움에서 태어나지 않는다. 예술은 놀라움 자체이며, 암묵적이고 영속적이다. 많이 찬탄하는 능력은 모든 것들 가운데 값지고도 드문 천부적 재능이다. 자신의 자발성에 따라, 자신의 참신함에 맞추어, 사람들은 감동의 진지함과 정신의 자원들을 측정한다. 아마도 이것이, 신비가들이 현학적 무지를 설교할 때, 그 신비가들이 말하고자[의미하고자] 원했던 것이다. 이 현학적 무지는 정신과 감관들의 깊은 순진성일 뿐이었을 것이고, 무매개와 함께하는 고집일 것이다. 거기에 베르그송주의가 우리에게 묻고자 하는 바가 있다. 어떠한 학설도, 어떤 점에서 학식 있는 단순성이, 즉 우리의 소중하고 낡

104. MM 167 ; ES 103 ; RI 140~141, 149 ; EC 175, 232 ; MR 109, 241, 259.

은 미신들로부터 우리를 분리해낸 이 단순성이 우리에게 정신의 중심에 접근하게 하는지를, 보다 더 강하게 보다 더 빛나게 결코 제시하지 못했다. 너무 많이 회고하는 자들은 항상 생명의 순진무구에 무지할 것이다. 그러나 자신들의 기억을 부인할 줄 아는 자들은 자기 자신들을 스스로 재발견할 것이며, 자기 자신들 속에 실재성을 스스로 재발견할 것이다.

그래서 여기에 베르그송에게서 **영혼과 신체**의 이론이 일으킨 마지막 질문이 있다. 기억과 잔인한 단절과 찢기는 희생은 그 모든 경우에서 필수 불가결한가? 그럼에도 『시론』이 우리에게 가르쳐 준 것이 있다. 가장 풍부한 의식은 자기 과거를 전체로 자라나게 하는 의식이고, 자신의 정신적 자산[자본]의 최소한의 부분을 거부하기는커녕 어느 정도로는 의식 자체를 스스로 채우고 있다. 만일 사람들이 이 수준들의 혼합을 고민한다면, 그 난점은 사라질 것이다. 이 수준들의 혼합 안에서 우리들은 경험의 모호함들과 거짓말들의 유일한 원인을 고발했었다. 기억은 방해꾼과 침입자일 뿐인데, 그 경우는 기억이 의식의 다른 도식들로 내려갔을 때이고, 또 기억이 예를 들어 가변적인 감성에 맞는 법칙을 만들려고 뒤섞일 때이다. 이 경솔한 행위로부터 **상식**의 근본적인 편견이 태어난다. 베르그송은 이 편견을 조각 나누기의 착각l'illusion morcelage이라 부른다.[105] 조각 나누기는 가능하다. 왜냐하면 직관들을 정태적인 도식들로 유착시키는 흥미 있고 편파적인 기억[추억]들이 있기 때문이다. 그러나 여기서 기억은 우주를 인간 형태적 도식에 따라서 절단하면서 우리를 방황하게 할 뿐이다. 그 도식의 규칙은 우주에게, 사물들의 객관적 본성에 의해서가 아니라 우리의 주관적 필요들에 의해서 제공되었기 때문이다. 기억은, 인간적인 유용성과 인간적 실천으로부터 생겨난 약식 상징들(수학적 부호들)을 외연의 불가분적 연속성에다가 적용하면서, 물질적 우주를 왜곡시킨다. 다른 말로 하면, 이 기억이 도식들을 혼합하자마자, 또 기억이 스

---

105. 조각 나누기(le morcelage)에 관하여 다음을 참조 : *Revue de métaphysique et de morale*에 실린 르 화의 논문들을 보라. 동일한 작가의 조각 나누기의 문제로는 "Continu et Discontinu", in *Cahiers de la《Nouvelle Journée》* (n° 15), 1929를 참조하라. 다마스키오스는 μεριζόμεθα περί τὸ ὄν라 말한다(éd. Ruelle, I, pp. 4, 18).

스로를 물질에 무관심하게 된 직관으로 대체하자마자, 기억은 불투명과 속임수가 된다. 가정적 사유의 퇴화된 기호들은 이러한 찬탈(횡령)로부터 태어난다. 이 것들은 애매한 개념들이고, 거꾸로 마치 공간에 의해 정신의 오염으로 태어난 개념들이 – 속도, 동시성 – 애매한 것과 같다. 초기의 개념들은 행동의 요청들을, 진부한 자유의 요청들을, 그리고 산업의 요청들을 기원으로 삼는다. 다른 개념들은 우리 지성에 영향을 주는 시각적인 부동의 도식들로부터 온다. 만일 기억이 자기의 풍경을 표현하는 순순한 꿈으로부터 밖으로 나오지 않는다면, 기억은 항상 정신적인 것 테다. 그러면 기억이 추억의 그림자들 가운데에서 영원히 배회하도록 단죄될 것인가? 베르그송은 너무나 독단적이지 않아서 감히 그것을 주장할 수 없다. [만일 독단적이었더라면] 영광스럽고 천사 같은 정신들의 세계 안에서, 꿈은 실재성 자체가 되었으리라. 그러한 것은 『물질과 기억』과 『웃음』의 세계는 아니다. 게다가 말하자면 종말론적인 직관이 우리들에게 순수정신들의 친란함을 분명하게 들여다보게 하는 것도 아니다. 예술은, 자기 측면에서 보면, 우리 눈에서는 순수 형상들의 광경을 영원하게 하는 것을 임무로 잘 삼고 있도다! 그러나 바로 거기에서 양성인[이중적인] 우리 정신에게는 예외적인 도피들les évasions이 있다. 『웃음』에 따르면, 삶의 아름다움과 세련미(고상함)는 전적으로 주의 깊은 운동에서 표현된다. 그 운동에 의해 기억은 경험의 모든 굽이굽이들을 결합했다. 바로 거기에서 추억으로서는 그것은 자기 밖으로 나오는 방식이고, 지각들의 물질성 그 밖에서 재결합하는 방식이다. 그런데 사람들은 이런 침입이 너비[길이] 있는 형태들의 세계를 빈약하게 하고, 또 황폐하게 한다고 우리에게 말하지 않는다. 왜냐하면 우리 기억에서는 꿈으로부터 해방되고 또 꿈에게 폭력을 행사함이 없이도 실재성에 적응하는 수단이 현존하기 때문이다. 그것은 그것[실재성]을 이해한다는 것으로부터 온다. 지적 운동은, 추억에게 한 도식으로부터 다른 도식으로 그것들의 리듬들을 혼합하지 않고서 내려가게 허락하는 유일한 운동이다. 따라서 예지작용은 우리를 추억으로부터 지각된 것으로 운반하는 운동일 뿐만이 아니다. 그런데 예지작용은 매우 빈약한 결과이기에 매우 강도 높은 노력을 요청할 필요가 없을 것이다. 이 세상 모두는 자연의 유쾌한 변이들을 폐기하고, 또 침울한 개념들 속에서 우주를 편성하는 보잘것없는 총체화들일 수 있다. 자연적으로 물질을 열망하는, 또 자연적으로 게으른 혼합들로 그리고 손쉬운 유비들로 방향을 잡은, 기억은 기울어진 경사를 따라 내려가게 된다. 이러한 것이 기계적 응용작업을 주재하는 경제적 원리이다. 예지작용은, 매 순간에 사람들이 발견하게 되는 도식의 어조에 일치되어 있으면서, 한 도식으로부터 다른 도식으로 내려가는 권능(잠재력)la puissance이다. 따라서 예지작용은 그 작용이 속하는 어떤 수준에서 **영속적으로 사물들과 서로 마음이 맞다.** 예고된 기억은 항상 **미리** 또는 **나중**에 있으며, 따라서 기억은 의식의 도식을 휘젓는다. 한편으로 **미리** 또는 그 당시에, 그것의 자연적 성향에 복종하면서 기억은 사물들의 변덕스러운 다양성을 관찰할 시간을 가지고 있지 않고서, 자기 편견의 불결한 획일 형식을 자연에 부과한다. 또 한편으로 **나중**에, 왜냐하면 모든 솟아나는 독창성들의 관점에서 낙담하여, 기억은 그의 꿈의 죄수로 남아 있기를 더 좋아했을 것이기 때문이다. [이런 **미리**와 **나중**에 대해] 무능 또는 조급함 때문에, 기억은 실재적 사물들과 동일한 박자를 맞추지 못한다. 반대로 지적 노력은 혼합하지 않고서 접근할 것이다. "지성적"intelligent 인간들은, 흔들릴 수 없는 침착함과 더불어 각각의 새로운 상황을 위하여 특별하게 "순응하는", 또 사물들을 그들의 전망에 굴복시키기는커녕 사물들에 관한 그들의 전망을 규제하는, 바로 그런 인간들이다. 이 인간들은 항상 실재적인 것le réel과 서로 마음이 맞는다. 이들은 각각의 분명한 경우에 관해 재적응의 분명한 노력을 할 줄 안다. "이들은 자신들이 입장했을 때, 사람들이 말하는 것에 대해 말해야 할 것이다."106 이들은 뻣뻣함도 환상도 없이 있다. 왜냐하면 관용 없음[편협]은 아주 자주 절약하는 일반화 작업들의 호소일 뿐이기 때문이다. 이들은 타인의 관점에서 기꺼이 스스로 제자리 잡는다. [그 타인은] 실재적으로 따로 현존하는 **사물들을 따로 생각하는** 천성(재능)을 자연적으로 소유하고 있다.107 그리고

---

106. Pascal, *Pensées*, fr. 34 [파스칼, 『팡세』].

107. 레비-브륄(Lucien Lévy-Bruhl)은, 인간적 반성의 진보가 당연하게 점점 증가하는 적성(une aptitude)에 있다는 것을 결정적으로 제시했는데(*Les fonctions mentales dans les sociétés inféri-eures*, 1910, pp. 446~447), 그 적성이란 따로 떨어질 수 있는 계열들로부터 떨어져 있게 하는 것이고, 토착인의 심성을 특성 있게 하는 "신비적 공생관계들"(ces symbioses mystiques)을 해소하

다른 인간들은 이렇게 많은 사물들을 이해하게 하는 대로 그들에게 알게 한다. 후자의 인간들은 추상화 작업을 위한, 즉 **추상화된**abstraite이 아니라 추상화하는 abstrayante 추상작업을 위한, 특별한 재능을 갖고 있다.[108] 따라서 사람들은 그들의 "공정성"(불편부당)을 빌려올 것을 동의한다. 이 **공정성**은 추상작업으로 체험된 감정적 형식일 뿐이다. 사람들이 의미를 부여한다면, 그것은 총체적 추상작업, 영속적 추상작업 즉 습관으로 그리고 삶의 양식으로 고착된 추상작업이다. 공정성은 문자 그대로 참여하지 않은 자의 성질, 어떤 사물에 편들지 않는 성질이다. 공정성은 피상적 연합작업들을 고려해서 어떤 분리un certain detachement를 함축하고 있고, 정념화된 "참여 작업들"에 관련하여서는 어떤 유보(자제)une certaine retenue를 함축한다. 이 참여 작업들이란 것은 사람들이 비판적 온정신Esprit이라 성낭하게 불렀던 것이며, 즉 분간과 예지작업인 정신이다.

따라서 예지작업은 영속적으로 그것의 대상들과 동시적일 것이다. 즉 시각된 것과 지각하는 예지작업, 꿈의 환영들과 꿈꾸는 예지작업은 항상 동등하게 맑고, 동등하게 자료에 주의하는 예지작업이다. 새로움들에 대해 충분히 존경받고 있어서 부분적인 기억의 호소들에 저항할 수 있고, 그럼에도 불구하고 충분히 정신적이기에 실재적인 것에 진실로 공감하는 기억의 초대장들을 경청할 수 있다. 그러한 것이 기억이 빌려와야 했던 길일 것인데, 만일 기억이 판타지와 예측 불가함을 자료의 상징들에 의해 기억에서 몰아내지 않고서 그 자료를 재결합하기를 원한다면 말이다. 베르그송주의는 우리에게 우선 가르쳐준다. 정신은 사물들 그 앞에서 자발적으로 나아간다. 왜냐하면 모든 빛은 정신으로부터 오기 때문이다. 그러나 관대한 정신은 무감각해진 기억 속에서 제한되지 않는다. 정신은 자연의 찬양할 만한 변이성에게 자신이 밀어냈던 간략한 노래 부르기를 강요하지 않는다. 정신은 자기 자신으로부터 나오면서 자기의 고유한 이미지와는 다른 사물을 만나기를 원했으리라. 왜냐하면 정신은 생겨나는 실재성들을 그리고 진

는 것이다.

108. "추상화하는"(abstrayante) 추상작업에 대하여 DI가 문제 될 것이다, DI 69와 93. "추상화된"(abstraite) 추상작업, DI 74.

실로 적극적인 실재성들을 필요로 하기 때문이다. 지적 노력이 의미화한 것은, 사물들의 독창성과 문제들의 저항을 실험하면서, 또 지식의 모든 값을 매길 예기치 않은 사태에서 이 감각성을 건드리지 않은 채 보존하면서, 우리가 [대상적] 자료를 정복할 수단을 간직했다는 것이다. 왜냐하면 심오한 과학[학문]이 진행하는 데 커다란 결백성이 필요하기 때문이다.

제4장

생명

『물질과 기억』(1898), 그다음에 『창조적 진화』(1907)는 『시론』의 결론들을 출발점으로서 선택할 것 같다. 의식은 자기 밖에서 생명의 통일성을 발견하면서, 이원론을 전반적으로 극복하는 데는 더 이상 성공하지 못할 것이다. 긴장과 운동의 경험이 이원론의 결과들을 거의 모면했었다. 게다가 이제 정신이 우리에게 광경으로 제공하는 것처럼, 그 정신은 정복하는 정신이며, 미래로 향해 펼친 진화이다. 따라서 『물질과 기억』의 분극화하는 분석에 의해 분리되어 있는 과거와 현재-미래는 이것들의 기원적 내재성 안에 있으며, 우주적 생명의 등급[계단]을 더 크게 한다. 꿈의 한가함에서 정신의 탁월성 자체를 발견하게 하는 것이 더 이상 문제가 아니다. 반대로 꿈이 공간 속에서 우리의 추락을 드러내도다![1] 따라서 이 생명이 어디에서 작업되지 않은 추억들로 흩어지게 되는 여가를 발견할 것인가? 이 생명은 자기 재능의 명령적인 창조들 안에서 전적으로 흡수된다. 창조라는 요청 자체는 이번에는 생명을 피하기에 불가능한 물질의 앞에다가 놓아둘 것이다. 물질과 생명의 연관을 연구하기에 앞서서 우리는 다음 두 가지를 제시해야만 한다. 1) 생물학적 목적성은 살아있는 유기체들 속에서 지속의 모든 역설(패러독스)들을, 자유와 지적 노력의 분석이 우리에게 이 역설들이 나타나게 했던 것과 마찬가지로, 새롭게 한다는 것, 2) 어떻게 본능과 지성의 반명제가 이것을 밝힘에서 기억과 지각의 반명제를, 그리고 지속과 공간의 반명제를 이어가는가 하는 것이다.

제1절 목적성

작동들의 증빙la légalisation은 의지에게 목적을 향하게 하면서, 우리 의지를 결정론에서 빼버리는 것 같다. 이 목적은 우리가 보았듯이 자유로운 행동 그 자체 안에서 실제상으로 선형성 되어 있다. 생명에 상대적인 이론들은 이러한 착각의 표시를 지닌다. 이런 이유로 생물학적 생명, 즉 유기체화된 존재들의 생명은

---

1. EC 220. 참조 : EC 218과 제1장 첫 부분에.

침투하는 작동들 또는 침투하는 직관들의 생명과 같은 동일한 주장들과 동일한 요청들을 드높인다. 마침내 베르그송의 변증법이 우리에게 그의 비밀을 전수하기에 앞서서, 내재적으로 살았던 지속에게 가치 있는 그 무엇이 섬유조직들과 기관들 속에서 전개된 지속에게서도 동일하게 가치가 있다는 것을 우리에게 제시할 것이 남아 있다. 마치 『시론』의 비판이 결정론과 비결정론이라는 반대되는 두 개의 일관성을 서로 등을 맞대게 한 것처럼, 마찬가지로 『창조적 진화』도 기계론과 목적론의 전통적 충돌의 위에 세워졌다. 베르그송주의는 자유 그 자체처럼 마니교의 둘로 가지치기 작업들과 해결하는 선택지들을 거부하며, 극단적인 독단론들 사이에서 베르그송주의를 선택할 것을 촉구할 최후통첩에서 벗어난다. 그러나 여기에 목적론의 고발에서 생명에 대한 성실하지 못한 방어자가 있으며, 미치 좀 전에 무차별주의의 반박에서처럼, 베르그송의 독창성을 완전히 집중화시킨 승리자가, 즉 자유에 타협하는 승리자가 있다.

급진적 목적론과 기계론의 공통적인 악은, 우리가 생명의 "현재 분사"가 단연코 아니라 생명의 "과거 분사들"이라고 불렀던 것만을 생각하는 데 있다. 여기서 완성된 작동l'acte accompli의 착각은 진화된 것l'évolué의 착각을 필적할 만한 것으로 삼는다.[2] 특히 목적론은 생명을 초월적 프로그램의 집행에 (게다가 목적론이 프로그램으로 생각한 어떤 형식하에) 예속시키고서, 비결정론은 "인력-원인성"la causalité-attraction이란 신화를 희생자로 삼는다.[3] 목적론은 생명 운동의 예견 불가능성을 허구적 미래 속에 소진시킨다. 이 허구적 미래는 종이 위에 "오리라"à venir는 것일 뿐이고, 그리고 심정적으로는 이미 과거화되어 있다. 만일 진실로 생명이 미리 예정된 도식[계획]을 실현했다면, 생명의 창조적 독창성은 환영[귀신]일 뿐이다. 정신적 사물들의 숙명을 고려하여 보면, 기계적으로 반대되는 인력과 충력은 완전히 동등한 것이 된다. 그러나 바로 이렇게 이해된 목적성은 — 마치 우리의 행동들의 논리처럼 — 사실상 "전미래에서" 진실이며 다시 말하면 사실 그 다음으로après le fait 진실이다.[4] 생명적 진화는 이렇게 이루어진다. 즉, 각 순간마다

---

2. EC vi, 40, 42, 49, 50, 57.
3. DI 121과 EC 43을 비교해 보라.

그 진화는 조화롭게 방향이 정해진 곡선으로 그려졌으며, 그 진화가 그리고 있는 그 순간에 사람들은 아무것도 선판단할 수 없다. 목적성은 이렇게 영속적인 소급 효과처럼 나타난다.[5] 그 소급효과 덕분에, 존재 앞le devant-être에 자리 잡고 있는 상상작업은 이미 이루어진 것le tout-fait으로 이렇게 생성되는 이루어지고 있는 것 le se-faisant으로 방향을 돌린다. 그리고 그 상상작업은 이미 이루어진 것으로 신학적 본성을 정식화한다. 따라서 목적론자들의 허구적 진화는, 마치 비결정론자들의 허구적 의욕처럼, 완성된 **사실**의 거짓 전망에 해당한다. 이 진화는 한 방향을 지적할 수 있을 것 같다. 그리고 그 진화는 그 바탕에서 궤적을 확정한다. 진화는 전적으로 그 **사실** 후에 있다. 스피노자는 이미 목적론자들에 의해 범해진 연대기적인 전도를 고발했다. 『윤리학』(1677)의 제1부의 유명한 부록에서, 그는 우리에게 완성된 사물들*rerum peractatum*의 목적성을 추구하는 인간들을 제시한다. 그리고 그는 이렇게 덧붙였다. 실제상으로 원인인 것을 이 목적론은 결과로서 생각하며 결과인 것을 원인으로 생각한다. 목적론은 자연적으로 앞선 것을 나중인 것으로 만든다. 목적론은 자연적으로 앞선 것을 나중인 것으로 만든다. 이 목적론 ─ 가장 인간적인 상상력*figmentum* ─ 은 원인들이 **수단들**로 될 때까지 평가절하한다. 그러나 "수단들"을 제기하면서 목적론은 남몰래 종말을 제시하는 것과 마찬가지로 말이다. 논증들을 분류하면서 변호사가 남몰래 자신의 고유한 결론을 미리 판단했다. 그렇지 않으면 목적론은 무로부터 생명의 목적성을 추출해야만 하고, 영구적인 기적을 환기해야만 한다. 이런 이유로, 마치 정당화된 결정의 동기들과 재구성된 예지작업이 출발한 표시들처럼, 수단들은 논리적인 네거리들이며, 총체성들이며, 사람들이 이미 목적을 분간하는 의도들이다. 이 지향성志向性은 그 수단들의 존재 근거이다.

　따라서 우리가 통찰력 있는 사유에 대해 말했던 것이 생물학적 목적성에도

---

4. 참조 : DI 140~151. "차후에"(après coup)라는 표현에 관하여, EC 29, 30, 56, 243. 그리고 "… 함에 따라서"(au fur et à mesure, 동시에)에 상관있는 표현에 관하여, EC 10, 56, 112, 113, 137, 157, 270, 368, 382. 참조 : MM 164 ; DI 152 ; ES 145.

5. 'Le possible et le réel', PM 110. 참조 : EC 56, 57, 258.

적용된다. 목적성은 충력의 과거와 인력의 미래 사이의 중간이다.[6] 이것[과거와 미래]은 베르그송이 원인성과 목적성의 용어들로 차례차례로 표현되는 것으로 나타나게 한 것이다. 때로는 그가 아이머Theodor Eimer의 결정론자의 언어로 말하며[7], 때로는 그가 신경체계는 유기체화의 종말이라는 목적론적 가설을 정식화한다.[8] 이렇게 『창조적 진화』의 모호한 몇몇 표현이 설명된다.[9] "… 조화는 앞에서라기보다 오히려 뒤에서 발견될 것이다. 조화는 공통 열망에서가 아니라, 충력의 동일성에 기인한다." "통일성은 배후의 힘une vis a tergo으로부터 온다. 통일성은 시초에 충력으로서 주어진다. 통일성은 끝에서 인력으로서 제기되지 않는다." [이 설명은] 충력-인과성의 관점에서 아주 명백한 양보이다. 목적론자들의 은밀한 원인성은, 마치 기계론자들의 선언된 원인성처럼, 발전의 의미화를 앞서서 가치 하락시킨다. 원인의 충력과 두약의 충력을 차이 나게 하는 것, 그것은 첫째 경우에서 동인 원리는 그 원리가 새겨 놓은 운동으로부터 구별된 채 있다는 것이고, 이에 비해 둘째 경우에서 생산적 힘은 생산 작업의 작동 자체와 일치한다는 것이다. 기계적인 원인들은 이것들의 효과[결과]를 초월한다 할지라도, 잠재적으로 이 효과들을 함축하고 있다. 이리하여 충격은, 그 충격이 일으킨 운동의 모든 특성들을, 속도 안에 그리고 방향 안에 미리 감싸고 있다. 이리하여 변호의 주제에서, 권리상으로도 분석적으로도 그 주제를 정당화할 모든 허구적 행위가 앞서 현존한다. 그러나 유기체적 원인과, 원인이 그것의 근원 또는 씨앗이 되는 증가 사이에서는, 작동하는 의도작업과 행위하는 의지 사이에서만큼이나 지역적[위치적] 분리가 있을 뿐이다. 의지 자체는, 진지하고 충실하며 정념적인 조건에서 보면, 이미 막 태어나는 전투적인 행동이다. 이 무매개성을 용기라고 정의하지 않는가? 더욱이 어떠한 거리도 천재의 열망과 창조적 작업 사이에 끼어들지 못한다. 도식의 초기 구현화 작업은 즉흥 작업이라는 면에서 모든 중간항을 배제한다. 폭발의 이미지[10]

---

6. 참조 : ES 190.

7. EC 94.

8. EC 135.

9. EC 55, 113. 참조 : EC 59. [EC 51, Oe 538 / EC 104, Oe 583.]

10. EC 100.

만이 생명적인 것의 내재적인 생산 작업을 그저 그렇게 표현하고 있다. 왜냐하면 여기서 충격받은 사물과 연관하여 충격의 외재성은 더 이상 지각할 수 있는 것이 아니다. 중심적 힘은 솟아나는 **다발**la gerbe 그 자체인 것처럼, 수천 개로 발산되게 쏘아 올린 것[포탄]처럼 나타난다. 이렇게 생각된 "생명적 도약"은 "역동적 도식" 이외에 다른 것이 아니며, 형이상학적 등장인물일 것이다. 생명적 도약은 아무것도 아니다. 쇼펜하우어의 의지der Wille가 보편적 설명의 진실한 원리인 반면에, 온도약l'Elan은 ― 그 단어가 뜻을 이미 지적하지만 ― 항상 조화롭고 또 먼저 숙명적으로 결코 결정되지 않은 진화의 어떤 걸음걸이를 단지 묘사한다. 따라서 생명적 도약 과정은 원인도 방향도 없이 되는 대로 진행하지 않을 만큼은 충분히 결정되어 있다. 그럼에도 불구하고 그것의 미래는 매 발걸음마다 자신의 현재를 혁신하지만, 기계적으로 그것으로부터 결과를 만들지는 않는다. 지속의 매개 작용이 우리에게 이미 익숙해져 있는 그런 특이한 [역설]에 의해서, 생명의 목적성은 모순적인 두 성질을 자신 속에 통합한다 : 사실의 이후에 진화는 매 순간에 마치 목적을 향해 방향이 정해진 것처럼 나타난다. 사실에 앞서서 우리 지성은 다가올 미래 사건에 결코 예상참여할 수 없다. 베르그송이 회고적 목적성에 대해 말할 때, 그가 표현한 것이 이것이다. 이런 의미에서 창조적 진화로서 자유 작동은 회고적으로만 결정론을 인정한다고 사람들이 말할 수 있을 터이다. 게다가 진화에게 통일성의 프로그램을 심어놓은 것 같은 이 원초적 "통일"(단위)은 무엇인가? "충력" "배후의 힘", "조화", 도식, 다시 말하면 역동적인 어떤 것 또는 동인인 어떤 것, 이것들은 진화의 모든 변덕스러움에도 자유로운 영역으로 남아 있으며, 이 용어들에 분석적 정식의 전개를 부여하지 못한다. 따라서 이것은 [라이프니츠의] 예정 조화가 아니다. 베르그송의 종합적 내재성은 주어 속에 술어가 함축되어 있는 것과 더 이상 유사하지 않다. 수학자들이 비합리적인 수들을 다룰 때 "한계" 개념을 사용하듯이, 르 화도 "한계"의 개념에 의해 사유의 역동주의를 밝힐 것이다. 진화론의 "목표"는 이러한 의미에서 한계가 될 것이다. 그는 전진의 일반적인 걸음걸이를, 즉 더듬거리는 어림셈법들의 내적 수렴을 단순하게 정의한다.

따라서 생명의 연속화 작업은 어디서와 어디로 사이에서 항상 중간이며, 또는 쇼펜하우어가 말하기를 항상 그 왜(어째서)le *Warum*으로부터 그 무엇 때문에로(어느 쪽으로)le *Wozu* 이르는 길 위에 있다. 만일 우리가 여기서 쇼펜하우어 정식들을 사용한다면, 이것이 무엇일지라도, 베르그송이 역사적으로 그에게 힘입었다는 것을 의미하는 것은 아니다. 이것은 유기체론자와 생명론자의 동일한 주제가 한 사람[전자]에게서 그리고 다른 사람[후자]에게서도 현재하고 있기 때문이다.[11] 쇼펜하우어는 거의 물리[자연]-신학적 논증을 비판하기 위하여, 오래된 인류학적 목적론의 반박에서 베르그송과 동일한 언어를 사용하였다. 라이프니츠가 말했듯이 목적성은 타동사적 행동이 아니며, 존재들에 관한 초월적 지성의 행동도 아니다. 지성은 생명 앞에 있지 않으며 생명 이후에 있다. 어떠한 추론의 기술도 벌집보다, 흰 개미집보다, 수달의 사회보다 외래적으로 먼저 있지 않다. 베르그송은 사기편에서 보면 이렇게 말해야만 했다. 즉 숙고[회고적 사유]는 일이 벌어진 후에 이루어진 이데올로기의 재구성이다. 진실한 목적성은 내재적이며, 온의지[le "Vouloir"]를 원천으로 삼고 있다. 오직 온의지만이 처음이다. 그 온의지에 앞서서, 아직도 온의지가 있고, 항상 온의지가 있다. 섬유조직으로, 두뇌로, 예지작업으로 발산하는 온의지이지, 예지작업의 계획들을 집행하기 위하여 또 섬유조직들의 필요들에 만족시키기 위하여, 갑자기 태어나는 것과 거리가 멀다. 온의지는 마술 램프에 비교할 수 있다.[12] 이 마술 램프에서 단순한 불꽃이 매우 다양한 이미지들을 볼 수 있게 해준다. 이 이미지는 신플라톤주의자의 유출설을 상기하게 하지 않는가? 그 행실, 유기체 기관들은 ― 모든 풍습론과 모든 형태론은 ― 이처럼 의지의 분산 발광發光이며, 오직 원초적이고 오직 생산적인 발광이다. 그러나 상식은 그것을 이렇게 이해하지 않는다. 그리고 상식은 섭리적인 지혜의 신화를 포기할 때, 상식은 생명적 행위들을 그 행위들의 다음 원인들에 전적으로 관련시키기를

---

11. Arthur Schopenhauer, *Über den Willen in der Natur*, 1836 : "Vergleichende Anatomie"(비교해부학), éd. Frauenstädt, t. IV, pp 53~58 [아르투르 쇼펜하우어, 『자연에서의 의지에 관하여』, 김미영 옮김, 아카넷, 2012].

12. Schopenhauer, *Über den Willen in der Natur*, p. 55. 마술램프에 관하여 : *Die Welt als Wille und Vorstellung*, § 28 [아르투르 쇼펜하우어, 『의지와 표상으로서의 세계』, 홍성광 옮김, 을유문화사, 2015].

원한다. 새가 날 것이라는 것은 새가 날개를 가지고 있기 **때문이다.** 황소가 치받을 거라는 것은 황소가 두 뿔을 가지고 있기 **때문이다.** 그러나 실재적으로 이것은 정반대이다. 황소가 치받기를 원하기 때문에, 황소는 뿔들을 갖는다. 새는 우선 날기를 원했기 때문에, 새는 날개를 가졌고 날았다. 생명적인 바람le vouloir은 그 구조들과 더불어 구조에 적응된 기능들을 만들어간다. 마찬가지로 인간 영혼에서 의지는 행동들의 이데올로기적 정당화와 동시에 행동들에 영감을 준다. 따라서 쇼펜하우어는 "왜냐하면"의 전복에 새로이 우리를 참석하게 한다. 또한 "심정"의 이론가인 파스칼이 주의했던 원인학l'étiologie의 전도에도 참석하게 한다. 거기서 상식은 어렵게 포기한다. 왜냐하면 상식은 시각적 원인성의 전형만을 생각하기 때문이다. 상식은 유기체적 원인성에서 아무것도 이해하지 못한다. 그 유기체적 원인성은 천재의 영감들과 닮았고, 그 원인성의 원리는 천재와 동등하여, 심층적이고 비가시적이게 될 것이다. 비록 봄벡스가 파르노페를 잡아먹지 않고[13] 또 파르노페는 봄벡스를 공격하지 않았다고 할지라도, 봄벡스는 자기의 침으로 파르노페를 죽였다. 그러나 파르노페는 봄벡스의 둥지 속에 그 자신의 알들을 낳았고, 그 후손 시대에 봄벡스를 위협할 것이다. 봄벡스는 그것에 대해 전혀 **알지**sait 못하지만, 오히려 봄벡스는 그것을 내밀하고 중점적인 지식으로 안다. 그(봄벡스)가 살아야 하고 또 스스로 영속해야 한다는 경향성이 그에게 그러한 지식에 영감을 준다. 이 경향성은 마치 모든 원인 저 너머 있듯이 모든 목적 저 너머에 있다. 이 경향성은 창조적 생명의 오직 진실한 먼저(미리)prius이다. 쇼펜하우어가 칸트의 『판단력 비판』에서 발견할 수 있었던 직관이 바로 이 "목적성 없는 목적성"이 아닌가? 또 레온 브랑슈비끄에 따르면[14], 그 직관이 낭만적 의지주의의 용어가 아닌가?

2) 진화가 이루어진 후에, 생명이 마치 프로그램을 완수하는 것과 같았다는 것은 사실이다. 따라서 목적성의 판단은 **후천적** 판단이다. 그리고 우리는, 심리학에서처럼 생물학에서도 회고적 시각이 유기체화의 역사적 질서 대신에 제작하는

---

13. [옮긴이] 봄벡스(Bombex)와 파르노페(Parnope)는 말벌의 일종으로 후자의 침이 더 길다.
14. Brunschvicg, *Le Progrès de la conscience dans la philosophie occidentale*, 1927, p. 409.

기계적 질서로 대체했다는 것을 보게 될 것이다. 베르그송도 또한 쇼펜하우어도 이 전도[대체]에 전념했다. 『창조적 진화』 제1장의 명쾌하고 깊이 있는 마지막 몇 쪽들과 쇼펜하우어의 놀라운 직관들 사이에서, 아마도 이 접근이 다른 어디에서 보다 가장 명증적이다. 알베르 띠보데는 아마도 이 만남의 진실한 범위를 느끼지 못했을지라도, 이런 만남을 알렸던 유일한 작가일 것 같다.[15] 쇼펜하우어의 이 어휘는, 비록 칸트 비판의 관점에 의해 요구되었다고 할지라도, 이 일치의 깊은 의미를 마땅히 우리에게 감추지 않는다.

목적론적 놀람l'étonnement téléologique을, 즉 우리 속에 생명의 작품들의 완성을 자극하는 찬탄을, 또 초월적 목적성을 작품들에 할당하는 데 우리를 초대하는 찬탄을 설명하는 것이 중요하다. 만일 유기체들의 복잡화가 우리에게 경이적인 것으로 보인다면, 그리고 유기체의 기능작업화의 자연적 단순성이 이 점에서 당황하게 한다면, 이것은 우리가 그것에 대해 깨닫지 못하고서, 마치 우리가 우리 기계들을 제작하는 것(졸렬한 작품)das Machwerke처럼, 유기체들이 조각에 의해 조각으로 제작되었다고 우리가 상상하기 때문이다. 그런데 이런 조건이라면, 신적 기술자의 정밀함은 뒤섞인 무엇일 것이라는 것이 분명하다. 『단자론』(1714)의 이 항목을 상기해 보자.[16] 그 『단자론』에서 라이프니츠는 단순하게 기계들인 메커니즘들과 무한한 기계들인 유기체들을 대립시킨다. 만일 자연이 기술자들과 달리 작업하지 않는다면, 그의 작품들이 그 자체로 무한히 더 복잡한 것처럼, 그의 기술도 무한히 더 복잡하게 될 것이다. 그러나 자연의 조작 작업을 기계 형식의 절차에 환원시켰던, 우리의 예지작업은 어느 정도 그 자체로 인정될 것이다. 이런 이유로 지성의 가장 불합리한 정신착란 광기들 중의 한 광기는[17], 그 광기 자체가 구경거리로 주어지기 위하여 이렇게 사물들 속에서 어떤 복잡한 질서를 창조하는 것이다. 이것은 영속적으로 환각된 환자인데, 그 환자는 우스꽝스러운 관조

---

15. Albert Thibaudet, *Le Bergsonisme*, 1924, t. II, p. 33. 우리가 접근하는 저술들로는 EC 96~106, 그리고 쇼펜하우어, 앞의 책, p. 57.

16. 라이프니츠, 『단자론』, § 64. EC 96 : "눈이라는 기계는 무한한 기계들로, 아주 극단적인 복잡성으로 구성되어 있다."

17. MM은 이 광기를 이미 고발했다(MM 275). 참조 : EC 236~237, 271~272.

속에서 자기 고유한 이미지를 잃어버리게 된다. 우리들의 예지작용은 생명을 시작부터 기계화한다. 그러고 나서 예지작용은, 그 세부의 단순함이 역학에게 결코 나타나지 않음에도, 이 역학이 무한히 세부로 나누어지는 것에 놀라게 된다. 그 예지작업은 그 자신이 유일한 작사라는 기적에 대해 놀라게 된다. 무한은 사람들이 그 무한을 개념화하는 경우에만 현기증이 주어진다.[18] 이때에 무한은 "무한정"이다. 그런데 개념들로부터 분해하고 환원하는 운동에서 벗어난, 이 무한정은 반대로 단순하게, 현실적으로, 전반적으로 무한이다. 그런데 통속적 착각은, 마치 사물들이 우리 눈 아래서 그러나 반대의 질서에서 현실적으로 분석되는 것처럼, 사물들이 추론적으로 조각들에 의해 제작된다는 편견에 근거한다. 사물들이 구축되었던 종합은 그 질서를 전복하면서, 사물들의 형식을 요소들로 해체하기 위하여 분석이 통과했던 연속적인 단계들을 생산할 것이다. 그러나 살아있는 것들이 스스로에게 제공한 분석은 끝없는 분석이며, 그리고 우리를 놀라게 하는 것, 그것은 동일한 부분들을 결합했던 기술자의 생각할 수 없을 정도의 정밀함인데, 우리들은 그 부분들의 항목을 헛되이 찾으려 한다. 그리고 우리가 이 찬탄할 사물을 우리 스스로 창조했다고 보기를 우리는 원하지 않는다. 쇼펜하우어는, 우리가 여기서 『판단력 비판』에서 빌려온 혼동스러운 비교에 의해서 묘사한 착각에 주석을 달았다. 즉 목적론적 놀람은 야생인의 놀람을 닮았다. 그 야생인 앞에서 사람들이 맥주병을 땄을 때 그는 거품이 넘쳐나는 것을 보면서, 그가 가장 찬탄할 만한 것은 작은 맥주병에서 이렇게 흘러나오는 것에 관한 것이 아니었고, 사람들이 거품을 거기에 가두어둘 수 있다는 것에 관한 것이다. 이 고백은 모든 회고적인 시각을 왜곡하는 가역성의 편견을 분명하게 배반하고 있었다. 제작작업의 질서는 문학적으로 우리가 완성된 존재들에 관해 실천하는 분석과 동연적coextensif일 것이며, 그 질서는 점에 의해 점으로, 부품에 대해 부품으로 자기 질서에 굴복되었으리라. 분석이 다 소비할 수 없는 것으로 폭로되는 바로 거기에서, 제작 작업은 기적적임이 틀림없다. 다른 곳에서 쇼펜하우어가 주석을 달았듯이, 마치 사람들이

---

18. 현기증：MR 276.

곱셈들 중에서 곱셈을 형성하는 두 개의 숫자를 여러 차례 더하기 했을 때, 우리가 모든 9의 곱셈에는 9가 들어 있다고 하는 것과 같다. 이것은 경이로운 일치이다. 만일 경이로운 일치가 명백하게 정신에 의해 조합되었던 것이라고 사람들이 원한다면 말이다. ─ 이것은 아주 단순하고 자연적인 성질이다. 만일 이 단순하고 자연적인 성질이 십진법 체계의 내부에 어느 정도로 이미 준비되었던 것이라고 사람들이 생각하기를 원한다면 말이다. 이 성질은 무매개적으로 특이성을 표현한다.[19]

이 착각의 재난 같은 효과들은, 우리가 믿듯이, [생명체의] 유기체성의 영역 저 너머로 확장되고 있다. 쇼펜하우어 그 자신은 예를 들어 정신의 모든 진행방식들 속에 그의 영속적인 간섭을 우리에게 들여다보게 한다. 목적론적 놀람*teleologische Erstaunen*은 경탄*l'émerveillement*에 비교할 수 있다. 이 경탄이란 구텐베르크의 동시대인들이, 놀랄 만큼 규칙적인 특성들은 아마도 복사자의 붓에 기인한다고 생각하면서, 초기에 인쇄된 책을 보고서 파악될 수 있는 경탄일 수 있다. 그리고 사실상 신중한 의식적 검토는, 아주 새로운 모든 발명이 영감을 일으킨 놀람에서, 우리에게 지적인 허구의 출현을 폭로한다. 예를 들어 우리가 전선 없는 전보·전화·텔레비전·원격조정*le téléguidage*을 찬탄할 때, 우리가 통속적 기예와 규범의 기술의 지구 중심적 범주들 안에서 이것들을 상상하는 데 어느 정도 우리 자신 스스로 놀라게 된다. 그런데 기예와 기술은 접촉을 통해서 행동들만을 인식한다. 만일 일반적으로 전기, 자기, 핵분열 등의 기적들이 이 점에서 상상을 공포에 빠지게 만든다면, 그것은 연속성과 동질성을 열망하는 우리의 근면한 인습들이 제작 작업의 인위적 매개물들로부터 현상들을 끈질기게 재구축하는 데 정신을 초대한다는 것이다. 빛의 속도, 전자들의 미립자, 시리우스 성단의 먼 거리 등은, 걸작들(단어의 교과서적 의미에서)이 될 수 있을 만큼, 우리의 경험적 규모들에 관해 측정할 수 있는 굉장한 기록들도, 추론적 조작들에 비교할 수 있는 선형성들

---

19. Schopenhauer, *Die Welt als Wille und Vorstellung*, t. II [쇼펜하우어, 『의지와 표상으로서의 세계』], 제26장: "목적론에 관하여." 그리고 *Über den Willen in der Natur* [쇼펜하우어, 『자연에서의 의지에 관하여』], 상기 인용에서.

도 될 수 있을 것이다. 눈을 속인 정신은, 여러[수억] 광년光年들과 성단들을 상상하면서 이처럼 놀라게 하기를 좋아한다. 이는 마치 정신이 무와 죽음을 사유하면서 어둠으로 빠져들기를 좋아하는 것과 같다. 그럼에도 불구하고 물리학적이고 천문학적인 자료들의 거대함 자체는 정신에게 있어서 추상작업 요청을 재현해야 할 것이고, 그리고 자연의 무한을 무매개적이고 순간적인 아주 단순한 것처럼 생각하기에 익숙해야 할 것이다. 사람들은 물질이 "4차원"의 광경을 우리에게 제공하면서, 결국에는 거의 생명처럼, (요소들로부터 출발하는part des éléments, ἀπό στοιχεῖων) 사유의 타성과의 단절을 요구할 것이다. 사유 속에는 비합리적인 것이 전혀 없다. 이기주의적 찬탄에서 바보같이 인쇄물을 수고본들에, 생명 있는 것들을 "걸작들"에, 하늘의 깊이를 우리 산업의 소립자에 비교하는 대신에, 파스칼이 말했듯이, 비합리가 없는 사유는 심성에 의해 무한을 이해할 것이고, 그리고 직접적으로 사물들의 중심에 안착될 것이다. 다른 모든 규모를 단숨에 채택하는 자에게서, 경험을 초월하고 초자연적인 모든 다른 질서를 단숨에 생각하는 자에게서, 어리석은 경악l'ébahissement은 의심할 바 없이 경탄에 또 숭배la vénération에 자리를 내줄 것이다.

만일 세계가 현존해야 한다면, 하물며 그 세계는 생존할 수 있어야만 한다.[20] 왜냐하면 가장 많은 것일 수 있는 것은 가장 적을 수도 있다고… 하기 때문이다. 그리고 마찬가지로 생명이 어떤 불가사의도 감추지 못하고 있으며, 지성을 위한 불가사의가 그 지성 자신의 근본적 효과성 속에 있다고 하더라도, 하물며 생명은 그 자체이다. [과거에] 가능할 수 있었던 것은 하물며 [현재도] 마땅히 자연적이기도 하도다! 예를 들어, 그것은 모든 개념적인 이중성의 덕분인데, 이 종種들의 무분별한 낭비는 우리를 분노하게 하고, 가끔은 우리를 아주 깊이 놀라게 한다. 걱정 없는 풍부함 덕분에 자연은 동물들에게 파괴작업을 맡기는데, 이 풍부함은 우리에게는 침투할 수 없게 남아 있다. 왜냐하면, 우리도 모르게 우리 스스로 생명체를 값진 걸작처럼 간주하는 데 익숙해져 있기 때문이고, 또 만일 그것이 우

---

20. Schopenhauer, *Die Welt als Wille und Vorstellung*, 보론, 46장 [쇼펜하우어, 『의지와 표상으로서의 세계』].

리 손으로 만든 작업이라면, 그러한 보물들이 사라지게 하는 것은 우리에게 잔인한 짓이 될 것이기 때문이다. 말하자면, 상상으로 자연과 생명을 징역형으로 단죄했던 우리는 자연적 악의 어둠[암흑]을 마음대로 두껍게 한다. 목적론과 인간중심주의론의 과도함 그 자체는, 우연[le Hasard] 앞에서 우리의 목적론적 단념을, 침묵하는 자연의 무차별에 대한 우리의 공포를, 훨씬 더 절망적이 되게 했다. 그러나, 한탄들 그 자체들은 근본적으로 또한 목적론적이다. 우주는 적대적이 아니며, 그리고 생명체들은 값비싼 것도 아니다. 자연은 토막토막으로 만들어진 유기체들을 힘들여서 제작하지 않았다. 그리고 유기체를 파괴하는 것은 또한 유기체를 구축하는 것만큼이나 자연의 관대함에 거의 대가를 치르지 않는다.[21] 따라서 생물학적 종들의 소멸은, 그것들의 생산에서와 마찬가지로, 걸작들과 가치들의 질서와는 다른 질서이다. 쇼펜하우어가 말하듯이 그 소멸은 지성의 수술용 칼을 회피한다. 그 소멸은 무한과 무매개의 영역에 속한다. 이처럼 자연 속에서 회고적 도식들의 관할권을 거부하는 것은 생명적인 것이다. 분석을 전복하면서 물체들이 제공하는, 게다가 거의 근접하듯이 제공하는 생명성의 **역사**를 얻을 것이라고 믿기를 우리는 그만두어야 한다. 그러기 위하여 우리는 영속적으로 그 역사의 동시대인으로 남기를 체념해야 한다. 그러나 바로 이러한 것이 수고스럽고 고통스러운 것이다. 인식이 가능한 것은 내가 **사실** 이후에 존재할 수 있기 때문이다. 정신의 비극은 이 점에 있다. 즉 말하자면 대상에 대한 우리의 인식은 우리에게 내밀하고 중심적인 이해를 방해하고 있다.[22] 해부학은 우리에게 눈에 관해 너무나 많은 것을 가르쳐주어서, 시각에 대한 우리의 관념이 제작적 도식에 시달리는 것 같지 않게 보인다. 사방에서부터, 완수된 사물들과 "편견에 사로잡힌" 사물들이 정신을 감싸고 있다. 그러나 적어도 **온**[설명][l'Explication]의 덕목 자체를 거부한다면, 어떻게 이 환영[귀신]을 쫓아낼 것인가?

---

21. EC 100: "자연은, 내가 손을 들어 올리는 것만큼이나 눈을 만드는 데도 수고를 더 많이 하지 않는다." Schopenhauer, *Die Welt als Wille und Vorstellung*, 보론, 26장 [쇼펜하우어, 『의지와 표상으로서의 세계』]: "자연은 이와 반대로 자기의 작업에, 또한 자연이 자기 자신에 인위적(kün-stlich)인 만큼이나, 전혀 수고하는 비용을 들이지 않는다."
22. 참조: EC 140.

따라서 생명의 목적성은, 운동처럼 또 자유처럼, 유기체화의 작동 자체인 구심력의 작동에 의해 설명될 수 있다. 이 유일한 작동은, 무한 속에서 단순함을 단한 번으로 드러내는 결단이다. 기요가 자신의 『에피쿠로스의 도덕론』의 예언적몇 쪽에서 말하듯이[23], "생명을 창조하기 위하여", "자연은 신체의 모든 부분들을모으고 그것들을 서로 용접하면서 인위적으로 진행하지 않는다." 이처럼 베르그송이 매우 유창한 정식들로 특징화하였던 유기체성(기관 활동성)의 어리둥절한역설이 밝혀질 것이다. 알다시피 형식의 복잡성과 기능 작업의 단순성 사이의 대조가 있는데, 그것의 깊은 의미는 유기체론자들의 위대한 철학들을, 즉 라이프니츠의 철학, 베르그송의 철학[24], 쇼펜하우어의 철학을 벗어나지 못한다. 눈의 구조는 무한히 복잡하며 진실로 들어보지 못한 바의 것, 그것은 눈이란 시각이 작동하기 위하여 열린다고 하는 것으로 충분하다는 것이다. 이것은 마치 아킬레스가 제논의 궤변들의 분봉들을 뛰어넘기 위하여 달려가는 것으로 충분하다는 것과 같다. 재능이라는 어떠한 기적도 없다. 삶의 해결은 보다 순진하고 보다 단순하다. 단순하다란, 『시론』의 비판이 고발한 추상적 단순성이 아니라, 생명성의 특권이라는 밀도 있고 구체적인 단순성이라는 것이다. 지성은 관점을 보는 데(타동사) 비해, 눈은 자동사적으로 본다(자동사로 쓰인다). 말하자면 한편으로 지성과다른 한편으로 눈의 해부학과 생리학 사이에는, 대상들에 대한 우리의 인식을 매개로 하는 자연적 거리가 있다. 반면에 눈과 보는 작동 사이에서는 아무것도 없으며, 여기서 관점은 단지 이어감(연장)일 뿐이고, 마치 시각적 장치의 활짝 열림과 같은 것이 있을 뿐이다. 오스발트 스펭글러는 자신의 『서양의 몰락』*Le déclin de l'occident*(I, 1918, II 1922)의 모험적인 글에서, 눈동자 없는 눈을 가진 그리스 흉상과 삶에 의한 시선으로 빛나는 근대 초상화를 비교하였다. 우리는 과학이 고독한 눈을, 시선 없고 정신적 공간 없는 눈을 인식한다고, 그러나 생명만이 의미와정신적 전망을 부여한다고, 기꺼이 말할 것이다. 왜냐하면 생명은 생명과 공감하며, 행동은 행동과 공감하기 때문이다.

---

23. Guyau, *La morale d'Épicure et ses rapports avec les doctrines contemporaines*, 1878, 서문, p. 5.
24. MR 52, 275.

자연은 해부학을 알지 못하지만 유기체들을 실현한다. 그것은 마치 인쇄공은 식자공이 본 걸작의 필적을 보지 않고서도 단숨에 실행하는 것과 마찬가지이다. 만일 더 좋은 예가 된다면, 그것은 마치 눈[雪]의 결정체가, 티T형자와 컴퍼스를 정교하게 사용하지 않고도, 단번에 자기 모습의 완전한 대칭을 획득하는 것과 마찬가지이다. 이처럼 단순성은 생명적인 사물들 속에서 진실로 본질적이고 원초적이다. 여기서 우리의 생각에 맞게 앙리 베르그송의 가장 아름다운 정식들 중의 하나를 다시 받아들인다면, 우리는 단순성만이 사물 속에 있으며, 복잡성이 오히려 우리가 사물에 관해 파악하는 더듬수[모색]의 관점들 속에 있다고 말할 것이다. 마찬가지로 지적 노력은 그 운동 속에서 단순하며, 이 운동이 간청하는 이미지들 속에서 무한히 복잡하다고 말할 것이다.[25] 쇼펜하우어가 지오르다노 브루노의 힘차고 감동적인 언어로 말할 때, 쇼펜하우어가 표현한 것도 또한 그와 같다. 브루노의 문장 : 기예는 외부 물질적인 것을 다루고, 자연은 자기 자신을 나룬다. 기예는 물질 바깥에 있고, 자연은 물질 속에 있다. 이 정식의 간결한 과감함은 소요학파의 학술어로는 잘못 감추어진다. 기예는 물질의 주위에 있다. ㅡ 플로티노스의 정식들을 다시 받아들이면서[26] 베르그송이 유창하게 말할 것인데, 지성은 생명 주위를 돈다. 왜냐하면 지성은 완곡한 표현법과 에두른 표현법의 달인이기 때문이다. 오직 생명 도약만이 물체의 자체성 속에 침투하고 또 정착하게 된다. 그러한 것은, 우리의 비천한 산업이, 그 산업의 "걸작"을 완수하기 위하여, 이 폭력에 대해 내재적으로 저항하는 물질에게 강요해야 한다고 이렇게 말하고자 원한 것이다. 반대로 유기체화 작업에서, 어느 불투명한 환경도 작품과 노동자 사이에 더 이상 개입하지 못한다. 또는 오히려 생명의 작업l'opération[작동l'acte]은 작품 자체와 하나를 이룬다.[27] 여기서 질료와 형상의 구별은 어떤 의미도 갖

---

25. EC 97, 그리고 참조 : EC 245. 이와 관련하여, ES 166.
26. Plotin, *Ennéades*, VI, 9, 3 [플로티노스, 『플로티노스의 엔네아데스 선집』]. 마지막에 : ἔξωθεν περιθέοντας …. III, 8, 6 : … ἐξ εὐθείας ὃ μὴ ἠδυνήθησαν λαβεῖν τοῦτο περιπλανώμενοι ἑλεῖν ζητοῦσι.
27. 셸링은 자연의 목적성에 대하여 거의 똑같은 용어들로 말한다. *Philosophie de la mythologie*, 제13과.

지 못한다. 왜냐하면 질료는 형상으로 완전히 포화되어 있기 때문이고, 마찬가지로 형상은 그것의 측면에서 말하자면 또한 완전히 육화되어 있기 때문이다. 쇼펜하우어가 말하기를 유기체의 질료는 어느 정도로는 그것의 형상의 단순한 가시성 *de sa forme, die blosse Sichtbarkeit sener Form*일 뿐, 즉 구현되어 볼 수 있게 된 형상일 뿐이다. 그리고 서로 상호적으로 유기체의 형상은 자기의 질료의 꿈일 뿐, 즉 생명의 중심으로부터 유출된 꿈일 뿐이다. 그것은 베르그송이 잘 보았던 것인데, 그는 존재들[존재자들]의 모든 위계, 즉 식물에서부터 고등동물에게까지 관통하여, "형상"과 "기능"의 점점 더 내밀한 상호 침투에 우리를 참석하게 한다.[28] 기계에서 기능과 질료는 말하자면 공감 없이 동거한다. 유기체에서 기능은 구조의 내밀하고 필연적인 연속이다. 따라서 기계론은 기능하고*fonctionner* 유기체는 작업한다*opérer*고 말해야 한다. 여기서부터 정신적 경쾌함이, 생명의 모방할 수 없는 아름다움이, 그리고 생명을 모방하는 작품들이 나온다. 괴테의 말에 따르면, 유기체들만이 마치 "필연적"이고 "자연적"인 것처럼, 진실로 우리에게 나타난다. 왜냐하면, 이것들은 기능의 표현할 수 없는 단순성과 물질의 무한한 복잡성 사이에서 타협의 완전한 성공을 재현하기 때문이다. 자동인형들의 만화 같은 무거움은 물질과 기능 사이에 암묵적인 불화의 감정으로부터, 이 양자의 만남이 "고의적 사실"인 것이라는 감정으로부터, 곧바로 온다. 장식 장치는 장식된 사물들로부터 분리되어 있고, 그 장치는 인위적 작품들의 기계적 뻣뻣함을 심하게 또 잔인하게 강조한 것이다. 반대로 생명의 작품들 속에는 "고의"란 전혀 없다. 즉 장식장치도 장식된 사물도 없다. 생명이 실현한 역설적 조합들은 항상 유일한 가능성이다. 왜냐하면 이 가능성들의 질료는 직접적으로 살아있는 개별자의 본질 자체를 표현하기 때문이다.

목적성의 연구는 우리에게 세 번이나 진실로 유기체적인, 또 진실로 생명의 동시대적인, 방법의 필연성을 느끼게 해준다. 이 방법은 전체에 의해서 요소들을 설명하는 것이지, 요소들에 의해서 전체를 설명하는 것은 아닐 것이다. 생명의 원

---

28. EC 73~74, 85, 93. 그리고 제2장 이하. 스며듦(la grâce, 호의)에 관하여, RI 21~22.

초적 긴장 안에는 생명을 합체하는 섬유조직들의 집합 안에서보다 무한히 더 많은 것이 있다. 마치 자유의 정신적 "의도" 안에는 의도가 소진하는 작동들 안에보다 더 많은 것이 있는 것과 같다. 게다가 운동 안에는 구성되어 있는 것 같은 연속적인 정지들 안에보다 더 많은 것이 있고[29], 그리고 "의미"le sens 안에는 그 의미가 퍼져 있는 해석된 "기호들"les signes 안에보다 더 많은 것이 있다. 그럼에도 불구하고 생명이 종으로 펼쳐지는 순간에, 나의 자유의 재능이 나에게 그러한 진행 방식에 대한 영감을 주는 순간에, 지적 노력이 무언의 수수께끼 가운데로 침투하는 순간에, 어느 누구도 이것들의 내적인 숙명에 대해 선판단할 수 없다. 그리고 그 이유는 이 재구성화 작업들이 회고적 가치일 뿐이기 때문이다. 아무것도 중심에서 주변으로 가는 생명적 운동보다 더 단순하고 자연적인 것은 없다. 그럼에도 불구하고 어느 것도 제작적 논리보다 더 불가침투적인 것도 없다. 쇼펜하우어가 말하기를, 자연은 마치 천재(재능)처럼 순진하다. 그러나 우리는 자연의 말씀(혀)을 망각하고 있다. 왜냐하면, 우리는 너무나 지식적이어서 그 말씀을 이해할 수 없게 되었기 때문이다.

제2절 본능과 지성

진화를 제작으로 이끄는 철학은 일반적으로 스칼라(정태적)양의 완전함의 관념과 미래로 향한 무한히 직선적인 진보를 함축하고 있다. 기계론과 목적론은 선線으로 진화한다는 설명에 잘 적응되어 있다. 이 두 이론들은 모든 정지의 회복에서 호의적인 광경을 스스로에게 제공한다. 이 정지의 회복이란 물론 정기적으로 그것의 목적에 도달한 것을 의미한다. 왜냐하면 이런 회복은, 사람들이 말하지 않은 체하는 반대 분석une analyse inverse의 흔적들 속에서 진행하기 때문이다. 마찬가지로 관념연합론자는 감각적 진동으로부터 관념을, 그리고 알알이 맺힌 송이들의 관념을 직선으로 연역하듯이[30], 이처럼 유사 진화론자는 모든 살아있

---

29. EC 228, 339, 341~342.
30. MM 107.

는 것들을 단선적인 큰 계열을 따라서 끝에서 줄 세우기를 좋아한다. 이는 마치 사람들이 구슬로 목걸이를 꿰는 것과 같다. 도식적인 형식하에서 이런 표상[재현]이 정신에게는 분명하고도 안온하다. 왜냐하면 표상은 존재자들을 수평적으로 줄 세우는 생시의 동일한 법칙 아래에다가 모든 존재자들을 징집하기 때문이다. 종들과 개체들은 거대한 혈통[계보]의 내부에서 단지 어떤 순서적인 가치만을 보존하려 한다. 이것은 동질적 계열을 따라 증가하는 진행 과정으로 줄 세우는 많은 수의 순번 매기기와 같은 것일 것이다. 반대로 베르그송은 창조적 진화가 **다차원**이라는 것을 정확히 하고자 한다.[31] 사람들이 대위법 언어로 말할 것이지만, 창조적 진화는 다수의 "목소리들"이다. 마치 진실한 다성 음악처럼, 그 진화는 [단선] 진화론이 무시하고자 원했던 어떤 두께를 제공한다. 그것은 풍부하고, 변화무쌍하고 예견불가한 생성이다. 거기에서 사람들은 중첩된 동일한 도식을 인정하며, 지적 노력에서와 심층적으로 동일한 유기조직화를 인정한다. 생명 일반은 좁은 곳에서 넓은 곳으로, 감싸인 것에서 개화된 것으로, 가능적인 것에서 실재적인 것으로 나아간다. 생명이 완수하는 운동은 원심적이고 빛살로 퍼지는 것이다. 말하자면 종들 자체들 사이의 관계는 침울한 세로로 된 혈통une filiation으로서가 아니라 오히려 인척관계un cousinage로서 정의된다. 펼쳐짐le déploiement 또는 "전개됨"le développement이라는 과정은, 그 의미상으로, 개별적인 유기체의 **진화**l'évolution[32]를 특징짓고, 따라서 그 과정은 대우주의 싹트기와 성숙을 정의하는 데 쓰인다.

이런 생성의 관점은 두 가지의 분명한 장점을 함축하고 있다. 우선 그 하나로 시각은 종들의 근본적인 다양성을 고려한다. 베르그송은 순수자료에 주의 깊은 철학들과 마찬가지로, 실재적인 것의 다수성la pluralité du réel을 강조하기를 결코 놓치지 않는다. 우리는 『시론』이 의식 상태들의 이질성에 어떤 중요성을 부여했는지를, 그리고 어떻게 생성의 연속성이 결국에는 다시 흡수된 독창성으로 이루어졌는지를, 보았다. 질이라는 관념은 다양성을 고려하여 대답하는 것과는 다

---

31. 예를 들어 EC 58.
32. 러시아어로, razvitié.

른 것으로 이루어졌는가? 왜냐하면 만일 하나의 질이 있고 다수의 질들이 있고 또 무한한 질들이 있다면, 각각의 질은 다른 질들과 연관에 의해서 정의되기 때문이다. 그 자료는 진실로 다수이며, 측정할 수 있는 크기들의 단조로움에서 단지 마음에 들어 하는 예지작용의 여러 기획들에 대해 환원할 수 없는 다양성(변종)을 통해서 스스로를 방어한다. 생명은 동일한 저항들의 광경을 우리에게 제공하며 그리고 과학자들의 언어[33]는, 다윈론자의 겸손함이 어떤 관점에서는 탁월한 과학적 태도라는 것을 우리에게 제시한다. 그런데 생성에 대한 중심주의적이면서도 확산하여 퍼지는 직관은, 틈이 벌어진 불연속성들과 진화의 단절들을, 또는 루이 비알르똥이 매우 행복하게 말했듯이, 살아있는 세계를 돌연변이 다음에 또 돌연변이로 새롭게 하는 "한바탕"의 돌연변이들을, 무미건조한 진보보다 훨씬 더 잘 설명한다. 왜냐하면 종들의 광경은 우리에게 천이들^{les transitions}이라기보다 더 많은 **불규칙한**^{aberrants} 특성들을 우리에게 제공하기 때문이다. 다윈의 모든 계보학들은 인간적 자연(본성)과 동물적 자연(본성)이 치료할 수 없을 정도로 분화하는 것을 막지 못한다. 분화는 또한 동물성에도 식물들의 세계에도 들어 있다. 동물적 계열 자체 안에서 갈라섬(가지치기)이, 척추동물들과 절족동물들 사이에서, 특히 인간종과 몇몇 곤충(막시류)들 사이에서도 화해할 수 없을 정도로 재생산된다. 진화론은, 생물학적 전통을 또 오직 유전적 유산을 서로서로 전달하기 위하여, 연결고리를 만드는 생식들을 우리에게 제시하는 대신에, 어떻게 종들이 세계에서 종들의 운수를 각각 따로 진행하기 위하여, 서로서로 등을 돌리는지를 오히려 우리에게 이야기해야 한다. 진화에는 반복된 분화들의 역사만 있을 뿐이다. 베르그송 그 자신은 아마도 이 점에 관하여, 자연의 불연속성들에 대해 아주 생생하게 느꼈던 아리스토텔레스에게는[34] 약간 엄격하다고 우리들이 감

33. 참조 : Monakow et Mourgue, 앞의 책, pp. 24, 29. 또한 Vialleton, *L'origine des êtres vivants*, 1929를 보라. 비알르똥은 불연속론의 가설에 예시적인 논증 작업의 기반을 부여한다. 특히 pp. 343~344. 그러나 변형주의에 적대적인 비알르똥은 다수성을 기원적인 것으로 간주한다. 참조, 논문집인 *Le transformisme* (Paris, 1927) 속에 비알르똥의 'Morphologie et transformisme'를 참조하시오. 비알르똥에 관해서는 Gaston Grua, 'Un critique du transforamtion', *Revue de métaphysique et de morale*, 1930, pp. 383~421 (특히 p. 388).

34. EC 146.

히 말해야 할 것인가? 왜냐하면 그것은 수학으로부터가 아니고, 생명의 경험으로 나타나기 때문이다. 수학은, 우리들이 지닌 획일성의 소중한 습관을 뒤흔드는 성가신 독창성들에 매우 심하게 침묵을 강요한다. 그러나 생명체들의 찬탄할 만한 다양성은 [자유방임적으로] 하는 대로 내버려 두지 않는다. 감각론자 또는 관념론자의 평준화에서 추억과 지각의 반명제를 제거하는, 또는 페이너의 대수론에서 감정들의 환상적인 이질성을 제거하는, 자연의 변덕 그 자체는 이제 통합하는 모든 기획을 방패 삼아 생물학적 이중성들을 실행한다. 『창조적 진화』는 이런 기획들 중의 몇몇 기획들에 반박한다. 예를 들어 다윈의 [자연] 선택의 가설에서, 그러한 것은 감각적일 수 없을 정도의 변이들이, 우발적인 미세 차이들을 첨가하면서, 구조들을 조금씩 구성할 수 있다고 하는 관념이 될 것이다.[35] 본능은, 정확히 말하자면[36], 행복한 차이들의 집합에 의해 점진적으로 제작되는 것일 것이다. 사람들은 어떤 의미로는, 이 차이들을 커나가게 하기 위하여, 또 그것들로 완전한 본능을 만들기 위하여, 원초적 습관 주위에 또는 단순한 반사의 주위에 조금씩 쌓아두는 것을 볼 수 있을 것이다. 우리는 이런 시도들 속에서 동일한 우상을 인지한다. 그 우상은 관념연합론의 경험론의 바탕에 있는 것이다. 사람들[관념연합론자들]은 생명적인 것의 제일 질료를, 즉 단순한 요소를 찾는다. 이 단순 요소는 그 자체에 의해 무한정하게 다수성이면서 살아있는 모든 구조들을 기꺼이 부여할 것이다. 척도의 본질은 질을 양화하는 것이 아닌가? 그 질은, 개체들로부터 공통적인 것만을 유지하기 위하여, 즉 우리에게 개체들을 측정 가능하도록 크기의 동질적 통일성을 유지하기 위하여, 모든 사물들 안에서 저항하고 또 다루기 힘든 원리를 표상[재현]한다. "원자론"은 생명의 반명제들 중의 어느 명제도 기적적인 만병통치약에 저항하지 않을 것이라는 점을 고려한다. 이항 대립의 항들이 토대를 이루고 있고, 그리고 이것들의 선두에서 모든 대립 항 중의 가장 중요한 대립 항은 다른 모든 대립 항들을, 즉 생명적인 것과 기하학적인 것의 대립 항들을,

---

35. EC 69~70.
36. EC 183~184 (그리고 189). 참조 Max Scheler, *Über Scham und Schamgefühl*, 1913, pp. 124~125.

포괄하는 대립 항이다. [곤충]원숭이와 인간, 본능과 지성, 기억과 물질은, 개념들이 모든 환상을 추방하는 행복한 체계 속에서, 똑같은 제복을 입는다. ― 베르그송의 비판주의는 이런 게으른 혼동들을 혐오한다. 분기하는 종들 사이에 웅덩이가 파여 있다. 왜냐하면 이종들 사이에는 무매개적인 부계혈통도, 천이하는 부자 직계도, 현실적인 "후손"도 더 이상 없고, 오히려 사람들이 말할 수 있다면, 예정된 부조화가 또 끊임없이 앞으로 상호 유발할 부조화가 있기 때문이다. 그것들의 친족성을 재발견하기 위하여, 예전에 공통적이었고, 또 가지치기들이 생산되었던 그 가지의 [근원적인] 끝에까지 거슬러 내려가야만 한다. 조직화는 다양화되는 이중화 작업들과 분리할 수 없다. 베르그송은 여기서 우주적인 나무라는 플로티노스의 이미지[비유]를 고려하기에 이른다. 그러나 그는 특히 돌발성의 비유인 포병의 비유를 사용한다. 우리는 이 비유가 원심성의 도약(폭발, 포탄, 다발, 불꽃탄, 꽃다발⋯)을 암시하는 것으로 본다.[37] 이러한 이유로 사람들은 다음과 같이 말할 수 있다. "다발"은 또는 비알르똥이 말하듯이[38] "덤불"은 생명적 운동의 특징적인 상징이다. 이 분화는, 베르그송이 훨씬 나중에 말할 것이지만 "열망"frénésie의 법칙에 복종할 것이다.[39] 『물질과 기억』에서 그것은 부챗살로 펼쳐지는 전개의 문제였고 또한 고깔의 문제였다. 꿈을 꾸었을 때의 추억들은 고깔의 밑바탕을 형성할 것이다. 사실상 이 이미지는 그 당시에는 어떠한 시간적 의미를 갖지 않았다. 그럼에도 불구하고 그 이미지는 이미 생명과 정신의 분명한 경향성을 표현했다. 자기에게 전념하는 정신은 마치 생명처럼 자발적으로 변덕스럽고도 그림 같은 추억들로 피어나고[펼쳐지고], 말하자면 점점 더 독창적인 개별자들로 활짝 피어난다. 분해[분화]된 종들과 개별자들은 이제 어느 정도로는 생의 도약의 꿈을 표상한다. 단지 방심une distraction의 효과였던 그 무엇은 여기서는 반대로 저항할 수 없는 추진력이다. 이 추진력으로부터 개별자들 자신들은 적어도 근원이라기보

---

37. 에두아르 르 화는 *L'exigence idéaliste et le fait de l'évolution*, 1927, pp. 140 이하에서 "진화의 틀"을 서술한다. 참조: MR 313.

38. Vialleton, 앞의 책, pp. 345, 373.

39. [옮긴이] MR 313 이하 특히 316.

다 오히려 장난감이다. 개별자들은, 자기가 명령적인[정언적인] 도약으로 가게 하기 위하여, 특히 "생의 주의"에 깊이를 필요로 하지 않는다. 이 명령적 도약은 개체들 속에서 유일한 경향성만을 전개하며, 그들에게 다른 길은 닫혀 있다. 오히려 개체들이 특별한 주의를 필요로 했던 것은 분산(흩어짐)과 싸우기 위해서이다. 이런 이유에서 직관적 사유인 정신적 주의의 노력은 분해[분산]되는 경향성을 압축하면서 생물학적 "방심"의 귀결을 중성화한다. 따라서 방심에 대해서 계속해서 말할 수 있는 것은, 생명의 잠재성에 대한 폭력적인 분산une dispersion violente, distrahere을 이해한다는, 또한 가능적인 것의 진실한 분열un déchirement을 이해한다는 조건에서이다. 사람들이 『물질과 기억』의 고깔에서 미래로 향해진 밑바탕을, 말하자면 가장 확장된 의미에서 표상하게 되는 것은 고깔의 뾰족점을 형성했던 정태적 지각 대신에, 폭발적이고 성급한 어떤 사물을, 즉 종들이 솟아나는 압축된 씨앗을 대체하는 것이다. 왜냐하면 모든 가능적인 것들이 생기게 하는 것이 필요하기 때문이다.

다른 한편, 나뭇가지로 번성하는 진화의 관념은 또한 종들의 깊은 친족성을 설명한다. 우리가 그것을 알고 있듯이, 그것은 아주 교육적인 역설인데, 즉 그 역설이란, 의식 상태들의 찢어질 수 없는 연속성에게 마침내 존경을 표시하기 위하여, 그 의식 상태들의 질적 이질성을 고양하려는 필연성이라는 것이다. 이 특별한 아이러니에 의해서, 모든 존재들[존재자들]을 [획일적인] 제복을 입히는 것으로 시작하는 원자론은 그 존재들의 내적 인척성들의 이유를 더 이상 발견하지 못한다. 이런 점은 생명이 동일자le Meme와 타자l'Autre의 딜레마를 무시한 것이다.[40] 감정들과 개체들의 예민한 이타성은 진실한 공감들을 가능하게 한다. 생성의 자연적 독창성들을 몰랐기 때문에, 일원론이 임의적인 절단으로 단죄되는 반면에, 일원론은 보다 더 임의적이 되기보다는 그만큼 더 돌이킬 수 없는 것이 될 것이다. 분리된 사물들은 더 이상 재결합되지 못한다. 왜냐하면 그 사물들은 무차별적이고 어떤 것이든 되었기 때문이다.[41] 그리고 여기서 조각 나누기의 미신이 생겨난

---

40. EC 279~280. 참조 : 'L'introduction à la métaphysique' (PM 189).
41. 수학자들의 "연속성"은 불연속의 그 어떤 가능성일 뿐이다 : EC 167. [ES 155, Oe 626 : "지성은 불

다. 이 미신은 전체적으로 분절되어 있으면서도 조화로운 자연의 유기적인 불연속성들을, 인위적인 불연속성들과 일치시키려는 선호일 뿐이며, — 그리고 그 귀결로서, 절망적인 불연속들과 일치하려는 선호일 뿐이다. 이런 이유로 분리된 경향성들은 점점 더 많이 분화되어 봐야 소용없고, 이 경향성들은 상호보충적인 채로 남아 있었다. 이 경향성들은 쇼펜하우어가 말하듯이[42], 이것들의 공통 기원을 배반하는 어떤 가족적인 분위기를 간직하고 있었다. 여기서 상호보충적이란 구별됨과 동시에 조화롭다는 것을 의미한다. 분화하는 경향성들은 마치 동일한 신체의 기관들처럼 또는 동물 군집의 여러 다른 개체들처럼 상호 보충적으로 남아 있다.[43] 따라서 통일성[단위]는 약속이 아니라 오히려 회상une réminiscence이다. 생명의 광경이 우리에게 가리키는 것, 그것은 생명의 잔존이며 생명의 도래(강림) son avènement가 아니다. 자기들 자체에 전념하는 종들은 서로 재결합하는 것이 아니라 반대로 아직도 분산되는 것이다. 그럼에도 불구하고 경향성들의 각각에는 원초적 총체성이 마치 생생한 비난처럼, 흩어지는 추방을 극복하려는 영속적인 초대장처럼 남아 있다. 그것은 일종의 잃어버린 천국이다. 그러나 미래의 철학인 베르그송주의는 우리 안에서 과거의 향수를 들쑤셔 일으키지는 않는다. 창조적 진화는 자발적으로 잃어버린 통일성을 소생시키지 않을 것이다. 고향 상실la diaspora은 저주와는 반대이다. 진화는 진보적이며, 과학이 그것을 요구하는 그대로 순환적이지는 않다. 통일성은 직관적 사유의 개인적이고 고통스러운[힘든] 일련의 노력으로 섬광[방전]들에 의해서 회복될 것이다. 적어도 신비가들의 무상 무념한 변모에 닮은 것은 아무것도 없다. 쇼펜하우어가 말하듯이 여러 다른 종들이란 사물 자체의 주제[주제곡]에 관한 많은 변이들[변주곡들, 변종들]과 같다.[44] 그러나

연속만을 분명하게 표상한다."(49PMI) — 옮긴이]]

42. Schopenhauer, *Die Welt als Wille und Vorstellung*, II, § 28 [쇼펜하우어, 『의지와 표상으로서 세계』].

43. EC 282. 따라서 사람들은 이런 의미에서, 베르그송이 말하고자 한 바대로 "노동 분업"을 말할 수 있다(EC 128). 분리된 경향성들이 상호 보충적이지 않은가? 참조: EC 276.

44. Schopenhauer, *Die Welt als Wille und Vorstellung*, II, § 28 [쇼펜하우어, 『의지와 표상으로서 세계』]. 참조: 원인 이미지에 관하여, EC 185~186. 반복해서 말하지만 진화란 순환적인 것이 아니다. 우리가 곧 말할 것이지만 물질 만이 그것을 "순환하게" 한다(EC 139, 192).

각 변이 속에서 주제는 전체 안에서 현재하고 있다. 라이프니츠가 말했듯이, 그것은 오직 변화하고 있는 전망[미래조망]일 뿐이다. 예를 들어 식물 속에서는 동물의 운동성의 희망과 같은 어떤 것이 잠들어 있으며, 그러나 강조는 식물적 삶에 있다. 동물에게서는 어떤 것이 마치 식물직 삶의 추억처럼 존속하고 있으며, 그러나 강조는 감수성과 의식에 있다. 성공한 경향성은, 그것들의 우발적인 해방을 기대하는 조용한 후회의 방식으로, 잠재적으로 일어나서 잔존하는 적[반대]의 힘들을 억누른다. 지성은 향수처럼 본능으로 둘러싸여 있다. 본능의 핵심에는 지성의 약속들이 거주한다. 이 지성의 약속들은 스스로 실현되기만을 요구할 뿐이다. 생명적인 것은 각 종에서 항상 가득 찬 것으로 나타난다. 각 종에서 생명적인 것은 분명한 의식의 영역을, 그리고 억제된 원리를 표상하는 암시적인 것들과 같은 변화하는 주변을, 감싸고 있다. 그러나 마치 선택이 배제된 대안의 가능성을 폐기하지 않은 것과 같이, 또한 마찬가지로 분리된 것으로 결정되었던 종도 억제된 권능들(잠재력들)의 강박을 벗어나지 못한다. 셸링이 그렇게 말했듯이, "이리하여 전체란 디오니소스일 뿐이다."[45]

다발 진화와 **직선 진화** 사이에 중요한 차이, 그것은 전자 속에는 새로움과 내재성을 동시에 설명하는 무엇인가가 있다는 것이며, 반면에 후자에는 목적론적 또는 기계론적 독단주의의 도식들 속에 기입되어 있고, 심지어는 그 계기들의 상호 침투과정을 통하여 잃어버린 예측불가능성을 되찾지도 못한다는 것이다. 그렇다고 해서 사람들이 경향성들의 상호 함축에 대해 말할 수 없다면, 혁신은 완전히 허구적이 된다. 생성의 철학은 진실로 서로 조화된 모순들의 만남이다. 마치 이타성이 거기서 이 내용과 더불어 서로 조화를 이루듯이, 이처럼 새로움은 내재성과 더불어 서로 조화를 이룬다. 우선 내재성에 관하여 보자, 왜냐하면 통일성은, 분산된 종들 가운데에서 파편들만이 존속할 뿐이었던 황금시대에서처럼 처음에도 있었기 때문이다. 그다음으로 혁신에 관하여 보자, 왜냐하면 가능적인 것과 실재적인 것 사이만큼이나 많은 것이 생명의 배아기[발아기]와 생명의 사

---

45. Schelling, *Philosophie der Offenbarung : Philosophie de la Révélation*, 제21과.

춘기[성장기] 사이에도 있기 때문이다. 엄격히 말하여 성숙한 유기체는 잠재적 유기체 속에 함축되어 있다고 할지라도, 또 그 유기체가 자발적 생식에 의해 근본적 전혀 없음un rien-du-tout(전무全無)으로부터 생겨나지 않을지라도, 발아기는 절대적으로 **현존하지** 않았던 한 존재의 솟아남[분출]이다. 그런데 이렇게 선언된 현존은 단순한 가능적인 것에 관해 비교할 수 없는 우월성을 갖고 있으며, 지각을 추억으로 환원하는 유아론적 이론들의 토론은, 어떤 값을 베르그송주의가 현실적 실재성에 결부시켰는지를 이미 우리에게 제시했다. 직선적 생성에 관해서 말하자면, 그것은 적어도 생명적 "주제들"의 보존을 우리에게 감각적으로 느끼게 해야만 한다. 왜냐하면, 단적으로 그 생성의 진보는 진보의 모방물이기 때문이며, 또 왜냐하면 그 제작이란 앞서 분해가 이루어놓았던 것을 단순히 다시 만드는 것이기 때문이도다! 선先형성, 잔존, 내재 등의 단어들은 한편으로 지속이 있는, 다른 한편으로 생생한[살아있는] 힘들의 실재적 다수성이 있는 거기에서만 의미를 갖는다. 이 힘들은 차례차례 빛으로 거슬러 올라가는데, 그 힘들이 자기들의 자치성과 자기들의 생명성을 간직하는 임의적인 무의식 속에서는 다른 힘들을 억제하면서 올라간다. 선형線型의 진보주 속에서, 외적 특성들의 병치들에 의해 점진적으로 복잡해지는 단일 전형보다 중요한 것은 없다. 정복하는("지배적인") 원리도, 정복된 원리도, 위계질서도, 강등들도 더 이상 없다. 내재성을 말하는 자는 중첩된 도면[평면]들을 말한다. 그러나 여기서 모든 것은 동일 도면[평면] 위에 있다. 따라서 사람들은 주제[주제곡]이 전혀 변하지 않는다고 하든지, 주제는 연속적인 장식표시들 각각 속에서, 즉 사람들이 그 위에 입혀놓은 장식음들의 각각에서 완전히 사라진다고 기꺼이 말할 수 있다. 각 종種은 이 이론에서 피상적이고, 전적으로 순수한 소리와 유사하다. 그 순수 소리에서는, 그 소리로 완전한 흥취를 돋우는 화음들의 어떤 것도 진동하지 못한다. 그러나 만일 우생종la dominante이 그것의 변종들과 무차별적으로 동거한다면, 또 만일 사람들이 충돌 중에 있는 풍부한 생성의 영고성쇠 대신에 그것을 타성적인 상승으로 대체한다면, 어떤 것이 보존되는지를 표현하는 것이 무엇에 소용이 있겠는가! 음악적 발전의 연속성은 어떤 근본적 주제의 순수하고 단순한 보존으로 이루어지는 것이 아니라, 주제가 길을 가는 과정에서 만났던 저항들로, 또한 만일 음악가가 이것들을 투명하게 할 수 있다면 주제를 질식시키게 하는 주위 장식음들로, 또한 그 음악가가 스스로를 방어해야만 하는 적대적 관념들로, 관념들의 고유한 방향에서 음악가에게 방향을 바꾸게 하는 관념들로 이루어진다. 상호 양보들과 패배들과 보복들로 이루어진 미묘한 담론은 생명의 동일한 이미지이다. 그러나 무미한 변증법에서 무엇이 남는가? 그 변증법은 생성을 종의 전형 주위에서 침전된 무기력한 흔적들의 수집품으로 환원하는 변증법이다.

따라서 팽창l'expansion은 생명의 법칙이다.[46] 그러나 이 운동에서 특히 중요한 두 개의 큰길이 있다. 두 큰길은 본능과 지성에 이르는 길이다. 지성과 본능에 대하여, 생명에 가장 가까이 있는 것은 본능이다. 더 좋게 말하자면, 본능은 물질의 간단한 소강상태에서 파악된 생명 도약 그 자체이다. 자, 여기서 사람들이 본능적 활동성이 유기체화 자체의 작업을 이어간다고 말하는 이유가 있다. 예를 들자면, 모든 것들 중에 가장 본질적인 모성의 본능은 말하자면 현세대들을 미래로 운반하는 유일한 충력의 이행 장소이다.[47] 마찬가지로 쇼펜하우어에게서 성적 본능은, 종의 형이상학적 관심으로 항상 향해진 삶의 의지le Vouloir-Vivre의 예견을 표현한 것이다.[48] 기요 같은 사회학자가[49] 공간의 활동성 안에서 사랑을 오히려 마치 동의하는 개체들의 완전한 일치처럼 간주했을 때, 게다가 쇼펜하우어와 베르그송 이 둘 모두가 사랑을 시간의 차원에서, 마치 미래의 정복을 향해 펼친 노력의 수레바퀴처럼, 생각했다는 것이 주목할 만한 것이 아니겠는가? 바로 이런 의미에서 본능을 공감으로 간주할 수 있다. 베르그송의 공감은 기요의 공감 같은 애정적인 교제une communion, 즉 양심[의식]의 통합un union이 아니다. 그 공감은 사랑하는 것이라기보다 오히려 침투하는 것이다. 베르그송이 도약을 말

---

46. 참조: RI 49 [분화(la divergence)이다. — 옮긴이]
47. EC 139. MR 41~42(주석); ES 23.
48. Schopenhauer, *Die Welt als Wille und Vorstellung*, 제4권 보충, 부록 44 [쇼펜하우어, 『의지와 표상으로서 세계』].
49. 사실상 기요는 오히려 도덕론자이다. 그리고 그는 이 문제들에서 실천적이고 교육학적인 관심사들(les préoccupations)에 기여한다.

하고, 기요가 **생명적 확장**을 말하는 것은 허황한 것이 아니다. 만일 우리가 동물적 본능에서 읽을 줄 안다면, 우리는 거기서 의심할 여지없이 지적 노력의 깊이[심층]과 [지하] 지층의 층리들을 재발견할 것이다. 왜냐하면 지적 노력은 직관적 형식과 본능적 강도일 뿐이기에, 지적 노력은 본능처럼 생명의 동일한 방향으로 나가기 때문이다. 기요의 공감은 의식들의 집단성 안에서 헌신과 관대의 보자기[층리]들처럼 진열되어 있다. 베르그송의 공감은 여러 다른 공감들 중에서도 나나니벌속屬의 조롱박벌sphex ammophile이 곧 죽일 귀뚜라미에게 행하는 공감과 같은 것일 것이다. 이 "공감"은 공격적이고 살해적인 것일 수 있도다! 전적으로 예지작업처럼, 이 공감은 이타주의보다 훨씬 더 정복적이고, 이 공감은 대상 속에 자리 잡아서, 이웃 사랑하듯이 침투하게 내버려 두는 것이라기보다, 그 대상을 자기의 것으로 만든다. 여기서 막스 셸러의 용어를 사용하자면[50], "감정이입"die Einfühlung에서 "동감"das Mitgefühl까지 또는 **일치**la coïncidence에서 **공존**la coexistence까지가 베르그송의 마구 삼키는 공감에서 기요의 헌신까지만큼이나 거리가 멀다. 기요에게 있어서 가장 강도 있는 삶은 또한 가장 외연적인(확장적인) 삶이다. 이로부터 열기 있는 낙관주의가 나오며, 그러나 약간은 몰랑한 학설이 나온다. 반대로 베르그송에게서는 개인적 지속과 사회적 공간 사이에 이율배반이 있다. 흩어져 있게 된 생명은 밀도 면에서는 상실한 생명이며, 그것의 역동주의를 낭비하는 생명이다. 우리가 말하듯이, 진화는 빛살처럼 퍼지는 것이다. 그러나 생명은 모든 방향들로 부풀려지는 것이 아니다. 생명적 도약은 특히 진화를 시간의 차원에 따라서 미래 방향으로 쇄도해서 밀고 간다. 자아는 자기의 야망들을 사회의 협화음들의 조화에게 희생하는 대신에, 대상에게 스스로 동화하면서 그 자신을 스스로 고양한다. 만일 사물들 안에 말[단어]를 들여놓는 것이 아니라고 한다면, 이해한다는 것은 무엇인가? 질투심 많은 직관은, 정신이 세차게 스스로 새롭게 파악되기를, 또 그 자신 자체로 스스로 휘어지기를 요구한다. 그리고 반대로 기요에게서 생명

---

50. Scheler, *Nature et formes de la sympathie*, trad. fr. (Paris, 1928), 셸러는 또한 베르그송의 개념 작업을 쇼펜하우어에서 연민의 이론에, 또는 어떤 드리쉬(Driesch)와 어떤 베허(Erich Becher)의 생물학적 일원론에 비교한다.

적 확장은 매우 자연적인 경향성의 자발적 개화로부터 결과하는 것이다. 기요에게 부족한 것, 그것은 베르그송에게서는 매우 예리한 감정, 즉 저항들과 반명제들의 감정이다. 저항들과 반명제는 직관의 위기를 피할 수 없게 한다. 우리가 그것을 알고 있듯이, 마치 전적으로 예시작업처럼 또 전적으로 순수지각처럼, 직관적이다. 왜냐하면 순수지각은 현전의 무매개적인 관점이기 때문이며, 플로티노스의 의미에서 본능은 황홀(무아경)une extase이기 때문이다. 본능적인 인식에서 정신은 전적으로 자신에 열광하는 것, 외향성extroversus이다. 따라서 베르그송이 자신의 무의식에 대해 말할 수 있다. 무의식은 몰아적(황홀한)extatique 사유의 상태이다. 그러나 베르그송은 관대한 사랑의 은총을 수동적으로 기다리는 것이 아니라, 개체가 자신으로부터 나온다는 것을 황홀경(무아경)l'extase, ἔκστασις[51]이라 지적하지 않는가?[52]

본능의 오류불가능성이 이렇게 설명될 수 있다. 본능은 생명 자체이다. 따라서 본능은 자신의 고유한 영역에서 절대적 인식이며 신지학적 방식이다. 생물학자들은[53] 사실상 어떤 쇼펜하우어와 어떤 드리쉬의 형이상학 안에 포함된 본능의 신비에 반대하여 작동하는 경향성을 갖는다. 이들은 베르그송주의에게 오직본질적인 이런 생각[관념]을, 즉 본능적 인식은 종적 인식이며 절대적으로 독창적 인식이며 형이상학적으로 지적 인식과 구별된다는 생각을, 흔들지 못했다. 확실히 본능이 초자연적인 특권을 누리지는 못한다. 본능은 본능 자체를 이탈하게하는 사고의 위험에 처해 있으며[54], 이는 마치 순수지각이 자리를 차지하고 있는

---

51. 러시아어로 izstouplénié.
52. [옮긴이] 우리는 무아경(extase)과 몰아경(entase)으로 구별하고 싶다. 플로티노스와 베르그송은 몰아경의 경지를 말하고 싶어 하고 유일 신앙자들은 무아경에 이른다고 할 수 있다.
53. 마르샬(Élie Marchal), 라보, 르까이옹 등은 특히 베르그송이 파브르에게서 빌려온 나나니벌 속(屬)의 조롱박벌의 예를 비판했다. 그리고 이 예는 다른 작가들(셸러, 드리쉬, 제임스)에 의해 재수록되었다. 참조 : Bertrand Russell, *Analyse de l'esprit* (trad. fr., 1926), pp. 55~56 ; James Drever, *Instinct in Man*, 1917, p. 92. Raymond Ruyer, *Revue de Métaphysique et de Morale*, 1959, II.
54. 참조 : Ribot, *La Psychologie des sentiments*, 1896, p. 193. 사람들은 본능이 진화한다고, 또 본능은 특이한 착오들(des aberrations, 변이들)로 노출되어 있다고, 너무 과도하게 말할 수 없을 것이다. Henri Piéron은 그의 논문에서 몇 가지를 인용할 것이다. 'Les problèmes actuels de

편견들로 된 조심성 없는 기억의 위험에 처해 있는 것과 같다. 그럼에도 불구하고 본능은 권리상으로 오류불가능성일 것이고, 이것은 마치 완전히 노출된 지각이 자발적으로 솔직한 것과 같은 것일 것이다. 의식의 개입이 호흡의 반사적 메커니즘을 혼란시킬 수 있다는 사실로부터[55], 사람들은 이 메커니즘들이 완전히 적응되지 못했다고 결론 내렸는가? 본능의 목적성은 자유로운 작동과 동일한 단순성의 특성을 제공한다. 따라서 순간적으로 본능의 목적성을 동시에 완전히 인정해야 한다. 지적 요소들과 더불어 그것의 목적성을 생성하기를 원했기 때문에, 라마르크주의자들은 영속적으로 새롭게 되는 기적을 억지로 간청한다.[56] 왜냐하면 주변적인 설명들의 특성(고유함)이란 생명 속에 전반적으로 순진하게 주어져 있는 무한을 재구축하는 데 소진되는 것이기 때문이다. 따라서 본능의 "경탄할 만한 일들"은 유기체적인 구조들의 복잡함만큼이나, 또 운동의 연속성만큼이나 자연적으로 설명된다. 사람들은 이 경탄할 만한 일들이 자기의 규범에는 완전히 굴복하는 탐욕스러운 지성을 위하여, 그리고 생명이 자기에게 제공한 저항들로 자기 만족하여 놀라게 되는 지성을 위하여, 특별나게 현존한다는 것을 충분히 제시했다. 그러나 마치 지성이 설명의 유일한 전형만을 마음대로 처리하는 것처럼, 마치 지성이 단숨에 전체적으로 — 플로티노스가 말했던 함께 모여서$^{\alpha\theta\rho\dot{o}\omega\varsigma}$ — 생명적 의도의 최고 단순성을 얻기를 거절했던 것처럼, 지성은, 자기(지성)를 혼란하게 하고 또 자기(지성)에게 두렵게 하는 이 생명성을 거기서 유지하기 위하여 무한히 도식들을 복잡하게 해야만 한다. 아마도, 많은 불가사의들, 특히 종말론을 둘러싼 불가사의들은, 우리의 지성의 친밀한 절차들과는 연관이 없이 여러 조작의 전형들을 인정할 수 있는 정신을 위하여 사라질 것이다. **이해한다**는 작동은 끊임없이 정신을 실재적인 것의 계속적인 수준에 다시 적응시키는 것이고, 그리고 근본적으로 형이상학적 다변성의 의미와는 다른 것이 아니다. 그러나 마땅히

l'instinct', *Revue Philosophique de la France et de l'Etranger*, 1908.

55. Samuel Butler, *La vie et l'habitude* (trad. Valéry Larbaud), pp. 19~27.

56. Henri Piéron, 'Les problèmes actuels de l'instinct', 1908, p. 358. 참조 : Jean Larguier des Bancels, *Introduction à la psychologie, l'instinct et l'émotion*, 1921, p. 183.

지성은 본능을 "이해하기"를 원하지 않는다. 왜냐하면 이해한다는 것은 그러기 위해서 지성에게 실재적인 것을 평준화하기를 거부해야 하기 때문이며, 세상 속에다가 개념들의 안심되는 초라함을 정착시키기를 거부해야 하기 때문이다. 베르그송이 매우 잘 말했듯이[57], 본능은 거리를 둔 진실한 관점이다. 다시 말하자면, 본능은 지성처럼 인식하기 위하여 추론하며 모색하는 근사치들을 필요로 하지 않는다. 우리의 기계적인 지성은 지성 자체가 건드리는 것만을 이해할 뿐이다. 거기에서 사물은 너무 멀리 있어서 건드려질 수 없으며, 우리 지성은 허공을 가로질러 항들의 중간 항들에 다리를 놓는다. 예를 들어 그러한 것은 데카르트의 물리학에서 "미묘한 물질"의 조정 기능일 것이다. 논리적 간격에 반대하여, 즉 개념들을 분리해 놓은 거리[간격]에 반대하여, 정신은 삼단논법을 이용한다. 그러나 본능은 담론의 저주를 회피한다. 여기서 지각의 연구가, 사람들이 "작은 장난감 이론"이라 불렀던 것에서, 어떻게 패러다임[도식]이 두뇌 속에 주관적 복사본을 투사하는지를 설명하기 위한 노력을 이미 우리에게 폭로했다. 사람들은 지각이 그것[패러다임]을 정신 속에 어떤 것으로 "운반한다"는 ─ 다소 변장된 모습으로 ─ 생각[관념]으로 쉽게 해체하지 못했다. 왜냐하면 우리에게 모든 매개적인 것들을 알게 하는 연속적인 추론의 관념인 이 운반의 관념은 명석하고 근거 있는 관념으로 간주되기 때문이다. 본능은 이런 의미에서 바로 마술적일 것이다. 그러나 우리는 지각이 정신 속에서 대상 자체이며, 매개작용이 아니라 오히려 "마술"이며, 즉 사람들이 마술이라고 부를 수 있다면 단어의 고유한 의미에서 마술이며, 어떠한 접촉도 없이 또 어떠한 타동사적인 조작도 없이 한 존재가 그 자체가 현전한다는 사실만으로 다른 존재에게 행사하는 **영향**이라는 것을 이미 보았다. 따라서 본능은 엄격히 말하자면 스스로를 속일 수 없다. 이 이론적 오류불가능성은 과학자들에게 충격을 주는데[58], 왜냐하면 그들은 본능으로 헐값에 지성을 만들려고 고

---

57. EC 182~183
58. 참조 : Armand Sabatier, *Philosophie de l'effort : Essais philosophiques d'un naturaliste*, 1908, pp. 250~332에서 이루어진 탁월한 비판은 로만즈(George John Romanes)과 에드몽 뻬리에 (Edmond Perrier) 같은 주지주의자의 일원론에 반대한다.

집하기 때문이며, 이는 마치 관념론이 지각을 가지고 기억의 지부[분회]를 만들려고 하는 것과 마찬가지이다. 또한 왜냐하면 지성의 법칙이 추론이기 때문이며, 이는 마치 추억의 법칙이 상대성인 것과 마찬가지이다. 그럼에도 불구하고 만일 새가 그 자신이 둥지를 틀기 위한 재료들을 무매개적으로 선택했다면, 그의 근면한 노력은 기적을 다양화했을 것이다. 실제로 새가 그의 작품을 성공했던 것은 그 새가 있었기 때문이고, 그 작품이 있었기 때문이다. 여기에서 유일한 설명이 있는데, 그 불가사의를 더 두껍게 [조밀]하지 못하는 설명은 신비적 설명이다. 왜냐하면 이 설명은 마치 독창적이고 환원할 수 없는 원초적 사실처럼, 동물과 그 작품과의 관계를 인정한 것이지, 관계를 기계적 인과성의 어떤 전형에 환원한 것이 아니기 때문이다. 자연철학의 낭만주의들에게 이런 매우 단순하고 자연적인 개념 작업은 피할 수 없는 것이다. 그들은 살아있는 실재성의 범생물학적 의미를 어느 정도로는 가지고 있었다. 쇼펜하우어[59] 그 자신은 부르다흐의 『경험과학으로서 생리학』*Die Physiologie als Erfahrungswissenschaft*(1826~1840)의 원문을 인용한다. 그 책에서 본능은 공감에 결부되어 있다. 공감 또는 우리가 말한 대로 "공감적" 현상은 후페란트*Frederic Hufeland*, 키저*Dietrich Georg von Kieser*, 파사반트[60] 등 이런 학자들의 역동적 체계 안에서는 거대한 자리를 차지한다. 사실상 베르그송에게서 이 공감은 특히 지속 안에서 종의 미래로 향해 방향 잡힌 생명도약의 출현[현전]을 드러낸다. 반면에 낭만주의자들에게서 공감은 단지 대우주 조직체의 현실적 단위를 표현했으며, 신체가 그에게 부여한 볼 수 있는 경계들을 뛰어넘는 살아있는 모든 활동성의 경향을 표현했다. 사람들이 탐구한 것은, 본능 안에 있을 뿐만 아니라 "동물 자기설" 안에 있는, 성적 생성 안에 있는, 전염성 있는 전염병의 현상들 안에서, 그리고 중력 또는 자기력 안에까지 있는 그것의 징후들이다. 그러나 사람들은 또한 키이저와 후페란트 또는 폰 슈베르트에게서 본능적인 "선견지

---

59. Schopenhauer, *Die Welt als Wille und Vorstellung*, 부록 26과 27 [쇼펜하우어, 『의지와 표상으로서 세계』]. 쇼펜하우어에게서 공감, 성적 본능은 표상의 형식일 뿐인 시간을 이긴다.

60. 참조: 특히, Johann Karl Passavant, *Untersuchungen über den lebensmagnetismus und das hellsehen*, 1821.

명"(통찰)la clairvoyance의 완전한 실재론적인 이론을 발견한다. 이 본능적 선견지명은 몇몇 신비적인 정식들에도 불구하고 베르그송의 것을 닮았다. 모든 사람들이, 본능은 [무언가를] 알기 위하여 건드린다는 것이 필요하지 않다고, 그리고 본능은 메커니즘의 합리적 도식 없이도 지낸다[처리한다]고 생각하는 데서 일치한다. 그것은 사실상 텔레파시이며, 예언적 망상un délire이다. 이로부터 동물 본능의 매우 주목할 만한 예상참여들이 나온다. 새는 아직 생기지도 않은 새끼들을 위하여 둥지를 만든다. 거미는 미래의 먹이를 잡으러 함정[거미줄]을 친다. 동물은 숙고에 의해서가 아니라 열망에 의해 행동한다. 본능적 예언주의는 천문학자의 예측처럼 시간의 단순하고 순수한 제거가 아니다. 그것은 오히려 미래의 가치를 간직하려는 또 자신의 절대적인 후손을 간직하려는 미래 점치기이다. 예측은 지적이기 때문에 진실로 미래를 건드린다. 예측은 실재적인 내일로서 내일[그다음 날]을 부정하고, 창조적 지속을 순수하고 단순하게 무화한다. 그러나 예언주의는 지속을 부정하기는커녕 지속을 운동과 결합시킨다. 따라서 예언주의는 쉴 새 없이 생성의 두께를 관통하면서[가로지르면서] 거리를 두고 접촉 없이 조작한다. 이리하여 예술가적 본질은 도식에 예상참여하는 것이며, 그 어느 때나 현존이다. 그것은, 예감이 시간의 실재성을 함께 고려해야 하는 창조의 우연들을 배제하지 않는다. 여기에 베르그송이 다음처럼 말한 이유가 있다.[61] 지속은 발명에 연관하여 본질이며, 이것은 마치 지속이 예지작업과 본능에 연관하여 본질인 것과 같다. 거기에 정확하게 역동적 도식의 기능이 있다. 음악가는 자신이 명상하는 시를, 또 그것의 주제가 자기 상상 속에 이미 떠다니는데, 어떤 방향으로 발견할 것인지 항상 안다. 그러나 그 자신은 길 위에[과정에서] 만날 모든 만남들을, 즉 자신의 천재성을 준비하게 하는 놀랍고도 매력적인 모험들을 의심하지 않는다. 즉흥곡의 본질은 음악적 창조의 모험에서 유보 없이 올곧게 전수하는 데 있다. 즉흥작곡가는 자기 자신으로부터 그 발견물로 가서, 그러기 때문에 그는 이 예견되지 않은 자원들을 신뢰하며, 또 우리의 정신이 소진할 수 없을 정도로 우리에게 유보

---

61. EC 368.

했던 기적적인 놀라움들[급습한 것들]을 신뢰한다. 그 자신 자체로부터 사람들은 무엇을 기다릴 수 없는가?

그러나 사람들은 말할 것이다. 무엇에서[어떤 점에서] 본능이 철학적 직관과 다른가? 절대자의 관조 자체가 되기 위하여 본능에게 무엇이 부족한가? 그것은 정당하게도 본능으로부터 사람들은 전혀 기대할 수 없다는 것이다. 본능과 함께 달려갈 운이[기회가] 없다. 왜냐하면 본능은 예견하지 못하기 때문이다. 본능은 그 자체로부터 낭비는 없다. 본능은 자기를 열망시킨 주제를 망각할 관대한 경솔함[무분별]을 결코 범하지 않는다. 본능은 예언일 뿐만 아니라, 회상이다. 미래로 향해 펼쳐진 본능이 과거에 묶여 있다. 본능 안에서 사람들은, 카루스가 말했듯이 에피메테우스의 원리와 프로메테우스의 원리를 나란히 발견한다. 이 열등성은 진화의 특이한 숙명성[치명성]에 기인한다. 진화는 우리가 보았듯이 점증하는 발산이다. 따라서 한 존재는 자신 속에 모든 탁월성들을 통합할 수 없다. 완전함들은 양립할 수 없고[62], 서로 떨어져 있어야 한다. 오류불가능성과 새로움의 권능 사이에 선택하는 것이 필요하다. 단지 전자에만 본능이 속한다. 본능과 지성의 대립이 낭만주의자들에게는 깨닫지 못한 채 남아 있지 않았다[깨닫고 있었다]. 키이저에게서 **풍토 영향**le tellurisme의 호기심 많은 이론은 이것을 예견하게 한다.[63] "풍토 영향"의 사유는 낮과 조심성 많은 "태양"의 사고와 대립되며, 영혼의 밤과 다이몬적인 힘들의 지배로 특징지어진다. 이것[사유]의 자리는 신경절이 많은 체계이며, 반면에 감성의 자리는 두뇌이다. 또한 훨씬 더 분명하게 생물학자 트레비라누스는 추상적이고 반사적인 매개적 사고와 무매개적 사유를 대립시켰다. 전자의 사고는 상징들을 가지고 작업하며 오류가능성이 있으나 무한하며, 도처에서 역량을 발휘한다. 후자의 사유는 꿈과 같이 무의식적이고, 항상 개별적인 경우들에 적용된다. 이 사유는 제한되어 있으나, 오류불가능이고, 감관에도 훈련에도 의존하지 않는다.[64] 트레비아누스의 베르그송주의가 더 멀리 나아갈 수 있을

---

62. 양립불가능 : EC 109, 182. "선택하는" 것이 필요하다.
63. 참조 : *Romantische Naturphilosophie* (Iéna, 1926), pp. 99 이하.
64. *Romantische Naturphilosophie*, 1926, p. 288.

지를 사람들은 누구나 판단해 보시라![65] 신경절 체계와 두뇌 체계의 분리는 폰 슈베르트에게서는 일련의 추락(타락)이었다. 지성과 본능의 이원성은 베르그송에게서 경향성들의 분해[사실상 가지치기]의 자연적 결과물이다. 모든 존재들에게 진화라는 유사한 딜레마가 세안되었다. 사람들은 이 둘을 동시에 전적으로 가질 수 없다. 그것은, 모든 우월성이 어떤 희생의 대가를 치르고서 구입한 생명의 거대한 법칙이다. 인간 기억의 진보는 우리가 이미 보았듯이 그 기억 뒤에 그것의 고유한 벌[과오와 실수]를 끌고 다닌다. 지성의 정복은 본능적인 선견지명(통찰)의 부인[거부]로 만족하고 있다. 그리고 본능의 대가(보상)는 지적인 감시의 희생이다.

본능은 자기에 전념하여 맹목적이다. 부르다흐 이래로, 사람들은 본능의 획일성에 관해 수많은 후기를 썼고, 동물학자들은 오늘날 매우 신기한 수많은 예들을 우리에게 남겼다.[66] 이 예들은 본능의 이론적 오류불가능성을 전혀 흔들어 놓지 못한다. 반대로 본능은 사람들이 말할 수 있다면 다음의 이유에서만 가끔 잘못한다. 본능이 너무나 과도한 이유 때문에, 마찬가지로 많은 심신상실자들(정신착란자)déments이 논리적 과오를 전혀 범하지 않을 정도인 것같이 보인다. 그러나 반대로, 왜냐하면 그들의 논리가 우스꽝스러울 정도로 논리적이기 때문이고, 그들의 추론이 너무나도 고집스럽기 때문이다. 그들은 냉혹할 정도로 이유[근게]에 강요되어 있어서 스스로 속고 있다. 러셀에 따르면[67], 진실한 논리는 연역하지 않은 기술이 아닌가? 그것은 본능들을 갈망하는 능란한 솜씨이다. 본능들은 몽유병 환자의 위험한 줄타기들처럼 정확하고 확신에 차 있다. 그러나 최소한의

65. 베르그송처럼 낭만주의자들은 본능과 유기체화 작업의 동일성을 주장했다. 베르그송, "본능의 활동성은 어디에서 시작하는가? 자연의 활동성은 어디에서 끝나는가? 사람들은 그것을 말할 수 없다."(EC 151~152.) Carl Gustav Carus, "여기서 성장, 순수한 유기적 형성이 멈추고 인위적 형성, 예술적 충동이 시작되는 경계선을 긋는 것은 종종 어렵다."(Psyche. Zur Entwicklungsgeschichte der Seele, Ed. Klages, Iéna, 1926, p. 82). 부르다흐와 트레비라누스에게서도 동일한 주석들이 있다.

66. 히말라야 원정대의 자연학자인 힝스턴(Richard William George Hingston)은 그의 저작 『본능과 지성의 문제들』(Problems of Instinct and Intelligence, 1928)에서 매우 재미있는 것들을 인용한다. 특히 그의 증명적 가치라는 면에서, 삐에롱에 의해 보고된 매우 우아한 경험을 주의해 보자. Piéron, 'Les problèmes actuels de l'instinc', Revue Philosophique, 1908, II, p. 363.

67. Bertrand Russell, Essais sceptiques, p. 134.

장애에 부딪히면, 본능들은 벙어리로 남는다. 왜냐하면 그것들은 하나의 문제만을 해결하기 위해 이루어져 있기 때문이다. 본능은 예언적이지, 예견적이 아니다. 지성은 예견적이다. 다시 말하면, 제한된 침투를 마음대로 다루는 지성은 거꾸로 추론과 계산으로 무장되어 있어서, 가능한 한 무한한 상황들에 대처할 수단들을 가지고 있다. 지성은 시선의 근시안을 그 관점의 순환적인 길이[연장]에 의해 보상한다. 지성은 짧게 보지만, 동시에 기억에 의해 뒤로도, 추론에 의해 앞으로도 본다. 본능은 상호적으로 스며드는 관점을 갖지만, 좁다. 사람들이 말할 수 있다면, 본능은 맹목적으로 투명하다. 그것은 베르그송이 인상적인 정식으로 표현한 것이며, 유명하게 될 만한 것이다. "지성만이 찾을 수 있는 사물들이 있다. 지성 자체에 의해서는 지성은 그것들을 결코 발견할 수 없을 것이다. 이 사물들을 본능만이 발견할 것이다. 그러나 본능은 결코 그것들을 찾으려 하지 않을 것이다."[68] 따라서 사람들은 본능적 관점의 날카로움과 확실함을 상실하면서만 지성인 예견을 획득한다. 본능은 절대적 지식이며 유한한 일체로서, 자신이 아는 것을 혼동 없이 안다. 그러나 본능은 다른 사물을 알지 못한다. 만일 본능과 마찬가지로 모든 상황들이 단순하고 불변이라면, 본능은 진실로 신지학적일 것이고, 이는 신비가들의 현학적 무지에 비교할 수 있다. 본능은, 본능 자신이 만들어 놓은 사물들 속에서 무한히 현학적이며, 본능이 좌우로 쳐다보지 않기 때문에, 또 본능은 경직된 그의 탁월함에 갇혀있는 자[죄수]이기 때문에, 또 본능은 무의식적 확신으로 알고 있는 하나의 사물을 제외하고 다른 사물들을 모르기 때문에, 경이적일 정도로 무지이다. 파스칼이 말하듯이[69] 꿀벌들의 벌통들은 천 년 전에도 오늘날과 마찬가지로 완전한 육각형들을 형성해왔다. 본능의 기술은 한정된 자신의 완전성 안에서 자신 자체와 항상 동일하다. 본능과 지성의 관계가, 약간은 마치 반사와 의지의 관계와 마찬가지이며, 또는 마치 습관기억과 순수기억의 관계[70]와도 마찬가지이다. 의지적 작동은, 반사의 맹목적 확신을 거부하면서 자

---

68. EC 164. [EC 152, Oe 623.] 참조 : Carus, 앞의 책, p. 95.

69. Blaise Pascal, *Fragment d'un traité du vide*, 1651.

70. MM 제1장, 제2장, 특히 87. EC 120, 136~137, 194, 198.

유와 무한 선택을 우리에게 부여한다. 선택은 **주저**를 의미한다. 오류 가능성 없는 주저는 없다. 그리고 의식적 기억의 대가(보상)와 마찬가지로, 그것은 행복한 메커니즘들의 사라짐이다. 버틀러Samuel Butler는 이 행복한 메커니즘을 "은총"의 영역에, 또는 무의식적 지복의 영역에 결부시켰다. 순수기억이 변덕스러운 것만큼 습관도 그만큼 충실하다. 인간들은 자신들이 자동주의에 관해서만은 절대적으로 계산할 수 있다는 것을 안다. 이들은 도제수업의 체조에 의해서 자신들의 운동 활동성에서 가능한 가장 많은 부분을 자동화하고자 애쓴다. 아마도 이런 이유로 자유의 부담[짐]은 그들의 양어깨에 매우 무겁다. 자유가 도덕적 형식으로 나타나고 우리의 책임을 야기할[불러올] 때, 자발성 속에서는 우리를 심층적으로 흔들어대는 불가사의가 있다. 왜냐하면 우리는 우리의 사슬들[연쇄고리들]을 경배하기 때문이다. 어떤 사람도 [사슬로부터] 해방되기를 원하지 않는다고, 프랑스 음악가 뽈 뒤카가 자신의 목가적 드라마 『아리안과 푸른 수염』*Ariane et Barbe-Bleue*(1907)을 생각하면서 말했다. 왜냐하면 여성들은 빛을 향한 관대한 아리안은 따르고자 원하지 않기 때문이다. 마치 플라톤에서[71] 동굴의 죄수들이 진리의 태양을 향하는 철학자를 따르기를 원하지 않듯이 말이다. 자유로운 입문의식들[초심자들]의 위협을 물리치는 자들만이 결코 속지 않는다. 이들은 영광스러운 오류들의 소명을 갖지 않는다. 이들은 신중한 확신 아주 안전한 자동주의의 신중한 확신에 만족한다.

이런 대안은 우리에게 본능과 지성의 근본적인[토지적인] 대립을 잘 느끼게 한다. 본능은 치유할 수 없을 정도로 제한되어 있는데, 왜냐하면 본능은 인식하고 있는 중이라는 것connaisant을 알지savoir 못하기 때문이다. 우리는, 본능이 제자기(즉자)en soi이지, 아직은 **맞자기**(대자)pour soi가 아니라는 것을 기꺼이 말할 것이다. 반대로 지성은 "도구들을 만들 도구들"[72]을 제작할 줄 알고, 본성상으로 자기가 자기에 관해 반성하게 하는, 또 언어 속에서 대상들의 지성을 한정적으로

---

71. Platon, *République*, VII, 514 *a* [플라톤, 『국가』].
72. [옮긴이] EC 140, Oe 613.

분리할 수단을 발견하게 하는, 무한한 이중화의 권능을 소유하고 있다.[73] 본능은 황홀경에 빠져 있고, 말하자면 무의식적이다. 왜냐하면 본능은 추상작용의 우주 속에서, 자기 자체로부터 구별된 문제적인 대상을 자기 밖으로 아직 투사하지 못했기 때문이다.[74] 거꾸로 부르다흐와 트레비라누스가 보았던 대로, 유기체화 작업을 무매개적으로 이어가는 본능은 항상 특별한[개별적인] 실재성들에 근거하고 있다. 본능은 "범주적"[명제적]이고 이에 비해 지성은 "가언적"[가설적]이다. 해방의 쓴맛[고통]은 바로 이런 점에 있다. 사물들을 지배하기 위하여 또 사물들에 작용하기 위하여 이 사물들을 특이하게[하나하나로] 인식하기를 서부해야만 한다. 기억(우리가 구성적 기억이라 부르는 기억)과 더불어 작업하는 지성은 사고와 사물들 사이에 거리를 — 거리 없이는 여가도 없고 따라서 가능한 예견도 없기에 — 개입시킨다. 예를 들어 주어진 풍경에서 지리학자는 우리에게 자연적 지리 형성을, 군인은 방어하기 다소 쉬운 "진지"를, 농학자는 자신의 경작에 주어진 "토양"을 제시할 것이다. **예술가**만은 풍경에 자기 자신을 밀착시키려고 애쓰면서, 우리가 말할 수 있다면, 그것의 이것임을, 즉 독창적이고도 진실로 유일한 모습을 재발견하려 할 것이다. 왜냐하면 그것에 중첩되어 있는 추상적 소묘들을 넘어서, 또 기술자, 전술가, 지리학자의 개별적인 각각의 관점들을 넘어서, 아직도 모방 불가능한 어떤 것이 있기 때문이다. 모방 불가능이란 한 풍경이 다른 풍경을 결코 닮지 않게 하고, 그리고 사람들이 그것의 개별성을 표현했을 때 절대적으로 한정된 채 있게 해준다. 그 밑바탕에서 보면, 지성은 특히 **어떤 평범한** 이의 기관이다. 사람들은 베르그송과 같은 유명론자가 지성의 무능을 강조하는 경향이 있다는 것을 이해한다. 『창조적 진화』의 후반 두 장은[75], 근대과학의 승리가 관계들의 도래[출현]에 있었다고, 그리고 더 특별하게는 시간에 대해 그 어느 순간도 고려하는 태도에

---

73. EC 151, 153, 172~174. 제2장에서 베르그송은 지성의 특성들을 나열한다. 우리에게 지성은 **불연속인 것, 부동적인 것, 비유기체적 딱딱함, 그 어떤 것, 그 연관들**⋯ 을 사고하는 데 쓰인다.
74. 퀴비에와 쇼펜하우어(앞의 책, 부록 27, 제2권에서)는 본능을 자연적 몽유병에 비교한다. 카루스 (Carus, 앞의 책, p. 87)는 본능을 생물학적 꿈에 비유한다. 이것은 폰 키이저의 생각이기도 하다.
75. 이 장들 중에서, 유(類)들과 법칙들에 대립에 관하여 EC 250 이하 참조. 근대과학에서 "영화필름의 메커니즘에 관하여 EC 357 이하.

있었다는 것을 경이로운 명석함으로 확립한다. 이런 이유로 사람들은 그 사고가 자기의 재료에 **무차별적**indifférente이게 하는 것이 가장 가능하다고[76] (그리고 베르그송이 이점에 관해서 논리연산의 예를 불러낼 수 있었다) 잘 말할 수 있다. 예견과 절약을 무엇보다 걱정하는 이 사고는 최소한의 것으로부터 최대인 것을 추상하기를 원했을 것이다, 그리고 그 사고는 우리의 법칙들에 아직 흡수되기 거부하는 완고한 자료들을 근거[이유]에 맞게 장치하고자 애쓴다. 이런 이유로 과학자에게는 [미래에] 따로 생각해야 할 질적 자료를 인정하는 필연성만큼이나 유감스러운 것은 없다. 따라서 이렇게 질은 "비합리적"인 것처럼 나타난다. 그러나 우리는 또한 모든 현존이 비합리적이라고 조용하게 선언할 수 있으리라. 우리들의 보다 소중한 야망은 마치 아무것도 현존하지 않는 것처럼 행하지 않는가? ─ 왜냐하면 우리는, 너무나 과도한 독창적인 특이성들에 막히어 난처해지지 않도록, 소중한 야망을 잘 해결했기 때문이다. 아마도 현존한다는 유일한 사실은 이미 그 자체에 의해서 원초적 독창성이며, 우리가 불가사의를 더욱 파고들지 않도록 더 많이 사랑하는 일종의 근본적 우연이다. 왜냐하면 형식적이고 가설적인 오성은 존재의 **본성**la quiddité 또는 **효과성**l'effectivité을 근거[이유] 있게 하는 수단을 갖지 못하기 때문이다. 어쨌거나 우리는 아무것도 경이로운 우주를 혼란시키려 하지 못한다는 것을 잘 이해한다. 이 경이로운[놀라운] 우주에서 사람들은 안다는 것에 앞서서조차[심지어] 알 수 있을 것이고, 또 모든 것은 그 어떤 내용도 받아들이기에 알맞은 어떤 관계 안에서 예견될 수도 있을 것이고, 또 그 진리는 실재적으로 글자 그대로 효과적인 실현화 작업에 무차별적일 것이리라. 거기에는 문자들 대신에 그것들의 변하는 가치들[변수의 값]을 대체하는 것만이, 또 몇몇 협약적 정의들에 자기 전부를 소비하는 데 그치는 정신을 "효과로 실행하는" 것만이 있으리라. 거기에서는 언어가 대체로 애호하는 절약[경제]이 있다. 즉 단어들은 효과적인 사물

---

76. 그 어떤 것에 관하여, EC 144(인간 손), 153(도구), 167~170(어떤 불연속으로서 수학적 연속성), 172(언어). 이미 DI는 수에 대해 말하면서, 수는 "어떤 법칙에 따라서 해체[분할할 수 있다"(DI 63~64). 객관성 자체는 개별물들 가운데서 가능한 하부분류의 지각작용일 뿐이다. 공간에 관해서, DI 86, 158. 참조 : DS 220~221. 그리고 DI 139.

들에 근거하기를 우리에게 면하게 해준다. 마치 화폐[은]이 자연적 재화들에 지지점을 갖는 것을 우리에게 면하게 해 주듯이, 또 마치 수표 그 자체가 아직도 너무나 구체적으로 정해진 화폐[은]을 너무나 자주 실현하게 하는 것을 우리에게 면하게 해 주는 것과 같다. 사람들은 [순간] 계기를 무한히 – 그럼에도 불가피하게(필연적으로)inéluctable – 되돌릴 수 있다고 믿는다. 이 계기에서 효과적인 현존은 자기 권리들을 다시 유지할 것이고, 현존을 무용하게 한다고 생각했던 추상적인 대수학에 자기 상벌을 부여할 것이다. 불행한 사변가들은 그 폐허가 양적 관계들의 놀이[유희]에 관한 사실의 복수라는 것을 잘 안다. 그것은 [사변가들에게 있어서] 세계의 가장 실재적인 사물이다. 그러나 지성의 기획은 불행한 사변에 닮았다는 것을 지성이 설득할 수단은 있는가?

의심할 바 없이 그러한 것은 수학이 생명의 불가역적 질서 대신에 가역적 계열들과 상호 연관들로 대체하는 이유일 것이다. 가역적 계열은 사람들이 그 어떠한 끝에도 도달할 수 있는 계열이다. 왜냐하면 그 계열의 모든 항들은 교환가능하고, 등가이며, 동질적이다. 반대로 생명의 불가역적 질서는 우리를 단번에 어떤 절대와 대립[반대]시키며, 요소적인 상수로서 즉 그의 방향 정립으로서 대립시킨다. 왜냐하면 생명은 하나의 방향un sens이며, 유일하고 불가피한 방향이기 때문이다. 그 생명을 앞쪽에서 취해야 할 방식이 있고 뒤쪽에서 취해야 할 방식도 있다. 우리는 어느 쪽에서 스스로 원해서 시작한다고 해도 더 이상 완전히 자유로울 수 없다. 이런 이유에서 생명은 절대적으로 앞서 있는 사건들을, 그리고 아리스토텔레스의 우주가 높이와 아래를 포함하는 것처럼, 절대적으로 뒤에 있는 사건들도 이해한다. 이 위계질서는 임의적인 자료이며, [우리는] 그 자료를 소비하는 데 스스로 체념해야 한다. 전기 작가, 소설가, 음악가 등은 서사적 서술을 경험하면서, 생애의 연속이란 "만기 일[끝맺음]"을 되돌릴 수 없는 하나의 사실이라는 것을 안다. 예술가는 현금으로 지불한다. 따라서 그는 효과적인 실재성들에만 관여한다. 따라서 이렇게 모든 것을 잘 알기를 원했기 때문에 지성은 아무것도 알지 못한 것이다. 지성은 자기의 보편성의 어떤 것을 잃어버리지 않고서는 유지할 수 없는 현존의 약속과 더불어 역할을 한다. 그러나 그것의 보편성은 비인간적 중성일 뿐이며, 파당을 취하는 것을 거절한다. 그리고 굶주린 정신은 영양가 있는 실재성을 만나기 위하여 다른 곳으로 방향을 돌려야 한다. 그 정신은 예를 들어 예술에 말을 건다. 거기에서 지성은 우리게 단지 상징들만을, 다시 말하면 그 자체들 안에서는 그것들의 끝[목적]없는 기호들만을 제공한다. 예술가는 자체로 고유한 가치를 갖는, 그것들의 자치와 그것들의 존엄함을 갖는, 존재들을 발견한다. 시각적 사물들 뒤에 사물들이 우화적으로 표현하는 본질 그 이상의 것은 없다. 사람들은 본질과 실현화에 대해 무한정하게 차이를 둔다. 이 현존들의 고유한 의미에서 파악된 현존들만이 있고, 이 현존들 자체 이외에는 다른 어떠한 것도 데려가지 못하는 그런 현존들만이 있다. 셸링의 언어로 말하자면, 사람들은 아름다움이 "동어반복"이라고 기꺼이 말할 것이다. 예술은 무관심désintéressé이다. ― 그러한 것은 우선 이렇게 말하고자 하는 것이다. 예술은 우주를 비참하고 도구적인 기능으로 축소[환원]하지 않는다. 공리적인 지성이 이 기능을 예술에 부여한다. 그리고 그 지성은 절약이라는 자기 걱정에 항상 흡수[함몰]되었다. 예술가는 실재적인 것에 관하여 인색하게 굴지 않는다.

베르그송의 반명제 목록은 이처럼 새로운 이원론으로[이중화로] 길게 이어진다. 베르그송주의는 인간형태론적 동물학과 자연주의를 동시에 반박한다. 전자는 산업적인 본능들 속에다가 우리 지성의 절차를 투사하는 것이고[77], 후자는 "저 아래를 통하여" 상위구조를 설명하면서 지성을 가지고 동물의 품행들의 복잡성을 설명한다. 지각과 추억의 반명제, 지성과 본능의 반명제는 가장 많은 것과 가장 적은 것의 차이로 귀착하게 하지 않는다. 일원론은 비알르통이 심도 있게 주목하듯이, 변천들과 매개물들의 탐구로 흡수된다. 예를 들어 "구멍들을 막는다는" 것, 자료의 빈틈들을 채우는 것은 기계론자들의 광기[조증]이다. 아무것도 우리를 난처[당황]하게 하지 못한다. 허공이 영속하는 거기에서, 우리는 매개 작용을 가득 채우게 할 운명에 놓여 있는 어떤 변천하는 허구[거짓, 망상]을 발명할 것이다. 그럼에도 불구하고 자연이 우리에게 모든 중간 항들을 제공하는 것과

---

77. Carus, 앞의 책, pp. 88~89. 참조 : Vialleton, 'Morphologie et transformisme', *La transform-isme*, pp. 76~80에서 인용된 "변천들"(les transitions)에 대한 통찰력 있는 비판.

는 거리가 멀다. 우리는 새로움에게 침묵을 강요하기 위하여 중간 항들이 필요할 것이다. 그 철학자는 쉽게 버려지지 않는 다채로움들로 둘러싸여 있다. 그럼에도 불구하고 사람들은 『물질과 기억』과 『창조적 진화』의 반명제들의 평행론을 유보 없이 주장할 수 없을 것이다. 분명하게 어떤 의미가 있는데, 이런 의미에서 사람들은 본능이 온정신l'Esprit의 지위를 차지한다고 말할 수 있다고 한다. 왜냐하면 본능은 생명성과 동일한 의미로 진행하기 때문이다. 이때에 지성은 물질의 축을 표상[대리]할 것이다. 왜냐하면 지성은 자연스럽게 물질을 향해 빠져들게 되어 있기 때문이다. 그것은 본능을 꿈과 비교하면서 우리가 자연철학의 언어에서 표현했던 것이다. 꿈은 점점 더 무관심으로 되어버린 기억이 자발적으로 향한 한계가 아닐까? 그러나 다른 한편 본능은 "무관심"le désintéressement이 오히려, 몇 가지 관점들에서[78], 지성의 소유물인 만큼이나 그만큼 주목할 만한 "호기심 없음"une incuriosité을 표명한다. 카루스가 말했듯이[79], 꿀벌에게 육각형의 방이 아니라 둥근 방을 제작하게 하는 것보다 또는 거미에게 정방형의 그물을 짜게 하는 것보다도, 달을 서쪽 바다에서 솟아오르게 하는 것이 더 쉽다. 본능이 맹목적 솜씨[재능]에 빠져서 고칠 수 없는 것으로 나타나는 데 비하여, 지성은 우리 의지로부터 자유의 특권인 탐구와 응용의 선물을 얻는다. 그럼에도 불구하고 물질로 향해 내려가는 지성은 형식을 이해하기 위하여 이루어졌다. 실제로 지성은, 자신이 도식들을 휘젓는 정도에서만 반反생명적이다. 또한 베르그송주의와 같은 조심스러운 유명론의 철학에서 모든 오류는 여러 수준들의 혼용la confusion des niveaux에 기인한다. 『물질과 기억』에서 반명제는 우리에 따르면, "순수한" 두 지식들[지성과 본능]과 [두 가지가 뒤섞인] "불순한" 인식une connaissance 사이만큼 순수추억과 순수지각 사이에도 명제 사이의 거리가 많이 있는 것은 아니다. 후자의 인식은 때로는 기억이 보태진 혼합된 지각이며, 때로는 지각에 의해 퇴화된 추억이다. 정신적 직관만큼이나 무매개적이고 절대적인 물질적 직관도 있다. 이때부터 본능은 공간의 환영들과 혼동될 위험에 처함이 없이 순수 지각에 닮을 수 있다. 베르그송은 지성

---

78. EC 173.
79. Carus, *Psyché*, p. 93.

이 그 자체 속에는 기하학적 견고함의 세계가 있다고, 그리고 지성이 거기서 자기 야망에 만족한다면 지성은 성공에서 성공으로 치달릴 것이라고, 싫증 내지 않고 반복한다.[80] 말하지만 "수준"에 맞는 **비판적** 지성은, 그 수준에 일치하게끔 항상 근거를 가질 것이다. 그러나 **혼란**스러운 지성은 오류의 다이몬에 의해 계속된다. 반성의 선물[천부적 재능]과 이 선물을 특이화하려는 무한한 이중화에 의해 시도된 지성은 정신 그 자체를 시작부터 침범하고 있고, 지성은 정신을 이해하기 위하여 만들어진 것이 전혀 아니다. 지성은 언어에 도움을 청한다. 그 언어는 도구이며, 모든 불순성으로부터, 모든 횡령들로부터, 또 가장 조잡한 근사치로부터 요약된 언어이다. 동음이의어l'équivoque는 유음어類音語, le paronyme에서 형성되지 않는가? 언어는 개념들과 동일한 톤에서 일치된다. 그러나 언어는 의식 상태들을 표현하는 그 무엇을 지니고 있지 않다. 언어는 다른 도식[평면] 위에 있다. 따라서 무관심화된 지적 인식[81]은 완전하게 가능하다. 지성이 일찍이 자신의 자연적 진행의 애매성을 거부하는 것, 또 지성이 부동자를 가지고 운동자le mouvant를 사유하기를 그치는 것, 마침내 지성이 행동하기 위하여 지각하기를 그치는 것, 그것은 당연하다. 그러나 지성은 "모방하는" 데 결코 지치지 않는다. 베르그송에게서는 **모방**[82]의 완전한 이론이, 즉 일종의 의태모방이 있다. 이 이론은 플라톤에게서처럼 원형을 그 이미지에 대립시키는 것이 아니라, 오히려 두 개의 구별된 실재성들을 대립시키는데, 이 중 하나는 다른 하나의 얼굴을 부당하게 **빼앗는다**[찬탈한다]. 이 사기[기만]은 그리고 이 사기만이 주지주의자들의 인위적인 작업들로부터 모든 비합법성을 만든다. 정신이라는 낯선 지평을 **병합**하려고 애쓰는 것이 적어도 지성의 본성 속에 있다. 이 지성의 본성은 지속, 운동, 본능을 모방한다. 그것이 매개적으로 또 인위적으로 있는 것과 마찬가지로 직관은 **무매개적**으로 있는 것이다. 이러한 조합의 솜씨는 기계들과 자동인형들을 제작한다. 자신의 상징들로

---

80. 예를 들어 EC 217. 마찬가지로 EC iv 서문.

81. EC 296, 398.

82. EC 4, 35~36, 38, 98, 177, 185, 251, 290, 293, 331, 333, 338, 393, 395 ; ES 44 ; MR 7, 20, 59, 113, 257, 289, 295, 331.

무장되어 있는, 또 지성이 우주에 관해서 실행하는 조각 나누기에 힘쓰는 지성은 생명의 참신함이 더 이상 인정되지 않는 대용품들을 힘들여 노력하여 만든다.

이렇게 태어난 참신함에 대해 직관만이 비밀을 간직했다. 직관은 사기[망상]의 해독제이다. 직관은 질이 좋아서 항상 혼합 없이 있으며, 상징적 지성처럼 생명과 재결합하기 위해서 두꺼운 협약들을 관통하지는 않는다. 직관은 생명성의 우아하고 재능 있는 후배들[미래작업들]을 화학의 침울한 인위작업들로 대체하지 않을 것이다. 스트라빈스키의 오페라[교향시]에서 일본 황제의 인공적 나이팅게일은 살아있는 나이팅게일과 경쟁할 수 없을 것이다. 왜 생명이 모방하려할 것인가? 왜냐하면 생명은 원본을 찾을 수 없기 때문이다. 직관은 보완적인 우수성들이 서로 배제되지 않는 정신의 잃어버린 천국으로 우리를 데려간다. [거기에서는] 양립할 수 없는 완전성들이 더 이상 없다. 본능의 능란한 솜씨는 지성의 경계가 없는 호기심과 동맹을 맺는다. 우리는 한순간 동안 진화가 우리에게 제안했던 내 안의 파국[치명성]을 회피한다. 만일 본능이 다른 사물을 찾을(궁리할) 수 없으면서도 발견한다면, 만일 지성이 발견할 확신이 결코 없으면서도 그 어떤 것이든 찾을 수 있다면, 직관만이 찾고[궁리하고] 동시에 발견할 수 있을 것이고, 직관은 매우 자주 이미 발견했었기 때문에만 찾는다[궁리한다]. 직관은 선택을 더 이상 필요로 하지 않는다. 직관은 순간적으로 생명의 비참함을 극복하고, 라이프니츠가 말했던 부득이한 수단(임시변통)[83]의 법칙을, 즉 사람들이 절대적인 탁월함에 도달한 바로 거기에서 최상의 것이 우주 속에 자리 잡은 그 임기응변의 법칙을 초월한다. 그러나 또한 직관은 폭력적으로 실재적인 것을 병합하기를 싫어한다. 우리가 황홀경이라 이름 불렀던 것이 본능처럼 직관의 장점이라 할 만한 것으로 되어 있다. 지성은 편견의 갑옷을 입어서, 우수적으로(멜랑꼴리하게) 사물들 가운데서 개념들과 도식들의 장갑차를 끌고 있다. 지성은 [표면적] 자료에 응하지 않고, 예견되지 못하는 것과 기대하지 못했던 것에는 벙어리로 남아 있다. 게다가

---

83. [옮긴이] Leibniz, *La naissance du calcul différentiel : 26 articles des "Acta Eruditorum"*, 1684 (trad. Marc Parmentier 1995), p. 85. 부득이한 수단(le pis aller, 임시변통, 미봉책)의 법칙이란 표현이 나온다. 극한에서 하나의 값이 성립해야 하는 경우를 말한다.

사물이 거주[정착]하도록 요구하는 우리 체계의 칸막이 속에 얼마간의 부분을 끼워 넣기 위하여, 사물들이 자신들이 할 수 있는 한에서 잘 배열되어 있는 사물들에게는 벙어리인 채로 남아 있다. 왜냐하면 사람들은 모든 것을 예견했기 때문이다[즉 이미 전후가 죽 배열되어 있는 것만을 알기 때문이다]. 직관은 이런 유치한 만족들을 부인한다. 직관은 단지 자료로부터*du donné*의 동화일 뿐만 아니라, 또한 특히 자료에게*au donné*로의 동화이다. 직관은 편견들의 토대[밑자리]를 거절한다. 직관은 실재성을 자기 쪽으로 끌어당기는 대신에, 자기에게 고유한 것인 도식 위에서 자기 안에서 그것을 찾으러 간다. 그러나 황홀경은 우리에게 기습적 놀라움을 예약한다. 가장 예리한 객관성 속에서 자아는 자신의 고유한 권능[잠재력]들로부터 열렬하고도 정열적인 강화 작용을 체험한다. 직관은 본능만큼이나 명철하고, 지성만큼이나 무의식적일지도 모른다. 그런데 우리는 우리 자신의 예리한 의식을 그것[지성]에 힘입고 있는 것이지 하찮은 정신들[정령들, 학자들]이 그렇게 글 썼던 것처럼, 감관들의 마비에 힘입고 있는 것은 아니다. 신비가들은 황홀(황홀경) le ravissement 속에서 그들의 자아의 역설적 고양을 실험하고, 신과 결합하는 외향성(접신)*l'extroversion* 속에서 정신집중의 높은 경지를 실험한다. 특이한 조롱에 의해, 할 수 있었다면 전 우주를 삼키려는 지성은 우리 인격을 조금씩 기진맥진하게 하기에 이른다. 그러나 자료에로 내려가서 또 자기 자아를 망각하고서 자료를 깊이 파고드는 정신은 그 정신 자체를 발견할 것이다. 정신은 자기와 마주하여 전체로서 일체일 것이고, 전체로서 유일한 일체인 대상과도 맞대면하고 있을 것이다. 플로티노가 말한 대로, 유일한 것에 마주한 유일한 것(모노스 프로스 모논)μόνος προς μόνον[84]으로 있을 것이다. (30 : 29 49QLF)

제3절 물질과 생명

---

84. [옮긴이] 페테르존(Erik Peterson)의 논문 「'모노스 프로스 모논'의 유래와 의미」(Herkunft und Bedeutung der ΜΟΝΟΣ ΠΡΟΣ ΜΟΝΟΝ — Formel bei Plotin, 1933)에서 이 용어는 *Enn.* I 6 에 사용된다고 한다.

이 생명과 이 본능은 세계에서 유일한 것은 아니다. 이것들은, 이것들이 원하는 바를 행할 수 없는 물질의 출현 앞에 있다. 베르그송은 너무나 실재론자이기에 이것들을 고려하지 않을 수 없다. 이것은 동전의 뒷면이다. 이처럼 실재적 유기체들은 좋거나 싫거나 간에 생명이 받아들여야 하는 타협의 결과로부터 나온다. 『물질과 기억』은 이 타협에 대해 심리학적 측면을, 즉 두뇌와 사유의 관계를 서술했다. 그때 우리는 신체와 영혼 사이에서 원인작용의 어떠한 지적인 연관도, 어떠한 타동사적 소통도, 게다가 라이프니츠가 말한 대로 어떠한 실재적 "영향"도 현존하지 않는다는 것을 배웠다. 두뇌는 그 고유한 의미에서 추억들의 기관 또는 도구이다. 다시 말하면 두뇌는 추억들을 위한 봉사에 쓰이며, 추억들을 포함하는 것은 아니다. 두뇌는 기억을 활성화하는 데 쓰인다. 두뇌는 기억이 운동들로, 지각들로, 또 행동들로 전환되도록 허락해 준다. 이러한 것이 전부이다.

생물학적 목적성의 분석은 우리를 한 번 더 범주적이 되게 허락할 것이다. 생명은 무한히 풍부하고 깊이 있다. 생명은 자기 운명을 물질에 연결해서 얻어야 할 것이 아무것도 없다. 이 물질은 생명의 모든 뉘앙스들을 표현할 수 없다. 하물며 유기체화하는 도약은 "유기체의 기적들"을 설명한다. 생명 있는 존재들의 굉장히 복잡한 구조를 인정하지 않아야 한다. 왜냐하면 더구나, 가장 많은 것을 할 수 있는 자는 가장 적은 것도 할 수 있기 때문이다. 놀라운 형식들 뒤에, 더 많은 장점을 행할 수 있는 생명적 도약이 있다. 그리고 이 생명적 도약은 작품들 속에서 자기의 천재적 재능이 다변화되어서 소진할 수 없는 자원들을 스스로 다 써버리지 못한다. 목적론적 놀라움의 저 밑바탕에서 일종의 무의식적 유물론이 나온다. 이 유물론은 우리 지성의 습관적인 진행방식에 의해 설명되고, 이 지성은 총체성들을 구성하기 위하여 항상 요소들을 모으고자 열망한다. 한 유기체의 최소한 세부사항들은 그만큼 많은 긍정적 정복들을 표상했을 것이다. 마치 세부사항들이 그것들 자체적으로 하나의 가치와 하나의 의미를 가지고 있었던 것처럼 말이다. 따라서 사람들은 사물들의 형태론적이고 "시각적인" 실재성들에만 관심을 갖는다. 그 유일한 실재성은 공간 속에 자리를 차지하고, 또 눈을 위하여 현존하며, 무le neant를 정복한 것으로 나타난다. 그러나 시각적 복잡화 작업은 아주 다른 원리들에 의해 설명될 수 있을 것이라는 생각은 기계 그 자체를 위한 우리들의 찬탄[찬양]을 뚜렷하게 축소한다. 사실상 신체는 사용된 수단들의 일체라기보다 오히려 되돌려진 장애물들의 일체를 표상[대신]한다.[85] 그리고 꼭 마찬가지로 언어도 도구라기보다 오히려 방해물(훼방꾼)이다. 그 언어는 그것이 표현하는 만큼이나 감추고 왜곡[변형]한다. 언어는, 동사 "배반하다"trahir의 두 가지 의미에서, 배반한다. 즉 언어는 폭로하고 그리고 부인한다 … [그 언어는] 최고의 조롱이다. 언어는 부인하면서만이 폭로할 뿐이도다! 그러한 것이 기관-장애물의 아이러니한 모순이다. 그것이 바로 퀴아(… 왜냐하면, 라는 것)le quia인 것은 쾀비스(비록 … 라도, 아무리 … 라도)le quamvis라고 하는 것이다. 따라서 신체 일반은 도구인 만큼이나 짐[장애]이다. 신체는 지각에서 화면을 만든다. **바로 그런 이유로** 지각을 가능하게 한다. 신체의 저항과 신체의 무기력은 그 자체 역설적으로 생명성의 자극(흥분제)이다. 신체는 생명이 극복해야만 할 무엇을, 즉 생명이 또한 스스로 볼 수 있도록 하기 위하여 그 자체로부터 포기해야만 할 무엇을 표현한다. 이런 의미에서 또 헛된 역설론에 빠짐이 없이, 동물은 두 눈을 수단으로 해서라기보다, 자기의 두 눈에도 **불구하고** 본다고 사람들은 말할 수 있다.[86] 베르그송주의에서 [이보다] 더 깊고 풍부한 생각은 전혀 없다. 사람들이 덧붙일 수 있다면, 신체들은 원인이기는커녕 심지어는 정신적인 것의 단순한 번역이기는커녕, 반대로 물질과 공동거주하기 위하여 영혼이 정복해야만 할 모든 것을 표상한다. 이 경우에 물질은 영혼에 폭력을 행사하는 것으로 나타나며, 물질 속에서 영혼은 스스로가 옹색하다고 느낀다. **영혼은 신체 없이 있을 수 없다.** 그럼에도 불구하고 영혼은 신체를 위하여 결코 만들어지지 않았다. 이 모든 것이 우리에게 그러한 것을 말하고 있다. 영혼은 잘하거나 잘못하거나 간에 양립할 수 없는 자기 존엄성을, 그리고 자기 최상의 소명을 주장한다. 신체의 가치와 아름다움은 신체가 표현하기에 성공한 사물들 속에 전혀 남아 있지 않고, 반대로 우리가 예견하고자 하는 사물들 속에, 또 신체가 표현하지 못할 사물들 속에, 즉 암시들로 된 무언의 항

---

85. EC 102 ; DS 52, 118, 335.
86. EC 97과 그 이하. 참조 : ES 22.

의[주장] 속에 남아 있다. 신체의 완전 작업들은 표현되지 못한 저 너머[저세상]에 속하는 조롱 섞인[하찮은] 암시일 뿐이다. 정신은 살(육)[肉]의 무게에 반대하여 논쟁한다. 살은 정신을 분리하고 정신을 그 자체에 반대하여 분할한다. 이로부터 **인식의** 형이상학적인 모든 오해들이 생겨난다. 그럼에도 불구하고 정신은 피타고라스의 신체-무덤(신체-기호)σῶμα-σῆμα에서 변증법적 복잡성과 기관-장애의 역설을 요구한다. 왜냐하면, 영혼이 신체를 요구하듯이 죄수가 자기 감옥을 요구하기 때문에, 이 감옥 속에서 그리고 이 감옥 덕분에, 그는 [현재] 있는 약간의 것이(조무래기가) 아닌가! 살[육]의 무게는 살이 지닌 개인적 현존의 조건 자체이다. **감옥**le vinculum은 무상의 어떤 것이고 우연의 어떤 것이다. 거주하는 세계들의 다수성[다양체]를 말하는 베르그송은 생명이 미지의 성운들 안에서 아무도 상상할 수조차 없는 형식[형상]들에게 옷을 입힐 수 있다고 한 걸음 더 나아가 말하지 않는가?

이리하여 사람들은 물질과 생명의 연관에 대해 무엇을 사유해야 하는지를 본다.[87] 물질이 생명에게 더 나은 혜택을 주지 않듯이, 산도 터널의 원인이 아니다. 분명하게도 만일 산이 없었다면, 터널도 없었을 것이다. 그러나 만일 터널들 그 자체가 불필요[무용]하다면, 누가 그것에 대해 불평할 생각을 하겠는가? 터널은 산들도 있고 또 통과하는 데 길을 막는 다른 난관들도 있는 지구상에서 더 잘 살아갈 수 있는 것을 단순히 표상[대리]한다. 그러나 터널 그 자체는 아무것도 아니다. 터널은 단지 정복된 산을 표상하며, 마찬가지로 우리의 기관들 각각은 물질의 패배를 표상한다. 따라서 물체는 정복되기 위해서만 거기에 있다. **생명**은 물체[신체]를 필요로 하지 않는다. 반대로 생명은 혼자 잘 지내기를 바랐을 것이고 또 산을 관통하지 않고서도 자기 목표에 곧바로 가기를 바랐을 것이다. 그러나 물체[신체]가 거기에 있다. [생명은] 물체 주위의 경계를 그려야 하고, 그것을 피해야 하고, 모든 종류의 지적인 간지[노회함]으로 승화해야 한다. 이러한 조작을 잘 이해하기 위하여, 우리의 기계론적인 지성에게 혜택을 입은 질서를 완전히

---

87. EC 102~103, 그리고 112~113(특히 적응 상황들의 부정성에 관하여). 베르그송은 운하와 터널의 이미지를 사용한다. 터널[관통하다(trverser)]의 이미지가 훨씬 더 분명한 것 같다. [밑도 둑도 없는 운하의 비유(PM 6장 「형이상학 입문」)의 비유보다, 터널의 비유가 훨씬 분명하다. ─ 옮긴이]

뒤집어야[전복해야]만 했을 것이다. 이때에 사람들은, 실증적이면서도 진실로 초기의 유일한 실재성이, 자신에 저항하는 물질을 고상하게 하고 또 정신화하기 위한 생명의 노력 그 자체라는 것을 볼 것이다. 이러한 것이 베르그송주의가 우리에게 암시하는 명증함들의 전도이다. 실증성의 이 극치는 가장 자연스럽게 떠오르는 뜻으로obvie 공간적인, 그리고 만질 수 있고 또 볼 수 있는 그 무엇이 아니다. 물체는 생명의 부분[간헐]적인 중단을 표상한다. 마찬가지로 관념은 사고의 부정이며, 정지는 운동의 부정이다. 우리는 개념들, 순간들, 물체들이 얻는 것을 표현하는 것이 전혀 아니라 오히려 포기를 표현한다는 생각에 가까스로 익숙해진다. 그럼에도 불구하고 개념은 사유의 분절이며, 중지된 사유이다. 사람들은, 개념과 단어가 마치 물질처럼 "되돌려진 장애물들"이라고, 그리고 이것들은 그들의 모든 가치를 이것들과 반대 투쟁하는 정신적 에너지로부터 끌어낸다고 말할 수 있을 것이다. 사람들은 어떻게 『물질과 기억』과 『창조적 진화』를 넘어, 『시론』의 결론들과 합류할 것인지를 편안하게 본다. 물질은 또한 마찬가지로 과거의 활성화인 자기의 실증적 기능 안에서는 분명하게 더 이상 나타나지 않는다. 물질은 특히 **필연적 잘못[장애]**le mal nécessaire이며, 또한 생명이 받아들여야 하는 대역(미봉책)le pis-aller이라고도 말할 정도이다. 생명은 자기의 보다 나은 것을 만들고, 그리고 생명은 비천한 [물질적] 재료들을 가지고 걸작들을 완수하고자 연습한다. 사람들은 교묘하게 그 불운에 적응할 수도 없고, 아리스토텔레스가 최소한의 잘못[장애]le moindre mal, μείων χαχόν이라 불렀던 것을 위하여, 보다 우아한 해결책들을 발견하지도 못한다. 만일 생명이 이 부담[짐]과 더불어 고려하지 않았더라면, 생명은 어떤 기적들을 완성할 것인가! 그러나 생명은 치명적인 위험들을 각 발자국마다 부딪힌다. 물질은 자신의 기획들을 생명에게 잔인하게 지불하게 한다. 베르그송은 뒤로의 행동을 자주 홀리기(매료)fascination [88]라 부른다. 이 뒤로 행동이란 물질

---

88. EC 111(ankylose)[EC 103, Oe 581], 113, 138, 172, 175 (p. 108. 거꾸로 물질로 향한 생명의 자기(磁氣, magnétique)적인 행동이 문제이다.)[··· sur une autre voie cette matière magnétisée. (EC 100, Oe 579)]. RI 20, 142. 이미 DI(75, 77, 102, 173)에서 공간의 "고정관념"(l'obsession)이 문제이다.

이 생명 도약의 작품을 파괴한다는 것을 의미한다. 이미 베르그송이 두뇌작용의 실증적 기능에 관해 강조한 이 시기에, 그는 현재가 살(육)[肉] 없이도 추억들에 행사하는 인력[끌어당김, 매료]에 대해 자주 말했다.[89] 이제 『시론』의 비타협적인 언어를 말하면서, 그는 언어 유혹의 불성실을 특히 강조하고, 그리고 그는 언어를 플로티노스의 몇 정식들을 상기하게 하는 여러 항[개념]들로 만든다.[90] 매 순간에 신체는 그것의 협잡의 특권에 의해 영혼에 마술을 걸고, 영혼을 경직하도록 위협한다. 몇몇 동물 종들(유공충류, 연체류), 또는 식물 종들(버섯류)에서 생명은 또한 물질에 의해 최면된 채 있거나, 마비된 채 있다. 진화는 급히 방향전환을 하는데, 그럼에도 불구하고 생명도약은 침범하는 마비에게 굴복했다. 그러나 여기에서 이해하는 데 있어서 중요한 것, 그것은 반대편에서까지도 정신은 그 자신의 희생자로 남는다는 것이다. 생명은 자기 자신의 함정에 빠졌다. 그리고 생명이 지배하려고 신중하게 응용했던 형식들은 생명 자신에게 반대로 되돌아온다. 이 희극의 대부분의 기능은[91] 물질의 공격적인 복수들이라고 우리에게 느끼게 한다. 물론 우발사고가 우리 숙명의 중심에 또는 총체성에 도달하지 않아야 한다. 왜냐하면 이때 희극은 신중하게 전과 같이 되어 있어야 하기 때문이다. 만일 곤두박질이 우리에게 생명을 일으키게 한다면, 그것은 우리를 비극으로 향하게 한다. 그러나 만일 그 곤두박질이 한 존재의 중력으로부터 오는 지나가듯 하며 피상적이고 지엽적인 단순한 복수일 뿐이라면, 이때 그 존재의 소명이란 영매[공중 떠돌기]와 은총이라 하더라도, 그것은 [생명에게] 웃음 짓게 하고 싶어 하는 것이다. 우리는 "방심"le distrait의 심하지 않은 낭패들에서 기분전환이 된다. 그 점에서 풍자화는 또한 이러한 신체의 매혹적인 행동을 과장한다. 이처럼 실언le lapsus이 웃게 만든다. 왜냐하면 그것은 답답함(억압감)에 대한 뜻밖의 승리이며, 생명적 주의에 대한 사소한 하락이기 때문이다. 또 왜냐하면 그것은 때에 맞지 않는 하품처럼, 우리의 경계심과 우리의 자유에 대한 분명한 기분전환이기 때문이다. 지각할 수

---

89. MM 79 ; ES 97.
90. 예를 들어, Plotin, *Ennéades*, V, 1, § 2 [플로티노스, 『플로티노스의 엔네아데스 선집』].
91. RI 22, 38~40.

없을 정도의 이런 느슨함은, 모든 경솔한 행위와 마찬가지로, 신체적 무기력에 기인한다. 생명은 야만적인 원리와 실랑이를 벌인다. 생명은 그 원리로는 그 자신이 원하는 것도, 기꺼이 스스로 반항하는 것도 만들지 못한다. 종들의 역사는 이런 반항들[봉기]와 이런 패배들로 가득 차 있다.

따라서 우리는 물질을 일종의 한탄할 만한 사치로서 간주하여야만 한다. 자연은 이것[사치]를 심정적 유쾌함으로 자신에게 제공된 것으로 여기는데, 이 통탄할 사치는 자유의 도래를 늦추는 것 이외에 다른 효과를 갖지 않는다. 이 경우에 『물질과 기억』의 제4장은 아무것에도 소용이 없을 것이고, 생명의 조건들에 대한 연구는 지각의 주의 깊은 성찰이 극복했던 이원론을 확립했으리라. 그럼에도 불구하고 이미 우리가 기관-장애의 변증법이라 불렀던 것은 구현(체화)의 필연성을 확립한다. 지옥[연옥]의 고통을 겪고 있는 영혼들은 없다. 사람들은 우리에게 여러 재파악 방식으로 다음을 이해하게 해준다. 즉 물질은 장애일 뿐만 아니라, 또한 한편으로는 생명의 본질적인 협력자이다. 1) 그리고 우선 물질은, 우주적이 되면서, 개인적 기억에 대립하여 그것이 행하는 역할을 상실하지 않는다. 만일 물질이 자주 생명에게 강하게 무게로 짓누른다면[압박한다면], 『창조적 진화』의 관점은 더 이상 심리학적이 아니라고, 그리고 신체의 역할은 여기서 물질에 의해 유지된다고 말해야만 한다. 마치 신체처럼 물질을 정신이 스쳐지나가듯 상처 입히지는 못하였으나, 순수지각의 절대적 한계를, 즉 그 철학자의 미지의 세계a terra ignota를 재현한다. 그럼에도 불구하고 근본적인 이런 안쪽[안감]은 절대적으로 반反정신적인 것조차도 아니다. 생명은 "맞자기"pour soi여야 하고 또한 "제자기"en soi이다. 1911년 영국의 강연에서[92] 베르그송은 물질에게 두 가지 중요한 기능을 부여했다. 우선 물질은 **분할하고 정확하게** 하며, 그리고 나서 물질은 **노력을 불러일으킨다.** 물질은 개별화 작업의 능력에 닮은 어떠한 것도 소유하지 않는다.

---

92. ES 속에 수록되어 있다(22). 참조 : EC 280(물질은 생명 속에 잠재적으로 다양하게 있는 것을 효과적으로 분할한다), EC 292(개별자들의 분리는 말하자면, 생명 도약에서 암암리에(en fili-grane) 기입되었다. 그러나 그것을 현실화하는 것은 물질이다). DI 104 : 공간은 우리 의식 상태들을 서로서로 표현되게 하고 구별되게 하고자 힘쓴다 ; MR 118.

왜냐하면 모든 "이것임"은 정신으로부터 오기 때문이다. 그러나 오직 이것임만이 생명과 거리를 좁히면서, 생명을 자기에 현재[출석]하게 할 수 있다. 모든 것을 지나서[한 바퀴 돌고 난 후에], 유기체는 한정되어 완성된 것이 도다! 유기체는 절대자처럼 닫힌 걸작이며, 단일자의 총체성이며, 소우주이다. 지각의 근본적인 유용성은, 우리가 이미 그것을 보았듯이, 의식의 줄어듦에 있다. 우리의 기억은 무한히 광대하다. 그러나 무한성이란 것이 종종 무능함을 말하고자 하는 것이 아닌지 누가 알겠는가? 과도하게 넘치는 기억은 현존의 위급한 문제들에 직면하여 우리에게 전혀 도움을 주지 못한다. 그 기억에서는 지식의 체계적인 줄어듦 없이는 창조적 노력도 없다. 세네카는 사물들의 한계를 아는 지혜sapientia rerum terminos novit 93라고 말한다. 호기심에 가득 찬 전복에 의해94, 베르그송은 다음과 같이 이와 동일한 결론에 이르렀다. 너절한 무더기로 된 추억들의 꿈을 마치 정신으로 진실한 재료의 침입이라 간주한다. 생명은 그 자체적으로 가능한 한 가장 좋은 사리를 사지하고자 한다. 그러나 만일 생명이 이와 같이 효과성 전체를, 즉 우주의 숙명들에 관한 신중한 영향들을 상실한다면, 그러한 것이 우리에게 무슨 소용이 있는가? 행복하게도 물질은 분화하는 개별성들을 가로질러[관통하여] 생명의 흐름을 걸러내는 거기에 있으며, 이는 담론이 신중한 개념들로 사유를 걸러내는 것과 마찬가지이다. 우리가 보았던 대로, 신경체계가 목표로 삼는 것은 흩어진 에너지를 정확[분명]하게 하여 운하처럼 흐르게 하는 것이다.95 이리하여 그 체계는 사물에 관한 우리의 행동을 강화한다. 보다 일반적으로, 식물이든 동물이든 살아있는 모든 것들에게서 물질의 기능은 잠재적 에너지를 축적하는 것이고, 그리고 생명은 그 에너지를 자유롭게 처분하는 것이다. 따라서 물질은 생명을 집중하게 하는 데 봉사하며, 생명을 주의 깊게 하여 경계를 게을리하지 않게 하며, 동시에 의식들을 분리하게 하는 데 봉사한다. 이런 협소함(옹색함)으로부터, 생명 자체인 본능은 강요된 선행(자비)을 마치 실천적 지각처럼 받치고 있다. 본능은 지각처럼

---

93. [옮긴이] Seneca, *Lettres à Lucilius, Epistulae morales ad Lucilium*, (63 et 64).
94. 이 역설적인 원문들은 EC 220, 226, 228에 있다.
95. EC 102, 120.

두뇌의 경찰에 의존하지 않는다. 본능의 한계 설정, 즉 물질 일반의 필연성은 유용한 지각의 한계 설정만큼이나 왜곡되어 있다. 그 한계 설정은 단지 제한적[한정적]이다. 자기 자신을 향해 다시 장악하는 본능은 명철함과 정확성을 획득한다. 본능은 스스로 움츠러들어서 우리에게 생명의 조직을 볼 수 있게 해준다. 이 옹색함은 모든 계시의 조건이며, 이것은 이미 뵈메 철학의 중심적 사상이 아니었던가?[96]

[2)][97] 다른 한편 물질은 "노력을 불러온다." 물질은 매 순간 생명이 스스로 주장해야만 하는 저항을 표상[재현]할 뿐만 아니라, 원초적으로 발판이다. 이 발판의 이완[해이]는 생명도약을 진화에 있어서 점점 더 많이 가지치기하는 길로 향하여 투사했다.[98] 이것은 도약l'élan 또는 비약l'essor의 이미지 자체가 표현하는 것이다. 도약은 견고한 지지점을, 즉 생명에게 시초의 충력을 제공하는 디딤판을, 가정하고 있다. 마찬가지로 폭발은 팽창하는 힘들이 거역하는 장애물을 가정한다. 디딤판 위에서 『폴리테이아』편의 변증법과 『향연』편의 성관심l'érotique은 모두 선le Bien을 향하여 뛰어오르기 위해서 두 작품들 속에서 도약[비약]을 실행한다. 플라톤에서 에피바세이스(도약하는 일들)[99]는 호르마이(열망의 정신)에게 이것들의 이완을 부여했다. 무르그의 호르메(열망)La Hormé는 플라톤학파의 어떤 것을 갖지 않는가? 아마도 물질이 없었다면, 또한 생명이 있을 것이지만 생명도약은 없었을 것이다. 소위 말하는 진화는 자유의 증가에 비해 위험의 비율이 커지면서 자기 존재 이유를 상실할 것이다. 황량한 세계 안에서 절망적으로 고독한 정신은 환희와 동시에 위험의 번민을 망각했을 것이다. 왜냐하면 환희는 승리 안에 있기 때문이다. "모든 거대한 환희는 승리의 강조점이다. 환희가 있는 도처에서 창

---

96. Jakob Böhme, *De triplici vita*, I, 35~36 ; II, 12.

97. [옮긴이] 원서에는 이곳에 "2)"가 없지만 문맥상 2)로 보아야 한다.

98. EC 107. [EC 99, Oe 578, 포탄의 폭발과 산개의 의미 — 옮긴이]

99. Platon, *République*, VI, 511 *b* [플라톤, 『국가』] (참조 : Plotin, *Ennéades*, VI, 7, 36 [플로티노스, 『플로티노스의 엔네아데스 선집』]). 최고선으로의 고양 단계들('Επαναβασμοί) : 『향연』 221 *c* [플라톤, 『향연』, 천병희 옮김, 도서출판숲, 2016] ; 사닥다리('Επιβάθρμαι) : Plotin, *Ennéades*, I, 6, 1 [플로티노스, 『플로티노스의 엔네아데스 선집』].

조가 있다."[100] 거기에서는 우리의 진실한 위대함이 있으며, 우리의 패배들 자체는 영광스러운 것이며 정신의 존엄성을 표출하는 것이다. 따라서 생명은 정신과 상관있는 이타성을 요구한다. 왜냐하면 생명은 정신에게 자신의 탄력성을, 즉 자기의 내부 수렴을, 요컨대 자기의 목적성을 빚고 있기 때문이다. 아주 자주[101], 베르그송은 두 가지 힘들을 마치 필연적인 보완물들로서 다루기를 [위험을 무릅쓰고] 감행하였다. 왜냐하면 물질은 우리 자유에 저항하기 때문이다. 정신은 이제 이 세계에서 소명을 갖는다. 그 정신은 계속적인 종들을 가로질러 자유의 신격화 l'apothéose를 준비한다.

그러나 결국, 아마도 그것은 바로 말하는 방식일 뿐이다. 만일 물질이 제자기로 자치적이고 제어하기 어려운 자료로 남는다고 한다면, 물질이 자기의 적대성 자체에 의해 지 유의 건축[성립]에 협력한다는 것이 우리에게 얼마나 중요한가? 거의 아무것도 아닌 사유로 물질을 축소[환원]해 보자. 그럼에도 불구하고 물질은 진화가 시작하도록 하는 거기에 있다. 사람들의 제작 작업과 대립하는 유기체 작업[102]은 거의 수학적인 점으로부터, 즉 물질의 **최소**(극소)un *minimum*로부터 출발한다. 그러나 최소는 아무것도 아닌 것이 아니다. 물질은 이미 거기에 있었고, 이 둘째 원리는 첫째 원리에 독립적일 것이다. 사람들이 덧붙이기를, 생명은 단지 마지못해서 공간 속으로 들어간다. 그러나 호의거나 호의가 아니거나 간에, 결국 생명은 공간 속에 들어가고, 그리고 공간은 생명에게 도발적인 부정들les négations의 자양분을 제공하기 위하여 생명을 기다리는 상태이다. 게다가[103] 사실상 (왜냐하면 그 질문은 베르그송주의의 가장 복잡한 것들 중의 하나이기 때문인데) 일원론의 주장이 우세하다. 사물들 자체는 지속하며, 물질도 또한 상대적으로 정신적이다. 그 물질은 공간의 타성[무기력]에게 보다 큰 자기의 호의를 베푼다는 점에서만 정신과 다르다. 아무래도 좋다. 물질이 일으킨 문제는 이제부터 공간에 관

---

100. ES 23.
101. EC 279, 참조 : EC 12.
102. EC 100.
103. EC 10~12, 42, 226, 325(모든 질은 변화이다). 참조 : EC 219.

하여 제기될 것이다. 두 가지 한계들이, 즉 마치 의식 저 너머처럼, 물질 저 너머를 이론적으로 고려할 수 있는 두 절대자들이 있다. 틀림없이 사람들은 두 번 되풀이하여[104] 우리에게 그것의 공통 기원을 증명하도록 허락해준다. 그러나 그 연속은 물질이 생명과 연대하여 한 방식으로 지속한다는 것을, 또 물질의 모든 긍정은 생명에 속한다는 것을 증명하며[105], 또한 물질이 생명과 미미하게나마 참여하고 있다는 것을 증명한다. 확실히 생명은 물질 속에 있는 것과 닮았다. 그러나 이 생명성은 물질화하는 힘에 의해 지배된 원리의 사고l'accident일 뿐이다. 베르그송 속에서 진리는 대립되는 두 "원리들"이 있다기보다 반대로 향하는 두 운동들이 있다는 것이다. 즉 하나는 상승하는 운동, 다른 하나는 하강하는 운동이다. "수준들의 혼융"에 관해 우리가 주목하는 것은 현재에서 더 잘 이해하게 될 것이다. 의식으로부터 물질로, 그 근본 바탕에서 점점 밀집도가 약해지는 실재성들의 단계만이 있다. 사람들은 한 방향에서든 다른 방향에서든, 또는 안에서든 밖에서든, 이 단계를 잡을[이용할] 수 있다. 결국 물질은 아무것도 아니며, 이 반대라는 성질은 **사물들** 사이에 있기보다 방향들 사이에 있으며, 하나는 절대적으로 긍정적이고 다른 하나는 절대적으로 부정적이다. 마찬가지로 플로티노스에게서 "제자기로서–무"le néant-en-soi는 역설적으로 잘못의 원리이며, 항상 저 세상에 있으며, 온아래le Bas보다 아래 있다. 결국 절대적인 비존재는 자기의 극한에 미치는 범위까지 내려가려는 의도와 일치하지 않는가? 동일 방향에서 생명은 본능으로, 직관은 예지작용으로 길을 간다. 마치 **수행 노력**nisus formativus 같은, 다시 말하면 유기체화 작업 같은, 이것들은 원심적이며, 역동적인 총체성에 의해 씨앗 같은 영감을 받았을지라도, 실재적으로 혁신적이다. 왜냐하면 이것들은 끊임없이 가능태에서 현실태로 가기 때문이다. 반대 방향에서 제작하는 지성, 애매한 지각, 구성된 기억 등은 생명과 동시적인 것으로 남아 있지 않고서, 이미 만들어진 그것들의 기호를 다른 수준들로 이전시키면서, 생명의 운동을 지체하게 할 것이다. 따라서 "더"와 "덜"이라는 계수(비율)les coefficients는 두 경향성에 영향을 주지 두 실

---

104. EC 194와 201. 참조 : ES 18.

105. EC 371, 399.

체에 영향을 입히는 것이 아니다. 그리고 베르그송주의는 마치 실체의 **일원론**, 경향의 **이원론**처럼 우리에게 나타난다. 생명이란 절대적 실재성이다. 그리고 공간 자체는 몰래 들어온[비합법적인] 생명성에 의해서만 현존한다. 공간은 이 생명성을 빠져나가게 또는 위조[위장]하게 하는 데 성공했을 뿐이고, 그리고 이 생명성 덕분에 공간은 우리에게 좋든 나쁘든 착각하게 한다. 이런 요술[속임수] 없이, 또 메커니즘의 모방 작품들 없이, 공간은 아무것도 아닐 것이다. 공간은 무無는 아니나, 이 무에 이르는 반생명적 경향은 진실로 그 무엇인 것이다. 방향이 정해진 경향성들만을 인정하는 역동론자의 학설에서, 원리들의 "극성"은 매우 분명한 심리학적 의미를, 사람들이 말할 수 있다면, 실험적 의미를 갖는다. 물질은 생명의 과정과는 반대로 가는 모든 것을, 자연적으로 비가역적인 질서를 전복하는 모든 것을, 의식의 노력에 저항하는 모든 것을, 표상[재현]한다.

이 충돌의 심각성은 그래도 전혀 약화되지 않는다. 이제 의식은 자기의 비약에서 장애로서, 실체가 아니라 경향성이라는 것을 인정했다. 의식의 숙명은 훨씬 더 비판적이다. 이 경향성으로부터 의식은 그 자체로 초점le foyer이다. 왜냐하면 경향성들은 그것들의 근원인 의지에 의해서만 현존하기 때문이다. 우리는 물질이라 불렀던, 즉 사람들이 원하는 대로 공간이라 불렀던, 심술궂은 본성을 조금은 원했을 것이다. 이 본성으로부터 사람들은 스스로 우회할 수 있는데, 마치 오디세우스가 자기를 잃어버리게 만들고자 하는 사이렌들로부터 멀리 자기의 갈리선을 우회하듯이 말이다. 또한 플로티노스는, 스토아 학자들이 이를 예감했듯이, 잘못이 의도적인 악감정으로부터 오는 것이 아니라 이면의 기체une hypostase로부터 온다는 것을 증명하려 하였다. 우리는 우리의 밖에다가 잘못을 잘 경계 지우고자 원했고, 그리고 우리는 심지어 이 빈번한 나쁜 만남을 회피하기 위하여 불가능한 것을 행할 것이다. 그런데 잘못은 우리 안에 있다. 우리는, 다이몬이 위치를 차지할 수 있고 또 위치를 정할 수 있었다면, 다이몬을 선호할 것이다. 그러나 어떻게 사람들은 자기 자신 스스로 [거기서] 벗어날 것인가? 잘못은 본질이 아니며, 그것은 의도, 즉 나쁜 의지이다. 그리고 의식은 쉽게 그것으로부터 정화되지 않는다. 의식은 자신 속에 자기의 적을 안주하게 한다. 애벌레[구더기]는 열매 속에 있다. 『웃음』의 철학은 그 자체로 지각할 수 없는 함량의 쓴맛을 허용하지 않는가?[106] 무엇보다 먼저, 반대되는 두 운동이 있는데 서로는 서로에게 참석하고 있고, 또 서로 속에*dans* 있다. 그것은 기계론의 과학 그 자체가 우리에게 증명할 것이다. 이 과학은 생명에 대해 파괴의 측면만을, 또는 "퇴행 발생"catagénèse[107]만을 이해하게 해준다. 불량한 경향성은 긍정적 경향성의 발자국에 매여 있다. 그 불량 경향성이 매 순간 진화를 원환의 과정으로 전향하게 했다.[108] 마치 중력이 서로 구성되어 분화하는 두 힘들로부터 결과하는 것과 마찬가지로, 이리하여 정체하고 있는 종들의 제자리걸음은 공중부양la lévitation과 향지성le géotropisme 사이에, 오르고자 원하는 생명과 내려가고자 하는 반정신적 성향 사이에, 무게의 타성과 진보의 소명 사이에, 또는 베르그송이 나중에 그것을 말했던 대로 억압과 열망 사이에, 개입된 타협일 뿐이다. 의식은 의식 자체에 반대하여 찢어져서, 수단을 채택하고 제 자리에서 회돌이로 돈다. 베르그송이 지적한 이런 타협적 해결책이, 만일 우리가 그것을 분석한다면, 경향성의 잔인한 길항관계(반목)를 우리에게 폭로할 것이다. 생명체는 더 앞으로 나가지 못한다. 그리고 그의 부동성은 후퇴하는 힘의 승리를 표상한다. 그러나 이런 부동성은 순수하고 단순한 정지가 아니다. 왜냐하면 우주에서는 순수하고 단순한 정지는 없기 때문이고, 경향성들의 힘들이 동등하게 반대일 때 우발적으로 스스로 움직일 수 없는 경향성들만이 있기 때문이다. 만일 물질이 절대적으로 우세하였다면, 물질은 분해(붕괴)를, 다시 말하면 운동을 불러일으켰다. "운동이라는 활동뿐만 아니라 운동하지 않음이라는 활동도 있다"고 아리스토텔레스가 이미 말했고, 또한 "운동하지 않는 것이 다 정지해 있는 것은 아니다"[109]라고 말했다. 왜냐하면 키르케고르에 따르면, 정

---

106. RI 151~153

107. EC 21, 37~39.

108. EC 139, 292.

109. Aristote, *Physique*, IV, 12, 221 *b*, 12 ; 그리고 Aristote, *L'éthique à Nicomaque*, VII, 1154 *b*, 26~27 [아리스토텔레스, 『니코마코스 윤리학』]. 참조 : Kierkegaard, *La pureté du cœur*, tr.fr., par Paul-Henri Tisseau, 1935, p.235. [*La Pureté du cœur* (fr. 1935)은 다양한 종교적 관점의 담론을 모아서 한 권으로 번역한 것으로 보인다. 즉 *Zwei erbauliche Reden* (1843) … + *Erbauliche Reden* in verschiedenem Geist (1843~1847)[총 17 담론] + *Christliche Reden* (1848)[네 부분]을

지의 강도 높은 에너지와 부정의 긍정성이 감추어져 있는 활동적(능동적)인 부동성이 있기 때문이다. 또 레르몬토프도 또한 비밀스러운 힘의 기호인 정열들 속의 고요함에 대해, 충만에 대해, 그리고 심층에 대해 그에게[키르케고르] 말하기 때문이다. 따라서 생명체의 부동성은 내부의 끓어오름을 감추고 있음이 틀림없다. 그것은 회전의 이미지가 포함하는 무엇이다. 긍정적 힘들은 전적으로 굴복하지 않았다. 왜냐하면 생명체는 존속하며, 적어도 얻어진 지형을 방어한다. 거기에서부터 부동화된 정신의 깊은 참을성 없음이 나온다. 생명은 비행동에서도 능동적으로 남아 있으며, 사라지기를 스스로 거부한다.

그러나 더욱 비극적인 것은 치명적 경향성이 생명성 그 자체의 심장에 자리잡고 있다는 것이다. 이 특이한 비웃음에 의해, 생명은 자기를 죽일 물질에 대해 스스로를 주장할 필요가 있다. 생성의 연속된 운동 속에서 해소되는 생겨나는 찢어짐이, 그리고 공간적 원리의 악영향과 동시에 유용성을 설명하는 그 찢어짐이, 생명 속에 있다. 기억을 그 자체와 더불어 모순적이 되게 하는[110] 동일한 아이러니가, 생명을 생명에 의해서 사라지도록 단죄한다. 이것은 대가(보상)인데, 이 세계에서 모든 우선성이 지불한 대가이다. 우리가 말했지만 구성된 기억은 구성하는 기억을 부정하고 부인한다. 그럼에도 불구하고 전자는 후자의 필연적 개화(성숙)이다.『도덕과 종교의 두 원천』에 따르면 지성은, 지성이 생명에 소용되는 데 운명 지어졌다는 그 생명에 대해 스스로 방향을 돌린다.『지속과 동시성』에서 "사람들이 선택했던 능력은, 사람들이 그 능력 덕분에 행했던 선택 속에서 읽힐 수 있다"고 고백할 것이다. 그리고『창조적 진화』도 "…그 작동에 의해 생명이 새로운 형식의 창조로 자기 길을 가게 하는 작동이, 그리고 이런 형식이 자기 모습을 그리고 있는 작동이 있다. 이 작동들이 빈번한 길항관계의 두 운동들이다."[111] 거기에는 생명의 법칙 자체인 일종의 정신적 부친살해가 있다. 이처럼 개

합하여 *Discours édifiants à divers points de vue* (1843~1847)이라고 하고, 그리고 제목을 심성의 순수성으로 붙인 것 같다. — 옮긴이]

110. 우리가 여기서 주석을 단 원문들은 아래의 원문들이다. EC 14(개별화와 재생산의 충돌), 281~282(개별화와 연합의 충돌), 276(종의 이기주의), 259와 293(지성과 본능의 충돌), 그리고 특히 138~140. 참조:Simmel, *Der Konflikt der modernen Kultur*, 1918.

별자는 자기 후손에서만 완전하게 실현된다. 그럼에도 불구하고 우리는 자손이 자연적으로 배은망덕하리라는 것을, 또 그 자손이 기꺼이 모성적 희생을 망각한다는 것을 안다. 이 개별자는 사회 속에서만 완전하게 실현되고, 그리고 사회는 그의 법칙에 종속된 독창성들에게 매우 자주 치명적이다. 그럼에도 불구하고 마치 개별자가, 종種은 지속 안에서, 집단은 종 안에서, 자기를 고양해야 하는 종에 의해서 또 집단에 의해서 소멸하는 것처럼, 이처럼 생명 그 자체는 개별자에 의해, 그리고 보다 일반적으로 유기체적 형식들에 의해 소멸한다. 이런 형식들은 생명을 볼 수 있게 하면서도 생명을 부정한다. 이처럼 매 순간에 창조적 즉흥(임시방편)은 죽음의 위험에 처해 있다. 그런데 매 발자국마다 혁신의 천재(재능)는 허튼소리로, 장황함으로, 말을 더듬거리며, 위협받는다. 음악적 창조는 아마도 이런 고려에서 보면 모든 창조들 중에서 가장 많이 속이는 창조이다. 음악가는 끊임없이 반대되는 두 가지 운동들의 길항관계(이항대립)를 실험한다. 하나는 거역하는 운동이며 다른 하나는 억제하는 운동이다. 영감이 모든 부분에서부터 그것의 만남에 운집하는 협약적[관습적] 발전들에 이미 굴복한다는 것은 그 영감이 기껏해야 육신화되었다는 것이다. 최소한의 멜로디의 관념은 아주 잘 준비된 정식들의 무리를 끌어들인다. 이 정식들을 향하여 약간 환심을 사려는 감성이 기꺼이 미끄러져 가게 내버려 둔다. 시초는, 그 시초가 이미 계속하고 있다는 것, 다시 말하면 되풀이하고 있다는 것보다 더 일찍 시작되지는 않았다. 이 무기력함은 저주로서 발명가를 노린다. 진실한 창조자는 판박이들[상투적인 짓을 끌어들일 것을 거절한다. 그런데 그것은 매 순간의 투쟁이다. 왜냐하면 우리는 우리 자신 속에서 치명적 경사傾斜를 느끼기 때문이다. 그 경사 위에 천재[재능]은, 자기가 기권함으로부터 나온 것과 같은 사실에 의해서 이미 참여되었다. 창조적 작업의 각 관점에서 우리는 곤경에서 우리 자신을 벗어나게 하는 데 제공되는 수천 가지 좋은 처방들에 따라서 이렇게 귀머거리를 만들어야 한다. 사람들은, 어떤 의미에서 물질이 정신과 구별되는지, 어떤 의미에서 물질이 정신의 친척이 되어 있는지를 이제 더

---

111. EC 140, DS 107.

잘 이해한다. 확실히 물질의 초대 방식들은 생명에게 치명적이다. 그러나 이 초대 방식들을 특별히 약삭빠르게 하는 것은 초대방식들이 생명 자체로부터 나온다는 것이다. 만일 생명이 영혼 없는 형식들에서 그 생명 그 자체에 반대하여 뻣뻣하게 되지 않는다면, 생명을 총체적 해방으로 향해 끌고 가는 그 동일한 요청은 생명을 감옥에 가둘 것이다. 모든 유혹들 중에서 가장 섬세한 유혹은 정신으로부터 오는 유혹이며, 정신의 이름으로 말하고, 우리를 정신성으로 인도한다고 소위 주장한다. 우리는 마치 생명의 획득과 성공인 것처럼 영혼 없는 형식들을 쳐다보기를 영속한다. 그때에는 형식들이 퇴폐를 알리는 때이다. 그러나 이 역설적인 것은 우리가 전적으로 잘못한 것이 아니다. 왜냐하면 생명은 거기에서 형식들을 통과해야 하기 때문이고, 또 그 퇴폐 자체는 생명의 신격화(극찬)를 준비하기 때문이다. 이리히어 지성이 조잡한 실수들과 술책들이 동시에 변명된다.[112] 우리는 말한다. 즉 변명되었지만 정당화된 것은 아니라고. 지성은 직관의 연옥[시련 장소]이다. 그것은 필연적 잘못이다. 생명은 매 순간 자기를 깨부수려고 하는 물질성이라는 짐을 무상으로 지울 수 없었다. 생명이 스쳐가는 모든 것은 내재적이며 유기체적 의미를 가져야만 한다. 베르그송이 말하기를 죽음은 생명체의 특성들을 아직 얼마간 간직하고 있다. 만일 메커니즘들이 자연의 헛되고도 비용이 드는 판타지였다면, 또 만일 그것들 자체가 정신의 표시[서명날인]을 지니고 있다면, 사람들이 그 정신을 꿈으로부터 끌어내는 메커니즘들에 한 권의 책 전체를 할애했어야 했을까?

이런 잔인한 실재성[물질성]과 함께하는 생명은 정신을 너무 높이 잡을 수 없을 것이다. 왜냐하면 물질은 생명이 자체로 지니고 있는 경향성의 귀결점이기 때문에, 어떻게 생명이 물질을 휘발시키겠는가? 따라서 생명은 그의 적을 무시할 수 없다. 게다가 그리고 베르그송은 아주 분명하게 자주 그것을 반복하여 말하는데[113], 생명의 힘은 제한된 힘이지, 전능이 아니다. 따라서 그 힘은 **술책**에 의

---

112. 사람들은 EC에서 지성의 방식을 복권하는 몇 가지 본문들을, 적어도 예비 교육적인 자격을 띤 원문들을 발견할 수 있다. EC 175, 192, 198, 216, 259, 296.

113. EC 137, 154, 162, 276.

해 우선 초라하게 또 겸허하게 작동할 것이다. 생명의 힘쓰는 묘기(곡예)le tour de force, 그것은 물질 그 자체가 그것의 도안들에 맞게 봉사하게 하는 것이었고[114], 물질을 사로잡고 그리고 필연성을 정복하기 위하여 교활하게 물질의 성향을 채택하는 것이었다. 이 뻥계로부터 사람들이 두뇌라고 이름 짓는 **삶의 양식**(타협안) le *modus vivendi*이 결과로 나온다. 물질의 형이상학은 새로운 어느 날을 신경체계의 기능을 향해 회고적으로 투사한다. 우리가 알고 있듯이 신경은 사유의 원인도 자리도 아니다(왜냐하면 이 단어들은 의미가 없기 때문이다). 신체성은 단순히 생명 도약의 중단을 표상[재현]한다. 우리는 그것을 어떻게 이해해야 하는가? 생명은 물질을 있는 그대로 받아들인다. 그러나 마치 좋은 외교관처럼 생명은 통치하기 위하여 분할한다. 두뇌는 "자동주의 그 자체에 대항하여 자동주의를 분할하는 데", 즉 행동을 행동과 맞잡이하는 데, 물질을 정당하게[115] 사용한다. 두뇌의 기능은 옛 습관들을 중성화할 수 있는 새로운 습관들을 무한히 창조하는데 있다. 직접적으로 두뇌는 메커니즘들만을, 다시 말하면 공간적인 것들만을 창조할 수 있을 뿐이다. 그러나 그 메커니즘들[유기체화 조직들]은 서로 상호 무화되며, 의식은 물질로부터 도망가기 위하여 그것을 이용한다. 그 최악의 메커니즘 그 자체는 우리에게 유리한 것에 등을 돌린다. 마치 능란한 기술자들은 우리에게 적대적인 힘이 우리를 위하여 작업하도록 강요하듯이, 우리는 자연을 정복하는 데 자연을 사용한다. 따라서 생명은 자동장치들을 조용히 서로 잡아먹게 내버려 둔다. 이 운동 습관들이 시민전쟁을 하는 동안에, 생명은 동요함이 없이 우리의 자유를 정립할 것이다. 생명은 더 우아하고 더 경제적인 해결책을 꿈꿀 수 있는가? 자동장치들은 이것들 자신이 폭발하도록 자체적으로 충전되어 있도다! 생명은 우리의 결정적 해방을 **촉발하는**[116] 데에만 단지 수고할 것이다. 아주 가끔 일어나는 것은 생명이 자기의 고유한 덫(함정)을 놓도록 내버려 둔다는 것이다. 거기에서 생명은 셸링이 유니베르지오universio라고 불렀던 창조주[신]에게 맡긴 역할[117]

---

114. ES 14 ; EC 77.

115. EC 195~196, 199, 286~287. 참조 : EC 271.

116. 원인이다(causer)와 촉발하다(déclencher) 사이의 차이에 관해서, EC 79~80, 125, 199.

과 닮은 역할을 한다. 신은 우주를 인정하는 체한다. 우주는 허공에 매달린 신적인 어떤 것이며, 마찬가지로 정신은 자신의 도안들을 더 잘 실현하기 위하여 전복된 정신인 물질성에 관용을 베푼다. 거기에는 속임수(겉치장)만이 있을 뿐이다. 그리고 유물론자들은 거기서 경솔하게 처신하게 된다. 왜냐하면 그들은 단지 사물들의 철자만을 유지하기 때문이다. 그들은 단어로부터 정신의 핑곗거리들을 얻고자 한다. 신체의 아이러니는 세계의 아이러니만큼이나 그들에게 침투할 수 없는 것으로 남아 있다.

생명의 술책이 아무리 교묘하다 하더라도, 그 생명의 술책은 역경과 더불어 기울어지게 되는 의식의 비참함을 표현하는 것 그 이하도 아니다. 틀림없이 물질은 "전도(역전)"une inversion일 뿐이며 그 이상도 아니다. 틀림없이 그 역전은 실증적 경향성에 의해서만 신재성을 지닌다. 그 역전이란 그 실증적 경향성의 전복이다. 왜냐하면 아무 운동이나 주어진다고 하더라도, 사람들은 항상 선도된 운동을 생각할 수 있기 때문이다. 그러나 왜 이런 유혹이 생명의 심장 자체에 잠들고 있어야만 했을까? 이 유혹은 현존[존재]하지 않을 수 있었고, 현존하지 않아야만 했을 것이다. 생명과 물질의 관계는 악[잘못]의 출석[현전] 앞에 있는 라이프니츠에서 신의 태도와 유사점이 없지 않다. 악[잘못]은 『변신론』118이 말하듯이, 신Dieu 안에 있는 그의 "결함 있는" 원인을 발견한 것이지 "효과 있는" 원인을 발견한 것은 아니다. 신은 잘못을 범하는 것이 아니라 단순히 잘못을 허용할 뿐이며, 그리고 상대적으로 가장 짧은 음험한[경사진] 길을 채택했다. 그것은 직선이 절대적으로 선호될 수 있는 것이 아니라는 것이다. 우리는 베르그송주의를 라이프니츠 언어로 바꾸어서 말할 것이다. 삶의 도약은 정신과 자유를 앞선 의지로부터 원한다. 뒤따르는 의지로부터 삶의 도약은 잠재적 에너지를 축적할 수 있는 두뇌와 더불어 활동하고 움직이는 신체를 원한다. 신경체계를 갖춘 신체는 대척적인 힘들의 결과물일 뿐이다. 마치 최상의 힘은 양립할 수 없는 완전함들이 그 자체로 결론을 내어야만 했던 협정으로부터 나온 결과인 것처럼, 생명은 이 힘들을 고려해야

---

117. Schelling, *Philosophie der Mythologie, Philosophie de la mythologie*, 1821, 제5강(전집 7권).
118. Leibniz, *Théodicée*, 1710, 제1부, § 20 [라이프니츠, 『변신론』].

만 한다. 이로써 죄악들은 신의 영광으로 방향을 바꾼다. 마찬가지로 생명은 잘 못[악]으로부터 선을 끌어낸다. 통탄해야 하는 것은 물질의 무게가 아니고, 우리에게 물질을 가지고 구성하도록 강요하는 부끄러운 숙명이다. 이런 이유로 여기에 『창조적 진화』의 위대한 새로움이 있다. 『물질과 기억』 속에서 정신은 신체 없이 꿈꾸듯이 무능한 추억들로 흩어진다. 그러나 우리는 이제 물질 없는 생명이 자기의 전능 속에서 절대자 자체일 것이라는 것을 안다. 그렇다고 물질이 근본적으로 소용없을 것이라는 것은 아니다. 왜냐하면 물질은 거기에 있기 때문이고, 스스로 하나의 근거를 잘 만들어야 하기 때문이다. 그러나 만일 물질이 현존하지 않았다면, 우리는 본능이 지성으로 분리되도록 강요되지 않았으리라는 것도 알고, 생명이 두 개의 계들, 즉 식물계와 동물계 사이에 보충적 기능들을 분배하지 않았을 것도 알고, 또 유기체화된 존재들이 영속적으로 양립할 수 없는 완전함들 사이에서 선택하지 않았을 것도 안다. 따라서 베르그송은 정신적 원리의 근본적인 독립에 대한 믿음을, 모든 장애물들을 정복할 수 있다는 믿음을, "심지어는 아마도 죽음까지도!" 극복할 수 있다는 믿음을, 점점 더 확고하게 계속해서 믿었다. 『정신적 에너지』에서[119], 그는 이런 생각을 훨씬 더 많이 강조한다. 그의 직관주의적 형이상학의 성숙은 이 신념을 가지고 종말론적 다음날들을 들여다보게 하고, "미래의 즐거운 노래"[120]를 지각하게 해 주고, 결국 자유의 결정적인 승리와 공간적 원리의 승화를 희망하게 해 준다. 게다가 **필연성 속에 자유의 개입**은 물질의 저항을 찬란하게[선명하게] 표출하는 폭력적 노력을 요구한다. 순수지각과 순수 추억은 "한계들"(극한들)인 반면에, 직관은 하나의 사실[이루어진 것]이며, 그것은 드문 사실이지만, [그래도] 사실은 사실이다. 그럼에도 불구하고 만일 생명이 절대적 유일자 l'unique라면, 그 유일자는 진실한 직관의 측면에서 순수 생명 직관일 뿐일 것이다. 우리가 그걸 알고 있듯이, 대립이란 사물들 사이에서라기보다 운동들 사이에 있으며, 하나는 긍정적 운동이고 다른 하나는 부정적 운동이다. 이리하여 긍정적 운동을 생명과 결합시키는 모든 인식과, 물질을 이해하기 위한 노력

---

119. 특히 ES, *Fantômes de vivants* (1913)에서.
120. 'La vie et l'œuvre de Ravaisson'(1904), 마지막 부분(PM 290. 참조: PM 114).

자체는 어느 정도는 직관적일 것이다. 물질을 물질적으로 사유하는 방식이 있다. 그것은 우리를 절대자의 핵심으로 인도할 것이다. 생명이 메커니즘들 중에 내려가는 운동을 채택할 때, 이렇게 생명 그 자체가 만들어진다. 그러기 위하여 [생명이] 연구된 대상의 평면[도식] 위에 **단번에**[121] 자리 잡는 것으로 충분하다. 그러나 상징적 인식[122]이 결코 체념하지 않는다는 점에서, 그 인식의 생명에 대한 혐오는 모든 도식들을 휘젓기도 하고, 직관의 운동에 등을 돌리도록 강요한다. 동등하지 않게 밀도를 지닌 유일한 실재성이, 즉 모든 단계에서 진실한 직관의 대상을 만들 수 있는 그 실재성이 있다. 만일 그때 주체의 리듬이 대상의 리듬과 일치한다면, 또 우리가 자연적이고 필연적인 구별들을 없애는[지우는] 상징들을 거부한다면 말이다.

그럼에도 불구하고 이 모든 직관들이 존엄함에 있어서는 동일하다고 믿는 것은 잘못일 것이다. 죽음을 정복할 수 있는 유일한 직관은, 또 생명을 개화하게 허락하는 유일한 직관은 순수 정신의 직관이다. 이 순수정신의 직관은 넌지시 하는 암시적인 것이 아니라 오히려 승리하는 것이다. 이 정신의 직관은, 자기의 재주를 물질을 통해 스스로를 수집하는 데 소모하는 그런 직관의 냉철한 수완을 경멸한다. 그 직관은, 여러 가지로 애매하고 또 동등하지 않게 불순한 실재성들과 일치하기 위하여 자기의 고유한 내용의 함량을 힘들여서 더 이상 재지[달지] 않는다. 그 직관은 우리가 총체적 실재성과 마주 보게 내버려 둔다. 이때에 이 실재성[123]을 우리 속에서 발견한 우리는 놀라게 된다. 그리고 우리는 얼마나 절대자가 우리 자신들과 가까이 있는지를, 우리 자신과 닮았는지를 인정할 것이다. 아마도 거기에서 우리는 적어도 그것을[절대자를] 찾으려고 생각해 본다. 왜냐하면 좋은 길은 즉 가장 호의적인 길은 항상 사람들이 보는 마지막 길이기 때문이다. 절대자는 불가사의이다. 그 불가사의는 매 순간 생명 안에서 그리고 생명에 의해 우리들 각각 속에서 실현된다. 괴테의 단어를 따르면, "**단순성을 믿기를 배워**"야 할

---

121. 단번에(d'emblée) : EC 323.
122. EC 217과 387~389(칸트 비판의 견해에서), 참조 : EC 296(사변과 행위의 혼합).
123. EC 217, 323.

필요가 있다. 따라서 멀리 있는 절대자의 우상을 거부해야 하며, 그리고 먼 것이 우리 안에 있을 때, 정오에 열네시를 더 이상 찾지 않아야 한다.[먼 미래 또는 초월을 찾는 것은 허구이자 미신이다. 즉 죽은 후 천국, 부활은 사기이며 기만이다.]

제5장

영웅주의와 성스러움

베르그송주의는 그 자신이 베르그송주의를 실행했던 것과는 달리 결론지을 수 없었다고 하는 것이, 우리가 보기에는 나중에 표현된 것 같다. 그럼에도 불구하고 어떤 사람도 무엇이 일어날 것인지를 예견할 수 없을 것이다. 나 또한 알지 못하나, "그러나 나는 알 수 있을 것이라고 예견한다." 이와 같이 베르그송 자신은 거짓 인식의 현상들에 대한 주제에서 표현되었다. 우리에 관한 한 우리는 다음과 같이 말할 것을 제안한다. 미래는 단지 **전미래**le futur antérieur[1]를 예견할 수 있을 뿐이다. "만일 내일의 위대한 드라마 작품이 무엇일 것이라고 내가 알았다면, 나는 그 작품을 썼을 것이다"라고 베르그송은 「가능적인 것과 실재적인 것」(PM)에서 썼다.[2] 프루스트의 베르고트는 자신의 편에서 이렇게 말한다[3] : 창조자는 자기의 모방자들이 그 자리에서 글로 쓸 수 있었을 것을 결코 만들지 않는다. 베르그송은 **베르그송의 부분**du Bergson을 만드는 것이 전혀 아니었고, 마찬가지로 포레Fauré의 목표는 "포레의 부분"을 만드는 것이 전혀 아니었다. 그제 서야 베르그송의 도덕론이 쓰여졌다는 것을 우리는 깨닫는다고 믿는다. 그리고 우리가 보기에 그 도덕론을 예견했던 것 같다. 그러한 것은 생애의 목적성이며, 항상 의외의 목적성이지만, 항상 이성적인 목적성이다. 그러한 것은 알랭Alain이 말했듯이 기대되었지만 기대하지 못했던 것이다. 매 순간에 우리는, 미래가 항상 새로운 것이라 할지라도, 미래를 향해 예상참여할 수 있었을 것이다. **효과성**l'effectivité이란, 베르메르Vermeer의 푸른색이라든지 포레의 **반올림 파 발라드**Ballade en fa dièse [Ballade, op.19](1881)의 청취처럼, 나도 모를 새로운 것을, 또는 나도 모를 가장 잘 예견된 표상조차도 의심하지 않을 새로운 것을 항상 첨가하지 않는가? 생성 중인 재능un génie은 예언들만을 허용한다! 불행하게도 재능이 중단될 때, 어떠한 재능도 그 자리에서 "미완성 교향곡"의 종지부를 쓸 수 없다. 상상된 종지부가 어떤 것이라 할지라도, 우리는 그 재능이 아주 다른 것을 쓸 수 있었다는 것을, 우

---

1. 전미래(aura été) : DI 139 ; PM 110 ; MR 72, 313. [전미래에 관한 한, 들뢰즈가 잘 설명하는데 그는 보르헤스의 작품들을 예로 들고 있다. — 옮긴이]

2. PM 110~111, 114. 참조 : PM 13~16.

3. Proust, À l'ombre des jeunes filles en fleurs, 1919, I, p. 171.

리가 어떠한 관념도 갖지 않는 그 무엇을 쓸 수 있었을 것을 예감하고 있다. 차후에 이런 것[사정]은, 마치 안녕하고 인사하는 것만큼이나, 단순할 수 있을 것이다. 그러나 그런 것을 생각해야만 했을 것이다. [그러한 것이란] 항상 알아맞혀진 관점에 관한, 또는 항상 불가사의한 관점에 관한 거의 예견 가능한 예측불가능성 l'imprévisible presque prévisible의 비밀스러운 자극제! 『도덕과 종교의 두 원천』의 도덕론은 『시론』과 『물질과 기억』의 동시대인들이 예견할 수 있었던 것이 전혀 아니다. 『물질과 기억』은 『창조적 진화』에 대해 아무것도 알 수 없었듯이 말이다. 그러나 마치 우리가 진화한 베르그송주의의 후배들인 것처럼, 학설의 목적성은 우리에게 아주 자연적이고 거의 유기체적인 것으로 나타난다. 상층사상가들은 베르그송주의가 지혜에 결코 이르지 못할 것이라고 얕본다.[4] 상층사상가들이 체념하고 받아들여만 했던 것이 있는데, 아킬레스가 거북이를 따라잡는 시합을 그들은 예전에 했었다는 점이다. 마찬가지로 그들이 베르그송주의의 도덕론을 사정권 밖에 있는 일종의 아마추어 애호주의라고 이미 단죄했는데, 그의 도덕론은 그들의 예견을 벗어났고, 그리고 난제들에 대해 달리 당황하지 않고서 영웅주의에 호소하여 완성되었다.

이제 베르그송주의에는 더 많은 반명제가, 즉 두 가지 도덕의 반명제와 두 가지 종교의 반명제가 있다. 많은 위대한 철학들처럼, 즉 데카르트의 철학과 칸트의 철학처럼, 베르그송의 진행방식은 비판 방식une Critique이며, 다시 말하면 **분리** 방식une séparation이다. "비판적" 정신을 갖는 것, 그것은 상식이 혼합해 놓은 거기에서 우리에게 분해하도록 허락하는 분간의 어떤 선물을 소유하는 것이 아닌가? 또한 그것은 그 자체들일 뿐인 존재들을, 다시 말하면 다른 어떠한 것도 섞여 있지 않은 존재들을 탐구하는 것이 아닌가? 이처럼 데카르트는 명석 판명한 관념들의 방법에 의해서 불순한 것들을 분해하고, 아리스토텔레스주의의 자연학으로 혼합된 혼란들을 분해한다. 파스칼과 더불어 그는 물체적인 사물들을 정신적으로, 그리고 정신적인 것들을 물체적으로 말하는 자들에게 등을 돌린다.

---

4. Gustave Rodrigues, *Bergsonisme et moralité* (1922).

베르그송은 데카르트처럼 단순한 본성들을 탐구하며,『시론』에서 공간과 지속을,『물질과 기억』에서 순수 지각과 순수 추억을,『창조적 진화』에서 지성과 본능을 대립시킨다. 만일 사람들이 제논의 난제들에서만큼이나 아인슈타인의 환상들에서, 또한 관념연합론의 잡종개념들에서만큼이나 페히너의 로그함수에서 빠져나오고자 원한다면, 양을 양적으로 질을 질적으로 사유해야 한다. 그럼에도 불구하고 화학은 내가 숨 쉬는 공기를 조합한 혼합물이라고 가르쳐 봐야 소용이 없다. 나는 산소도 질소도 분리해서 숨 쉬지 않는다. 그리고 마찬가지로 추억과 감각된 것은 지각 속에서 분해할 수 없을 정도로 연합되어 있다. 두 도덕과 두 종교를 분리한 이후에, 따라서 베르그송은 어떻게 신비주의가 종파의 독단 속에 구현되었는지를, 어떻게 사회적 책무가 자비[자애慈愛]와 사랑으로 증발했는지를 제시해야만 할 것이다.

제1절 갑작스러움

따라서 여기에 베르그송 윤리학의 중심 주제들이 있다. 도시의 도덕인 "정태적" 도덕과 "역동적" 도덕 사이에서, 가능한 협약도, 어떠한 타협도 없다. 규칙적인 아름다운 단계들을 좋아하는 상식은 가족적인 사랑과 애국주의로부터 점진적으로 인류의 사랑으로 추상화하고자 한다. 만일 그것이 관념론적이라면, 마치 지각을 추억으로부터 추출하고자 원했으리라, 만일 그것이 유물론적이라면, 추억이 지각의 증가하는 피로로부터 생겨나는 것을 보고자 원했으리라. 아무것도 표본적인 '점점 세계'를 중단하게 하지 못할 것이다. '점점 세계'의 끝에서 우리는 인간의식의 모든 가장 아름다운 덕목들을, 즉 헌신, 자비(자애), 영웅주의를 재발견할 것이다. 거기에서 이것은 경험론자의 착각이며, 기계론자인 제작자의 착각이다. 이 착각은 요소 그 자체에 의해 다양하게 되어 있었던 다소 단순한 요소를 ─변형된 감각, "신경 충격" 또는 잘 이해된 이기주의─ 가지고 우주 전체를 구축하기를 즐긴다. 사람들은 단선적인 진화론에서, 그리고 직선적인 완전함을 이룬 모든 관념들에서, 어려움 없이 이 자연의 [경험적이고 제작적인] 편견을 고발했을 것이다. 그러한 [절대적 대 역동적] 대칭은 도덕적으로 경제적일 뿐만 아니라 또한 확신에 차 있을 것이다. [이 대칭에서 편견은] 작은 함량들[분량들]에 의해서 가정적이고 조합적인 연대성을 더욱 크게 하여 폭을 넓히고, 그리고 굉장히 넓은 폭의 끝에 가서 자애를… 얻는다는 것이다. 이기주의에서 이런 횡재가 있다니! 이제 결국 이 단체의 조화롭게 된 덕목과 이익[관심]도 있다. 집단적 이익에 관한 한, 공리주의자들은 대체든지 이전이든지 모든 종류의 가설상, 집단적 이익이 개인적 이익과 일치한다는 것을 증명하기를 즐긴다. 베르그송의 비판에 이 추신追伸을 걱정 없이 덧붙여 보자. 만일 가정에서 선한 시민이 인류를 사랑하기를 배운다면5, 또는 만일 그가 종족에서 조국으로 연속적으로 이행한다면 왜 자신을 사랑하면서 그가 자기 가족을 사랑하는 것은 배우지 않을 것인가? 차곡차곡 겹쳐진 모든 원들의 중심에는 분명하게 자아가 있다. 이 자아는 무한히 작은 원이며 거의 점과 같은 것이다. 따라서 자애는 마치 이기주의의 최상급처럼 나타나리라! 본성상 차이들 속에는6 주지주의의 값비싼 습관들을 혼란하게 하는, 그리고 측량사에게 공통 척도에 따라서 사물을 측정하기를 가로막는, 피곤하고 불안한 어떤 것이 있다. 또한 측량사는 개념들의 점진적이며 아름다운 연발을 중단시키는 "질적인 도약"의 공포증을 지닌다. 단순주의자의 점진적 단계들의 취향은 우리가 이미 불러냈던 두 가지 착각에 의해 전개되었고 유지되었다. 하나는 **회고성의 착각**이며 다른 하나는 대상과 섞인 영혼 상태의 **온혼동**Confusion이다. 다른 곳에서 우리는 전자에 관하여 강조했으며, 그리고 처음으로7 베르그송은 여기서 착각이 자신의 고유한 학설 속에서 행하는 역할을 의식한다는 것을 주목해야만 한다. 이 착각의 뿌리란, 현재를 과거로 소급하는 능력le pouvoir rétroactif이다. 사람들은 일종의 회고

---

5. Hermann Cohen, *Ethik des reinen Willens*, 1904(수정판 1907), p. 557 : 국가는 가족의 확장이 아니다. 그러나 그것은 독창적인 총체성이다.

6. EC 207. 참조 : Kierkegaard, *Le concept d'angoisse*, trad. Tisseau, pp. 69, 72, 79 [키에르케고어, 『불안의 개념 / 죽음에 이르는 병』].

7. "전미래"에 관하여, MR 72, 313. "차후에"와 "소급적으로"에 관하여, MR 71~73, 78, 80, 189, 229, 231, 240, 313~314, 328. "요소들"과 부분들에 관하여, MR 109, 313. 참조 : MR 70~72. 참조 : 사유의 "소급적", "회고적", "퇴행적" 운동에 관하여, PM 「서문」(1부). 이 글은 1934년에 쓰여졌고 'Le possible et le réel'은 1930년의 글이다.

제5장 영웅주의와 성스러움 **245**

적 예견에 의하여 가능적인 것을 거꾸로 재구성하기 위하여 "전미래"에 위치한다. 예지작용은 차후에 운동의, 정의의, 의욕의 표본적 이미지를 얻는데, 실재적인 것은 쪼가리들에 의해 이상적인 것을 갉아먹고[8], 또는 베르그송도 또한 말했듯이 실재적인 것은 이데아 뒤에서 달려간다. 요소들로부터 출발하는 이 재구성을 사람들은 스칼라양의 점진적 단계들에 대한 점묘파적이고 원자론적인 광기(조증)에서 재발견한다. 회고적으로 모든 것이 설명되며, 애국주의는 자기-이타주의자를 총체적 헌신의 길로 가게 해야만 한다. 이는 마치 안녕[잘 삶]이 우리를 사치의 길로 가게 하는 것과 같다. 따라서 자기배려만의 몰취향은 최소한의 사랑이며, 사람들은 친구를 다른 **자아자체**autre moi-même로 만드는 아리스토텔레스의 실체주의와 함께 어려움 없이 새로이 관계를 맺는다. 다른 **자아**Allos autos의 논리는 모든 초자연성을 몰아냈다.

다른 한편, 이 광기[조증]은 물리적[신체적] 기반과 더불어 영혼 상태의 혼동에 근거한다.[9] 자극이 양적으로 커나가는 것으로부터, 페히너는 감각 또한 커나간다고 결론 내렸다. 왜냐하면 진동[파장] 물리학은 파동의 길이[주파수]들을 목록으로 작성하기 때문이다. 뗀과 스펜서는 후회하지 않고 이 불연속, 근본적 이질성, 감각적 성질의 환원 불가능성을 무시했다. 그런데 왜냐하면 민족은 거대한 가정과 닮았기 때문에, 사람들은 인류를 가능한 한 가장 큰 민족으로 취급할 것이다 … 따라서 세계시민주의자는 애국주의의 모든 기록들을 쳐부술 것이다. 그럼에도 불구하고 인간 사회가 다른 [동물] 사회들처럼 하나의 사회가 아니라는 것을 누가 보지 못하는가? 인류와 민족적이고 가정적인 다양한 집단들 사이에서 이 연관은 전체와 부분의 사이에 연관과 동일한 연관이다. 부분은 다른 부분에 비교되지만, 전체와 비교되는 것은 아니다. 그런데 인류란 정의상으로 전체이다. 따라서 인류를 사랑하기 위하여, "한계"[경계]를 통과하기 위하여, 갑작스러운 결심이, 개종이, 변환이 필요하다. 가정들과 국가들은 서로 대립되면서 서로 무시할 수 없다. 왜냐하면 그것은 유한한 사회들이기 때문이고, 서로는 서로를 거부하기

---

8. MR 79.
9. 참조 : MR 322~323.

때문이다. 그러나 이 무한한 인류는 과연 무엇에 대립될 것인가? 확실히 닫힌 사회 속에서, 즉 민족과 가족에서 사랑이 있다. 그럼에도 불구하고 어떤 사람들을 사랑한다는 것, 적들을 배제하면서 사랑하는 것, 그것은 자비[자애]라는 무한한 사랑을 실천하는 것이 아니다. 따라서 진실한 단절은 동일한 전형의 두 집단체인 가정과 도시 사이에 있는 것이 아니라, 오히려 도시와 인간 종 사이에 있다.[10]

왜냐하면 단절(절단)이 있기 때문이다. 베르그송주의는 도약의 철학보다 더, 변신의 철학보다 더, 거대한 열정의 철학보다 훨씬 더 많은 것으로 있다. 그것은, 당신이 우리에게 이 순수 자비를 ─ 적극적이고 또한 다른 생각 없이 사랑하는 순수 자비를 ─ 만나게 해 줄 당신의 이기주의를 깊이 파고들면서[깊이 연구하기 때문에], 우리들 속에서 강도 있게 당신 자체를 사랑하는 것이 아니다. 마찬가지로 당신이 원하는 만큼 당신의 쾌락을 교묘하게 만들어보고, 긁어도 보고, 속도 파보라 ─ [그래도,] 당신은 쾌락만을 얻을 것이다. 사랑을 발견하기 위하여 처음에, 또 한 번에[11] 사랑이 주어져야만 한다. 정지는 최소한의 운동이 아니다. 운동은 정지의 절정(꼭대기)이 아니다. 이러한 것은 모든 사물에서 진실하다. 그리고 예를 들어 사랑은 우정에 의한 시작이 아니며, 사랑 자체에 의한 시작이다. "당장이거나 또는 결코 아니거나!" 우정과 사랑은 두 개의 완전히 다른 소명에 해당하며, 점점 더 분화한다. 그러나 복합체의 제작자는 어리석은 논리를 가지고, 즉 사랑이 우정의 감정들을 가지고 조금씩 건물을 세우는 것이라고, 또 사람들이 친구가 되는 덕분에 연인이 될 것이라고 믿는 체한다. 그는 생성이 되게 하고 또 미래를 도래하게 하는 불연속성들과 건너뛰기들[12]을 전혀 알고자 하지 않는다. 그럼에도 불구하고 우정의 언어와 사랑의 언어 사이에서 간격을 뛰어넘을 수 없다. 우리는

---

10. MM 속에서도 마찬가지로, 단절이 두뇌와 척수 사이에 있는 것이 아니라, 두뇌와 초(상위)생물적 추억 사이에 있다. [여기서 초(상위)생물적 추억이란 저세상(극락 천국)의 추억이 아니라, 생명 종의 35억 년의 추억을 의미한다. 두뇌 없는 시절도 있었다. ─ 옮긴이]

11. MR 44(tout d'un coup, 갑자기 단 한 번에), 296(d'un seul coup, 일격에 한 번에), 51, 196(en bloc, 일괄하여), 120, 196(globalement, 전반적으로), 238(subitement, 급작스레), 240(à un moment précis, 정해진 어떤 순간에). 참조 : MR 73. [들뢰즈의 『차이와 반복』(1969)이 새로운 반복을 설명하는 데서도 같은 방식으로 설명한다. ─ 옮긴이]

12. MR 28, 73, 119, 120, 132, 146, 196, 208, 229, 291(주석), 296.

그 간격(틈)을 느낄 수 없을 정도의 전이들에 의해서, 또는 다원주의의 "미세변이들"과 유사한 인위성에 의해서 그 간격을 채우려고 시도한다. 왜냐하면 사람들은 개념으로부터 판단을 관통하여 추론으로, 또 감각으로부터 지각을 관통하여 추억으로 갈 수 있기 때문인데, 감정들의 연속적 계보학이 또한 왜 현존하지 않을 것인가? 애석하도다! 처음에 우정에 자리 잡은 자는 도대체 우정만을 발견할 것이다… 정태적 도덕에서 동태적 도덕으로 가기 위해서, 마찬가지로 "다양화"(다수화가 아니라 전환이 필요하다. 우리가 다른 곳에서 그것을 말했듯이 **조바꿈**할 줄 알아야 한다. 앞선 그의 책들 중 어떤 것에서보다 아마도 더욱 분명하게, 베르그송은 여기서 이 이질성들의 근원을 지적했다.[13] 생성의 매 순간에 우리는 완벽한 조합들만을, 완전한 유기체들만을, 또는 더 좋게 말하자면 총체성만을 발견한다. 예를 들면 감정들은 미네르바처럼 어른으로 태어난다. 정태적 도덕과 동태적 도덕의 연관은 폐쇄와 개방의 연관과, 또 끌림의 압력과 열망의 연관과 동일한 연관이다. 동태적인 것으로는, 말하자면 운동으로 전환되기 위하여, 통과해야 할 모험적인 변환이 있다. 이 변환, **영혼**의 개방과 유통화는 베르그송에 따르면, 처음에는 [이스라엘] 예언가들 덕분에, 그리고 나서 크리스트교 덕분에 작업되었다.

이리하여 개방된 윤리학은 모든 존재들을 동일한 균일성 아래 징집하는, 또는 개별자들을 동일한 유개념 아래 순화시키는, 모든 종적 경험으로 유일한 법칙의 개별화 경우를 만드는, 소위 말해서 요소들을 범주들 속에서 계열로 만드는, 공통분모의 광기(조증)에 대하여 거짓으로 기록된다. "연속주의"와 "연속화주의"가 (삶과 죽음 사이에, 인간과 신 사이에) 느낄 수 없을 정도의 추이들과 전이들을 다양화(다수화)하는 거기에서, 생명도약l'élan vital의 철학은 불연속적 뛰어넘기 le saut와 위험한 급등le bond의 관념에 연결되어 있는 것으로 보인다. 또한 베르그송주의의 연속성은 키르케고르의 불연속성과 결코 이웃하지 않는다. 이제 사람

---

13. MR 229 ; MR 132와 240. 변형작업들은 다른 한순간이라기보다 그 한순간에 조작(작업)되어야만 한다. 참조 : MR 301(만화경). [이질성의 계보로는 고르기아스(카이로스), 소크라테스(다이모니아), 플라톤(아낭케), 스토아(자연 섭리), 플로티노스(일자), 브루노(무한), 스피노자(자연), 루소(자기애), 베르그송(지속), 들뢰즈(다양체) 등이 있다. ─ 옮긴이]

들은 어떻게 제임스가 유동과 **결단**(의식의 깊은 **중첩**)을, 타동사적인 것과 실사적인 것, 베르그송에게서 전념과 르누비에게서 충실성을 조화시킬 수 있는지를 더 잘 안다. 왜냐하면 만일『시론』과「변화의 지각」(PM)[14]이 무엇보다도 간격에 관하여, 지속의 불가분의 덩어리들에 관하여, 그리고 플라톤의『필레보스』편에 따르면 현재의 불가분의 한계를 두께 있게 하고, 순간적인 **지금**Nunc의 주위에 빛을 발하고 있는, 기억흔적의 과거와 예상참여의 미래에 관하여 명상했다면,『도덕과 종교의 두 원천』은 처음으로 점으로 된 순간과, 재능 있는 새로움의 원리인 이런 출현(창발)cette émergence과의 매개 작업이기 때문이다. 키르케고르가 헤겔의 논리적 내재주의를 거부했듯이, 또한 베르그송은 메가라학파의 소피즘에 반대하여, 그리고 시작의 불가사의와 **처음** 한 번의 불가사의를 요술로 감추고 있는 누적적 연쇄에 반대하여, 예방법을 우리에게 제공한다. 기회[경우]의 솟아남, 알맞은 때Kaïros [15]의 명백함은 이제부터 사실에 덮친 기습이기를 요구한다.

제2절 닫힘[폐쇄]와 열림[개방]

동태적 의향은 갑자기 솟아나는데, 어떻게 정태적 도덕과 종교가 구성되는가? 그 철학자[베르그송]의 분석은 여기서 대부분 내성적으로 남아 있다는 것을 주목해야 한다. 베르그송은 항상 획득형질의 유전성을 인정하기를 거부했다.[16] 문명화된 우리의 오만이 원시적인 것과 근본적으로 우리가 동일하다는 것을 인정하는 데에는 분명히 고통이 따른다(상당한 대가를 치른다). 그럼에도 불구하고, 우리가 우리 스스로 근본적인 의식을 찾고 있는 것은 사실이다. 사회적이고 도덕적인 경찰에 의해 억제되어 있는 이 근본적인 의식의 진화를 우리가 따르기

---

14. PM 168. 참조 : ES 5~6, 30.

15. [옮긴이] 베르그송은 "고대철학 강의"(1894~1895)에서 "고르기아스의" 카이로스를 "심리(영혼)적으로" 해석한다.

16. MR 24, 83, 106~107, 132~133, 167~168, 289~290, 291, 321. 참조 : EC 82~92. 단순화된 의식의 억제에 관하여, MR 293, 331, [293 Refoulée, 331 courbée ─ 옮긴이] 그리고 MR 168 : "… 자연적인 것은 마치 밤에 움직이지 않는 별처럼 다시 나타난다."

를 바란다. 벌집에서 또는 개미집에서 개체를 종에게 종속시키는 것은 본능에 의해 자동적으로 안심이 된다. "의무"le devoir에 복종하기 위하여, 스스로 가게 내버려 두어야 할 것이 있다. 맹목적으로 집단에 스스로를 헌신하면서, 따라서 개체는 최소한의 저항의 선[길]을 따라가며, 그 개체는 게을러서 무관심하게 되어 있다. 마찬가지로 닫힌 사회에서 자기 의무를 행하는 것은 쉽고, 그 의무에서 벗어나는 것은 어렵고 용기가 필요하다. 그러나 지성은 호기심과 경솔함의 발동으로 종의 안위를 위해 족쇄를 채우기를 늦추지 않는다. 문명화된 자에게서 죽음의 근심을 전개하면서, 개체의 이기주의를 선호하면서, 지성의 오류 자체에 의해, 결국에는 문제들을 제기하는 지성의 무한한 성향에 의해 살해 기술들을 후원하면서, 지성은 자신이 따라야 했던 생명에 대해 **변증법적으로** 등을 돌린다. 따라서 개체는 자기 의무에 저항하러 간다. 이 저항에 저항하기 위하여, 인간들은 도덕적 온책무l'Obligation를 발명했다. 닫힌 책무로서 책무는 제거했던 것을 제거한다. 사람들은 그것을 헤겔의 언어로 **부정의 부정**이라고 부를 수 있을 것이다. 따라서 책무는 지성이 만들었던 것을 해체한다. 책무는 우회로를 통하여 본능이 안심하기에 충분해야 했을 응집을 회복한다. 이것은 "찬성에서 반대로의 일종의 전복"이다. 게다가 닫힌 책무 안에는, 그 책무가 매우 엷은 것이라 할지라도, 오히려 안전을 보장하는 부르주아적인 시간 엄수의 원리가 있다. 부정은 폭력적인 것도 모험적인 것도 전혀 아니다. 그 부정은 우리들 가운데서 공무원과 선한 시민의 고요한 덕목들을 번성하게 한다. 여기서 우리는, 어떻게 물질 그 자체가 베르그송에 따르면 모든 이항대립들이 중성화되는 무화된 의식에 환원되는지를 상기해야만 하는가? 또 어떻게 우리 두뇌가 습관들에 습관들을 대립시키면서 우리가 결정적으로 스스로 자유롭게 되는 데 쓰이는지를 상기해야만 하는가?[17] 비난하기를 좋아하는 지성과 우리의 의무 사이에 일종의 시민전쟁을 제도화하면서, 이렇게 우리의 닫힌도덕을 만든다. 부르주아가 열정의 가면을 쓰고 있으면, 닫힌도덕은 우리들의 휴식에, 우리들의 핑계에, 우리들의 안락에 유리하다. 그 도덕은 우리들

---

17. MR 52, 57 (특히 저항의 간섭에 관하여), 134 (지성에 대립된 지성). MM 245, 263, 278 ; EC 195, 199, 287.

에게 "교환조건"의 법칙인 산술적 정의의 이상理想을 제안한다. 결국 그 도덕은 추위에 떨면서 촌스러운 완전함들의 행렬에, 즉 그 도덕이 모든 선한 의지들의 범위 안에 두는 평균적 덕목들에 둘러싸여 있게 된다.

닫힌 종교는 아주 비슷한 방식으로 생겨난다. 마치 자기의 조심성 없는 호기심에 대항하는 것처럼. 지성은 이기적 반성의 힘의 강요로 집단의 응집을 **위태롭게 할** 뿐만 아니라, 지성은 또한 죽음의 필연성을 그려보면서 삶(생명)의 신뢰를, 또 우리의 [삶의] 계획들을 처음과 끝을 점점 더 멀게 함으로서 행동의 신념을, 흔들어 놓는다. 이 이중 위험에 반대하여, 자연[본성]은 스스로를 방어해야만 한다. 자연은 도덕적 책무들처럼 본능의 대용품인 의례들(관례들)과 신화들을 자극한다. 지혜의 시초, 그것은 지성의 힘으로 본능을 넘어서는 것이다. 그러나 지혜의 끝, 그것은 본능으로 되돌아가는 것, ‑ 또는 정태적 도덕처럼, 이렇게 말하자면, 지성에 의한 본능의 모방인 의무의 습관을 창조하면서이든지, 정태적 종교처럼, 우화의 작업을 불러일으키면서이든지 간에 ‑ 즉, 본능을 부정했던 것[그 무엇]을 부정하는 것이다. 그러나 가장 이상야릇한 것은 치료제가 지성 자체로부터 온다는 점인데, 그지성의 소동을 억누르는 것이 문제이다. [그런데] 사회적 본능을 모방하는 것이 지성이다 : 자기(지성)의 미신에 의해서 모자라는[결함 있는] 경험을 모방하는 것도 또한 지성이다. 이로부터 모든 허구의 체계가 나온다. 이 허구체계는 진실한 지각을 속이고 또 자기의 내적 논리도 갖는다.[18] 꿈처럼, 본능처럼, 정신착란(광기)처럼, 신화는 본성상(자연적으로) 어떤 논리적 잔인함에 사로잡히고, 또 환상들의 증식을 좋아하는 부조리 속에서 일종의 일관성을 갖는다. 이 부조리한 논리(게다가 이것은 "원시적 심성"이 아닌데, 그것은 아직도 우리 자신의 심성이기 때문이다)는 지각된 사실들 대신에 상상된 사실들을, 즉 환각적 표상들을 대체한다. 생각의 출발점은 아무것도 사실보다 더 나은 것이 없다는 것이다. 지각되었고 또는 지각할 수 있는 것만이[19], 실재적이고 또는 가능적인 경험에서 주어진 것만이 현

---

18. MR 144, 216.
19. MR 255. 그리고 DS vi, 66, 88, 97, 99, 104. 경험 일반에 관하여 : MR 51, 247, 255~256, 263, 265~266, 280.

존한다. 신의 어떤 것을 알기 위하여 신의 현재화를 경험했던 신비주의자들에게 베르그송이 상의할 때, 그는 처음으로 이 상위[고등] 실증주의를 실천하였다. 베르그송은 그 자신이, 톨스토이와 동일한 용어들로, 그 인간들[신비가들]이 말하는 것이 아니라, 행하는 것을 고려해야만 한다고 자주 그리고 거의 그렇게 말하지 않았는가?[20] 경험만 진지한 증인이다. 경험만이 **효과인**effective이다. 경험이 침묵하는 거기에서, 우리는 지각의 빈 것들을 대체하는 상상적 경험을 취급하기 위하여 스스로를 정돈한다. 우리는 이렇게 착각한 우주에, 그리고 잴 수 없을 정도로 풍부한 우주에 둘러싸여 있게 된다. 이 우주 덕분에 의식은 평범한 세계로부터 벗어난다. 예를 들면, 죽음을 감당할 수 없다는 생각에[21] 대립하여, 필연적 귀결로서 잔존의 이미지를, 즉 **정령주의**l'Animisme를 해독제처럼 만든다. 너무나 지성적인 지성의 요행들les aléas [hasards]을 중성화하기 위하여, 그 인간들은 그들 자신들에게 메커니즘의 신비적 모조물인 **마법**을 제공한다. 지성은 위험을 좋아한다. 지성은 점점 더 복잡한 기계들을 조립하고, 사람들이 결코 도달하지 못할 정도로 점점 더 많은 기획들 속에서 모험하게 된다. 왜냐하면 두 마리의 토끼를 쫓는 자는 한 마리도 못 잡기 때문이다. 지성은 멀리 또 크게 본다. 그러나 지성은 무한한 만큼이나 많은 오류도 범할 수 있다. 담론들과 매개들의 여정이 길어짐에 따라, 길을 잃어버릴 기회들은 증가하도다! 데카르트의 직관은, 이 지적인 여정을 축약하기 위하여 그리고 기억의 함정들과 담론의 빈 곳들을 밝히기 위하여, 정확하게 만들어졌다는 것을 상기하자. 따라서 통찰의 강요로 상실되었던 원초적[원시적] 지성은 그 자체의 도움으로 몇몇 마술적 권능들[잠재력]을 부르러 갈 것이다. 이 권능들 덕분에 지성은 쉽게 여분을 채울 것이고, 지성을 목표로부터 분리했던 간격을 삼켜버릴 것이다. 이리하여 인간들의 상상 속에서 조금 조금씩 분명

---

20. MR 26, 149, 172, 193.
21. MR 136~137. 게오르그 짐멜은 자신의 『죽음의 형이상학』(*Métaphysique de la mort*)에서 어떻게 우리가 절대적으로 "… 이기 때문에"(ὅτι, because)로 확실한지, 절대적으로 "… 할 때마다"(ὅταν, whenever)로 불확실한지를 제시한다. [『죽음의 형이상학』(*Métaphysique de la mort*)이란 저작은 찾을 수 없고, 단지 『생의 직관: 네 가지 형이상학적 사안(장)』(*Lebensanschauung. Vier metaphysische Kapitel*, 1918)만 찾을 수 있을 뿐이다. — 옮긴이]

하게 그려졌던 형상들에서 인격적 신들이 잘려 나갔다. 누군가가 가담하여 상기했던 초기의 마술적 권능들은 사물도 인격도 아니었다. 이 애매한 표상들 대신에, 이 신화적인 "효능 있는 출현들"(신화의 신들의 출현) 대신에, 곧바로 이름과 신체와 속성들을 지닌 운동성 있는 모습들[정령들(나르시스), 영혼들(페르세포네), 신들(제우스, 데메테르 등등)]로 대체된다. 정태적 종교가 태어났다.

열린 도덕과 열린 종교는 전혀 다른 소명을 갖는다. 이제까지 우리는 자비[자애], 영웅주의, 사랑을 닮았던 아무것도 만나지 못했고, 부조리하고 무용한 이 모든 덕목들을 닮았던 것도 만나지 못했다. 그런데 이 부조리하고 무용한 덕목들 없이는 생명은 모든 가치를 상실했을 것이다. 닫힌도덕은 평형성과 상호성의 모든 상업적 관념에 기초하여 있으며, 이 도덕은 그 자리에서 미친 듯이 날뛰며 맴돌고 있다. 다른 곳에서[22] 베르그송은 어떻게 이 현기증 나는 자전운동이 그 자체들로 구성된 상반된 두 운동으로부터 결과되었는지를 제시하였다. 운동을 앞으로 나르는 **도약**과 매 순간에 운동을 둔하게 하는 **물질** 사이에서 자리 잡은 그 [생명] 종은 중간을 채택하며 둥글게 돈다. 따라서 순환하는 도덕에는 진보의 원리가 있으나, 이 원리는 움직이지 않고 아래로 잠겨 있으며, 매 순간 우리 심장의 도약은 짧은 축의 회전을 한다. 매 순간 회전은 갇혀 있으며, 따로 있었던 열정들이 이것을 이제 막 반쯤 열어 놓았다. 이 닫힌도덕의 원을 크리스트교가 부숴버렸다. 마치 두뇌 쓰기la cérébration가, 우리의 무한한 자유를 반사 작용에 개입시키면서,[신경]반사의 순환을 부숴버렸듯이 말이다. 역동적 도덕은 결정적 서식에 맞게 복종을 우리에게 더 이상 권장하지 않는다. 왜냐하면 그 도덕은 쉬지 않고 그 자체를 넘어서기 때문이다. 또, 왜냐하면 그 도덕은 모든 형식들 저 너머에 있기 때문이고, 그리고 또 그것의 무한한 근심 걱정은 그 도덕을 모든 법률들보다 더 멀리 옮겨놓기 때문이다. 따라서 당신은 그 도덕에게 행해야 할 것이 **무엇인지**를 묻지 마라. 그 대신에 그 운동의 어떠한 점에서 운동성이 있는지를 물어보라! 마치 운동성처럼 또는 자유처럼, 그 덕목(탁월성)은 몸짓[실행] 속에 있다. 자애[자

---

22. EC 139, 292. MR 34, 55, 74, 196, 210, 221, 243, 273.

비는 종종 초기의 운동un prmier mouvement이며 심장의 도약인 "선한 운동"bon mouve-
ment이 아닌가? 이것이 베르그송이, 아마도 그의 책의 정상이 될 한쪽 [면] 속에서
탁월하게 제시한 것이다.23 만일 사람들이 그의 격률의 의도를 고려한다면, 역동
적 도덕의 역설들과 보순들은 사라질 것이다. 그 의도는 "영혼의 상태가 유도한"
것이다. "부자가 자신의 부를 포기해야 하는 것은 가난한 자를 위한 것이 아니라
자기 자신을 위한 것이다 : 마음이 가난한 자 복이 있도다!" 이렇게 운동과 답보된
[지나간] 정거장들을 뒤섞지 않는 자는 누구에게나 엘레아의 난제들은 해소된다.
선한 운동은, 운동이 그렇지 않듯이, 일련의 정거장들에 귀착되지 않는다. 열린 종
교는 [선한 운동을 닮아가는 듯이] 모두 닮았다. 사람들은 이런 기호에 맞는 진실한
신비가를 인정한다. 그 신비가는 임시적이고 어느 정도 상징적인 가치를 자기의
고유한 황홀경들ses propres extases에게 일치시키고자 한다. 법열法悅, le ravissement은
그리스인들에게서처럼 신비가에게 종착점이 있는 것이 아니라, 오히려 전이轉移이
며, 즉 넘어서야 할 어떤 것이다. 여기에서 베르그송주의를 완성해 보자. 『폴리테
이아』의 변증법론자, [『향연』에 등장하는] 디오티마, 플로티노스 등은, 마치 장 들
라 크르와처럼, 보다 더 멀리, 보다 더 높이, 그리고 저 너머로 뛰어넘기 위하여 항
상 도약하였다. 역동적 도덕과 역동적 종교는 우리에게 안녕을 가져다주는 것이
아니라 **환희**를 가져다준다. 그리고 우리의 부르주아 덕목들의 안보 안에서, 우리
를 잠재우고 있는 부드럽고 이기적인 안락함을 주는 것이 아니라, 신비가들의 모
험이 있는 **열정**을 준다.

제3절 베르그송의 극단론

어떤 의미에서 『도덕과 종교의 두 원천』은 『창조적 진화』를 넘어서 『시론』
과 다시 관계를 맺게 하는 것 같다. 베르그송의 생물학은 베르그송의 심리학을
부인한 것 같지는 않다. 그럼에도 불구하고 그 생물학은 생성을 우주적 차원에

---

23. MR 57~58. 의도에 관하여, MR 99. 미분 계산에 관하여, MR 58, 188 ; PM 214~215 ; 그리고 EC
   4장.

서 제공했으며,『시론』의 "예술 애호가"는 그 자체 내부에서 생성을 발견했었다. 사실상 생의 도약은 쇼펜하우어의 의지처럼 "종의 천재[재능]"이, 다시 말하면 형이상학적 작중인물이 아니었다. 그럼에도 진화는 거대한 판형[규모]로 된 지속이며, 종의 형이상학적 지속이며, 개체는 시대의 깊이에서 받아들인 충력을 전달하는 데 그친다. 연속적인 세대형성을 통하여 생의 도약은 우리들 각각 속에서 수백 년 단위의 도안들을 성찰한다. 그것을 분명하게 말하자 (왜냐하면 요컨대 거기에서 그것은 모순은 아니기 때문이다) : 그런데『두 원천』안에는 변화된 어떤 것이 있다. 또는 어떻게 사람들이 충분히 예기치 못한 이 역할을 설명할 것인가? 베르그송은 순환 도덕의 깨뜨림에서, 위대한 개체성들에게, "초인들"에게, 영웅들에게, 성자들에게 이 역할을 부여한다.『물질과 기억』속에서 순수 추억들은 날짜가 있고, 풍경 같으면서도 개별적인 것과 마찬가지로, 또한『두 원천』의 신비주의는 인격을 구별해낸다. 그리고 반대로 정태적 책무는 습관-기억과 마찬가지로 비인격적이다.『시론』과『웃음』이 그 사회를 알아챘던 것은 문법과 공간의 우상들을 사회에 전가하기 위해서였다. 이 문법과 공간은 살아있는 우리 자아를 우리에게 빠져나가게 한다.『두 원천』의 베르그송주의는 사회도 사회학도 무시하지 않는다.[24] 그러나 만일 베르그송주의가 이 양자(사회와 사회학)에게 도덕적 책무의 발생에서 그런 중요성을 부여했다면, 그것은 그 양자에게서 영웅주의와 사랑을 추출하기 위해서였다. 마찬가지로『물질과 기억』은 두뇌의 사유를 해방시키기 위해서만 주지주의적 관점 대신 생물학적 관점을 대체했다. 베르그송은 이 천재들 중에서 매우 고상한 하나의 생각을 만들지 않았는데, 이 천재들이란 그들 자신만이, 키르케고르가『고뇌의 개념』에서 말하듯이, 새로운 종을 대표하며 사회적으로 구태의연한 일상들을 뒤엎고 혹평하는 자들이다. 여기서부터 점점 더 드라마틱하고 인격주의적인 특성이, 그리고 기꺼이 베르그송 진화론의 인간형태주의적인 특성이 나온다. 확실히 거기에서 우리는 오랜 시간 이래로 불연속적인 돌연변이[전환]들이 행한 그 역할을 수상히 여겼다. 그러나 우리는 어떤 점에

24. MR 7, 108, 121.

서 이 전환들이 개인적 창도력(주도권)에 의존하는지를 알지 못했다. 파국 없이는, 변환법 없이는, 모험 없이는 진실한 변화도 없다. 왜냐하면, 어떤 순간에 새로움이 선언되는가? 그리고 왜, 다른 그런 순간이 아니라 오히려*plutôt que* 그러한 순간인가?[25] 라이프니츠의 목적론처럼, 베르그송은 보다 오히려*le Potius quam*를 설명하고자 원했다. 기계론자들과 원자론자들은 단지 아주 중대한 우연한 일치들에 의해서만 그것(오히려)의 충분 이유율을 제공했다. 당신의 "느낄 수 없을 정도의 전이들" 중에서 어떤 점에서 당신은 변화의 문턱(분기점)을 할당할 것인가? 그러나 결정적 변화들 중에는 불가능한 해결을 가정하면서 의지가 변화의 창도력을 할당한 그 변화들이 있다.[26] 신비주의는 위대한 개인적 표본의 열기와 빛 발산 없이 있지 않을 것이다. 영웅주의는 영웅주의를 부른다. 초인의 주위에 나도 모를 어떤 자기장이 그리고 어떤 "아우라"*quelle aura*가, 즉 거역할 수 없을 정도로 경배를 불러일으키는 어떤 신비적 아우라가 있다. 초인들로부터 모든 도덕의 전기성[자기장]처럼 사랑의 전념이 퍼질 것이다. 그 인격만이 사랑받고 모방 받을 만할 뿐만 아니라, 또한 수많은 인간적 감정들이 그것들의 기원에서 개별적인 발명을 가질 것이다. 그 감정들은, 이런 또는 저런 날에, 이런 또는 저런 책에서, 값진 감동을 풍부하게 하면서, 드뷔시처럼 보이지 않은 화음들과 길이 없는 일치들을 발견하면서, 결국에는 영혼의 에테르가 지나간 모든 불가사의한 파장[진동]들을 사로잡으면서, 세기에 한번 인간의 감성을 새롭게 하는 이 창조물들 중의 하나에서, 태어난다. 어떤 이의 발견물들만이 있으며, 이것들이 위대하고, 효과적이고 고양하는 것이다. 온음 음계 전체, 드뷔시의 일곱째와 아홉째 평행화음, 포레의 조바꿈은 집단적인 현상으로부터 온 것이 아니라, 아름다운 날[27]을 — 즉 모든 종류의 새로운 환희가 귀에도 정신에도 다가오기 시작하는 행복한 날을! — 나타내었던 발명들로부터 온 것이다. 베르그송은 서사시나 우화집이 필연적으로 집단적이고 익명적인 기원이라는 것을 아마도 인정하기를 거부했다. 왜냐하면, 개별적 의지들의

---

25. MR 132.
26. MR 78. 성자들의 자유에 관하여, MR 248.
27. 참조 : Proust, *À l'ombre des jeunes filles en fleurs*, 1918, I, p. 115.

불가사의를 설명하는 것이 중요할 때, "인문주의자"라는 것을 너무 부끄러워할 필요가 없기 때문이다.

인문주의자로서 베르그송의 이론은 또한 감동주의자émotioniste로서 이론이라 말할 수 있다. 그리고 그 이론을 뉴먼John Henry Newman의 신앙주의에 비교하는 것은 아마도 이론을 왜곡하는 것은 아닐까? 어떻게 순수관념이 도대체 행동으로 주어질 것인가? 어떻게 몇 개념들과 다른 개념을 어떤 한 개념으로부터 끌어낼 것인가? 운동이 이미 거기에 포함되어 있지 않다면, 당신들의 추상화 작업들이 그 작업 자체적으로 운동으로 싹트지 못할 것이다. 그러나 그때에 당신들은 속임수를 쓴다. 그리고 약간의 감동과 더불어 지성을 비옥하게 한 후에, 당신들이 감동을 지성으로부터 끌어낸다는 것은 놀랍지 않다. 당신이 거기에다가 설치한 것만을 당신은 거기에서 재발견할 것이다. 셸링이 헤겔을 비난하듯이, 베르그송은 주지주의에게 기꺼이 반대할 것이다. 우선 "개념적인 것" 안에 자리 잡고 있는 자들은 기괴하게 그것을 팽창하게 해 보아야, 그것을 부풀게 해 보아야 소용없다. 이들은 개념적인 것만을 발견할 것이다. 그리고 나서 우리는 예지와 본능 사이에서 『창조적 진화』가 만든 차이를 상기하자. 예지는 "가설적"이며, 연관들의 성립에서 특수화되어 있다. 세계에서 예지가 결코 설명될 수 없으리라는 것, 그것은 우리가 한마디로 특혜la Préférence를, 달리 말하면 다른 가능한 것들 가운데 선택되고 수집된 가능한 것의 효과적인 선출을, 불러올 수 있다는 것이다. 라이프니츠가 말한 것처럼, 왜 이런 가능성은 다른 가능성들보다 선호할 정도로 현존할 것인가? 감동 없이는 목적성도 "충분이유율"도 없다. 감동 없이는 모든 가능한 것들은 무차별적이다. 감동은 우리의 생각[관념]들에 현존한다는 갈망을 부여하는 어떤 것이다.

그리고 또한 바로 이곳을 통하여 베르그송의 가치론l'axiologie이 결단코 베르그송의 생물학과는 구별된다. 『도덕과 종교의 두 원천』의 반명제들과 『창조적 진화론』의 반명제들 사이에, 사람들은 계열 바꾸기[갈아타기]를 관찰한다. 이 계열 바꾸기[갈아타기]는 『시론』의 현재에서 유보되었던 정신성을 『물질과 기억』의 과거 안에서 억제하는 계열 바꾸기에 유사한 것이다. 『창조적 진화』에서 본능은 지성보다 생명에 좀 더 가까이 있다. 달리 말하면, 본능은 직관이 아니다. 오류 불가능하지만 한정된 것으로서 본능은 우리의 지적 기관의 무한한 역량이 아니다. 그리고 다른 한편 지성은 모든 직관의 어쩔 수 없는 서곡이다. 이 모든 것에도 불구하고, 이 두 가지 중에서, 직관에 가장 많이 닮은 한 가지는 황홀하고 침투적이고 무매개적인 본능이다. 본능은 유기체화의 역동주의와 일치한다. 또는 더 좋게 말하자면, 본능은, 물질의 소강상태들을 통하여 생명적인 것에 관해 파악된 생명의 도약 그 자체이다. 반대로『도덕과 종교의 두 원천』에서 본능은 우리에게 보존적이고 순환적이고 가정적인 측면 하에서 제공된다. 우리들은 생물학에서는 경제학자들이고 또는 니체주의자들이 됨에 따라, 생명 자체는 우리에게 때로는 유모로서 때로는 정복자로서 나타나지 않는가?『두 원천』의 본능은 자동적으로 벌통의 응집력을 보증한다. 그 본능은 개인의 도약에서보다 종의 맴돌기에서 오히려 볼 수 있게 되어 있다. 반대로 지성은 전적으로 호기심, 발명성, 위기의 취향 등이다. 따라서 지성은 **모험**들을 좋아한다.『두 원천』의 그 베르그송은 "주지주의"[28]를 위해서 예견하지 못한 어떤 부드러움을 스스로 느끼게 되는 것이라기보다, 오히려 그는 다른 곳에서 지성의 매개적 자연을, 억압과 열망 사이에서 항상 중간적인 자연을 보다 분명하게 지적한다. 지성 속에는, 마치 온정신의 자유와 성급함을 알리는 무한한 욕망(근질거림)이 있는 것처럼, 불안의 원리가 있다. 그러나 다른 한편으로 우리 영혼의 이런 불안정성과 역마살(노마드)이 우리를 가장 심각한 위험들로 달려가게 하지 않는가? 지성은 흥을 깨뜨리는 자이다. 지성의 모험 소양증(가려움증)에서 지성은 닫힌 사회의 안락과 안정 자체에 끝내는 타협한다. 이러한 것은 설명에서 장점이다.

지성은 자연의 도안들을 구속하기 위해서가 아니라, 오히려 그 도안들을 후원하기 위하여, 그 도안들을 가장 효과 있게 하기 위하여 이루어져 있다. 이로써 지성은 자연에 반대하여 방향을 바꾼다. 생명의 봉사에 쓰이게 되어야 하는 것이 지성인데, 이 지성은 모든 것을 알고자 원했고, 심지어 지성이 무시해야 했던 가

---

28. MR 27, 36.

장 관심 있는 것도 알고자 원했다. 지성은 해결할 수 없는 문제들을, 죽음의 불가사의와 가장 비밀스러운 모든 사정들을, 해결하는 데 참견하게 된다. 그리고 이점에서, 천사는 지성을 자신의 저주받은 호기심이라 벌을 내리기도 하도다! 거기에는 하나의 역설이 있다. 사람들은 일상적으로 이 역설에 충분한 주의를 기울이지 않는다. 그리고 우리들은 이 역설을, 짐멜 다음으로, 의식의 비극이라 불렀다. 생명의 도약은 생명에게 거짓말을 하는 구조들에 이르렀다. 지성에는 스스로 알아채기에 힘든 결정적인 선택의 자유가 있다. 지속 속에서 종과 공간 안에 있는 집단은, 조롱 섞인 모순에 의해서, 모든 권능들을 주장하기 위하여 집단과 종을 필요로 하는 개체에 상처를 입힌다. 결국 "구성하는" 기억은, 이 기억을 길게 이어가는 "구성된" 기억 안에서 숨을 거둔다. 마치 종에 대해서도 완수된 작동에 관해서도 마찬가지이듯이 지성에 대해서도 마찬가지이다. 생명은 스스로를 완전하게 실현하기 위하여 지성을 신뢰하게 되었다. 그러나 지성은 생명의 희망을 배반했다.[29]

이제부터 여기에 우리들이 있는데, 즉 베르그송에게 자주 행해졌던 이원론의 어리석은 비난에 어느 때보다 더 분명하게 대답하는 정도로 우리들이 있다. **지성과 신비적 직관을 부여한 것도 동일한 생명이다.**[30] 마찬가지로 동일한 도약이 있는데, 그 도약은 자기로 향하면서, 순환적 사회들을 내려놓고, 그리고 공간에 매료된 원을 중단시키고, 영웅주의를 낳는다. 두 가지 실체는 없고, 그러나 유일한 생명(삶)이 있다. 생명은 운동이며 경향성인데, 앞면에서 또는 뒷면에서 시작한다. 따라서 "잘못"le mal은 단지 생명의 어떤 내재적 방향이며, 뒤로 물러서는 유혹이다. 이때부터 사람들은 베르그송이 "이분법"[두 방향론]dichotomie에 의해 무엇을 인정하는지를 이해한다. 이원성la dualité은 없으나 발산la divergence가 있다. 발산의 이미지는 유보한 이원론으로부터 우리가 인정하는 무엇인가를 정확하게 측정한다. 왜냐하면 이 이미지는 한편으로 기원의 공통성을 함축하고 있고, 다른 한편으로 점진적 분열 또는 베르그송이 말한 대로 "이중 열망"을 함축하고 있기 때문

---

29. EC 140 ; DS 107.

30. MR 48, 98, 119, 169, 249, 273.

이다. 본능과 지성은 더 이상 서로 알지 못하는 두 사촌과 같다. 이 둘이 더욱더 잘 지낼수록, 이 둘은 더욱더 분리된다. 그럼에도 불구하고 이 둘은 각각 그들의 언어에서 동일한 유전성을, 동일한 생물학적 주제를 발전하게 한다. 온도약l'Élan 의 주제, 그것은 닫힌도덕에서 또다시 지각할 수 있는 것이다. 본능의 모든 **실증적인 것은 생명으로부터** 온다. 여기서부터 신비학은 이미 마술에 시달리고 있다는 점이, 그리고 사람들은 사회적 책무에서 자비를 압박한다는 점이 나온다. 만일 자비가 사랑에 모호하게 닮지 않는다면, 어떠한 사람도 부르주아 덕목을 믿지 않을 것이다. 만일 시간이 수학의 시간에서 순수지속의 암시를 끌어낸다면, 그것은 마치 어떠한 사람도 수학자들의 시간을 믿지 않는 것과 같을 것이다. 생명의 깊은 아이러니로다! 닫힌도덕은 신뢰를 고취하기 위하여 신비가 행세를 할 필요가 있다. 그리고 만일 물질화하는 성향이 신비주의에까지 따라갔다면, 신비주의 또는 역동주의는 그것들의 편으로부터 보면, 선회하는 도덕을 위하여, 안녕의 마지막 기회들 중의 하나의 기회이다. 이제까지 우리는 특히 베르그송에게서 모방의 부정적이고 기만적인 역할을 지적하고 있다. 지성은 운동을, 지속을, 생명을 흉내낸다. 마찬가지로 잘 이해된 이기주의는 헌신에 닮아가도록 불타오르게 한다. 어떻게 지성이 습관들에 의해 본능을 모방하면서 도시의 도덕을 세우는지를, 환영들에 의해 지각을 모방하면서 정태적 종교를 세우는지를, 우리가 상기해야만 하는가? 이런 모방은 단순한 속임수가 아니라, 마치 『창조적 진화』가 우리들에게 그것을 믿도록 초대하는 것과 같다. 이 모방이 지성보다 오히려 [더 잘] 증빙한다. 그리고 지성의 인위성들 그 자체들은 이것들의 정신적 유전성을 피하지 못한다. 그러한 것이 모리스 라벨이 작곡한《스페인의 한때》L'heure espagnole(1907)의 시계들이거나 또는《우아하고 감상적인 왈츠》Valses nobles et sentimentales(1911)의 말총으로 된 인형들이다. 이 후자의 작품에서 라벨은 부드럽게 인간의 심장을 두근거리게 할 줄 안다. 강철의 또는 도자기의 요정세계들! 도처에서 일종의 착각적 인류애가 각성된다. 이 인류성은 절대적으로 기계적이지 않다. 속물적인 도덕은 일종의 지적인 대용품이며, 그런 점에서 음악가의 자동인형들에 닮았다. 이런 찬탈에서 그 도덕은 살아야만 하고 또 증식해야만 한다. 그 도덕이 약간 있을 뿐이라 할지라도, 그 도덕은 유일하게 사랑에 의해서 약간 있을 뿐이다. 사랑 없는 그 도덕은 아무것도 아닐 것이다. 그것이야말로 악의 선이며, 부정의 긍정이다.

이렇게 말하면, 이원론의 철학의 용어들로 표현되는 것이 베르그송주의에 이르게 될 것이다. 이는 마치 코페르니쿠스 이래로, 지구가 돌고 있다고 할지라도, 태양은 진다고 우리가 말하는 것에 이르게 되는 것과 같다. 가차 없이 냉혹한 명철함으로, 베르그송은 합금들을 적발해 내고, 또는 그가 말한 대로, 반대되는 실재성들 사이에서 서로 작동되는 교환들을 알아챈다. 그러나 베르그송주의의 고유함은 합금은 합금이라는, 구체적인 것은 또한 불순한 것이라는 관점을 결코 잃지 않는다는 것이다. 사상가는 하나의 매우 경이로운 미묘함을 가지고 있어서 결코 정신의 상호침투의 효과이며 감염의 지각할 수 없는 효과들에, 그리고 사랑의 얼굴을 찬탈하도록 사회적 책무에 허락하는 또 기억을 모방하도록 습관에 허락하는 이 "연속적 영향들"[31]에 놀라지 않는다. 우리들은 "심리-생리학적 오류추론"에 관하여, 베르그송의 변증법이 어떤 날카로운 솜씨를 온혼합물의 할당량에 전개했는지를 제시하곤 했다. 거기에 베르그송의 특별한 재능이 있다. 그 재능은 모든 경우들에서 행사되었다. 예를 들어 그 재능은 인격적이지도 비인격적이지도 않은 잡종의 신성들을[32], 그리고 책무와 필연성 사이에, 명령의 법칙과 공언의 법칙 사이에, 사회적인 것과 개인적인 것 사이에, 영혼과 정신 사이에, 압박과 열망 사이에 모호하고 항상 불분명한 개념들을[33] 재발견하는 데 탁월하였다. 이리하여 사랑의 종교는 스스로 보여질 수 있게 하기 위하여 교회의 **뼈대**를 필요로 하며, **거꾸로** 독단은 만일 사랑이 거기에 거주하지 않는다면, 신랄함도 활기도 없이 있을 것이다. 베르그송은 이 혼합들 속에서 결코 자기를 잃지 않고, 복잡을 단순한 것으로 간주하지 않고, 그리고 그는 결코 독창적인 것과 파생적인 것을 혼동하지 않는다. 예를 들어 정의는 어떤 종류의 자비로 혜택을 입는

---

31. MR 18, 참조 MR 182(pêle-mêle [ad. 난잡하게, m. 혼잡]). 다음을 보라 : DI 75, 83, 85, 96, 165, 166, 172, 176. DS 69, 199.

32. MR 130, 187.

33. MR 5, 34, 47, 48, 64, 141, 184, 213.

데, 정의는 자기의 원기, 자기의 열기, 자기의 부풀음을 그 자비에 힘입고 있다. 그리고 그 자만심[허영]la vanité의 바닥에는 언제나 공감이 실려 있다.[34] 그리고 사회성은 또한 이기주의를, 갈망을 빛바래게 하는 영향을 준다. 이러한 것은 갈망이 관대하다고, 치사한 평등을 사랑으로 대체한다고, 말하고자 원하지 않는다. 심지어 우리가 보기에, 그 "극단적인 경우들"은 베르그송의 윤리학에서 이론적 측면으로 나타나지 않듯이 예를 들어 『물질과 기억』에서도 나타나지 않는다. 이리하여 신비주의는 순수추억처럼 한계이기를 멈춘다. 신비주의는 운명이 예정된 몇 영혼들에게 어떤 곳에서 실현되었고, 이 영혼들이 초자연적 메시지의 담지자들로서 창조적 충력의 중심을 재발견하였다. 『두 원천』 이외 어느 곳에서도, 온정신은 이 점에서 투명하고 영광스럽고 무용한 [피와] 살이 될 수 없을 것 같다. 틀림없이 이 시각적 변화에 열정의 원리가, 즉 『두 원천』의 종말론에 앞서서 알려지지 않은 원리가 대응한다. 그리고 이 원리는 여기서 모든 경향성이 그것의 가능성의 끝까지 갈 것이라는 점을 설명한다. 그러한 것이 아마도 매우 새로운 강조의 이유이며, 예견적인 심지어는 유토피아적인 어조의 이유일 것이다. 베르그송은 이것을 『두 원천』에서 용기 있게 채택하였다. 그런데 우리가 어떻게 이 단순성에게 호소를 ― 이 단순성은 여러 측면에서 미슐레, 샤를 푸리에, 장-자크 루소를 상기하게 하는데 ― 설명할 것인가? 『시론』에서 두 가지 단순성들에다가 **풍습의 단순성**이라는 셋째 단순성이 보태진다. 왜냐하면 금욕주의와 외적 세계의 관계는 직관과 유기체적이고 정신적인 실재성들의 관계와 같기 때문이다. 마치 직관이 메커니즘의 무한정한 복잡성을 단번에 흩어버리듯이, 마찬가지로 금욕주의는 너무나 문명화된 메커니즘으로부터 태어난 사치에 목을 죈다. 지적인 유사-문젯거리들은 정신의 사치가 아닌가? 아마도 정신은 온단순성일 뿐이며, 오히려 물질적 재화들을 경멸하고 동시에 영혼의 진실한 풍부함에 주의하는 하나의 단순 유일한 정신이다. 따라서 제논의 모든 난제들을 단번에 삼키는 순수 운동과, 안녕의 풍성한 다수성을 단번에 뛰어넘는 금욕 사이에는 어떠한 차이도 없다. 왜냐하면 직관은

---

34. MR 287. 참조 : MR 320.

정신의 금욕주의이기 때문이다. 그리고 이번에는 금욕주의가 직관일 뿐인데, 즉 우리 영혼으로부터 절식[소식素食]된, 법열이 된, 영속적 훈련이 된 직관이다.

따라서 베르그송의 윤리학은 미적지근한 자들의 용도에 있지 않다. 「묵시록」에서 말하기를 "나는 네가 한 일을 안다. 너는 차지도 않고 뜨겁지도 않다. 네가 차든지 뜨겁든지 하면 좋으련만! 네가 이렇게 미지근하여 뜨겁지도 않고 차지도 않으니, 나는 너를 입에서 뱉어 버리겠다."[35] 『시론』을 가득 채웠던 내적 생명의 숭배는 영웅주의로 대체되었다. 1930년의 활동적이고 미래지향적인 진보주의는 1890년의 과거지향적인 유아론과 내면주의적인 내성론을 보충하였다. 「변화의 지각」[36] 속에서 베르그송은 내적 삶의 멜로디에 의해 우리를 흔들어 재우도록 또다시 우리를 초대한다. 아니 자장가라니, 애석하도다! 위대한 산업의 시대, 폭력의 시대, 급박한 선별의 시대에 말이다! 따라서 『도덕과 종교의 두 원천』에서 비타협성은 극단주의의, 급진주의의, 순수주의의 첨예한 극한에 도달한다. 보다시피, 베르그송은 『창조적 진화』가 매 순간 겉보기에 일치시켰던 여러 양보들을 영원히 취소했다. 전부 아니면 무라는 것이 강도성의 정도들을 결코 인정하지 않는 철학의 좌우명일 것이라고 결정적으로 보일 것 같다. 이리하여 궁극 목적론의 뉘앙스는 『창조적 진화론』에서보다 『두 원천』에서 훨씬 더 많이 고발당한 것 같다. 베르그송은 결코 "자연의 의도들"을, 본능의 유용성을, 생명을 위한 지성을, 아주 의지적으로 인간형태적인 언어로 강조하지 않았었다. 확실히 『물질과 기억』은 어떤 것을 마치 지각의 궁극 목적성처럼 인식하였다. 그러나 베르그송은 『두 원천』의 메시아주의가 나중에 그에게 말하게 하리라는 것을, 그리고 또한 인간이 진실한 창조적 진화의 "존재 이유"라는 것을, 감히 아직 쓰지 못했다.[37] 그리고 사람들은 그러한 것이, 태양이 진다고 말하는 것처럼, 말하는 단순한 방식이라고 소위 주장하지 못할 것이다. 게다가 사물들이 "마치" 인간이 진화의 목적이었다

---

35. 묵시록, III, 15~16. 이것은 도스토에프스키의 『악령』(Les Démons ou Les Possédés, 1871, II, 7, 2) 끝부분에서 작중 주인공인 트로피모비치가 소피 마트베브나로 하여금 읽도록 한 구절이다.

36. 1911년(PM 164, 참조 : PM 166).

37. MR 53, 196, 210, 218, 225, 271, 273, 275, 332. 참조 : MR 114. 그리고 다음과 비교해 보라 : EC 288. 세계의 다수성에 관하여, EC 278, 그리고 MR 271.

고 하는 것"처럼" 진행한다고 사람들은 말하지 못할 것이다. 실제로, 이런 목적론은 열정의 원리처럼, 또는 단순성의 호소처럼 베르그송의 극단론에 의해서 설명된다. 진화론이 진보함에 따라서, 진화의 종말은 점점 더 분명하게 나타난다. 『창조적 진화』의 직관은 점점 더 멀리까지 커다란 고통들을 대가로 해서 우리의 통상적 현존의 밤을 해체하는 순간적인 섬광일 뿐이다. 『도덕과 종교의 두 원천』에서, 성자들의 삶은 정신의 승리들을 고정시켰고 구현했으며, 영속하게 했다. 그것은 간헐적 승리들이 더 이상 아니다. 영웅은 창조적 진화에 앞서서 약진을 표시한다. 죽는다는 것은 그 영웅에서 죽음일 뿐이다. 계시, 출현, 또는 접신(방문)과 같은 직관도 더 이상 없다. 비범한 선구자들은 위대한 사건들에 접근해서 스스로를 다양화하였으며, 이리하여 영웅들은 우리에게 온정신[성령]의 미래 시대를 틀림없이 예고한다. 이미 여기에 온정신이 있다. 만일 신체가 더 이상 우리를 짓누르지 않는다면, 그 정신은 있었던 그대로 있을 것이다. 이것은 리스트에서 《파우스트 교향곡》*La Faust-Symphonie*(1857)의 마지막에 인간들의 합창이 선포하는 것이다:즉 서술할 수 없는 것이 완성되었다고.

제6장

개념들의 무와
정신의 충만

엘레아의 이방인이 테아이테토스에게, 사실상, 나의 친구여,
이 모든 사물을 서로서로 따로 나누는 광기(la manie, 강박관념)는
그 자체로 불합리하며, 뮤즈들에게 그리고 철학에게
낯선 정신을 예고한다.

플라톤, 『소피스트』, 259 *d-e.*

무질서와 무의 관념들의 비판은 베르그송주의의 열쇠이다. 베르그송은 이 문제에 관해 전념하면서 찬탄할 만한 내용을 수 쪽으로 전개했다.[1] 그 내용은 아마도 철학자가 썼던 것들 중에서 가장 혼란스러운 것들 중에 있을 것이다. 우리는 영속적으로 이 비판을 암시해 왔는데, 모든 베르그송의 사색은 이 비판을 예견하게 하고 또 속을 드러내 보인다. 우리가 말했듯이, 생명은 목적성(궁극성)을 초월한다. 왜냐하면 인력은 충력과 심정적으로 동등하며, 진화운동의 예견불가능성을 폐기할 것이기 때문이다. 그럼에도 불구하고 생명은 뒤에서 또 일종의 유기체적 원인에 의해서 밀려 나간다. 자유 작동은 전체적인 창조이며, 전체적인 천재성인데, 그럼에도 그 자유 작동은 자기의 근원에서 어떤 의도적[지향적] 상태를 지닌다. 그 상태는 자유 작동의 방향을 잡아주고 또 그것에게 영감을 준다. 결국 예지작용은 좋은 탐구, 긴장, 발명성이다. 그럼에도 불구하고 예지작용은 자기를 앞서 나가는 "역동적 도식"을 가정한다. 이미 우리는 알아맞혔다. 영혼의 사물들의 법칙이 한 마디로 선현존이라고. 그리고 말하자면 정신은 정신에 앞서있다고. 왜, 그것들의 결과들에 예상참여하는 원인들의 초월을 싫어하고, 또 그것들의 결론들을 선판단하는 주제들의 실체적 우선성을 싫어하는, 정신적 생명은 항상 선현존을 요구하는가? 그리고 어떻게 그 생명이 간소한 메커니즘에도 불구하고 학설적 사상에 대해 혁신적이면서 적대적인가?

제1절 제작작업과 유기체작업 : 데미우르고스의 예단[선입견]

제작하는 사고思考는, (겉보기에) 작은 것에서 큰 것으로 그리고 부분에서 전체로 가면서, 조작하기 위하여 빈 것le vide을 필요로 한다. 빈 것은 자연적 환경이며, 따라서 그 사고는 무無의 불가능한 가능성을 암암리에 가정한다. 무가 있었다고 하는 거기에서, 제작하는 사고가 어떤 것을 시작한다. 그 사고는 작은 것으로 큰 것을 만들고, 요소들을 가지고 총체성들을 구성한다. 자연 보존의 법칙이

---

1. EC 239~258, 그리고 EC 296~258. 참조 : PM 65~69, 105~109('Le possible et le réel') ; MR 266~267.

그 사고에게 이론적으로 모든 창조적 덕목을 부정한다는 것은 별로 중요하지 않다. 사실상 눈으로 보는 경우에 있어서 제작작업은 부피의 증가이며, 그것은 빈 장소들을 채우는 것이다. 운동들에 대한 아리스토텔레스의 목록에 있어서, 제작작업은 증가와 축소의 종류에 속한다. 그러한 것은, 베르그송이 그것을 잘 보았듯이[2], 실천적 고민들에, 그리고 특히나 노동과 산출액의 스칼라양의 표상에 기인한다 : 즉 석수장이들은 작업하면 더 많이 하면 할수록, 집은 점점 더 높아진다. 베끼는 자가 글을 더 많이 써나갈수록, 복사량은 점점 더 길어진다. 제작하는 작업에서는 생산의 확대가, 행위의 진보에 있어서, 양적으로 또 공간적으로 비례적인 유일한 작업이다. 그리스 철학의 대부분은 조각가와 건축가의 관념에 관하여, 대리석, 화강암, 나무 같은 투박한 재료를 조금씩 초벌로 깎아서, 그 재료에게 점점 더 규정된 현존을 부여하는 형식이 있다는 것을 체험했다. "이 희극은 신이, 즉 탁자 또는 앙푼이 될 것인가?" 기술자와 예술가의 사유는 비결정적인 것에 대한 데미우르고스의 정교한 작업에 관하여 기꺼이 집중된다. 그 사유는 "걸작"의 광경을, 또는 인간적 근면에 의해서 혼돈(무질서)으로부터 점진적으로 추출된, 고유한 의미에서, 저작의 광경을 스스로 즐긴다. **휠레**$^{\Upsilon\lambda\eta}$, 즉 물질은 기원에서 **초벌로 깎이지 않은** 나뭇등걸이 아닌가? 세상에서 본능적으로 장인^{匠人}, 기능인, 예술인의 정신에 가장 많은 관심을 갖는다는 것, 그것은 존재의 최소로부터 존재의 최대로, 아페이론(무한정자)$^{\check{\alpha}\pi\epsilon\iota\rho o\nu}$에서 페페라스메논(한정자)$^{\pi\epsilon\pi\epsilon\rho\alpha\sigma\mu\acute\epsilon\nu\omega\nu}$으로, 혼돈에서 질서$^{\text{le cosmos}}$로의 이행이다. 중성적 지지점도 없고 질도 없는 거의 무^{無}가 있었던 거기에서, 우리는 머리에서 발끝까지 현존의 모든 술어들을 갖춘, 완전한 질서의 탄생에 참여한다. 헤시오도스 전 8세기경에서 뉙스^{Nyx}와 에레보스^{Érèbe}는 에테르^{Éther}와 헤메라^{Héméra}를 생성하는데, 다시 말하면 비결정적인 밤으로부터 결정된 것들의 위대한 날이 나온다. 혼돈은 지구$^{\text{la Terre [Gaïa]}}$보다 더 오래되었고, 지구는 대양$^{\text{l'Ocean [Océanos]}}$보다, 대양은 하늘$^{\text{le Ciel [Ouranos]}}$보다 더 오래되었다. 이리하여 헤시오도스의 계보학은 비형태적인 성운으로부터

---

2. EC 320~321.

가장 빛나고 가장 가소성 있는 존재들로 나갈 것이다. 따라서 사람들은 창조를 제작작업처럼 표상하게 될 것이다. 또한 소위 말하는 창조적 제작작업은 특별히 명석한 측면에서도 그리고 단순성의 측면에서도 **변형작업**의 관념보다 우월할 것이다. 무엇보다 먼저 자연 보존법칙은 자발적 사유의 보존으로서가 아니라 과학적 반성의 요청으로서 나타났다. 온우연le Hasard은 온원인Cause의 관념보다 훨씬 더 신화적이고 신학적이다. 왜냐하면 원인성의 원리는, 라슐리에[3]와 메이에르손이 그렇게 보았듯이, 선현존의 원리이기 때문이고, 선현존은 보여지는 것이 아니기 때문이다. 보여진다는 것, 그것은 출현들과 소멸들, 새로움들, 파국들이다. 우선 물질의 영구성, 즉 자연적 변형들의 연속성은 하나의 드라마로서 세계의 광경을 고려하는 데 익숙한 정신에게 충격을 준다. 그 드라마에서 우발사고들이 퍼져 있고 또 거기에서 변덕스러운 의지들이 영속적으로 사물들을 만들고 해체한다. 그러나 창조주의자의 생각[관념]은 형이상학으로 또 신학으로 은신하게 된다. 이런 형식하에서 그 생각은 자발적인 생성작업들에게 또는 영속적 운동들에게 신념[신앙]보다 더 잘 저항했다. 왜냐하면 그 생각은 효과적으로 초경험적인 진실한 문제를 제기했기 때문이다. 인간은, 쇼펜하우어가 감명적인 용어로 말했듯이[4], 현존한다는 데 스스로 놀라는 유일한 존재이다. 이 때문에 그러한 것[앞의 설명]은 바로 토대적인 형이상학의 필요이다. 근본적[철저한] 우연성은 과학에 의해 추적된 이차적 우연성들이 잃어버린 것을 수집한다. 우연들 중에 첫째 우연은 분명히 현존일반[현존재]의 우연이며, 그리고 만일 사람들이 얼마나 많은 날들과 어떤 질서로 신이 세계를 제작하였는지를 그 첫째 우연에 대해 더 이상 자문하지 않는다 하더라도, 사람들은 우리에게 점진적인 생성작용에 참여하게 할 일종의 형이상학적인 빈 것을 실행하면서 적어도 온존재의 불가사의를 밝히고자 희망한다. 이리하여 정신은, 실행하는 것이 이루어질 수 있는 만큼이나, "대체"하려는 것을 창조로든 또는 무화無化과정으로든[5] 전환하려고 한다. 또는 만일 사람들이 새로

---

3. Lachelier, *Du fondement de l'Induction*, p. 46.
4. Shopenhauer, *Die Welt als Wille und Vorstellung*, 보충들, 17장 [쇼펜하우어, 『의지와 표상으로서의 세계』].

이 아리스토텔레스의 정식들을 선호한다면, "변질"은 정신에게서 증가와 축소보다 더 피곤할 것이고, 생성과 붕괴보다 더 뉘앙스가 있을 것이다. 무로부터 출발하는 또는 무에 귀착하는 운동들만이 척도로서 측정될 수 있고, 개념으로 베껴써질 수 있다. 다음을 제시해 보자 : 제작적 경험주의는, 만일 이것이 진실로 온무 le Rien로부터 출발한다면, 결코 무에 도달할 수 없을 것이다. 왜냐하면 사실상 이것은 자기의 무 안에서 어떤 것을 남몰래 밀어 넣으면서만이 어떤 것에만 도달하기 때문이다. 내가 무얼 말하지? 시작의 비-존재에서, 그것은 (비존재, 무)[ii] 정확하게 생겨나는 모든 것을 이미 가두어 놓았었다. 이 악순환은 데미우르고스 철학에서 속임수의 거대한 순회가 아닌가?

1) 『시론』에서 강도성의 용어 비판은 이미 이 점에서 매우 분명하다. 기계주의의 상식은, 스스로 "강(도)화되는" 고통이 작은 것에서 큰 것으로 그리고 작은 앙에서 더 많은 양으로 실재적으로 이행한다고 주장한다. 말하자면 고통은 공간 속에서 부풀어갈 것이고 또는 압축되리라. 반대로 심리학적 분석에서 우리 감각들은 양으로 변형되는 것이 아니라 질로 변형된다. 우리의 감각은 크기를 바꾸지 않고서 조바꿈을 한다. 제작적 착각이 근본적으로 동질적인 인상들의 "강도화"를 다수로 – 항상 한정된 다수화로 – 해소하는 거기에서(왜냐하면, 이 인상들은 오직 등급으로 되어 있기 때문이고, 말하자면 정도의 차이만 있을 뿐이기 때문이다), 질적 충만의 철학은 강도화를 연속적 운동으로 취급한다. 이 운동 과정에서 동일한 감각이 차례차례로 무한히 다른 형식들을 스스로 구체화하게 된다.[6] 달리 말하면, 증가와 축소와 같은 양적 운동들은 불연속이자 동시에 획일적이다. 질적 운동들은, 말하자면 변동 또는 변질은 이질적인 연속성에 유연하고 역동적인 통일성을 부과한다. 선입견들, 즉 그 이론들은 검은색이 마치 색깔이 없는 것처럼, 또는 최소한의 빛인 것처럼 생각한다고 우리에게 익숙하게 알려져 있었다. 스펙트럼의 다양한 색깔들은 이 최소 빛으로부터 규칙적인 증가에 의해 생겨날 것이다.[7] 그러나 무매개적 자료들의 현전[출석]에 있는 순진한 의식에서는 검은

---

5. 참조 : 이 언어를 위하여 EC 258, 307.
6. MM 102, 이와 연관하여 ES 166.

색은 다른 색깔들과 마찬가지로 한 색깔이다. 그 현존에 대한 그 색깔의 주장들은 실증적이라고 말하는 색깔들의 주장들과 동등하게 심리학적 토대가 되어 있다. 그럼에도 불구하고 우리는 색깔들이 아름다운 직선을 따라서 단계들로 되기를 전력을 다하여 바란다. 이 단계들의 연속적인 등급화들은 어느 정도로는 색깔 없는 유일한 감각의 확대를 리듬으로 만들 것이다. 검다와 희다는 이 점점 세계의 양 끝, 즉 이 극성의 두 극단이리라. 베르그송은 검은색과 흰색의 마니교주의[이분법 분할]에 인상주의의 수천 가지 뉘앙스들을, 여러 색조들과 성질들로 된 여러 색깔의 팔레트를 대립시킨다. 마치 등급상승들과 등급하강들의 양적인 철학이 그것을 바란 대로, 검은색은 최소한의 흰색이 아니며, 극성의 이원론적이고 드라마틱한 체계들이 그것을 원하는 대로, 흰색은 [깊은] 밤[어둠]의 안티테제도 아니다.

　데미우르고스의 선입견은, 마치 근육의 노력을 최소한의 부피에서 그리고 말하자면 압력의 상태로 의식되는 선현존하는 실체적인 어떤 힘의 분사[방사]처럼, 생각하는 이론들[8]의 바탕(뒷배경)을 만든다. 그러나 특히 무의 관념의 비판은 『물질과 기억』의 이원론적인 모든 증가를, 볼 수 없을 정도로 암암리에, 활성화한다. 왜 관념론은 지각과 추억을 혼동하는가?[9] 왜 관념론은 부피l'étendu와 비연장l'inextensif 사이에, 운동기억과 순수기억 사이에 철저한 구분을 잘못 인식하는가?[10] 왜인가? 왜냐하면 관념론은, 마치 기술적인 모든 사유처럼, 제작작업의 불합리한 조증躁症에 무의식적으로 복종하기 때문이 아니라면 말이다. 외연적 지각은 비부피적인l'inétendue 감각들이 커감에 따라서 조금씩 구성되어야 한다.[11] 아주 동일하게, 점진적인 부풀음과 연속적인 팽창에 의해서 색깔의 부재[없음]은 조금씩 색채 있는 인상이 될 것이며, 또는 좋게 말하자면, 마치 본능이 점진적으로

---

7. DI 40, EC 4 : "… 우리는 채색된 것만, 달리 말하면 심리학적 상태들만을 지각할 뿐이다."
8. DI 16.
9. MM 60, 135, 147, 151, 264, 267. 참조 : ES 130~135, 208.
10. MM 77, 80. [베르그송의 강의록에 따르면, 부피(l'étendu)는 신체 내재적인 데 비해 연장(l'extensif)은 외재적이다. — 옮긴이]
11. MM 43, 45~46, 50.

우발적 변이들이 제작되는 것과 같이[12] 될 것이다. 예를 들면 사람들은 배운 과목이 연속적 강독들에 의해 생성된 일종의 혼합된 이미지이기를 원한다. 연속적 강독들은 여러 번 반복되면서 조금씩 어떤 운동 습관을 만들어 갈 것이니깐. 이리하여 완전한 습관과 강독들 각각 – 이 강독들이 구성으로 들어가게 되고 – 사이에 전체와 부분들의 또는 많은 것과 적은 것의 단순한 차이가 있을 것이다. 그러나 각 강독은 그 강독 안에 이미 완전한 습관을 표상하고 있다는 것을 누가 보지 못하는가? 추억은 인위적 학습의 결과로 나오는 것이기는커녕, 직관 속에서 단번에 주어진다. 추억은 스스로 "배우는" 것이 아니다. 모나드들의 방식에서 마치 순수 추억이 단번에 그리고 전체적으로 침입하듯이, 마찬가지로 유기체는 작게 태어나지만 완전하게[가득하게] 태어난다. 마찬가지로 의미는 [한 문장 또는 한 발언 안에서] 각 단어에서 완전하게 재생하는 것과 같다. 마찬가지로 곡선 방정식은 곡선의 각 무한소 조각에서도 완전하게 그림[선분]을 그리는 것과 같다. 그러나 제작하는 광증은 완고하다. 사람들은 표상으로부터 감각까지, 이미지로부터 관념까지 느낄 수 없을 정도의 변이의 음계가 있다고 소위 주장한다. 마찬가지로 주의가 이론들 속에서 자극의 단순한 커감[증가]의 결과로 나오는 것과 같이[13], 마찬가지로 감화 l'affection는 강도가 축소하면서 [부피가] 늘어나게 될 것이고, 지각은 스스로를 강화하면서 애정적(감화적)affective이 될 것이다. 그럼에도 불구하고 예견되지 못한 경험은 고통 속에서 긍정적인, 독창적인, 능동적인 어떤 것을 우리에게 폭로하는데, 표상의 양상을 결코 폭로하는 것은 아니다. 그리고 비슷하게도, 추억의 대립에 의한 실재적인 것의 지각이 또는 초보적인 감각의 대립에 의한 지성의 해석이 독창적인 만큼이나, 주의는 독창적인 "태도"로서, 또한 그러한 종류에서 그만큼 "연역불가능한" 태도로서 나타난다. 사람들은 데미우르고스의 선입견에다가, 베르그송은 이런 용어들로 이것을 행하지 않을지라도, 틀림없이 우리가 이미 앞서서 "소형[장난감] 이론"이라 불렀던 것을 결부시킬 수 있을 것이다. 사람들은 대상과 주체 사이에, 큰 직선을 긋고서, 그리고 사람들은 자극이 표

---

12. EC 183.
13. MM 102. 참조 : MM 113. RI 제3장.

상이 되는 순간까지 자극의 직선적인 길을 따라가는 데 만족을 얻는다. 그러나 사람들이 말할 수 있는 모든 것은, 계열이 자극에 의해 시작하여 표상에 의해 끝난다는 것이다. 그리고 한순간이 있는데, 그 순간에[14], 그러한 것이 일어났을 때, 정확하게 말할 수 없을지라도, 후자[표상]이 전자[자극]으로 대체되었다.[15] 이렇게 엘레아학파의 소피즘들의 미해결에 어울릴 만한, 메가라 학자들의 연쇄추리가 아주 자연스럽게 쫓겨났으며, 그리고 동원되고, 응급 수리되어, 천정이 벗겨져 버린 변동(교체이동)은 시동을 걸고 시작하여 그 끝에 이른다.

『창조적 진화』에서[16] 몇몇 중요한 선들lignes capitales은 이 비판의 의미를 분명하게 끌어낸다. 제작적 착각은, 살아있는 신체들의, 자유로운 행위들의, 또는 영혼의 상태들의 한 부분만이 현실화될 수 있을 것이라는, 이것들의 완전한 실현화가 "일종의 은총"이라는, 이러한 선입견[편견]에 본질적으로 근거한다. 그러한 것은 정확하게 다음을 의미한다 : 생명의 사물들은 증가와 축소의 범주 바깥에 있다는 것이고, 이 사물들은 더 많이와 더 적게를 허용할 수 없다는 것이 아니라, 오직 "변양들"만이 있다는 것이다. 쇼펜하우어의 주목에 따르면, 그것은 동일하게도, 왜 자연적 파괴들이 이것들의 증폭에 의해 정신을 무서워하게 하는가 하는 것이다. 제작작업의 추론적 절차들이 부지런히 힘써 커감[노동 증가]에 따라 우리들을 익숙하게 했다. 이 커가는 과정에서 사물들은 차례차례로 가능한 모든 부피들을 통과한다. 그리고 우리는 심정적으로 거대한 파국들을 상세히 설명한다. 마치 우리가 존재들의 출현을 설명하듯이 말이다. 그러나 이런 의미에서 생명은 붕괴하지도 않고 생장하지도 않는다. 정신의 충만 안에서 어느 부분에서도 지성은 결함을 발견하지 못한다. 그 결함 속에 지성은 그것의 생성을 서술하기 위하여 슬며시 끼어들 수 있을 것이다. 정신적 세계는 모든 부분에서 두께가 있고, 마찬가지로 추억의 회로들 각각에서 기억은, 베르그송에 따르면, 항상 완전하게 현재하고 있다.[17] 비동등성들은 순수하게 질적이며, 밀도의 볼 수 있는 두

---

14. 참조 : MR 132, 240.

15. MM 45~46, 60, 135.

16. MM 104.

께가 아니라, 중앙의 밀[집]도에만 관심을 갖는다. 질병이 이따금 흠집 낼 수 없는 충만에서 틈[구멍]들을 만든다고 사람들은 말할 것인가? 그러한 것을 말조차 하지 않을 것이다. 질병의 축소, 이 축소가 있다고 할지라도, 의식 상태들의 수^數보다도 오히려 무게에 감화[영향]을 입힌다.[18] 실어증의 연구가 우리에게 그것을 증명했다. "생의 주의"에서 또는 감각-운동 기능들의 생동성에서 타격을 입은 것은 의식 전체라는 것이다. 추억들은 그것들의 바닥짐을 상실하고, "실재적인 것의 의미(방향)"가 기울고(굴절되고), 거기에는 모든 기억의 근본적인 약화가 있다. 역동적 균형과 사물 속에 정신의 정당한 개입은, 사람들이 알다시피, 심정적 건강의 가장 특징적인 표시들이다. 이 건강이 기울 때, 따라서 우리의 모든 상태들은 다소 타격을 입는다. 병리적인 것은 정상적인 것의 어떤 "최소한의 약화된 것"임을 표상한다고 심지어 사람들이 말할 수 있는가? 이러한 것을 제시한 것이 베르그송주의의 독창성이다[19]: 즉 환각, 정신착란, 고정된 관념과 같은 혼란들은 부재들 또는 부정들이라기보다 오히려 "현전들"이라고 반대로 제시하는 것이다. 무르그와 모나코프는[20], 고전적 신경병리학, 즉 "위치화 이론가들"의 신경병리학이 신경 혼란을 마치 결함의 단순한 현상들인 것처럼, 또 "퇴보들"의 현상인 것처럼 취급하였다는 것을 주목하였다. 그리고 이 신경병리학이 이 질환들에 부여한 명칭들은, 결함 있는 이라는 접두사를 붙여서(실어증 aphasie, 실독증 alexie, 실서증 agraphie …)[운동불능증 ataxia], 부정성을 표현하였다. 그럼에도 어떻게 순수하게 파괴된 손상이 **긍정적 징후들**의 그런 꼬리[행렬]들을 자기 뒤에 끌고 다닐 수 있다고 인정하는가? 치매^{癡呆}의 논리가[21] 있는데[현존하는데], 이는 마치 꿈의 논리, 상상의 논리, 희극의 논리가[22] 현존하는 것과 같다. 그리고 이 모든 의사^{擬似}-지적인

---

17. MM 108. 참조: MM 181, 187.

18. MM 125, 192~193; ES 48, 125~126.

19. ES 125~126, 128.

20. Monakow et Mourgue, *Introduction biologique à l'étude de la neurologie et de la psychopathologie: intégration et désintégration de la fonction*, 1928, pp. 113, 194, 283과 여러 곳.

21. ES 48, 76, 100~101.

22. RI 32, 36~37, 138~139, 143~144, 149.

논리들은, 결함 또는 희박화에 의해서가 전혀 아니라, 반대로 한탄스럽게도 그것들의 **풍성함에 의해서**, 정상 논리와 다르다. 꿈과 각성 시 중에서 가장 확산적이고 가장 풍부한 것은 확실하게도 꿈이다. 꿈은 어떤 의미에서는 보다 "자연적(본성적)"[23]일 것이고, 각성 시는 마치 거짓 재인식의 현상들이 그것을 증명하는 것처럼, 일상에서 난지 재난 있는[불행한] 생동성의 수축일 뿐이고, 정신의 불면증을 항상 속일 수 있는 준비가 된 정신착란적인 힘들의 진압(억압)일 뿐이다. 이렇게 병리적 성질(발병률)의 긍정적 특성을 주장하면서, 베르그송은 근대 생물학[24]뿐만 아니라 셸링과 바더Baader의 몇 가지 의학적 관점들을 재결합시켰다. 생명의 병리학적 또는 기형학적 표출들은 운동불능적 순서를, 순서의 혼동 또는 염증une inflamation을 표상하는 것이지 희박화된 순서를 표상하는 것이 아니다. 체온이란 것이 있는데, 이것은 스스로 높아지기도 하고, 저온이 되기도 한다. 병든 의식은 최소한의 의식이 아니라, 오히려 구속 없는 또는 고삐 풀린 의식이다. 그 의식은 질병 상태에서도 건강상태에서도 무無 가까이 있지 않다. 그것의 생동성은 탈이 나긴 했지만, 감퇴[감소]되는 것이 아니다.

이것은 우리가 설명했던 것인데, 우리 편에서 보면, 우리가 유기체들의 **자급자족**l'autarcie에 대해 말했을 때 설명한 것이다. 유기체적인 모든 것은 완전하게 그리고 필연적으로 충만하다.[25] 라이프니츠가 말했듯이, 만일 우리가 기계14를 조립할 줄 안다면, 이 기계는 진실한 부분적인 부분들을 우리에게 제공할 것이다(심지어 여기에서 예지성의 달무리가 단순하고 순수한 요소를 둘러싸고 있을지라도). 그러나 우리는 한 유기체의 "절반"도, "4분의 1"도, "천분의 일"도 알지 못할 것이다. 항상 유기체성 전체는 거기에 현재적이고, 섬유질들과 세포들의 무한소에서도 우리들을 떠나지 않는다. 우리에게 결코 어떠한 양적인 감소도 없다. 이 감소가 두 가지 "분열들(분수들)"fractions 사이에 우리를 미끄러져 들어가도록, 또

---

23. ES 128.
24. 특히 잭슨(Hughlings Jackson)의 개념작업을 참조. 셸링에게서는 *Œuvres complètes*, 제8권 p. 366을 보라.
25. EC 186.

생명이 점으로부터 제작되었던 그 점을 파악하도록, 우리에게 허락한다. 이리하여 개인들이 나오고, 이리하여 최소한의 심정적 내용이 나온다. 그런데 우리는 (우리가 라이프니츠의 정식들을 새로이 이용하기 위하여) 다음과 같이 기꺼이 말하곤 했다. 즉, 우리의 다양한 내적 상태들의 "관점"이 동등하게 너비(부피)가 있다고, 그리고 오히려 변이들은, 인격의 총체가 그 변이들 속에서 표현되어 발견되는 다소 심층적 방식 안에서, 즉 감동들의 부피 안에서가 아니라 우리들 감동들의 정신적 무게 안에서 있다고.

강도성에 대한 베르그송의 비판은, 무에 대한 사고思考가 그 사고의 단순한 무라고 우리에게 이미 증명하였다. 더 많은 것과 더 적은 것이 있는 거기에서 제로(영)0.零는 동등하게 가능하다. 그런데 완전히 추상적인 허구에 의해서, 그리고 모순적 불합리에 의해서, 우리는 영을 하나의 수數처럼[26], 즉 마치 수들 중에서 가장 작은 수인 것처럼 또한 어쩌면 수들의 근원인 것처럼 간주한다. 따라서 어린애들은 4×1은 4이기 때문에, 4×0도 어떤 것이지만 그러나 매우 적은 어떤 것이라고 종종 믿는다. 이들은 영0이 양 또는 크기의 순서에서 이질적인 것인 만큼이나 무le néant라는 것도 어떤 것의 이질적인 것으로 본다. 무가치성(무효용성)la nullité과 한 단위의 가장 보잘것없는 분수(부분) 사이에는, 숫자들의 규칙적인 계속과 우리 정신의 제작적 본능이 우리를 초대하여 뛰어넘도록 하는 형이상학적 심연이 있다. 우리의 모든 오류들은 온무le Rien를 기저로서 삼도록 하는 유혹에 근거하며, 그리고 아무것도 없음이 생각할 수 있는 가장 작은 현존이라고 하는, 온무가 무한소의 극한이라고 하는, 희박화되기에 강요되어 있는 이 현전들이 끝내는 부재들이 된다고 하는, 이 불합리한 관념[생각]을 선전제로 삼는다. 그러나 지각이 추억들을 가지고 제작되는 것이 아니듯이, 운동은 운동체들로[27], 지속은 순간들로, 행동은 정지들로 제작되지 않듯이, 정신 자체는 정신성의 원자들로, 즉 정신의 부재들로 제작되지 않는다. 이것은 우리가 예지작용의 연구에서 이미 증명했던 것이다.

2) 지적 노력에 대한 베르그송의 이론은 무로부터는 사람들이 아무것도 이

---

26. Pascal, *De l'esprit géométrique*, p. 263.
27. 이미 인용했던 이 표현은 Aristote, *Physique*, VI, 8 끝부분의 것이다.

해하지 못한다는 것을, 그리고 사유[사고]는 말하자면 자기 자신의 충만에 대한 죄수라는 것을 의미한다. 그런데 그 사유는 실증성과 의미화의 선천성$^{a\ priori}$ 안에서만 숨 쉰다. 정신적 선전제 없이는 해석도 없고 사유 일반도 없다.[28] 예를 들어 이것은 끌로드 베르나르가 이미 관찰했던 것인데, 그가 실험적 귀납의 이상성을 강조했을 때이다. "마치 신체의 자연적 걸음걸이[진행]에서 인간이 한 발을 다른 발 앞에 놓으면서 나아갈 수 있는 것과 같이, 마찬가지로 정신의 자연적 진행에서 인간은 한 관념을 다른 관념 앞에다 놓으면서 나아갈 수 있다. 다른 용어들로 말하고자 한다면, 신체에서처럼 정신에서도 항상 첫째 지지점이 필요하다는 것이다. 신체의 지지점, 그것은 신체가 감각을 지니게 한 지면$^{le\ sol}$이다. 정신의 지지점, 그것은 알려진 것, 다시 말하면, 정신이 의식하게 한 진리 또는 원리이다. 인간은 알려진 것에서 알려지지 않은 것으로 가는 방식 이외에는 아무것도 배울 수 없다. …"[29] 이 첫째 지지점, ─ 생리학자의 "선천적 관념" ─ 이것은 이미 약간은 역동적 도식인데, 이 도식은 묵음黙音의 기호들에 의미를 준다. 그리고 이렇게 감각들과 감동들은 모든 제작적 종합에 저항할 뿐만 아니라, 개념들처럼 추상적 반성의 산물들 자체는, 즉 사유의 이런 "불가분할 가능성들"은 또한 의미와 (성)질의 풍부한 총체성들이다. 그리고 모든 근대 인식형이상학$^{la\ gnoséologie}$은 사유 일반 속에서 관계를 보도록 우리를 초대한다. 이 관계는 충만성 자체에 의해서만 존속할 뿐이다. 개념은 "본질 또는 유$^{un\ genre}$"가 아니다.[30] 고블로가 말했듯이[31], 개념은 무한히 많은 판단들 속에서 잠재적으로 속성이다. 그런데 "순수 속성"은 현존하지 않는다. 모든 속성은 어떤 진술의 부분을 이룬다. 그 진술은 속성화되어 있고, 또한 그 진술의 역할은 주어에게 속성을 속성이 되게 하는 것이다. 형용사들

---

28. 참조 : Delacroix, *Le Langage et la Pensée*, 1924, p. 553.

29. Claude Bernard, *Introduction à l'étude de la médecine expérimentale*, 1865, 제1부.

30. MM 123~124, 129, 132~133. 참조 : ES 172. *La Pensée intuitive. Le problème de Dieu*, 1929, pp. 69~72에서 르 화(Le Roy)는 개념 속에서 종합, 판단, 방정식 세우기(mise en équation)를 본다.

31. Edmond Goblot, *Traité de logique*, 1902, p. 87. 참조 : 앞서 브랑슈비끄의 *Le Progrès de la conscience dans la philosophie occidentale*(1927), p. 682를 인용한 데카르트에 관한 안껭(Arthur Hannequin)의 인용을 참조하라.

은 순수 술어들의 전형을 표상하는 것 같이 보인다. 그러나 형용사들의 순수성은 엄격히 말하면 문법적이고 형태적이다. 형용사들은, 실사들이 그것들의 본질에 참여하기 위해서 만들어져 있다. 그런데 형용사들은 존재들에게 성질을 부여하기 위하여 만들어져 있다. 그러나 절대적으로 취급된 형용사들은 **존재들로** 있는 것은 아니다. 형용사들은 추상적 일반성들이며, 존재는 항상 특별한 주어이다. 진솔하게 사유된 모든 속성, 다시 말하면 단순한 형식적 파라다임이 아닌 모든 속성은, 즉 소리 나는 견본은 규정된 관계를 함축하고 있다. [형용사에 관하여] 그런 관계로 이러저러한 연관이 내재하지조차 않는 절대적 현존을 사유하는 것은 불가능하다. 이 절대적 개념은 진리도 거짓도 아니다. 그것은 내가 아무것도 아니라고 주장하는 것, 무차별적인 것, 즉 나의 정신과 관계없는 것이다. 그것은 멈춘[허공에 매달린] 사유이다. 브로샤르Victor Brochard는 오류와 판단을 통합하는 연대성을 밝혔고, 베르그송은 자기편에서 부정에 대한 정신적 충만성을 강조하였다.[32] 이들의 분석들은 일종의 멜로디 관념이 항상 반성적 사유의 내부에서 순환하고 있다는 것을, 우선 존재들이 희박화되어 가는 것같이 우리에게 보이는 결함 있는 관계들의 내부에서 더욱 특별하게 순환하고 있다는 것을 제시하였다. 부정하는 작동 속에서도 그리고 거짓 믿음 속에서도 마찬가지이다. 몽테뉴에 따르면, 마치 언어가 "긍정명제들로 완전히 형성되어" 있듯이, 마찬가지로 베르그송에 따르면, 사유[사고]는 긍정하면서만이 사유한다. 사유가 긍정하든 사유가 부정하든 간에 그 사유는 긍정 주장으로 강요되어 있다. 정신은 결코 총체적으로 그(정신) 자신에 현재하고 있기보다, 정신이 부정할 때도 정신이 스스로 속을 때도, 빈 것[무상한 것]이 그(정신) 속에서 스스로 이루어질 수 있는 거기에서 더 많이 현재하고 있다. 따라서 소크라테스는 테아이테토스에게 말한다[33]: 무를 진술하는 자

---

32. EC 310~312. 칸트가 말하기를(*Kritik der reinen Vernunft*, 708~709, 제1판[이마누엘 칸트, 『순수이성비판』, 백종현 옮김, 아카넷, 2006]), 부정적 판단은 특히 오류를 예방하는 임무가 있다고 한다. 그 부정 판단들은, 문화(la *culture*, 교양)에 대립하여, 학문(la *discipline* 규율)의 내용을 형성한다. Leibniz, *Nouveaux essais*, III, I, §4 : " ··· 부정하다는 작동은 긍정적이다.". 참조 : Montaigne, *Essais*, II, 12 ('Apologie de Raimond Sebond', 1580) [미셸 에켐 드 몽테뉴, 『몽테뉴 수상록』].

33. Platon, *Théétète*, 189 *a* [플라톤, 『테아이테토스』, 천병희 옮김, 도서출판 숲, 2017]. [헬레니스

는 아무것도 진술하지 않는다ʽΟ ἄρα μὴ ὂν δοξάζων οὐδὲν δοξάζει.『소피스트』편에서 엘레아의 낯선 이가 말한다[34]: 비존재를 말하는 자는 아무것도 말하지 않는다. 무는 엄격히 말하자면 말로 할 수 있는 것도 아니고 생각할 수 있는 것도 아니다ἀδιανόητόν τε καὶ ἄῤῥητον καὶ ἄφθεγκτον καὶ ἄλογον. 사람들은 무를 정의하지도 이름을 붙이지도 못하는 것이 당연하다. 그리고 마치 플라톤이 비존재가 이것을 논의한다고 주장하는 어떤 자들 누구에게나 외통수에 몰리게 하는 모순들을 고발하였듯이, 그처럼 베르그송은 전체를 폐기한다는 생각은 모순과 순환 논증의 오류를 함축하고 있다고 줄기차게 반복해서 말했다. "왜냐하면 이런 조작 작업은 이런 조작을 효과 있도록 해 주는 조건 자체를 파괴하는 데 있기 때문이다."[35] "관찰자는 관찰 그 자체에 의해서, 그가 부재를 관찰하려고 시도하는 조건들을 도입해야만 한다."[36] 사람들은 독일의 낭만주의자인 카루스에게서 동일한 용어들로 표현된 동일한 생각(관념)을 발견할 것이다. 그 관념이란 긍정적 무가 각角을 지닌 원의 관념만큼이나 부조리한absurd, Unding 관념이라는 것이다.[37] 따라서 사람들은『소피스트』편의 언어를 말하기 위하여, 부정은 이타성[여집합]

트이며 주교인] 디에스(Auguste Diès)는『테아이테토스』편과『소피스트』편에 대한 그의 편집에서 수많은 흥미 있는 텍스트들을 구절에 접근시켰다 : 예를 들어 말브랑슈의 *Entretien d'un philosophe chrétien et d'un philosophe chinoise* (1708) (" … 무를 생각하다 와 생각하지 않는다, 이것은 동일한 것이다"), *De la recherche de la vérité. Où l'on traite de la nature de l'esprit de l'homme, & de l'usage qu'il en doit faire pour éviter l'erreur dans les Sciences* (1674~1675), IV, 2. §4 와 §5 ; Fénelon, *Démonstration de l'existence de Dieu, tirée de la connaissance de la Nature et proportionnée à la faible intelligence des plus simples*, 1712, II, 12~13.

34. Platon, *Sophiste*, 237 *e* : " … : ἀλλ' οὐδὲ λέγειν φατέον, ὅς γ' ἂν ἐπιχειρῇ μὴ ὂν φθέγγεσθαι."

35. Platon, *Sophiste*, 238 *d* ; EC 307.

36. Ralph Barton Perry, 'Le réalisme philosophique en Amérique', in *Revue de métaphysique et de morale*, 1922, p. 139.

37. EC 304, 307. 그리고 Carl Gustav Carus, "Das Organon der Erkenntnis"(1856), 글 모음집인 *Romatische Naturphilosophie*에 수록, pp. 307~308. 여기 본문을 보자 : "즉 비존재 또는 무(無) 일반이 단지 정신적 개념이기 때문에 모든 긍정적인 것이 이미 부정을 전제하는 한에서 — 어떤 특수자의 존재가 그곳에서 다른 것의 비존재를 전제하는 한에서 — 하나의 무(無)가 그 자체 하나의 긍정적인 것으로, 그리고 다른 긍정적인 것을 제한하는 것으로 생각되어진다는 것, 따라서 필연적으로 불합리한 것이어야 한다는 것은 그 자체로 명백하다. 이는 사각형의 원이 존재할 수 없는 것과 같은 이치이다." 카루스는 이 본문에서 공간의 무한성을 주장했다.

을 표현하는 것이지 무를 표현하는 것이 아니라고 말할 수 있다 : "우리가 비존재를 말할 때, 우리는 존재의 반대에 대해 말하는 것이 아니라, 다른 어떤 것을 말할 뿐이다."[38] 헤시오도스의 『신통기』에서는, 혼돈 le Chaos에서 시작하는데, 그 혼돈은 무 Néant라기보다 오히려 틈 Béant이다. [또한] 「창세기」에서 우주론적 창조의 6일간을 앞서 있는 심연 l'abîme은 아무것도 없는 것이 아니다. 왜냐하면 신의 숨결은 어두운 물들[대양] 위에 떠 있기 때문이다. 따라서 충만은 무화될 수 없다. 우리가 우리 스스로 영구적으로 모순되지 않으려면, 우리는 그것의 운명을 받아들여야만 한다.

3) 제작적 논리는 진리와 거짓 사이에 이상적으로 중성인 개념들을 가지고 사고思考를 세우는 것이며, 자유 행동 l'action libre을 **무차별적** indifférents 상태들과 더불어 구축한다고 소위 주장한다. 사람들은 여기서 영0을 가지고 결심하여 작동힌다. 마치 조금 전에 영을 가지고 사고하듯이 말이다. 비결정주의자들은 신학자들이 창조주에게 자리를 마련해 주는 빈자리와 유사한 일종의 정신적인 빈 것 속에서 숙고하는 인격을 상상한다. 이때에 신학자들은 근본적 우연 la Contingence을 설명하는 데 전력을 다한다. 우선 헤시오도스의 『신통기』에서처럼 거기에는 아무것도 없다. 그러고 나서 자아가 왔다, [그리고] 어떤 것이 건설된다. — 동기들이, 또는 운동체들이 행동에 이르렀다. 주저하는 의지는 내적 삶의 무無 속에서, 그리고 공기로 된 일종의 종[공 모양] 속에서 결단하여 한마디 발언하면서, 진실로 글자 그대로 창조적이 될 것이다. 따라서 그 의지는 모든 영향으로부터 모든 상황으로부터 독립적인 것처럼, 인격으로부터 절대적으로 독립적이라고 가정되었을 것이다. 그 의지는 내가 표현했던 모든 것을, 나에게 속한 모든 것을, 나에게 소중하거나 또는 싫어하는 모든 것을, 나의 모든 과거와 나의 존재 이유를 무시할 것이고, 결국에는 나 자신도 무시할 것이다. 그 의지는 무차별적이 될 것이다. 따라서 무차별적 비결정론은 깨끗하게 지위를 차지할 것이다. 왜냐하면 사막과 침묵과 고독, 그리고 모든 선현존을 총체적으로 망각한 현재, 그리고 모든 공현존으

---

38. Platon, *Sophiste*, 257 *b*.

로부터 완전히 텅 빈 암흑, 그리고 추상적 무차별adiaphorie, 그리고 이상적인 순수 순진무구, 이런 것들은 오직 절대적인 자유의 훈련만을 검증할 것이기 때문이다. 그러나 그러한 허구가 단지 부조리할 뿐만 아니라, 모순 그 자체라는 것을 누가 보지 못하는가? 만일 양자택일의 두 가지가 차이 나는 선호도의 양화 작업에 의해 이미 불평등하지 않다면, 사람들이 해석해야 할 수수께끼의 의미를 선 가정하기를 거부할 때, 마치 그 예지작용을 생각할 수 없는 것처럼, 결단은 생각할 수 없을 것이다. 결단하는 심사숙고는, 즉 선택의 모험은 이것들의 역동적 활동성 속에서 이런 이유로만 가능할 것인데, 왜냐하면 이것들[숙고와 모험]을 준비하는 무차별의 주저는 이미 그 바탕에서는 성질[자격]이 부여되어 있고 방향이 정해져 있기 때문이다. 주저하는 의지는 이 성질부여[자격화]를 자아 자체로부터, 총체적으로 선현존하는 자아로부터, 거기에서 축적된 경험들, 경향들, 필요들, 감동들의 모든 중심이 되는 자아로부터, 간직하고 있다. 그 대가로 의지는 극단적인 자유의 보상이라는 풀 수 없는 또 마비된 의지 결핍증을 극복할 것이다. 왜냐하면 극단적 예속이 아니라면, 극단적인 자유란 무엇인가? 무차별의 가설은 자아가 어느 정도로 자기의 고유한 행동에 선현존할 수 있다는 이런 관념에 근거한다. 비인간적인 기권une abstention 속에 갇혀 있는 그 원함[의지]는 운수[운명]이 자기에게 제시한 대안들의 이중화 작업에 구경꾼으로서 참석할 것이다. 그 의지는 말하자면 동일한 순간에 두 번 살게 될 것이다.[39] 그러나 사람들은 개별적이고 현실적인 경험 전체를 해결하는 조건에서만 두 번 산다. 과거와 미래는 또한 (또는 이미) 질적이 된 현재로부터 온다. 그리고 마찬가지로, 나는 자아이기에 혼자이다. 만일 내가 가능적인 환영[유령]이 아니라 나의 실재적 현재에 상의한다면, 내가 원하는 순간에, 내가 매 순간 유일한 것만을 원하는 것 같이 보인다. 각 순간마다 선호(선호도)는, 이 선호도가 미묘하다고 할지라도, 우리의 주저행위들에 대해 명백한 혼란에 방향을 정한다. 사람들은 [실]행해 봐야 소용이 없으며, 그것은 논

---

39. 참조：Jules Lequier, 'La recherche d'une première vérité', 1865, Charles Renouvier, *Traité de psychologie rationnelle d'après les principes du criticisme*, 1864, t. II에서 인용. EC 109："우리들 각각은 유일한 삶만을 산다."

쟁거리인데, 사람들은 여전히 부분으로 있다. 헛되이 사람들은 무차별적 재량으로 이상적 불편부당성(공평성)에 접촉하고 있다고 믿는다. 거기에[접촉에] 도달한다는 점에서 우리들은 우리의 무차별에 의해서 2등급에 속하는 일종의 선호도를, 즉 지수指數 차원의 선호도를 표현하고 있는 중이라는 것을 스스로 문득 깨닫게 된다. 마찬가지로 우리는 선호도를 무화시키는 순간에 사유 전체를 재발견한다. 그것은 내가 항상 거기에 있다는 것이고, 선택하고 또 선언하는 것은 자아이다. 공상 같은 평정[공평]에 도달하기 위하여, 나는 나 자신을, 자아를, 나의 과거를 제거하는 것이 당당하게 필요할 것이다. 자아는 현존하기 위하여 현재의 동향(정세)을 기다리지 않았다. 그 자아 덕분에, 의지적 작동은 우아한 조각일 뿐만 아니라 심하게 설사泄瀉하는 해결책이기도 하다. 우리들은 스스로 우리의 작동들보다 더 오래되고, 훨씬 더 존경할 만하다[존엄하다]. 이것이 전적으로 우리의 존엄성이다. 사람들은, 라이프니츠가 말한 대로[40], 터무니없이 _sans rime ni raison_ 결단하지 않는다. 그리고 이유들의 부재도 또한 하나의 이유이며, 이유들 없이도 작동하는 쾌락은 이미 작동하는 이유이다. 또는 슐레겔이 썼듯이, 선택하는 것을 거절하는 것이 그 자체로 선택이다. 이것은 파스칼과 더불어 다시 말하는 경우에, 자아와 더불어 있지 않는 자들은 자아에 반대하고 있다. 달리 말하면 반대와 찬성 사이에 중성적인 제로(0, 영)는 없다. 이것은 마치 선과 악 사이에 중간 지대가, 즉 매개적 왕국이, 이도 저도 아닌 나라일 것인 완충국이 없는 것과 같다. 모든 사람들은 [이미 어느 쪽인가] 참여되어 있고, 모든 사람은 내기를 걸고 있으며, 그 딜레마를 밝혔다고 믿는 자들조차도 이미 은연중에 내기를 걸었던 것이다. 그리고 해안 기슭에 남아 있기를 선택했던 자들은, 그 자신들의 마음에 맞게 그리고 다른 사람들보다 훨씬 더 많이, 모험을 위하여 배를 탔다. 각자는 그러한 것을 알고 있고, 포기론자들도 또한 그 자신들이, 자신들도 모르게 투표하잖아! 무차별의 불가능성을 고발하는 라므네Lamennais와 불편부당성에 소송을 제기하

---

40. 라이프니츠가 클라크에게 보낸 다섯째 편지, § 17. 참조 : Gaston Grua, _[Leibniz] Textes inédits_, 1948, II, p. 482. [클라크(Samuel Clarke, 1675~1729)는 영국 철학자, 목사. 라이프니츠와 자연철학과 종교의 원리들에 관해 서신 교환이 있었다. 라이프니츠의 사망으로 중단되었다. ―옮긴이]

는 레옹 카르사빈은, 각각이 그들의 방식에 따라, 백지[무차별]의 비판을 비장한悲壯[병리적] 철학의 의미에서 방향을 잡았다. 가스통 그루아에 의해 출판된 편지에서 이것을 말한 자가 또한 라이프니츠이다. 우리는 우리의 취향에 따라서, ─ 그것이 변덕 또는 반대 정신이라 할지라도 그리고 그것이 우리 자유를 증명하기 위한 것이라 할지라도, ─ 우리가 살 발견할 무엇을 원한다.『메논』편의 정식들은[41], 이 정식들에 따르면 '착한 것을 바라는 것'은 말하자면 간단히 '바람願'이라는 중복법[동어반복]인데, 모든 자유로운 결단의 우선적인 충만을 낙관적인 언어로 표현한다. 사람들이 다소 비밀스럽게 "더 좋아한다." 그리고 사람들이 절대적으로 어느 누군가의 방식으로 해결하는 것을 말하는 것이 비존재이다. 뷔리당Jean Buridan의 난문제는 엘레아 학자의 난문제들과 꼭 마찬가지로, 무로부터 자유 작동[자유의지]을 제작하는 데 있다. 물론 마치 제논이 투창을 운동불가능성이라 단죄하는 깃과 같이, 우리의 소피스트들은 굶어서 죽을 수 있는 자유재량을 단죄한다. 그럼에도 불구하고 투창은 그것의 표적에 날아가 맞게 되고, 아킬레스는 일등으로 도착하며, 인간들은 그들의 동기들의 이론적 동등성l'isosthenie에도 불구하고 배고파서 먹는다. 만일 변증법적 순수 논쟁이 되지 못한 숙고가 하나의 예언이 되지 못하였다면, 이 성공들은 설명될 수 없었을 것이다. 숙고는 선택을 예견하고 예상하며, 이 선택을 선판단한다. 따라서 그 선택은 엄격히 말하자면 깊이를 잴 수 없는 동인들이 아니며, 무차별적 대안들도 아니다. 라이프니츠의 도덕주의에서 지성성은 "거의 아무것에도 믿음이 없는" 현자의 보편적 관용을 정당화하였다. 반대로『도덕과 종교의 두 원천』에서, 보편적 질적 충만은,『묵시록』의 예를 들어 미지근한 것들과 중성적인 것들을 토해내는 정열적 극단주의를 정당화할 것이다.

실재적으로는 질서만 있다.[42] 다시 말하자면, 나는 항상 나의 과거의 무한한 충만 안에서, 중성적인 숙고의 평형[균형]을 단절하는 그 무엇인가를, 모든 것이 나에게 동등한 거기에서 편들게 하는 그 무엇인가를 발견한다. 라이프니츠가 관찰하였듯이[43], "무질서"로 된[흩어져 있는] 점들 사이에서, 이들 집단의 불일치와 우연

---

41. Platon, *Ménon*, 77 *b*, 78 *b* [플라톤,『파이드로스』].
42. EC 297. [EC 274, Oe 727].

함la fortuité이 어떤 것일지라도, 사람들은 항상 곡선을 그을 수 있고, 질서를 발견할 수 있고, 다소 복잡한 방정식을 발견할 수 있다. 마치 잠재적 규칙성을 강조할 어떤 도형의 리듬 또는 정식처럼 말이다. 별들의 먼지[군집]에서, 천문학자는 성운들을 그렸다. 비결정적인 변덕들의 혼돈에서, 우리들은 무차별의 무정부상태 하에서 관심도 받고 방향도 정해진 의식을 우리에게 폭로하는 정신적 성운들des constellations을 동등하게 분간해낸다. 야생적인 자연은, 볼 줄 아는 자들에게 깊이 있고 생명적인 질서의 광경을, 즉 영국식 정원의 "아름다운 무질서"의 광경을 제공하지 않는가? 예를 들어 영국식 정원은 "아름다운 무질서"의 초기의 스타일이었고, 깊이 있고 생명적인 질서에서 "프랑스식" 공원은 "성운들"을 가지고 고전적 건축의 대칭을 그려낼 것이다. 도르스Eugenio d'Ors는 어떻게 바로크가 괴상함(기상천외)과 사육제와 역설론에도 불구하고, 법칙에 복종하는지를 분명하게 제시했다. 이 법칙은 엉뚱하지만(상궤를 벗어났지만), 그것도 법칙이다! 바로크는 병리적 현상이 아니다. 그런데 바로크는 정상적 질병이다. 겉으로는 가장 재량 있는 우리의 [의식적] 작동은 문법학자가 예외들이라 부르는 것에 조금은 닮았다. 예외는 정의상 규칙을 부정한다. 그러나 또한 간접적으로 예외는 규칙에 상과 벌을 재가한다. 왜냐하면 예외는 필연적 체계와 연관해서만 "예외적인" 자기의 가치를 갖기 때문이다. 예외는 지성적인 친자관계[상하계통]의 연결에 의해 필연적 체계에 연결된다. 반항적인 예외들과 더불어 우리의 문법들은, 원초적 체계의 내부에서, 상대적으로 합리적인 이차적 지대의 체계를 나타나게 하는 "성운들"을 그린다. 이리하여 정신적 삶은 그 자신의 정합성의 노예이다. 그리고 마치 우리들의 이성이 우연[운수]를 위치화시키려는 작동 자체에서 그 이성이 그 작동의 잠재적 지성성을 암시하는 것처럼, 마찬가지로 비결정론자들은 절대적인 무차별을 생각할 수 있다. 비결정론자는 이성에게 이 절대적 무차별을 곧바로 상대적 정합성으로 회복하게 하며, 그러고 나서 이들은 절대적 무차별의 멍에[속박]을 약화시키고자 헛되이 시도한다. 쇼펜하우어가 낙관적 교육자들을 비판하면서 말했듯이, 인간은 "도덕

---

43. Leibniz, *Discours de métaphysique : Metaphysische Abhandlung*, 1686, § 6, 점(占, géomance)에 관하여.

적 제로0”가 아니다. 인간은 심리적 제로도 더 이상 아니다. 인간의 자유는 현재와 미래 사이에서 창조되는 착각적인 빈 것[무]로 이루어져 있지 않다. 그 자유는 반대로 충만과 연속성으로 이루어져 있다. 자유는 실체적이고 재량적인 창조가 아니다. 그럼에도 불구하고 자유는 새로움이다. 왜냐하면 자유가 살아왔던 경험들에서 길어 올리는데, 그 살아왔던 경험들이 수적으로 무한히 많은 것처럼, 자유가 상상하는 조합들은, 또 자유가 풀어내는 아라비아식 문양들은 근본적으로 예견불가능하기 때문이다. 가장 천재적인 음악가는 합의상으로, 음정들, 특별 편성들, 음표들, 자기 앞에 잘 현존하는 소리재료를 이용한다. 항상 새롭게 될 그 무엇, 그것은 음악가가 이 요소들 사이에 도입하는 질서이다. 데카르트가 〈제1성찰〉에서 관찰하듯이[44], “왜냐하면 진실로 화가들이 야릇하고 예외적인 도형들에 의해 사이렌들des sirènes과 사티로스들des satyres을 [괴물들을] 재현하기에 매우 인위적으로 연구할 때일지라도, 화가들은 도형들에게 전적으로 형태들과 본성들을 매번 부여할 수는 없으나, 오직 다양한 동물의 사지들의 어떠한 혼합과 구성을 만든다…”. 사실상, 베르그송의 창조는 무로부터 창조도 아니고 옛 요소들의 기계적 재배열도 아니다.[45] 그러나 그것은 모순적이게도 혁신적인 연속화 또는 창조적 진화이며, 연속적인 발명의 내재성이며, 선현존의 수없이 많은 충만한 것들 가운데서 항상 시작하는 즉흥성이다. 정신적 조합들의 “대년”grande année도 없듯이 음악적 조합들도 없다. 그리고 이 정신적 조합들을 다 써버릴 수 없을 정도로 무궁무진하게 성운들로 환원할 가능성 자체는 그것들의 부패할 수 없는 청춘을 증거한다. ─ 더군다나 온우연le Hasard은 생각할 수 있는 모든 질서를 넘어서 무질서의 절대적 한계인 한에서, 이번에는 인간화되었고[46], 목적론화되었고, 마땅히 지성적이 되어야 했다. 그리고 상관적으로, 비극적 잘못을 총합하는 것이 근본적으로 불가능하다는 온절망le Désespoir은 이번에는 희망을 재생시킨다. 마치 부조

44. 참조 : Pascal, *Pensées*, 1669, posthume, I, 단편 22. [이 주는 잘못된 것 같다. Descartes, *Meditationes de prima philosophia (Méditations métaphysiques)*, 1641, 제1성찰, p. 61(1842판 전집) ─ 옮긴이]

45. 참조 : PM 147.

46. MR 154~155.

리가 생성의 긍정성 속에서 무한히 정상화되었듯이, 마찬가지로 불행은 미래주의의 치료행위의 잠재력에 의해 소화[조절]되고 변형된다. 따라서 베르그송의 영웅은 낙관주의자일 뿐만 아니라, 라이프니츠의 현자처럼, 오히려 우선 그리고 특히나 즐긴다.

제2절 가능적인 것에 대하여

실재적으로는 질서만 있다. 이리하여, 무의 착각이 일으켰던 모든 절망적인 문제들이 사라진다. 이 문제들의 선두에는 셸링의 사색에서 매우 중요한 위치를 차지하는 또 라이프니츠의 도덕론이 매우 교묘하게 감추었던, 이 근본적 우연성의 문제가 있다. 베르그송은 거의 알려지지 않았고 경탄할 정도로 명철한 몇몇 쪽에서, 이 착각을 가능적인 것의 편견에 통합하는 연대를 제시하였다.[47] 사물들은 실재적이기 앞서서 가능할 것이다. 그리고 사물들의 가능적인 현존 안에서보다 사물들의 현실적 현존 안에 더 많이 있을 것이다. 따라서 사람들은 형식에 맞는 선결되어야 할 것에 대해 숙고함이 없이는 의지적 결단도 없다는 것을 전적으로 바란다. 따라서 우리의 문법들은 알파벳으로부터 구문론으로 간다. 우리의 논리학들은 개념에서 판단으로, 그리고 우리들의 심리학의 개론들은 감각으로부터 추억으로 간다. 경험은 개념들이 잠재적 판단들이고, 단어들이 함축된 구절들이고, 감각들이 태어난 추억들이라고 항의해 보아야 아무 소용없다. 사물들은 직선의 과정들을 따라갔고, 현실태로 말하자면 "많이" 현존하기에 앞서서, 잠

---

47. 옥스퍼드 대학의 회합에서 강연한[강연하기로 예고되었던] 'La prévision et la nouveauté'은 'Le possible et le réel'(1920, PM)으로 전개되었다. 참조할 것은 Leibniz, *De origine radicali rerum : De l'origine radicale de toutes choses* (De Rerum Originatione Radicali, 1697). 셸링에 관하여 말하자면, 그는 무(un Néant)에 대해 잘 말했다. 무는 플라톤의 표현에 따라서 존재(l'Etre)와 다른 것이지, 비존재(Non-Etre)는 전혀 아닐 것이다. 그러나 그는 이 무(ce Néant, μὴ ὄν)에 대해, 절대적으로 존재를 배제한 아무것도 없음(le Rien, οὐx ὄν)을 대립시킨다(*Darstellung des philosophischen Empirismus*, 1830, X, pp. 235~236, 282~285). 부정적인 것의 긍정성에 관하여, 칸트가 젊은 시절 호기심으로 쓴 다음을 참조 : *Versuch, den Begriff der negativen Größen in die Weltweisheit einzuführen*, 1763. Karl Wilhelm Ferdinand Solger, *Sein, Nichtsein und Erkennen*.

재태로 말하자면 "약간" 현존한다는 것이 정당하게 이성적일 수 있다. 우리의 정신은 자기도 모르게 완전의 관념에 의해, 형이상학적 의미에서 말하자면 존재의 양la *quantité d'être*의 이미지에 의해, 끊임없이 괴롭힘을 당한다. 마치 양이 변할 수 있는 것처럼, 마치 총체적인 면에서 파악된 존재는 질적인 면에서와는 달리 변했듯이 말이다! 아무래도 좋다. 사람들은 존재의 정량이 숙고하는 의지에서보다 결단적인 의지에서 더 적다는 것을 원할 것이다. 마치 라이프니츠의 신이 가능적인 것들 중에서 선택했던 것처럼, 사람들은 잠재적 작동들의 네거리[여러 갈래의 마주침]에서 자유재량을 스스로 재현[표상]하게 될 것이다.

그럼에도 사람들은, 베르그송이 가능적인 것을 어떠한 방식으로도 인정하지 않는다고, 말할 수 있을까? 이런 관점에서 논리적 가능성과 유기체적 가능성 사이를 구별하는 것이 일어날 것이다. 논리적 가능성에 대해, 사람들은 그 가능성이 아무것도 아니며, 또 그 가능성이 어떠한 의미도 없다고, 잘 말할 수 있을 것이다. 왜냐하면 가능성은 정의상으로 현실적이고 특별한 어떠한 경험의 대상이기 때문이다. 예를 들어 『지속과 동시성』이라는 책은 마치 허구적인 것과 지각된 것을 대립시키듯이, 이어서 가능적인 것과 실재적인 것을 대립시킨다. 다소 부풀려진 시간들, 동시성들의 분해들, 길이의 축약들은 물리학자가 문자 그대로 취하는 체하는 환상적인 잠재성들이다. 순간들이 잠재적 멈춤일 뿐인 것과 마찬가지로, 다른 말로 하면 순간은 현실적으로 아무것도 아니라는 것이지만, 그러나 만일 인위적으로 내가 시간을 어떤 곳에서 움직이지 않게 할 수 있다면 그 순간이 현실화될 수 있을 것이다. 수학la mathématique은, 그 수학이 어느 곳에서든지 또 어느 때든지 선택할 수 있는 이런 가능성들의 규정에서 특수화되어 있다. 결국에는 마찬가지로[48] 비결정론자들의 가능적 작동은 내가 행했던 어떤 것이 아니라, 단지 내가 **행할 수 없었을 어떤 것**이다. 가능적인 것은 어느 정도에서는 그 아무것도 아닌 것le Rien과 그 어떤 것le Quelque chose 사이에 걸터앉아 있는 애매한 존재이다. 그러나 논리적 가능성에서 그것은 중요시할 가치가 있는 그 '아무것도

---

48. DI 133~134.

아닌 것'이다. 가능적인 것은 아무것도 아닌 어떤 것이다. 가능성의 관념은 그 아무 것도 아닌 것이 현존할 수 있으리라는 것을, 어떠한 논리적이며 이론적 방해도 그것의 현존에 대립하지 않는다는 것을 단지 표현한다. 그러나 거기에는 허용이 있지, 약속이 있는 것은 아니다. 반대로 유기체적 가능성은 실재성의 실증적 약속[49]이며, 희망[50]이다. 그리고 그것은 헤겔의 황량한(사막 같은) 아무것도 아닌 것에가 아니라 셸링과 키르케고르[51]의 매력적인(견인하는) 아무것도 아닌 것에 닮았다. 이 아무것도 아님은 때로는 구체적인 것을 향한 도약이며 형식적 노력Nisus Formativus이며, 때로는 마치 밤의 침묵처럼, 신비적이고 풍부하고 깊이 있고 소리 나는 비규정[비결정]이다. 가능성은 이제 아무것도 아님이 아니라, 오히려 우리가 그것을 확신하듯이 [미래에] 있을 것이고, 그 실재적인 것의 문턱에서 각각은 각자의 먼 미래의 확신을 몸소 겪는 것이다. 가능성은 미래에 표현되는 것이지 잠재인 것이 아니다. 그것은 플라톤의 선언이 아니라, 생명이 자기 안감[이면]으로 향하여 취하는 진실한 참여이다. 이런 유類(왜냐하면 이러한 것이 진정한 이름이기 때문이다)는 논리적 가능성이 허락하는 거기에서 약속할 뿐만 아니라, 오히려 이제부터 유가 유지된다. 이런 이유로 사람들은 유[상위개념]이 현존하는 제로라 말할 수 있을까? 반대로 가능적인 것은 여기서 이미 어떤 것이며, 그러나 그것은 압축적 상태로 현존을 표상한다. 그 현존은 어른에게서 자유롭게 개화될 것이다. 역동적 도식은 완성된 작품이 아니라, 오히려 그것(가능적인 것)이 더 이상 아무것도 아닌 것이 아니라는 것이다. 그 증거는 그것은 어느 것이든지 예언하는 것이 아니라, 단지 규정되었던 그러한 작품이라는 것이다. 이것은 개별적이고 정확하고 예리한 가능성이다. 더 이상 아무것도 아닌 것은 추상 또는 유에 닮은 것이라기보다, 생명도약에, 미래의 희망들이 이미 잠들어 있는 원초적 단위(통일성)에 닮았다. 그만큼이나 사람들은 베르그송주의가 탁월하게 묘사한 이 모든 "태

---

49. EC 109.

50. DI 7.

51. 참조 : Kierkegaard, *Le Concept d'ironie constamment rapporté à Socrate* (Begriff der Ironie mit ständiger Hinsicht auf Sokrates, 1840)(학위논문), *Le concept d'angoisse* (Begrebet Angest, 1844) [쇠얀 키에르케고어, 『불안의 개념 / 죽음에 이르는 병』], *La pureté du cœur*.

어나는 상태들"에 대해 말할 것이다. 예를 들어 그러한 것은 어느 정도에서는 태어나는 우리의 자아라는 우리의 원초적 성격이다. 그리고 이 원초적 성격에서 베르그송은 경이로울 정도로 예민하게 "우리가 존재하기 시작했을 전부를, 즉 우리가 생성될 수 있었을 전부를" 포착하였다. 예리한 의식은 실재성 없는 가능적인 것들의 극단적인 밀도로부터 태어난다.[52] 그리고 마치 희망은 미래보다 훨씬 더 광대하다고 말하는 것처럼, 사람들은 행동의 어린 시절이 행동의 청소년 시절보다 훨씬 더 풍부하다고 거의 말할 수 있을 것이다.

사람들은 어떻게 베르그송주의가, 즉 유명론적이고 현실론적인 철학이 도식들에, 도약들에, 잠재적 행위들에, 그리고 애벌레적이거나[미숙하거나] 또는 태어나는 사유의 모든 형식들에, 매우 큰 자리[지위]를 만들어 줄 수 있는지를 자문해 왔다. 이 애벌레적 사유의 형식들은 무매개적인 지각에서 벗어나는 것 같이 보인다. 이제 사람들은, 유기체적 가능성이 현존하는 어떤 것이라는 것을, 완전한 어른의 정액의 잠재력[권능]들을 소유하고 있는 어떤 것이라는 것을 본다. 게다가 **직관**은 탁월하게 현실적이고 무매개적인 과학[학문]이 되기 위하여, 그래도 역시 무한하게 넓은 범위를 지닌다. 우리는 기꺼이 이렇게 말할 것이다. **본능**은 오로지 배타적으로 현실적인 것에 대한 과학일 뿐이다. 그런데 **지성**은, 어떤 가능적인 것들이 현존할 것인지를 자문함이 없이, 오직 가능적인 것만을 포착한다. 직관만이 현실적이 될 가능적인 것들을 인식하기 위하여 이루어졌다. 그리고 직관만이 잠재태에서 현실태로 이행의 정확한 순간에 잠재적인 것을 간파한다. 따라서 직관은 무매개적이고 개별적인 사물들에 대한 과학이다. 그러나 직관은 충력, 도약, 경향이 있는 도처에서 영향력이 있다. 이 경향은 실재 상으로 촉진제(욕구)이다. 또한 거기에 현재적인 것과 자료적인 것이 있다. 따라서 직관은, 사람들이 원한다면, 가능적인 것[잠재적인 것]으로서 실재적인 것에 근거한다. 그러나 그 가능적인 것은, 젊은 시절처럼, 삶의 조급함과 열정을 포함하고 있다.

따라서 베르그송주의는 잠재적인 것의 유명론, 역설적 유명론이다. 이 유명

---

52. EC 105, 157. [Une conscience aiguë naît de cette extrême densité des possibles sans réalité. 이 문장은 본문에 없는 것 같다. 저자가 조합하여 만든 것으로 보인다. ― 옮긴이]

론에 따르면 지속, 운동, 경향성 등은 예외–논리라 할지라도 개별적 인식의 대상을 만들 수 있다. 다른 한편 배아의 풍부함과 생명성은 존재 이유와 진화의 가치를 하락시키지 못한다. 진화는 우리가 잊지 않듯이, "창조적" 진화이다. 만일 베르그송이 무의 우상화에 근거하는 데미우르고스적 선입견을 파괴하였다면, 그것은 진실한 창조를 존경하기 위해서였다. 마찬가지로 우리는 그것을 보았듯이, 베르그송이 스펜서의 시간과 비결정론의 자유재량을 불신하였던 것은 순수 지속과 진실한 자유를 고양시키기 위해서였다. 만일 사람들이 인간적인 산업의 인위적 작업들에 따라서 창조를[발명을] 표상하기를 그친다면, 창조주의는 진리가 [진실이] 된다. 바로 이러한 의미에서 창조는 지속의 법칙 자체이며, 항상 완벽하고 항상 새로운 현존의 솟아남[출현]이다. 제작 작업은 창조 작업이 아니다. 그리고 지속의 연속적 혁신들 안에는 신적인 어떤 것이 있다. 이 어떤 것을 사람들이 예속적인 인간 형태적 지식의 제작 작업들 속에서 헛되이 찾으려고 애쓴다. 달리 말하면 배아는 성인에게 필수적인 모든 것을 포함한다. 그러나 그것으로 충분하지 않다. 선형성된 사물들을 배아는 아주 다른 언어들 속에서 표현한다. 즉 상호 함축과 생략하는 언어로 표현하다. 그럼에도 불구하고 어떤 이도 생략하는 만큼, 그만큼 간결한 말씀으로는 만족하지 못할 것이다. "일어나다(펼쳐지다, 생겨나다)"라는 용어를 우리는 자주 말하곤 하는데, 이것은 헛된 형식성이 아니다. **실재적인 것**은, 가능적인 것에 근거하여, 명시적으로도 개방적으로도 **현존한다**는 비교할 수 없는 우월성을 갖고 있다. 베르그송이 본능적으로 정당화하려 애쓴 것, 그것은 위기들이고, 중대한 모험들이다. 이 중대한 모험들은 생성에게 조정하고 진보하게 허락하며, 그 작동은 "마치 꽃에 근거한 열매처럼 모험들에 근거하여 진보하는"53 선행자들과 연관하여 항상 혁신하고 있다. 진실로 말하자면, 연속성의 내재주의적인 우리의 통찰은 우리에게 임무를 쉽게 행하게 하지 못한다. 왜냐하면 무엇보다 먼저, 생식기관la fructification보다 덜 예견불가능 한 것은 아무 것도 없기 때문이도다! 그러나 이것은 아마도 겉보기일 뿐이다. 하나의 학설이 있

---

53. MM 205. DI(161)은 미래 행위에 대해, 그것이 "실현되었던" 것으로 생각하는 것이 아니라 "실현할 수 있는" 것으로 생각된다고 말한다.

다. 그 학설에서 변화, 즉 창조는 영원히 침투할 수 없을 정도로 남아 있을 것이고, 그 학설은 의지적 사실에 대해 유치한 설명을 부여하면서 우리에게 그것을 이미 증명하였다. 이것이 증가들과 축소들의 철학이다. 관념에서부터 작동에까지, 관념이 끝나고 작동이 시작하는 것을 우리가 어디에서 말할 것인가?[54] 파괴연쇄[추리]acervus ruens의 소피즘le sophisme은 그 자체로 정신에게 제공된다.[55] 반대로 지속의 철학에서 변화는 이해할 수 없는 기적이기를 그만둔다. 얼마나 많은 "느낄 수 없을 정도의 변이들(미세변이들)"이 사람들이 말할 수 있기 위해서 축적되어야 하는지를 더 이상 자문하지 않는다. 여기에 새로운 구조가 있다. 증가는 연속적이다. 그러나 모든 변화는 갑작스럽다. 이리하여, 베르그송은『물질과 기억』마지막에서, 도입부의 이원론을 언급함이 없이, 기억과 지각의 먼 인척 관계를 발견할 수 있었다는 것이 회고적으로 설명된다. 나의 감정들의 각각은 소우주이며, 일종의 섬과 같은 제국이자, 자치[영역]이다. 그럼에도 불구하고 나의 지속은 이 모든 감정들을 서로서로 연속하게 하는 기적을 만든다. 나의 인격적 지속을 완성하는 것, 어떻게 창조적 진화가 그것을 행하지 않을 것인가? 그리고 왜 중첩된 평면들의 질적 차이는, 우리 스스로 그것을 깨닫지 못한다고 하더라도, 우리가 한 평면에서 다른 평면으로 연속적인 발전에 의해 이행하는 것을 가로막을 것인가? 게다가, 우리 사유를 속박하는 기억과 내재성의 봉투[숨겨진 것]을 해독한다는 것이 불가능하다는 것을 사람들은 보지[알지] 못한다. 점점 더 멀리 가보면『웃음』의 미학이 이것을 증거하고 있으며, 물질의 직관 그 자체와 순수 지각은 빈 의식 속에서 귀찮은 편견들과 추억들로 자리 잡게 된다. 이것은 새로운 젊음이며, 모든 사물들과 우리 자신들의 재시작이다. 조금 전에 정신은 자신의 고유한 기억으로 가득 차서 우리 자아의 상대적 무 속에서 질식하고 있었지만, 감각들은 더욱 생생하게 또 더욱 신선하게 솟아오를 것이다. 따라서 정신의 충만 속에는 새로움들

---

54. DI 161 [DI 158~159, Oe 139].

55. 이 난제는 이미 아리스토텔레스를 당황하게 했다. *Physique* 제8권(8, 263 *b*, 9~26)에서, 그는 변화란 미래와 연관 있는(21 : ἤδη τό ὕστερον) 조건에서만, 다시 말하면 다음의[전미래의] 시작에서, 즉 앞선 것의 마지막의 시작에서만, 생각할 수 있다고 말했다.

을 위한 자리가 있다.

이리하여 실재적인 것은 가능적인 것보다 훨씬 더 가치가 있다. 진화는 무용하지 않다. 왜냐하면 진화는 배아가 침묵했던 어떤 것을 말한다. 셀링이 말하듯 막중한 일은 스스로 삼가고 있다[자숙하고 있다]. 창조적 진화의 철학에 반대하여 말하자면, 본질적인 것은 사람들이 될(있을) 수 있는 모든 것이 될(있을) 수 있는 것이라는 것이다. 이 아래에서 창조적 진보는 사명la destination이며, 임무la mission 이다. 베르그송은 무의 우상과 목적론을 불신하였고, 그럼에도 가치들의 모든 극성極性을 고발하였다. 베르그송주의 안에도 또한 잘함과 잘못이 있을 수 있다. 생명의 상승에 반대되고 적대적인 어떤 "부정적" 경향성이 있다. 이런 경향성에 대해, 베르그송은 이 경향성이 "진실한 긍정성의 전도"이고 심지어는 "제거" 또는 "긍정적 실재성의 축소"라고 말하기를 두려워하지 않는다.[56] 물질은 중단이며, 현전이라기보다 오히려 부재이다. 사실상 서 부정 작업은 순수하고 단순한 무가 아니다. 『물질과 기억』에서 세 번, 베르그송은, 약간 수수께끼처럼 보일 수 있는 용어로, 물질이 "일종의 무화된 의식"이며, "모든 것이 평형을 이루고, 서로 보완되고 서로 무화하는" 의식이라는 것을 알렸다.[57] 물질 속에서 작용들과 반작용들은 자기들 사이에서 항상 서로 동등하기에, 서로서로 "돌출하는(불쑥 솟아나는)" 것을 막고, 서로 외통수[막다른 골목]에 있으면서도 상호 유지한다. 사람들은 물질의 무가치성(무용성)을 공기의 무게에 비교할 수 있으리라. 동등한 힘들은 모든 방향들에서 동시에 행사되어서, 상호적으로 무화된다. 그러나 잠재적인 중력과 잴 수 없는 절대 사이에는 커다란 차이가 있다. 이제서야 우리는 최소한의 불균형이 물질의 무게와 긍정성을 표출할 수 있다는 것을 안다. 이것은 마치 빈방의 기압이 공기의 무게를 드러내는 것과 같다. 마찬가지로 『창조적 진화』가 나중에 말하게 될 것이지만[58], 의식은 불균형의 효과에 의해서 또는 표상과 행위 사이에 불평등의 효과에 의해서 무의식으로부터 솟아난다. 무의식은 "전혀 없는" 의식이

---

56. EC 227, 229.

57. MM 245, 263, 278.

58. EC 156. 참조: EC 162.

라기보다 오히려 "무화된"의식이다. 그것은, 당신들이 원한다면 제로(영)이며, 그러나 아무것도 없는 것은 아니다. 사람들은 그것을 다음의 '이때에' 너무나도 많이 본다. 이때란 어떤 틈이 균형을 혼란시키는 때이며, 그리고 이때에 우리의 두뇌가 습관들을 습관들에, 메커니즘들을 메커니즘들에 대립시키기를 그치는 때이며[59], 물질성의 고유한 경향성들이 자유롭게 되고 우리가 그것들을 끌고 가는 때이다. 왜냐하면 두뇌작용의 역할은 이 행복한 무용성에서 ─ 정신의 개화에 아주 적합할지라도 ─ 물질을 정당하게 유지하는 것이었기 때문이다. 그러나 인간들은 그것에 속고 있으며, 이 무용성을 영원한 제로로서, 이 움직이지 않는 현실태를 순수하고 단순한 '아무것도 없는 것'으로서 간주한다. 거기에서 이 물질의 잔인한 보복들은 인간들에게 그들의 오류를 상기하게 하려 한다. 왜냐하면 "움직이지 않는 모든 것이 정지는 아니기" 때문이다. 따라서 사람들은 반생명적 원리의 절대적 부정성을 유보 없이 주장할 수 있다. 그럼에도 불구하고 베르그송은 어떤 면에서 이렇게 말한다. 즉 물질의 긍정적인 모든 면이 그의 고유한 저작들 안에서처럼 스스로 반성하는 지성에서부터, 그리고 신기루의 효과의 연속에 의해서 결과되어 나온 지성에서부터 온다. 여기에 진리가 되는 무le néant가 있다. 실제로 우리가 믿듯이, 이것(후자, 무)이 저것(전자, 진리)을 설명할 것인데, 베르그송의 물질은 **부정작용**(부정판단)*négation*이지 무néant가 결코 아니다. 우리가 알다시피 무＝무-의미이다. 그러나 부정작용은 무가 아니다. 부정작용은 다른 운동을 무화하는 운동이며, 다른 경향성을 무화하는 경향성이며, 활동적 저항이다. 부정작용[판단] 그 자체는 더 이상 부정적인 것이 아니다. 부정작용은 거절이며, 능동적 힘이다. 이처럼 의심할 바 없이 매우 유용하고 매우 긍정적인 역할이, 즉 이 저항이 이런 종들의 차이화 작업에서 행하는 역할이 설명될 것이다. 그럼에도 불구하고, 물질이란 생명의 전도(앞뒤 바뀜)인 셈이다. 이 정식은 ─ 여기서 물리학자들의 언어를 사용하기 위하여 ─ 베르그송주의가 좌표계를 채택했다는 것을 설명한다. 최종적인 베르그송주의는 생명의 관점에 위치되어 있다. 그리고 이때부터 물

59. EC 195, 199, 287. 참조 : Kant, 앞의 글 ; Schelling, XI, p. 104 그리고 XII, p. 185.

질은 거꾸로 된 생명인 셈이다. 물질은 생명이 만든 것을 해체하는 것인 셈이다. 절대주의가 아직도 매우 공공연하게 선언되지 못한 『물질과 기억』 안에서, 사람들은 꿈이 어떤 것의 축소라고(사람들이 지각의 관점에서 위치했을 때), 또는 물질이 지속의 결핍과 저하라고(사람들이 기억의 관점에서 위치했을 때) 기꺼이 말할 수 있을 것이다. 이제는 우리가 결단을 한다. 우리는 기계적인 질서에 반대하여 생물학적 질서의 측면에 처해 있었다. 새롭게 하나의 질서와 하나의 무질서가 있다. 『도덕과 종교의 두 원천』 안에서는 목적성이 더 이상 정열적이지 못한다.

이것은 목적론의 우상숭배인데, 이 우상숭배만은 거부해야 한다. 진화는 그 진실한 정향방향(사명)sa destination을 재발견하는데, 그럼에도 거기에는 진보가 무엇을 원하는지를 찾아야 할 것이 없다. 큰 빈틈이 수단들과 목적 사이에 없듯이, 원인과 결과들 사이에도 없다. 의지, 창조적 진화, 개방된 윤리학이 얼마나 충만 가운데 행해지는가! 이 점에서 베르그송주의가 스피노자에 결부되어 있다. 알베르 띠보데는 자신의 진술에서 가장 명석한 장들 중의 하나에서 거기에 속지 않고 있다.[60] 우리는 이점에 관해서, 베르그송은 그 자신이 아마도 스피노자주의의 직관들[61]을 항상 정당하게 하는 것은 아니라고 감히 말할 것이다. 스피노자가 말하듯이 존재하는 모든 것은 영원한 필연성 덕분이다. 정삼각형에서 변들의 동등성의 기원과 목적을 찾는 것이 부적합한 것과 마찬가지로, 언제 자연이 현존하기를 시작하는 지라고 자문하는 것도 또한 부조리하다. 사물들이 다소 완전하다고 하는 것은 우리의 인간적 필요들(인간적 용도)[62]과 연관에 의해서이다. 자연의 완전을 절대적으로 말한다는 것이 반박될 수는 없다. 왜냐하면 자연의 완전은 그것의 잠재태 또는 덕목(탁월성)과 동일하며[63], 이것은 필연적이고 무한하기 때문이다. 확실히 스피노자에서 지속과 생명이 중요한 것이 아니라, 수학이 즉 **보편수학**(목적에 대해서가 아니라 도형의 본질과 성질에 대해서 전념하는 **수학**이 인

---

60. Albert Thibaudet, *Le Bergsonisme*, 1924 (2권), t. I, p. 138.
61. 참조 : Baruch Spinoza, *Éthique*, 1677, 제1부, 부록(36명제 다음에) [B. 스피노자, 『에티카』].
62. [옮긴이] Spinoza, Ethique, IV, 명제 59의 주석(scholium).
63. 참조 : Baruch Spinoza, *Éthique*, 1677, 제2부의 서문 [B. 스피노자, 『에티카』].

간들에게 진리의 다른 규칙을 제시하지 못했다면)이 중요하다. 그러나 베르그송에 따르면, 영혼의 사물들에 대한 진실한 매개[중재]는 변증법적 문제들을 흩어버리기에 충분하다. 스피노자의 **보편수학**은 이 변증법적 문제들의 벌떼를 정확하게 몰아낼 운명에 처한다고 누가 보지 못하는가? 기하학적 존재들이 우리를 이해하도록 준비하는 것, 레온 브랑슈비끄의 표현에 따르면[64], 이것은 "잠재성의 그림자들 안에서 스스로를 끌고 가기를 거부하는 과학의 우주[세계]이다. 빛으로 그리고 현실태로 밝히는 과학의 우주이다…." 사람들이 [여기에] 첨가할 수 있듯이, 우리는 방정식들과 도형들을, 마치 생명처럼, 무한한 충만함과 대립시킨다. 어느 곳에서도 논리학은 거기에서 최소한의 빈 것을, 최소한의 희박화를, 우리가 해소하려는 난문제들을 가능하게 해 주는 "완전"한 눈금 매기기la graduation를, 또는 존재의 양의 눈금 매기기를, 발견하지 못한다. 그런데, 유사–철학자들les pseudo-philosophes은 목적성의 미신을 믿게 하기 위하여 이런 종류의 빈 것을 필요로 한다. 스피노자가 그들이 필요로 하는 그런 생각을 가지고 있다고 믿듯이 선과 악, 미와 추, 질서와 무질서, 덕목과 죄과 등에 상대적인 모든 편견들도, 모든 불평들도, 우리의 항의들도, 우리의 찬사들과 비난들에 대해서도 마찬가지이다. 따라서 우리는 마치 바보들처럼 [유사–철학자의 생각을] 인정할 것이거나, 또는 기상천외하다며 몹시 싫어할 것이다. 따라서 우리는 바보스럽게 기적을 믿고, 우리가 "인간적 신체의 제작"을 깊이 있게 파고들자마자 초자연적인 기예[기술]l'Art를 불러일으킨다. 이 행복한 놀람 ─ 쇼펜하우어의 "목적론적 찬탄"인데 ─ 은 우리의 상상 속에서 자기 원천을 갖는다. 이 상상은 두뇌의 감화 작업에 합류되어서, 그리고 바로 그런 결과로 불연속성의 인간중심주의 관점에 또한 연설적인[설교적인] 안티노미들의 인간중심주의 관점에 예속되어 있다. 직관의 철학자[베르그송]에 앞서서, 기하학적 질서의 철학자[스피노자]는 **질서 대 혼동**이라는 대립의 상대성을 강조하였다. 확고하게 두 사상가는 질서의 관념을 우리 정신의 주변적 부분에 연관시켰다. ─ [이렇게 연관시키는 의식 작용은] 즉 스피노자에게서는 상상이며, 베르그송에

---

64. Brunschvicg, *Le Progrès de la conscience dans la philosophie occidentale*, t. II, 1927, p. 684.

게서는 공리주의의 지성이다. 상상은 언어의 도식주의에 매료되어 유일한 현상을 분절한다. 이 현상은 드라마틱하고 불연속적인 사건으로 되어 있는 세계의 역사이다. 상상은 정신의 충만을 몹시 두려워하며, 충만을 빈 것들과 단절들에 의해 바람 쐬게 한다. 상상은 모든 사물에 시작^{un commencement}과 끝을 할당한다. 상상은 창조주의자이자 종말론자이다. 반대로 스피노자의 무감동적인 우주에서 베르그송의 질^質화된 우주로 이행하기 위하여 행해야 할 변환만이 있다. 양자는 개념들의 무로부터 정신의 충만으로 방향을 바꾸게 된다. 양자는, 맹목적 광신자들이 바보들처럼 찬탄하는 거기에서 과학자로서 이해하도록 우리들을 초대한다.

그럼에도 불구하고 삶(생명)은 이 세상에서 소명이다. 그것(생명)의 임무는 물질 속에 자유를 개입하는 것이고[65], 정신의 도래를 준비하는 것이다. 이 임무가 방향성을 지닌 베르그송의 진화와 스피노자주의를 대립시킨다. 그것은 놀라움들로 가득 찬 풍부한 역사이다. 그 역사가 곧바로 그 목적(끝)을 곧장 뛰어넘지 못하였다면, 사람들은 역사에게 어떠한 목적도 할당할 수 없을 정도였을 것이다. 우리는 이제 겨우 한 프로그램의 분명한 한계들 속에서 역사를 틀에 넣기 시작하고 있다. 역사는 이미 저 너머에 있다. 티크^{Johann Ludwig Tieck}와 프레데릭 슐레겔에게서처럼, 비합리적 힘들은 생명의 도취적(디오니소스적) 도약을 억제하기를 시도하는 합리적 형식들을 깨뜨려 버리게 한다.[66] 그러나 이것은 모든 프로그램을 반대하는 의지만큼이나, 모든 틀을 부수기 위한 노력만큼이나 그래도 프로그램이 아니었을까? 그것이 순수 변덕이 아니라는 것을, 그리고 전혀 듣도 보도 못한 부조화[불협화음]에서도 귀는 또한 화음의 질서를 발견할 줄 안다는 것을, 우리는 기억한다. 진화의 우연성은 지성성의 냉혹한 법칙을 피하지 못한다. 만일 생명이 엄격한 필연성의 형식들 속에서 유지되지 않는다면, 적어도 생명의 예견 불가능성은 예견 가능할 것이다. 이리하여 눈은 관점을 향해서 나간다는 것을,

---

65. EC 105, 125, 137, 148, 197, 267, 273, 286, 288. ES 13. 참조: Guyau, *L'irréligion de l'avenir, étude sociologique*, 1887, p. 437: "우리가 원인에 대해 아주 안전하게 주장할 수 있는 것, 그것은 생명의 진화 자체에 의해서 생명이 의식을 생성하게 하는 것이다: 생명의 진보는 의식의 진보 자체와 뒤섞여 있다."

66. Féodor Steppoune, 'La Tragédie de la création', in: *Logos*, russe, 1910, I, p. 171.

정신은 자기가 함께 거주해야만 하는 매우 무거운 신체를 속이고 모르는 체하려 한다는 것을, 우리는 안다. 신체와 두뇌의 현존은 우리에게 진화의 경탄할 만한 것과 정신의 숙명을 감각적으로 느끼게 한다. 우리는 심지어 겉보기에 정신은 아주 다른 길들에 의해 자기의 해방을 확신할 수 있었을 것이라 여긴다.[67] 시각적으로 보기에, 홀로 중요한 상위 목적이, 그리고 모든 것이 희생되어야만 하는 상위 목적이 있다. 생명이, 자신에게 아무 소용이 없는 또 생명 자신을 각 발자국마다 죽음의 위험에 놓는, 물질을 가지고 고려했던 것은 필연적이 아니었다. 물질은 현존하지 않을 수 있었고, 심지어는 현존하지 않아야 했을 것이다. 형이상학적 벌이 우리에게 어떤 죄에 해당할까? 거기에 스피노자주의에게 불가사의한 베르그송적 감정을 대립시키는 급진적 우연성이 있다. 창조적 진화는 우회이다. 그 우회는 물질에 의해 무거운 짐을 진 생명성이 취해야만 했던 것이다. 진화는 신체로부터 우리를 치유하게 하는 데 소용 있다. 진화는 함정들 가운데서 자유로운 정신을 회복하는 것이고, 물질의 불합리한 참석(현전)은 끊임없이 자유로운 정신의 도래를 느리게 한다. 물질은 인간적으로 설명되지는 않는다. 이 짐으로 괴롭힘을 당하는 생명은 그 짐을 스스로 가볍게 하고자 믿을 수 없을 정도의 천재성을 사용한다. 그 짐을 미화하는 덕분에, 우리들의 작동들은 그 짐이 정신의 기관 자체가 된다는 것을 끝내 믿게 만든다. 그러나 왜 그러한 재능이 그러한 장애물들을 극복해야만 했는가? 거기에 철학이 더 이상 대답할 수 없는 문제가 있다 : 종말론은 자기의 위치에서 이 질문에 대답할 것이고, 이 종말론과 더불어, 종말론이 고양시킨 감동과 기도가 이 질문에 대답할 것이다. 바로 거기에 베르그송주의가, 스피노자주의처럼 신의 지적인 사랑에서가 아니라, 광적인[folle] 열렬한 희망[환희] 속에서 완성되는 이유가 있다.

◇◆

베르그송이 거기에 이르렀던 것처럼 사람들이 생명의 조작 속에 침투할 때, 바로 여기에 사람들이 발견하는 무엇인가가 있다. 생명은 충만 자체처럼, 연속적

---

67. 진화의 급진적 우연성에 관하여 : EC 111, 113, 그것은 "진보"(progrès)의 문제이다.

총체성처럼 나타난다. 이 총체성 속에서 감관들에서 오는 새로움들도 우리의 고유한 창조적 작동들도, 우리의 정신적 경험의 나머지와 융합되지 않고서는 자리 잡게 되는 데 성공하지 못한다. 말하자면, 우발적으로 얻어진(감각적인) 자료는 정신에게 결코 완전히 초월적이 되지 못할 뿐만 아니라, ― 왜냐하면 무질서는 우리에게 상대적으로만 배열되어 현존하기 때문이고, 왜냐하면 만일 단어들이 가설적으로 이미 의미가 있지 않는다면 그 단어들은 사유를 제작하지 못하기 때문이다:또한 말하자면 내가 자아 자체에도 결코 완전히 초월적이지 못하기 때문이다. ― 왜냐하면 나의 원圓함은 나의 과거의 진액(활기)만으로 살기 때문이며, 그리고 왜냐하면 자유 작동은 내가 나의 "영혼 전체"와 함께 하기를 바라는 작동이기 때문이다. 무의 무를 입증하기 위하여, 베르그송이 실현하고자 시도한 심정적 허구[가상]은[68], 경험적 철학에 의해 18세기에 신뢰를 얻은 제작적 신화들의 정확한 **전복**이다. 이 경험적 철학이란 백지의 철학이며, 또한 꽁디약의 "조각상"의 철학, 순진무구한 야생인의 철학, 그리고 선천성 맹인의 철학이다. 베르그송은 로빈슨류의 모험 이야기들로부터 읽을 수 있는 인위성을 좌절시키고, 흰 종이 위에 초기 기호를 실재적으로 쓰는[그리는] 모조품의 무능을, 그리고 황폐한 섬에서 실재적으로 식민하고자 하는 모조품의 무능을 증명한다. 충만함의 철학은 도덕적 나체주의를 거짓이라고 반박한다. 스피노자에서와 마찬가지로 베르그송에게서도 필연은 충만을 의미한다. 그리고 자유란 자신의 고유한 풍요로움으로부터 감옥에 갇힌 자아의 중심적 숙명과 다르지 않다. 확실히 베르그송은 모든 유명론 철학과 마찬가지로, 각각의 사유는 현재하고 있고 개별적이라는 것을 선가정한다. 그러나 사유는 사람들이 지각할 수 없는 것을 생각하게 하는 성향처럼, 정확하게 우리에게 주어지고, 또한 절대자를, 완전히 다른 질서를, 경험과 메타경험의 접점에서 한계의 경우를, 결국에는 무를, 마치 사유할 수 있는 성향처럼 정확하게 우리에게 주어진다. 이 사실에서 베르그송 자신은 직관을 가지고, 인간이 자기 유한성의 바닥[심층]을 파고든 거대한 돌파구(통로)를 인정하지 않는가? 그

---

68. EC 301과 그 이하.

리고 영웅적인 희생이 영웅을 자기 존재의 지도리들을 밖으로 뽑아내지 않는가? 그 바탕에서 베르그송에게는 자기 전 생애에서 단 하나의 적만이 있다. 그 적은 칸트의 선천주의l'Aporiorisme이라 불린다. 아니다, 「형이상학 입문」의 저자[베르그송]은 "심리학주의"의 포로로 남아 있지 않았도다!

회의주의의 가능성 자체는 메가라학파 논쟁의 유사-문제들과 더불어 사라진다. 생명의 철학은 확신들로 가득 차 있었다. 이 철학은 마치 슐레겔이 그것을 잘 보았던 대로, 명증함들의 중심 자체에 있다. 가능성의 그림자가 목적성, 무질서, 무차별의 착각적 시각을 생성하는 그 우주에 침입하는 순간에, 아마도 사물들은 사물들이 [현재] 있는 것과 달리 있을 수 있었을 것이라는 관념이 우리에게 온다. 그리고 마치 형이상학이 틀림없이 가능적인 것을 만들 권리가 있는 것처럼, 심지어 왜 온존재가 아무것도 아닌 것이라기보다 오히려 있는가라고 우리 스스로 자문한다. 우연성은 그리고 우연성과 더불어 의심은 제작적인 거짓 전망과 동시에 주어진다. 왜냐하면 만일 존재가 더 큰 것과 더 작은 것을 허용할 수 있다면, 존재는 똑같이 영을 허용할 수 있다는 것도 분명하기 때문이다. 틀림없이 그 자체인 것(본질)의 문제는 제작작업의 용어로 제기되는데, 그때에는 그 문제가 단지 순간적인 흘낏 보기(구경하기)에 알맞게 되어 있었다. 기하학적 질서의 철학자는 그 자신도 또한 회의주의가 항상 목적론의 행렬[꼬리 달기]를 이루고 있다는 것을 이해했고, 그리고 우리가 모든 현실적인 충만 안에서 실증성을 사유한다고 할 때, 관념의 진리는 전혀 반대로 현존의 실증성 자체일 뿐이라는 것을 이해했다.[69] 따라서 스피노자는 사람들이 의지, 욕망, 사랑, 후회라고 부른 절대적 능력을, 그리고 불확실한 생성자들이지만 거짓관념으로 실증적 존재를 만드는 절대적 능력을, 형이상학적 허구fictitiae entia metaphysica[70]로서 간주했다. 데

---

69. Spinoza, *Éthique*, 제2부, 명제 32, 33, 34, 35, 43과 주석, 47 주석, 48 주석, 49 주석(제2부 결론) [B. 스피노자, 『에티카』]. 참조 : 명제45의 주석 : "현존의 본성"은 추상적 성질이 아니고, 그 본성(자연)은 전적으로 필연성이며 충만이다. 참조, 제1부 부록. 「가능적인 것과 실재적인 것」(PM) 속에서 가능적인 것에 대한 베르그송의 비판을 비교해 보라.

70. [옮긴이] "præter entia Metaphysica, sive universalia." 스피노자, 『에티카』, 제2부, 명제 48, 주석.

카르트[71] 그 자신은 무에 내속되어 있는 심정적 모순으로 지적 경험을 만들었다. 게다가 그[il]는 자기 방식으로, 부정이 긍정보다 훨씬 더 풍부하고 더 충만하게 고려[참작]되어야 하는 베르그송의 역설[72]의 심층[깊이]를 측정할 수 있었다[있었을지도 모른다]. 첫째 확인이 정확하게 솟아나는 것은, 즉 진실로 동시대인 사유 자체의 내밀함은 근본적[급진적] 의심으로부터이다. 마찬가지로 소크라테스의 무지는 긍정적 지식이다. 그리고 키르케고르의 아이러니는 가장 신중한 좌표 체계들 중의 한 체계로 환원된다. 베르그송주의는 근본적 순환논리의 오류를 한 번 더 명증하게 밝혀 놓았다. 그리고 일종의 관대한 이기주의는 생명에서 생명으로 연쇄 연결되어 있어서, 이 명증들 한 가운데에 우리들의 정신을 잠기게 한다.

왜냐하면 사람들은 질서로부터 나올 수 없기 때문이다.[73] 거기에서 그것은 어느 정도로는 메가라학파의 난문제들의 반대편에 있다. 우리는 볼 수 있는 실재성들 속에 잠겨 있어서, 눈을 뜨는 것으로도 충분하다. 그러나 눈을 떠야만 한다. 정신은 플로티누스의 찬탄할 만한 말투로 본다면, 항상 정신 그 자체에 현재하고 있다.[74] 따라서 생명의 철학은 "현실적인" 철학이다. 오래전부터 사람들은 베르그송의 사유와 버클리 사유를 접근시킨 형제애를 주목했다. 그리고 동등하게 유명론자이며, 무의식적인 추상작업들에 똑같이 적대적인 두 철학자들이 어떻게 상위 구조들의 — 체험을 불편하게 하는 상위 구조들의 — 무매개적인 체험을 순수하게 하기 위하여 일치하고 있는지를 주목했다. 사람들은 부재를 회상한다. 그러나 사람들은 현전하는 것들만을 지각할 뿐이다.[75] 따라서 모든 관념은 필연적으로 현존하고, 의식에 참석[현전]하고 있다. 또한 베르그송주의는 자연적으로 긍정적이다. 의문을 만드는 것은 망각이며, 자명한 것은 추억이다. 불멸의 영혼을 추정하

---

71. [옮긴이] 왜 스피노자가 아니고 데카르트일까? 다음 문장의 그(il)는 데카르트가 되는데, 뭔가 꼬인 것 같다.
72. EC 310. 참조 : 데카르트의 「형이상학적 성찰의 제1성찰」로부터 이미 인용된 원문을 참조하라.
73. EC 396.
74. Plotin, *Ennéades*, I, 4, 12 ; I, 8, 2 ; V, 3, 9. VI, 9, 5 [플로티노스, 『플로티노스의 엔네아데스 선집』].
75. EC 305 ; MM 264.

는 무의 부정자는 말하기를 좋아했다. 증거의 부담은 아뇨^{non}라고 말하는 자들에게 책임을 돌린다.[76] 왜냐하면, 적극적 경험만이 셀 수 없이 많은 부정[명제]들보다 훨씬 더 무한히 많은 증거가 된다.

그러나 특이한 숙명은, 자기의 크기가 긍정되는 작동 자체 안에서 정신이 자기의 고유한 소멸에 휴식 없이, 작업하기를 원한다. 진화는 이런 비극을 요약한다:즉 생명은 온전하게 되기 위하여 가능적인 것으로 나와야 한다. 왜냐하면 실재적인 것보다 더 가치 있는 것은 없기 때문이다. 그럼에도 불구하고 생명은 모험들을 향해 달려나가기를 완전히 잃어버렸다. 생명은 종들 사이에서 곧 분할될 것이고, 각각의 발자국을 스스로 부정하게 될 것이고, 물질의 유혹들에 굴복할 것이다. 마찬가지로, 우리의 의식을 자유롭게 하는 기억은 항상 의식을 부정하는 관점에 근거한다. 기억은 자연적으로 그리고 연속적으로 회고적이다. 그리고 최고의 아이러니는 이런 회고성이 없이는 표상도 아니며, 인식도 아니며, 과학도 아니다. 기억은 의식 주위에서 빈틈의 구멍을 파고, 즉 객관성의 첫째 조건인 비어 있는 문젯거리를 깊이 판다. 왜냐하면, 대상들은 우리의 현재로부터 어떤 거리에서 항상 투사되어 있기 때문이다. 그러나 마치 기억이 여가와 예견의 기관인 것처럼, 그 기억은 또한 헛된 후회들의 근원이다. 기억은 영속적으로 생명을 **지체하게 하면서** 우리를 자유롭게 한다.

문화의 최고 아이러니에 반대하여 하나의 방책이 현존하는가? 정신의 기능은 모순을 피하는 것이 아니라, 반대로 모순을 해결하기 위하여 모순을 전적으로 생생하게 받아들이는 것이다. 과거의 고정관념과 미래의 우연들 사이에는 항상 동시대적인 사유 그 자체를 위한 자리가 있다. 바로 이런 사유는, 그 사유가 필수적 진리일 수 있었을 것이라고 스스로 속기를 바랐을 것이다. 우리들 주위에 그리고 우리들 속에는 순수 사실들이 있을 뿐이다. 사실상 순수 사실은 하나의 불가사의이다. 그러나 만일 신비주의가 무엇보다 순수 사실의 재인식이라면, 사람들은 베르그송의 철학이 단어의 경험적 의미에서 신비적 철학이라고 주장

---

76. ES 59.

할 수 있다. 그 신비주의는 어떤 의미에서 실재론 이외 다른 것이 아닐 것이며, 다시 말하면 신비주의는 사실들 앞에서 오성의 굴욕(창피)일 뿐이다. 『도덕과 종교의 두 원천』에서 베르그송은 성녀 테레사에게 호소하고 있고, 『물질과 기억』에서 임상의사들에게, 『창조적 진화』에서 생물학자들에게 호소한다. 직관은, 우리에게 현존하는 것에게 그리고 순수한 [외적] 자료에게 쾌히 승낙하게 허락하는 지적 겸손을 우리들로부터 요구하지 않는가? 운동, 성질, 자유 작동 등은 동기를 해명하는 데 계산들[여러 고려들]을 더 이상 하지 않는다. 마치 "상식"의 철학에서처럼, 우리의 증빙들의 공인(봉헌)을 기다리지 않고서 그것들의 유일한 현전[출석]에 의해서 정당화되는 것은 무매개적이고 환원할 수 없는 자료들이며, 순수하고 독창적인 사실들이다. 이때부터 그 어려움이란 [외적] 자료를 정당화하는 것이 더 이상 아니라(철학자는 그 자료를 자신에게 그의 자격을 부여함이 없이 수용한다), 오히려 그 자료를 재발견하는 것이다. 정신 그 자체는 영속적으로 인식히는 작동 속에서 거북하게 여긴다. [정신은] 자기 자체와 일치시키기 위하여 스스로 회상할 줄 알아야만 하고, 또한 망각할 줄 알아야 한다. 망각은 젊어짐un rajeunissement이다. 결단들을 보다 더 장엄하게 하는 것, 색깔들을 보다 생생하게 하는 것, 멜로디들을 보다 더 감동적이게 하는 것이 망각이다. 만일 우리가 망각할 수 있다면, 우리가 깊이 탐구할 수 있다면, 우리가 가능한 행동들에 관해 사건 이후에 추론할 수 없을 것이라면, 그 저작들의 저자들에 대해 이미 우리가 아는 것에 따르면 우리는 작품들을 판단하지 못했으리라. 그리고 사물들에 대한 우리의 분명한 관점은 신중하지 못한 정당화들에 의해 가로막히지 않았으리라. 그러나 망각의 기술은 모든 기술들 중에서 가장 미묘한 것이다. 왜냐하면 "아름다운 사물들은 어렵기" 때문이다. 우리는 완성된 사물들 속에서 살아가는데, 그 사물들은 우리에게 재구성들을 다시 하게 하는 즐거움을 준다. 우리는 제작적인 유혹에 저항하지 않는다. 우리는 사유들을 만들기 위하여 단어들을, 작동들을 만들기 위하여 동기와 동인들을, 생명을 만들기 위하여 해부학적 요소들을 끌어모은다. 마치 메피스토펠레스가 초등학생에게 말하듯이, 유감스럽게도 **정신적 연계**le lien spirituel 이외에 부족함이 없도다!

제7장

단순성,
그리고 환희에 대하여

단순성이 얼마나 사랑스러운지, 이 단순성!
누가 나에게 줄 것인가!

페늘롱,『크리스트교의 완전함과
도덕의 다양한 관점에 관한 견해와 입문』, NO 40

제1절 단순성에 대하여

사람들은 베르그송이 『도덕과 종교의 두 원천』에서 예언자들과 설교가들의 음색(말씀)에 관해 설교한 단순성의 회귀에 대해 그렇게 많이 놀라지는 않는다. 충만의 유명론 전체는 우리들을 정신집중에, 그리고 동시에 위대하고 순수한 단순화에 초대한다. 이 단순화에 의하여 유사–철학의 환상들은 사라지게 된다. 『의식의 무매개적인 자료들에 관한 시론』[1]은 **사실과 법칙**처럼 서로서로 대립되는 두 종류의 단순성을 구별한다. **하나**는 자연적으로 **첫째**이며 권리상으로 마지막이다. **다른 하나**는 사실상으로 마지막이며, 관념적으로 **첫째**이다. 왜냐하면 의식에 의해 바른 방향으로 살았던 **계보학**적 질서는 거꾸로 거쳐 간 **논리학**에서와는 반대로 구축되었기 때문이며, 따라서 **연대기**[편년체 질서]는 한 번 살았었기에, 있어야만 했던 대로 **연역법**에게 양보되었던 대로 구축되었다. 이 전자들은 후자들을 통과하며, 결과가 원인이 되며, 파생물이 원초물이 된다. 역사적으로 **기원**과 관념론적으로 **첫째** 사이에서, 연관은 배아와 원리 사이와, 유기적인 가능성과 부정적 또는 추상적 가능성 사이와 동일한 것이다. 따라서 가장 단순한 것은 당신이 생각했던 [그런] 것이 아니다. 단순성은 두 종류인데, 때로는 요소적이고 추상적이며, 때로는 구체적이다. — 그리고 그것이 바로 오해의 근원이다. 이 오해의 근원은 심리학적으로 거의 모든 우선성의 논쟁[소송]들을 뒤죽박죽으로 만들었다. 한편으로 단순주의의 단순성은 스스로 다양화로 해체되면서 그리고 그 자체와 결합되면서 **복잡화**la complication [2]라는 무거운 건축물들을 세우고, 다른 한편으로 마치 본래적인 **복합성**la complexité처럼 단순le simple은 무매개적으로 주어진다. 왜냐하면 복합과 복잡은 두 가지이기 때문이다. 복잡하게 된 것은 다면체들의 다면체들, 유기화학의 분자들의 송이들, 원자론의 구성된 구조들이다. 또한 복잡하게 된 것은 의식을 의식하는 허구[거짓말]이며 또다시 이 의식을 의식하는, 이렇게 무한히 계속하는 허구이다. 결국 복잡하게 된 것은 연관들의 연관들, 매개 작용들,

---

1. DI 108(제3장 시작에서). 참조 : PM 223~225('L'introduction à la métaphysique').
2. 이것은 MM(60)이 말하는 추상적 단순성이다.

관계들, 상호관련들 – 추론된 로고스가 담당하는 이차적 잠재태의 상호관련들 – 이다. 사람들이 단번에 자리 잡은 모든 상황에서 앙리 베르그송이 요구하는 것은 **복합적 단순성**인데, 이 복합적 단순성은 일자와 다자들의 모순적 술어들을 재통합한다.[3] 훨씬 더 좋게 말하자면, 이 복합적 단순성은 모든 범주를 저 너머에 있으며, 단지 부정[신학]적 서술에서 정의할 수 있다. 통일성이기는커녕 오히려, 사람들은 통일성을 총체성이라 말할 것이다. 왜냐하면 유기체처럼 총체성은 개별성들을 언급하기 때문이다. 왜냐하면 총체성은, 길항관계의 힘들의 조화와 더불어, 종합의 모든 풍부한 내포를 가정한다. 종합을 구성하기 위하여 공현존의 내재성은 – 전체는 각 부분들 속에서 다시 살고 있으면서 – 계속의 내재성과 협력했다. 여기서 계속이란 기억에 의하여 과거를 현재 속에서 잔존하게 하고, 선형성에 의해서 현재를 미래에 예상참여하게 한다. 이 상호함축의 체제는, 마치 그것이 우리의 연속적 지속을 설명하는 것처럼, 마찬가지로 자유로운 결단으로부터 나온 창조적이고 예견 불가능한 새로움을 설명한다. 따라서 여기서 요소의 더 이상 자를 수 없는 **단순성**과 총체적 부분의 복합적 **단순성**이 마주하고 있는데, 이 총체적 부분은 자기에 제공된 가능한 한 무한 분할 자체에 의해서 분할불가능한 부분이다. 후자의 단순성은 다 소모할 수 없는 내포로서의 단순이며, 전자의 단순성은 "단순한 자연들"처럼 모든 혼합으로부터 순수한 한에서 순수이다. 이 후자로부터 사람들은, 단순화하는 추상작업의 그 마지막 한계terminus ad quem인 한에서, 그것이 부정적이라고 기꺼이 말할 것이다. 단순화하는 추상작업은, 그 단순성으로 마치 순수 물처럼, 무미하고 색깔 없고 향기 없는 요소를 만들기 위하여, 그 단순성을 그것의 모든 성질들로부터 차례로 껍질을 벗긴다. 반면에 첫째의 단순성은, 즉 **사물에 앞서 있는 단순성**[이데아의 단순성]은, 마치 역동적 도식처럼[4], 차이들의 모태la matrice이다. 이 단순성은 잠재적인 성질들로 자주 깜짝거리고, 훨훨 날아다니고, 번뜩거린다. 이 단순성은 빈약하게 되면서, 그리고 동질적인 것으로 되돌아

---

3. PM 189.
4. ES 186. 참조 : 직관의 구체적 단순성에 관하여, 'L'introduction à la métaphysique'의 마지막 부분에 있다.

오면서, 단순하게 "되지" 못하고, 오히려 이 단순성은 통합된 얼굴로 서로 침투되는 이질적 성질들의 얼룩무늬로[혼용으로] 단번에 단순하게 된다. 이리하여 플로티노스가 타당하다. 즉 단순성은 항상 기원이며, 원리는 항상 단순하다.[5] — 시초(시원)가 아닌 것은 단순하지 않다. 그러나 이 단순성은 대부분 알몸(노출)la nudité, — 원초적 흰색, 라모의 "폭군 같은"'tyran Ut — 이 아니며, 여기서부터 복합물이 나올 것이다. 이 단순성은 오히려 수축상태l'état d'involution에서 싹(움돋음)의 가능성이다. 즉 다양성의 초월적 선가정이 아니라, 오히려 자신의 밀도성을 더 크게 지니고 있는 다수성 그 자체이다.

따라서 논리적 계열은 살아왔던 질서가 끝나는 곳에서 시작한다. 그리고 하나의 시작l'alpha은 다른 하나의 끝l'oméga에 걸려 있다. 논리학은 생명의 되돌릴 수 없는 질서를 반대 방향으로 거슬러 올라가면서, 제작과정의 중첩할 수 있는 도식을 자기 위에 다시 포개지도록 전력을 기울인다. 그러나 논리학은 셀 수 없을 정도의 양을 나열하기에도, 소진할 수 없는 양을 소진하는데도, 또 차후에 지속의 무한소의 운동들을 재구성하는 데도, 이르지 못한다. [논리학에서는] 단순한 사물들을 단순하게 만들어야 한다. 말하자면 지속이 만드는 대로 행해야 한다. 지속은 미래화 작업의 기적에 의하여, 순간들의 우글거리는 연속성을 노력을 들이지 않고서 추진한다. 예를 들어 운동을 이해한다는 것, 그것은 운동을 모방하는 것이고, 그 운동의 방향에서 풍부하게 하는 것이다. 그리고 시노프 출신인 그 디오게네스, 즉 우리들의 영원한 상식인 디오게네스는 잔인한 제논에게 항상 침묵을 강요할 것이다. 각각의 인간에게 속해 있는 유제니오 도르는 엘레아의 그 인간을 "저주받은 철학자들" 가운데 줄 세우지 않았는가?[6] 조셉 드 메스트르가 말하기를 "사람들은 응답할 줄만 안다. 그러나 사람들은 걷는다." 니체는 『반시대적 고찰』에서 "길은 어디론가 나 있다. 묻지 말고 걸어라!"라고 썼다.[7] 그런데

5. Plotin, *Ennéades*, II, 9, 1 ; V, 3, 13, 16 ; V, 4, 1 ; V, 6, 3과 4. 단순(la Haplôse, ἀπλῶς)에 관하여 : VI. 9, 11 [플로티노스, 『플로티노스의 엔네아데스 선집』].

6. Eugenio d'Ors, *Du baroque*, 1936, p. 19.

7. Nietzche, *Schopenhauer als Erzieher* ; J. de Maistre, *Soirées de St. Pétersbourg*, 제10화.

엘레아 학자들과 율법학자들은 또한 어떻게 운동이 가능한지 자문하고, 그리고 자신들의 난문제들 속에서 난처하게 되었다. 아킬레스는 거북이를 따라잡고, 그리고 거북이를 넘어선다. 또한 베르그송은 우리가 아킬레스에게 말 걸 것을 우리에게 충고한다. 즉 아킬레스는 그가 어떻게 처신해야 하는지를 알고 있다. 그렇지 않은가?[8] 아킬레스와 상의해 보세요. 멜로디를 들으세요. 당신 스스로 선택해 보세요. 자크 마리땅[9]은, 그것은 응답이 아니라고 말했고, 인식한다는 것은 사유하는 것이지 행하는 것이 아니라고 말했다. 진실로, "행하는" 것이, 다시 행하는 것이 중요하다. 이런 의미에서 막스 셸러는 공감에 대하여, 공감이란 "재생산"이라고 말했고, 이와 같은 의미에서 포레-프레미에는 재창조에 대해 말했다.[10] 모든 반복itération은 이제 재창조이며, 말하자면, 창조적이고 둘째의 반복은 또한 첫째만큼이나 시작이다. 그런데 운동이란 재료의 측면에서, 우리들은 모두 발명가들이다. 하나의 사물이 있고, 거기에서 각자는 수완 있고, 독창적이며, 또 다른 창조자conditor alter이다. 이처럼, 내가 체험한 사랑은 - 디오티마의 에로스 - 늙은 새로움이며, 영원히 젊고 신선하고 그리고 연속적인 시작인 반복의 덕분에 아침과 같다. 여기서 '다시 산다'는Le Révivre 것은 계속 길어 올리는 실현과정이며, 이 실현과정에서 이차성과 일차성은 하나일 뿐이다. 게다가 만들어진 것(사실)은 저기에 있다 : 즉 운동들이 끝에 이르고, 다시 운행하는 것들은 뜻밖에 온다. 깜짝 놀란 관념론자는, 자기 손에 시간 측정기를 들고 있으면서, 항상 사건을 지각하는 관념론자는 왜 개념적 사색 작업들이 단숨에 먹어치우는지를 아직도 이해하지 못한다. 효과적인 변화는 사물들을 사로잡는다. 바디우스는 가설적이고 지시적이며, 수사학적인 개념들 속에 허우적거리면서 "자기 용어집 속에서 옴환자Galeux가 무엇인지 뒤Derrière가 무엇인지를" 아직도 찾고 있다.[11] 관념론은 용기가 부족

---

8. 'La perception du changement', in PM 22, 160, 그리고 164. 참조 : ES 2 : "길을 나서서 걷는다."

9. [옮긴이] 마리땅은 베르그송의 비판자이다. 나로서는 그의 비판서 『베르그송의 철학 : 비판적 연구』(*La Philosophie bergsonienne : études critiques*, 1913)로 인하여 베르그송의 저술들이 교황청의 금서목록에 올랐다고 생각한다.]

10. Philippe Fauré-Frémiet, *Pensée et re-création* (1934), *La recréation du réel et l'équivoque* (1940).

하다. 결국 우리는 운동의 단순성과 자유 작동이, 앞의 단순성과 공연적이 될 수 있는 다른 단순성 때문에, 또 정신의 비상 때문에, 베르그송이 직관이라 부른 지혜 즉 한꺼번에 쏟아내는 신지적인 지혜 때문에, 지식이 될 수 있다는 것을 이해하자. 만일 무한히 불합리하지도 모순도 아니라면, 무한은 쌍(짝수들)에 의해 판단되기를 원한다. 따라서 앙리 브르몽은, 시적 경험을 다시 行하면서[12], 클로델이 말한 대로, 그 자체로 원인의 역할, 즉 창조자의 역할을 하면서, 시적 경험을 해석해야 한다고 한다. 그리고 알랭이 직업職業에 대해 말할 때, 그는 브르몽의 시작詩作을 확정한다. 사람들은 직업을 시도하면서 배우는 것이지, 그것을 사유(생각)하면서 배우는 것이 아니다. 그런 것은, 예지작용이 무엇인가 속에서 동시에 들고 나는지를 설명할 것이다. 사람들은 벌거벗은 기호들로부터는 이해하지 못한다. 그 기호들이 이미 하나의 의미(그러나 이때에 예지작용은 이미 선가정되어 있다)를 갖지 않는다면, 그리고 또 사람들은 표현되지 않은 의미로부터도, 이 벌거벗은 기호들을 기호화[의미화]하기 위하여 단어들 속에 이차적으로 겨우 구현될 듯한 의미로부터도 이해하지 못한다. 사실상 아무것도 아닌 것으로부터, 사람들은 아무것도 이해하지 못한다. 그러나 베르그송은 사유의 주도적인 선행성을 그래도 부인한다. 그 사유에서 언어는 단순히 도구, 봉사자, 또는 수레일 뿐인 것이다. 사유에서 지도적이고 이데올로기적인 우선권은 항상 신화적인 어떤 것이다. 주지주의는 논리주의적이고 발화적인 이 원인들(?)에 기인하는데, 이 원인들을 말하기에 앞서서 생각해야 하고, 결정하기에 앞서서 숙고해야 한다. 그리고 베르그송 그 자신은, 형식과 내용, 본질과 현존, 가능성과 실재성이 구현하는 것 속에서 단번에 솟아난다는 것을 기꺼이 인정했다. 거꾸로 가는 원인성은 내려가는 원인성보다 덜 실재적이지 않으며, 전자의 원인성에 의해서 결과는 자기 고유한 원인의 원인이다. 그리고 제임스의 주변적인 이론은 주지주의만큼이나 이유가 있다. 이처럼 사람들은 말하면서 사유할 수 있고, 선택하면서 숙고할 수 있으며, 또는 그 시인처럼 시를 작성하면서 또 작성된 것에 의해서 시를 창조할 수 있도다!

---

11. Montaigne, *Essais*, I, 24 [몽테뉴, 『몽테뉴 수상록』]. ("속물주의(du pédantisme)에 대하여.")
12. Bremond, *Prière et poésie*, 1925, 서문, p. xii. 참조 : Alain, *Préliminaires à l'esthéthique*, p. 164.

시적 작동은 단선적인 관계가 아니라 상관관계의 상호성이다. 그 시적 작동에서 표현과 그 반대표현, 직접물결(파동)과 유도된 물결(파동)은 (서로) 간섭한다[증폭되기도 하고 소진되기도 한다]. 원심력의 도약과 반대급부[구심력의] 도약의 상호일치, 도약과 뒤로의 충격의 상호일치는 즉흥화하는 방식이 아닌가? 실천의 비합리성을 주목하면서 아리스토텔레스는, 습관l'habitude, ἔθος은 성향la disposition, ἔξις을, 또 마치 이번에는 성향이 훈련의 조건이며 질료의 형상이나 되는 것처럼[13], 생겨나게 한다는 것을 이미 알았다. 착하게 되기 위하여 품행을 바르게 해야 한다. 그러나 품행이 방정하기 위하여 이미 착해야 한다. 그리고 마찬가지로, 내가 두렵기 때문에 달아나고, 그리고 내가 달아나기 때문에 두렵다는 것도 동시에 진실이다! 시타르를 연주하면서 시타르 연주자가 되고, 그럼에도 불구하고, 시타르를 연주하기 위하여 이미 얼마간 시타르 연주자가 되어야만 한다. 말하자면 발견하기 위하여 찾아 애써야만 한다면, 찾아 애쓸 수 있기 위하여 이미 발견했어야만 한다! 파스칼은 고민 고민하여 찾는 자들을 위해 말하면서, 탐구(다시 찾기) 그 자체를 이외의 발견물의 첫 지표(표식)로서 생각했을 것이다. 그리고 르끼에가 자유의 탐구에 있어서 그 자신 또한 탐문은 이미 하나의 발견이라고 생각했다.[14] 진실로 총체성의 선행성은 예지작업에서나 행동에서 순환논법(악순환)을 이미 해결했다. 그런 점에 따라서, 지성은 발견하지 않고서 찾는데, 마치 바로 그런 점에서 본능은 다른 것을 결코 찾지 않고서 발견하는 것과 마찬가지로, 직관은 불안한 탐구[다시 찾기]와 즐거운 발견물의 기적적인 일치일 것이다. 사람들은 자신들이 소유하고 있는 것을 욕망할 수 있는데, 그것은 마치 사람들이 알고 있는 것을 배울 수 있는 것과 마찬가지이다. 전투적인 활동주의는 원(순환논법)을 부숴버린다.[15] 그 원은 탐문이기도 하고 동시에 첫 해결이기도 하다. 따라서 시작하는 것

---

13. Aristote, *L'éthique à Nicomaque*, II, 1103 *b*, 21~22 [아리스토텔레스, 『니코마코스 윤리학』]. ἐκ τῶν ὁμοίων ἐνεργειῶν αἱ ἕξεις γίνονται.

14. Pascal, *Mystère de Jésus*; J. Lequier, *La recherche d'une première vérité*, 1924, 1부와 3부. 참조: Plotin, *Ennéades*, V, 3, 16 [플로티노스, 『플로티노스의 엔네아데스 선집』]. 플라톤은 그 점에서 훨씬 더 도그마적(독단적)인데, 그는 사랑이란 사랑이 가지고 있지 않은 것을 욕망하며, 사랑은 그가 소유하고 있는 것을, 욕망하지 않는다고 한다.

이 중요하다. 그리고 연속화 작업을 위해 가치 있게 하는 기술적인 처방들은 시작을, 즉 르끼에가 말하는 대문자 시작을 위해서는 가치 없고, 게다가 우선적인 의욕함을 위해서도 가치 없다. 왜냐하면 사람들은 시작하기를 배우지 않기 때문이다Incipere non discitur. 또한 알랭은 시작하여 끝내야만 한다고 주장한다.[16] 작동(현실태)으로 이행의 기능을 상실했던 소심한 자들이 묻기를, '의욕(원)하기 위하여 어떻게 할 것인가?'라고 한다. 의욕(원)하기 위하여, 제기랄mon dieu, 마치 창조하기 위하여 창조해야 한다는 것처럼, 의욕(원)해야 한다 : 악순환이라는 원이 아니라 결단을 잘 내린 원이라는 것을, 즉 건전한 동어반복을, 특히 위험한 아름다움을 의욕해야만 한다. 자기원인la causa-sui 그 자체는 순환적인 왜냐하면un Parce-que에 의해서 제기된다. 왜냐하면, 누구나 질문에 의해서만 대답할 수 있기 때문이다! 마치 원리의 청원(선결문제 미해결의 오류)은 그 청원이 살고 있는 운동 안에서 해소되듯이, 마찬가지로 르누비에에 따르면 확실함은(신) 사유로운 선별 자체 안에서, 다시 말하면 작동 중인 사유의 훈련 안에서 성숙해 간다. 그리고 또한 운동이 애초에[처음에] 해결된 것으로 가정된 문제로부터[17] 명시적인 해결로 진행하는 것과 마찬가지로, 엘레아학파의 의심으로부터 질병을 낫게 하는 것도 마찬가지이다. 즉 그는 변증론이 운동을 가능하게 조립하기를 기다리지 않고 스스로 물속에 뛰어든다. 왜냐하면, 일단 효과 있게(사실상의) 이루어진 것은 [그 이전에] 하물며 가능했을 것이기 때문이다. 르끼에가 "자유를 주장하는 것은 자유의 작동이다"라고 말한다.[18] 자유를 찾는 르끼에도 또한 이미 자유를 발견했도다! 자유는 자유의 활동적인 작동에 의해서만 증거될 뿐이다. 자유란 자유 그 자체에 의해 시작하며, 자유를 말하면서 또 모험적으로 자유롭기를 선호하면서 자유롭게 자유 그 자체를 선택하도다! 자유란, 마치 운동이 기적적인 해결이듯이, 천재

---

15. EC 210. [원을 부순다 : 순환논증의 파괴는 해결점이기도 하지만 새로운 탐구(탐문)의 시작이다. ― 옮긴이]

16. Alain, *Préliminaires à l'ésthetique*, 1939, p. 191.

17. MR 78.

18. Jules Lequier, *La recherche d'une première vérité*, p. 138. 참조 : Renouvier, *Traité de psychologie rationelle*, II, pp. 110~111.

적인 즉흥실현이다. 그리고 만일 천재가 탁월하게 창조적 자유인이라는 것이 진실이라면, 사람들은 『도덕과 종교의 두 원천』의 저술이 영웅들과 위대한 발명가들에게 하게 한 것과 같은 역할에 대해 놀라지 않는다. 마치 베르그송주의 일반이 베르그송적으로 사유하듯이, 그리고 마치 사람들이 스스로 운동하면서 운동을 증명하듯이, 마찬가지로 자유란 체험되면서, 다시 말하면, 어떠한 종류의 번역들도 이전들도 없이 결심하면서 증거된다. 이와 같이 직관이 시간을 시간적으로 파악하였듯이, 마찬가지로 의지는 무상의 선별(채택)에서 "자동동기"로 확증된다. 고르디오스의 난문제들과 제논의 소심함은 자유 그 자체인 한판의 상냥한 자발성에 의하여 단번에 해결되었다. 간접적으로 문제적인 임의자유(임의재량)를 증명하는 대신에, 베르그송은 아주 단호하게 그리고 어떠한 앞선 것도 없이 자유의 무매개적인 명증성 안에 놀이(경기)의 입장을 취한다. 그러나 단순성은 모든 도제 수업을 배제하는 스스로 됨(무위)無爲, une grâce이다. 즉 : "이것에 대해 단지 말하기 위해서(라도) 이 스스로 됨이 있어야만 했을 것이다."[19] 따라서 누구나 선한 의지로 마음을 바꾸었을 때, 절대적으로 원한다는 것, 순수하고 단순하게 원한다는 것은 아주 쉽다. 짧게 말해 온원함le Vouloir 안에는 원하고도 원하는 수많은 이중화들이 갑작스레 축약되어 있다. 순환논법을 공인하는 정념화된 의도는 원하고도 원하는Velle Velle이라는 것의 끝없이 많은 핑곗거리를 끝장내고, 다시 말하면 위선적인 "원한다는 의지"를 끝장낸다. 이 위선적인 의지는 우유부단의 부재증명이며, 나쁜 의지의 부재증명일 뿐이며, 게다가 더 단순하게 말하면 의지의 부재증명일 뿐이다. 왜냐하면 사람들은 원하면서 원하고 있다 : 사실상ipso facto!

변증법에 의하여 설명되기에 앞서서 통상적으로 해결된 운동의 시동 걸기와 성공이 있는데, 이보다 더 단순하고 또 더 분명한 것이 무엇이 있겠는가? 우리의 행동에 관해서 단순한 것은 생명적인 조작에 관해서도 그만큼 단순하다. 여기서 끊임없이 조심성들과 주저들 속에 매몰되어 있는 제논의 의지결핍증에게 무한한 복잡화 작용을 찬양하는 목적론적 놀라움이 응답하고, 또 유기체들의 경이로운

---

19. Michelet, *Le Peuple*, II, 4 (그리고 7).

목적성이 응답한다. 사람들이 퍼즐에서처럼 요소들로부터 눈의 제작과정을 조작하는 것으로 재현할 때, 그 제작과정은 [도저히] 이해할 수 없는 것으로 나타나듯이, 그처럼 자연의 "걸작"도 사람들이 "전혀 다른 질서" 속에 단번에 자리 잡자마자, 단순하고 경제적(아낌)이 된다. 금속[청동]을 작업하여 형을 뜨는 유기그릇 제조인은 한 제품의 모든 조각들을 열 손가락으로 제작했던 것이 아니라 오히려, 그 제품은 [제철로의] 불꽃으로 단 한 번에 제작되었다. 사진사는 한 장면의 유사한 세부사항들 모두를 글자 그대로 실행했던 것이 아니다. 일단 장식과 조명이 선택되면 그는 음판을 제작해야만 한다. 마찬가지로 과자를 구웠던 제과자는 반죽으로 무한히 복잡한 모든 형태를, 자기 손으로 모형을 만들었던 것이 아니다. [화덕의] 불의 열기가 그를 위해 작업했다. 기술에 대해 데미우르고스적인 자발성을 신뢰하는 공예가는 물질적 힘들을 자동주의로 인도하기 위하여 점점 더 멀리까지 개입한다. 일단 시작에서 창조적일 뿐인 의도가 단순히 신체적[물리적] 조작을 촉발하고, 그리고 나서 그 조작을 통하여 거창하게 [물리적 한계를] 넘어서게 되어 있다. 기계적인 작품들에 대해 진실하다고 하는 것은, 그 작품이 가정하는 최소한의 인위적인 조작에도 불구하고, 유기체에 대해서보다 훨씬 더 진실하다. 우리들에게 예지intellect의 인간형태주의가 꼭 필요한데, 다음을 요청하기 위해서이다 : 그 요청이란 자연은 공간 속에서 터무니없고 상상할 수 없는 복잡화작업을, 즉 자연이 지닌 근면한 노력으로 만들어진 복잡화작업을, 해부학의 무한소와 생리학의 복잡성에 비례하는 것으로 만들었다. 회백질의 신경세포들과 추억들 사이에 병렬의 대응이 없듯이, 사람들은 집적된(모여진) 세포들 속에서 생명의 형식적인 도약을 읽을 수 없다. 이것들은 서로서로 적합하지[충전되지] 못한 두 텍스트이다. 하나하나 진행하는 모태적 충동을 자치적인 후손에서, 그 후손이 진행한 모태적 충동을 단어 대 단어로 해석할 수 있다고 누가 주장할 수 있는가? 여기서 작업되어 있는 사물들 안에서처럼, 작자는 생겨나기 위하여 처음에만 작자이다. 기적을 행하는 자(마술사)는 자신이 그 기적의 원인이 된 기적에 대해 스스로 놀란다. 그 인간이 결심하고, 그리고 시간은 저 혼자서 흘러간다. 유기체적 의도에서 물질로, 그리고 중심에서 주변으로 내려가는 자, 그자는 신체가 사용된 수단이 아니라 되돌려진 장애물을 표상한다는 것을 이해할 것이다. 그러하듯이 언어는 그 언어가 표현한 것보다 더 많은 것을 감추고 있고, 따라서 사유는 단어들 덕분에 이해하게 되는 것이 아니라, 단어들에도 불구하고 그 단어들을 더욱더 투명하게 하면서 이해하게 될 것이다. 이것이 "스타일(기교)"의 줄타기 곡예이다. 모든 것은 단순하고[20] 자연적이 되는데, 그때는 사람들이 살아있는 것을 생명적으로 생각하는 때이고, 보다 더 강력한 이유로 총체성에서 요소들로 나아가는 생명적 운동을 뒤따르는 때이다. 그러나 모든 것은 기적적이고, 우연적이며, 암중모색이 되는데, 그때는 사람들이 보다 더 미약한 이유로 또 부분들의 조합에 의해서, 생명성의 놀라운 살아있는 구조들을 재구축하는 때이며, 그리고 살아있는 구조들뿐만 아니라 오히려 결정체의 대칭들, 눈송이의 육각형 문양들, 만화경의 장식적인 도형들을 재구축하는 때이다. 이와 마찬가지로 함장의 나이를 계산하는데, 이때는 사람들이 배의 속도만을 알아채고 있을 때이다. 이러한 것이 베르그송이 왜 자주 경탄할 만한 것에 대해, 아주 단순하고 자연적인 사물들처럼 말했는가 하는 이유이다 : 텔레파시, 잔존, 세계의 다수성은 우리들에게 현기증을 일으키기를 그만두게 한다. — 자연에 대한 기적을 행하는 술수들은 이번에는 그만한 상상에도 더 이상 충격을 주지 못하도다! — 봄철에 자연이 초원에 많은 수국들을 하나하나 꽂아 놓지 않았으며, 나무의 꽃들도 하나하나 달려 있게 하지 않는다. 그런데 자연은 근처의 싹에 속하지 않는다. 그것은 규모 면에서 속고 있는 구두쇠인데, 그는 잔돈을 셈하듯이 싹들의 목록과 일람표를 만든다. 왜냐하면 관대함의 분할 할 수 없는 도약은 그 점에서 봄의 어떤 것이기 때문이다. 왜냐하면 영웅적인 희생은 생명적인 앞으로 던짐의 도약과 시각에 맞는 행진과 마찬가지로 세계의 가장 단순한 작동이기 때문이다. 앞면에 속하는 철학을 위해 그것은 마셔야 할 바다가 될 것이다. 그러나 뒷면의 철학을 위해 난점들은 더 이상 현존하지 않는다. 더구나 이 후자의 철학은 생명과 동일한 방향(의미)에서 그리고 하물며 시각에서 눈으로 가면서 중심으로부터 출발하는 철학이다. 광증인 자(조증환자)le maniaque가

---

20. MR 52.

하나하나씩 이해해나가는 셀 수 없이 많은 순간들의 연속성은 아주 자연스럽게 변이[돌연변이]에 이른다.

그것이 전부가 아니다. 지성 안에는 열광하는 팽창의 원리와 무한정하게 높은 값 매기기의 원리가 있다. 이 원리는 의식의 빗금경사에 기인한다. 의식이 이중화될 때, 의식의 순진무구함의 매끄러운 전면[이마]가 주름 잡히기 시작했을 때, 그 의식은 윤곽을 드러내려는 광기에 더 이상 저항하지 못한다. 현기증에 사로잡힌 의식은 그 자체 속에[제자기리] 스스로 멈추어야 한다는 임의적인 이유를 발견하지 못한다. 이것이 [음악에서] 푸가들과 대위법의 논법인데, 이 논법은 자체의 다성음을 끝없이 두껍게 한다. 앞다투어 자기 찌꺼기들을 복잡하게 하는 바로크식의 혼돈l'imbroglio은 자기 미로들을 뒤엉키게 하고, 자기가 제작했던 해결할 수 없는 전체 안으로 그 자신 스스로 되감긴다. 거듭제곱의 지수로 커가면서, 복잡화의 변증법적 속도로 전달된 과대망상의 의식이 어디까지 가는지를 신은 알고 있도다! 이 의식의 주위에 사치의 팽창이 무게를 더하는 반면에, 그 의식 자체는 항상 더 많이 미묘해지고, 무게로는 잴 수 없으며 공기 같은 고도의 아이러니가 된다. 그 바깥에는 과도한 무게, [달성한] 기록들, 무기들을 갖추고 장식물들을 갖춘 추세(조류)가 있고, 그 안에는 희박화[과정]이 있고, 극단적인 겉치레[허례의식]이 있다. 중심축의 **기술**과 머리카락들을 넷으로 등분하는 여린 **의식**과의 사이에서 이 대조는 퇴폐의 정의le définition 자체가 아닌가? 괴물 같은 마천루가 무너지기에 앞서서, 부풀어 거대해진 신체와 아주 작은 영혼을 갖고서, 이 얇은 가죽으로 된 거상居像을 소화불량으로d'indigestion 속을 파헤친 파국에 앞서서, 앙리 베르그송은 지혜가 단순성의 정신이라고21 예고한다. 레온 톨스토이처럼, 베르그송은 우리를 회개la pénitence와 엄숙l'austérité에게 초대한다. [우리는] 기술들[기계문명]으로부터 생겨난 사치를 속죄해야만 한다. 그리고 부인[부정]의 정신 속에서 빈곤함과 어리석음을 씻어내는 길을 강요해야 한다 … 개념들의 자동주의와 문명의 급성장하는 치장들, 이것들은 중복된 확장의 두 형식이다. 이러한 고려에서 소피즘은

---

21. 'L'intuition philosophique' (PM 139), MR 51, 167, 241, 275, 320. 참조 : Nietzsche, *Le voyaguer et son ombre*, 경구 196.

안티-로고스가 아니라 오히려 연쇄추론이 그렇게 제시한 것과 같이 다혈질적인 로고스이며, 즉 열망에까지 밀고 나간 선형의 추론, 또는 파스칼의 용어로 기하학적 연역이다. 『정신적 에너지』와 『웃음』은 광기로, 몽상으로, 또는 웃음거리로 넘치는 논리가 아닌가? 바벨탑과 제논의 패러독스, 이 해결할 수 없는 두 형식들은 순간의, 자유로운 행진의, 갑작스러운 전환의 오해에 기인한다. 그리고 어떻게 고전[철학]들이 의식을 수사학의 매너리즘(일상화)으로부터 정화하였는가를 보세요. 이 매너리즘은 의식을 조심스러움으로 전환하기 위하여 허접쓰레기들, 기묘한 것들, 외설적인 것들로 의식을 채웠다. 베르그송은 고전적이다. 그런데 이는 싸구려 잡동사니들의, 난잡한 글들의, 중국식 문제들의 적이며, 결국에는 돌팔이들과 광대들의 적이다.

그럼에도 불구하고 속임수로 고전을 인식하고 있다고 여기는 광대들은 그에게[베르그송] 문제들을 해결한 것이 아니라 문제들을 증발시켰다고 비난했다. 왜냐하면 지성은 자신의 수수께끼들과 점치기들을 ─ 악, 무, 자유재량 등등 ─ 쉽게 부인하지 않기 때문이다. 그런데 지성은 적에게 이런 수수께끼들에 대한 자신에게 문젯거리를 제시하는 척하는 역할을 없애기를 원한다.[22] 또한 속이는 자의 특성은 즉석에서 인위적인 문제를 발명하면서 진실한 문제를 감추는 것이다. "우리는 먼지를 걷어내고, 그리고 나서 보지 않는다고 불평한다."[23] 이로부터 제논의 소피즘(궤변론), 폴 랑즈방의 포탄을 탄 여행자, 그리고 다른 많은 상대주의적 역설들, 과장된 비유의 유토피아들, "불가능한 가정들"이 나온다. 이러한 것들 주위에, 엘레아학파와 메가라학파의 난문제들 자체가 마치 공격할 수 없는 경기들처럼 나타난다. 왜냐하면 이것들은 부조리성을 지녀서 현기증에 빠지기를 좋아하기 때문이다. 그리고 베르그송 그 자신은, 문제가 현존하지 않을 때, 그것을 제기하지 않아야 한다고 단순하게 말했다. 페늘롱은 "모든 괴물들은 결코 실재적이

---

22. DI 55 ; EC 139 ; PM 8, 22, 32, 65~69('De la position des problèmes'), 104, 157, 160, 173, 176 ('Perception du changement'), 205('L'introduction à la métaphysique') ; 'Le possible et le réel', 여러 곳. MR 266~267.
23. 'L'intuition philosophique', PM 131 (버클리에 관하여).

지 않다"고 말했다. "이 괴물들을 사라지게 하기 위하여, 의지적으로 기꺼이 이것들을 보지도, 이것들에 대한 이야기를 결코 듣지도 않아야 한다. 이들이 사라지게 내버려 두어야 한다. 단순한 무저항이 이 괴물을 사라지게 할 것이다."[24] 톨스토이에게서처럼, 용서의 초자연적인 불의l'injustice에 의해서 악을 무장 해제시킬 필요도 없이(왜냐하면 악은 비현존이니까), 복음의 계명을 따르듯이 심지어는 적들을 사랑하는 것도 필요도 없고(왜냐하면 적이 없으니까), 결국에는 설득에 의해서 장애물을 되돌려 놓을 필요도 없다(왜냐하면 장애물이 없으니까). 단지 분석에 의하여 복잡함을 풀어헤쳐 놓는 것이 필요하다. 이렇게 소크라테스의 아이러니가 행해졌다. 즉 그는 수사학적이고 소피스트적인 환영들을 사라지게 했다. 누가 아는가? 만일 베르그송이 다른 뺨la joue을 소란스럽게[문젯거리로] 내미는 크리스트의 초대를 자기 것으로 만든다면[25], 그것은 열린 자애(사랑)의 이름으로일 뿐만 아니라, 아마도 또한 심술궂은 악의는 단지 오해와 복잡함일 뿐이기 때문이며, 폭력들은 단순한 불만들이기 때문일 것이다. "들끓음"은 내적 친밀함만큼이나 혼합이 아닌가? 긴장에 의해서나 모든 근육의 정념적 동의에 의해서가 아니며, 유혹에 동의하는 것을 아주 부드럽게 그만두면서 사람들이 유혹을 피하는 것처럼, 그처럼 나의 환영들을 몰아내기 위하여[26], 내가 고행 속에 들어가서 환영들의 저항에 대항하는 것은 필연적이 아니다. 오히려 페늘롱이 그렇게 생각하듯이, 거기에는 어떤 포기가, 사람들이 그것을 생각하지 않고서도 성공하는 유연하며 무차별적인 어떤 것이[27] 필요하다. 아니 스스로 떨리는 것은 아무 쓸데없고, 위축은 진실한 노력도 아니다. 사람들은 베르그송이 우리들에게 부여했을 게으름 또는 사임(손 놓음)의 충고에 관하여 아마도 탄핵할 것이다. 사람들은 용이함이란 것이 어렵다는 것을 정당하게 보지[알지] 못한다. 그런데 사람들은 모든 습

24. Fénelon, *Lettres spirituelles*, 1707년 4월 22일 몽브롱(Montberon) 백작 부인에게 보낸 편지. 이것은 산상수훈의 악한 자를 대적하지 말라(μη αντιστήναι τω πονηρω) (「마태복음」, 5:39)이다. 참조: Tolstoï, *Le royaume des cieux est au dedans de vous*.

25. MR 57.

26. PM 65.

27. Alain, *Préliminaires à l'esthétique*, p. 204. "소위 주장하지 말자."

관들이 도치를 **무시하는 체**한다.[28] 또한 베르그송의 정화제로 토대를 만드는 근본적(급진적) 개혁도 모른 체한다. 단순성은 단순주의가 아니다. 동일한 의미에서 사람들은 말하곤 했다 : 기억의 심층[깊이]는 감각의 처녀성[신천지]만큼 어렵지 않다. 그리고 불편함은 관념연합들과 추억들을 사용하여 지각을 해석하는 것이 아니라, [현상계] 자료에서, 신선하고 재기발랄하고 청춘인 시각을 덮어버리는 데 있다. 하플로시스(단순화)ᾰπλωσις는, 루소가 목가적이고 기원적인 순진무구함에 회귀를 그[에밀]에게 덧씌우고자 한 것과 같은 역사적 의미가 있는 것도 아니다. 중요한 것은 계통발생이라기보다 인격적 금욕에 있으며 그리고 바깥에서 사치의 과도한 짐을 가볍게 하거나 또는 제거하는 것이 아니다. 모든 의식의 내적이고 질적인 전환(개종)을 얻는 데 있으며, 또 의식 그 자체의 방향을 바꾸는 데 있다. 자, 이러한 것이 진실한 하플로스(단순)이다. 하플로스는 부정négative이 아니며, 그럼에도 불구하고 그것은 영혼의 정화일 것이다. 사람들은 이러한 것을 잘 알고 있다 : 베르그송은 소위 말해서 모든 문제들이 오해들에서 기인한다고 주장하지 않는다. 예를 들어 마치 달인으로 연주하기 위하여, 그리고 연주기법의 상상적 난점들이 기적적으로 토대를 이루기 위하여, 벙어리의[묵언의] 말씀들이 스스로 풀어져 나오기 위하여, 또 말씀들의 선물과 다국어로 표현한 달변이 [국가]민족들을 갑자기 생기 있게 하기 위하여, 단순하게 피아노 연주에 연합되어야 했듯이 성령의 불의 말씀들이les langues 인간들에게 제시되었다고 하는 것으로 충분하지 않다. 이제 마술에 관해서도 기적을 행하는 술수에 관해서도 고려하지 말고, 오히려 수고labeur에 관해서 고려해 보자. 왜냐하면 어떤 이도 대체할 수 없는 온사건Événement을 피하지 못하기 때문이다. 아킬레스가 질주하고 … 그리고 문제는 더 이상 현존하지 않는다. 의심할 바 없이 그렇다. 그런데 또한 그는 질주해야만 하고, 그것에 대해 더 이상 생각(몽상)하지 않는다. 그러나 오히려 진실로 말하자면 그의 질주는 효과적이다[실현적이다]. 그 자신이, 개체적 인격으로서 달렸다는 것이다. 모든 것을 한마디로 말하자면, 이를 악물고, 눈썹을 휘날리며, 땀을 뻘

---

28. PM 157('La perception du changement'), 213, 225('L'introduction à la métaphysique').

뻘 흘리는 것이 필수적이 아니라(왜냐하면, 사람들이 땀을 흘리고 머리는 비어 있을 수 있기 때문이다), 오히려 원하다가 필요하며, 그리고 아무것도 나의 자리에서 원할 수 없다. 원한다, 그리고 전투(싸움)를 결코 중단하지 않는다. 사직하는 (손 놓는) 것도 떨림(신들림)도 아닌 착한 의지는, 마치 총체성에 의한 예지작용처럼, 단호한 결단에 의해 힘들여서 그리고 단번에 시작하고 그러고 나서 운동의 명증함으로 향해 부드럽게 흘러가게 내버려 둔다. 이렇게 초기의 결단만이 부족한 이행에서, 즉 각성에서 잠으로 이행에서, 영혼이 잠들기 위하여 스스로 뻣뻣해지기를 그치기 때문에, 또 영혼이 몽상에 동의하기 때문에 그 영혼은 잠이 든다. 상기의 노력에서 덧없이 사라지는 단어가 아주 부드럽게 자발성에 맞추어 현재하게 [나타나게] 된다. 이 자발성은 폭력과 강요에 의해서 이 단어를 강화하기를 거부하고, 또 이 자발성은 그 자체적으로 고유한 기억술이기 때문에 시작하여 끝내기에 이른다. '원하다'를 원하는 것에서, 그것은 숨 쉬는 것, 잠드는 것, 또는 현존하는 것보다 더 단순하지 않은가? 사람들은 그것을 현재로(현재형으로) 잘 말할 수 있다. 그것을 생각하곤 '해야만 하도다!' 그러나 그것을 생각하기 위하여 이미 정당하게 발견했어야만 했고, 따라서 해법[해결]은 질문 자체 속에 있었다. 마치 에드가 포의 "도둑맞은 편지"[29]가 깊숙이 감춰진 곳에 있었던 것이 아니라 탁자 위에 있었던 것처럼 말이다. 사람들은 정오의 태양보다 더 비밀스럽지 않은 수수께끼의 열쇠를 왜 그렇게 멀리서 찾을 수 있었는지를 자문한다. 그것을 어떻게 우리가 더 일찍이 생각하지 못했던가? 플라톤이 정의에 대해 말하면서[30], 사냥거리는 우리 발밑에 있는데 우리가 그것을 보지 못했다! 피에르 베추코프[31]는 삶la vie을 꿈꾸면서, "얼마나 그러한 것이 단순하고 분명한가! 어떻게 내가 현재까지 그러한 것을 알 수 없었던가?" 베추코프가 단순한 진리를 삶에 관해 발견했던 것과 아주 똑같이 위독한 상태의 이반 일리치[32]는 그것을 죽음에 관해서 발견했다. 일

29. [옮긴이] Edgar Allan Poe, *La Lettre volée : The Purloined Letter, The Gift : A Christmas and New Year's Present*, 1844.

30. Platon, *République*, IV, 432 *d-e* [플라톤, 『국가』].

31. [옮긴이] 베추코프(Pierre Kirillovitch Bézoukhov), 레온 톨스토이의 『전쟁과 평화』의 주인공.

32. [옮긴이] 이반 일리치(Ivan Ilitch), 톨스토이의 소설 『이반 일리치의 죽음』의 주인공.

리치는 죽음이 더 이상 현존하지 않는다는 것, 거기에는 문제가 없다는 것을 발견한다 : 즉 "얼마나 그것이 선하며, 얼마나 그것이 단순한가!" 죽음의 자리에 거대한 빛이 있다.[33] 말하자면 우리가 단순성의 부족, 자연적인 부족, 신뢰의 부족으로 그 많은 문제들을 복잡하게 하도다! 극도의 조심성으로부터 생겨난 난제들을 단 한 번에 해결하기 위해서가 아니라 해소하기 위하여, '원한다'는 것의 지각할 수 없는 변이[돌연변이(급변)]로 충분하도다! 예를 들어 성자들과 영웅들은[34] 장애물을 경멸로서 취급하거나 또는 장애물이 현존하지 않는 것처럼 행한다고 말하는 것은 드물다 : 즉 성자들과 영웅들은 문제가 있었다고 하는 것을 부정한다. 어려움들은? 그들은 이 어려움들조차 보지 않는다. 고통들, 적들, 결국 죽음은? 이러한 모든 것의 어느 것도 그들에게는 더 이상 현존하지 않는다. 왜냐하면 만일 정량이 있고 등급이 있고 비례적인 헌신이 근면한 의무라면, 무한한 희생과 총체적 자기 헌신은, 마치 극한까지의 이행들처럼, 어떠한 것에도 더 이상 값을 매기지 못하기 때문이다. 타자를 위해서 죽는다는 것은 낮 인사bon jour와 밤 인사bon soir 만큼이나 단순한 것이 된다. 그래요, 신비가는 단순한 것을 본다. 그리고 단순한 자들에게 모든 것은 단순하다. 심정의 회고적 관점에서만 현존하는 대안들과 모순들은 마치 마법처럼 갑자기 토대를 만든다. 우리들의 곤경들은[황당함들은] 순간적으로 확신으로 바뀌고, 당신들의 장애물들은 이유들이 된다. 이것이 유사난문제들에 대한 청산 또 용해이며 우리들 영혼의 거대한 해방이고 그리고 어느 정도로는 엘레아학파의 거대한 얼음덩어리 속에 갇힌 우리들의 의지를 각성하게 하여 움직이게 하는 이른 봄날의 따뜻함이다. 아킬레스[엘레아학파가 말하는], 뷔리당의 당나귀, 관점이 경직된 의식, 이 모든 것은 다리를 [얼렸다가] 녹이고, 이것들을 마비시켰던 무차별을 흔들어 놓는 이 모든 것을 보세요. 그리고 결국에는 디오도로스의 낡은 주술들을 몰아내는 이 모든 것을 보세요. 이것은 신적이고 아침의 단순성인데, 이 단순성은 그들에게 사지를 풀어 놓고, 우리가 그들에게서

33. Léon Tolstoï, *La Guerre et la Paix*, IV, 3, §15 [톨스토어, 『전쟁과 평화』]. *La mort d'Ivan Ilitch*, §12 [레프 니콜라예비치 톨스토이, 『이반 일리치의 죽음』, 이강은 옮김, 창비, 2012].

34. MR 51, 246. 참조 : 244.

보는 동작들을 그들에게 편안하게, 자연적이고 실수 없이 하게 한다. 가버나움의 마비 환자에게 예수는 "일어나 걸어라"[35]라고 말한다. 기적이 일어난, 다시 말하면 저주가 풀린 그 마비 환자는 아킬레스처럼 움직일 수 있게 된다…누가 아는가? 그를 초라한 침대에 처박아 놓았던 것이 아마도 엘레아학파의 소피즘(궤변론)이로다! 단순하게 스스로 일어나면서, 그는 자신의 질병이 현존하지 않는다고 공표한다. 예수는, 마치 죽음이란 그 자체가 오해, 신념, 상상적 암시의 산물인 것처럼, 죽음들을 되살려 놓는다. 예수는 라자르의 팔과 다리를 속박하는 작은 띠들을 풀어놓기를 명령한다 : "그를 풀어놓아라."[36] 운동과 단순성의 그대로 됨(우아함)은 묶인 그 인간을, 복잡들 속에 구속된 그 인간을 갑작스레 움직이게 한다. 눈 한번 깜빡이는 사이에 의식은 온불신과 온사랑을 따로 떼어 놓았던 하늘의 두께 전체를 주파한다. 거짓말은 첫 등급에서부터 시작하여 무한에 이르기까지 그것의 양심들, 그것의 주름들(습관들), 그것의 속임수들을 다양화할 것이다. 이 반성적 퇴행에서 그 거짓말에 현기증이 난다. 그 거짓말은 광기가 되고, 마치 조심성(양심 가책)처럼 진단할 수(만져질 수) 없는 것이 된다. 베르그송이 말한 대로, 거짓말쟁이와 축소 면에서[환원에서] 동일한 현기증에 의해 미쳐버릴 지경이 된 의심자에 대해 보라.[37] 그는 문을 닫고, 그러고 나서 그가 문을 닫았다는 것을 증명하고, 다시 또 한 번 그의 증명작업을 증명한다. 그리고 그는 무한정하게 주저하는데, 왜냐하면 그는 절대적으로 확실하기를 원하기 때문이고, 또 현재에 일치된 제일운동의 자발성 안에서가 아니라면 절대적 확신이 없기 때문이다. 플로티노스는 누스νοῦς 밖에, 이 첫째 누스를 생각하도록 책임진 둘째 누스를 인정한다는 관점에서, 그리고 바늘에 실 가듯이, 이 둘째 사유[누스]를 생각하기 위해 셋째 사유[누스]가, 그리고 이처럼 아페이론까지[38] 인정한다는 관점에서, 플로티노

---

35. 「마태복음」, 9 : 5~7. 「마가복음」, 2 : 9~11. 「누가복음」, 5 : 23~25.

36. 「요한복음」, 11 : 44, δεδεμένος τοὺς πόδας καὶ τὰς χεῖρας κειρίαις, 「마가복음」, 5 : 42, 「누가복음」, 7 : 15와 8 : 55 ; 「사도행전」, 2 : 4와 비교해 보라.

37. PM 66.

38. Plotin, *Ennéades*, II, 9, 1 [플로티노스, 『플로티노스의 엔네아데스 선집』]. 참조 : Spinoza, *Éthique*, II, 21 sc. [스피노자, 『에티카』] : "왜냐하면 사람들이 사물을 인식하자마자, 사람들은

스는 부조리성l'absurdité 앞에서 정신을 차리고, 이중사유를 유일한 직관 속에 축약시킨다. 이중사유란 사유 자체로 사유되는 사유와 지성적인 것을 사유하는 사유이다. 특히 신지적 사랑이, 이것만이 단순하고, 직접적이며, 절대적으로 인간적인 진행 보조를 갖출 것인데, 아이러니한 의식이 이 진행보조를 헛되이 제한하려 든다. 왜냐하면 사랑의 영감들이 마음에 파고들기 때문이다. 만일 사랑이 처음부터 타고난 신지(그노시스)에 의해 아는 무엇을 연구와 정중함을 통하여 재발견해야 한다면, 그것은 라이프니츠가 말했듯이 "마셔야 할 바다"일 것이다. 즐거운 잡동사니 작업에 의해 다윈의 방식으로 본능을 재구축하는 것도 마찬가지일 것이다. 사랑은 모든 경우에서[어쨌거나] 그것이 행해야 할 것을 알고 있다. 그리고 사랑은 사람들이 그것을 그에게 말할 필요가 없다. 왜냐하면 입을 열기에 앞서서 사랑은 이미 그것을 행했기 때문이다. 그것이 단순성이며, 거대하고 새 기운을 불어넣는 단순성이며, 즉 놀이를 하면서 복잡하게 엉킨 고르디아스의 매듭을 푸는 단순성이 아닌가 : 아리아드네의 실, 천재적인 데달로스에 의해 건축된 미로의 꼬불꼬불한 굴곡을 관통하여 테세우스를 인도한 실, 그것은 사랑이다. 그러한 것이 기적적인 뜻밖의 발견물이다. 오류 가능성 없는 사랑은 모든 복잡화 과정을 푼다. 그리고 거기에는 훨씬 더 나은 것이 있다. 자기 자신이 만든 미로에서 어찌할 바 모르는 데달로스는 날개를 제작하여 공중으로 향해 줄을 풀어서, 깜짝 놀란 괴물들을 무시하고 날아오른다. 그는 자기 자신이 제작했던 인위적인 문제[미로]를 아주 단순하게 상공에서 내려다본다. 그는 일종의 "고르디아스의" 해법에 의해, 그 자신이 뒤섞어 엉키게 해놓았던 혼잡을 제거한다. 이것이 탁월한 길(곧은 길)이 아닌가? 즉 직선이며 단순성의 길이 아닌가? "심장[애정의 약혼자"는 현학자들이 할 수 없던 것을 할 수 있고, 순진무구라는 진실한 이름을 그에게 부여하는 것은 아마도 시간일 것이다.

자신들이 사물을 인식하는 것과 같이 그렇게 인식하고 있고, 또한 동시에 자신들이 이런 인식을 한다는 것을 알고 있고, 이하 등등 무한히 이어지기 때문입니다." [참조 : Spinoza, *Tractatus de Intellectus Emendatione* (1665~1670, 미완성), 27 [베네딕트 데 스피노자, 『지성개선론』, 강영계 옮김, 서광사, 2015] – 옮긴이].

"이 점에서 단순한 어떤 것이, 무한히 단순한 어떤 것이 있으며, 아주 특별나게 단순한 것이어서 그 철학자는 그것을 말하는 데 결코 성공하지 못했다."[39] 가장 단순한 이 단순성은 처음에는 우리를 신중함(성실함)le *Sérieux*에, 그리고 나서는 환희la *Joie*에 초대한다. 왜냐하면 "단순화"가 모든 사정들에 앞서서 "본질화" 또는 본질에로의 환원이기 때문에 신중함에의 초대이다. 삶(인생)은 짧고, 지혜는 자질구레한 장식품들과 완곡한 어법들을 위한 시간이 없다. 단지 본질적인 것만이 있도다! 베르그송은 고르기아스의 장황함에 반대하여 소크라테스의 편이 될 것이고 또 웅변술사(웅변가)들의 서두들, 요식 발언들, 완곡 표현들에 반대하여, 즉 그가 말한 대로[40] 언어인homo loquax에 반대하여 몰리에르의 편에 설 것이다. 군말 많은 정신에 반대하여, 그는 아름다운 건조체를 재현한다. 베르그송은 형식적인 말싸움la logomachie들로부터 그리고 문법적 범주들로부터 삶(생명)을 순수하게 하기를 원했다. 이 문법적 범주들은, [비유로서] 지속의 집중된 알코올을, 즉 증류작용을 통해 [순수 엑기스를] 얻기 위하여, 삶을 혼란하게 한다. 그러한 본능은 서설도 없이 거짓 꾸밈도 없이, 정오를 14시에 찾지도 않고서 자기 목표에 똑바로 간다. 베르그송주의는 무매개적 자료의 탐구이다. "운동으로 똑바로 가자"고 베르그송은 운동에 대해 말하고, "개입된 개념 없이 그것[운동]을 바라보자!"[41]고 말한다. 그리고 사람들은 페늘롱의 말을 이해한다고 믿었을 것이다. "이처럼 당신의 길을 가시오(시작된 일이 순조롭게 되어간다). 당신 앞으로 가시오." "착하게 자기 길을 가야 한다. 당신이 거기에 더 많이 보탠 모든 것은 과도하다. 그것은 신과 당신 사이에 구름을 형성하는 것이다." 바로 이것이 엄격한 벌거숭이 체제, 즉 철학적 빈곤이다. 여기에 『도덕과 종교의 두 원천』이 우리를 끌어넣는다. 그것은 이상이 아닌가? 그 이상을 향해 사티Erik Satie와 쾨슐랭Charles Koechlin의 검소함과 포레[42]의 금욕주의 자체가 동시에 노력했다. "셈플리체(장식음 없는 단

---

39. PM 119('L'intuition philosophique'). 참조 : PM 31, 133, 223~225.
40. PM 92.
41. 개입된(interposé, 중재된) : PM 4, 21, 157 ; MM 52 ; ES 2 ; EC 264, 312. Fénelon, *Lettres spiri-tuelles* : À la comtesse de Montberon, 23 juin 1702.
42. [옮긴이] 셋 모두 프랑스 작곡가.

순)"semplice라고 포레는 자신의 마지막 작품들 속에서 충고한다.[43] 왜냐하면 걸작은, 마치 자연의 조작처럼 "아무것도 없는 것으로부터 만들어진(이루어진)" 것이기 때문이다. 사람들은 음표 없는 음악을 마치 영혼의 노래와 같은 어떤 것이라 말할 것이다. 그 영혼은 자기의 최고 권한의 청빈함에서 피아노 소곡집Pièces brèves[44](8편)의 광상곡Capriccio을 부드럽게 노래하게 내버려 둔다. 이 곡에서는 매일 매일의 삶과 신적인 시의 기적만이 있다. 그리고 다른 한편으로, 마치 우리가 이 극단적 검소(절제)를 끝내기 위해 제시한 것처럼, 재료 없는 금욕주의는 환희의 왕국에서 가장 유리한 상태에 있다. 이렇게 베르그송의 환희, 페늘롱의 순수사랑, 가브리엘 포레의 밤의 거대한 평화는 — 즉 포레의 《장송곡》Requiem(1887), 《열세날 밤들》Treize nocturnes(13편 연작), 《이브의 노래》Chanson d'eve(1910)를 마치 몇몇 시대의 기원에서 천국인 것처럼 상연에 올려진 평화는 — 단순성의 평화로운 대양 안에서 재결합한다. 따라서 두 개의 단순성은 없고, 오히려 지식의 청빈과 지식의 순진무구가 함께 하는 단순성만이 있다. 그리고 이러한 이중적 단순성은 환희를 위한 다른 하나의 이름일 뿐이다. 왜냐하면 이 환희 속에는 느끼는 것과 행위하는 것이 서로서로 반대되는 이유이기를 그치기 때문이다. 우리가 원하는 철학은 우리에게 두 가지를 부여할 것인데, 왜냐하면 결국에는 그 두 가지가 하나가 되기 때문이다. 행하는 것과 인식하는 것, 효과적인 것과 이상적인 것은 하나가 된다. 그리하여 플로티노스가 말한 대로[45] 풍습들의 단순성과 사유들의 순수성은 하나를 이룬다.

제2절 베르그송의 낙관주의

---

43. 또한 쇼팽의 "Andante Spianato, en sol majeur"를 생각하라.

44. [옮긴이] Gabriel Fauré, 《피아노 소곡집》(Pièces brèves, 1869 et 1902 사이)(8편).

45. Plotin, Ennéades, II, 9, 14 [플로티노스, 『플로티노스의 엔네아데스 선집』]: 가슴 깊은 (곳의) 단순성(ἁπλότης καρδίας), 이 표현은 70인 역 성서에도 있다(「솔로몬의 지혜서」, I, 1). 참조: Imitation III, 15, 11. Ruysbrœck, trad. Hello, p. 33. [뤼스브뢱(Jan van Ruusbroec, 1293~1381)은 벨기에 신부 신비주의자. 헬로(Ernest Hello, 1828~1885)는 프랑스 신비주의 작가. 그는 뤼스브뢱의 선집을 번역했다. — 옮긴이]

베르그송은 스스로 감히 낙관주의라 말했다.[46] 이것은 아마도 근본적인 낙관주의인데, 이 낙관주의는 20세기의 가장 위대한 철학자를 고려해 보면, 오늘날 시시콜콜함과 폭력들의 흥미상실[애착이 없음]을 설명해준다. 아마도 학설들의 역사에서 처음으로, 이 운동주의le mobilisme는 피조물의 불행한 조건을 표현하지 않는다. 플라톤과 플로티노스에 공통적이며, 크리스트교의 신학과 19세기 비관주의에 공통적인 까마득한 태곳적 편견이 지복을 안정성과 위계적인 부동성의 사유에게 연결하는 한, 생성은 인간에 관한 한 저주처럼 제시되었다. 『창조적 진화』의 철학은 영원한 정지 상태에 의해 전념하였던 전통적 연관들을 전복하고, 머리를 바닥으로 향하고 걸었던 철학을 거꾸로 다시 놓는다. 그것은 목표의 기대로서의 운동이 아니다. 그것은 중단 없는 과정으로서의 정거장[거쳐 가야 할 지점]이나. 개념은 공중에 매달린 사유이다. 그것은 영원성의 움직이는 이미지와 낮은 등급으로서의 시간이 아니다. 반대로 그것은 시간의 환영과 움직이지 않는 이미지로서 영원한 것이다. 그것은 영원성의 부정 또는 희석화로서의 시간이 아니다. 시간은 오히려 탁월하게 긍정적인 실증성이다: 영원성은 실증성의 결핍이다. 시간은 이완 또는 낙하[실추]에 의해 다른 어떤 것으로부터 결과되어 나오는 것이 아니라, 오히려 시간은 절대적으로 독창적이고 환원할 수 없는 특수성이다. 따라서 인간은 어떤 표상할 수 없는 영원성에 도피함으로써 해방되는 것이 아니라, 반대로 시간적인 현존 속에 자기를 심고 뿌리 내림으로서 해방된다. "나는 자신들의 욕망이 땅 위에 있는 자들 중에 있다"고 가브리엘 포레가 곡을 붙여준 한 시인이 말했다.[47] 비관주의는 실망에 젖은 관조주의일 뿐이다. 적어도 거기에는 쇼펜하우어가 알렉산드리아의 클레멘스와 『파이돈』 편과 심지어는 아리스토텔레스와도 일치한다. 그 점은 피조물의 소명이 변질하지 않는 것이라는 것이다. 달아나다Fuir[48] ─ 따라서 그러한 것은 이 형이상학이 공상적 초월과 탈영[이탈]으로부터 발견할 수 있었던 유일한 치료제이다. 그런데 우울감이 환희로 바뀌는 때는,

---

46. MR 276~277.

47. Jean de la Ville de Mirmont, *L'horizon chimérique*.

48. 'La perception du changement'(PM 153~154).

헤라클레이토스적 생성의 아름다운 환경에서 추방된 것으로 간주되기를 그만둔 피조물이 자기의 진실한 조국과 자신의 실체 자체를 변화 속에서 재인식하는 때이다. 따라서 베르그송의 "운동주의"mobilisme를 불평하는 자들은 엘레아 학자들이며, 이들은 베르그송보다 훨씬 더 많이 불평하도다! 시간[지속]의 인간은 원죄에 속죄하지 않듯이 자기의 시간성에 속죄하지 않아야 한다. 만일 세정(씻는)의식이 지복을 마치 향수에 젖은 과거 또는 초자연적 미래처럼, 다시 말하자면, 뿌리 뽑힌 의식들에게 약속한 불행한 희망처럼 흘낏 들여다보았다면, 지속의 인간은 현장에서 내재성 자체에서, 그리고 역사적인 바로 이곳의 정열적인 현재에서 환희를 발견한다. 지속의 인간은 지상에서 더 이상 순례자가 아니며, 그 지속의 인간은 의미가 박탈된 헛된 우회도 하지 않는다. 생성이 한가한 회로, 진저리나게 에두르는 말투, 즉 영원한 것의 완곡어법인 한, 역사는 징벌로서 또는 최후의 심판의 지겨운 기대로서 나타났다. 베르그송은 잃어버린 시간 모두를 회복시킨다. 이리하여 베르그송은 삶의 성찰에 새로운 강도성을 부여하였고, 스피노자는 이미 『파이돈』편의 죽음론적인 지혜 대신에 이것을 대체하고자 이해했다. 생성한다는 것은 작은 불로 죽는 것도 아니고, 마지막을 기다리며 십자말풀이를 하면서 굳어지는 것도 아니다. 오히려 무한히 스스로를 실현하는 것이다.

1) 현재로서 완전히 제시된 충만 속에서, 항상 살아왔고 또 특히 생성의 충만 속에서, 불행한 형이상학의 우상들을 위한 자리는 없다 : 우상들이란, 무, 부정, 혼돈, 가능적인 것, 빈 것, 잘못[악], 차별 두지 않은 은혜le beneplacitum indifferens 등이다. 왜냐하면 부정 또한 입장이며, 심지어는 이중적 입장이기 때문이다. 그리고 무는 어떤 것이며, 빈 것은 충만이며, 무질서는 예기치 않은 질서이며, 가능적인 것은 그 방식에 따라서는 현실적 경험이다. 스칼라scalaires양의 강등들과 하향등급들은 제작의 필요들에 의해 발명된 언어적 신화들로 환원된다. 우연le Hasard, 또 잘못le Mal처럼, 희망 없음(절망)le Désespoir은 비실재적 한계[극한]이다. 불행을 전부 끌어모은 절대적 불가능성인 한에서 절망은 아마도 **허깨비**일 것이다. 비극으로부터 태어난 절망은 미래화의 무한한 기회들과 위험의 객관적인 증가 사이에서의 혼동에 기인하지 않는가? 하루하루 지나서 생성의 긍정적이고 치

료적인 실증성은 부조리를 정상화하고, 우리들의 존엄성은 부끄럽게 **타협**안을 채택한다. 그리고 우리들의 일상적 낙관주의는 불운과 고통의 주위에서 다시 형성된다. 이것은 불행의 연속적인 소화[감내]와 변모이며, 희망의 지칠 줄 모르는 재생성 작업이도다! 생명의 질서가 보다 일찍 질병에 방해받지 않듯이, 이미 의식은 보다 세밀한 질서 안에서 습관된 자기 입장들을 발견한다. 매 순간 그리고 무한히 열림[개방]은 다시 형성되고, 이를 통하여 우리는 "미래의 즐거운 노래"[49]에 도달한다. 이리하여 반대되는 수단들에 의하여, 지속의 경험에 의하여, 영원한 필연의 초자연적 관점에 의하여, 베르그송의 유명론과 스피노자의 현실주의 l'actualisme는 동일한 **지혜**에, 생명의 동일한 성찰에 이른다. 이 지혜는 형이상학적 고뇌의 검은 나비들을 패주하게 한다. 근대 고뇌와 근대 패배주의 챔피온들[승리자들]은 자신들의 소중한 "문젯거리"를 마치 오늘날 프랑스식으로 독일어를 말하는 자들처럼, 이렇게 하찮게 만든다고 그를 원망한다. 이들은 그가 "심리학주의자의", 주관주의자의, 심지어는 그의 비평의 인간주의자의, 낙관주의라고 비난한다. 이들이 항의하기를 거짓 문제들에 대해, — 이것은 곧바로 약속된 것이다! 모든 것은 너무 잘, 너무 성급히, 너무 단순하게 정돈[배열]될 필요가 없다. 한 번 더 페늘롱을 상기해 보자. 페늘롱은 그들에게 "모든 괴물들은 결코 실재적이 아니다"라고 이미 대답했었다. 그러나 해결할 수 없는 것의 친구들은 자신들의 검은 나비들로부터 기꺼이 스스로를 따로 떼어 놓지 못하고 있다. 그들은 다음을 이해하지 못한다 : 무의 경험 속에 경험적인 무를 실패하게 하면서, 베르그송의 현재주의가 문학적 속임수를 배타적으로 반박한다고 이해한다. 그런데 이 속임수란 아무것도 없는 것을, 형태가 없는 것을 경험의 실증적 대상으로서의 비존재를 수립하는 속임수이다. 이러한 것은 비극적이지 않아야 하며, 신중한 것으로 충분하다. 회고작업의 환영들이 흩어지게 되고, 엘레아 학자들의 조심스러운 난제들이 해소되고, 모든 오해들이 설명되는 직관의 기적적인 단순성이 있다. 이 단순성은 일상적인 제국의 효과적인 경험임과 동시에 피조물과 상층제국^{métempirie}과의 순

---

49. PM 290.

간적인 연관이다. 우리가 초대받았던 거대한 하플로시스(단순화)가 신지적 사랑에 비추어서 어떻게 순수화가 아니라고 했겠는가?

2) 베르그송은 비극적 대립관계[이항대립]이 존재의 핵심에 거주한다고 믿지 않았다. 게다가 유대(속박)가, 즉 달리 말하면 영혼과 신체의 공생이, 역설적으로 불가능하고 동시에 필연적이라고도 믿지 않았다. 베르그송은, 눈이 시각의 기관임과 동시에 시각에 장애물이라고 종종 말했다. 또한 두뇌는 기억의 도구이자 동시에 방해물이라고도 말했다. 결국에는 언어는 사유를 막으면서 또 왜곡하면서 사유를 표현한다고 말했다. 그럼에도 불구하고 퀴아(왜냐하면)le Quia와 쾀비스(아무리 … 라도, 몹시)le Quamvis의 모순은 해결할 수 없는 긴장을 전혀 생겨나게 하지 않고, 이 마지막 단어[긴장]은 이의제기 없이 쾀비스(몹시)Quamvis에 속한다. 따라서 찢어진 의식은 없으며, 모순되는 것들 사이에 변증법적 논쟁도 더 이상 없다. 결국 모순[과정]은 통과할 수 있고 안정적인 구조들에 이른다. 이리하여 율리우스 반젠[50]이 실재적인 것의 핵심에서 발견했던 비극적 충돌(불화)은 베르그송에게서는 현존하지 않는다. 게오르그 짐멜은 벤젠이 우리들의 불가사의한 조건의 비극주의le tragisme를 잘못 이해했다고 비난했다[51](장애물은 정확히 수단이기 때문이다). 이 점에서 베르그송에 따르면, 모호성(칸트 용어)은 해결될 운명에 처해 있었다. 텔레파시에 관한 그의 반성은 도구 없는 [신체가 필요없는] 영혼의 가설을 그럴듯한 것으로서 그가 인정하였다. 그 영혼은 고통 속에 있는 영혼은 아닐 것이다. 그리고 사람들은, 기억의 거대성 속에서, 추억들의 무한한 덩어리에 의한 두뇌의 넘쳐남에서, 베르그송이 정신적 원리의 독립성 덕분에, 따라서 잔존 덕분에 하나의 추측을 보았다는 것을 안다. 행복한 결말이 종말론적인 미친 희망의 수평선상에[미래에] 그만큼 쉽게 나타난다 … 왜냐하면 이 불멸성은 아마도 이 것임의 생성에서 발견된 긍정적 충만의 한계일 뿐이기 때문이다. 당신이 『창조적

---

50. Julius Bahnsen, *Der Widerspruch im Wissen und Wesen der Welt* (1880~1881), *Das Tragische als Weltgesetz* (1877) 등등.

51. Georg Simmel, *Zur Philosophie der Kunst*, p. 138. 참조 : Feodor Steppoune, 'La tragédie de la création', *Logos russe*, 1910, t. 1, p. 171. 'La tragédie de la conscience mystique', *Logos russe*, 1911~1912, t. II~III, p. 115. Du même, *Vie et création*.

진화』와 그 책의 제3장의 서사적 종말을 상기해 보세요. 거기에서 인류는 말달리는 기사단에 비유되는데, 기사단의 저항할 수 없는 임무는 장애물들을 전복할 수 있고, 심지어는 **아마도 죽음**까지도 전복할 수 있다. 만일 우연에 의하여 죽음이 있다면, 다시 말해서 무가 있다면, 죽음 그 자체는 — 돌연변이를 잘못 인식함으로써, 그리고 단순성의 부재 때문에 생겨난 — 제논의 과도한 난문제처럼, 어떤 것으로서 특히 유사–문제일 뿐이었는가? 만일 그렇다면, 죽음은 오해일 뿐이었는가? 완전히 충만인 생명적 생성은 이미 연속된 초실체화를, 다시 말하면 급진적 돌연변이의 연속화를 함축하고 있음에도 왜 특히 급진적 돌연변이인 죽음致死[치사]의 돌연변이가 가득 찬 충만에서 조작되지 못했던 것인가? 전부에서 아무것도 없는 것에로 이행이라기보다 왜 죽음은 **전체에서 전체로**du tout au tout의 변화가 아니었을까? 특히 필연적인 불가능성, 즉 우리들의 조건의 부조리를 영원히 봉인하는 필연적 불가능성, 이 필연적인 불가능성은 아마도 그 자체 매우 불가피하고, 매우 피할 수 없고, [상충] 형이상학적으로 정복할 수 없는 것이 아닌가! 공상주의le chimérisme와 유토피아주의는 사실들에 매인 경험주의자만큼이나 멀리 과장[법]을 밀고 나가지 않았던가? 생명도약은 죽음보다 훨씬 더 강하다. 자유는 타자를 위하여 그리고 죽음에 대한 죽음을 알리기 위하여 — 다시는 사망이 없고[52] — 희생이 신적 광기 속에서 죽음을 죽인다. 베르그송은 예언자들과 묵시록의 강조점을 재발견하였다. 인간적인 것의 신격화, 이것이 결국 『도덕과 종교의 두 원천』이란 책의 마지막이 아닌가? 마치 개인적 지속에서 출발했던 "무비극적"atragique 철학의 유언이 역사적 소명과 우주론적 진화를 재발견했던 것처럼 말이다.

3) 죽음의[에 대한] 죽음과 무의 무는 한마디로 잘라 말하면 궁지의 궁지와 패배주의의 패배를 의미한다. 직관이 다음과 같이 증거한다 : 경계 중간에 있는 피조물이 자기의 중간성이라는 감옥을 떠나면서 자기의 유한한 이중성의 본성을 깨뜨릴 수 있다고, 또한 실재적인 것을 가지고 신지학적인 범주들 밖에서 또 실재적인 것에 유대le vinculum(속박)를 부과하는 상대성의 바깥에서 일치시킬 수

---

52. 「묵시록」, 21:4.

있다고, 결국에는 존재의 기원적 근원들과 생명의 생성적 "아르케l'archée[원질로서
불]"과 다시 접촉한다고 증거한다. 직관은 **생산된** 피조물이 **생산하는** 자연으로부
터 완전히 절단되지 않는다. 베르그송의 "실재론"은 비관주의에 대한 승리가 아
닌가? 인간의 진화에서 한 점 위에서 생명도약이 방벽(울타리)에 걸터앉아 있는
것과 마찬가지로 몇 점들에서, 몇몇 순간들에서 경험제국의 피조물은 상위 경험
제국에 자기 관통로를 내는 데 마찬가지로 성공한다. 마치 생명도약으로서의 직
관이 온선천성l'Apriori의 심층을 파고드는 것처럼. 생명도약, 즉 호르메(열망)ὁρμή
는 자유의 승리를 소명으로 삼는다. 사실상 그것은 물질 속에 증가하는 비결정
성의 일정분량을 주입한다. 단호히 말하자면, 진보란 마지막 단어이다. 따라서 베
르그송주의에서는 궁지, 막다른 골목, 환멸(실망)이라는 복잡계들을 위한 자리
도 없고, 쇼펜하우어의 무–의미le Non-sens의 죄수들(갤리선에 묶인 죄수), 즉 익시
온과 시지프스를 위한 자리도 없다. 부조리의 기사들은 베르그송 속에서 동맹을
맺지 못할 것이다. 이 승리들의 징후는 **환희**[53]이다:즉 이것은 라이프니츠의 가우
디움(기쁨, 복락)le Gaudium, 행복한 기분, 좋은 의식, 좋은 소화를 의미하는 것이
아니라 오히려 스피노자의 **라에티티아**(기쁨, 희열)la Laetitia, 즉 중대한 완전화로의
이행을 의미한다. 심지어는 감화를 받거나 반대로 슬픔에 젖는 라에티티아가 아
니라, 오히려 인격상으로 스피노자의 지복la Béatitude, 쾌락과 수고 저 너머에 있는
지복, 모든 선언법들과 모든 이분법을 초월하는 지복, 마치 혼합 없는 순수 빛처
럼[54] 불과 암흑들의 반명제를 초월하는 지복이다. 베르그송에게 있어서 그것은
초월하는 작동 자체이며, 승리의 섬광을 솟아나게 하는 승리의 순간 자체이다.
거기에는 연속하는 다시 말하면 여전히 남아 있고 간직하는 만족, 거주하고 모방
하고 또는 보존하는 만족이 있다. 그런데 시작하고 창조하는 환희도 있다. 행복
감과 안녕은 완성된 의무의 균형 속에서 태어[생겨]난다. 이 완성된 의무는 [문법적

---

53. ES 23~24. MR 49, 57, 225, 243~244, 277, 338. PM 116('Le possible et le réel'), 142.
('L'intuition philosophique'), 290. DI 7~8과 비교해 보라. 참조:Gabriel Marcel, *Journal mé-taphysique*, p. 230.
54. Alexandre Koyré, *La philosophie de Jacob Bœhme*, 1930. 특히 p. 352 ('In der Uberwindung
ist Freunde').

으로, 내용적으로] 소유의 수동과거분사형이다. 그러나 환희는 완수하려는 노력으로부터 태어[생겨]난다. 가우디움이 실용주의자의 평범한 성공으로부터 산출될 때, 생명도약의 철학은 역설적으로 스피노자의 관대[la Generositas]⁵⁵를 재발견한다. 관대는 『사유와 운동자』라는 책의 마지막 단어이다.⁵⁶ 환희의(즐거운) 인간은 가지는 것이 아니라 주는 것이며, 축재하는 것이 아니라 소비하는 것이며, 경영하는 것이 아니라 희생하는 것이다. 이 인간은 문자 그대로 환희로 미쳐 있다. 왜냐하면 그의 희열은 광기, 즉 현명한 광기, 경제와 보존의 원리의 미친 듯한 합리적 지혜보다 훨씬 더 현명한 광기이기 때문이다. 만족, 소위 사티스!(족해!)ᴾSatis!라고 한다. 자 그것으로 충분해! 그 만족은 **동일자**를 보존하는 데 열망할 뿐인데, 이에 반해 환희는 이 점에서 사랑을 닮았으며, 결코 너무 과도하지 마! 항상 좀 더! 라고 말한다. 따라서 환희는 더 많음의 징후이다. 환희는 문자 그대로 '그대로 됨'(우아) 의 상태이며, 다시 말하면, 반대급부 없이, 딴생각도 없이, 반성의 회귀도 없이 순수히 창조적으로 퍼져나감이다. 가브리엘 마르셀은, 환희가 존재의 용솟음 자체라고 그리고 이 존재의 충만이라고 말했다. 그렇다. 베르그송은 아무튼 **낙천주의자**이지만, 라이프니츠의 의미에서 최상의 낙관에 싫증 난 부르주아는 아니다. [아침] 식사를 잘했던 현자는 선량하고 정직한 우주에 거주하는 데 매우 **만족한다.** 이 우주에는 많은 거짓말쟁이들과 욕심쟁이들이 있으나, 그러나 이 우주는 (모든 것이 신에게 가능하지 않았다고 알고 있어서) 또한 가능세계들 중의 최상의 세계이다. 그러한 것은 "낙관주의자들" 또는 "최대주의자들"이라는 거주자[소유자]들이 갖는 방식이다. 만일 아낭케 스테나이(시말이 전도된 필연)ἀνάγκη στῆναι가 끊임없이 스스로 닫히고자 하는 경계선상의 지혜의 형이상학 전체였다면, 데이 아나베나이(올라가는 필연)δεῖ ἀναβῆναι⁵⁷는 열려진 형이상학의 좌우명이 될 것이

---

55. ES 25. PM 291 (Notice sur Ravaisson, 마지막). [관대는 루소의 연민(pitié)과 마찬가지로 인민의 것이며, 빅토르 위고의 『레미제라블』에서도 마찬가지이다. 심층의 그대로 됨(우아함)은 스피노자와 베르그송에게서 나타난다. 인민을 쑤셔서 분리하며 편 가르고 싸움하게 하는 길항주의(적대주의)는 권력의 농간이다. 사드(THAAD) 배치는 박근혜 정부의 전형적 수법이며 주지주의자의 자기모순이다. — 옮긴이]

56. [옮긴이] PM 291, Oe 1481.

다. 왜냐하면 무한을 향해 열린 채 있는 전능한 자유를 위하여 현실태로서의 최고 낙관도 최대치도 없기 때문이다. 이는 그 자유가 죽음보다 더 강하기 때문이며, 그 자유는 희생의 미친 과장법 안에서 죽음을 죽였기 때문이다. 이 자유는 문자 그대로 전부일 수 있도다. 본능과 지성의 교대는 역설적으로 초월적이 되었다. 갑작스러운 단 하나의 도약으로서의 의식은 모든 반명제들의 저 너머 세상으로 튀어 오른다. 그러나 만일 행복l'eudémonie이 간격들을 죽 따라서 계속된다면, 환희는 최소한의 순간에 피아트(심사숙고 후 결단) 또는 피트(행해진 것) 속에서 통째로[전체로] 모여진다는 것을 알아야만 한다. 『시론』이 "~함에 따라" 살았던 거대한 연속성의 안녕을 한 번 더 환대했을 때, 『도덕과 종교의 두 원천』이란 책은 간격 가운데 불연속적 돌출들을 떼어 놓는데, 이 돌출들은 돌연변이의 불가사의이며, 모험적인 신통력이며, 경험계와 절대의 접점이다. 환희가 선언되는 것이 그 순간의 섬광 속에서이다. 그럼에도 불구하고 이 불타는 환희는, 파스칼이 『회상』 Mémorial에서 말한 것이기도 하고, 거대한 확신의 징후이기도 하다. 이 환희는 베르그송에게서는 침착에 이른다. 라에티티아, 폭력적인 것, 그리고 승리의 정념에서 고통스럽게 태어난 열광적인 것은 야망과는 반대이다. 따라서 청명함과 환희는 매우 우애적인 분위기이다. 환희의 축제들은 소심함의 불안들로부터 그리고 반성의 회귀로부터 해방된 의식에게서 다시 말하면 순수한 심정un coeur에서 가능하게 된다. 또한 단순한 심정이 우리에게 마련해 준 우아한 환희는 디오니소스적이라기보다는 정적주의적이다. 변화는 존재의 실체 자체이며, 생성의 철학은 지속의 의미에서 풍부한 자들을 운동주의에로가 아니라 영혼의 정적(고요)에로 인도한다. 왜냐하면 라에티티아는 정적(고요)이기 때문이다. 에피쿠로스의 갈레네(고요)γαλήνη처럼 정태적이 아니라 오히려 고요함calme이고 조급하지 않음이다. 에피쿠로스가 말했듯이 환희와 철학은 똑같은 순간의 딸들이다. 우리에게 가느다란 뾰족점으로 나타나는 이 순간은 정말로 확실하게 일종의 영원한 현재가 아닐까? 확실히 비시간적 영원성이 아니라, 오히려 생성으로 가득 찬 영원성, 즉

---

57. Plotin, *Ennéades*, V, 3, 17 [플로티노스, 『플로티노스의 엔네아데스 선집』].

생명의 영원성이로다!

　따라서 베르그송의 작품은 "절망론"과는 반대이다. 그럼에도 불구하고 그의 작품은 사람들이 그렇게 믿을 수 있을 만큼이나 키르케고르의 작품과 모순되는 것은 아니다. 키르케고르와 베르그송은 동일한 근대성의 반대적이고도 상호보충적인 두 측면을 재현한다. [키르케고르의] 불행한 근대성의 비극적 구원에, 베르그송의 순간적 즐거움이 응답한다. 그 즐거운 것은 영혼의 꼭대기에서, 절대자로부터 아주 자연스럽게 되는 첨단의 직관이다. 순수사랑으로서의 또 영웅적 노력으로서의 직관은 한순간의 "거의 아무것도 아닌 것"만을 지속한다. 다시 말하면 지속하지 않지만, 이 "거의 무"ce quasi-nihil는 절망의 부조리한 허무Nihil와 연관하여 이미 영원처럼 있다. 게다가 베르그송은 "생의 비극적 감정"을 낌새도 알지 못했었다. 이 "생의 비극적 감정"은 우나무노Unamuno에게 있어서는 또 레온 체스토프의 비애의 철학에서는 아주 심오하게 진지한 것이었다. 그러나 베르그송은 부조리에 항의했고, 고뇌를 거부했다. 직관은 갑작스레 온절대자l'Absolue를 찾고, 그러나 직관은 그것을 찾고 … 무한한 희망, 엘피디앙[희망]elpidien 58의 강력한 도약은 창조적 진화와 개방적 윤리를 추진한다. 생명 에너지, 정신적 도약! 전후 동안에 젊은이였던 자들은 오늘날 유행하는 절망(단념)과 [젊은 날의] 몇 해 동안의 희열을 아마도 우울하게 비교할 것이다. 이 몇 해 희열인 때는 사육제들이 붕괴되고 난 후에 모든 것이 가능한 것으로 나타났던 때이다. "우리는 잘 살아보자!"라고 포레의 『페넬로페』Pénélope(1913)의 3막 마지막에서 페넬로페와 오디세우스가 메아리로 응답하여 말한다. 베르그송의 환희를, 다리우스 밀로, 쾨슐랭, 몽푸, 라벨(Je bois à la joie!59)의 빛의 음악들을, "공상적 수평선"을 향해 가브리엘 포레의 최후의 음악들을 선동하는 희망의 물결은 동일한 질서의 현상이었다. 베르그송은 단순하고 유쾌하다. 베르그송에게는 포레의 『페넬노페』처럼 신뢰가 있었다. 신뢰가 없다면, 잔인한 제논에게 또 메피스토텔레스의 궤변론들에게 최상의 응답은 어떤 것인가? 일종의 봄[젊은 시절]의 희열은 베르그송의 만년의 저작들

---

58. [옮긴이] ελπίδα, espoir：Rom 12：12, Rom 15：13, 1Cor 9：10, Eph 4：4, Ti 1：2.

59. [옮긴이] Je bois à la joie! (환희에 취해 난 마셔!)

에 생기를 불어넣는다. 또한 이것[봄의 희열]은 저세상을 위해서뿐만 아니라 우리의 숙명이 사는 이 세상 자체를 위해서, 자유의 철학은 우리에게 빛 속으로의 해방과 창발을 제안한다. 영원한 죽음에서 나를 자유롭게 해 주오![60] 가브리엘 포레가 매우 숭고한 탄원을 끌어냈던『장송곡』의 교회 예배적 산문을 징말로 누가 생각할 것인가? 우리들 모두가 사망할 고인들에게, 어두운 호수에 매료된 자동인형들에게, 일상적 좌절로부터 살아온 죽은 자들에게, 그들의 자유를 [살아서] 훈련하게 해 주세요. 우리를 깊은 암흑들 속에 떨어지지 않게 해 주세요. 생성의 고요함과 자유의 만취, 현명한 지속과 행복한 짧은 시간, 저녁의 평화와 아침의 환희를 동시에 우리에게 주세요.[61]

---

60. [옮긴이] 가톨릭 장례 미사곡(장송곡) : Libera me, Domine, de morte æterna (주여, 영원한 죽음에서 나를 자유롭게 해 주오 … .)

61. [옮긴이]『단순성』의 논문은 장켈레비치의 기도문으로 끝난다. 간단히 낮과 밤은 연속이며, 순간과 영원의 연속을 갈망하고 있다.

instructifs. J'ai particulièrement
remarqué le passage concernant Spinoza.
Je crois vous avoir dit que je me sens
toujours un peu chez moi quand je
relis l'Ethique, et que j'en éprouve
chaque fois de la surprise, la plupart
de mes thèses paraissent être (et étant
effectivement, dans ma pensée) à l'opposé
du Spinozisme.

H. Bergson

1928년 7월 7일, 앙리 베르그송이 저자 장켈레비치에게 보낸 미공개 편지의 일부
(잔느 베르그송의 특별 허락을 받아 수록)

부록

:: **부록 1 : 베르그송과 유대주의**[1]

베르그송과 유대주의 사이에 연관들의 문제는 전적으로 연결접속, 즉 그리고Et에 근거한다. 우리들의 문제 그 자체로 분명하게 하기 위하여, 항차 유대주의가 일의적인 의미를 지니고 있어야 하리라. 그런데 이 종교에는 전통주의와 **메시아주의**, 즉 한편으로는 형식주의와 다른 한편으로는 **감동주의**가 동시에 그리고 모순적으로 함께 있는 것 같다. 유대주의, 그것은 율법la Loi이지만 또한 **예언주의** le Prophétisme이다. 율법 자체 속에는 법률적인 측면도 있고 **신비적인 측면도** 있다. 유대주의, 그것은 탈무드주의이기도 하고 또한 마르틴 부버가 매우 깊이 있게 연구했던 하시드의 정신성이기도 하다. 예를 들어 잘못(악)의 문제에 대해 유대주의 그 자체는 모순적인 응답들을 제공한다. 합리주의자들은 잘못을 결함(결핍)으로 다루고 카발리스트들은 반대로 그것을 실증성[긍정성]의 방식으로 인정한다. 게다가 이 모순이 베르그송주의 자체에도 없지 않으며, 베르그송주의도 잘못에 대한 두 개의 모순된 정의들 사이를 왔다 갔다 한다. 또한 예를 들어『의식의 무매개적인 자료들에 관한 시론』에서 과거로 향한 어떤 베르그송이 있고,『창조적 진화』와『도덕과 종교의 두 원천』속에서 오히려 미래를 쳐다보는 또 하나의 어떤 베르그송이 있다. 만일 여러 가지 유대주의들이 있다면, 그리고 만일 베르그송주의 그 자체가 보수적 과거주의와 미래주의를, 전통과 메시아주의를 동시에 정당화할 수 있는 복합철학이라면, 우리의 이러한 대비는 심하게 혼동될 위험에 처하게 된다. 게다가, 창조의 관념과 자유의 관념처럼 베르그송에게서 사실상 성서적으로 보이는 몇몇 주제들은 또한 크리스트교 신비주의자들에 대한 독서로부터 온 것일 수 있다.[2] 거꾸로 창조적 진화의 학설이 전통적 독단주의와 초월

---

1. [옮긴이]『유대계 철학과 문학의 혼합들』(*Mélanges de philosophie et de littérature juives*)에다가 1957년에 부록으로 실은 논문「베르그송과 유대주의」(Bergson et le judaïsme)이다.

적 창조주의 관념을 배제하고 있다는 점에서, 베르그송은 크리스트주의에도 유대주의에서와 마찬가지로 대립하고 있다. 따라서 우리는 이 어려운 주제에서 잘 자리 잡지 못하고 있다.

I. [대척점 또는 인접성: 베르그송과 유대주의 사이의 거리 또는 대립]

만일 둘 사이에 몇 가지 깊은 인접성이 있다면 이 깊은 인접성을 발견하기에 앞서, 처음 겉보기에 베르그송과 유대주의를 대립시키는 것이 무엇인지를 정의해 보자. 지속과 내적 멜로디의 애호가에게 모든 창조적 선물을 부인하는 자들은, 베르그송이 생성의 흐름 안에 실체를 끌어들였다고 비난한다. 존재를 풀어헤치는 역할을 하는 생성은, 베르그송에게 진실한 건축적 체계를 건설하는 것을 금지시킬 것이다. 아인슈타인의 물리학적 상대주의와 게오르크 짐멜의 철학적 상대주의는 둘 다 모든 좌표체계를 몰아내는데, 이 때문에 동일한 비난을 받을 염려가 있다. 만일 게오르그 짐멜이 자기의 『생의 직관』*Lebens anschauung*(1918)에서 베르그송에게 실질적으로 영향을 받았다면, 반대로 베르그송이 『지속과 동시성』 속에서 상식적인 지속의 이름으로 아인슈타인에게 반대하여 활기차게 논쟁했다고 대답하는 것은 우선 무엇에 적합한가? 그리고 심지어 베르그송이 상대주의적이라고 인정하면서 좌표체계를 거부하는 것, **실체를 움직이게 하는 것**, 관찰자와 척도의 도구를 운동 안에 끌고 가는 것, 이것들이 유대주의 징후들이라고 생각해야 하는가? 이 경우에 히브리의 유일 신앙이 유대인의 것이라 할 어떤 것도 가지지 않았다. 실체에서 시간을 **빼버린** 스피노자는 이성에게 영원성의 어떤 측면 아래서 사물들을 생각할 특권을 부여한다. 베르그송이 부인했던 모든 것을 긍정하는 자로서 스피노자는 유대인의 반대자일 것이다. 사람들은 스피노자가 유대교회[시나고그]에서 축출되었다고 말할 것이다. 그러나 그를 공동체로부터 추방하게 한 것은 유대교가 영원하고 절대적인 유일 신앙이기 때문이 아니다!

---

2. 스피노자의 "일원론"과 베르그송의 "이원론" 사이의 대립에 관하여, Noé Gottlieb, 'D'une erreur fondamentale dans les Deux sources', *Revue des Études juives*, XCV, no. 189, (1933), p. 4.

게다가 베르그송은 정반대로 반대관념들을 공언해서 배교의 극단적인 면에까지 갔다. 요컨대 사람들은 "헤라클레이토스주의"를 "엘레아주의"보다 선호하는 것이, 왜 유대의 특수성이 될 것이라고 보지 못하는가:왜냐하면 이때에 모든 역동주의, 모든 역사주의, 19세기의 모든 진화론 등은 유대주의로부터 진행한다는 것을 생각해야만 했기 때문일 것이다.[3] 따라서 이 비난들과 신문가십거리의 일반성들에 대한 일치하지 않고 임의적이고 모순적인 특성이 우리의 눈에 더 잘 띈다.

성서 속에 시간주의le temporalisme가 있는데, 이 시간주의는 처음에는 특수한 것으로 나타날 수 있다. 『창조적 진화』는 첫째로 플라톤의 『티마이오스』 편의 까마득한 옛날 명제를 뒤집어엎었다[전복]. 그 명제란:"시간은 영원의 움직이는 이미지이다":이 명제에 따르면 시간은 영원히 모델이며, 시간은 영원의 영속성 없고 유사현존인 이미지이다. 네르 씨는 역사주의, 즉 히브리의 시간주의와 그리스의 영원주의를 근본적으로 대립시켰다. 성서는 하나의 역사처럼 소개된다. 우선 **창조의 옛새**, 즉 한 주간에 배치된 일련의 거대한 사건들;그리고 나서, **원죄의 사건**, 마지막으로 **역사적 연대기**들. 이것은 시간성의 구별된 세 가지 형식들이다. 1) 절대적 시초의 **결단**과 그것을 뒤따르는 이름 없는 우주 발생적 사건들은 잘 채워진 헥사메론[4] 속에 수집되어 있다. 모든 "빗금운동"보다 더 근본적인 발의권(주도권)에 매달린 파국들, 대홍수들[대이변들], 파멸들 등, 이것들을 성서는 우리의 단순한 과거일 뿐인 시간 속에서 표현한다. "신은…말한다" "신은 공간을 만들었다" "밤이었고, 아침이었고. …" 단순과거의 완료형이 한 번 도래한 사건들에 적용된다. 창세기의 서사와 그리스 우주발생론들 사이[5]의 간격은 창조주와 데미우르고스 사이, 아브라함의 신과 "기하학적 진리들의 저자들" 또는 "요소들의 질서의 저자들" 사이만큼 그렇게 크지 않은가?[6] 『창세기』의 시간적인 **드라마 같은 서사**

---

3. [옮긴이] 저자는 유일 신앙 중에서 유대주의가 동적이고 크리스트주의가 정적이라는 관점에 서 있다.

4. [옮긴이] 헥사메론(Hexameron, Ἡ Ἑξαήμερος Δημιουργία Hē Hexaēmeros Dēmiourgia), 창조의 6일간 작업을 의미한다.

5. Jules Baudry, *Le problème de l'origine et de l'éternité du monde dans la philosophie grecque de Platon à l'ère chrétienne* (Paris, 1931).

는 헤시오도스의 『신통기』가 이야기한 영원한 사건들과 **반역사적인 괴물스러운 격변**과 덜 구별되는 것도 아니다 그 드라마는 하나의 "과정"과는 정반대이다. 왜냐하면 시간의 유출보다 법령의 계속성에 더 많이 대립되는 무엇이 있기 때문이지 않겠는가? 2) 창조 작업은 창조된 모든 사물의 절대적으로 근본적인 기원이다. 그러나 피조물의 자유로운 원죄는 상대적으로 역사의 근본적인 기원이다. 우주발생론적인 천문력 이후에, 불복종의 죄, 불신의 죄, 호기심의 죄와 같은 죄라고 불리는 도덕적 사건은 절대적으로가 아닐지라도, 적어도 상대적으로 최초의 사건이다. 이 사건은 주어진 순간에 일어나는데, 원초적 존재처럼 비존재 가운데서가 아니라 이미 창조된 피조물의 비시간적 현존의 과정에서 일어난다. 이 우연적 과오는 반역사적이고 천국 같은 영원성을 방해하는데, 이 영원성은 마땅히 에덴의 동산[정원] 안에 자리 잡아야 한다. 뱀의 간교한 열망, 여성의 유혹, 남자(인간)의 원죄는 이 불행한 계열의 도덕적 세 가지 사건들이다. 만일 아담이 자기 부인에게 그리고 그 부인이 뱀에게 양보하지 않았다면, 만일 지복의 정원에서 정원지기가 금지된 과일을 먹지 않았다면, 어떤 것이 결코 도래할 만한 이유가 없었을 것이다. 왜냐하면 지복은 역사가 아니기 때문이다. 마찬가지로 만일 원자들이 에피쿠로스의 허공 속에 끊임없는 낙하로 떨어졌다면, 또 만일 세계가 있기 위하여, 즉 원자의 임의적 빗금운동, 그리고 변화된 세계의 배치들로 이루어진 물리적 우주가 있기 위하여 필수불가결한 최소사건이 결코 생산되지 않았더라면, 모든 종류의 세계의 집적물들과 다양한 형태의 세계의 물체들은 구성될 수 없었으리라. 단조로운 낙하는 결코 아무것도 일어남이 없이 '영원성의 관념에까지 계속하여' 연속하였으리라. 유일한 원자가 이유 없이 자기 길을 일탈하는(빗나가는) 순간부터 모든 것이 가능하게 되었다. 곧 시작해야지! 나에게 최소한 빗금운동을 주세요, 나는 당신에게 광물질들과 바위들과 산줄기들과 산맥들을 지닌 자연 전체를 주리라. 아담의 원죄는 첫째 해괴망측한 관념이며, 신과 함께 바라는 것을 갑작스레 끊는(단절하는) 자유의지의 첫째 편차, 또는 첫째 일탈이다. 마치 빗금

---

6. Pascal, *Pensée* (Brunschvicq), VIII, 556 [파스칼, 『팡세』].

운동이 연쇄반복과 충돌을 생산하는 것과 마찬가지로, 이처럼 죄지은 결단은 엉김덩어리들 또는 마디들을 생겨나게 한다. 여기에서부터 대역사Histoire의 소란스러운 불화들이 결과로 나온다. 원죄라 이름 붙은 최초의 변질은 역사적 시간의 착수[점화]를 실현한다. 죄지은 자는 역사를 점화하기 시작하여, 그 역사와 더불어 파란만장들, 영고성쇠들, 급변들 시대들과 일화들을 촉발시킨다. 이런 것은 거대한 모험을 다양화한다. 초기의 복잡화 다시 말하면 영원 속에 초기의 굴복시키는[습관화하는] 에덴동산의 지복과 더불어 통합되어서, 이 때문에 차후의 모든 복잡화를 더 쉽게 만들 것이다. 첫째 자유로운 시동[행진]은(값어치 있는 것은 첫째 시동이다) 일종의 현기증 나는 행동에 의해서 연쇄 파국들, 연달아 일어나는 불행들, 억수같이 쏟아지는 대홍수들을 생산하리라! "주(예수)는, 땅 위에 인간의 과오가 다양화하는 것을 보았다…."[7] 천국으로부터의 추방 이후에, 바로 카인의 범죄가 있고, 그러고 나서 대홍수, 바벨탑의 혼란이 뒤따른다. 죄[과오]들은 점점 더 심해진다. 카인의 형제살해는 아담의 불복종보다 한 수 더 뜨는 격이다. 폭력들과 살상들은 눈사태의 속도로 확대되었다. 계보학의 급속하게 서두른 리듬과 연대기[편년 역사]의 열정적으로 가속도를 낸 템포(박자)는 짝을 이룬다. 이러한 악화과정[점점 나빠짐]은 드라마의 역사성 자체를 구성하며, 이 드라마의 첫째 인간은 생성으로 취임하고서 전개를 시작한다. 3) 우주 발생론적 연대기와 원죄의 앞선 역사[선사]의 옛날 옛적의 작동 이후에, 이제 소위 말하는 역사적 연대기가, 즉 공간성으로 이스라엘 민족의 연보들과 업적들이 있다. 실로 이 민족은 특권적인 인민이며, 그의 역사는 "성스러운" 역사이고, 초자연적 숙명의 영고성쇠는 인간 일반의 숙명을 밝혀준다. 그럼에도 불구하고 권리를 상실한 인류가 단계들을 감출 수 없고, 정지거점들을 불 지를 수 없고, 자기 운명의 신학적 드라마의 계속적인 순간들을 아낄 수 없다. 이 지속은 압축할 수 없는 지속이다. "세계 전체는 단 하루 만에 생산되었도다!"라고 예언자 이사야가 소리쳤다.[8] 왜냐하면, 단지 듣도 보

---

7. 「창세기」, 6:5, Edmond Fleg의 번역본 (*Le Livre du commencement: Genèse*, 1959).
8. 「이사야」, 66:8. 참조: Épictète, *Entretiens*, I, 15, §7. Platon, *Philèbe*, 18 *a~b* [플라톤, 『필레보스』, 이기백 옮김, 이제이북스, 2015].

도 못한 경탄할 만한 일이 우리에게 필연적인 계단들을 통과하는 것을 면제되게 할 수 있기 때문이다. 어떠한 마술도 결실 맺는 생물학적 시간을 지속 없는 순간으로 환원할 수 없다. 베르그송은[9] 설탕이 유리잔 속에 녹기를 기다려야만 하는 것과 마찬가지로(왜냐하면 어떤 사람도 혼용된 시간을 압축할 수 없고 일반적으로 상태변화의 지속도 압축할 수 없기 때문에, 물리적 시간도 또한 열병의 생물학적 시간만큼이나 압축할 수 없다), 이스라엘은 자기 메시아가 오기를 마찬가지로 기다려야만 한다. 『필레보스』 편과 더불어, 조급한 자들의 비변증법적인 직선(똑바로)을 거부해 보자.

시간성은 우주 발생론적 헥사메론에서, 첫 의지의 빗나감[10]과 같은 초기 우연성에서, 이스라엘 민족의 연대기에서 나타나는데, 이 시간성은 단어의 베르그송적 의미에서의 시간인가? 사람들은 처음에는 그것을 부정하기를 시도했다.

1) **시간**은 [영원에서] 추락(낙하, 타락)과 더불어 시작한다. 역사는 수치의 딸인데, 왜냐하면 역사는 원죄의 딸이기 때문이다. 신학적으로 역사는 반사, 그림자, 최소 존재에 속하는 일이며, 마치 『티마이오스』 편에서 '영원성의 움직이는 이미지'라 불린 플라톤의 시간과 같다. 이리하여 움직임의 무상함이, 즉 생성의 인위적 특성이 설명된다. 「전도서」에서 환멸의 감정은 시간의 가치저하를 훨씬 더 강조한다. 즉 역사적 시간은 잃어버린 시간이며, 매우 헛되고도 메마르고 단조로운 허영[무상]이며, 시작과 끝이 결합되어 있는 영속적인 되풀이이다. 첫 혐의자에게 주인(지배자)이 던진 저주가 있다 : 너는 네가 나온 그 땅으로 되돌아갈 것이며, 네가 먼지였기에 너는 먼지로 되돌아갈 것이다.[11] 이 저주는 「전도서」의 저주받은 자에게 전체 무게로 짓누른다. 이 저주는 태양의 곡선 속에, 바람의 회로 속에, 물의 순환 속에 기입되어 있다. 그러면 도착점이 곧 출발점인 운동, **어디로**_le quo_와 **어디로부터**_le unde_가 일치하는 운동이 지옥 같은 바퀴와 시지프스의 체벌이 아니면 무엇인가? 있을 것이 있었고 또 이미 행해진 그 시간, 미래는 과거에 이르고,

---

9. EC 10, PM 12.

10. [옮긴이] παρέγκλισις 의 라틴어는 clinamen이다. 루크레티우스의 번역어라 한다.

11. 「창세기」 3:19와 「전도서」 3:20을 비교해 보라. 「시편」 146:4.

오메가는 알파에 이른 그 시간, 거꾸로 미래가 과거인 그 시간은…마술에 걸린 시간이 즉 저주받은 시간이 아니라면 무엇인가? 죽음과 탄생, 전쟁과 평화, "퇴행진화"le catagénèse와 "전진진화" l'anagénèse를 균형 잡히게 하고, 그리고 긍정적 모든 조작을 행하고(건물을 세우고, 식물을 심고, 찾고, 보존하고, 사랑하고…) 그것의 부정적 대칭을 (파괴하고, 뿌리 뽑고, 잃어버리고, 흩어버리고, 싫어하고…) 허용한다. 이 부정적 대칭은 긍정적 조작에 균형을 이루기도 하고 그것을 무화시키기도 한다. 행함le Faire은 자기의 절망하는 보상을 行하지 못함 속에서 찾는다. "태양 아래에 새로운 것은 아무것도 없다", "창조적 진화"에 더욱 대립되는 것이 무엇이겠는가?「전도서」는 "무슨 소용이 있는가…?"라고 질문한다.[12] 사람들은 생성의 목적성을 더 잘 의심(이의제기)할 수 없을 것이다. 이 생성은 아무것도 생성하지 않으며, 이어서 생성의 자기 소명을 반박하며, 자기의 약속들을 부인한다. 그변질은 다른 것(변질)을 생산하는 대신에 또 다른 변질 안에서 자기의 강조된 시간을 갖는 대신에, 동일자로 회귀하여 원으로 둥글게 돈다. 자, 이것이 저주받은 시간의 괴물이다. 이 원은 혁신을 배제할 뿐만 아니라 또한 추억도 배제한다. 따라서 이 원에게는『의식의 무매개적인 것에 관한 시론』의 과거가『창조적 진화』의 미래만큼이나 낯설다. 이 과거는 보물들이 획득되어 쌓이게 되는, 재화들이 축적되는, 작업의 결실들이 모이는, 지속적으로 작품이 보존되는 차원이 아니라 망각의 왕국이며 흩어지는 왕국이다. 그것은 보존도 영속도 아니고, 오히려 달아남, 오히려 순수하게 일관성이 없고 또 생산성도 없는 소모일 뿐이다. 여기서 사람들은 미래 없는 어떤 시지프스를 생각하기보다 아르고스의 왕 다나이오스의 딸들[13]의 허비[허송세월]을 생각할 것이다. "우리들의 날들은 이 땅 위에서 그림자처럼 지나간다."고「욥기」속에서,「역대기」속에서 사람들은 읽는다.[14] 인간은 이

<hr />

12.「전도서」2:15. 70인 번역서가 "히나티(ἱνατί − pourquoi? 왜? pour quelle raison? 어떤 이유로?)라고 번역한다. 이것은 골고다 공원(le calvaire)에 관한 완전한 고독(la déréliction)과 동일한 단어이다.(「마태복음」27:46,「마가복음」15:34:εἰς τί, 이것을 향하여).

13. [옮긴이] 왕의 딸 50명, 그녀들은 남편들을 죽인 죄로 지옥에서 밑 빠진 독에 물을 붓는 형벌을 받는다.

14.「욥기」8:9;「역대기(Chroniques) 상」29:15.

아래에서 주인이다. 이미지의 이미지, 반영의 반영은 분명히 베르그송의 지속보다, 플라톤의 움직이는 이미지, 심지어는 헤라클레이토스의 강물이 흐른다에 더 닮았다. 인간의 변덕스러움, 그리고 연대와 유산상속에 불충실한 피조물의 부정은 일관성 없는 자연의 연속이 아닌가?

2) 성서적 시간은 거대한 프레스코 벽화, 또는 벽 위에 **완전히 펼쳐진** 긴 양탄자와 닮았다. 말하자면 이것의 순간들이 공간에 주어져 있다. 베르그송이 틀림없이 이렇게 말했을 것이다. 성서적 그 시간은 스스로 이루어지고 있는 중인 진화가 아니라, 이미 전개된, 따라서 공간화된 진화라고. 에드몽 플레그는, 많은 탈무드 학자들에게서 시간의 계기들은 전도되어 있고, 결국 사람들은 기꺼이 단원과 장으로 되어 있는 순서를 거꾸로 따라가서, 요약하면 에피소드들을 차후에 움직이지 않게 하고, 그 전개과정을 반복하여 요점을 되풀이한다. 이미 완전히 풀린 전개, 이미 완전히 흘러나온 생성으로서의 성서적 시간은 베르그송의 "이루어지고 있는" 것과는 반대이다. 이 성서적 시간은 자신과 동시대인들의 시간이 아니며, 그 시간이 스스로 굴러가는 정도에서 체험된 시간이 아니라, 오히려 그것[시간]은 경치가 펼쳐지는 듯한 시간이며 신학적 역사의 사후死後 시간이다. 그 신학자는 상위 의식이자 동시에 회고[퇴행]의식이다. 초월의식은 이스라엘의 행로와 그의 숙명의 역사적 영역 위를 날아 조망하는 데 비하여, 회고적 의식은 시간이 지나서 이 행로의 여러 다른 사건들을 비교한다. 만일 선택된 인민의 행로를 점으로 표시하는 웅장하고 무서운 사건들이 『신통기』의 사건들처럼 영원한 사건들이 아니라면, 그 사건들은 그럼에도 불구하고 규범적 사건들이며, 약간은 탈시간화된 사건들이다 : 홍해 바다를 통과한 것, 십계명의 석판들을 깨부수는 것, 아말렉족에 대한 다비드의 승리 등은 이런 관점에서 사람들이 매년 축제에 의해 기념하는 크리스트의 생애에 대한 사건들과 닮았다. 회화와 시 속에서 영원화되고, 달력의 고정된 날짜에 맞추어 기념하는 사건들은 획일적인 리듬에 따라 주기적으로 반복되는 사건들이며, 따라서 예견불가능성의 모든 특성을 잃어버렸던 사건들이다.

3) 역사는 단지 실추되고, 이완되고, 타락된 영원성도 아니고, 이미 완전히

풀린 지속도 아니다. 게다가 역사의 출구는 모든 요행으로 해방된 것 같다. 그 계약만기는 어떤 의심도 할 수 없는 것 같다. 사람들은 확신을 가지고 도박을 할 수 있다. 인간 운명의 방향성은 형이상학적 드라마의 방향성만큼이나 예견가능하고, 그 드라마의 계속적인 국면들은 사전에 알려졌다. 이 경우에 성서의 시간에는, 베르그송에 따르면 시간을 시대화할 수 있는 특성이 부족할 것이다. 그리고 그 시간에는 예견불가능성도 부족할 것이다. 예견불가능성이란 제어되지 않고 환원할 수 없는 요소이며, 불안하고 정념적인 요소이며, 시간적 존재의 위험 요소를 구성하는, 한마디로, 요행의 요소이다. 사람들이 내일 무엇이 이루어질지 모를 때, 그때는 (두려움에) 떠는 시간이며, 심장이 더 빨리 뛴다. 성스러운 역사의 거대한 프레스코 벽화 속에서, 모험적인 요소와 내기[도박]의 위험요소는 최소한의 것으로 축소된 것 같다. 이 역사로부터 진실한 미래화 과정에 속하는 새로움이 배제되어 있어서, 이 역사는 완전히 정지된 모험인 것 같다. 요행 없는 이 모험을 모험하는 자는 아마도 그 인간에게 열린 미래를 갈망하게 하는, 그리고 위험을 보상해 주는 희망을 모른다. 그러나 그에게 신뢰와 인내는 낯선 것들이 아니다. 「전도서」의 진도를 나가지 않고 제자리걸음하는 생성은, 만일 그 생성이 **용기 상실**과 비관주의를 함축하고 있다면, 아마도 모든 진실한 고뇌로부터 배제될 것이다. 신자들의 신뢰에 예언자들의 약속이 마땅히 짝을 이룬다. 주께서 이스라엘에게 예레미야의 입을 통해서, "그렇다. 너의 미래를 위해 희망이 있다"고 말한다.[15] 일종의 암묵적 대계약에 의해, 예언자적 예언들은 인민에게 몇몇 조건들이 채워지면 몇몇 예상들이 예정대로 될 것이다. 이스라엘이 자기의 자유를 잘 사용한다면, 각자의 안녕은 보장받을 것이다. 이런 점에서 예언주의는 시간의 장난꾸러기 도깨비le malin génie에 반대하여, 다시 말하면 아마도 순간순간마다 우리를 노리고, 모든 출현을 가지고 모험을 만들고 모든 내재하는 돌연변이로 죽음의 위험을 만드는 시간적 예견불능에 반대하여, 도덕적이고 상대적으로 이성적인 보장처럼 나타난다. 예언적 말투는 불신을 흩어지게 하고, 위안과 평온을 가져온다.

---

15. 「예레미야」, 31 : 17.

"모든 계곡은 채워질 것이고 모든 산은 낮아질 것이며 굽이진 길들은 펴질 것이다."라고 이사야는 자기 인민에게 약속했다. "나는 어둠들을 빛으로, 울퉁불퉁한 땅을 평평하게 변화시키리라."[16] 그리고 예레미야는 "나는 그들의 상례를 희열과 위안으로 바꿀 것이며, 나는 그들의 슬픔에 이어 환희기 오게 할 것이다. 왜냐하면 너의 노력들에 보상이 있을 것이기 때문이다."[17] 예언적 미래는 선량한 길에서 역사를 유지하는 섭리적 목적성의 담보[보증금]이다.『창조적 진화』에서 예언적 목적론은 오히려 시간에 대하여 숙명으로 된 또는 예정조화로 된 특성의 증거일 것이다. 즉 모든 것은 [이미] 만들어졌고 모든 것은 [이미] 말해졌고, 모든 것은 이미 역할이 이루어졌도다.

사람들이 알다시피, 예언자들은 스스로 미래를 표현한다. 주⁺는 구름 위에서 제시할 것이고, 강물들은 마를 것이고, 민족들은 두려워 전전긍긍할 것이고 등등. 확실히 예언자와 신적인 것 사이에 세상이 있다. 게다가 계명[율법] 그 자체는 이 반대되는 것을 사기 같은 점치기라고 꼬리표를 붙이면서 간접적으로 정당화한다. 이런 이유로「레위기」와「신명기」는[18] 미래의 비밀들을 알기 위하여 마술가들과 상의하는 자들을 이교도라고 단죄한다. 이것은 점쟁이이지, 시간을 중성화하고, 또 미래에게 정열적이고 모험적인 미래의 불확실성을 제거하면서 미래 작용을 무화하는 예언자가 아니다. 무녀와 점쟁이는 예견에 의해 미래를 보고 예측[과]학에 의해 미래를 알며, 예측읽기(예독)에 의해 미래를 읽으며, 내일을 오늘처럼 다루면서 시간을 탈시간화한다. 공간화된 시간에 대한 베르그송의 비판은 유대의 예언에 타격을 주는 것이 아니라, 오히려 그것은 이교도 점술에 타격을 주며, 이 점술 뒤에 있는 그리스인들의 영원주의에 타격을 주는 것이다. 미리 주어진 미래의 통찰, 문자에 앞서서 글을 읽는 예독, 예상참여하는 과학과 같은 예측학 등은 이런 이유로 역사의 역사성을 무화하고, 생성하는 것le devenant 대신에 생성된 것le devenu으로 대체한다. 비시간적으로 앞서 보고 앞서 말하는 사기꾼은

16.「이사야」, 42:16.
17.「예레미야」, 31:13과 16.
18.「신명기」, 13:2와 그 이하. 참조:「레위기」19:31;「출애굽기」22:18.

이 미래로 현재를 만들고, 마술적 특권에 의해 시간을 폐기한다. 미래를 예감하는 예언자는 시간을 무화시키지 않고, 반대로 그는 시간의 두께를 나는 듯이 빨리 관통한다[가로지른다]. 그는 지속 안에서 예감하며, 베르그송의 직관에 아주 닮은 작동에 의해 지속과 일치한다. 지속이 조금씩 너울을 벗김으로써 발견하는 그것을 예언은, 즉 지속이 집중화된 예언은 순간적인 계시에 의해 단 한 번에 발견한다. 신탁들 중의 전문적인 신탁은 소위 말해서 문자 그대로 신을 인식한다고 주장하는데, 예언자는 공기(생명, 영혼)의 불가사의를 흘낏 본다. 이 불가사의는 그에게 하나의 모호한 형식으로 심지어는 모순적인 형식으로 나타난다. 따라서 이 불가사의는 에제키엘처럼, 잠언들 (형)식으로, [도형]의 비유들로, 알레고리(유비)들로 표현된다. 예언의 양면성은, 이를 주목해 보면, 협잡꾼들의 조심성과 전혀 닮지 않는다. 협잡꾼들은 서로 타협되지 않도록 양의적인 정식을 사용한다. 이것은 전달문[전언]의 비의적이고 표현할 수 없는 특성이다. 이 특성은 비유들과 신화들을 필수적이게 한다. 거기서는 예언자가 자기 자신을 분명하게 보지 못한다. 어떤 것이 자신 속에 표현되는데, 그 자신은 무엇인지 왜인지 알지 못한다. 이런 점에서 이 예언은 플라톤의 『이온』편에서 말하는 시적 영감에, 또는 신비적 열정에, 『파이드로스』편의 "신적 광기"에 닮았으나, 이것은 소위 말하는 이교도의 점술에는 닮지는 않았다. 환영을 보는 자들 les visionnaires의 투시, 즉 혜안ls clairvoyance과 영감을 받은 자들의 흘낏 봄 사이는 땅과 하늘 사이만큼 멀다. 모든 "문법적" 예상과 반대로, 예언자의 흘낏 봄은 시간을 가로지르는 통찰이 아닌가? 그래도 역시 만일 예언자가 미래작업을 무화하지 못한다 할지라도, 그 예언자는 어쨌거나 미래를 예고하고 어떤 방식으로든 미래를 덜 모험스럽게 만든다. 갑작스러운 미래가 그에 의해서 알아차려지게 된다. 이 신의 대변자가 자기 형제들과 겪는다면, 또 그들을 동반해서 역사의 드라마를 산다면 아무래도 좋다! 신과 친숙하기 위하여[허물없이 지내기 위하여] 시간은 순간적으로 장애물이 되기를 그만둔다. "나는 새로운 사건들을 알린다. 이 사건들이 울타리 안에 갇히기 전에 나는 이것들을 당신에게 계시한다[폭로한다]."고 「이사야」가 말한다.[19] 그 예언자는 미래를 미리 아는 것이 아니라, 예언적 시간이 미래에 대해서 박탈당한 만큼 그 시간의 시간성의 환원할 수 없는 요소라는 것에 대해서도 박탈당했다. 더 이상 창발(출현)은 없다. 메시아적인 약속이 새로운 것의 예견할 수 없고 불안한 돌출을 제거했다.

따라서 사람들은 베르그송의 시간과 성서의 시간을 동일시할 수 없었을 것이다. 그러나 아마도 다른 더 중대한 불일치가 베르그송을 (또는 적어도 초기의 베르그송주의를) 예언자적 메시아주의와 분리할 수 있을 것 같다. 경험적인 베르그송 철학을 유대주의의 대척점에 겉보기로 위치시킨다는 것, 그것은 시작과 끝에 관한 모든 반성으로 결정된 거부이며, 극단적인 항들에 관한 모든 사색으로 결정된 거부이다. 적어도 출발점에서 베르그송주의는 경험적 충만과 연속의 철학이다. 따라서 스피노자와 일치하며, 영국 경험주의와도 (단지 이 점에서) 일치하며, 비판주의와도 일치하는 베르그송은 매우 오랫동안 처음 시작과 마지막 끝에 상관있는 어떠한 질문을 제기하는 것도 금지되었다. "나, 처음이자 마지막인 영원"[20], 처음과 마지막! 베르그송의 경험주의는 시초론과 종말론을 의사-문제들로 생각했고, 지각된 또는 지각할 수 있는 사실들의 이름으로 알파와 오메가에 관한 형이상학적인 또 종말론적인 이 모든 사색을 거부했다. 신은 "아무것도 행하지 않았다.", 절대자는 "지속한다."[21] 사람들은 『창조적 진화』가 이 주장들에 의해서 크리스트교 독단론의 신학자들에게서 어떤 추문(소란)을 일으켰는지를 알고 있다. 물론 베르그송은 범신론으로 의심을 받았다. 베르그송은, 야곱 뵈메와 신비가들의 의미에서 신이 자기원인이라고 말하고자 원했던가? 베르그송의 신은 이런 의미에서 자기원인causa sui이 아니며, 전적으로 작업l'opération이며 연속된 솟아남이다.[22] 신적인 것le divin은 도약의 현실적 연속화이며, 이 연속화는

---

19. 「이사야」, 42:9, 46:10(ἀναγγέλλιον πρότερον τά ἔσχατα πρίν γενέσθαι [처음부터 장차 있을 일을 알려주고 일이 이루어지기도 전에 미리 알려준 자 나밖에 없다(46:10) ― 옮긴이]). 참조:「이사야」, 48:3~5.

20. 「이사야」 41:4, 44:6, 48:12. 참조, 「묵시록」 1:8과 17, 21:6, 22:13:ἐγώ τό ἄλφα καί τό Ὠ, ὁ πρῶτος καί ὁ ἔσχατος ἡ ἀρχή καί τό τέλος [나는 알파요 오메가, 곧 처음과 마지막이며 시작과 끝이로다(22:13) ― 옮긴이]

21. EC 270, 323. MR 제3장.

22. [옮긴이] 저자가 여기서는 베르그송의 신을 지성적 신으로 해석한 듯하다.

우리 눈앞에서 유기체들과 종들의 싹을 피어나게 한다. 따라서 근본적 기원의 문제는 베르그송에게 있어서 이데올로기적 신기루이며 환상적인 재현이다. 『창조적 진화』에서 모든 선현존의 빈 것 속에 하늘과 땅을 제시하는 창조적 신의 관념은 『의식의 무매개적 자료들에 관한 시론』에서 길들이 교차하는 무차별적 자유의 신화만큼 알 수 없는 것이다. 마찬가지로 자유의지는 자기의 깊은 과거에 의해 지지받은 의식의 의지이며, 자신의 개인적 전통들에 의해 그리고 경험의 교훈들에 의해 밀고 나온 영원의 의지인 것처럼, 또한 신적 작동은 연속화로 가득 찬 창조이다. 자유재량이 울리게 조작하지 않듯이, 신도 절대적 비존재의 공기 종鍾, la cloche pneumatique 에서 작업하지 않는다. … 충만의 유명론적 철학은 무질서와 무의 관념들을 비판하면서, 헤시오도스의 『신통기』의 틈 벌어진 **카오스**와 **무로부터**ex nihilo 창조라는 **무**le néant를 동시에 평가 절하한다. 그 무는 멍하게 하는 표상이며, 이 표상에 의해 정신은 자기 자신에게 두렵게 하고, 현기증이 니고, 빈 것 속에 비틀거리며 지낸다. 특히 난간이 있을 때, 우리가 절벽의 가장자리를 따라가기를 좋아하는 것처럼, 마찬가지로 형이상학자는 깊은 무Nihil의 절벽과 나란히 가면서 깊은 감동을 얻는데, 이 깊은 무로부터 절벽이 솟아나 있다면 말이다. 마찬가지로 라이프니츠는 『모든 사물의 근본적 기원론』Origine radicale de toutes choses(1697)을 쓰면서, 이번에는 빈 것에 관하여 관심을 기울였고, 몇 순간 동안에 미묘한 현기증을 맛보았다. 그는 곧바로 이 빈 것을 가득 채우고, 결국 신은 모든 사물들을 매우 이성적으로 만든다는 것을, 영원한 진리들은 자신의 친절한 의지에 앞서 현존한다는 것을 제시한다. 따라서 정신이 절벽에서 떨어지지 않게 해 주는 난간이 있다. 『창조적 진화』의 작가는 이 모든 시작들 중의 시작을 이해할 수 없었고, 「창세기」 제1장의 첫 구절에서 표현할 수 없는 불가사의로 감싸여 진 채 남아 있는 근본적인 이 베레히트(창세기의 비밀서적)Berechith 23를 이해할 수 없었다. 왜냐하면 친절한 작동에, 즉 하늘과 땅의 창조자에 앞서 현존하는 것은 절대적으로 아무것도 없기 때문이다. 그리고 '빛이 있으라' 그 자체는 첫 존

---

23. [옮긴이] 베레히트(Berechith)는 창세기에 관한 비밀문헌이다. 이것은 일 년 순환의 첫 주에 관한 것이다.

재-실행보다 그다음에 있다. 시간적 실증성의 철학은 적어도 이런 의미에서는 단호히 반창조주의이다. 절대적 무보다 베르그송은 아마도 카발라의 신비적 무와 아레오파지트의 드니Denys l'Aréopagite의 신비적 무를 선호했을 것이다. 왜냐하면 카발라의 무는 풍성하고, 충만하며, 다 길어올 수 없는 무한성(즉 앙소프En Soph)이고, 또는 실레지우스가 말한 것처럼 초무Sur-Nien 24이기 때문이다. 이 무는 창조의 벼락 치는 듯한 요술이 돌발사태로 완수되는 빈 것이 아니라, 오히려 즉흥시의 싹과 같은 역동적 도식에 닮았다. 그것은 깊이를 잴 수 없는 심연이며, 부정신학이 말하는 생식력 있는 **밤**이다. 만일 창조가 시간의 기원에서 단 한 번으로 생산되었던 사건이라면, 베르그송이 바로 반 창조주의자이다. 그러나 반대로 그는 창조주의자이며, 창조주의자보다 더 한 사람이다. 만일 연속성 자체가 그에게 있어서 창조이고, 즉 연속적이고 시간적인 창조라는 것이 사실이라면 말이다. 그것은 정확하게, 연속하면서 시작하는 "창조적" 진화의 역설이 아닌가?

    베르그송은, 근본적 기원의 문제를 거부하였듯이, "최후"에 관계있는 해결할 수 없는 난제들을 거부하고 또 모든 **종말론을 거부**한다. 즉 최후의 심판의 고뇌, 역사의 종말에 관한 천년왕국설의 사변들, 세계의 종말, "시간의 종말" 등이 그에게는 현존하지 않는다. 지속은 결코 지속하기를 그치지 않는다. 왜냐하면 지속은 정신성 자체이기 때문이다. 완성된, 풀린, 늘어진 시간의 관념은 부조리한 환상이며, 상상적 문제의 생성자, 충격적인[당황하게 하는] 난문제들과 형이상학적 공포증들의 생식자이다. 창조주의자이자 동시에 "연속주의자"의 철학에서 시간은 유한한 양이 아니다. 즉 열한 시 오십구 분까지 조금씩 써버려야 하는, 마지막에서 둘째까지 순간들을 소모해야 하는, 마지막 시간의 마지막 종이 칠 때 마치 조립이 풀리는 시계처럼 멈춰야 하는 유한한 양이 아니다. 이러한 것은 인류가 두루마리의 끝에 다다랐을 때, 인류의 역사가 일반적인 포함 범위 안에 완성되지 않는 것과 같다. 안녕[구원]의 길 위에서 인류는 채워야 할 유한한 여분, 보상해야 할 어떤 간격, 따라잡아야 할 어떤 거리 등을 갖지 못하고 있다. 이 인간 형태적

---

24. Angelus Silesius, *Pélerim chérubimique*, I, 25 그리고 III.

신화들은 형이상학이라 하면서 소위 말하는 주장들만을 갖고 있다. 왜냐하면 시간은, 의무 그 자체와 마찬가지로, 다 소모될 수 있는 것이 아니기 때문이다. 따라서 "천년왕국설"의 허수아비는 시작의 현기증만큼이나 『창조적 진화』에 낯설다. 만일 무le néant가 거짓 문제, 즉 무에 도달했을 무화라면, 이 무화를 가능하게 했을 끝내기(근절)는 양의 경험적 세계에서는 또한 잘 재단된 개념들이다. 무 속에서Im nihilum는 또한 **무로부터**Ex nihilo만큼이나 말일 뿐이다.

이때부터 사람들은 무한한 대비책들[예방들]을 설명한다. 베르그송은 이 대비책들을 가지고 초월의 문제에 접근한다. 『물질과 기억』과 『창조적 진화』의 다원론적 내재주의는 일원론적 초월의 관념에 잘 맞지 않았다. 이 때문에 초월은 피조물과 절대자 사이에 현기증 나는 간격이 벌어지게 내버려 둔다. 이 벌어진 빈 것은 충만의 철학에서 보면 환상들 중의 환상이다. 창조주의 안에서 신과 인간 사이에 푹 파인 빈 것에 관한 베르그송의 불쾌감은 어떤 경우에는 『창조적 진화』의 범신론을 거부하게 했을 것이다. 로가 베르그송에 반대하여 『테아이테토스』 편이 헤라클레이토스와 크라틸로스의 운동주의에게 행했던 반대들을 새롭게 하면서, 로가 어떻게 생성의 초월적 의식에 대한 부재를 아까워했는지를 사람들은 안다. 그런데 이 생성의 초월적 의식은 베르그송이 과거와 미래를 구별하게 허락해 주었다.[25]

시간론적, 연속론적, 내재론적, 그리고 특히 다원론적 학설은 히브리의 유일신론과 공통점들이 없는가? 베르그송주의와 유대주의 사이에 근본적인 차이들 중에서 몇 가지 차이들은 시간에 관한 것이고, 다른 몇 가지 차이들은 종말론과 초월론에 관한 것이다. 베르그송주의는 근원적으로 윤리적 소명의 철학이 아니었다. 초월적 절대자와 관계있는 것은 도덕적 대행자이다. 초월적 선에 의해 지배되고 초월적 의무에 의해 끌려든다고 느끼게 되는 것은, 또 빈 것을 가로질러서 원하는 것은 가치들의 담지자이다. 르누비에와 르끼에의 도덕 철학과 같은 위대한 도덕 철학은 임의적(자의적) 자유에 있어서 변호자들이고 동시에 신적 초월에

---

25. Rauh, 'La conscience du devenir' in *Revue de métaphysique et de morale*, 1897.

있어서 그리고 신적 통일성에 있어서 변호자들이었다. 반대로 『의식의 무매개적 자료들에 관한 시론』에서 자유는 깊게 파고드는[심오한] 요청만큼 실천적 책임성도 아니고, 이것 또는 저것을 행할 가능성도 아니다. 중요한 것은 초월적 이상을 실현하는 것이 아니라 전적으로 자기 자신이 되는 것이다. 십계명과 율법의 목록에 대해 사람들은 우리에게 무엇을 말하러 오는가? 『시론』의 시대에, 베르그송의 인간이 행해야 할 특별한 것이 아무것도 없었다. 자유롭게 행동하는 것은 깊이 있게, 다시 말하면 신중하게 행동하는 것을 의미하고자 한다. 베르그송은 인간의 임무가 어떤 것인지를 말하지 않았으나, 그는 우리에게[이렇게] 말했다 : 당신들 자신이 되십시오. 당신의 행위들 속에 전적으로 푹 빠져 보세요. 이미 당신인 것이 되세요.[26] 그리고 당신이어야 할 그가 되세요. 이것이 사람들이 내재성이라 부를 수 있는 그 무엇이다. 의지에게 자기 결단에 완전히 푹 있기를, 스스로 깊이 파고들기를, 스스로가 총체이기를 요구하는 것, 그것은 의지가 [마땅히] 행해야 할 만한 것을 의지에게 말하는 것은 아니다. 따라서 이 시대에 베르그송의 걱정은 개인적 문화와 내적 삶을 미화하는[감성화하는] 걱정이 아니다. 인간은 지속의 충만 속에서 행위한다. 인간의 자유는 충만과 내재성 속에서의 자유이다. 단 하나의 진실한 정언명법은 정신집중과 열성의 정언명법이도다! 자유는 딱 자르거나 수립하는 자의적인, 전제적인, 예견 불가능한 법령이 아니며, 오히려 자유는 인격성의 표현이다. 자유는 우리의 전기biographie 속에 혁명적 불연속을 도입하는 것이 아니고, 그것은 과거로부터 마치 향기처럼 발산되는 것이다. 『시론』의 살아온 지속은, 멘 드 비랑에게서처럼 신체가 대부분 갖는 질적이고 애정적인 경험에 심하게 물들어 있어서, 너무 뒤섞이고 너무 구체적인 내용들을 그리고 너무 발설[공표된]된 수동적[정념적] 기질들을 겉으로 실어 나르고 있어서, 초월에 대한 걱정은 거기에서 주장될 수 없을 정도이다. 이 시대에 질적 주관주의가 윤리학을 능가하는 것 같도다! 이렇게 말해야 한다 : 즉 장미의 향기를[27] 맡는 방식으로 자유를 인정하는 자는 예언자 이사야보다 마르셀 프루스트에게 더 속한다고⋯.

---

26. 참조 : Simmel, *Zur Philosophie der Kunst*, p. 146.
27. DI 124.

게다가 베르그송은 예언자들과 반대로 욕설을 퍼붓지도 매질하지도 않았다. 그는 이사야와 예레미야의 신비적이고 정열적인 분개를 모른 체한다. 왜냐하면 인간과 그의 창조주 사이에 윤리, 종교적 계약이 없기 때문이다. 베르그송주의는 구원의 철학이 아니다. 『도덕과 종교의 두 원천』으로부터 베르그송의 자유는 하나의 소명을 재발견할 것이다.

II. [계승점 또는 베르그송의 생성 실재성 대 유태크리스트교 현상주의]

사실상, 우리가 베르그송주의의 가장 깊이 있는 성서적 특징을 인정하려고 하는 것은 역설적으로 충만과 실증성 속에서이다. 이 충만은 스피노자에게서처럼 존재의 충만이 아니라 생성의 충만이다. 왜냐하면 스피노자가 죽음에 대한 플라톤의 성찰을 **삶의 성찰**로 전복시켰던 것처럼, 또한 베르그송[28]은 스피노자의 **영원의 상 하**_sub specie aeternitatis_를 의도적으로 **지속의 상 하**_sub specie durationis_로 전복시켰다. 그것은 반대이기도 하지만⋯아마도 동일한 것이로다! 생명의 영원은 무한한 생성이며, 비시간적 부정성인 죽음의 영원성을 보충한다. 헬레니즘(그리고 아리스토텔레스 이전에의 플라톤과 일치하는데)은 생성을 최소한의 완전함으로서 또 항구적이지 못한 존재로서, 즉 비존재로 구멍이 뚫린 존재로서, 생각하는 데 익숙해져 있었다. 베르그송은 공통적인 명증성을 바꿔치기하면서, 영원성을 그것의 주도적인 우선권을 박탈하고서, 역설적으로 존재 속에서 생성의 결함을 부동성 속에서 운동의 결핍을 인정하였다. 부정적인 것과 긍정적인 것은 자신들의 기호들을 교환한다. 생성의 내재성 속에 우리를 단호하게 자리 잡게 하는 베르그송은 그것에 따라서 우리들의 조건의 이편 안에dans l'en-deça 우리를 뿌리박게 한다. 저의 없는[딴생각 없는] 이 뿌리내림은 히브리 영혼의 깊은 특징이 아닌가? 생성은 더 이상 눈물의 계곡이 아니며, 이 계곡으로부터 영속적인 순례자인 인간은 달아나기만을 생각할 뿐이다. 인간은 이 아래에서 더 이상 추방된 자

---

28. PM 176, 210 (생명의 영원성), 42, 176 (지속의 상하).

가 아니다. 「변화의 지각」[29]에 관한 옥스퍼드 대학 첫 강연에서 베르그송은 플로티누스가 행동보다 관조를 선호했다고 비난하면서, 도주와 후회의 정념le pathos을 비난하였는데, 이 파토스는 『파이돈』편의 정화주의뿐만 아니라 네오플라톤주의와 근대 낭만주의까지 가득 채우고 있기 때문이나… 여기서부터 달아나자, 천상의 예루살렘으로, 성스러운 예루살렘의 도시 안으로 달아나자, 우리의 소중한 조국 안으로 달아나자)… 달아나기, 항상 달아나기! 당신의 맘에 든다면 왜 우리의 조국이 이 아래에 있지 않을 것인가? 왜 우리의 성스러운 예루살렘이 이편 l'en-deça에 있는 예루살렘이 아니었을까? 즉 이 세상의 예루살렘이 아니었을까? 베르그송은, 인간의 임무들에 비추어본 자신의 긍정적 태도에 의해 심지어는 신비가들에게 표시되었던 자신의 선호에 의해서, 예언자들의 윤리에, 즉 율법의 윤리에 집착했다. 관조주의자적 형이상학이 순수 부정성으로서 간주했을 그것은 반대로 긍정성의 극치[절정]이다. 따라서 비관주의는 낙관주의로 바뀐다. 쇼펜하우어가 불행에 대해, 그것이 현존하고 있다고 말했던 것은, 왜냐하면 그가 생성을 불완전한 존재 방식으로서 간주하려 했기 때문이다. 인간은 생성 속에 강요되어 머물고 있기에, 그 인간은 시간성의 강요된 노동들의 죄수이다. 따라서 우리의 향수들과 우울함을 설명하는 것은 존재론적인 한 편견들이다. 반대로 만일 존재가 생성의 부정일 경우, 만일 그 인간에게서 생성 이외 다른 존재 방식이 없을 경우, 비판은 경쾌함(희열)으로 전환한다. 생성, 다시 말하면 [현재] 있지 않으면서 존재하는 것이고 또는 [현재] 있으면서 존재하지 않는 것이고, 존재이면서 동시에 존재하지 않는 것이다(아리스토텔레스의 자연학이 그렇게 생각한 것이 아닌가?). 그러한 것이 한 존재라는 인간이 갖는 유일한 방식이로다! 비시간적인 것의 신기루를 향해 곁눈질하기를 그만둔 인간은 즐거운 충만 속에 뿌리내린다. 지상의 지복, 또는 하부 세상의 지복의 관념은 베르그송과 톨스토이에게 공통적이지 않는가?

또한 근대 철학자들에 의해 매우 높이 평가되고, 특히 우리들의 비극들을

---

29. PM 153~154.

결코 경험해 보지 못했던 철학자들에 의해 높이 평가되었던 비극적이고도 해결할 수 없는 충돌을 위해서 베르그송의 지속 안에 여지[자리]는 없는가? 오늘날의 의사[거짓]-비극적인 청춘이 베르그송주의에 대해 무관심하게 되는 이유들 중의 하나가 비극적인 것이 아닌가? 왜냐하면 베르그송에게서, 부조리는 또한 진보의 도구이기 때문이다. 또한 왜냐하면 장애물 그 자체는 『창조적 진화』에서 또한 하나의 기관이기도 하기 때문이도다! 이리하여 물질의 현전[현재 출현되어 있음]은, 그것의 근본적 기원에서는 설명될 수 없다고 할지라도, 생명과 정신의 기원과 동일한 기원으로부터 오는 것일 것 같다. 어떤 의미에서는, 정신을 홀리고 또 정신을 둔하게 하는 것이 생명의 도약을 하강하게 하고 지체하게 한다. 다른 어떤 의미에서는, 그것은 정신의 실증적 정복들의 도구이다. 즉 도약판이 도약에 필연적이듯이, 물질은 생명에 필연적이다. 신적 도약이 아주 신적이라 할지라도 그 신적 도약은 어떤 사물에 근거한 지지[디딤돌]을 필요로 한다. 따라서 물질은 축복이지 저주가 아니다. 생명도약의 반대 경향성은 생명의 상승 경향성에 필연적인 균형추를 제공한다.

더욱이 존재의 일반적 경제[절약]에서, 따로 사유해야만 하는 절대적으로 환원할 수 없는 이 요소를 위하여, 결국 어떤 카테고리[범주]에 들어가지 않고 또 악이라 불리는 비합리적인 것을 위하여, 베르그송에게는 더 이상의 여지[자리]가 없다. 따라서 변신론은 원리도 계기도 아닌 것을, 그리고 어떤 방식으로든 위격(기제)도 다이몬도 아닌 것을, 정당화하기 위하여 필연적이지 않다. 만일 베르그송이 그런 문제를 제기했었다면, 그것은 아마도 스피노자의 정신에서였을 것이고, 잘못[악] 속에서 마니교적인 환상을, 무에 유사한 신화[30]를, 혼돈에 비교할 수 있는 신기루를, 특히 유사(거짓)문제를 인정하기 위해서였을 것이다. 그러나 아무것도 위격(기저)이 없다는 것(빈 것 또는 백지상태)은 창조와 인식을 설명하기 위하여 제작적 지성에 의해 발명된 신화이다. 오히려 잘못(악)은 인간 형태적인 대칭의 신화이며, 마치 사람들이 말하기 좋아하는 대로 "벽난로 부품"의 강박에 의해

---

30. 참조 : Hermann Cohen, *Ethik des reinen Willens*, 1904.

생성된 대칭의 신화이다. 언제 어느 시대나 『테아이테토스』 편이 말하듯이 악은 선에 짝을 이루어야 하고, 선을 더욱 돋보이게 한다. 드라마 같은 이원론의 대립 쌍들과, 무에 대해 교조론자들이 신들에게 격차를 두어 마지막에 제로(0)를 두는 것은, 똑같이 언어적인 추상작업들로부터 나온다. 공간과 시간이 전혀 평행적이 아니듯이, 또 미래는 되돌려진 과거가 전혀 아니듯이, 마찬가지로 악은 반대편에 속하는 선이 전혀 아니다. 왜냐하면 모든 것은 환원불가능성의 철학을 위하여 바른 편(이 세상)에 속하기 때문이다.

물질은 진실한 장애물이 아니고, 악은 진실한 원리가 아니다. 이와 평행하게 베르그송에게서 죽음은 어떠한 비극적 의미도 아니다. 이런 점에 베르그송은 러시아의 레온 체스토프와는 거리가 멀다. 체스토프는 톨스토이의 고뇌에 관해 명상했고, 죽음과 죽음의 계시에 대해 특별나게 예리하고 깊은 의미를 가졌다… 게다가 베르그송은 톨스토이의 범신론처럼 항상 다시 태어나는 고뇌를 억제하지 않았었다. 『창조적 진화』 제3장 마지막에서, 베르그송은 우리에게 죽음에 관한 승리에 대하여 **과장되고도** 점진적이며, 묵시록적인 희망을 우리에게 제안하였다. 베르그송의 불멸화 작업은 이사야에 의해 이미 예고된 죽음의 죽음이 아닌가?[31] 에드몽 플레그는 베르그송에게 "죽음은 죽을 것이다"라고 말하게 한다. 모든 비극적 정념에 낯선 베르그송은 죽음 속에서 비존재의 부조리성을 생각하지 않았으며, 이것임이 이해할 수 없을 정도로 비존재에 이미 포함되어 있었을 것이다. 죽음은 초자연적 소명과 만남도 아니고, 우리들의 경력을 갑작스레 끝내게 하는 터무니없는 신체적 우연과 만남도 아니다. 죽음은 비존재이며, 충만의 철학은 죽음과 같은 아무것도 아닌 것에 숨을 돌리면서 엘레아학파의 난문제들에 숨을 돌리게 하고, 죽음이 '우리와 관계없는 것'이라고 자기 방식대로 보여 준다. 베르그송의 사유는 단언컨대 시체 광기 또 시체사랑(시간)^{屍姦}에 대한 어떠한 뒤섞임(혼합)도 없다. 죽음에 대한 사랑, 시체에 대한 취향, 죽음 애호, 장례에

---

31. 「이사야」, 25:8, 「묵시록」, 21:4 ; 이제는 죽음이 없고 슬픔도 울부짖음도 고통도 없을 것이다.(καὶ ὁ θάνατος οὐκ ἔσται ἔτι)(그리고 20:14, 그리고 죽음과 지옥이 불바다에 던져졌습니다[ὁ θάνατος δεύτρος]). Edmond Fleg, *Ecoute Israël*, 1954, VII, 2, p. 583.

대한 병적인 매료 등, 호이징가가 근대시대의 여명에서 형성된 것을 아주 심도 있게 서술했다.[32] 콤플렉스들, 또한 낭만주의 시대에 전개되었던 이 모든 콤플렉스들, 이 모든 것은 비관주의적이고 양가감정적인 콤플렉스들인데, 여기에서 죽음을 향한 환심 사기는 묘하게 죽음의 고뇌에 연합되어 있다. 대단히 근대적인 이 콤플렉스들은 무의 취향만큼이나 베르그송의 정신에도 낯설다.「아가」편이 말하는[33] "정신적 사랑은 죽음만큼이나 강하다." 그러나 생명(삶) 그 자체는 죽음의 아무것도 아닌 것보다 더 무한하게 강하도다! 다음과 같이 말하는 것이 하찮을 정도이다:즉 생명은 죽음에 저항하는 힘들의 일체이며, 이로써 존재는 일반적으로 비존재에 관한 연속적 승리이며, 다시 말하면 부인된 부정이고, 이는 마치 운동이 매 순간 거부되고 움직이게 되며 되살아나게 되는 부동성과 같다. 부활 또는 재탄생은 재생의 시기에 일 년을 한 번 더 맞이하는 봄철의 기적과 같은 것일 뿐만 아니라, 매 순간의 연속적인 기적이기도 하다. 왜냐하면 매 순간은 사기 방식에 맞는 봄날이기 때문이다. 이런 의미에서 사람들은, 지속은 연속적 봄이라고 말할 수 있을 것이다. 아마도 이렇게 「시편」, 「이사야」, 「출애굽기」의 살아있는 신을, 다시 말하면 다시 새로움이면서도 영속적인 봄철인 신의 관념을 이해해야 할 것이다. 베르그송의 신 그 자체는 연속적인 창조의 도약[34]이며 매 순간 경탄할 만한 일이 아닌가? 각 순간을 앞선 순간에 이어가게 해 주는 신에게 축복이 있기를![심장에서] 수축이 팽창을 이어가고 팽창이 수축을 이어가게 하는 신에게 축복이 있기를! 나의 맥박의 박동이 매 순간에 앞선 순간을 이어가는 신에게 축복이 있기를! 새로운 새벽과 새로운 봄철을 보게 해 주는 신에게 축복이 있기를! 그러나 새로운 한 해 새로운 아침이 더 이상 기적이 아니듯이, 순간에서 순간으로 연속하는 지속의 무한히 작은 새로운 시작은 더 이상 기적이 아니다. 매 순간의 영속화에 대한 우리의 믿음은 다윗과 아브라함의 단정적 신에 의해 정당화되어 악령(장난꾸러기 도깨비)의 허수아비를 몰아내는데, 이는 마치 우리의 믿음이

32. Johan Huizinga, *Le Déclion du Moyen Age*, 1919, trad. fr. pp. 164~180.
33. 「아가」, 8:6.
34. 참조:Albert Cohen, *Le Talmud*, trad. fr. p. 45.

제논의 소심함들을 걷어내게 하는 것과 같다. 그러한 의심들, 악몽들, 전율들은 끝났다. 하시드의 기도는 매일 새벽의 무궁무진한 은총(그대로 됨)을 위해 신에게 감사하지 않는가? 생명도약은 이 은총 그 자체이며, 영속적인 축복이다. 신은 생명이며, 최고의 실증성, 생명의 긍정Oui vital이며, 에드몽 플레그가 모이즈 마이모니데스Moïse Maïmonide에 관해서 신을 상기했던 것과 같다. 즉 신은 정말로 부정의 부정이다. 아브라함, 이삭, 야곱의 신은 살아있는 **신**일 뿐만 아니라, 또한 마치 예수 자신이 불같은 떨기나무의 출현을 상기하면서 말했듯이[35] 살아있는 **자들을 위한 신**이다. 이사야가 소리치기를 "살아있는 자, 살아있는 자, 너를 찬양하는 자가 여기 있도다!"[36] 「지혜의 서」[37]에서 사람들은 다음을 읽는다. "생명의 방황들에서 그렇게 열렬하게 죽음을 찾기를 그만두세요." 좀 더 나아가면 "… 왜냐하면 신은 결코 죽음을 만들지 않기 때문이다. 신은 모든 것이 존속하도록, 모든 것을 창조했다." 어떤 한 성 베르나르의 금욕적 급진주의, 허무주의적 정신성, 시체 사랑은 여기서는 미리 단죄받았던 것 같다. 따라서 더 이상 불면증도 고뇌도 없다. 솔로몬 왕이 우리에게 말하기를[38] "너는 달콤한 잠을 맛볼 것이다"라고 한다. 그리고 이사야의 신은 "걱정하지 마라. 나는 너와 함께 있다."[39] 걱정하지 말자. 왜냐하면 가장 매서운 모욕들조차도 마땅찮은 고통들조차도 하나의 시험일뿐이다. 욥이 당한 불의의 시험들은 이번에 부조리의 가장자리에, 즉 부조리함의 이편에 멈추었다. 시련에 빠진 그 인간은 **죽을 때까지**usque ad mortem, 즉 배제된 죽음에까지 펼쳐져 있었다. 아브라함 또한 극단적인 한계에까지 시험당했었다. 마지막 순간 바로 앞 순간에, 궁극적 일 분의 바로 앞 일 초의 순간에, 천사는 아브라함의 팔을 멈추게 했다. 마지막으로 불가능한 가설은 실현되지 않았고, 악마의 과

---

35. 「출애굽기」 3:6, 참조: 「마태복음」 22:32, 「마가복음」 12:27, 「누가복음」 20:38(죽은 자의 신이 아니라 살아있는 자의 신[οὐκ ἔστιν θεὸς νεκρῶν ἀλλὰ ζώντων]). 그러나 「로마서」 14:8~9. [신께서는 죽은 자의 신이 아니라 살아있는 자의 신이라.(θεὸς δὲ οὐκ ἔστιν νεκρῶν ἀλλὰ ζώντων, 「누가」, 20:38) ─ 옮긴이]

36. 「이사야」, 38:19.

37. 「지혜서」, 1:12~14.

38. 「잠언」, 3:24~25.

39. 「이사야」, 43:1과 5.

장된 악은 마지막 순간에 가까스로 자기의 무 속으로 후퇴하였다. 불의는 마지막 바로 이전의 단어일 뿐이었다. 왜냐하면 모든 것이 마지막 바로 앞에서 상실되었다면 모든 것은 마지막에 구출되었기 때문이다. 이처럼 신은 노아를 제외하고 모든 종의 인간을 전멸시켰지만, 말하자면 존재의 연속성에 필요한 최소한의 것을 간직해 놓았다. 여기서도 또한 믿음은 정당화되어 있도다! 긴장의 극한에서 그리고 모든 것이 와작 부서지고 있는 바로 그 순간에, 모든 것은 질서로 되돌아간다. 모든 것이 상실되었으며, 모든 것이 구출되었다.

히브리의 유일 신앙이 세상 내부의 윤리와 화해하는 것과 마찬가지로, 베르그송의 신비주의(신비학)도 이편에서, 즉 우리들 인간의 임무들이 있는 지상의 세계에서 인간을 뿌리내리게 한다. 베르그송의 신비학은 1888년에 내적 삶의 정신 집중과 인격적 생성의, 인격적 문화의, 인격적 심층의 성찰 안에서 태어났다.[40] 그러나 그것은, 마치 마르셀 프루스트가 그렇게 남아 있었던 것처럼, 믿음의 내밀함과 유아론 속에서 성숙되지 않은 채 남아 있었다. 그 신비학은 행동에 점점 더 정확한 방향을 부여하고 있고, 그리고 가치들이 우리의 자유를 자석처럼 끌어당기는 것을 받아들인다. 베르그송의 성질la qualité은 베를렌의 뉘앙스에, 프루스트의 중간 색조에, 드뷔시의 아주 약하게pianissimo와 점점 적게 닮아 간다…. 『도덕과 종교의 두 원천』에서 베르그송은 사색하는 자들이라기보다 행동하는 인간들, 기획실천가들, 선구자들, 자선가들, 조직가들인 신비가들을 항상 더 많이 선호하였다. 예를 들어 선전가인 성 바울, 세속의 문제들과 맞서는 수도원의 창설자인 성녀 테레사가 있다. 중요한 것은 전쟁과 산업 시대가 인간들에게 많은 위급한 문제들을 제기할 때, 심장의 박동 소리를 듣는 것, 장미의 냄새를 맡는 것, 차에 적신 마들렌 과자를 맛보는 것이다! 따라서 인간은 땅 위에 추방된 자가 아니다. 그리고 베르그송은 인간의 지속을 낮게 평가하였을 모든 것을 거부했다. "지혜에 의하여 영원한 것은 땅을 토대로 하였으니…"[41] 라고 솔로몬의 「잠언」이 말하고 있다. 인간의 지혜, 즉 기초를 다지고 건축물을 세우는 지혜의 반영은, 꽃향기

---

40. PM 164.
41. 「잠언」, 3:19.

향수들을 냄새 맡는데, 생성의 생명 맥박을 청진하는데, 내적 삶의 "멜로디"에 의해 요람의 흔들림에서 잠들게 내버려 두는 데 전념하는 인상주의가 아니다. 현자에게는 자신의 정념에 사로잡힌 삶의 일시적 단절들과 열정들과는 다른 근심들이 있다. 현자는 인간 조건을 변형시키기 위하여 노력한다. 알베르트 레프코비츠[42]가 말하기를 유대 신비학은 사회적 연관들을 위에서 조망하기를 바라는 것이 아니라, 그 연관들을 성스럽게 하기를 바란다. 따라서 그 신비학은 전투적[사회 변혁적] 행위와 양립할 수 있다.

이에 대해 『도덕과 종교의 두 원천』은 약간 단순화된 대칭으로, 즉 서로 대립되는 두 언약들, 구약과 신약이라는 양면으로 된 표본으로 남아 있었다. 우리에게 신비적 도약의 역동주의를 이해하도록 하기 위하여, 베르그송의 중복주의le duplicisme는 개방 도덕을 닫힌 도덕에, 개방 종교를 닫힌 종교에 대립시켰다. 베르그송에서 복음이 개방 의식의 체제를 표상하고, 율법이 닫힌 의식의 체제를 재현[표상]하는 순간부터, 예언자들이 닫힌 의식과 열린 의식의 중간에서 반쯤 열린 종교로서의 어떤 것을 재현한다고 (그러나 베르그송은 이런 용어로 이것을 말하지 않았지만) 믿게 해야만 했을 것이다. "눈에는 눈", "불에는 불" 동태복수법 le talion의 정의가 말하듯이[43], 교환들 속에서 물물교환의 정의도 "소에는 소", "암양에는 암양"이라 말한다. 이러한 것은 안티페폰토스[상호영향]의 피타고라스의 정의, 그리고 라다만투스(저승의 한 재판관)의 상호성이도다! 따라서 율법의 폐쇄를 이어간 것은 예언자들의 반쯤 개방이며, 그리고 나서 새로운 동맹[새 소식]에서 복음적인 자애의 개방이 이어간다. 확실히 예수는, 자신이 완수하러, 다시 말하면 율법을 완전하게 하러, 예언자들의 말씀을 성취하러 온다고 선언했다. 그런데 이 완수 즉 완성을 보충하여 보태기처럼 이해해야 하는가? 여기서 보충의 보태기란 진리에 대해 유한하고 불완전한 총체를 전체화하도록 해 주는 것을 의미한다. **베르그송**은, 그 속에 획기적이고 혁명적인 새로운 동맹이 율법에게 부족했던 본질

---

42. Albert Lewkowitz, *Das Judentum und die geistigen Strömungen des 19. Jahrhunderts* (Breslau, 1935).

43. 「출애굽기」, 21:24~25.

적 조각을 그 율법에 덧보탠다고 믿었던 것 같다. 그 율법은 테두리[인민의 바닥]까지 채워져 있지는 않았다. **예수**는 거기에 부족한 부분을 보태면서, 그 율법을 완성시키려 했을 것이다. 율법의 완성은 아가페이다.[44] 자애는 보충적 조각이며, 그 조각 덕분에 부분적 율법은 충만하게 율법이 되고, 그 충만 속에서 율법이 된다. 그런데 빠진 조각이 그렇게 부족하지 않도다! 크리스트 자신은 자기를 당황하게 하려고 한 바리새인들에게 대답하면서, 자기 자신의 고유한 메시지의 진수를 율법의 두 계율 속에서 요약한다. 하나는 자기의 전 가슴으로 신을 사랑하라고, 둘째는 자기 이웃을 자기 자신처럼 사랑하라고 명한다.[45] '완수하다'란 채우라는 것이 아니라, 율법의 수많은 가르침들 중에서 모든 다른 계율들을 생성하게 하고 그것의 문자를 활성화하는 중심적 또 영기적pneumatique인 계율을 분간해 내는 것이다. 왜냐하면 사랑의 일반적 관념 없이, 살아있는 자애의 생생한 관념 없이, 이 가르침들의 세부사항은 **죽은 문자** 이외 아무것도 아니기 때문이다. 심장이 거기에 있지 않을 때 일어난 것이며, 그것이 성 바울이 말하고자 원한 것이다. 몇몇 크리스트교인들보다 더 겸손한 크리스트는 여기서, 새로운 동맹이 옛 동맹 안에서 먼저 형성된 것이며, 따라서 전래 없이는 절대적으로 되지 못한다는 것을 넌지시 암시하고 있다. 이 새로운 동맹은 오히려 새로운 조명이며, 위대한 발견물임을 밝힌다. 이 발견물은 계율들이, 계율 준수의 덤불 속에서, 깨닫지 못하고 지나칠 위험에 처해 있다. 이처럼 베르그송에게서 산상수훈이 표현[표상]하는 갑작스러운 변화는, 르와지Alfred Loisy와 기뉴베르Charles Guignebert가 이미 그렇게 가정했듯이[46], 예언주의와 율법 속에 이미 가정되어 있었다. 사람들이 말하듯이 예수는 반쯤 열린 창문을 무한을 향해 크게 열려고 왔다. 창문은 열려 있든지 또 닫혀있든지 해야 한다! 그러나 베르그송의 언어 자체로, 사람들은 열려진 순간만을 고려한다고 정당하게 평가할 수 있다. 열려진 순간 다시 말하면 질적인 의도는 무한운동이며, 열려진 각도에 상관하지 않는다. 동일한 방식으로 자애에 대해 아주

---

44. 「로마서」, 13:10. 사랑(아가페)은 율법의 완성이다. [인도주의자의 방식이다. ─ 옮긴이]
45. 「마태복음」, 22:40 (참조:7:12)
46. Noé Gottlieb, 앞의 책, pp. 13~14.

다른 질서로의 전환이란, 주는 동작[몸짓]이다. 이 몸짓은 보시[동냥]의 양의 크기가 얼마일지라도 전환이며, 선한 운동이며, 의도적인 역동주의이다. 왜냐하면 기부하는 의도는 기부액의 총액에 비례하지 않기 때문이도다! 이 산술적 역설에서 가난한 자의 잔돈은 은행가의 수표와 초자연적인 동일한 가치를 갖는다. 따라서 바울의 의도주의 그 자체는, 왜 크리스트교의 "개방"의 본질이 선지자의 반쯤 열림 속에 이미 함축되어 있는지를 이해하게 하는 데 우리에게 도움을 주었을 것이다. 사람들이 문을 조금이라도 열기만 한다면, 모든 것은 이미 완료되었도다! 왜냐하면 창문이 더 이상 닫혀있지 않는 순간부터, 창문은 이미 열려 있는 것이기 때문이고, 의식은 우주의 무한한 평원들과 하늘의 무한한 해변들과 연관 맺고 있고, 난바다의 공기와 거기의 먼 수평선에서 실어 나르는 바람과 연관 맺고, 외적 세계의 발산물들과도 연관을 맺기 때문이다. 그러기 위해서는 창문이 크게 열려 있을 필요가 없다. 크게 열림 또는 반쯤 열림, 숫자와 정도의 문제, 달리 말하면 더 많고 또 더 적음의 문제이지만, 모 아니면 도라는 질적인 중대한 문제는 결코 아니다. 유혹에 사로잡힌 가장 덧없는 관심이 이미 큰 죄인 것과 마찬가지로, 사랑에 대한 무한운동은 처음 반쯤 열린 순간에 이미 완전하게 주어져 있는 것과 같다. 생겨나는 자애, 반쯤 열린 의식의 자애는 단번에 무한한 자애이다. 복음의 선량한 새 소식은 베르그송의 새로움 자체와 마찬가지로 준비되었던 새로움이며, 율법의 아주 긍정적인 충만 속에 이미 먼저 모습을 드러낸 새로움이다. 옛 동맹은 그 자체가 연속된 "충만"plérôse이 아닌가? 이리하여 솔로몬의 「잠언」 속에 무한한 용서와 은총의 초자연적인 불균형(비대칭)이 복수심에 가득 찬 속죄의 회로를 깨뜨리게 한다. 정의롭지 못한 자애는 우리에게 역설적으로 명령하기를, 악에 대해 선으로 보답하라고 하고[47], 다른 뺨을 내밀라고 하는 것은 대항적 행위에 반대, 즉 고통에 대한 고통Vulnus pro vulnere을 초월한다. 이렇게 반작용에 의한 작용의 수평화와, 수동성의 썰물에 의한 능동성의 밀물의 중성화는 그 자애를 요청했다. 사랑의 행동이 갑자기 한계를 넘어가면서, 보상받는 반성들을 청

---

47. 「잠언」, 20:22, 24:29. 그가 나에게 한 만큼 나도 해 주고(τίσομαι αὐτόν ἅ με ἠδίκησεν)라고 말하지는 않는다. 참조:「로마서」, 12:21. 「마태복음」, 5:39. 그리고 Pascal, XIV, fr. 911.

산하고, 보복들의 저주받은 순환을 단번에 부숴버린다.

성서의 의식은 우선은 너비 속에 한편으로는 공간 속에 다른 한편으로는 시간 속에 이미 무한히 개방되어 있다. 이것은 확실히 신앙의 보편성을 만들려는 신앙의 선전이 아니다. 신앙의 보편성이란 항상 제한된 확산이다. 그러나 히브리 유일 신앙의 신이 특권적인 유일한 민족의 신도 아니고 질투심 많은 배타주의[편협성]을 표현하는 것도 아니다. 이사야는 인류 전체의 연맹[연합]을 위해 말했고, 그가 우리에게 알린 평화는 전 세계적인 평화이다.[48] 선택된 인민 그 자체는 영원히 그리고 보편적으로 인간적 진리의 대변자로서, 거대한 인간적 고통의 담당자로서만 선택되었다. 신은 그 인민에게 특별 배려하는 어떠한 취급도 예약해놓지 않았다. 노에 고트리프는 유대주의의 "가톨릭 교리"가 로만 가톨릭주의의 "가톨릭 교리"보다 훨씬 더 개방적이라고 감히 말했다. 왜냐하면, 그것은 구원을 위하여 어떠한 고백적인 조건도, 어떠한 규정된 사도신경도 요구하지 않기 때문이다. 탈무드와 마이모니데스는 율법 속에 들어 있는 도덕적 원리들의 준수가 **이방인들에게조차** 영원한 삶을 보증한다고 정확하게 말한다. 유대주의가 고백적일 때는, 그것이 가톨릭주의를 모방하고, 다른 고백들과 대립되기 위하여 그 자체 안에 스스로 갇힌 경우이다. 이사야는 인간들의 언어가 어떤 것이든지 모든 인간에게 호소한다.[49] 따라서 그의 메시지는 스토아 학자들의 메시지처럼, 보편주의의 메시지이다. 즉 **박애주의**의 메시지이며 형제자매애philadelphique의 메시지이다. 그러나 스토아의 세계시민주의는 선지자의 상위 민족주의[초국가주의]가 아니라 현자의 이성적 **인도주의**이다. 여기서 현자는 지상의 조국과 천상을 연대할 줄 알고 그 조국의 자치를 근심하고 있는 자이다. 또한 예언자적 상위 민족주의는 정열적이고 황홀경에 취한 천재의 그것이며, 역설적으로 또 초자연적으로 그의 모든 형제들에게 열려 있는 천재의 그것(상위 민족주의)이다. 「신명기」의 신은[50] 민족성도,

---

48. 「이사야」, 2:4, 참조 42:6.

49. 「이사야」, 66:18~20.

50. 「신명기」, 10:17. 그것은 성 바울의 편파성($\pi\rho o\sigma\omega\pi o\lambda\eta\psi\iota\alpha$, partialité ; favoritisme), (「로마서」, 2:11, 「에베소서」, 6:9). 참조 : 「열왕기 2」(II chroniques), 19:7.

인물도 수용하지 않고, 다시 말하면 인간에 대해 인간적인 것을 특별하게 하는 차이 나고 우연적인 표시[징표]들에 어떠한 고려도 하지 않는다. 탈무드는[51] 이 동포애의 보편적 특성을 주장하고, 그리고 피조물과 신과의 유사성에 근거하고 또 모든 인간들의 신적 기원에 근거하고 있다. 옛 율법은 여러 번 되풀이하여 그리고 아주 각별한 배려와 더불어 이방인을 형제처럼 대접하라는 책무를 강조한다.[52] 이것이 사용하는 논증은 너 자신처럼에, 즉 「레위기」의 황금률에 닮았다. 다시 말하면 공통의 인간들에게 숙명적으로 있는 황금률에 닮았다. 이 논증은 이기주의를 이타주의로 방향 전환하기 위하여 자신의 관심의 현弦을 진동하게 한다. 즉 당신들 자신들도 이집트에서 이방인들이었고, 당신들은 그것이 무엇인지를 알고 있다. 따라서 상황들의 유사함을 회상하세요. 이방인을 마치 당신들이 대접받고 싶었던 대로 대접하세요. 이런 외국인 애호는, 이것이 아주 간접적이라 할지라도, 이 인민에게 보편주의의 자연적 형식이다. 그런데 적들은 그 인민을 세계 시민주의로 항상 고발했으며, 그 인민 자체는 추방이라는 태곳적 경험을 가졌다. 그리고 역사적으로도 중요한 추방들을 당한 인민, 즉 이집트에서 포로, 바빌론에서 포로, 고향 상실, 스페인에서 추방, 유형들…등의 뿌리 뽑힌 현존에서 매우 잘 특수화된 이 인민은 민족들 가운데 방황하도록[떠돌도록] 단죄받은 것 같다. 어떻게 이스라엘이 보편성의 소명을 갖지 않을 것인가? 자기 적들을 사랑하는[53] 보편적 인민은 두 번이나 무관심의 도제훈련을 했다. 왜냐하면 그 인민은 자기를 사랑하지 않는 자를 거꾸로 사랑하고, 그리고 그는 사랑받을 만하지 못한 자를 사랑하기 때문이다.

공간의 개방 이후에, 시간의 개방이 또 먼 미래의 개방이 있다. 희망의 시인 에드몽 플레그는 찬탄할 만한 저술에서[54] 이미 도래했던 메시아의 종교와 앞으로 올 메시아의 종교를 대치시켰다. 전자의 종교에서 본질적인 사건은 다른 질서

51. A. Cohen, *Le Talmud* (trad. fr. 1950), p. 269.
52. 「출애굽기」, 22:21, 23:9;「레위기」, 19:33~34;「신명기」, 10:18~19.
53. 「출애굽기」, 23:4~5.
54. Edmond Fleg, *Nous de l'espérance*, 1949, p. 64

의 기대에도 불구하고 과거의 사건이며, 후자의 종교는 아직 오지 않은 메시아이자 그 이후에도 여전히 기대되는 메시아의 종교이며, 여기서 본질적 사건이자 강조점은 미래에 있다. 전자의 종교는 글자 그대로 메시아적이다. 확실히 모든 뉘앙스들은 이 점에서 고려하면 크리스트교의 내부자체에 현존한다. 예를 들어 프라보스라브 수도원의 크리스트교는 가톨릭보다 더 묵시록적 희망이 스며들어 있고 더욱더 종말론적인데, 가톨릭은 크리스트의 귀환[부활]에 그리고 "둘째 도래"[55]에 아주 특별한 중요성을 부여하고 있고, [곧] 올 신에게 존경을 표한다. 키티에쥬Kitiège의 볼 수 없는 도시의 숭고한 전설은 그것의 증거이다. 그러나 이미 성서의 예언주의 속에서 의식은 미래 예루살렘의 희망에 열정적으로 열려 있었다.

베르그송 그 자신에게서 『의식의 무매개적 자료들에 관한 시론』과 『도덕과 종교의 두 원천』 사이에 포함된 간격은 과거에서 미래로의 거리를 표상한다. 『시론』의 지속은 특히 보수적이고 "과거주의적"이다. 그런데 그것의 기능은 추억들을 저축하는 것이고 과거를 현재 속에 축적하는 것이다. 따라서 강조점은 뒤에 [현재 속에] 있다. 암묵적 간과법은 미래화[작업]을 능가한다. 『물질과 기억』에서 또한 지속은 눈덩이를 이루고, 과거를 현재 속에 축적하는 데 쓰인다. 틀림없이 『물질과 기억』이란 책은 행동으로 방향을 돌렸다. 그러나 『시론』은 마르셀 프루스트의 "잃어버린 시간"과 일치하여, 과거의 제단을 세운다. 이 과거는 회고적이지는 않지만 적어도 모든 추억들에 대해 뒤돌아봄과 복구[재활용]을 함축하고 있다. 『창조적 진화』 특히 『두 원천』은 미래로 향해 있다. 미래에 일어날 생성은 연속된 도래가 아닌가? 생성이란 항구적 변질에 의해 다른 어떤 것을 생성하지 않는가? 생성의 강한[뛰어난] 시간은 추억이 더 이상 아니고 미래이다. "뜻밖에 오는 것"le survenir은 "암묵적으로 오는 것"subvenir을 단호하게 억제한다. 그 생성은 진실한 자기 소명을 재발견하고, 그것의 이름은 미래화 또는 혁신이다. 소명이란 전통적으로는 부추김으로 체험한 것인데 반하여, 부름을 받았다고 느끼는 것(무엇)이다. 사람들은 『두 원천』이 닫힌도덕에 대해 말한 것을 이 과거에 적용하면

---

55. Serge Boulgakov, *L'orthodoxie*, 1932, pp. 247~251.

서 다음과 같이 말할 수 있을 것이다:『시론』에서 강조는 압박[압력]에 관한 것인데, 또한 이 압박은 사회적인 것이 전혀 아니었다.『두 원천』에서 역동적 도덕의 부름에 응답하는 인간은 마찬가지로 미래의 끌림에도 동시에 응답한다. 그 미래는 **배후로부터의 힘**이 아니라 앞으로 위치할 이상적인 것이다. 공중부양이 중력작용보다 우세하다. 따라서 인간은 의무를 갖고, 이 의무는 **행해야 할**à faire 사물들의 지대를 지시한다. 보다 더 정확히 말하면, 우리들 작업(일)에 의존하는 다가올 à venir 사물들의 영역을, 우리가 원했다면 단지 있을 수[될 수] 있을 존재-앞의 부분을 지시한다. 의무는 나에게 부과된 미래이다. 지속은 추억들의 쌓기도, 추억들의 축적도 더 이상 아니다. 그 지속은 창조와 열망만큼이나 풍부한 것도 아니고 정복만큼이나 진보도 아니다.『창조적 진화』의 말의 질주들, 기병대의 기습들, 정복하는 모험들은 고독자의 심정적 양모로 된 긴 양말을 낮게 평가한다. 온도약의 관념 자체는 **영웅적 지혜**의 가능성을 확립하도다! 이리하여 성서에서 시간을 가로지르는 틈처럼 무한한 미래화에 의해 잘 재단된 개방[열림]은 버클로 채워진 순환 그 자체를 몰아낸다. 희망elpidien의 원리는 절망을 몰아낸다.「전도서」에 대립되고 또 시간을 어둠, 막다른 골목, 출구 없는 길로 만든「욥기」[56]에 대립되는「지혜서」에서, 비관주의는 악한들에게 부여되었다. 장미의 향기를 들여 마시고 매일매일 관능적 쾌락을 모으고, 순간순간을 살아가고, 전혀 걱정 없이 매 순간을 향유할 수 있기 위하여, 소위 말해 지속은 힘이 없다고 그리고 생성은 미래에 의해 집중되지 않는다고 주장하는 자들이 악한 자들이며 향유자들이다. "허영들 중에 허영!"이로다.「잠언」과「지혜서」의 합리적 낙천주의를 위하여,「전도서」의 깊은 우울증이 약간은 변명에, 불성실[불신앙]의 마키아벨리인 궤변에, 나쁜 의지의 구실에, 행실 나쁜 자들의 허무주의적 알리바이[현장부재 증명]에 닮았다. 일하려는 의도도 어떤 것을 행하려는 의도도 없는 자는 생성이 허영들[헛것들] 중에 헛것, 즉 부조리들 중의 부조리라고 믿기를 좋아할 것이다. 또한 열려진 미래는 없고 닫힌 지속과 순환만이 있다고, 그리고 끝은 우리를 시작에 데려가고

56.「지혜서」, 2:5와「욥기」, 8:9를 비교하라.

모든 노력은 생산성이 없다고 믿기를 좋아할 것이다. 그 인간은 무턱대고 태어난 존재, 즉 무와 망각에 불가역적으로 바쳐진 존재가 아니며, 비존재로부터 분간할 수 없는 존재도 아니다. 마치 그가 영원히 존재하지 않았을지도 모를 것처럼 어느 날 [미래에] 있게 될 존재도 아니다…의미로 가득 차고 지성성이 넘치는 세계는 창조적 지혜와 건설적 신중함이 있고, — 우주론적이고 신중한 이중의 긍정성이 성서 속에 재현되어 있도다! 창조적 시간은 이렇게 가치를 회복시켰고, 베르그송에게서도 마찬가지로 가치를 회복시킬 것이다. 만일 베르그송의 자유가 마치 르끼에에게서처럼 현기증 나고 임의적인 무차별이 아니라면, 그러한 이유로 베르그송의 자유는 선례들도 선행자들도 없는 창조력으로서 더 이상 감성적인 총체화도 아니고, 개인적 삶의 이기적인 깊은 연극도 아니다. 그 자유는 허공 속에서 발설된 듣지도 못한 결단이 아니며, 그것은 방향성 없는 진정함(솔직함)도 아니다. 자유는 하나의 상스$^{un \, sens}$이며, 말하자면 의미와 방향을 동시에 뜻한다. 자유는 충만의 세계에서 꼼꼼한 자유이며, 이 자유에 초월적이고도 유쾌한 임무들이 과해진다. 자유는 부조리하고 무상인 놀이와는 반대 그 자체이다. "하늘이 새로울 것이고 또 땅도 새로울 것이다"라고 이사야가 말했다. 따라서 예전의 사물들을 되새김질하지 마세요![57] 사랑이 "이에는 이"라는 폐쇄[닫힘]을 부숴버리는 것과 마찬가지로, 자유는 과거화된 미래와 옛날의 새로움이라는 "허영들 중의 허영"을 치료한다.

베르그송에게서처럼 성서에서 인간과 시간의 연관은 긍정적 연관이다. 인간은 자연에게 그리고 사회에게 '그렇다'고 말한다. 그리고 물리적 세계에도 피조물인 형제자매들에게도 '그렇다'고 말한다. 이처럼 시편들의 성스러운 제식을 집행하는 정신[다윗]은 아마도 설명될 것이다. 이 영감받은 구절들은 은총을 입은 행동의 찬송이며, 시편의 저자[다윗]은 하프를 켜면서 창조주와 그의 작품들의 영광에 맞게 찬송을 지칠 줄 모르고 노래하였다. 창조주의 영광은 모든 창조 속에 기입되어 있다. 그렇다. 모든 것은 신적 영광을 이야기하고, 땅도 하늘도, 태양

---

57. 「이사야」, 65:17. 참조 : 43:18 (70인 번역 : 지나간 일을 생각하지 말라, 흘러간 일에 마음을 묶어 두지 마라[μὴ μνημονεύετε τὰ πρῶτα καὶ τὰ ἀρχία μὴ συλλογιζετθε, 「이사야」 43:18]).

의 빛남도, 별들의 궤적도, 혜성들의 궤도도 주†의 찬양들을 불로 된 문자로 쓰고 있다. "할렐루야! 천상의 반구에서 영원한 자를 찬양하세요. … 땅의 모든 너비에서 영원자를 찬양하세요."[58] 그 인간은 그가 본 모든 것에, 들판에서 수국에게, 벗나무의 개화에게 '그렇다'고 말한다. 그리고 그는 밤의 경의로움들을 똑같이 축하한다. 시편의 찬송[찬미]는 변신론처럼 일반적인 조화에 대해 힘들인 정당화가 아니다. 왜냐하면 신학자의 변신론은 아주 적게 자발적이며, 아주 설득력 없는 변호사가 아주 적은 설득력으로 변호하는 것과 같다. 라이프니츠는 너무 과도하게 추론하여 우리의 세계가 가능한 세계들 중에 최상의 세계라는 것을 진실로 믿을 수 없게 한다. 그의 낙관주의는 창조된 사물에 열정적인 가맹을 표현하기보다 오히려 우리에게 개평[진 자에게 주는 위로금]을 제공한다. 다윗은 간접적 변호들도, 우주론적 시련들도, 믿음에 부차적인 이유들도 필요하지 않다. 빛을 발하는 광채로서 신은 빛을 받는 광채 속에서 전적으로 현재로 있다. 따라서 신의 영광을 빛으로 볼 수 있는 가능성에다가 연결하는 것은 무매개적 통찰에 의해서이다. 창조라는 성스러운 의식의 경이로움 앞에서 피조물의 감탄은 무엇보다도 신뢰와 무상[보시]를 표현한다. 시인 알렉시스 톨스토이가 말하듯이 나는 당신들, 즉 숲들, 계곡들, 전답들에게 축복을 내린다. 「시편」 제19장은 "하늘은 신의 영광을 속삭이고 창공은 그 훌륭한 솜씨를 알려 줍니다. 낮은 낮에게 그 말을 전하고, 밤은 밤에게 그 일을 알려 줍니다."

그 인간이 우주에게뿐만 아니라 인간적인 것 일반에게도 '그렇다'고 말한다. 이웃의 보편적 회복, 이웃에 대한 원조[품앗이]는 본질적으로 성서적 관념들이다. 심지어 모세오경 속에서, 율법은 모든 가장 공손한 피조물들을 환대한다. 창피당한 자들과 모욕받은 자들의 긴 행렬은 ─ 과부, 고아, 가난한 날품팔이꾼 ─ 복음서가 새 소식을 알리기 앞서서 율법의 책들에서 차례차례 지나간다. 좋은 새 소식은 구약 속에 알려졌으며, 이 새 소식은 고민에 빠진 자들에 대한 일반적인 권장이다. "동정심", "궁휼", "용서", "연민" 같은 단어들은 율법 속의 모든 문단 속에

---

58. 「시편」, 148. Alexis Konstantinovitch Tolstoï의 시, 'Jean Damascène, 1859' [다마센(Jean Damascène, 676~749)은 시리아 출신 크리스트교 신학자 ─ 옮긴이]]

나타난다. 이런 면에서 『토라』를 "복음"이라고 우리가 감히 말할 것인가? 「출애굽기」에서 주ᵻ는 "나는 선하고 동정에 넘친다."[59]고 말한다. 왜냐하면 예언자 이사야에 따르면, 모든 창피당한 자들과 모욕받은 자들은 신의 친구들이기 때문이다. 욥의 신은 강한 자에 대항하는 약한 자를, 부자에 대항하는 가난한 자를 보호한다.[60] 에드몽 플레그가 이것을 주목하였다 : 자애와 정의는 근대정신에서는 따로 떨어져 있지만, 성서에서는 혼합되어 있다. 「레위기」는, 마치 사도들이 그렇게 말하듯이, "네 이웃을 너 자신처럼 사랑하라."고 말했다.[61] 너 자신을 너의 친구처럼도 아니고, 너의 친구를 너 자신의 부속물처럼도 아니다. 왜냐하면 그러한 것은 아리스토텔레스의 언어이기 때문이며, 다시 말하면 "다른 자아 자체" 즉 다른 자아Alter ego의 철학자의 언어이기 때문이다. 이기주의의 단순한 완곡어법이 이 특별한 이타주의에서, 실체적이고 부속적인 에고ego에 먼저 주어졌다. 다른 것들(타자들)은 핵심인 에고 주위에 마치 위성들처럼 중력을 받고 있고, 이 타자들은 에고가 자기 소유들을 점점 둥글게 만들 때 마치 부속물 또는 첨가물들처럼 에고에게 덧붙여진다. 냉정한 친구, 게으른 친구, 가구 또는 도자기 등은 또한 일거리를 만들 뿐이다. 「레위기」의 '너 자신처럼'은 "신체주의자(신체적인 것)"로서가 아니라, 오히려 "황홀한" 것이고, 소위 말해서 기적적이다. 이것은 전복된 다른 자기로다! "당신의 친구를 마치 당신이 당신 자신 자체를 사랑하듯이 사랑하라"는 의미는, 나는 나의 친구와는 다른 나 자신이 아니라는 것을 의미한다. 자아는 자기의 사랑을 받는 자와 다른 자기가 아니다. 왜냐하면 나 자신의 자아 자체가 나의 이웃이기 때문이다! 이처럼 자아는 자기 형제를, 마치 자아 즉 사랑하는 자가 현존하지 않기나 했던 것처럼, 사랑한다. 그런데 그 자기는 인격적으로 자기의 "다른 자아"가 된다. 따라서 에고는 어느 정도 자기 이기심으로부터 떨어져 나온다.[이중화의 자기 돌쩌귀에서 총체적으로 나와세 화를 버럭 내고서, 자기 친구 속에

---

59. 「출애굽기」, 22 : 27. 「시편」(Psaume), 145 : 9.

60. 「이사야」, 66 : 2; 「욥기」 5 : 15.

61. 「레위기」 19 : 18; 참조 : 「마태복음」 22 : 39; 「마가복음」 12 : 31; 「로마서」 13 : 9; 「갈라디아서」 5 : 14; 「야고보서」 2 : 8.

서 바깥으로 향하게 되면, 그 자아는 자기의 것이 더 이상 아니다. 성서의 이웃은 자기 이름을 감히 말하지 못하는 부끄러운 타자애의 "다른 자아 자체"가 더 이상 아니고, 오히려 그 이웃은 진실로 자아 자체와는 다른 이웃이다.

베르그송을 따른다는 것, 그것은 개방된 정신만큼 열린 도덕도 아니다. 왜냐하면 완전히 열린도덕은 이미 다시 닫혔기 때문이다. 왜냐하면 한 번 열린도덕은, 우리가 그것을 계속해서 열고 끊임없이 다시 열지 않는다면, 닫힌 도덕이 다시 되기 때문이다. 항상 운동 중인, 열고자 하는 의도가 중요하다. 선지자들은 전문적인[직업적인] 아름다운 영혼들의 환심 사기와 행복하게 잘 만족하는 선량한 의식들의 환심 사기에 반대하여 쉬지 않고 투쟁한다. 여기서 환심 사기(자기만족)란 장미처럼 활짝 피는 것 또는 공작처럼 날개를 펼쳐 뽐내는 것을 의미한다. 으스대며 걷는 것, 그것은 열려지는 것이 아니라 오히려 유리하게 만족하는 자아의 탁월함 속에서 자기 만족하는 것이다. 이것은 우연에 의한 모든 "으스대며 걷기"의 거부가 아닌? 또 이것은 사람들이 베르그송의 "운동주의"라고 부르는 아주 선량한 의식을 고려해 보면 깊은 아이러니가 아닌가? 현실태로서의 성스러운 상태는 없으며, 인간의 노력은 항상 다시 시작하는 데 있다. 이런 점에서 짐멜의 상대주의가 이해될 것이며, 또한 아인슈타인의 비순응주의, 베르그송의 시간주의도 이해될 것이다. 예레미야가 말하기를, 인간들은 반쯤 열린 웅덩이를 파기 위하여 생생한 물의 샘[원천]을 포기했다고 한다. 그리고 마찬가지로 인간들은 우스꽝스러운 우상들, 금과 은으로 된 입상들, 돌로 잘 재단된 이미지들을 위하여 살아 있는 신의 생생한 물을 포기했다. 선지자들과 부족장들이 항상 다시 생겨나는 우상의 유혹을 몰아내는 데 지녔던, 전대미문의 설명할 수 없고 지칠 줄 모르는, 그 열정은 우상광(우상 믿음) 그 자체의 억누를 수 없고 변덕스러운 특성에 비례된다. 그 인간들은, 사람들이 혼자 있게 내버려 두자마자, 쇠를 녹여 만든 송아지들과 금으로 된 당나귀들, 조잡한 물신숭배, 인형들과 토템들totems을 어리석게도 숭배하기 시작했다. 우상의 유혹은 어리석은 인간의 영구적 경향인데, 한편으로 피상적 겉모습의 숭배에 빠지는 경향이며, 다른 한편으로 조각내기에 의해 다자多者를 시도하게 내버려 두는 경향이며, 결국에는 죽음의 타성에서 재발을 수용하는 경향이다. 도약이 모자라는 게으른 자는 생명의 운동을 더 이상 따르지 않고, 본질의 통일성을 더 이상 추구하지 않고, 볼 수 없을 정도의 심층 속에 더 이상 내려가지 않는다. 따라서 그자는 삼중으로 시시한 인간이 된다. 다른 한편 만일 도약 없는 어리석음의 고유함은 길 중간에 멈추는 것이며, 이미 도달된 층계참의 수평 위에 행복하게 자족하는 것이라면, 사람들은 미소 짓는 현상의 유혹, 다자의 유혹, 부동성의 유혹이 인간적인 부질없음의 중요한 세 가지 형식일 뿐만 아니라, 인간적인 어리석음의 중요한 세 가지 형식이라고 말할 수 있다. 이 성장한 어린이는 잡다한 생각의 현상에 미소 짓는다. 이것은 우리들의 "저능한 어리석음"이며, 우리들의 신경쇠약이며, 따라서 우리들의 연약함이다. 이런 어리석음이 부동성을, 신적인 것의 가루 만들기[다자로 만들기]를, 주변의 껍질에 대해 유혹되는 끌림을 설명해 준다. 매 순간에 살아있는 물들은 괴어 있어서 썩어가는 늪지대 속에서 사라지는 경향이 있다. 또는 만일 사람들이 다른 이미지들을 선호한다면, 신앙의 생생한 물은 우상숭배로 얼음이 되는 경향이 있다. 우상숭배는 영원한 인간적 시시함(하찮음)의 이름이다. 이 우상숭배는 우리에게 미소를 덕목으로 삼게 하고, 장미의 향기를 진리로, 화약을 신으로 간주하게 하며, 또이 우상숭배는 미신을 믿는 자를 자기보다 약간 더 어리석은 짐승들 앞에 무릎을 꿇게 한다. 『향연』과 『폴리테이아』 제6권 속에서, 플라톤의 변증법은 또한 순진한 자를 감격하게 했는데, 즉 자기의 상승을 중단시키고, 층계참에서 잠들고, 현상들에서 멈추고, 빛나는 성스러운 그림들에 의해 현혹되게 내버려 두고, 『메논』 편이 "떼거리"라고 부르는 것에 의해, 다시 말하면 다자에 의해 시도되게 하는 데 여전히 알맞은 그 순진한 자를 감격하게 했다. 소크라테스[라는 표본]은 게으른 자들을 각성한 채 있도록 유지해 주는 **주의 깊은 원리**인데, 이 원리는 그들이 더 높이, 더 멀리, 또 항상 볼 수 있는 것 저 너머로 가도록 하기 위해서이고 그리고 다자의 유혹에도 현상의 유혹에도 양보하지 않기 위해서이다. 플라톤이 우리에게 경계하게 한 "몇몇"plusieurs은 다신론의 '다자'가 아니다. 이어서 다자에 환심 사기는, 그것의 유혹이 비록 신용할 수 없을지라도, 소위 말하는 죄[타락]이 아니라 성서 속에 단죄된 것인데, 그것은 이미지들에 대해 신성 모독적이고 이교도적인 경배이다. 작은 조각상 앞에 또는 작은 들보 앞에서 무릎을 꿇는 자는 신적인 것을 파기한다. 따라서 그는 진리의 바깥에 있을 뿐만 아니라 또한 종교의 바깥에 있다. 동일하게 『창조적 진화』에 따르면, 생명은 매 발자국마다 제자리에서 맴돌기[제자리걸음]을 하게 되어 있었다. 베르그송은 우리에게 유기체들에 의해, 즉 생명이 창조하기에 성공한 걸작들에 의해 매료된 그 생명을 제시하였다. 생명은 저 너머[저세상]에 가지 않고서 이 걸작들에 만족하기를 요구한다. [이제] 우리 편에서 말해 보자 : 맴돌기의 유혹은 자기 방식에 따라 일종의 우상숭배이며, 그리고 생명성의 영구적 운동작업에 제동을 거는 이교도의 환심 사기이다. 예레미야가 말하기를[62], 인간은 돌과 나무를 찬탄하는데, 마치 돌과 나무가 인간에게 생명을 주었던 것처럼 말이다. 중산층화[부르주아화]되기에 굴복한 인간은 정신을 포기하고 문자를, 파악할 수 없는 모델을 포기하고 그것의 정태적 이미지를 택한다. 심지어 솔로몬 왕은 너무나 부자이고 너무나 권세가 있어서 다처제와 다신론에 빠졌다. 솔로몬 왕은 부르주아화되어, 우상숭배 하는 만큼이나 어리석게 되었다. 솔로몬의 지혜는 생명의 운동과 접촉을 상실하고서 정신의 무한한 근심을 부인하고서, 제자리를 맴돌다가 그 자리 자체에서 자기만족에 빠졌다.

예언자들은 정신의 지치게 하는 요청을 냉혹하게 신뢰하고 있었다. 사도 바울에 앞서서 이사야[63]는 입과 심장을 대립시켰고 준수해야 할 의례를 영혼[기원]의 연민에 종속시켰다. 단순성에 호소, 정신의 알몸에 호소 그리고 박탈에 호소는 『도덕과 종교의 두 원천』에서 매우 감동적인 메아리(반향)를 발견할 것이고, 이 호소는 「잠언」과 「욥기」의 항구적인 요청이다. 퀴니코스 또는 스토아 학자들에 앞서서, 예언자들은 소유의 비대함을 열광적으로 전개하고, 사치의 과부하 현상들을 누르는 탐욕을 매질했다. 자기의 소유물들을 내려놓고 그리고 비본질적이고 기생적인 모든 현상을 가볍게 여기는 소유자는 심층에 초대되었다. 그 하찮은 자[인생무상자]는 자신의 강력한 내부로부터 보다 깊고 보다 준엄한 목소리를 듣기 위하여 자신의 보석들, 금 그릇들 화려한 은제품들을 망각한다. 이 단순한

---

62. 「예레미야」, 2 : 27.
63. 「이사야」, 29 : 13. 참조 : 「신명기」, 10 : 16.

심장의 목소리는[64] 분리되고 본질화되어서, 볼 수 없는 통일성과 여러 색깔의 현상들 이래로 감춰진 신적인 불가사의에 대해 우리에게 말한다. 이 목소리는 우리에게 기만(환멸)에 대해 경계하게 한다. 솔로몬은 값비싼 보석과 권력의 희생자로서 어느 정도는 이 환멸의 상징이다.

---

64. 「지혜서」, 1:1.

I

    유기체주의들에 대해 말하자면, 우리는 이렇게 말하자 : 총체성들만이 있다. [현재로] 있는 모든 것은 꽉 차 있으며, 완전하게 생명적이고 전체적이며, 자기에게 자족한다. 그럼에도 그 충만은 항상 동등하게 꽉 차 있는 것 같지도 않고, 경박하고 나쁜 또 보잘것없는 피상적인 인간은 항구적으로 총체화되는 것 같지도 않다. 영혼 전체가 각각의 동기에서 모여질 때, 우리가 다시 반투명하게 되는 것은? 자유로운 작동에서이다. 따라서 그 자유는 지엽적 작동이 아니고 생명의 소명에 응답하는 자유이며, 재생성을 허락하는 자유이다. 베르그송은 신중함[1], 성실성, 심층을 요구하는 자유에 대해 말하는데, 그는 플라톤의 『폴리테이아』의 제7권의 유명한 정식을 인용하였다 : 즉 [누구나] 영혼 전체의 선$^{le\ Bien}$으로 전향해야만 한다.[2] 동굴 깊숙이에 갇힌 포로들은 빛을 향하여 머리뿐만 아니라 몸 전체를 돌려야만 한다. 그리고 약간 어느 정도의 예각으로 돌려야 하는 것이 아니라, 회전하듯이 반회전(백팔십도)으로 돌아서 완전히 뒤로 향해야 한다. 결국에는 단순히 뒤로 돌려서 움직이지 않은 채 있는 것이 아니라, 걸어서 실재적으로 동굴 밖으로 나가야 하며, 정말로 태양의 빛을 향해 올라가야 한다. 플라톤과 플로티노스의 의미에서 진실한 전향, 또는 전회에 의해 진리로 스스로 전향한다는 것은 자기 영혼의 조그만 양으로 전향하는 것이 아니라 **영혼 전체와 더불어** 전향하는 것이다. 펼쳐지는 방향으로 가는 것이 아니라, 근본적인 전환에 의해서 직경으로

---

1. 신중함(sérieux) : RI 80.
2. Platon, *République*, VII 518 *c* (참조 : IV 436 *b*) [플라톤, 『국가』]. DI 128. 참조 : PM 263 (sur Ravaisson).

반대 방향을 취하는 것이다. 사람들이 이렇게 할 것이라고 말하는 것, 즉 불멸의 진리들에 경의의 표시를 한 후에 브라보를 외치는 것은 말뚝처럼 쿡 박혀있으라는 것이 아니라 일어나서 걸으라는 것이다. 바리새인들에게 대답하는 예수 자신은 「신명기」에서 매우 자주 선언된 말투를 확정한다. 그리고 그 말투를 그는 모든 율법의 첫째 계명으로 고려한다 : 너는 너의 신, 영원한 자l'Eternel를 너의 전 심장(심정)으로 그리고 **너의 전 영혼으로** 사랑하리라.[3] 신은 사람들이 일방적이고 부분적인 연관을 가질 수 있는 한 존재도 아니고, 사람들이 자기 정신의 조그만 부분에 의해, 예를 들어 인식에 의해 닿을 수 있는 한 대상도 아니며, 하물며 추론처럼 이 조그만 부분의 더 작은 부분에 의해 닿을 수 있는 대상도 아니다. 그러나 그 신은, 우리가 그에게 우리의 전 생애를, 우리 감성의 전 섬유들을, 우리 능력의 모든 힘들을, 우리가 원하는 모든 긴장을, 우리 지식의 모든 확대를 봉헌하도록 요구한다. 신은, 예를 들어 이데올로기의 근거[이유]들 때문에 정신의 피상적 부분과 더불어 영혼의 끄트머리로부터 사랑받기를 원하지 않는다. 그 신은 무한히 요구하는 자로서, 그 신은 우리가 그를 우리의 모든 존재로서 살게 하기를, 우리가 그를 우리의 전 심장으로 사랑하기를 바라지, 심장의 1/4로, 즉 일 심방 또는 일 심실로 사랑하기를 바라지 않는다. 신은 자신이 유일자이기에 나누지 않고 사랑받기를 원하며, 가장 강도 있게 또 가장 지속 가능하게[4] 그리고 문자 그대로 극단적인 사랑으로 사랑받기를 원한다. 착하게 생각하는 위선자와 예식적인 고집불통이 행하는 것처럼 일주일에 한 번 사랑받는 것이 아니라, 가능하다면 우리들의 생애의 매 순간들마다 사랑받기를 원한다. 게다가 유보[예약]조건들을 붙여서가 아니라 밑바닥까지 재지[계산하지] 않고서 사랑받기를 원한다. 신은 사람들

---

3. 「신명기」, 6 : 5, 10 : 12, 11 : 13, 13 : 3. 「이사야」, 26 : 9. 참조 : 「마태」, 22 : 37(εν ὅλη τῇ καρδίᾳ σου … ψυχῇ … διανοίᾳ). 「마가」 12 : 30과 33.(ἐξ ὅλης συνέσεως … ἰσχύος). 「누가」 10 : 27. ["네 마음을 다하고 목숨을 다하고 뜻을 다하여 주님이신 너의 신을 사랑하라."(Αγαπήσεις Κύριον τον Θεόν σου εν ὅλη τη καρδία σου και εν ὅλη τη ψυχή σου και εν ὅλη τη διανοία σου. Αύτη εστί πρώτη και μεγάλη εντολή, 「마태」, 22 : 37)] ["네 마음을 다하고 목숨을 다하고 뜻을 다하여 주님이신 너의 신을 사랑하라"(ἐξ ὅλης τῆς καρδίας καὶ ἐξ ὅλης τῆς συνέσεως καὶ ἐξ ὅλης τῆς ἰσχύος, 「마가」, 12 : 30) ─ 옮긴이]

4. 참조 : Jacques-Bénigne Bossuet, *Méditations sur l'evangile* (1839), III, 43~44번 째 날들.

이 자기를 **열정적으로** 사랑하기를 원한다. 게다가 우리가 마지막 숨을 거둘 때까지, 우리 피의 마지막 방울까지, 이 마지막 방울의 작은 방울까지 그에게 봉사하기를 바란다. 따라서 [사람들은] 순수 심정[심장]에서 말하는, 다시 말하면 나누어 가지지 않고 절대적으로 무관심한 심정에서 말하는 순수 사랑의 이론가가 「이사야」와 「신명기」의 언어를 재발견하는 데 놀랄 필요가 없다. 그것은 사실상 아리스토텔레스의 언어 심지어는 키케로의 언어였다. 『니코마코스 윤리학』에 따르면, 자기의 전 영혼으로 욕망하는 자는 신중한 자(신실한)가 아닌가?5 왜냐하면 페늘롱도 나눔 없는 전 영혼의 단순성을 표상하는 것이 이와 같기 때문이다. 단순한 영혼, 다시 말하면 신중하고 성실한 영혼은 투명한 수정 결정체 덩어리에 닮았는데, 거기에서 빛은 유보[조건] 없이 또 제한 없이 퍼진다[넘쳐난다]. **전체에서 전체로 전환**, 그리고 **전체를 위해 전체**에 참여하고 우리들의 숙명에 대해 모 아니면 도[전체 아니면 뭐의 역할을 하는 결단, 이것들이 절대적이고 범주적인 정언명법에 응답하지 않을 것인가? 중간 정도들, 타협들, 또는 미세한 차이 변별들은 더 이상 없다. 정열적 참여는 단지 하나의 등급, 즉 최상급 말만을 ; 하나의 크기 즉 최대만을 ; 하나의 철학, 즉 극단주의 또는 최대주의 만을 인식한다. 마르틴 부버는 하시디의 성스러움을 특징짓는 존재 전체의 모든 권능들의 회복을 매우 강조하였다. 정념으로 되어 있고 깊이 있는, 또 마치 "자기 자신을 향한 원함(의지)의 뒤틀림[꼬임]"처럼 가끔 체험된 전환은 사실상, 베르그송의 지혜 안에서 내적 개혁 전체의 전주곡이다. 베르그송의 지혜는 철학적 작동이 이미 알려진 개념들의 재배치도 아니고6, 새로운 질서 속에 옛 요소들을 배열하는 "**조합의 기술**"도 아니다. 마치 시간은 전체적 존재가 다른 존재가 될 정도로 급진적인 다시 새롭게 함인 것처럼, 마찬가지로 철학적 진행은 **신중한** 작동이며, 인격 전체의 완전한 전환이며, 우리들의 모든 습관들, 모든 관념연합들, 모든 반성들의 전복을 함축하는 전환

---

5. Fénelon, *Instructions et avis sur divers points de la morale et de la perfection chrétienne*, XIX : 「순수 사랑에 관하여」. Aristote, *L'éthique à Nicomaque*, IX, 4, 3. [아리스토텔레스, 『니코마코스 윤리학』]. Cicéron, *De Legibus*, I, 49 (*toto pectore*). 참조 : Saint Bernard, *De Diligendo Deo*, III, 6과 XIV, 29.

6. 여럿 가운데서, PM 115.

이다. 밑바탕 끝까지 자기 자신으로 있는 자는 나쁜 이가 될 수 없다는 이론을 낙관주의라고 부르자. 그런데 인격적 이상의 내재성 자체 안에는 고독한 어떤 위험은 없는가? 결론으로서 무매개자의 실재론은 타동사적[타인에 영향을 주는] 의도를 내재적 총체화로 향하게 한다.

II

총체화는 신중할 뿐만 아니라, 또한 순진(죄 없는)innocent하기도 하다. 베르그송은 자기 생애에 가장 많은 부분을, 무매개적 자료와 직접 접촉을 탐구하는 데, 우리가 실재적인 것과의 연관을 한 등급 낮추게 하는 예의 바른[의전적인] 중간 항들을 몰아내는 데, 도치와 간섭의 신기루를 고발하는 데 힘을 쏟았다. 그의 철학은 문자 그대로 사물들 그 자체에로 회귀이다. 순수시각은 자료 그 자체, 즉 인격적으로 주어진 것의 그 자체성이 아닌가? 관념연합들과 추억들 저쪽에서 예술가들은 『웃음』과 『물질과 기억』에 따르면 마치 순수형식의 기원적 솔직함과 같은 어떤 것을 목표로 하지 않는가? 이런 점에서 베르그송은 앵글로 색슨의 신실재론에뿐만 아니라 어느 정도에서는 독자적 철학이며 새로운 순진함인 러시아의 실재론에 손을 내밀고 있었다. 베르그송은 로스키N. Lossky의 실재론에서, 프랑크S. Frank의 무매개자 안에서, 심지어는 톨스토이의 객관성 안에서 인정받았을 것이다. 무소르그스키가 블라디미르 스타소프에게 글 쓴 "직접 마주 대한" 실재성이며, 바로 그것이 나의 겨냥(표적)이다. 음악가는 시장의 소란한 소리와 유모의 부드러운 노래와 '같은 어떤 것들'을 받아들인다. 즉 이 그러함과 '같은 어떤 것들'이란 다시 말하면 이상주의자적 거리가 없는 것이다. 이 거리란 문체화의 원리이며, 그리고 거짓말의 원리이며, 사물들의 거친 맛을 완화하는 것이다. 즉시 물질 속으로 들어가는 적, 즉 크리스트교에 심판받은 적은 무매개적인 접근성(가까움)을 원한다. 단순성의 찬미, 심지어는 채식주의자의 자연주의 찬미는[7] 혹시

---

7. MR 320~321.

매개자들의 공포를 기원으로 삼지 않았을까? 인식형이상학도 서문도 없는 이 철학은 직접적으로 살았던(체험했던) 사건들에 결부되어 있다.『도덕과 종교의 두 원천』속에 감동, 그리고 특히 직관은 인격에서 **직접** 일어난 것이다. 직관은 인식이기도 하고 또한 결실 있는 통합이며 체험된 공감이다. 직관은 진리에 대해 일별해 보기이며, 또한 향유이자 환희이다. 직관은 신지gnose일 뿐만 아니라, 생명적 식이요법이자 존재의 양태이다. 철학자의 진실한 즐거움들에 대해 말하는 플라톤은 즐기다[8]란 단어를 쓰기를 두려워하지 않았다.「시편」제34장은 "영원한 자가 선하다는 것을 느끼고 보세요."라고 말한다. 왜냐하면 절대자는 인식을 위한 대상일 뿐만 아니라, 또한 정신이 동화되는, 또는 정신이 내밀한 변질과 신체화[신의 체화]에 의해 개입된 매개자 없이 그 자신이 되는, 양식이며 신적인 "자양분[식량]"이기 때문이다. 신지적 통찰에서 존재적인 나누어 가짐에까지가 먼 것처럼, 순수하게 인식적 직관에서 유사국면에까지도 또한 멀다. 이것은 크리스트교가 예수-크리스트의 "모방"이라 부르는 것이 아닌가? 이 모방은 몸짓 모방이나 흉내 내기가 아니라 황홀하게 되어 자기 자신이 대상이 되는 것이다. 만일 베르그송이 기계적인 반복인 모방과 창의력에 반대되는 모방을 단죄하였다면, 그는 반대로 본질적으로 [정체화]동일화를 설교하였다. 독단적인 교의의 표본을 따르는 방식에서처럼, 그런 모방주의는 더 이상 없으며, 오히려 사랑받는 자와 함께하는 총체적 일치가 있다.

거기에는 더 많은 것이 있다. 베르그송은 유사-철학으로부터 나온 해결할 수 없는 유사-문제들, 미치게 하는 환상들, 현기증 나는 궤변론들이 이중화 속에 그것들의 근원이 있다는 것을 보여 주었다. 구경꾼의 회고적 시각[9]은 현장에서 일어나는 행위자의 현재와 이중화된다. 이차 자승[권능]에 속하는 긍정 명제가 되는 부정, 이것들은 동일한 지수[자승]와 동일한 이차성에 전적으로 타격을 입는다. 주체가 [단지] 보는 대신에 관점을 본다고 주장하며, 보면서 자기를 주시하

---

8. Platon, *République*, IX, 587 *a* [플라톤, 『국가』]. 참조:「시편」, 34 : 9. 70인 번역은 γεύσασθε로, Vulgate(4세기 후반 라틴어 번역 성서)에서 *Gustate*로 되어 있다. Vulgate 번역의「시편」, 33.
9. 예를 들어, DI 143~144.

며, 짧은[갑작스러운] 관점 대신에 관점의 관점을 대체하며, 1인칭이라 하는 아주 단순하고도 기적적인 조작의 내부에 있기를 그만두고, '나'처럼 또 '그'처럼 동시에 생각하게 되는, 이 주체는 제논의 취향에서는 많은 부조리한 난문제들을 만든다. 자기 자신의 자유에 관해 구경꾼의 외적이며 원근법적인 관점을 채택하는 자유로운 인간은 자유를 이해할 수 없게 된다. 필연성과 무차별[무차이]의 딜레마는 사변적 관점에 속하며, 그리고 어느 정도로는 이루어지고 있는 것에 관한 관조주의자의 관점에 속한다. 사실상 인간은 자유 그 자체이며, 마치 그는 인칭 시제와 같다. 톨스토이에게서 순진무구한 사는 진리를 인식하지 못한다. 왜냐하면 그가 진리 그 자체이며, 전적으로 순진무구하게 되어 있기 때문이다. 라이프니츠에게서 지혜란 보편극장의 요약적인 "투시법"이었는데, 베르그송에게서 그것은 오히려 살아왔던 참여 부분이 될 것이다. 즉 모든 방법론의 부재와 모든 예비교육의 부재는 베르그송에게서 이미 무매개적 참여의 필요성을 설명한다. 생성은 [강연의] 회기가 계속되는 중에, 서곡도 서설도 없이 시작한다. 따라서 베르그송은 도덕적 문제를 제기하는 것이 그만큼 늦어졌다. 우선 만일 자유가 이상과 관계하는 인간의 타동사적 연관보다 오히려 내적 심층의 깊이로 탐구해 들어갔더라면, 자유는 적어도 스스로 이루어지는 것이 그 자체로 증명되었을 것이다. 이때에 환희가 추상적 이중화 작업의 침울함을 계승한다. 환희 속에 행위하는 것과 느끼는 것은 역설적으로 서로서로 정비례한다. 이 역설은 모든 지혜를 정의한다. 베르그송은 이 지혜에 대해 어느 날 말했다 : 지혜는 사유하는 인간에게서는 행동하는 것이고 행동하는 인간에게서는 사유하는 것이라고 말이다. 지혜는 신지적이기도 하고 동시에 배설적이기도 한데, 마치 시처럼 그 지혜 자체 속에 지식과 행위가 통일되어 있다. 따라서 그 철학자는 광경의 구경꾼이 아니라 드라마의 배우이며, 더 좋게 말하자면 행하고 있는 중인 행동의 행위자로다! 사람들은 이렇게 말할 수 있다 : 베르그송주의는 그 전체적인 면에서 행위자의 다시 말하면 창조의 관점이며, 그리고 베르그송주의는 자기 자체와 함께 시詩의 퍼져(넓혀)가는 운동을 완수하는 데 우리를 초대한다. 내포(이해)la comprehension 그 자체는 창조, 즉 포이에시스(제작, 생산) 그리고 종에서 재창조가 아닌가? 이해한다는 다시 만들다가 아닌가? 내포는 자기 발걸음을 걸으면서 창조와 반대 방향이 아니라 동일한 방향으로 간다. 따라서 기호화 작용은 그것의 종착점이 아니라 그것의 출발점이다. "창조적 해석"은 없는가?[10] 이걸 다시 말하자 : 원심(운동)력과 구심(운동)력의 대칭은 헛것이다. 다시 시작하는 것과 시작하는 것은 동일한 방향이기 때문에, 철학 전체는 우리에게 있어서 하나의 작동*un acte*이 될 것이다. 각자는 이 작동을 자기에 관하여 그리고 자기 소유로, 각각 자기 자신을 고려하여, 마치 자기가 첫째였던 것처럼 더 좋게 말하면 마치 자기가 혼자였던 것처럼, 다시 행해야만 한다. 이것이 데카르트가 우리에게 주었던 예[자아가 첫째라는 것]이다. 이리하여 베르그송주의자가 되는 것은 베르그송이 말했던 것을 다시 말하는 것이 아니라, 베르그송이 행했던 대로 아주 고독하게 아주 순진무구하게 행하는 것이다. 위대한 진리들을 다시 생각하는 자는 마치 [그것들을] 사랑하는 자와 같다. 마치 처음에 인간이 사랑했던 것처럼, 즉 마치 이 봄날이 세상의 첫 봄날인 것처럼, 그는 사랑한다. 그는 더 이상 시각을 갖는 것이 아니라 숙명을 갖는다.

마치 체내*in vivo*에서 일어나는 직관과 감동[정서가 표면으로 양식화하는 거리를 무화시키듯이, 이처럼 행위는 분리된 두 시각을 재통합한다. 거리 두기와 이중화는 추방의 두 형식이며, 이것들은 무매개의 우아함[그대로 됨]에 굴복한다. 우리가 말했듯이 플라톤의 전환은 전 영혼의 전환이며, 완전히 반회전(180°)하여 실질적으로 걸어가는 것이다. 행하는 책무가 연관을 맺고 있는 것은 바로 이 실질성이다. 왜냐하면 중요한 것은 사람들이 동굴을 떠나도록 허용하는 것도 아니고, 동굴을 떠나는 자들을 박수치는 것도 아니라, 오히려 동굴 그 자체를 당장에 버리는 것이기 때문이다. 중요한 것은 그것을 말하는 것이 아니라 그것을 행하는 것이다. 그 말투는 단지 조롱 섞인 참여나 불쌍하게도 인격의 부분적 참여, 말씀의 조그만 끝의 참여일 뿐만 아니라, 게다가 그 말투는 행위의 잡다하고 퇴행적인 형식일 뿐만 아니라, 생략법적이고 상징적이며 비유적인 표현일 뿐이다. 언어는 무엇보다도 행위에 관한 행위이며, 제시하는 (능력)을 지닌 행위, 부차적이고 따

---

10. Gisèle Brelet, *L'interprétation créatrice*, 1951 (2 vol., Paris).

라서 비실질적이고 개념적인 행위, 베르그송이 언어인[Homo loquax — 언어적이고 장황하고 나약한 인간 – 이라 불렀던[11] 인간의 용도에 맞는 행위이다. 참여한다는 것은, 마치 참여에 관해 강연을 행하며 유행에 맞게 떠드는 허풍쟁이처럼, 동사 '참여하다'를 동사 활용하는 것이 아니며, 유명작가들처럼 참여하다에 참여하는 것도 아니라, 오히려 **진심**으로 참여하는 것, 무매개적이고 우선적 작동에 의해 우리가 결심의 무엇인 것이라고 불렀던 실질적이고 쏟아내는 작동에 의해 참여하는 것이다. 그들이 말하는 것을 듣지 말라, 그들이 **행하는** 것을 쳐다보라고 베르그송은 자주 말했다.[12] 말하는 대로 행하라, 훨씬 더 좋게 말하면 말없이 행하라. 그러한 것이 톨스토이의 항구적 염려였다. 사도와 성도전 필자이며, 야스야나 플라냐[Iasnaia Poliana [13]의 현자[톨스토이]는 그가 공언했던 총체적 복음주의를 살아가는 데 애착을 갖지 않았던가? 따라서 제논이 말한 것을 듣지 말라. 그는 별로 신중하지 못하다. 오히려 아킬레스가 행하는 것을 보라! 왜냐하면 작용들에 의한 증거 이외에 의도에 관해 오로지 성실하고 총체적인 증거는 없기 때문이다. 아리스토텔레스가 말했던[14] 작동(현실태)은 동사보다 더 유창하고 더 설득력 있다. 예를 들어 에우독소스는 이론적으로 쾌락주의자였으나, 생활습관[품행]에서는 절도 있었다. 그래서 엄격한 방랑자라기보다 준엄한 쾌락주의자라고 보는 편이 더 낫다. '아니다'와 끊임없이 '아니다'에 대해 말하는 것보다, 오히려 '이다'être와 더 이상 '이다'에 대해 말하지 않는 것이 더 낫도다! 그러나 사람들이 사물들에 대해 말했기 때문에 이루어진 것이 아니라, 그것을 행했기 때문에 이루어진 **사물들이**

---

11. PM 92.

12. MR 26, 149, 172, 193. Léon Tolstoï, *Le Royaume de Dieu est en nous*, 1893, ch. V.

13. [옮긴이] 러시아 박물관으로 톨스토이가 태어난 곳이다. 야스야나 플라냐는 '빛나는 공터'라는 뜻이다.

14. Aristote, *L'éthique à Nicomaque*, X, 2 (참조 X, 1 ; 3) [아리스토텔레스, 『니코마코스 윤리학』] : ἐπιστεύοντο δ' οἱ λόγοι διὰ τὴν τοῦ ἤθους ἀρετὴν μᾶλλον ἢ δι' αὐτούς. 참조 : Xenophon, *Mémorables*, IV, 4, 11 : Ἦ οὐ δοκεῖ σοι ἀξιοτεκμαρτότερον τοῦ λόγου τό ἔργον εἶναι 히피아스가 소크라테스에게 응답한다 : Δίκαια γάρ λέγοντες πολλοί ἄδικα ποιοῦσι, δίκαια δέ πραττόντων οὐδ'ἄν εἰς ἄδικος εἴη. 참조 : Cicéron, *De Fin*, II, 25. Descartes, *Discours de la méthode*, 제3부 [르네 데카르트, 『방법서설』, 이현복 옮김, 문예출판사, 1997].

있다. 이 사물들 주변에 말투, 생겨나지 못하고 위축된 표현, 웃기 위한 표현 등은 불쌍하게도[비참하게도] 허구인 것 같다. 그런데 그 사물들은 생명에서 가장 값비싸고 가장 중요한 것들이다. 왜냐하면 그 사물들의 이름은 사랑, 시, 음악, 자유 등이기 때문이다. 꾀꼬리[로시뇰]은 [음악의] 아르페지오 기법을 강연하지 않으나, 그 노래를 **실행하면서**en le faisant 아르페지오 기법을 가능하게 한다. 로시뇰과 강연자 사이의 거리는 시와 시론[시작법] 사이의 거리만큼이나 크다. 전자[시]는 전시하지 않고서 직접적으로 "행하는"(만드는) 행위이고, 후자[시작법]은 행하는 것에 관해 행하는 것, 즉 이차적 또는 2등급에서 행하는 것이다.

게다가 영웅은 영웅주의에 관한 강연을 행하지 않는다. 성자와 영웅은 자신들의 이웃을 향해 행위하는데, 문학자들처럼 자신들이 쓴 글에 의해서도 아니고 연설가들처럼 그들이 말한 것에 의해서도 아니라, 그 자신들이 행한 것에 의해서, 또한 그 자신들이 있다는 것보다 훨씬 더 그 이상의 것에 의해서이다. 마치 "행위자"(제작자)가 말하기 위해서가 아니라 포착하기 위하여 단어를 사용하듯이, 그들[성자와 영웅]은 자신들의 노래와 매력에 의해 자신들의 이웃에게 작용한다. 자신들의 삶의 표본에 의해서도 자신들의 참석[출석]의 시적인 광휘(빛남)에 의해서도 마찬가지이다. 발자크의 말에 따르면, 유창한 설교자들은 우리에게 견해를 바꾸게 하지만, 품행을 바꾸지는 못한다. 다시 말하면 그들은 설득 없이 정복한다. 행하는[실천하는] 인간, 영웅, 성자 또는 시인은 단지 닮고자 하는 선망만을 부여한다. 사람들이 관대함을 얻고자 하는 것은 관대함을 설교하면서가 아니다. 왜냐하면 설교하면서 사람들은 단지 정중한 동의만을 얻기 때문이다. 따라서 선전이란 거의 조금도 설복시키지 못한다. 순교자의 희생은 선전이 아니다. 왜냐하면 순교자는 죽음까지도 열정적이기 때문이고, 자신의 표본에 대한 열광하는 덕목들이 무한하기 때문이다. 운동을 권장하는 베르그송의 성인은 또 엘레아학파의 괴물 고르곤을 몰아내는 그 성자는 러시아의 정교수도원장Staretz을 닮았다. 정교수도원장과 프라보슬라브 수도원 서열의 고위자들 사이만큼이나, 하시디즘의 정신적 지도자Zaddik의 빛나는 인격성과 율법의 박사 사이만큼이나 많은 차이가 있다. 러시아정교의 스타레쯔, 하시디즘의 자디크, 베르그송의 성자는 자신들을 둘러싸고 있는 자들을 자신들의 글로 써서도, 말을 해서도, 지식에 의해서도, 이데올로기에 의해서도, 존재에 의해서도 변형하지 못한다. 메시지와 호소는 인격이며, 관대한 분출과 축복들의 마르지 않는 풍부함은 영웅주의의 교훈이다. 여기서부터 지혜는 영웅주의와 더 이상 구별되지 않는다. — 왜냐하면 지혜는 영웅적으로 사는 현자의 것이기 때문이로다!

무매개의 철학은 문자 그대로 의미로는 "긍정"(실증) 철학이며, 다시 말하면 '그래요'라고 말하는, 즉 생명에게, 존재에게, 신에게 '네(그래요)'라고 말하는 철학이다. 그것은 자신으로부터 나가는[시작하는] '네!'이다. 또한 '네' 만이 무한한 부정적 경험들보다 우세하다. 『창조적 진화』는 우리에게 부정 속에서, 말하자면 판단에 관한 판단인 둘째 운동을 폭로했다. 『도덕과 종교의 두 원천』은 여기에 이런 것을 덧붙였다 : 갑자기 잊었던 것을 생각하고서, 헌신에게 '아뇨'를 말하고, 그리고 단체에게 거절당하는 것은 지성이다. 만일 완전히 퍼져나가는 환희가 '더 많음'의 징후[증상]라면, 그리고 만일 그 환희가 창조적 도약의 순수 실증성의 표현이라면, 철학이 환희의 근원들로의 회귀라는 것은 당연하다. 동일한 이유에서 『물질과 기억』에 따르면 고통은 감각의 형식으로 역류하는 일종의 운동이기 때문에, 베르그송의 활동가적인 지혜는 고통을 넘어선, 양심 가책을 넘어선, 모든 다양한 낭패를 넘어선 승리일 것이다. 따라서 긍정적인 철학은 이편(겉면)에서 철학이다. 그 철학이 우리에게 제안한 명증함들의 개입들과 역설적 전복들은 이 모든 것을 마치 저편(안면)에 있었던 것을 이편[겉면]으로 다시 놓는 것처럼 고려되어야만 한다. 특히 우리에게 좋은 방향을 지적하는 것은 **시간의 불가역성**이다. 사실상 모든 것은 이편에 있으며, 거꾸로 진행한다고 믿는 회고적 운동을 포함하고, 또 거꾸로[반대]—생성으로 가는 듯한 추억을 포함하고 있다. '그래', 모든 것은 생성의 방향으로, 창조의 방향으로, 시작詩作의 방향으로 가고 있다. 뒤로 돌아보는 자, 그는 성자 루가의 복음에 의해 단죄받지 않았던가? 자기 소명의 진실한 의미를 인정하는 인간, 이편에서 인간, 자기 발걸음들을 다시 놓는 그 인간은 마치 부정[작용]이 자기에게 그렇게 하라고 속삭이는 것처럼 뒤로 곁눈질하는 대신에, 마치 자기 눈이 자기를 거기에 초대하는 것처럼, 자기 앞을 새로이 쳐다본다. 그 자리에 머무는 대신에 자신의 두 발로 자신을 지탱하는 거기에서 자유롭게 앞으로 간다. 메가라학파의 필연주의는, 마치 엘레아학파의 부동성이 운동을 끝까지 도달하는 것을 막는 것처럼, 미래가 우발적으로 생겨나는 것을 막는다. 이편의 철학은 미래작용과 운동작동을 동시에 고장 난 것을 수리한다. 일단 부동성의 저주를 몰아내고, 또한 일단 회고성과 퇴행성의 주술들을 쫓아내고서, 아킬레스는 앞으로 향하여 방향을 새로이 잡을 뿐만 아니라 미래를 향하여 방향을 잡는다. 아킬레스는 회상의 탕약을 거부하고 죽음의 부정주의를 극복한다.

이처럼 '그래요'Oui의 철학은 바른 길via recta을, 즉 일체의 똑바르고 직접적인 철학을 재발견한다. 왜냐하면 그 철학은 한 편으로 미래를 향하여 데려가고, 다른 한편으로 그 철학은 매개 없이 '나'와 '너'를 제1인칭과 제2인칭을 연결하기 때문이다. 부재를 현재로 정당화하기를, 또 먼 추상작용들을 구체화하기를 열망하는 자에 있어서, 제2인칭은 무매개적이고 특히 가까운 인칭이 아닌가? 만일 오르페우스가 회고적인 신기루에 양보하지 않았다면, 그가 자기 가까이에서 사랑했던 부인을 지켰을 것이다. 테세우스에게 바른길은 미로로 가득 차 있다고 폭로한 것은 반대로 무매개적 연관의 상관항인 사랑했던 여인이다. 사랑 속에서 다시 말하면 나와 타자의 타동사적[타율적]이고 직접적인 연관 속에서 직관과 행동은 결국에는 이 둘의 종합을 발견한다. 끝맺기 위하여, 타자의 근심은 정열적인 모든 의도 속에 포함되어 있다는 것을, 직관은 도움을 줄 수 있는 공감과 더 이상 구별되지 않는다는 것을, 결국 효과성은 사실성의 필연적인 귀결이라는 것을 제시해보자. 『창조적 진화』에 따르면, 의식은 전적으로 자유이기 때문에, 『도덕과 종교의 두 원천』의 저술이 그렇게 서술했던 대로 영웅적이고 천재적인 현전[출석]의 자비로운 소명을 인정해야 했던 것은 이 자유의 발산에서이다. 왜냐하면 자유는 하나의 소명을 갖고 있기 때문이며, 이 소명이 농노들을 자유롭게 하는 것이기 때문이다. 자유로운 인간 옆에 사는 자는 자유롭기를 갈망하며, 마치 관대한 인간의 빛의 방출 속에 사는 자가 그다음 차례로 관대하게 되는 것과 같다. 관대의 전염성처럼 자유의 전염성도 있다. 도화선의 화약 같은 자유는 자유의 핵심들 중의 핵심 주위에 불을 붙인다. 이것은 진실한 반작용의 연쇄이며, 마치 플라톤의 『이온』 편에서 우리에게 설명해 준 자석의 끈(자력선)과 같다. 자유는 이것 또는 저것을 주는 것도 아니고 이것 또 저것을 만드는 것도 아니며, 오히려 자유는 자유롭게 되고 싶어 한다. 관대한 자유, 영웅적 자유는 다른 사람들에게서 자유를 각성시킨다. 자유는 다른 사람들에게 자유, 다시 말하면 자유 그 자체를 선물하고, 외적인 증여에 의해서도 아니고 어느 하나에서 다른 하나로 흘러들어 가는 것도 아니다. 그래 아니지 : 창조적 자발성은 재창조의 자발성들을 서로서로 무매개적으로, 마술적으로, 텔레파시적으로 유도한다. 왜냐하면 이 자발성[선도력]은 전염성이 있기 때문이다. 『창조적 진화』는 자유의 소명이 물질 속에 비결정성을 도입하는 것이라 말했다. 『도덕과 종교의 두 원천』은 이것을 표현적으로 말하지 않았지만, 자유는 또한 영혼들 속에 비결정성을 삽입한다고 덧붙인다. 자유로운 인간은 그가 돌들을 해방시키려는 자체만큼이나 자유롭다! 그 인간이 모든 세상 사람들을 위하여 자유를 갖지 않는가? 자유는 자유로울 뿐만 아니라 [구속으로부터] 해방자 libératrice이다. 자유는 [고통으로부터] 해방 la délivrance이다. 푸른 수염Barbe-Bleue의 여인들은 아리아드네의 말을 듣지 않고, 대낮의 햇빛을 향하는 자유로운 아리아드네를 따르지 않고, 이 자유에 의해 설득되지 않았으며, 슬픔 성城의 지하실들을 더 좋아했는데, 이 여인들은 아리아드네가 그들에게 가져다준 새로운 삶의 메시지 덕분에 아마도 비밀스럽게 감동을 받았을 것이다. 왜냐하면 이것이 부차적이라 할지라도 봄이 온다는 전조의 향내를 맡았던 자는 좁은 (낮이 짧은) 계절을 더 이상 지지하지 않을 것이기 때문이다. 그 자유는 조용하게 자유 그 자체로 남아 있기 때문에, 또 자유의 공포를 부르주아 삶으로 실행하기 때문에 자유로운 것은 아니다. 사람들이 자유가 **전체 작업**이라고 말할 때, 그것이 의미하는 것은 다음과 같다. 자유는 자체 속에 아무것도 없으며, 자유는 **전체 해방**이며, 그것은 마치 운동이 운동화하는 것과 또한 생명이 활성화하는 것과 마찬가지이다. 신 그 자신은 자기 신성의 불가사의한 수혈[전수]에 의해서 "창조자들을 창조한다."[15] 누가 아는가? 신[나로서는 자연]은 아마도 우리를 위한 [자기 창조

---

15. MR 270. 참조 : MR 338 [우주가 신들을 창조한다 : 구약에도 신들의 작업에 관한 부분이 있다. — 옮긴이]

에 의한] 연속적인 신격화 작업일 것이다. 이것은 써도, 써도 다 쓸 수 없이 풍부한 뿔이다. 자유는 끊임없이 주는 것이고 낭비하는 것이다. 시체[죄수]들을 부활시키면서[플라톤], 졸고 있는 인간들에게 전기 자극을 하면서[소크라테스], 억압받는 자들의 봉기를 부추기면서[해월, 통혁, 인혁, 남민], 예언자들의 관대한 분노를 일으키면서[이사야] 말이다. "미래의 문은 크게 열려 있다. 무한한 들판이 자유에 제공되어 있다."16 림스키-코르사코프에 의해 음악이 된, 러시아 전설에서 [불멸의 주인공인] 카흐체이처럼, "폭풍–기사"Palandin-Tempête는 이반 코로레비치에게 봄의 문, 빛의 문, 자유의 문을 열어준다. 여기에서 타성적 우주에 대해 움직이게 하는 원리가 시간이다. 자유는 기막힌[기발한] 순간에 압축된 지속이 아닌가? 자유로운 인간은 부동성을 생성이 되게 하는 구현된[구체화된] 생성이 아닌가? 예를 들어 설교하면, 아킬레스는 돌진하여 거북이를 사로잡고, 엘레아학파의 난문제들을 우습게 여긴다. 말로서(언어)나 개념적으로 참여하는 기사단들은 혼동될 것이다. 이것이 최면술사들의 실패이다. 주술로부터 해방된 전 세계는 노래하며 우리에게 미소 지을 것이다. 마비된 자는 걷기 시작하고 춤추기 시작한다. 미칠 듯한 기쁨과 희열이 사슬들에서 해방된 모든 인간들의 마음을 사로잡을 것이다. 이사야17는 플라톤의 『폴리테이아』에 앞서서 인간성의 재탄생에 인사하였다. 포로는 두더지와 땅굴쥐의 삶을 부정하고, 영원히 예속적인 동굴을 떠난다. 인간은 행진과 진보의 정상적 의미인 미래화 작업의 의미[방향]에서 이편에서 시간을 풍부하게 하고18, 그리고 "미래의 즐거운 노래"를 지각한다. 왜냐하면, 환희라는 단어는 선지자들에게서만큼이나 베르그송에게서도 또한 중요하기 때문이다. 인간들을 춤추게 하는 환희, 즉 빛나는 내일들의 환희는 무엇보다 해방la délivrance에, 다시 말하면 자유의 작업에 유래하지 않는가?

이 해방은 무한하다. 마치 우리를 정복하는데 또 항상 위협받는 자유를 끊임없이 재정복하는 데 쓰이는 해방전쟁이 연속적이듯이 말이다. 따라서 경험적

---

16. PM 114 ('Le possible et le réel'). 참조 : PM 290.
17. 「이사야」, 42 : 7.
18. 「누가복음」, 9 : 62.

인간의 해방은 결코 끝나지 않을 것이다. 완성태[현실태]로서 자유의 간격에서 즐길 수 없는 인간은 시간들의 마지막까지 투쟁 속에 있을 것이고, 그 해방 노력은 결코 끝나지 않을 것이다.

왜냐하면 빛의 예루살렘에, 러시아 전설들의 볼 수 없는 도시에, 우리 희망의 천상에 있는 키티에쥬Kitiège에, 바로 거기에서는 거대한 불가사의가 있기 때문인데 죽음이 불가역적으로 불가사의로부터 우리를 분리하고, 우리는 이 세상에서 그 불가사의를 알 수 없다. 또한 인간들은 배고픔도 갈증도 없으며, 빈곤과 추위에도 더 이상 떨지 않으며, 서로서로 때문에 고통을 겪지도 않는 [우리가] 볼 수 없는 이 도시가 우리의 가슴[심장] 속에 꽃피고 또 피어야 하는 것은 **이 아래에서부터**이다. 그때에 우리는 아마도 침묵 속에서 **밤**의 천사들의 소리를 들을 것이다. 이 천사들은 우리에게 먼 키티에쥬에 대해 말할 것이고, 말로 다 표현할 수 없는 사물들이 우리 귀에 속삭일 것이다.

:: 참고문헌

1952년까지 정리하고 멈춰진 베르그송의 완전한 참고문헌은 모세-바스띠드의 책 『교육자 베르그송』 (*Bergson éducateur*, 1955) 안에 67쪽을 차지하고 있다. 여기서 우리는 가장 독창적이고 대중들에게 가장 잘 알려진 몇몇 작품들만을, 그리고 또한 모든 사람들에게 잘 알려진 연구들과 ─ 르 화, 슈발리에, 띠보데 ─ 수많은 전문잡지의 시론들을 제외하고 최근 몇 주제들을 인용하고자 한다. 적어도 베르그송의 저술들은 모든 사람들에게 접근 가능하고 게다가 그 저술의 양이 그렇게 많은 편이 아니다. 그가 그 자신의 저술에서 감탄스러울 정도로 분명한 용어들로 말해 놓은 것을 그에 따라서 반복하는 것은 그리 흥미 있는 일이 아닐 것이다. 따라서 독자가 주석가들의 글을 선호하여 베르그송 자신의 글을 읽지 않는다고 하는 것은 변명의 여지가 없을 것이다.

I. 일반 연구서들

Joseph Louis Paul Segond, *L'intuition bergsonienne* (1913).

Harald Høffding, *La philosophie de Bergson* (1914 ; 프랑스어 번역, 1916)[베르그송이 저자에게 보낸 편지가 첨가되어 있다.]

Georg Simmel, *Henri Bergson* (1914 ; *Zur philosophie der kunst, philosophische und kunstphilosophische*, 1922에 수록되어 있다.)

Régis Jolivet, *Essai sur le bergsonisme* (Lyon, 1931). 참조 : Année théologique, 1941.

Jean André Wahl, 'Henri Bergson', in *Nouvelle revue française*, 1939 그리고 *Confluences*, 1941.

Henri Bergson, Albert Béguin과 Pierre Thévenaz가 수집한 미출판 논문과 증언들(Neuchâtel, La Baconnière, 1941).

Jeanne Delhomme, *Vie et conscience de la vie, essai sur Bergson* (1954).

Études bergsonniennes (1948~1956) 제4권, Henri Gouhier의 편집 [이 연구지는 이후에 계속되어 10권이 나왔다.]

Bergson et nous, 프랑스 언어 사용의 철학회들의 제10회 학술대회의 논문 모음집 (1959).

Günther Pflug, *Henri Bergson* (Berlin, 1959).

II. 베르그송에 관한 전반적 또는 부분적 연구서들

Léon Brunschvicg, *Le progrès de la conscience dans la philosophie occidentale* (1927).

Isaak Benrubi, *Les sources et les courants de la philosophie contemporaine en France* (1933).

Jean André Wahl, *Tableau de la philosophie française* (1946).

III. 부분적인 문제들[주제들의 측면]

Gabriel Honoré Marcel, 'Bergsonisme et musique' (*Revue musicale*, 1925).

Fr. Heidsieck, *Henri Bergson et la notion d'espace* (1957).

Vittorio Mathieu, 'Tempo, memoria, eternita : Bergson e Proust' (*Il Tempo, Archivio di Filosophia*, 1958).

Raoul Mourgue et Constantin von Monakov, *Introduction biologique à l'étude de la neurologie et de la psychopathologie : intégration et désintégration de la fonction* (1928).

Raoul Mourgue, *Neurobiologie de l'hallucination : essai sur une variété particulière de désintégration de la fonction* (Bruxelles, 1932) [베르그송은 이 책에 대해 간략한 서문을 썼다].

Louis Marius Vialleton, *L'origine des êtres vivants : l'illusion transformiste* (1929).

Georges Canguilhem, 'Commentaire au troisième chapitre de L'évolution créatrice' (*Bulletin de la Faculté des lettres de Strasbourg*, 1943).

Rose-Marie Mossé-Bastide, *Bergson et Plotin* (1959).

IV. 반대 견해들

Frédéric Rauh, 'La conscience du devenir' (*Revue de métaphysique et de morale* 5, 1897~1898).

René Berthelot, *Un romantisme utilitaire : 2. Le pragmatisme chez Bergson* (1911).

Jacques Maritain, *La philosophie bergsonienne : études critiques* (1914).

Gustave Rodrigues, *Bergsonisme et moralité* (1922).

Gaston, Louis, Pierre Bachelard, *La dialectique de la durée* (1936).

Philippe Fauré-Fremiet, *Esquisse d'une philosophie concrète* (1954).

V. 베르그송에 전념하여 쓴 것은 아닐지라도, 베르그송에 관한 내용이 충실한 작품들

Georges Poulet, *Études sur le temps humain* (Édimbourg, 1949).

Eugeniusz Minkowski, *Le temps vécu. Étude phénoménologique et psychopathologique* (1933).

러시아에서의 베르그송의 영향에 흥미를 가질지도 모를 사람들을 위하여, 우리는 『창조적 진화』가, 그 것이 충분히 만족할 만한 것이 아닐지라도, 1909년에 첫째로 러시아에서 번역되었다는 점을 상기하자 (참조 : 러시아의 『로고스』지에 1910년 제1권에 실린 크로네르의 논문을 보라). 『의식의 무매개적인 자료 에 관한 시론』은 1911년에 철학자 헤센에 의해, 『시간과 의지의 자유』(*Temps et liberte de la volonte*)라 는 제목으로 번역되었으며, 「형이상학 입문」이 보충되어 있다(『루스카이아』[*Rousskaia Mysl*]지의 판본 이다). 마찬가지로 1911년에 바울러에 의해 『물질과 기억』의 번역이 나왔다. 이 번역은 귀에 거슬리는 (malsonnants) 몇몇 신조어에도 불구하고 잘 되었다(참조 : 헤센, 『로고스』, 1911, IV, p. 294). [러시아 혁 명 이후] 베를린에서 러시아어로 나온 학술지 『소피아』(*Sophia*)지는 1923년에 『정신적 에너지』에 관한 라자레프의 연구를 출판하였다.

사람들이 알다시피, 베르그송의 저작들은 러시아에서 다분히 환상적인 영역(un ordre assez fantaisiste) 에서 알려졌다. 베르그송의 영향은 레온 체스토프처럼 위대한 신비 사상가들에게도 또는 니콜라스 로 스키처럼 직관주의자들에게도 적지 않게 깊었다. 또한 시몬 프랑크의 논문 「베르그송의 근본적 직관」 (L'intuition fondamentale de Bergson)이 있는데, 『앙리 베르그송 : 시론들과 증거들』(*Henri Bergson, essais et temoignages*, La Braconniere, 1941, p. 195)에 실려 있다.

[영어권에서는] 『의식의 무매개적인 자료에 관한 시론』은 1910년에 폭송(F. L. Pogson)에 의해 영어로 번 역되었다. 『창조적 진화』는 1911년에 미첼에 의해 번역되었고, 같은 해 팔머와 파울에 의해 『물질과 기 억』이, 그리고 브레레톤과 로스웰이 『웃음』을 번역했다. 『정신적 에너지』는 1920년에 카(Wildon Carr) 에 의해 번역되었다. 브레레톤과 오드라에 의해 『도덕과 종교의 두 원천』이 1935년에, 『사유와 운동자』 가 1945년에 번역되었다.

장켈레비치Vladimir Jankélévitch, 1903-1985는 프랑스 철학자이며 음악학자이다. 그는 러시아계 유대인 가계에서 태어나, 1922년 파리고등사범학교ENS에 입학하여 철학을 공부하였고, 1922년 학계를 은퇴한 베르그송을 1923년에 만나 죽 편지 교환을 했다고 한다. 그는 1926년에 철학 교수자격 시험을 1등으로 통과한 수재였다. 1932년 박사학위 논문을 셸링에 관하여 썼다. 그는 첫 저술로서 1931년『앙리 베르그송』*Henri Bergson*(1931)을 내놓았다. 그런데 그때까지 베르그송의『도덕과 종교의 두 원천』*Les deux sources de la morale et de la religion*(1932)과 『사유와 운동자』*La pensée et le mouvant*(1934)가 출판되지 않았다. 이 두 권이 출판되고 난 뒤, 장켈레비치는 수정과 보완을 하여『앙리 베르그송』(1959)(Alcan 출판사, 300쪽)을 다시 내놓았다. 이 속에 두 편의 논문이,「베르그송과 유대주의」*Bergson et le judaïsme*(1957)와 1959년에 쓰여진 것으로 추정된「영혼 전체와 더불어」*Avec l'âme tout entière*(1960)가 부록으로 실렸다. 그는 철학 저술들을 많이 썼고, 더하여 음악에 관한 많은 저술들도 썼으며, 유대 신비주의에도 관심이 깊었다.

이 번역서는 장켈레비치의『앙리 베르그송』(1959년판)을 완역한 것이다. 장켈레비치의 첫째 저술인 이 책은 그가 박사학위 논문을 준비하던 시절에 썼다. 그리고 이 책이 발간된 때는『도덕과 종교의 두 원천』(1932)과『사유와 운동자』(1934)가 나오기 전이었다. 또한 장켈레비치는 베르그송의 강의를 직접 들은 것이 아니라, 베르그송이 강의에서 손 떼고 난 뒤(1921), 국제지식인 협력위원회에서 활동을 시작한 시기에 그를 만났다(1922). 파리고등사범학교에 갓 입학한 젊은 철학도(스무 살)가 예순셋의 노숙한 베르그송을 만나고 편지 교환도 할 수 있었던 것은 행운이었을 것이다. 그리스 정교와 아세키나제 유대인의 영향에서 자란 그가 비슷하면서 다른 로만 가톨릭과 세파라드 유대인의 관점에 상당한 흥미를 가졌을 것으로 보인다.

스물여덟에 장켈레비치는 첫 저술로서 베르그송 사상을 옹호하는 글을 낸 것이다. 그럼에도 그의 초기 관점이 베르그송의 전 사상을 가로지르는 것 같지는 않다. 그는 우선 베르그송 사유에서 총체성, 자유, 기억, 생명에 주목하면서, 주로 수학과 논리 그리고 천문학과 물리학의 공간을 통한 인식은 베르그송의 시간(지속)과는 전혀 다른 차원이라는 것을 밝히고 있다. 전자의 데미우르고스적 조작의 인식은 구경꾼의 작업과 같은 데 비해, 후자의 시간 지속은 전체 속에서 부분이 전체와 연관 없이는 있을 수 없다는 내재적 연속의 관점이다. 전자의 회고적이고 조건법적인 지식은 비결정성을 내포하는 생성과 자유에 접근 불가능하다고 한다. 이런 점에서 베르그송은 기억과 생명에 관하여 주지주의적으로 인식하는 것을 회고적이라고 비판하기도 하였고, 또한 요소적인 기계론과 발전적인 목적론을 통하여 하나의 통일성으로 가는 경향은 순환론에 빠진다고 했다. 이에 비해 베르그송의 자아, 기억, 생명은 이질성의 다발로서 나선형으로 확장하며 끊임없는 생성과 창발로 진행하는 중에 있다고 한다.

앵글로 색슨 사유에 젖어 있기도 하지만, 고등사범의 스승인 수학자 브랑슈비끄의 영향을 입은 장켈레비치는 베르그송이 당대의 논리-물리학적 견해에 대해 반박한 것에 더 많이 주목한다. 사실상 베르그송의 첫 작품 『시론』은 철학사에서 논리적·관념적 사유의 극한을 따라가면 자기 불합리에 부딪힘을 보여 주고, 『물질과 기억』은 당대의 새로운 관점을 제시하는 의학과 정신병리학을 통해, 기억에 대한 실증적 근거를 제시하고, 의식이 질적 다양성이며 단위로서 단순하다는 것을 제시한다. 그에 이어 베르그송은 1901년에 새로이 제기된 유전법칙을 연구한 후, 『창조적 진화』에서는 자연의 발생과 전개과정에서도 질적 다양성의 생성과 창발이 지속하고 있음을 밝혔다. 장켈레비치도 베르그송의 이질성의 다발의 전개를 강조하며, 수학적이고 논리적인 사고로는 정합성에 접근하지 못한다는 것을 특이하게도 『지속과 동시성』의 작품을 통해 증거하려 한다.

『도덕과 종교의 두 원천』과 『사유와 운동자』가 나온 후에 장켈레비치의 베르그송 이해는 약간 달라진다. 그는 총체성에서 드러나는 양태적 측면에 주의를 기울여서 실재성의 근원적 측면을 간과한 점이 있다. 그리고 그는 자연을 대하는 철학적 태도보다, 인식적 측면과 인식 대상에 대한 활동직 또는 소작적 의미에 대해 관심을 기울여서, 베르그송이 문젯거리로 잘 제시한 자연의 두 가지 의미를, 그 자신의 방식대로 이원론적으로 보려고 했다. 베르그송은 이원론이 아니라 이중화 현상을 다루고 이분법적으로 다룰 경우에도 한쪽을 따라가면 불합리에 이른다는 점을 강조하여 양자 사이에 정합성도 대칭성도 없다고 보았다. 우리가 보기에, 자연 그 자체가 자기생성의 과정을 진행하는 질적 다발이며, 그 다발의 총체성이 곧 단순한 단위(통일성)l'unité이다. 그에게 있어서, 동일성을 지닌 이데아와 같은 것이 등질적 통일성의 단순성이라는 것은 착각 l'illusion인 셈이다.

유럽지성사에서 1차 대전의 충격은 매우 컸다. 전후에는 현상적인 실증을 토대로 발전해온 과학적 사회학과 인류학이 심성을 공통기원으로 삼은 토대 위에 도덕론과 종교론에 자리를 내주고 있었다. 장켈레비치는 베르그송의 『두 원천』과 그의 과거 작품들 사이에 연속성보다 불연속성을 보았다. 전기에 심층 자아의 인격성이 후기에 자아의 표출과 확장으로 위상을 넓혔다고 보기보다, 개인의 활동이 사회라는 측면에서는 도덕과 종교를 다른 차원으로 전개한다고 보았다. 따라서 그는 도덕과 종교를 연결성으로 보는 데 비해, 역자로서는 도덕의 근원도 둘이고 종교의 근원도 둘이라, 둘 사이는 차원이 다르다고 본다. 하나는 현재를 기반으로 하는데 비해, 다른 하나는 미래에 예상참여 또는 다음측정에 연관이 있다. 물론 두 철학자에게 있어서 두 근원에 관한 한 공통점이 있는데, 둘 중의 한쪽은 주지주의적 관점이며 다른 한쪽은 직관주의적 또는 자연주의적 관점이라는 것이다. 베르그송의 「플로티노스 강의록」의 관점을 수용하면, 플라톤주의적 관점과 플로티노스적 관점이라 할 수 있다. 우리나라에서 박홍규 교수의 견해에서 제자들 중에 플라톤주의적으로 따르는 쪽이 많이 있는가 하면, 플로티노스적으로 따르는 윤구병이 있다(『철학을 다시 쓴다』[윤구병, 보리, 2013] 참조).

　장켈레비치는『사유와 운동자』에서 나타난 베르그송의 회고적 관점에 대한 비판이 그 자신의 1931년 작품의 이야기와 연관이 있다고 한다. 우리는 베르그송이 철학적 관점에서 직선적이거나 동심원적이거나 간에 원인성에 환원 가능성을 두고 있다는 점을 보았다. 그의 관점은 회오리 또는 나선형이며 근원적 충력에 지속의 과정을 포함하는 새로운 창발과 새로운 생성으로 '생성적 진화'이다.『사유와 운동자』의 두 개의 입문에서 그는 철학이 문제를 잘 제기해야 하고 실증 과학과 같이 정확성이 있어야 한다고 말한다. 게다가「형이상학」이란 논문에서 지금까지의 대부분의 철학은 밖에서 하는 데 비해 그의 철학은 **안에서** 한다고 한 점을 주목해야 할 것이다. 베르그송은 철학적 용어로 "내재주의"라고 쓰지 않고, 이렇게 일상적 언어, 즉 전치사 "안에서"dedans로 철학적 표현을 하였다.

　그리스 정교와 아세키나제 유대인 전통 속에 예언자를 보는 시각과 로만 가톨릭과 세파라드 유대인 전통에서 선각자를 보는 관점은 비슷하면서도 다른 점이 있다. 전자에 속하는 장켈레비치는 같은 열린 종교의 관점에도 불구하고 조국애와 민족애를 바탕으로 유태 예언자에서 베르그송의 연결점을 보고자 한다. 이에 비해 베르그송은 잘 드러내지는 않았지만 세계 시민으로서 새로운 공동체에 대한 열망을 설파하였다. 즉 장켈레비치는 베르그송을 새로운 유대 선지자로 만들려는 듯하다. 그런데 내가 보기에 베르그송은 상품 자유주의자le liberaliste도 인문주의자humaniste도 아니며, 차라리 인성자유주의자le libertaire이며, 인도주의자humanitaire이다.

　마지막으로, 베르그송에 관한 개론서인『처음 읽는 베르그송』(바르텔미-마돌, 동녘, 2016), 분량도 앞의 두 배나 되는 연구서인『깊이 읽는 베르그송』(장켈레비치, 갈무리, 2018)에 이어, 다음으로『달리 읽는 베르그송』으로 나의 학위 논문을 내놓으려 한다. 입문서는 수요가 있지만, 전문서를 출판하는 데 어려움이 있었는데, 출판계의 어려운 사정에도 불구하고 갈무리 출판사의 조정환 대표와 신은주, 김정연, 조문영, 김하은 님의 도움으로 베르그송에 관한 세 가지 다른 시각 중에 둘째 것을 낼 수 있게 된 데 감사의 뜻을 전한다. 여기서 한 가지 덧붙여 이 책이 나오기까지 후원을 아끼지 않은 죽마고우인 세광전력 사장 최용화에게 다시 한번 고마움을 전한다.

무술년(2018) 12월
인왕산 기슭, 인왕고원에서
류종렬

ㅎ